"十二五"国家重点图书出版规划项目

中国社会科学院创新工程学术出版资助项目

总主编：金碚

U0671703

经济管理学科前沿研究报告系列丛书

THE FRONTIER REPORT ON THE
DISCIPLINE OF
LABOUR ECONOMICS

唐 鑛 主编

劳动经济学学科 前沿研究报告

经济管理出版社

ECONOMY & MANAGEMENT PUBLISHING HOUSE

图书在版编目（CIP）数据

劳动经济学学科前沿研究报告/唐鑛主编. —北京：经济管理出版社，2013.3
ISBN 978-7-5096-2366-4

Ⅰ.①劳…　Ⅱ.①唐…　Ⅲ.①劳动经济学—研究报告　Ⅳ.①F240

中国版本图书馆 CIP 数据核字（2013）第 036617 号

组稿编辑：张永美
责任编辑：孙　宇
责任印制：杨国强
责任校对：李玉敏

出版发行：经济管理出版社
　　　　　（北京市海淀区北蜂窝 8 号中雅大厦 A 座 11 层　100038）
网　　　址：www.E-mp.com.cn
电　　　话：(010) 51915602
印　　　刷：北京银祥印刷厂
经　　　销：新华书店
开　　　本：787mm×1092mm/16
印　　　张：30.5
字　　　数：685 千字
版　　　次：2013 年 8 月第 1 版　　2013 年 8 月第 1 次印刷
书　　　号：ISBN 978-7-5096-2366-4
定　　　价：88.00 元

序　言

为了落实中国社会科学院哲学社会科学创新工程的实施，加快建设哲学社会科学创新体系，实现中国社会科学院成为马克思主义的坚强阵地、党中央国务院的思想库和智囊团、哲学社会科学的最高殿堂的定位要求，提升中国社会科学院在国际、国内哲学社会科学领域的话语权和影响力，加快中国社会科学院哲学社会科学学科建设，推进哲学社会科学的繁荣发展具有重大意义。

旨在准确把握经济和管理学科前沿发展状况，评估各学科发展近况，及时跟踪国内外学科发展的最新动态，准确把握学科前沿，引领学科发展方向，积极推进学科建设，特组织院内外专家研究撰写《经济管理学科前沿研究报告》。本系列报告的研究和出版得到了国家新闻出版广播电影电视总局的支持和肯定，特将本系列报告丛书列为"十二五"国家重点图书出版项目。

《经济管理学科前沿研究报告》包括经济学和管理学两大学科。经济学包括能源经济学、旅游经济学、服务经济学、农业经济学、国际经济合作、世界经济学、资源与环境经济学、区域经济学、财政学、金融学、产业经济学、国际贸易学、劳动经济学、数量经济学、统计学。管理学包括管理学、创新管理学、战略管理学、技术管理与技术创新、公司治理学、会计（审计）学、财务管理学、市场营销学、人力资源管理学、组织行为学、企业信息管理学、公共政策与政府管理、物流供应链管理、创业与中小企业管理、管理科学与工程。

《经济管理学科前沿研究报告》依托中国社会科学院独特的学术地位和超前的研究优势，撰写出具有一流水准的哲学社会科学前沿报告，致力于体现以下特点：

（1）前沿性。本系列报告要体现国内外学科发展的最新前沿动态，包括各学术领域内的最新理论观点和方法、热点问题及重大理论创新。

（2）系统性。本系列报告将囊括学科发展的所有范畴和领域。一方面，学科覆盖具有全面性，包括不同学科的科研成果、理论发展、科研队伍的建设，以及某学科发展过程中具有的优势和存在的问题。另一方面，就各学科而言，还将涉及该学科下的各个二级学科，既包括学科的传统范畴，也包括新兴领域。

（3）权威性。本系列报告将由各个学科内长期从事理论研究的专家、学者主编，组织本领域内一流的专家、学者进行撰写，无疑将是各学科内的权威学术研究。

（4）资料性。本系列报告不仅系统总结和评价了每年各个学科的发展历程，还提炼了各学科学术发展进程中的重大问题、重大事件及重要学术成果，因此具有工具书式的资料性，为哲学社会科学研究的进一步发展奠定了新的基础。

《经济管理学科前沿研究报告》全面体现了经济、管理学科及其分支学科国内外的发展状况、最新动态、重要理论观点、前沿问题、热点问题等。该系列报告包括经济学和管理学一级学科和二级学科，其中经济学科 15 个，管理学科 15 个。将按年度撰写出版 30 个学科前沿报告，成为系统研究的年度连续出版物。这项工作虽然是学术研究的一项基础工作，但意义十分重大。要想做好这项工作，需要大量的组织、协调、研究工作，更需要专家学者付出大量的时间和艰苦的努力，在此，特向参与本研究的院内外专家、学者和参与出版工作的同仁表示由衷的敬意和感谢。相信在大家的齐心努力下，将会进一步推动中国对经济学和管理学学科建设的研究，同时，也希望本报告的连续出版将推动我国经济和管理学科研究水平有较大提高。

金 碚

2013 年 3 月

目　录

第一章 改革开放以来我国劳动经济学学科研究综述

改革开放的几十年正是我国经济体制逐步转型的时期。其间，随着经济体制改革的推进，劳动力市场得以逐步建立和形成。作为研究劳动力市场运行和结果的劳动经济学，伴随着市场的演变，经历了从苏联的计划劳动管理向现代劳动力市场经济分析的转型，并在此过程中形成了一些自身的独特知识和理论体系，这必定是我国劳动经济学发展中一个前所未有的、丰富的历史进程，对这个阶段的回顾与分析也必将更有意义和价值。本章对1978年以来（并将2010年单独进行了总结）我国劳动经济学相关文章进行梳理，在此基础上，一方面回顾分析劳动经济学文章研究主题、研究方法等的演变情况，分析演变背后的原因，试图以此管窥中国劳动经济学的发展轨迹；另一方面，清晰地界定我国劳动经济学发展现状，总结与国际的差距，探讨提升我国劳动经济学研究水平，促进我国劳动经济学未来发展的路径。

一、劳动经济学研究的演变

（一）研究模式：从苏联模式向现代劳动力市场经济分析的转变

1978年之前我国的经济学主要参考苏联模式。所谓苏联模式的经济学，是指以苏联政治经济学教科书特别是其"社会主义部分"为代表的经济学，是与传统的计划经济体制相适应，并作为这种体制的理论表现的经济学。因此，我国早期的劳动经济学更多的是计划劳动管理，缺乏现代经济分析的概念体系，也缺乏实证分析，更倾向于传统的逻辑推理和概念演绎。这种劳动经济学着重于研究在既定的意识形态下，相应的劳动制度"应该是什么"；对经济现象只限于定性的描述，总结出几条所谓的"特征"、"规律"、"意义"。这些研究特点在20世纪90年代之前尤为明显。比如，本书将在后面分析研究主题时所提到的，20世纪80年代中期以前的收入分配和工资研究中，只谈及分配的种类和特征、按劳分配的优越性，以及工资水平的影响因素、要注意哪些问题等，而未能分析工资决定的实际运行过程、如何最终确定，因而在理论上缺乏科学性，在实践上也缺乏可操作性。

1978年之后，随着经济体制改革的推进以及发达的市场经济国家现代劳动经济分析思想和理论的引入，国内的学者开始使用现代意义上的经济学来解释和研究中国的劳动问题。西方劳动经济学的引入首先表现在教材引进上。1987 年国内一些高校开始使用美国 Freeman R. B.和 Hoffman S. D.教授的劳动经济学教材，由此揭开了真正分析意义上的劳动经济学在我国的发展历程。之后一些类似的西方劳动经济学教材不断被引入，可以发现，这些教材在内容上已经迥异于之前教材中的劳动管理内容，劳动力市场、劳动力供求与流动、就业与失业理论等在教材中都得以体现，而"劳动与人类、企业劳动管理、劳动生产率"等内容逐渐消失。20 世纪 80 年代末，学者开始使用相关理论解释中国劳动力市场发展过程中产生的一些问题和现象，如夏振坤等（1989）对二元经济理论的使用，沈金虎（1988）从经济学角度对劳动力流动的分析，杨体仁、曾湘泉等（1990，1994）运用现代经济学的概念，对劳动力供求与流动、人力资本投资、工资、收入分配、失业和就业首次进行了全面系统的概括和总结，并推出了适应当时社会需求的劳动经济学教科书。袁志刚（1994）则介绍了西方劳动经济学中的自然失业、古典失业、凯恩斯失业（即非自愿失业）、刘易斯二元经济中的失业等多种失业理论，并在此基础上分析了我国失业的原因等。

不同于苏联模式的经济学偏向于逻辑推理和概念演绎，现代劳动力市场的经济学更侧重经济分析和实证研究。改革开放以来，尤其是 20 世纪 90 年代中期以来，随着在现代劳动经济学培养下的人才逐渐成长、此领域国外留学人才的回国，以及学者对现代劳动经济学理论的不断引入和借鉴，我国劳动经济学研究中实证研究的比例逐渐加大，先进方法和技术的使用日趋增多。

（二）研究主题：反映制度变迁，追踪社会热点

作为一门经世济民的致用之学，经济学在中国的发展与整个中国社会经济的发展紧密相连，再加上中国经济学是从改革开放前"高度泛政治化"的政治经济学演变而来，使得经济学在中国的应用和研究与当时重大的经济社会问题密切相关，表现出追踪热点的特征，作为经济学分支的劳动经济学也不例外。此外，对于长期处于计划经济体制下的我国，劳动力市场的形成与发展更容易受经济体制、劳动力市场相关制度变迁的影响。文献研究发现，作为研究劳动力市场运行和结果的学科，劳动经济学在我国研究热点的变化受到劳动力市场相关的制度变迁的重要影响。

1. 第一阶段（1978~1984 年）：苏联劳动经济学的影子依然存在

1978 年，我国经济体制改革首先在农村开始，十一届三中全会及之后的会议提出的一系列改革措施和经济措施，承认生产承包、个体经营，[①] 雇佣劳动也合法化，[②] 这些从现

---

① 1980 年 9 月各省、市、自治区党委书记座谈会上的《关于进一步加强和完善农业生产责任制的几个问题》中肯定了各地建立的多种形式的生产责任制，允许包产到户或包干到户，允许小商贩从事个体经营。

② 国务院于 1981 年 7 月发布《关于城镇非农业个体经济若干政策性规定》，此规定标志着使用雇佣劳动合法发展起来。

实层面表现出与以往计划经济的些许不同，在理论研究上也有体现。首先，社会主义国家是否存在"私人劳动"成为当时的相关学者首要关注的问题（孙恒志，1979；练岑，1979；彭延光，1979）。从 1980 年开始，整个 80 年代上半期，学界对不同行业是属于"生产劳动"还是"非生产劳动"也展开了辩论（杨百揆，1980；余鑫炎，1981；于俊文，陈惠如，1981；郭向远，1982）。此外，劳动力所有制也是这一阶段的关注焦点。当时关于劳动力的所有制，学界有多种不同观点，如"社会主义下劳动力公有说、个人所有说、部分个人所有说、两重所有说"等，但是当时的主流观点还是不承认劳动力所有制，认为那是资本主义的提法（李光远，1982）。

为了打破平均工资、"大锅饭"的情况，国家开始推动工资改革，1978 年邓小平的《坚持按劳分配原则》明确指出按劳分配的社会主义性质，要按照劳动的数量和质量分配，要实行考核制度等。自此，实践界和理论界纷纷提出不同的工资制度改革办法（赵履宽，1983）、工资确定的具体方法以及奖金的制定方法。如晓亮、张问敏（1978）提倡实施计件工资，冯立天（1984）提出按照劳动生产率确定平均工资的"一元法"，金敏求（1984）提到的建筑行业自发实施的"百元产值工资含量包干制"，邹学荣、刁隆信、潘佳铭、黎小杰（1985）的"工资总额挂钩指标"，等等。关于奖金的研究主要集中在奖金本质的争论（孙克亮，1979；陈进玉，1979）、是否实行奖金制的优缺点争论（张问敏，1978）、部分收入与绩效的挂钩（汪海波等，1978）以及奖金的确定方法方面等（吴贤忠，1982）。

2. 第二阶段（1985~1991 年）：现代劳动力市场经济分析引入及初步发展期

随着经济体制改革的推进，一些推动改革的政策、措施的出台，"商品"、"商品经济"的概念从政策角度得到承认，[①]一些在计划经济中不会出现的经济问题也开始浮现，如劳动力是否是商品（胡瑞梁，1987，1988；杨宜树，1988；陆立军，1989；张肯发，1989）、是否建立劳动力市场、收入分配公平与否、市场化带来的工资制度改革、劳动力流动尤其是农民工的流动成为这个阶段的研究热点。除了研究关注点与前段时期不同外，此阶段的特点还表现在很多研究开始借鉴西方劳动经济学的概念和方法，如夏振坤和李享章在 1989 年即使用"二元经济"的理论来解释当时的"民工潮"现象，符钢战（1990，1991）对劳动力供求的市场化行为的经济学分析，以及对我国就业理论和统计体系与国际的比较等。

此阶段对农民工转移的研究主要集中在农民工是否应该转移，转移的流向、流量（胡军，1986）、路径（王向明，1985）、模式（陈颐，1987）、条件（米有录，1988）等方面，有的学者还分析了当时农村剩余劳动力的行为特征（侯晓虹，刘永义，刘云，王建林，1988），宋国青（1985）从城乡发展和经济结构与农民转移的关系角度进行的分析具有一定新意。20 世纪 80 年代末的"民工潮"出现后，政府又开始推行限制农民进城就业的政

---

① 1984 年 10 月，中共十二届三中全会通过的《关于经济体制改革的决定》，确定社会主义经济是"公有制基础上的有计划的商品经济"，提出改革的目标是建立具有中国特色的、充满生机和活力的社会主义经济体制；提出了"有计划的商品经济"的目标，把缩小指令性计划作为改革的中心内容。

策，学术界也对引起"民工潮"的原因（夏振坤，李享章，1989）及如何阻止"民工潮"（吴仁洪，邹正清，1989）进行了研究。

在收入分配的研究中，收入分配是否公平是此阶段的讨论热点（李雄，1986；李学曾，张问敏，仲济垠，1989；赵人伟，1989），不同行业间的收入差距问题也得到关注（卫兴华，魏杰，1989），开始强调应加强市场在收入分配中的作用（赵履宽，杨体仁，文跃然，1988）。收入分配中存在的一些问题，如"脑体倒挂"现象也是当时的研究热点（李学曾，张问敏，仲济垠，1989）。此阶段收入差距研究中比较突出的一点是，第一次出现了使用西方经济学理论——基尼系数和洛伦茨曲线来分析我国劳动者的个人收入差距（赵人伟，1985）。针对上述收入分配领域的具体问题，学界和实践界对收入分配政策层面的改革展开了探讨和研究（张维迎，1986）。

此阶段针对工资的研究取得重要进展，不再仅仅局限于工资管理方面的讨论，而是将研究视野和方法扩展到经济学分析角度。在工资政策改革的目标方面，张维迎（1986）提出通过开放劳动力市场，引入市场工资决定机制。曾湘泉（1989）在讨论经济增长过程中的工资机制的研究中，对计划经济前后的经济增长与工资机制进行了系统而深入的经济学分析。

除以上这些研究热点外，还值得一提的是，20世纪80年代末90年代初，我国的经济生活中出现一种极其引人注目的现象——失业，失业正式进入人们的经济生活，也开始引起劳动经济学者的关注（吴仁洪，邹正清，1989；罗德明，1990），相关文章已经开始关注西方现代经济学失业理论的介绍和引入。企业的"隐蔽性失业"，即在90年代引起广泛讨论的"隐性失业"问题，在80年代中后期已经开始引起学者的关注（黄维德，1986）。不过，对失业研究的关注度与90年代中后期相比，自然不可同日而语。

3. 第三阶段（1992~2001年）：研究内容逐渐接近现代劳动经济学范畴期

随着1992年中共十四大召开，市场经济体制得以确立，劳动力市场的建立和不断完善，此阶段成为劳动力市场的剧烈变革期，由此带来的一系列问题，如国有企业下岗职工、农村劳动力大规模转移、教育带来的人力资本投资（赵耀辉，1997；都阳，1999）、收入差距的拉大、劳动力的市场分割等，以及由这些所衍生的很多侧面，都成为我国劳动经济学界关注和研究的热点。

针对国有企业下岗问题、失业、隐性失业（王诚，1996；刘长明，1997等）、隐性就

① 1989年3月，国务院《关于严格控制民工外出的紧急通知》，采取"堵"的政策应对20世纪80年代中后期出现的"民工潮"问题，严格控制农村剩余劳动力的转移；已经转移到城镇的大量农民工要"清退"压缩回农村；在大中城市推行"劳动许可证"制度和"城市暂住证"制度。
② 1992年10月，中共十四大明确地制定了社会主义市场经济的改革目标，标志着市场机制在我国开始确立。
③ 1993年12月，劳动部根据十四届三中全会精神制定了《关于建立社会主义市场经济体制时期劳动体制改革总体设想》，提出了培育和发展劳动力市场的目标。
④ 1996年底，党中央的经济工作会议提出把搞好国有企业改革放在更加突出的位置，对国有企业实行减员增效、下岗分流，同时大力推行再就业工程。1997年1月，国务院召开全国国有企业职工再就业工作会议，强调要通过减员增效、下岗分流、规范破产、鼓励兼并推动国有企业经营机制的转变。

业[①]（曾繁华，何正平，1993；曾繁华，1994；袁志刚，陆铭，1998；高玉泽，1998 等）、如何解决下岗失业人员的就业问题等的研究是此时的研究热点和重点。在农村剩余劳动力流动的研究中，与 20 世纪 80 年代中后期不同，此时城乡就业冲突问题和如何有效转移农村剩余劳动力成为研究重点，大量运用西方劳动经济学理论分析农民工进城对就业、城市劳动力以及对劳动力市场发展的影响（章玉钧，郭正模，1999 等）、限制农民工进城的影响（蔡昉，2000 等）等。随着农村剩余劳动力大量流入，企业二元用工制度与分割的劳动力市场（蔡昉，1998）等成为新的研究热点。

虽然不同时期关注的侧重点不同，但是收入问题是贯穿整个 30 年的研究重点。此阶段的收入差距研究几乎已经完全按照西方劳动经济学的理论和方法展开。其中，从 1988 年开始的我国第一次收入分配调查于 1994 年最终完成（赵人伟，基斯·格里芬，1994），该研究是国内首次使用调查数据对收入分配情况进行的经验性分析，此后，随着收入差距的拉大逐渐引起社会关注，针对该问题的研究也从不同角度得到不断推进，如收入差距的地区、行业等差异，教育、非正常收入等与收入差距的关系等（赵人伟，李实，1997；赖德胜，1997；蔡继明，1998；万广华，1998；张平，1998；陈宗胜，2000；陈宗胜，周云波，2001；等等）。

4. 第四阶段（2001 年至今）：以就业和收入分配差距为主题的劳动经济学分析不断拓展

2001 年我国加入世界贸易组织，劳动力市场进一步开放，高校教育改革、"民工荒"的出现、收入差距的进一步拉大等一系列社会热点问题引发了我国劳动经济学相关研究的进一步拓展。

就业问题是此阶段的研究重点与热点。随着就业问题的日益严峻，一些学者在就业弹性问题上展开探讨（龚玉泉，袁志刚，2002；张车伟，蔡昉，2002；蔡昉，都阳，高文书，2004；简新华，余江，2007；魏下海，2008）；1999 年开始的大学生扩招政策带来的大学生就业问题日益突出的形势下，针对大学生就业问题的研究得到发展（曾湘泉，2004；杨伟国，王飞，2004；等等）。同时，此阶段有学者开始致力于研究从劳动力市场需求角度上的职位空缺发布（唐镛，2008）来解决就业问题。女性就业（李实，2001；潘锦棠，2002；安砚真，2003；崔红梅等，2004）和女性劳动参与率（姚先国，谭岚，2005；唐镛，陈士芳，2007；杜凤莲，2008）问题此时也开始引起关注。2004 年开始出现的"民工荒"，引发了关于"民工荒"产生的原因（蔡昉，2005）、我国是否到达"刘易斯拐点"（蔡昉，2007；孙自铎，2008）、中国"人口红利"是否消失（汪小勤，汪红梅，2007；孙自铎，2008）等的激烈争论。对就业和失业测量（曾湘泉，2006）、劳动力市场中介（曾湘泉，2008）的研究更把我国的就业研究朝纵深方向推进。

另外，在改革效率大幅提升的同时，收入分配出现了差距过分扩大的现象，我国理论

---

① 隐性就业：最初是由曾繁华在 1993 年从国外引入的概念，当时使用的是"隐形就业"这个词，后来通用"隐性就业"，这两个词意思上没有区别。

界对收入分配的研究与之前的 20 年都不一样，开始更多地关注公平和效率的关系，强调公平的重要性，并针对地区间的收入差距（万广华，2004；董先安，2004；等等）、收入差距产生的原因等方面展开研究。其中，在城镇职工的收入差距方面，提出了收入差距扩大主要来源于制度外收入，制度内收入差距缩小、制度外收入差距过大在收入分配领域同时并存（曾湘泉，2002）。

人力资本的研究方面，除了之前的人力资本收益率、教育收益率（罗楚亮，2007；王海港，李实，刘京军，2007）等方面的研究继续推进外，出现了针对人力资本产权、价格的研究，该问题研究开始从宏观转向微观，主要有人力资本投资中的性别歧视经济学分析（张抗私，2002）、人力资本定价研究（张文贤，2001；连建辉，黄文峰，2002；李世聪，2002；樊培银，徐凤霞，2002；亓名杰，2003）、人力资本与劳动者地位研究（姚先国，2006）等。

此阶段针对劳动力市场的研究仍然关注制度及政府行为在劳动力市场演化中的作用（姚先国，2007），同时主要围绕着我国当时的劳动力市场状态，即对劳动力市场的分割现状及形成原因进行经济学剖析。其中，被广大学者所广泛接受的是户籍制度对分割的形成具有重要作用（蔡昉，都阳，王美艳，2001；姚先国，赖普清，2004；夏纪军，2004）。

5. 2010 年劳动经济学研究进展

在收入差距研究方面，学者们对收入分配格局的演变趋势进行了深入分析（罗楚亮，2010；钟茂初，宋树仁，许海平，2010；杨宜勇，池振合，2010；罗传健，2010），并从多个角度对影响收入差距的因素进行了探讨，其中，经济发展因素（杨灿明，孙群力，2010；赵晓霞，2010）和人力资本因素（徐舒，2010）成为学者们关注的重点。随着经济的发展，劳动收入（或者说工资性收入）占国民收入的比重越来越低，这一问题引起学者们的广泛关注，相关的研究集中在劳动收入份额的演变趋势以及原因探讨上（翁杰，周礼，2010；张车伟，张士斌，2010；龚刚，杨光，2010；肖文，2010；李稻葵，何梦杰，刘霖林，2010；李楠，张振华，2010；刘家珉，林原，2010），周明海、肖文、姚先国（2010）对该领域的理论和实证研究进展进行了综述。行业收入差距继续得到关注（陈钊，万广华，陆铭，2010；王天夫，崔晓雄，2010；薛继亮，李录堂，2010；柏培文，2010；张余文，2010；岳希明，李实，史泰丽，2010）。城乡收入差距仍然是研究的热点问题（邱风，王利芳，2010；章上峰，许冰，胡祖光，2010；陈斌开，张鹏飞，杨汝岱，2010），同时农村地区的收入差距及构成变化也开始得到关注（刘璨，2010；孔冬，郭如平，2010；屈小博，都阳，2010；王增文，2010）。周兴、王芳（2010）认为收入流动有利于缓解长期收入差距。

工资的影响因素一直是该领域的研究重点，李文溥、李静、李翔（2010），闫逢柱、乔娟（2010）和夏庆杰、宋丽娜（2010）分别探讨了外商投资、产业聚集和国有企业改革对工资变化的影响。另外，最低工资的调整成为热点问题，对最低工资的提高是否实现了提高工资、消除贫困的目的，以及最低工资提高对就业的影响，学者们的观点和实证结果不尽相同（丁守海，2010；李晓春，何平，2010；国艳敏，2010）。

在人力资本研究方面，人力资本与经济增长之间的关系是学者们关注的热点问题，包括人力资本因素对中国经济增长的作用（郭志仪，逯进，2006；杨建芳，龚六堂，张庆华，2006；查显友，丁守海，2006；陈晓光，2006；殷德生，唐海燕，2006；岳书敬，刘朝明，2006）、人力资本对生产率提高的影响（魏下海，张建武，2010；张海峰，姚先国，张俊森，2010）以及从人力资本角度对地区经济差异进行解释（李亚玲，汪戎，2006；孙健，逄慧，王东，2006；郭志仪，曹建云，2007；郭玉清，杨栋，2007）。对教育收益率的研究得到进一步推进和深化（Fleisher，Wang，2005；Li，Liu 等，2005；张车伟，2006；钟甫宁，刘华，2007；王海港，李实，刘京军，2007；罗楚亮，2007），农村的教育投资开始得到关注（周亚虹，许玲丽，夏正青，2010；吕昭河，2010；张银，李燕萍，2010；任远，陈春林，2010）。除教育外，健康人力资本也成为研究热点，学者们对健康人力资本对经济增长的影响（杨建芳，恭六堂，张庆华，2006；余长林，2006；罗凯，2007；王弟海，2007；王娟，2007；陈浩，2010）、健康人力资本对个人收入的影响（张车伟，2003；魏众，2004；潘思思，2007）以及健康人力资本与教育投资（胡昭霖，2006）等方面进行了研究。在人力资本研究中，准确地度量人力资本一直是一个难点，李海峥、梁玲、Barbara Fraumeni、刘智强、王小军（2010）计算了中国人力资本年度总量并构建了中国人力资本指数。但人力资本估算方法和指标体系有待进一步研究和改善。

经济增长对就业增长的影响一直是学者们研究的热点，以往大部分学者都认为我国的经济增长没有带来相应的就业水平提高，张建武、赵勋（2010）从有效就业角度出发，提出经济增长对就业的影响还包含将隐蔽性失业转化为有效就业。此外，学者们也对其他影响就业的因素进行了探索和分析，包括汇率变动（王孝成，2010）、房价（陈章喜，黄准，2010）、技术进步（王君斌，王文甫，2010）、对外服务（陈银娥，魏君英，2010）、增值税转型（陈烨，张欣，寇恩惠，刘明，2010）和货币供给（阮加，2010）等。除此之外，初次就业问题和农民工的非农初职（郭云涛，2010）得到关注。从研究对象上看，青年大学生就业和失业问题（卿石松，曾湘泉，2010；林江，2010；吴要武，赵泉，2010）、返乡农民工创业（郭云南，2010；郭群成，郑少锋，2010；朱红根，康兰媛，蒋贞林，刘小春，2010；石智雷，谭宇，吴海涛，2010；杨其静，王宇锋，2010）与非农就业问题（艾春荣，汪伟，2010）是学者们关注的热点问题。当前对就业和失业研究的一个问题在于我国还没有建立起一套科学的就业与失业的测量指标，如何对我国失业和就业进行科学测量引起了学者的关注（曾湘泉，2006；丁大建，2006；葛玉好，曾湘泉，2010），同时，一些学者开始对就业质量的量化评价（刘素华，2005）和就业管制的测量（杨伟国，代懋，2010）进行研究。

农地流转对农村劳动力转移的影响（曹亚，陈浩，2010；游和远，吴次芳，2010；谢勇，2010）。李楠（2010）分析了影响迁移劳动力留城和返乡意愿的主要因素，王健（2010）研究了家庭生命周期对农村劳动力转移的影响。梁雄军、林云、刘平青、丁守海（2010）从农民工二次流动实证研究了"民工荒"形成的机理。

刘易斯拐点的到来是学者们研究的热点问题（蔡昉，2010；袁志刚，2010；钟水映，李魁，2010），都阳、王美艳（2010）推算出在现有的劳动力市场状况和制度环境下，农业中可供转移的劳动力规模仅有几千万。另外，劳动参与率问题（马忠东，吕智浩，叶孔嘉，2010；张世伟，周闯，2010）也引起重视。从研究对象上看，农民工（夏怡然，2010）和高技能人才（谌新民，潘彬，2010）的劳动供给得到关注。

王海宁、陈媛媛（2010）测算了外来人口在劳动福利总量及具体福利项目所受到的歧视程度。姚亚文、赵卫亚（2010）对城市劳动力市场的二元分割问题进行了研究。沈琴琴、张艳华（2010）和苏永照（2010）从历史变迁的视角研究劳动力市场分割。杨伟国、陈玉杰、张成刚（2010）探讨了职业性别隔离的测量方法。张抗私（2010）探讨了就业性别歧视与人力资本投资倾向相互逆向激励所带来的影响。

二、我国劳动经济学现状及存在的问题

（一）我国劳动经济学研究取得重要进步

我国劳动经济学研究中实证研究比例不断加大，先进技术使用增多，并在我国特有问题的研究中做出了重要的理论和现实贡献。

首先，从总体上来看，国内学者在劳动经济学的研究方面有了很大的进步，也取得了不少具有启发意义的研究成果，特别是在对经济转型国家和发展中国家劳动力市场特征及运行机制的分析上，国内学者有一定的先天优势。国内已有研究在中国劳动力市场的分割与歧视、劳动力流动、就业问题、收入分配问题的分析中不乏独到和深刻的见解，这些研究成果对其他转型国家和地区也有一定的借鉴意义。有的结论已成为主流经济学的有益补充和印证，如曾湘泉对知识失业原因的论述，宋晓梧对收入分配问题的分析，常凯对工会和劳动关系的分析，林毅夫、蔡昉和李周（1998）等对加强劳动力流动是否可以消除城乡收入差距的论证等（李琼，2006）。

其次，从研究方法上说，国内学者的研究也取得了相当的进步，不少研究特别是实证研究借鉴了先进的理论和分析工具，如在分析造成不平等和贫困的原因或因素时采用的对各种反映不平等的指标的分解技术。所有这些都大大推进了劳动经济学这门学科的发展。

（二）研究内容、规范性和基础设施平台建设仍然有待改善

首先，研究内容和范围有待扩展。当前，国际劳动经济学的发展趋势可以归纳为以下几方面：在宏观上，强调经济全球化与新技术革命对劳动力市场与就业的影响，劳工标准与经济绩效的关系，劳动力市场与其他市场（资本市场、产品市场）的交互作用等；在宏观政策方面，既一如既往地强调劳动力市场政策绩效评估研究，更强调采用更科学的研究方法来进行评估，美国、欧盟是典型的代表；在微观上，强调劳动力市场的微观基础研

究，特别是微观组织的人力资源管理与劳动关系对组织绩效与劳动力市场的影响，人事管理经济学以及劳动关系的经济学分析是时下研究的重点领域；在特定群体研究方面，国际上一直并继续关注青年、妇女、少数民族、残疾人等群体在劳动力市场中的权利保护与就业促进；在最佳实践研究方面，宏观领域的最佳政策实践与微观领域的最佳管理实践都是国际社会研究的重点。

目前，我国的劳动经济学研究多集中于就业、收入差距等方面，在宏观上，以实证为基础的政策评估比较欠缺，对某一项政策的跟踪性、系列性的连续研究尤为缺乏；在微观上，则缺乏对企业"黑箱"的经济学分析；还有，目前国内的研究过于集中于市场和政府两方面，对其他诸如经济全球化、文化因素等对我国劳动力市场影响的分析则相对欠缺。

其次，学科研究方法规范性不够，研究方法和理论缺乏创新。国内目前没有被国际同行认可的劳动经济和劳动关系学术期刊；由于研究方法训练不足，许多论文缺乏国际上通行的学术研究规范标准。在各种新研究方法的运用方面也存在着一些问题，某些研究存在着"重技术轻思想"的倾向，模型的使用缺少理论依据和现实针对性，简单照搬西方理论模型，降低了这些成果的学术价值和政策意义。

最后，研究基础设施薄弱。主要表现为国内外学术文献检索系统建设落后，国内规范的、供劳动经济分析和研究的基础数据十分缺乏。国家有关部门以及学术单位之间的专业资料和统计数据的共享和交流不够。

国外的经验表明，微观数据的收集与使用是推动劳动经济学研究方法和理论创新的重要因素。在国外，尤其是美国，从 20 世纪 70 年代以来，大量入户调查微观数据在劳动力市场研究中开始取代时间序列数据（见表 1-1），这使得劳动经济学取得极大发展。在这期间，计量经济学和统计方法在微观数据的使用中也得到了极大的创新与发展，如有限因变量模型、样本选择模型、非参数方法、工具变量、准实验技术等的发明和改进。如表 1-1 所示，国外劳动经济学研究使用的微观数据主要来源于国家的调查统计，如美国的PSID、[①] NLS、[②] CPS、[③] SEO、[④] Census，[⑤] 这些数据可以免费供大众使用，这一点应该是值得国内借鉴和学习的。另外，在我国，由于各种社会因素的影响，使得我国在微观数据的统计口径、统计方法及数据公布方面与发达国家有很大差距，严重制约了我国实证劳动经济学的发展。由于调查研究和数据所受到的管制，长期以来就连"中国的失业率到底有多高"这样的问题我们也并不是非常了解（陆铭，2004）。并且，由于数据搜集整理的相对薄弱和统计口径上与国外的差异，使得研究结论有时无法进行国际间的比较。

---

① PSID（The Panel Study of Income Dynamics）：收入变动面板调查开始于 1968 年，是一个包括 7000 多个家庭和 65000 个代表样本的纵向调查。

② NLS（National Longitudinal Surveys）：国家纵向调查是针对劳动力市场行为和其他重要生活事件的调查。

③ CPS（The Current Population Survey）：当前人口调查是由美国人口普查局为劳动统计局开展的针对 50000 个样本的住户月度调查，该调查已经有 50 多年的历史。

④ SEO（Survey of Economic Opportunity）：经济机会调查是美国人口普查局为经济机会办公室所开展的一项调查。

⑤ Census：是美国每十年开展一次的针对所有个人的人口普查。

表1-1 美国劳动经济学研究使用数据类型

	劳动经济学文章（%）					所有领域
	1965~1969	1970~1974	1975~1979	1980~1983	1994~1997	1994~1997
理论文章	14	19	23	29	21	44
微观数据	11	27	45	46	58	24
面板数据	1	6	21	18	31	12
实验数据	0	0	2	2	2	3
横截面数据	10	21	21	26	25	9
微观数据库	11	27	45	46	70	28
收入变动面板调查（PSID）	0	0	6	7	7	2
国家纵向调查（NLS）	0	3	10	6	11	2
当前人口调查（CPS）	0	1	5	6	8	2
经济机会调查（SEO）	0	4	4	0	1	0
人口普查（Census）	3	5	2	0	5	1
其他所有微观数据库	8	14	18	27	38	21
时间序列	42	27	18	16	6	19
人口普查区	3	2	4	3	0	0
州数据	7	6	3	3	2	2
其他集聚横截面数据	14	16	8	4	6	6
二手数据分析	14	3	3	4	2	2

资料来源：D. Angrist Joshua, B. Krueger Alan, 1999. Empirical Strategies in Labor Economics. In Handbook of Labor Economics, Volume 3, Edited by O. Asgebfekter and D. Card, Elsevier Science B.V.

三、加强基础平台建设和学术人才培养，推动劳动经济学发展

劳动经济学学科在我国是一个新兴发展的学科领域，伴随着市场经济的迅速发展，劳动经济学的重要性得到进一步提升；此外，中国的特殊国情促使对劳动经济学的理论创新需求不断增加。为了推动劳动经济学的发展，结合劳动经济学的发展历史、现状及与国外的差距，要求我们在未来的教学、研究、基础平台建设等方面应做出不懈的努力，为此我们提出了如下的改进建议：

一是在理论研究方面既要学习国外，又要致力于自我创新。在国外，当以实证研究为基础的政策评估已经在指导政府工作中大行其道时，我们希望中国劳动经济学的研究也能够更多更好地指导政府的政策，发挥劳动经济学的实践价值。同时，在有些方面，中国的经济问题有着自己的特殊性，西方劳动经济学并没有提供现成的理论来帮助我们回答所有的问题，这时，结合中国具体的实践发展新的理论，也会为当代劳动经济学的研究做出重

要的贡献。如果说 30 年以来我们的重点在于吸收和消化西方劳动经济学的理论，或者说是运用国外已有的方法和技术研究中国的劳动经济学问题的话，那么从现在开始，也到了在中国要开始高度关注发展和完善现代劳动经济学的理论的时候了。

二是加强劳动经济学研究平台和基础设施的建设。国际的经验表明，一国劳动经济学研究水平的高低与该国是否重视研究文献积累、完善数据系统[①]以及吸引高水平的研究人员参与等有极大的关系。对我国的劳动经济理论研究，特别是对政府政策评估而言，目前研究平台和基础设施已成为最大的短板，因此，应大力推动微观数据的搜集、建立数据共享协议，促进我国劳动经济学实证研究的开展。

三是加强学术团队建设，构建学术生态群。年龄结构是学术梯队整体结构建设中最重要的结构，它反映了梯队进行教学、科研活动的活力和潜力。加强青年教师的培养和引进，使新老交替衔接紧密，避免人才断层；要从国内外引进优秀中青年学术带头人；积极鼓励青年学者参加国内外高水平的学术会议；通过外派部分教师至世界一流大学学习和访问，及时跟踪本学科的国际前沿动向，力争使教师资源在存量和增量上都得到提高。

四是完善人才培养模式。在人才培养中，做到研究型人才培养与职业型人才培养分离。对研究型人才的培养采用本科毕业后的一贯制，即硕博连读，他们的培养则应该借鉴国外的模式，多开设一些注重研究方法的实际应用的课程，并通过文献阅读、学术讨论等方式提升学生的学术研究能力。只有现有学术团队及后备人才的建设跟上时代的发展，我国的劳动经济学研究才能有一个更加美好的未来。

四、未来我国劳动经济学的研究方向和发展趋势

当前，我国经济社会发展处于关键时期，转变经济发展方式、扩大就业、改善收入分配等任务仍很艰巨，和谐社会和以人为本的理念，将为劳动经济学和劳动科学的发展提供巨大的空间。

未来的研究重点会延续之前的格局，并且在纵深上不断发展，比如就业、个人收入分配、劳资关系、农民工问题等。就业上，随着劳动力供求变化，就业问题将会从关注就业数量向关注就业质量转移，进而劳动力市场歧视将会成为未来的研究热点之一。农民工依然将是我国未来劳动力市场的重要群体，农民工的定居性迁移、农民工子女成长、转移对农村地区的影响等方面，仍需要更为深入和细致的研究。

伴随着新问题新现象的出现，肯定也会出现一些新的研究热点。比如，随着计划生育政策效果的显现，人口老龄化问题越来越严重，而年轻人供给减少，由此带来的老年人口

---

① 国外劳动经济学发展的经验显示，正是由于微观数据搜集工作中的出色进展，才使得美国的劳动经济学从 20 世纪 70 年代以来，无论是在理论上还是方法上都取得了显著成就（Joshua D. Angrist, Alan B. Krueger, 1999）。

的就业、养老、社会保障，劳动力市场的供求平衡问题等势必引起越来越多的关注。近年来，高校扩招，《劳动合同法》、《就业促进法》、《社会保障法》等一系列影响劳动力市场的政策法规和措施的实施，将会为我国政策评估研究和法经济学在劳动领域的发展提供一个良好的自然实验背景。随着北京大学的"中国健康退休跟踪调查（CHARLS）"、澳大利亚国立大学和IZA的"中国农村劳动力转移（RUMIC）"、中国人民大学劳动人事学院的"雇主与雇员匹配追踪数据"等多项微观调查的开展及相应数据的公开，微观计量在我国劳动经济学研究中的作用将会得到很大发挥。研究领域也将得到进一步拓展，如劳动经济学、劳动关系、人力资源管理等学科的交叉研究等。

参考文献

[1] Angrist D., Joshua & Krueger B., Alan, 1999. "Empirical Strategies in Labor Economics". In Handbook of Labor Economics, Volume 3, Edited by O. Asgebfekter and D. Card, Elsevier Science B.V.

[2] Paul J. McNulty, 1984. "The Origins and Development of Labor Economics", The MIT Press, p. 237.

[3] 蔡昉. 二元劳动力市场条件下的就业体制转换 [J]. 中国社会科学, 1998 (02)：4-14.

[4] 蔡昉. 中国城市限制外地民工就业的政治经济学分析 [J]. 中国人口科学, 2000 (04)：1-10.

[5] 蔡昉, 都阳, 王美艳. 户籍制度与劳动力市场保护 [J]. 经济研究, 2001 (12)：41-49.

[6] 蔡昉, 都阳, 高文书. 就业弹性、自然失业和宏观经济政策——为什么经济增长没有带来显性就业? [J]. 经济研究, 2004 (09)：18-25.

[7] 蔡昉. "民工荒"现象的经济学分析——珠江三角洲调查研究 [J]. 广东社会科学, 2005 (02)：5-10.

[8] 蔡昉. 中国劳动力市场发育与就业变化 [J]. 经济研究, 2007 (07)：4-14.

[9] 蔡继明. 中国城乡比较生产力与相对收入差别 [J]. 经济研究, 1998 (01)：11-19.

[10] 亓名杰. 人力资本价值量化与企业制度重构 [J]. 劳动经济与劳动关系, 2003 (01).

[11] 陈进玉. 关于奖金的本质问题——与孙克亮同志商榷 [J]. 经济研究, 1979 (09)：53-55.

[12] 陈颐. 农村劳动力转移的新趋势和目标模式的选择 [J]. 经济研究, 1987 (10)：77-80.

[13] 陈宗胜. 中国居民收入分配差别的深入研究——评《中国居民收入分配再研究》[J]. 经济研究, 2000 (07)：68-71.

[14] 陈宗胜, 周云波. 非法非正常收入对居民收入差别的影响及其经济学解释 [J]. 经济研究, 2001 (04)：14-23.

[15] 崔红梅, 张蓉, 田丰. 对妇女阶段性就业制度的思考——北京市和台湾地区妇女在业人口特点比较 [J]. 中国农业大学学报 (社会科学版), 2004 (01)：72-76.

[16] 董先安. 浅释中国地区收入差距：1952-2002 [J]. 经济研究, 2004 (09)：48-59.

[17] 杜凤莲. 家庭结构、儿童看护与女性劳动参与：来自中国非农村的证据 [J]. 世界经济文汇, 2008 (02)：1-12.

[18] 都阳. 教育对贫困地区农户非农供给的影响 [J]. 中国人口科学, 1999 (06)：26-33.

[19] 樊培银, 徐凤霞. 关于人力资源价值计量方法的探讨 [J]. 中国工业经济, 2002 (03)：91-96.

[20] 冯立天. 研究劳动生产率和平均工资比例若干方法问题的探讨 [J]. 经济研究, 1984 (10)：48-53.

[21] 符钢战. 中国劳动供求主体行为变化及其效率取向——中国劳动力市场发育与形成问题研究 [J]. 南开经济研究, 1990 (06).

[22] 符钢战. 论劳动供给行为市场化趋势 [J]. 经济研究, 1991 (04)：66-71.

[23] 符钢战. 中国劳动就业的理论与统计界定——中国与国际通行的劳动就业统计体系的比较研究 [J]. 统计研究，1991（05）：35-40.

[24] 高玉泽. 隐性就业的制度分析 [J]. 管理世界，1998（01）：202-205.

[25] 龚玉泉，袁志刚. 中国经济增长与就业增长的非一致性及其形成机理 [J]. 经济学动态，2002（10）.

[26] 郭向远. 资本主义条件下服务劳动的性质问题 [J]. 经济研究，1982（04）：69-71.

[27] 侯晓虹，刘永义，刘云，王建林. 现阶段农村剩余劳动力行为特征 [J]. 经济研究，1988（02）：66-70.

[28] 胡军. 略论劳动力流向、流速、流量的宏观控制 [J]. 经济研究，1986（07）：70-72.

[29] 胡瑞梁. 论社会主义劳动力商品 [J]. 经济研究，1987（12）：12-22.

[30] 胡瑞梁. 论劳动力价值、按劳分配和劳动力商品化的历史意义 [J]. 经济研究，1988（01）：51-60.

[31] 黄维德. 我国传统就业模式的产生、运行和改革 [J]. 经济研究，1986（07）：55-60.

[32] 简新华，余江. 基于冗员的中国就业弹性估计 [J]. 经济研究，2007（06）：131-141.

[33] 金敏求. 分配体制改革的重要突破——试论建筑企业实行百元产值工资含量包干制 [J]. 经济研究，1984（10）：26-29.

[34] 赖德胜. 教育扩展与收入不平等 [J]. 经济研究，1997（10）：46-53.

[35] 李光远. 劳动力所有制论质疑 [J]. 经济研究，1982（01）：8-17.

[36] 李琼. 国内劳动经济学研究的新进展 [N]. 光明日报，2006-06-26.

[37] 李实. 农村妇女的就业与收入——基于山西若干样本村的实证分析 [J]. 中国社会科学，2001（03）：56-69.

[38] 李世聪. 人力资源当期价值理论与方法 [J]. 企业管理，2002（03）：82-85.

[39] 李雄，余向农. 强化市场化分配机制下的个人收入差距 [J]. 经济研究，1986（11）：57-61.

[40] 李学曾，张问敏，仲济垠. 建立以效率为导向的工资体制 [J]. 经济研究，1989（02）：34-40.

[41] 连建辉，黄文峰. 对"股票期权制"本质的再认识——一种关于异质型人力资本产权的定价机制 [J]. 当代经济研究，2001（07）：54-58.

[42] 练岑. 试论社会主义脑力劳动者的分配原则 [J]. 经济研究，1979（09）：56-61.

[43] 林毅夫，蔡昉，李周. 中国经济转型时期的地区差距分析 [J]. 经济研究，1998（06）：3-10.

[44] 陆立军. 关于商品经济、按劳分配与"劳动力商品"的思考——与胡瑞梁同志商榷 [J]. 经济研究，1989（10）：41-48.

[45] 陆铭. 中国劳动经济学研究：从何处来，到何处去 [J]. 世界经济文汇，2004（1）：1-3.

[46] 罗德明. 国有企业潜藏的剩余劳动与经济发展 [J]. 经济研究，1990（10）：52-56.

[47] 米有录. 试论我国农业劳动力转移在国民经济宏观运行中的条件 [J]. 经济研究，1988（03）：72-77.

[48] 潘锦棠. 经济转轨中的中国女性就业与社会保障 [J]. 管理世界，2002（07）：59-68.

[49] 彭延光. 社会主义经济中没有私人劳动范畴 [J]. 经济研究，1979（07）：78-79.

[50] 沈金虎. 论城乡之间劳动力的转移 [J]. 经济研究，1988（02）：71-75.

[51] 宋国青. 城乡开放与农民转移 [J]. 学习与探索，1985（04）：77-82.

[52] 宋晓梧. 当前分配领域的突出问题与治理 [J]. 经济学家，1998（03）：32-38.

[53] 宋晓梧. 基尼系数变动与政府职能转变 [J]. 中国改革，2006（01）：28-31.

[54] 孙恒志. 社会主义经济中的私人劳动范畴 [J]. 经济研究，1979（03）：78-79.

[55] 孙克亮. 奖金仅仅是超额劳动的报酬吗？——试论奖金的本质 [J]. 经济研究，1979（06）：39-42.

[56] 孙自铎. 中国进入"刘易斯拐点"了吗？——兼论经济增长人口红利说 [J]. 经济学家, 2008 (01): 117-119.

[57] 唐鑛, 陈士芳. 我国城镇已婚女性劳动供给影响因素实证研究 [J]. 经济问题探索, 2007 (02): 107-111.

[58] 唐鑛. 职位空缺的理论回顾、数据测量及决定因素 [M]. 北京: 经济管理出版社, 2008.

[59] 万广华. 中国农村区域间居民收入差异及其变化的实证分析 [J]. 经济研究, 1998 (05): 36-41.

[60] 万广华. 解释中国农村区域间的收入不平等: 一种基于回归方程的分解方法 [J]. 经济研究, 2004 (08): 117-127.

[61] 汪海波, 吴敬琏, 周叔连. 必须把劳动者的一部分收入和企业的经营状况紧密地联系起来 [J]. 经济研究, 1978 (12): 37-43.

[62] 汪小勤, 汪红梅. "人口红利"效应与中国经济增长 [J]. 经济学家, 2007 (01): 104-110.

[63] 王诚. 中国就业转型: 从隐蔽失业、就业不足到效率型就业 [J]. 经济研究, 1996 (05): 38-46.

[64] 王向明. 农业剩余人口的转移与经济发展 [J]. 经济研究, 1985 (02): 16-21.

[65] 魏下海. 技术进步、人力资本与劳动力就业——解读中国就业弹性的变动趋势 [J]. 探索与争鸣, 2008 (05): 53-55.

[66] 卫兴华, 魏杰. 收入分配体制的现实考察与对策设计 [J]. 经济研究, 1989 (01): 77-80.

[67] 张问敏. 一年来关于按劳分配问题的讨论情况 [J]. 经济研究, 1978 (01): 60-64.

[68] 吴仁洪, 邹正清. 农村剩余劳动力转移与通货膨胀 [J]. 经济研究, 1989 (10): 60-65.

[69] 吴贤忠. 对确定奖金率的一点意见 [J]. 经济研究, 1983 (11): 77-78.

[70] 夏纪军. 人口流动性、公共收入与支出——户籍制度变迁动因分析 [J]. 经济研究, 2004 (10): 56-65.

[71] 夏振坤, 李享章. 关于民工浪潮的理论思考 [J]. 经济研究, 1989 (10): 55-59.

[72] 晓亮, 张问敏. 关于奖金的几个问题 [J]. 经济研究, 1978 (09): 47-50.

[73] 杨百揆. 商业部门职工的劳动是物质生产劳动 [J]. 经济研究, 1980 (04).

[74] 杨体仁等. 现代劳动经济学原理 [M]. 北京: 红旗出版社, 1990.

[75] 杨伟国, 王飞. 大学生就业: 国外促进政策及对中国的借鉴 [J]. 中国人口科学, 2004 (04): 65-71.

[76] 杨宜树. 劳动力商品成因的重新发现 [J]. 经济研究, 1988 (12): 70-74.

[77] 姚先国, 赖普清. 中国劳资关系的城乡户籍差异 [J]. 经济研究, 2004 (07): 82-90.

[78] 姚先国, 谭岚. 家庭收入与中国城镇已婚妇女劳动参与决策分析 [J]. 经济研究, 2005 (07): 18-27.

[79] 姚先国. 人力资本与劳动者地位 [J]. 学术月刊, 2006 (02): 93-97.

[80] 姚先国. 中国劳动力市场演化与政府行为 [J]. 公共管理学报, 2007 (03): 13-21.

[81] 于俊文, 陈惠如. 生产劳动与非生产劳动理论从亚当·斯密到马克思的发展 [J]. 经济研究, 1981 (07): 66-73.

[82] 余鑫炎. 商业部门职工的劳动主要是非生产性劳动——与杨百揆同志商榷 [J]. 经济研究, 1981 (07): 61-65.

[83] 袁志刚. 失业理论与中国失业问题 [J]. 经济研究, 1994 (09): 32-37.

[84] 袁志刚, 陆铭. 关于隐性就业的理论分析 [J]. 浙江社会科学, 1998 (01): 11-16.

[85] 曾繁华, 何正平. 国外隐形就业评介 [J]. 中南财经政法大学学报, 1993 (03).

[86] 曾繁华. 隐形就业初论 [J]. 湖北教育学院学报（哲社版），1994（03）：42–45.

[87] 曾湘泉. 经济增长过程中的工资机制——对中国工资问题的宏观动态考察 [M]. 北京：中国人民大学出版社，1989：1–281.

[88] 曾湘泉. 劳动经济 [M]. 北京：人民出版社，1994.

[89] 曾湘泉. 北京市城镇职工收入差距变动的实证研究 [J]. 劳动经济与劳动关系，2002（01）.

[90] 曾湘泉. 劳动经济学 [M]. 上海：复旦大学出版社，2003.

[91] 曾湘泉. 变革中的就业环境与中国大学生就业 [J]. 经济研究，2004（06）：87–95.

[92] 曾湘泉，于泳. 中国自然失业率的测量与解析 [J]. 中国社会科学，2006（04）：65–76.

[93] 曾湘泉. 面向市场的中国就业与失业测量研究 [M]. 北京：中国人民大学出版社，2006.

[94] 曾湘泉. 中国就业战略报告2007：劳动力市场中介与就业促进 [M]. 北京：中国人民大学出版社，2008.

[95] 张车伟，蔡昉. 就业弹性的变化趋势研究 [J]. 中国工业经济，2002（05）：22–30.

[96] 张抗私. 人力资本投资中性别歧视的经济解析 [J]. 财经问题研究，2002（07）：17–21.

[97] 张肯发. 社会主义条件下劳动力属性探索 [J]. 经济研究，1989（08）：46–51.

[98] 张平. 中国农村居民区域间收入不平等与非农就业 [J]. 经济研究，1998（08）：59–66.

[99] 张维迎. 新时期收入分配政策研究 [J]. 管理世界，1986（01）.

[100] 张文贤. 管理人股——人力资本定价 [M]. 上海：立信会计出版社，2001.

[101] 章玉钧，郭正模. 试论农村劳动力流动与城市就业 [J]. 经济学动态，1999（09）.

[102] 赵履宽. 我国工资制度的改革问题 [J]. 经济研究，1983（02）：44–50.

[103] 赵履宽，杨体仁，文跃然. 解决个人收入分配不公平问题的新设想 [J]. 经济研究，1988（07）：11–17.

[104] 赵人伟. 劳动者个人收入分配的若干变化趋势 [J]. 经济研究，1985（03）：10–19.

[105] 赵人伟. 对当前收入分配不公问题的几点看法 [J]. 经济研究，1989（12）：6–12.

[106] 赵人伟，基斯·格里芬. 中国居民收入分配研究 [M]. 北京：中国社会科学出版社，1994.

[107] 赵人伟，李实. 中国居民收入差距的扩大及其原因 [J]. 经济研究，1997（09）：19–28.

[108] 赵耀辉. 中国农村劳动力流动及教育在其中的作用——以四川省为基础的研究 [J]. 经济研究，1997（02）：37–51.

[109] 邹学荣，刁隆信，潘佳铭，黎小杰. 工业企业工资总额挂钩指标的设想 [J]. 经济研究，1985（09）：65–70.

第二章　劳动经济学学科 2010 年期刊论文精选

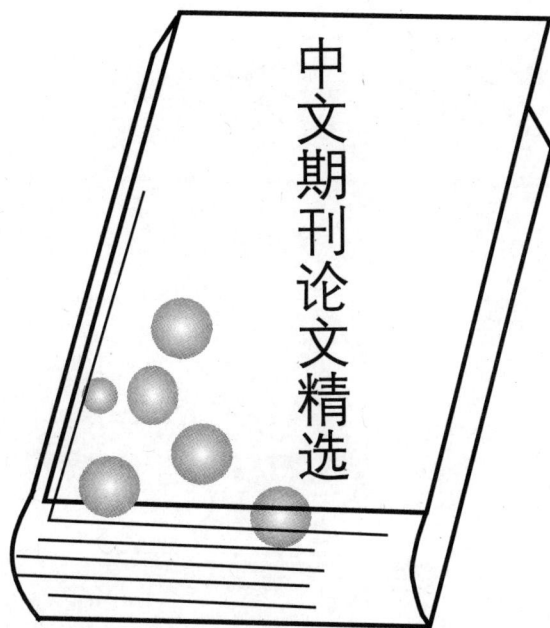

中文期刊论文精选

退休会影响健康吗？*

【摘　要】改革开放以来，农村劳动力大规模转移和城镇就业的持续扩大，使城乡居民从就业收入的增长中分享了高速经济增长的成果。与此同时，由于社会发展相对滞后于经济发展，对普通劳动者和家庭的社会保护机制尚不健全。随着"刘易斯转折点"的到来，一方面，居民大大提高了对更加充分、均等的社会保护的制度需求；另一方面，一直以来政府推动经济增长的激励，正在转变为提供更多、更好、更均等的公共服务，进而加强对城乡居民社会保护的激励。从劳动立法、劳动力市场制度建设、社会保障体系的包容性以及户籍制度改革等角度进行的经验分析，验证了政府特别是地方政府对"刘易斯转折点"到来的政策反应。在对未来一段时期公共政策走向进行预测，并概括关于公共政策乃至政府职能重点向社会保护转变的若干特征性事实的基础上，作者给出了提高地方财政能力等相应配套改革的政策建议。

【关键词】断点回归设计（Regression Discontinuity Design）；退休；健康

一、引言

根据北京大学国家发展研究院最近的调查结果，我国城镇地区劳动力退休（指停止工作）非常早，男性的退休年龄不仅远远低于我国农村居民和发展中国家的男性，甚至低于日本、韩国、美国等发达国家，与西欧国家类似，而女性的退休年龄则低于几乎所有发达国家（赵耀辉，2009）。在我国人口快速老龄化的形势下，这是不可持续的。关于推迟退休年龄的政策，各界已经有很多讨论和争论，但是很少涉及健康领域，而健康是老年人福利水平的一个重要维度。根据一些国际医学文献，退休晚的人更加长寿（Tsai et al.，2005），晚退休有助于推迟老年痴呆症的发病（Zhan et al.，2009）。如果退休和健康之间存在因果关系，那么在制定退休政策时就应该考虑到这一点，以减轻退休对健康的影响。

社会科学界对于退休与健康之间的关系也有长期的关注，但是并没有一致的结论。从

---

* 作者：雷晓燕、谭力、赵耀辉. 北京大学国家发展研究院。本文引自《经济学（季刊）》，2010（04）。

理论上说，由于退休能使人们从工作的重负中解放出来，从而能够享受生活，因此可以改善健康状况；但是同时，由于退休使社会活动的范围和生活习惯发生变化，并且自我价值感降低，因此可能通过心理健康影响到身体健康。实证研究的结果也相当不同，有的发现正向的作用（如 Bosse et al.，1991；Midanik et al.，1995；Mein，1998），有的发现负向的作用（如 Ross 和 Mirowsky，1995；Butterwolth et al.，2006），甚至有的研究发现两者没有任何联系（如 Palmore et al.，1984）。

实证研究的结果之所以分歧很大，除了数据的不同以及研究年代的差异之外，最主要的是实证方法的问题。前面不少研究都是用简单的最小二乘法进行回归（OLS）或者类似的方法得出结论，但是 OLS 有严重的内生性问题。首先，健康状况本身就是决定是否退休的重要变量（Robin et al.，1986；McGarry 2004；Disney，Emmerson，and Wakefield，2006），因此存在反向因果带来的偏误；另外，有一些无法观测的变量（个人偏好、健康禀赋等）既影响健康，也影响退休，因此会带来遗漏变量误差问题。

从 20 世纪 80 年代后期开始，不少文献试图利用面板数据来解决内生性问题（如 Kerkhofs et al.，1997；Kerkhofs et al.，1999；Dave et al.，2006）。这种方法相对于 OLS，可以去除不随时间变化的遗漏变量误差，但是这种方法无法克服随时间变化的遗漏变量误差和反向因果误差，而这两种误差可能相当严重，因此这并不是一个令人满意的解决办法。

近年来有一些文献用工具变量（IV）/断点回归（RD）的办法较好地解决了内生性问题，它们都是利用退休制度规定的一些年龄点所带来的退休行为的不连续性进行识别的。在这些年龄点前后退休的激励有明显的不同，比如，过了某个年龄，法律允许退休或者提前退休，或者过了某个年龄退休金的计算公式有变化等（如 Charles，2004；Neuman，2008；Coe 和 Zamarro，2008；Johnston 和 Lee，2008）。基本的思想是，在没有退休制度的情况下，退休应该是随年龄而平滑变化的，在退休制度所涉及的年龄前后，如果发现退休有断点，那么我们就可以认为这些退休的差异是外生的制度因素带来的，IV/RD 就是利用了退休制度引致的退休变化来识别退休对健康的因果性影响。

这个方法同样适用于我国城镇地区，而且由于我国制度上的特点，退休在年龄上的断点更明显。在美国，办理退休手续就是开始从政府领取退休金，与单位是无关的；任何一个人，只要他自己愿意，完全可以继续在原单位工作。而在我国，一旦办了退休手续，就意味着离开原来的单位和岗位，如果想继续工作，只能自谋职业，只有极少数高技能者可以在原单位获得退休返聘待遇，求职的困难迫使很多人在退休年龄就停止工作。正是因为这个原因，在美国的研究中，断点通常不很明显，这不利于 IV/RD 识别，但是在我国没有这个问题。从我国 2005 年 1%人口抽样调查结果看，不论是提前退休年龄还是正常退休年龄，都有相应的明显的断点（见图 1）。[①]

---

① 有的断点会比较小，在图上不是十分明显，但是能够在回归中证实，详情见下文。

男性

女性

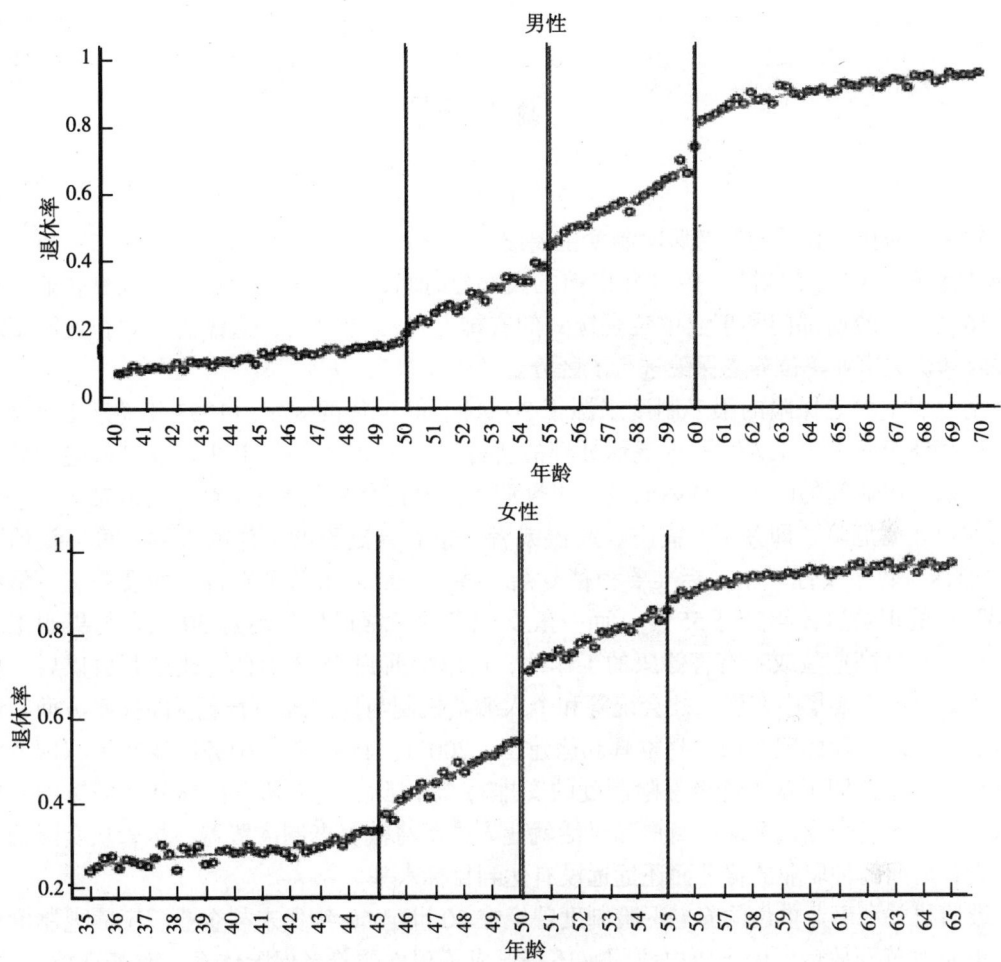

图1 退休与年龄

资料来源：2005年1%人口抽样调查数据。

IV/RD框架要求大的样本量，而2005年1%人口抽样调查数据可以满足这个需求。本文将使用该数据，研究在我国退休对健康的影响。本文的余下部分安排如下：第二部分简单介绍我国退休制度的安排；第三部分介绍分析框架，包括断点回归设计的原理和模型设定；第四部分介绍所使用的数据和相关变量的定义；第五部分报告退休对健康影响的计量结果；第六部分对方法的有效性进行检验；第七部分总结全文。

二、制度背景

到目前为止，我国的养老保险制度主要覆盖的是城镇职工，农村户籍的人口一直不享受养老保险。[①] 在城镇地区，1978 年以前的大部分时间，退休养老制度对于国有企业、城镇集体企业、政府部门和事业单位是统一的安排。1978 年以后，退休制度对企业职工养老保险和机关事业单位养老保险进行了区分。

企业职工养老保险的很多制度来源于 20 世纪 50 年代的规定（1953 年《劳动保险条例》和 1958 年《关于工人、职员退休处理的暂行规定（草案）》），其中就养老保险的规定作了性别和职业间的区分。具体而言，男性职工正常退休年龄是 60 岁，但是对于从事特殊工种，如高危险，即井下、高空、高温或者从事有害健康的工作的人群，可以提前到 55 岁退休。对于女性职工，标准要稍稍复杂一些。一般从事管理和科研的女职工（俗称"干部"）的正常退休年龄是 55 岁，而一般女职工的正常退休年龄是 50 岁。与男职工类似，对于从事高危险或者有害健康的工作的，可以提前到 45 岁退休。改革开放以后，养老保险的改革主要集中在引入社会统筹和个人缴费机制与建立统一养老保险体系方面，同时增加了养老保险的覆盖面（赵耀辉和徐建国，2001）。1997 年，国务院发布了《国务院建立统一的企业职工基本养老保险制度的安排》，提出除了原有覆盖群体外，城镇中的私人以及合资外资企业、个体工商户和灵活就业人员都将被养老制度覆盖，尽管从实际的效果来看，后面两种职业的覆盖面还远远没有达到目标水平。

政府机关和事业单位的养老保险制度曾经在 20 世纪 50 年代末与企业职工养老制度合并，但是改革开放后，由于历史原因，还是形成了独立的养老保险体系。改革开放之后，除了沿用 1955 年《国家机关工作人员退休处理暂行办法》部分规定外，该制度主要基于 1978 年国务院下达的《关于安置老弱病残干部的暂行办法》和《关于工人退休退职的暂行办法》中关于政府和事业单位的部分以及 1993 年出台的《国家公务员暂行条例》三个文件。其中规定：对于公务员，男性的正常退休年龄是 60 周岁，女性是 55 周岁；而对于因劳致疾丧失劳动能力的人员，男性和女性分别可以在 55 周岁和 45 周岁退休。对于事业单位的工作人员，男性正常的退休年龄也是 60 周岁；女性当中，如果是干部，可以在 55 周岁正常退休，如果不是可以在 50 周岁正常退休。类似的，对于因劳致疾丧失劳动能力的人员，男性和女性可以分别提前到 50 周岁和 45 周岁退休。

内退是中国经济发展当中一个比较特殊的产物。在 20 世纪末至 21 世纪初，中国国有企业经历了一个痛苦艰难的转型时期，许多国有企业在这个过程中倒闭。为了减轻国有企业在转型过程中的人员编制和养老方面的负担，1994 年国务院下发了《关于在若干城市试

---

① 最近两年有些地方在试行农村居民养老保险制度，但是覆盖的人群非常小，而且领取养老金与就业历史无关。

行国有企业破产有关问题的通知》，其中明确指出，对于破产或濒临倒闭的国有企业，距离退休年龄不足 5 年的职工，经本人申请，可以提前退休，并进入社会化的养老保险体制。这个规定促使了那个时间段不少的提前退休行为，使得中国退休人员的构成相对复杂。

总体看来，虽然城镇职工和政府、事业单位的养老制度有不同的安排，但是这些区别主要在于退休金的数额不同，政府、事业单位的退休金相比于企业更多一些，但是无论是企业还是机关事业单位，男性的正常退休年龄都是 60 周岁，而提前退休的年龄可以是 55 周岁或者 50 周岁；女性的正常退休年龄，如果是干部就是 55 周岁，如果不是就是 50 周岁，而提前退休的年龄是 45 周岁。

三、估 计 方 法

20 世纪 90 年代后期以来，出现了很多运用制度安排在年龄上的非连续性来识别因果关系的文献，例如，Edmonds 等（2004）利用只有到达某个年龄才能领取养老金的事实来识别接受养老金对家庭结构的影响，Card 等（2004）利用美国老年医疗保险可以免费提供给 65 周岁以上老人来研究医疗保险与身体健康和医疗保健的关系；Chen 和 Van der Klaauw（2008）利用美国的伤残补助在年龄上的特殊安排估计了补助对就业的影响。

根据上节的讨论，在中国现行退休制度安排下，退休（指停止工作）状况在三个年龄可能出现跳点，即退休比例的突然增加。对男性而言，跳点可能出现在 50 周岁、55 周岁和 60 周岁；对于女性，跳点可能出现在 45 周岁、50 周岁和 55 周岁。当然并非所有人都是在规定退休年龄处停止工作，因为还有其他因素也会影响到退休决定，比如有的人会因为健康状况而更早一些停止工作，再如一些人可能会在办理了法律上的退休手续后返聘或者找到其他的工作等。所以，退休制度仅仅使得退休的可能性在政策规定的退休年龄处发生一个外生的跳跃，但不一定是完全由 0 至 1 的改变。具有这种特征的 RD 被称为模糊（Fuzzy）RD，在计量经济学文献上已经被充分讨论过（Angrist 和 Lavy，1999；Van der Klaauw，2002；Chen 和 Van der Klaauw，2008）。

为了说明如何利用退休状况的年龄断点去识别退休对健康的因果关系，我们来看一个简单的模型。设退休状况为 D，工作时取值 0，退休时取值 1。Y_0 为工作时（$D = 0$）的健康状态，而 Y_1 为退休时（$D = 1$）的健康状态，一个人的健康状况 Y 可以表示为：

$$Y = Y_0(1 - D) + Y_1 D = Y_0 + (Y_1 - Y_0)D$$

假设 z_j，$j = 1$，2，3 分别是三个断点值，而 X 是造成断点的驱动变量（Forcing Variables），[1] 这里是年龄。为了叙述简便，下文主要说明怎样运用一个断点（z_1）估计出退

---

① 在 RD 框架下驱动变量 X 一般是决定规则的变量。例如，如果我们研究选举，D 代表是否胜出，那么 X 常常是得票数；再如，如果 D 代表是否上大学，那么 X 常常是高考分数。

休对健康的影响。

在局域连续的假设下，也就是假设健康的两种状态 $E[Y_0|X]$ 和 $E[Y_1|X]$ 在 z_1 点处连续，同时还假定个体同质性（$Y_{i1} - Y_{i0} = a$，即退休对健康的影响对于不同的个体相同，都是 a），就很容易得到：

$$\lim_{x \downarrow z_1} E[Y|X] - \lim_{x \uparrow z_1} E[Y|X] = a \cdot \left\{ \lim_{x \downarrow z_1} E[D|X] - \lim_{x \uparrow z_1} E[D|X] \right\} + \lim_{x \downarrow z_1} E[Y_0|X] - \lim_{x \uparrow z_1} E[Y_0|X]$$ 由于局域连续的假设，$\lim_{x \downarrow z_1} E[Y_0|X] - \lim_{x \uparrow z_1} E[Y_0|X] = 0$，只要退休概率在 z_1 上有跳跃，即 $\lim_{x \downarrow z_1} E[D|X] - \lim_{x \uparrow X_1} E[D|X] \neq 0$，则我们可以得到退休对健康的效应：

$$a = \frac{\lim_{x \downarrow z_1} E[Y|X] - \lim_{x \uparrow z_1} E[Y|X]}{\lim_{x \downarrow z_1} E[D|X] - \lim_{x \uparrow z_1} E[D|X]}$$

在异质性的情况下（$Y_{i1} - Y_{i0} = a_i$），Hahn 等（2002）指出只需要再加上一个局域的单调性条件，类似 Imbens 和 Angrist（1994）的 LATE（Local Average Treatment Effect）的思路，上面这个比例式识别的是 $X = z_1$ 的 LATE，即

$$a = \frac{\lim_{x \downarrow z_1} E[Y|X] - \lim_{x \uparrow z_1} E[Y|X]}{\lim_{x \downarrow z_1} E[D|X] - \lim_{x \uparrow z_1} E[D|X]} = \lim_{e \to 0} E[Y_1 - Y_0 | D(z_1 + e) - D(z_1 - e) = 1]$$

其中 e 为一个微小的正值。换句话说，在异质性情况下我们识别的仅仅是退休对于"顺从者"（Compliers）[①] 的效果，这里"顺从者"是指退休/工作状态完全由退休制度决定的那些人，不包括不到退休年龄就停止工作或者过了退休年龄仍然继续工作的人。

Behncke（2009）曾经批评使用退休制度作为退休工具变量去估计的文献所识别的"顺从者"可能只是一少部分人群，甚至可能不是我们所关心的那部分人群。这样的批评对发达国家的研究更适用，比如，美国政府的退休制度并不要求人们离开原工作岗位，一个人可以开始从政府领取养老金而不用让单位知道，政策规定的退休年龄对人们是否工作的影响局限于经济考虑。但是在中国，绝大部分职工一旦办了退休手续都必须离开现有工作岗位，返聘的是极少数。因此，比起美国，更多的人如果想继续工作，就必须另外找工作，而这对于老年人是比较困难的，因此我们认为在中国"顺从者"是一大部分人群，研究的结果可以具有比较普遍的意义。

运用 RD 分析的基本思想如下：因为退休制度对于个人是外生的，因此我们希望利用退休制度作为工具变量来识别退休对于健康的影响；对于个人来讲，退休制度的影响反映在个人的年龄是否达到退休规定的年龄，因此一个替代方案是用个人是否达到退休年龄作为工具变量。但是，虽然年龄是外生的，但是年龄本身对健康状况有直接的影响，年龄越

[①] 在 LATE 的框架下，基于人群对工具变量（如这里的退休制度）的反应，常常可以把人群分为四类：以男性 60 岁法定退休年龄为例，如果一个人无论是否到达 60 岁都要退休，我们称这种人为永远接受者（Always-taker）；如果一个人无论是否到达 60 岁都不退休，那么我们称这种人为永远不接受者（Never-taker）；还有一种人是超过 60 岁退休，没有超过 60 岁就不退休，这种人就是顺从者（Complier）；最后一种人是超过 60 岁反而不退休，没有超过 60 岁却要退休，这就是叛逆者（Defiler）。在单调性假设下，在人群中，叛逆者是不存在的，这个假设在我们这篇文章是合适的。

高健康越差，因此年龄不能直接成为工具变量，但是如果我们把样本限制在政策规定的退休年龄附近的人群，同时在这个小的区域内比较好地控制年龄效应，再利用工具变量的思想，把政策规定的退休年龄之前和之后的人作为控制组和实验组，就可以利用退休制度对人们退休决定的外生冲击估计出退休对健康的影响。这种局域实验设计（Local Experiment Design）的思想被 Lee 和 Lemieux（2009）反复强调过。

在实施以上估计思路时，一种选择是利用非参的估计方法（Imbens and Lemieux，2008）：

$$\lim_{x \downarrow z_1} E[Y|X] = \frac{\sum_{i \in k} Y_i w_i}{\sum_{i \in k} w_i}, \quad \lim_{x \uparrow z_1} E[Y|X] = \frac{\sum_{i \in k} Y_i (1 - w_i)}{\sum_{i \in k} (1 - w_i)},$$

$$\lim_{x \downarrow z_1} E[D|X] = \frac{\sum_{i \in k} D_i w_i}{\sum_{i \in k} w_i}, \quad \lim_{x \uparrow z_1} E[D|X] = \frac{\sum_{i \in k} D_i (1 - w_i)}{\sum_{i \in k} (1 - w_i)}$$

其中 w_i 是一个指示变量，表示观察数据是否大于某个年龄，即 $w_i = I (z_1 \leq x_i < z_1 + h)$，其中 h 是带宽，表示选择的样本人群的年龄区域的大小，而 K 指代在一个年龄值附近的一个样本。根据 Imbens 和 Lemieux（2008）的讨论，上面这个非参方法数值上等价于下面这个参数估计量：

$$Y_i = a_0 + a_1 D_i + a_2 (x_i - z_1) + a_3 S_{1i} (x_i - z_1) + u_i \qquad \text{其中 } z_1 - h \leq x_i < z_1 + h \qquad (1)$$
$$D_i = b_0 + b_1 S_{1i} + b_2 (x_i - z_1) + b_3 S_{1i} (x_i - z_1) + \varepsilon_i$$

其中我们用指示变量 S_j 来反映个体所处的年龄与断点之间的关系（大于断点就取值为1），即 $S_j = 1(X \geq z_j)$，j = 1，2，3。

本文中我们将估计式（1）并报告其结果。[①] 仔细观察式（1），除了局域样本的限制（$z_1 - h \leq x_i < z_1 + h$）以减弱年龄的健康效应之外，还有两个直接的年龄效应控制 $x - z_j$ 和 $(x - z_j)S_j$，其中第二项即交叉项控制了在断点前后年龄效应可能发生的变化，这样通过局域样本的限制和合适的直接的年龄健康效应的控制，估计出的就是我们所关心的退休对健康的因果关系。

要保证式（1）的估计值是一致的，在 2SLS 框架下，我们需要假定在控制 $x - z_j$ 和 $(x - z_j)S_j$ 情况下，S_j 与 u 无关，换句话说就是满足连续假定。为了检验我们使用的方法是有效的，本文将考虑集中以下几种有效性检验：

首先，我们将报告不同带宽的局域估计值，以检验估计的稳定性。其次，我们将检验除年龄之外的其他不受退休影响的控制变量是否在政策规定的退休年龄处有跳点。因为如果 RD 的方法是有效的，也就是说工具变量仅仅通过退休影响健康，我们不应该观察到不受退休影响的其他控制变量在政策规定的退休年龄上有任何跳点。除此之外，我们还将检验我们的驱动变量，也就是年龄密度函数的连续性。主要的考虑是，尽管真实的年龄是不能由人们选择的，但是自报的年龄很有可能存在选择性偏差。例如，为了拿到退休金，人

---

① 我们也进行了非参估计，估计结果与参数方法非常类似，所以本文只报告参数估计的结果。

们有可能会高报自己的年龄，并且刚好等于拿退休金的 60 岁。一旦驱动变量存在完全的选择性（不完全的选择性在 RD 框架下是允许的），将不可避免地影响我们识别的效果。而检验驱动变量没有完全选择性的一种方法是检验驱动变量密度函数的连续性（McCrary，2008；Imbens and Lemieux，2008），这也是我们考虑的检验。最后，为了说明我们估计得到显著的政策规定的退休年龄处的跳点不是由于我们样本大或者模型设定的缘故，我们在政策规定的退休年龄前后取点，进行了与前面类似的局域估计，看在这些点上我们是否还能估计出显著的结果，从而来验证我们方法的有效性。

关于有效性还有一个疑问，随着退休，人们的收入从工资转为退休金，一般来讲，量上面会有相当的减少，从而收入在政策规定的退休年龄处也会有断点，这是否会影响我们的识别呢？答案是不会，因为这里估计的退休对健康的影响包括了收入、工作状态以及福利变化的混合体对健康的综合影响，收入的变化仅仅是影响健康的一个因子，它对我们考察退休怎样影响健康，也就是退休影响健康的渠道有重要的意义，但却不影响我们这里的识别。

四、数据和变量定义

本文主要运用 2005 年 1% 人口抽样调查的数据来进行实证分析。我们首先根据出生年月日和调查年月构造以季度为基本单位的年龄信息。通过精确到季的年龄，我们能更好地划分在政策退休年龄前后的人群。

因为在我们的样本年龄内，只有城市户口居民才享受退休待遇，所以我们把分析的样本限制在拥有城市户口的人群。有少数人仍在学校学习，我们也进行了剔除。

本文的退休定义为人们永久性地离开劳动力市场。具体而言，定义退休为，如果受访者回答"最近工作"或者"在职休假、学习、临时停工或季节性歇业未工作"或者"正在或试图找工作，尽管最近没有工作"，这个指示变量等于 0，否则等于 1。

2005 年 1% 人口抽样调查数据为我们提供了大量样本，这是使用 RD 方法所必需的，因为我们只能取一个很小的年龄区域。另外，2005 年 1% 人口抽样调查数据提供了受访者身体健康状况的信息。受访者可以从四个选项中选择："1.身体健康"，"2.基本能保证正常的生活工作"，"3.不能正常工作或生活不能自理"，以及"4.说不准"。如果受访者选择的是"1"，我们定义"身体健康"这个变量为 1，否则为 0。这种两分法文献中常用，例如，引言中提到的最近关于退休对健康影响的研究，如 Neuman（2008）、Johnston（2008）、Coe 和 Lindboom（2008）等在使用自评健康这个变量时都采用了 0-1 两分法。

该变量与文献中常用的自评健康类似。虽然自评健康的指标如 Strauss（1998）指出的那样具有主观性的缺陷，但是 Ideler 和 Benyamini（1997）等人通过总结和对比二十多年与自评健康相关的文献指出，自评健康是预测死亡以及其他身体状况独立和重要的指标，在一定程度上甚至比其他客观指标更全面与准确，因为自评健康不仅反映了个体对现有疾病严重程度人体复杂的认知与判断，甚至还反映了那些没有被诊断出来但是却已经有症状的疾病。不仅如此，由于健康是一个多维度的概念，即使数据中存在客观健康，如血压指标或者 ADL，也不一定能很好地说明真实的身体健康状况。所以即使存在客观健康指标，一些学者也会偏向于使用自评健康，例如，Angus S. Deaton 和 Christina H. Paxson（1998），他们使用拥有很多客观健康指标的 NHIS 和 PSID，但是却仅仅使用了自评健康来做分析。除了 Ideler 和 Benyamini（1997）所提到的原因外，更重要的是，一些客观健康指标如 ADL 等只对高龄老人有差异，对相对年轻的人群则并非很好的衡量指标。由于以上原因，即使强烈批评自评健康的学者也并不放弃对该指标的分析。

其实，在后文中我们也会发现，自评健康状况随着年龄平滑地下降，这样的结果非常符合我们的直觉，也间接说明用自评健康来反映人的身体状况有一定合理性。当然使用自评健康使得我们对结果的阐释必须要小心，因为自评健康是客观健康与主观心理健康的综合体，是对个体身体状况基本的描述。至于退休通过何种渠道影响自评健康，是通过影响心理还是某方面的客观健康，则是将来研究的方向。

本文的其他社会和人口学变量定义如下：婚姻状况被分为在婚、离婚、从未结婚和丧偶四类；教育水平按大专或大专以上、中学文凭（高中或初中）和小学或小学以下分为三类；[①] 性别、户口等信息都能在问卷中直接找到。

五、基 本 结 果

在这一节，我们首先报告退休制度对退休和健康的影响，这一部分的结果一方面决定了我们一阶段回归的有效性，另一方面也直观地给出了 RD 估计的识别策略。在第二部分，我们将在 RD 框架下运用工具变量估计出退休对健康的影响。

（一）简化型估计

前面提到，从图 1 中可以看出，无论是男性还是女性，在政策规定的正常退休年龄处（男 60 岁，女 50 岁）都有相应的跳点。此外，在提前退休的年龄（男性 50 岁和 55 岁，女性 45 岁）也有跳点。相对而言，正常退休年龄的断点更明显。女性退休率的跳点在 55 岁不是十分明显，这是因为女干部在女性中的比率比较小。[②] 其次，在提前退休和正常退休年龄之间，除了几个跳点，退休率是逐步平滑地升高的。

---

① 我们这里不把小学文凭以下的专门分为一类，因为我们的研究样本主要在城市，这部分人群相对少，尽管在中国农村情况会倒过来。

② 如果我们按教育分组，可以看到那些拥有大学（大专）文凭以上的女性（常常也是干部）的退休率就在 55 岁有一个相当大的跳跃，但是这一部分女性的数量仅仅是拥有中学文凭女性数量的约 1/10。

回归结果也证实了我们前面的分析。表 1 给出了退休制度对退休影响的局域估计。其中局域估计中 +1/-1 是指在政策规定的退休年龄上下一岁之间取样本，如果果我们在 60 岁估计 +1/-1 的值，我们取的样本就是［59，61）岁。局域估计的标准差是稳健型标准差，方程中其他控制变量包括教育水平、婚姻状况和省的虚拟变量。理论上，为了达到一致的 RD 的估计量是不需要这些控制变量的（Lee and Lemieux，2009），加入这些额外的控制变量只是为了提高效率。①结果可以看到对于男性，在正常退休年龄，退休率大致有 9% 左右的跳跃，而提前退休率大致有 4%~5% 的跳跃；而对于女性而言，在 50 岁有退休率大约 10% 的跳跃，而在其他年龄，大致有 3%~4% 的跳跃。

表 1　退休制度对退休的影响

		男性				女性		
		+/-1 岁	+/-2 岁	+/-3 岁		+/-1 岁	+/-2 岁	+/-3 岁
年龄	50 岁	0.03**	0.03***	0.04***	45 岁	0.02*	0.03**	0.03**
		(0.01)	(0.01)	(0.01)		(0.01)	(0.01)	(0.01)
	55 岁	0.04*	0.05***	0.06***	50 岁	0.08***	0.12***	0.13***
		(0.02)	(0.01)	(0.01)		(0.02)	(0.01)	(0.01)
	60 岁	0.07***	0.08***	0.11***	55 岁	0.02*	0.03**	0.03***
		(0.02)	(0.01)	(0.01)		(0.01)	(0.01)	(0.01)
样本数	50 岁	10015	20928	30737	45 岁	10130	20783	25679
	55 岁	8077	16836	25024	50 岁	7837	16292	24597
	60 岁	7272	12930	19223	55 岁	7951	17997	30128

注：括号内数字是标准差，* 表示 $p<0.1$，** 表示 $p<0.05$，*** 表示 $p<0.01$。

前面的制度对退休影响的分析相当于一阶段的结果，在进入主要的回归方程（退休对健康的影响，即二阶段回归）之前，我们再简要分析一下简化型（Reduced Form）的结果。之所以考虑简化型的回归，不仅在于简化型模型的稳健性，更在于在 RD 框架下，简化型模型能够直观地展示我们分析的基础和相关关系。

图 2 给出了健康和年龄的基本关系，上图是男性的健康情况，下图是女性的健康状况。

很明显，男性的健康是随年龄平滑变化的，但在 60 岁有个跳点；而女性的健康非常平滑，基本没有明显的跳点。图 2 的分析被回归结果（见表 2）所支持。例如，在 60 岁，局域估计显示男性的主观健康有 0.03 的显著下降，而女性的估计值均不显著且趋于 0。

（二）退休对健康的影响

前面我们利用简化型回归研究了退休制度对退休和健康的影响，从整体样本来看，我们的结果表明超过政策规定的退休年龄会使得退休的可能性大大增加，对男性的健康可能产生一定的负面影响，而对女性健康则没有影响或者影响很小。但是我们知道简化型回归

① 实际上如果不加入这些额外的控制变量，我们的估计也基本没有什么变化。

男性

女性

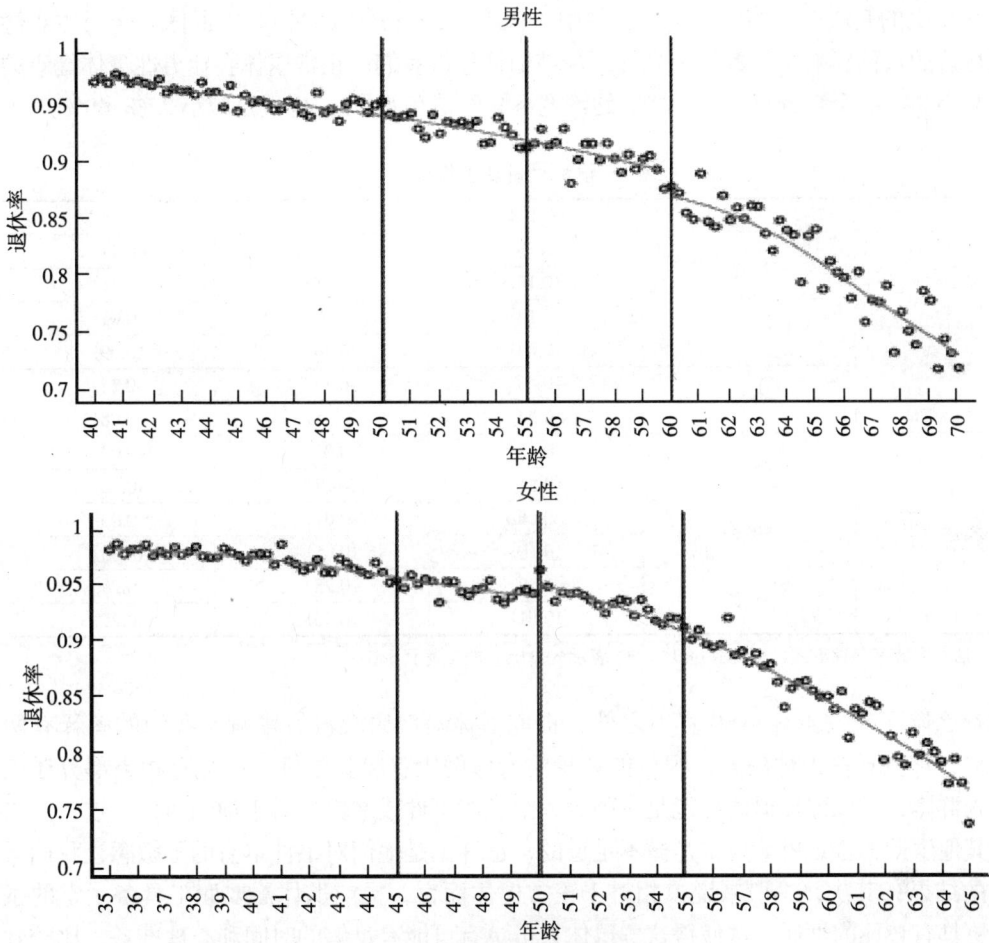

图 2 健康与年龄的基本关系

资料来源：2005 年 1%人口抽样调查数据。

表 2 退休制度对健康的影响

		男性				女性		
		+/-1 岁	+/-2 岁	+/-3 岁		+/-1 岁	+/-2 岁	+/-3 岁
身体健康	50 岁	0.00	−0.01	0.00	45 岁	0.01	0.01	−0.00
		(0.01)	(0.01)	(0.00)		(0.01)	(0.01)	(0.01)
	55 岁	0.01	0.01	−0.00	50 岁	0.01	0.01	0.01
		(0.01)	(0.01)	(0.01)		(0.01)	(0.01)	(0.01)
	60 岁	−0.03**	−0.03***	−0.03***	55 岁	−0.01	−0.01	−0.01
		(0.01)	(0.01)	(0.01)		(0.01)	(0.01)	(0.01)

注：括号内数字是标准差，* 表示 $p<0.1$，** 表示 $p<0.05$，*** 表示 $p<0.01$。

的分析还不能回答我们根本的问题：退休对健康到底有多大影响？所以这一节，我们将构造工具变量的估计值来回答这一问题。

表 3 给出的是式（1）的回归结果。从中可以看到，当男性超过 60 岁退休，会对主观健康产生显著的负面影响。从数值上来说，局域估计告诉我们，正常退休会让男性身体健康的可能性减小 24~43 个百分点（由于所取的带宽不同而稍有差异），也就是减小 27%~49%。[①]

表 3　退休对健康的影响

		+/–1 岁	+/–2 岁	+/–3 岁
男性	50 岁	0.13	−0.13	−0.11
		(0.19)	(0.15)	(0.11)
	55 岁	0.14	0.09	−0.01
		(0.24)	(0.14)	(0.09)
	60 岁	−0.43*	−0.37***	−0.24***
		(0.24)	(0.15)	(0.08)
女性	45 岁	0.06	0.05	−0.03
		(0.31)	(0.17)	(0.13)
	50 岁	0.06	0.07	0.06
		(0.10)	(0.05)	(0.05)
	55 岁	−0.30	−0.28	−0.29
		(0.51)	(0.36)	(0.27)

注：括号内数字是标准差，* 表示 $p<0.1$，** 表示 $p<0.05$，*** 表示 $p<0.01$。

为什么除了正常退休（60 岁）之外，提前退休对健康会没有影响？我们的解释有两点：首先，那些提前退休的人群很可能本身的身体健康状况就不好，而且有相当部分还属于低收入群体，所以即使退休可能是一种令人沮丧的事件或冲击，对于他们而言，这个冲击相比于其他生活的苦难可能根本是微不足道的，也许正是他们对事件本身的不敏感让我们得到这样的结果；其次，一般来说，相对于正常退休而言，提前退休需要职工具备一定的条件，也更具有自愿的性质，这使得这群退休人员更有可能有足够的时间和心理准备，比较好地应付退休以后生活的巨大变化，因此提前退休对退休人员的冲击更小。这样的结果也不禁提醒我们，也许正是因为正常退休的强制性，导致了对个人而言的生活上的巨大冲击，从而造成了退休对健康负面的影响。最后，从我们的结果来看，更为弹性的退休制度，似乎能够减弱这种影响，也许这也正是我们和国外一些研究结果结论相反的原因之一。

与男性相反，总体而言，退休对女性的健康没有任何影响。一种可能的解释是，传统上，中国的家庭分工是"男主外女主内"，所以女性在退休后，比男性更容易在烦琐的家庭事务或者更多的社会活动中找到自己的位置，认识和肯定自己。因此退休对女性而言，冲击不一定非常大。相反，男性的退休常常意味着社会地位、经济来源和社会交往的结束，并且他们难以通过家庭事务的分担来缓解，所以相对于女性，男性应该对退休更为敏感。

---

① 59~61 岁的样本回答身体健康的比例为 0.882；58~62 岁的样本回答身体健康的比例为 0.883；57~63 岁的样本回答身体健康的比例为 0.885。

六、有效性检验

在这一节，我们对方法的有效性做一些必要的检验。连续性假定的一个推论是其他特征变量或者控制变量在阈值处也是平滑的。尽管我们不能检验每个人的平滑特征，但我们可以检测整体样本的平滑特征，因为如果每个人的这些特征变量都是连续的，总体的加总也应该是连续的。

首先，表 4 给出了调查表中我们能够找到的一些控制变量，例如，是否有大学、中学、小学文凭以及是否结婚、离异和丧偶等变量的分析结果，其回归分析的方法与前面简化型的回归一样，只是用这些原来的控制变量作为因变量来做同样的回归。从表 4 中我们看到对于这些不该受退休影响的变量，无论是在提前退休年龄还是在正常退休年龄，均没有发现显著的结果。

表 4　控制变量的连续性检验

		男性				女性		
		+/-1 岁	+/-2 岁	+/-3 岁		+/-1 岁	+/-2 岁	+/-3 岁
大学文凭	50 岁	−0.00	−0.01	−0.01	45 岁	−0.01	−0.00	−0.01
		(0.02)	(0.01)	(0.01)		(0.02)	(0.01)	(0.01)
	55 岁	0.04	−0.00	0.01	50 岁	0.01	−0.01	−0.01
		(0.02)	(0.01)	(0.01)		(0.01)	(0.01)	(0.01)
	60 岁	0.02	0.01	−0.00	55 岁	−0.03	−0.02	−0.02
		(0.02)	(0.01)	(0.01)		(0.02)	(0.01)	(0.01)
中学文凭	50 岁	0.00	−0.00	−0.00	45 岁	0.00	0.01	0.01
		(0.02)	(0.01)	(0.00)		(0.02)	(0.01)	(0.01)
	55 岁	−0.01	0.00	−0.01	50 岁	−0.00	0.00	0.00
		(0.02)	(0.01)	(0.01)		(0.01)	(0.01)	(0.01)
	60 岁	0.03	0.02	0.00	55 岁	−0.02	−0.02	−0.00
		(0.02)	(0.02)	(0.00)		(0.02)	(0.01)	(0.01)
小学文凭	50 岁	0.00	0.01	0.01	45 岁	0.01	−0.01	−0.01
		(0.01)	(0.01)	(0.01)		(0.01)	(0.01)	(0.01)
	55 岁	−0.00	0.00	−0.00	50 岁	−0.01	0.00	0.00
		(0.01)	(0.01)	(0.01)		(0.01)	(0.01)	(0.01)
	60 岁	−0.00	−0.00	0.00	55 岁	0.04	0.03	0.02
		(0.02)	(0.01)	(0.01)		(0.02)	(0.02)	(0.02)
已婚	50 岁	−0.00	−0.00	−0.01	45 岁	0.00	−0.00	0.00
		(0.01)	(0.01)	(0.00)		(0.01)	(0.00)	(0.00)
	55 岁	0.01	0.00	−0.01	50 岁	0.02	0.01	0.01
		(0.01)	(0.01)	(0.01)		(0.01)	(0.01)	(0.01)

		男性				女性		
		+/−1 岁	+/−2 岁	+/−3 岁		+/−1 岁	+/−2 岁	+/−3 岁
已婚	60 岁	−0.01	0.00	0.00	55 岁	−0.01	0.01	0.00
		(0.01)	(0.01)	(0.01)		(0.01)	(0.01)	(0.01)
从未结婚	50 岁	−0.00	0.00	0.00	45 岁	−0.00	0.00	−0.00
		(0.00)	(0.00)	(0.00)		(0.00)	(0.00)	(0.00)
	55 岁	−0.01	−0.00	0.00	50 岁	−0.00	−0.00	0.00
		(0.00)	(0.00)	(0.00)		(0.01)	(0.00)	(0.00)
	60 岁	0.00	−0.00	−0.00	55 岁	−0.00	−0.00	−0.00
		(0.00)	(0.00)	(0.00)		(0.00)	(0.00)	(0.00)
离异	50 岁	0.00	−0.00	0.00	45 岁	−0.00	−0.00	−0.00
		(0.01)	(0.00)	(0.00)		(0.00)	(0.00)	(0.00)
	55 岁	−0.00	0.00	0.00	50 岁	−0.00	0.00	0.00
		(0.01)	(0.00)	(0.00)		(0.00)	(0.00)	(0.00)
	60 岁	−0.00	−0.01	−0.01	55 岁	0.00	−0.01	−0.00
		(0.01)	(0.00)	(0.00)		(0.00)	(0.00)	(0.00)
丧偶	50 岁	0.00	0.00	0.00	45 岁	0.01	0.00	0.00
		(0.00)	(0.00)	(0.00)		(0.01)	(0.00)	(0.00)
	55 岁	−0.00	0.00	0.00	50 岁	−0.01	0.00	0.00
		(0.01)	(0.00)	(0.00)		(0.01)	(0.01)	(0.00)
	60 岁	0.01	0.01	0.01	55 岁	0.01	−0.00	0.00
		(0.01)	(0.00)	(0.00)		(0.01)	(0.01)	(0.01)

注：左边的文字是因变量，括号内数字是标准差。

其次，如前文所言，尽管人们的真实年龄随着时间变化而变化，因而不会被选择，但是样本中的年龄有可能因为自报的缘故出现选择性，从而影响我们的识别。理论上，直接检验驱动变量是否有选择性的方法是检验每个人的驱动变量的密度函数是否在阈值处存在断点。与上面的检验类似，由于不可能检验每个人的密度函数，于是一种直观的方法是检验总体加总的密度函数的连续性。图 3 给出了本文的驱动变量——年龄，分性别的密度函数。纵坐标的单位是百分比。

可以看到在无论是男性还是女性，年龄的密度函数在政策规定的退休年龄处是连续和平滑的，没有显著的跳点。这个检验在一定程度上支持了我们的方法是有效的。

最后，我们检验是否由于大样本或者说模型设定的缘故导致所发现的显著性结果。我们取每个政策规定的退休年龄前后各 1 年[①] 作为我们假想的断点处。例如，60 岁是男性正常退休的年龄，那么我们就取 59 岁和 61 岁作为假想的阈值，然后用前面类似的方法进行估计。如果我们的方法是对的，那么我们在这些假想的跳点处就不应该发现显著的结果。与前面估计不同的一个细节是，由于我们知道政策规定的退休年龄存在断点，于是我们在这些

---

① 笔者也做了政策规定的退休年龄前后 2 年或者 3 年的点的检验，结论依然是一致的。

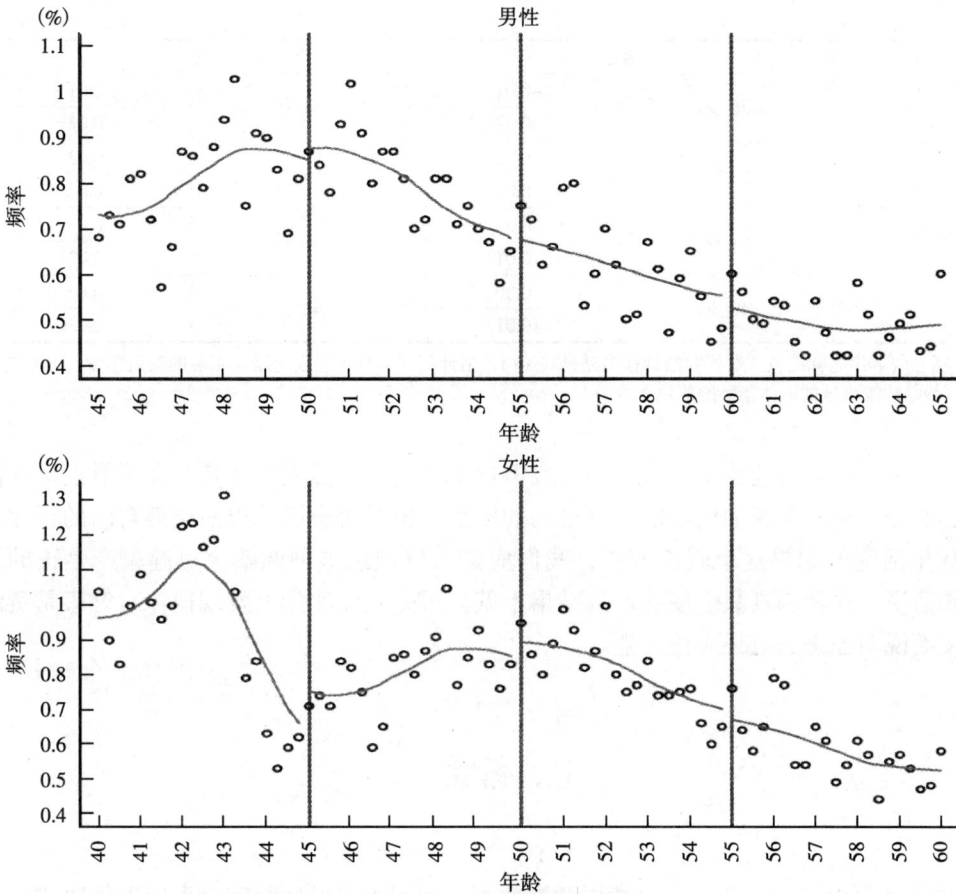

图3 年龄的密度函数

资料来源：2005年1%人口抽样调查数据。

假想的断点处做估计时，样本不能取太大（Imbens and Lemieux，2008）。例如，如果是检验61岁，那么样本只能取到60~62岁，这就相当于一个在61岁处的+1/-1的局域估计。

表5给出了这些估计的结果，从表5可以看到尽管取了离政策规定的退休年龄相当近的一个点，但是几乎所有的估计都趋于0，并且不显著，充分说明我们的方法是合适和有效的。

表5 对其他年龄可能成为断点的检验

		男性		女性	
年龄	61岁	0.00	56岁	−0.01	
		(0.02)		(0.01)	
	59岁	0.02	54岁	0.02	
		(0.02)		(0.02)	

续表

年龄	男性		女性	
	56 岁	−0.01	51 岁	−0.01
		(0.02)		(0.02)
	54 岁	−0.02	49 岁	0.03
		(0.02)		(0.02)
	51 岁	0.01	46 岁	0.03
		(0.01)		(0.02)
	49 岁	−0.00	44 岁	0.02
		(0.01)		(0.02)

注：括号内数字是标准差。这里的估计模型还是式（1），估计的样本是可能成为断点年龄的前后 1 岁。而可能成为断点的年龄是政策规定的退休年龄的前后 1 岁。

关于结果，一个可能的疑问是：因为政策规定的退休年龄人所共知，那么靠近该退休年龄的那部分人群，尽管他们不能控制自己的年龄，但是否会因此提前调整自己的行为以适应退休生活呢？如果这个假设成立，我们应该可以预想这种调整会对健康产生正的影响，换句话说，这种因素只会使我们的结果上偏。可是我们实际上发现退休对健康是负的影响，反而说明原来的效果应该更强。

七、结 论

本文使用 2005 年 1%全国人口抽样调查数据，利用中国退休制度对人们退休决定的外生冲击以及断点回归设计（RD）研究了退休（指永久性离开劳动力市场）对人们健康状况的影响。我们发现在正常退休年龄退休对男性健康有显著的负面影响，对女性则没有影响，原因可能在于女性比男性更容易调整心态，适应退休生活。另外，我们发现提前退休对男性和女性的健康都没有影响，这可能是由于提前退休多是自愿发生的，相比之下，强制退休对人们的健康影响更大。当然，自评健康虽然是一个对健康状况测量的一个综合指标，但是这个指标本身可能受到其他因素的影响，退休到底是通过何种渠道影响退休人员的自评健康，比如是心理的还是身体方面的不适应，还需要我们进一步地继续研究。

在中国即将面临老龄化冲击的情况下，是否有必要维持现有强制退休年龄也成为一个备受关注的话题。根据本文关于强制退休年龄的研究结果，强制男性工人在 60 岁退休，有可能使男性健康变差。这意味着在应对老龄化挑战的时候，放松退休年龄限制所带来的成本可能并没有想象的大，可能还有起到保护老人健康的好处。另外，根据提前退休对健康没有影响的研究结果，我们的政策建议是，在设计退休制度时，不应该"一刀切"，除了最低退休年龄的规定以外，应该给劳动者一定的推迟退休年龄的灵活性，使愿意继续工作的老人能够继续留在工作岗位上。

参考文献

［1］Angrist, Joshua D., and Guido W. Imbens, "Two-stage Least Squares Estimates of Average Causal Effects in Models with Variable Treatment Intensity", Journal of the American Statistical Association, 1995, 90 (430): 431-442.

［2］Angrist, Joshua D., "Estimating the Labor Market Impact of Voluntary Military Service Using Social Security Data on Military Applicants", Econometrica, 1994, 66 (2): 249-288.

［3］Angrist, Joshua D., and Victor Lavy, "Using Maimonides' Rule to Estimate the Effect of Class Size on Scholastic Achievement", Quarterly Journal of Economics, 2002, May 1999, 114 (2): 533-575.

［4］Angus S. Deaton and Christina H. Paxson, Aging and Inequality in Income and Health, The American Economic Review, 1998, Vol. 88, No. 2.

［5］Ashenfelter, Orley and David Card, "Did the Elimination of Mandatory Retirement Affect Faculty Retirement?" The American Economic Review, September, 2002: 957-980.

［6］Behncke, Stefanie, "How Does Retirement Affect Health?" Working Paper No. 4253, 2009, IZA Discussion Paper Series.

［7］Bound, J., and T. Waidmann, "Estimating the Health Effects of Retirements", Working Papers wp168, 2007, University of Michigan, Michigan Retirement Research Center.

［8］Bosse, Raymond, Carolyn M. Aldwin, Michael R. Levenson, and Kathryn Workman-Daniels, "How Stressful is Retirement? Findings from the Normative Aging Study", Journal of Gerontology: Psychological Sciences, 1991, 46 (1): 9-14.

［9］Butterworth, Peter, Sarah C. Gill, Bryan Rodgers, Kaarin J. Anstey, Elena Villamil and David Melzer, "Retirement and Mental Health: Analysis of the Australian National Survey of Mental Health and Well-being", Social Science and Medicine, 2006, 62: 1179-1191.

［10］Card, D., C. Dobkin, and Nicole Maestas, "The Impact of Nearly Universal Insurance Coverage on Health Care Utilization: Evidence from Medicare", Working Papers 10365, 2004, National Bureau of Economic Research.

［11］Carp, F. M., "Retirement Crisis". Science, 1967, 157: 102-103.

［12］Charles, K., "Is Retirement Depressing? Labor Force Inactivity and Psychological Well-being in Later Life", Research in Labor Economics, 2004, 23: 269-299.

［13］Chen, Susan and Wilbert van der Klaauw, "The Work Disincentive Effects of the Disability Insurance Program in the 1990s", Journal of Econometrics, 2008, February, 142 (2): 757-784.

［14］Coe, Norma B. and Gema Zamarr, "Retirement Effects on Health in Europe", Working Paper No. 588, 2008, RAND Labor and Population Working Paper Series.

［15］Coe, N. B., and M. Lindeboom, "Does Retirement Kill You? Evidence from Early Retirement Windows", IZA Discussion Papers 3817, 2008, Institute for the Study of Labor (IZA).

［16］Dave, D., I. Rashad, and J. Spasojevic, "The Effects of Retirement on Physical and Mental Health Outcomes", NBER Working Papers 12123, 2006, National Bureau of Economic Research.

［17］Disney, R., C. Emmerson, and M. Wakefield, "Ill-health and Retirement in Britain: A Panel Data Analysis", Journal of Health Economics, 2006, 25, 621 (49).

[18] Edmonds, Eric V., Kristen Mammen, and Douglas L. Miller, "Rearranging the Family? Income Support and Elderly Living Arrangements in a Low-Income Country", Working Paper 10306, 2004, National Bureau of Economic Research.

[19] Elwell, F., and A. D. Maltbie-Crannell, "The Impact of Role Loss Upon Coping Resources and Life Satisfaction of the Elderly", Journal of Gerontology, 1981, 36: 223-232.

[20] Grossman, M., "On the Concept of Health Capital and the Demand for Health", Journal of Political Economy, 1972, 2: 223-255.

[21] Hahn, Jinyong, Petra Todd, and Wilbert Van Der Klaauw, "Identification and Estimation of Treatment Effects with a Regression-Discontinuity Design", Econometrica, 2001, January 2001, 69 (1): 201-209.

[22] Hodson, Randy, "Dignity in the Workplace Under Participative Management: Alienation and Freedom Revisited", American Sociological Review, 1996, 61: 719-738.

[23] Idler E. L., Benyamini Y., "Self-rated Health and Mortality: A Review of Twenty-seven Community Studies". Journal of Health and Social Behavior, 1997, 38: 21-37.

[24] Imbens, Guido W. and Joshua D. Angrist, "Identification and Estimation of Local Average Treatment Effects", Econometrica, 1994, 62 (2): 467-475.

[25] Imbens, Guido and Thomas Lemieux, "Regression Discontinuity Designs: A Guide to Practice", Journal of Econometrics, 2008, February, 142 (2): 615-635.

[26] Johnston, David W. and Wang-Sheng Lee, "Retiring to the Good Life? The Short-term Effects of Retirement on Health". Economics Letters, 2008, 103: 8-11.

[27] Kerkhofs, Marcel and Maarten Lindeboom, "Age Related Health Dynamics and Changes in Labour Market Status". Health Economics, 1997, 6 (4): 407-423.

[28] Kerkhofs, Marcel, Maarten Lindeboom, and Jules Theeuwes, "Retirement, Financial Incentives and Health". Labour Economics, 1999, 6 (2): 203-227.

[29] Lee, David S., and David Card, "Regression Discontinuity Inference with Specification Error", Journal of Econometrics, 2008, February, 142 (2): 655-674.

[30] Lee David and Thomas Lemieux, "Regression Discontinuity Designs in Economics". Working Paper No. 14723, 2009, National Bureau of Economic Research.

[31] McCrary, Justin, "Manipulation of the Running Variable in the Regression Discontinuity Design: A Density Test", Journal of Econometrics, February 2008, 142 (2): 698-714.

[32] Mein, G., P. Higgs, J. Ferrie, and S. A. Stansfeld, "Paradigms of Retirement: The Importance of Health and Ageing in the Whitehall II Study." Social Science and Medicine, 1998, 47 (4): 535-545.

[33] Meredith Minkler, "Research on the Health Effect of Retirement: An Uncertain Legacy". Journal of Health and Social Behavior, 1981, Vol.22 (June): 117-130.

[34] Midanik, L. T., K.Soghikian, L. J. Ransom, and I. S.Tekawa, "The Effect of Retirement on Mental Health and Health Behaviors: The Kaiser Permanente Retirement Study". Journal of Gerontology: Social Sciences, 1995, 50B: S59-S61.

[35] McGarry Kathleen, "Health and Retirement: Do Changes in Health Affect Retirement Expectations?" The Journal of Human Resources, Vol. 39, No. 3 (Summer, 2004), pp. 624-648.

[36] Neuman, Kevin, "Quit Your Job and Get Healthier? The Effect of Retirement on Health". Research

in Labor Economics, 2008, 29: 177-201.

[37] Palmore, E. B., G. G.Fillenbaum, and L. K. George, "Consequences of Retirement". Journal of Gerontology, 1984, 21: 109-116.

[38] Robin C. Sickles and Paul Taubman, "An Analysis of the Health and Retirement Status of the Elderly". Econometrica, Vol. 54, No. 6 (Nov., 1986), pp. 1339-1356.

[39] Ross, Catherine E. and John Mirowsky, "Households, Employment, and the Sense of Control". Social Psychology Quarterly, 1992, 55: 217-235.

[40] Ross, Catherine E. and John Mirowsky, "Does Employment Affect Health?" Journal of Health and Social Behavior, 1995, 36 (3): 230-243.

[41] Ross, Catherine E, "Consequences of Retirement Activities for Distress and the Sense of Personal Control", Journal of Health and Social Behavior, 1998, 39 (Dec.): 317-334.

[42] Smith, J. P., "The Impact of Socioeconomic Status on Health over the Life-course". Journal of Human Resources, 2007, 42 (4): 739-764.

[43] Strauss, J. and Thomas, D. (1998). "Health, Nutrition and Economic Development", Journal of Economic Literature, 36 (2): 766-817.

[44] Tsai, Shan P., Judy K. Wendt, Robin P. Donnelly, Geert de Jong, Farah S. Ahmed, "Age at Retirement and Long Term Survival of an Industrial Population: Prospective Cohort Study", BMJ doi: 10.1136/bmj.38586.448704.E0, 21 October 2005.

[45] Van der Klaauw, Wilbert, "Estimating the Effect of Financial Aid Offers on College Enrollment: A Regression-Discontinuity Approach," International Economic Review, 2002, November, 43 (4): 1249-1287.

[46] Yujie Zhan, Mo Wang, Songqi Liu and Kenneth S. Shultz, "Bridge Employment and Retirees' Health: A Longitudinal Investigation", Journal of Occupational Health Psychology, 2009, Vol. 14, No. 4: 374-389.

[47] 赵耀辉. 第二届中国健康与养老国际研讨会. 北京大学国家发展研究院第 69 期简报, 2009.

[48] 赵耀辉, 徐建国. "我国城镇养老保险体制改革中的激励机制问题". 经济学季刊, 2009, 1 (1).

Does Retirement Affect Health?

Abstract: We use the 2005 1% population sample survey of China to identify the causal effect of retirement on health with retirement meaning leaving the labor market permanently. Exploring the mandatory retirement policies in China and with a regression discontinuity design, we focus on sharp contrasts in retirement between individuals whose age is just under and those whose age is just above the mandatory retirement age. Our results confirm that retirement does negatively affect health in men, but not in women, suggesting that women are better capable of adjusting to the life after retirement. In addition, we find that early retirement has no impact on health for either men or women probably due to the largely voluntary nature of early retirement.

Our results highlight the importance of permitting flexibility in retirement age when designing the retirement system and encouraging older workers to stay on the labor market, especially male workers.

Key words: Regression Discontinuity Design; Retirement; Health

刘易斯转折点与公共政策方向的转变[*]
——关于中国社会保护的若干特征性事实

【摘　要】改革开放以来，农村劳动力大规模转移和城镇就业的持续扩大，使城乡居民从就业收入的增长中分享了高速经济增长的成果。与此同时，由于社会发展相对滞后于经济发展，对普通劳动者和家庭的社会保护机制尚不健全。随着刘易斯转折点的到来，一方面，居民大大提高了对更加充分、均等的社会保护的制度需求；另一方面，一直以来政府推动经济增长的激励，正在转变为提供更多、更好、更均等的公共服务，进而加强对城乡居民社会保护的激励。从劳动立法、劳动力市场制度建设、社会保障体系的包容性以及户籍制度改革等角度进行的经验分析，验证了政府特别是地方政府对刘易斯转折点到来的政策反应。在对未来一段时期公共政策走向进行预测，并概括关于公共政策乃至政府职能重点向社会保护转变的若干特征性事实的基础上，作者给出了提高地方财政能力等相应配套改革的政策建议。

【关键词】刘易斯转折点；社会保护；公共政策

一、引　言

在 1978~2008 年的改革开放期间，中国实现了年平均近 10% 的 GDP 增长率和 8.6% 的人均 GDP 增长率。这个高速经济增长以及相伴随的产业结构变化，创造了更多的就业机会，改变了就业结构，城乡居民通过扩大劳动参与率和获得更高的工资水平而受益。在同一时期，以不变价格计算，农村居民人均纯收入提高了 6.9 倍，年平均增长率为 7.1%；城镇居民人均实际可支配收入提高了 7.2 倍，年平均增长率为 7.2%（见图 1）。在高速经济增长的过程中，政府也实施了大规模的农村扶贫项目，并在推动城乡就业扩大的同时，加强了劳动力市场规制，初步建立了社会保护机制，为劳动力市场上的脆弱群体提供了基本

────────────

　　* 作者：蔡昉，经济学博士，中国社会科学院人口与劳动经济研究所研究员。本文引自《中国社会科学》2010 年第 6 期。

安全网。但是，总体来说，政府在这个时期的积极作用，主要体现在推动经济增长本身，政府在促进社会发展方面的作用，虽然并非乏善可陈，但是并不像在经济领域那样引人注目。

无论是中外学者还是中国领导人，在肯定了作为经济发展绩效的自然结果——社会发展方面成绩的同时，也都观察到了社会发展的相对滞后，以及该领域存在的诸多问题及其相关的社会风险。[①]一个广为引用的官方说法是，国际经验特别是拉丁美洲国家的经验显示，中国当前所处的中等收入发展阶段，是一个社会风险高发期。社会发展中存在的问题，大量地反映在社会保护机制的不健全、不充分上。按照社会保护通常所包含的内容，[②]我们可以把存在的问题概括如下：第一，相对于经济增长的成绩来说，社会发展严重滞后，造成实际社会保护水平与需求相比严重不适应。第二，政府在提供公共服务从而构建社会保护机制方面的作用，不像在推动经济发展方面那样有力。第三，城乡居民在获得包括社会保护在内的公共服务的权利和机会上，存在巨大差异。可见，除了社会保护整体水平尚低之外，这个领域存在问题的核心在于城乡居民之间在享受公共服务上的巨大差异，导致对农民、农民工及其家属的社会保护缺失。

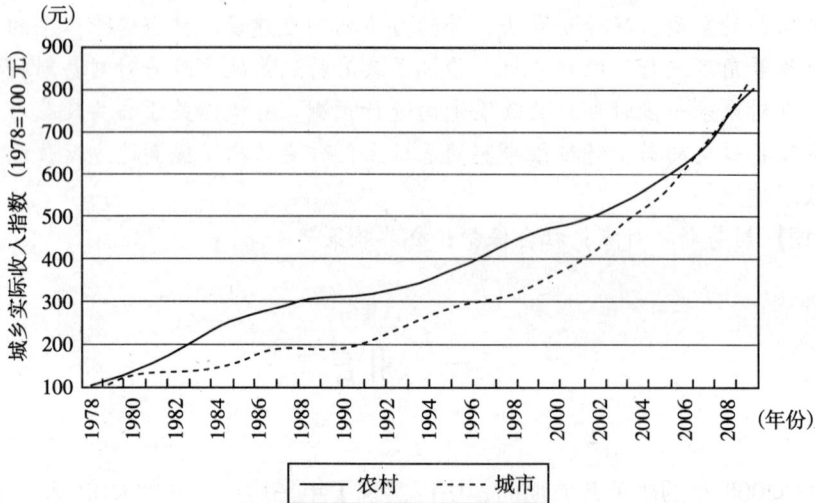

图1 城乡居民收入增长指数

资料来源：国家统计局：《中国统计年鉴》，北京：中国统计出版社（历年）。

[①] 参见 Assar Lindbeck，"Economic Social Interaction in China"，Economics of Transition，Vol. 16，No. 1，2008，pp. 113-139；温家宝：《关于发展社会事业和改善民生的几个问题》，《求是》2010 年第 7 期。

[②] 社会保护通常指这样一系列政策和制度安排，即以政府和社会为主体，通过培育富有效率的劳动力市场，降低人们面对的就业风险，提高居民保护自身收入和生活水平的能力，从而降低贫困发生率和减少脆弱性。这类制度安排主要包括：第一，旨在保护就业安全性和劳动者权益的就业政策和劳动力市场制度；第二，旨在保护居民免受失业、疾病、伤残和老龄困扰的社会保障体系；第三，对特殊困难和脆弱人群如儿童、"三无"老人、特殊地区居民的社会救助和福利等。

在解释贫困国家和富裕国家的经济社会政策差异，特别是发展中国家的城市偏向政策，以及歧视农业、农村和农民的经济和社会政策倾向时，一种理论从政治经济学视角出发，认为发展中国家农村居民人数虽然众多，但居住分散，在集体行动中也容易产生免费搭车现象，在政策制定中的影响甚微。因此，政策往往向城市居民倾斜。[①]另一种观点认为，发展中国家的政府看到了推进工业化进程的必要性，因而是把城市偏向政策作为一种加快发展的战略手段加以实施的。[②]可见，社会保护中的不充分和不均等，不仅是政府财力的制约，还有政府供给的激励问题，而这些问题会随着经济发展阶段的变化而变化。因此，揭示上述政策倾向受发展阶段影响，对于判断中国社会保护政策变化趋势，将会有所助益。

在改革开放过程中，中国政府在推动经济增长方面不遗余力，而且效果显著，因而成为发展型政府的典型案例。[③]大多数研究都是从地方政府的财政动机着眼，解释这种政府行为。[④]如果我们从中国特有的政府体制出发，扩展发展型政府等有关假说，不仅可以更加令人信服地解释中国政府推动经济发展的激励，更有助于解释在经济发展阶段发生变化之后，社会保护政策上出现的新趋势，进而对中国社会保护的前景做出可信的判断。本文将论证，在出现劳动力短缺现象的刘易斯转折点到来之后，激励中央和地方政府促进经济增长的动机，将相应地转变为提供更好的公共服务，进而提高社会保护水平和均等化程度的动机。

本文的其余部分将按照以下方式组织。第二部分描述中国经济发展正在经历的一个重要阶段——刘易斯转折点，以及给劳动力市场格局带来的新变化。第三部分讨论在刘易斯转折点到来的条件下，政府职能将向加强社会保护的方向变化，同时阐释这种转变的激励机制。第四部分通过对社会保护的经验研究和叙述，论证这个政府职能转变假说。第五部分进行总结，对中国社会保护的若干特征性事实做出一般的概括，并就改革的主要方向和领域提出政策建议。

① M. Olson, "The Exploitation and Subsidization of Agriculture in the Developing and Developed Countries," Paper Presented to the 19th Conference of International Association of Agricultural Economists, Malaga, Spain, 1985.

② Anne Krueger, Maurice Schiff and Alberto Valdes, eds., The Political Economy of Agricultural Pricing, Baltimore, Maryland: The Johns Hopkins University Press, 1991.

③ Jean C. Oi, "Local State Corporatism", in Jean C.Oi, ed., Rural China Takes Off: Institutional Foundations of Economic Reform, Berkeley: University of California Press, 1999.

④ Hehui Jin, Yingyi Qian and Barry R. Weingast, "Regional Decentralization and Fiscal Incentives: Federalism, Chinese Style", Journal of Public Economics, Vol. 89, No. 9–10, 2005, pp. 1719–1742.

二、刘易斯转折点与劳动力市场格局

改革开放之前，长期的城乡分割，特别是在没有生产要素市场的条件下，农业中积淀了大量剩余劳动力。不过，由于激励机制的缺乏，农业劳动中"大锅饭"盛行，劳动力剩余并没有显现出来。实行家庭联产承包责任制后，劳动监督中的激励问题得到解决，农业生产积极性得以激发，劳动力剩余现象开始严重显现。对 20 世纪 80 年代中期的估计，农业中大约 30%~40% 的劳动力是剩余的，绝对数约为 1 亿~1.5 亿人，[1] 这种现象持续到 20 世纪 90 年代。[2] 随着乡镇企业的发展，剩余劳动力在 20 世纪 80 年代首先大规模向农村非农产业转移。进而，随着城市非公有制经济的发展，特别是沿海地区外向型经济在 20 世纪 90 年代的加快发展，束缚劳动力流动的制度障碍逐步被打破，农村劳动力跨地区流动成为中国经济社会变迁的一个显著特色。这使得中国这个时期的经济发展，在具有自身特色的同时，可以用刘易斯始创的二元经济发展理论加以刻画。[3]

20 世纪末和 21 世纪初，在中国争取并加入世界贸易组织，进而融入经济全球化的过程中，劳动密集型制造业获得了国际竞争力，更进一步促进了农村劳动力的流动，形成人类和平历史上最大规模的迁移现象。[4] 据国家统计局的调查，截至 2008 年底，全国从事非农就业 6 个月以上的农民工总量为 2.25 亿人。其中，跨乡镇流动就业的有 1.4 亿人，占农民工总数的 62.3%；在本乡镇范围之内从事非农就业的有 8500 万人，占农民工总数的 37.7%。[5] 2009 年外出农民工总数进一步增加到 1.45 亿人（见表 1）。在人口转变进入新阶段导致劳动年龄人口增长速度递减，[6] 以及经济增长对劳动力需求持续扩大的背景下，这种大规模劳动力转移的结果必然是农业剩余劳动力显著减少。[7]

---

① J. R. Taylor, "Rural Employment Trends and the Legacy of Surplus Labor, 1978–1989," in Y. Y. Kueh and R. F. Ash, eds., Economic Trends in Chinese Agriculture: The Impact of Post Mao Reforms, New York: Oxford University Press, 1993, Chapter 8.

② Colin Carter, Funing Zhong and Fang Cai, China's Ongoing Reform of Agriculture, San Francisco: 1990 Institute, 1996.

③ Arthur Lewis, "Unlimited Labour: Further Notes," The Manchester School, Vol. 26, No. 1, 1958, pp. 1–32.

④ Kenneth Roberts, Rachel Connelly, Zhenming Xie and Zhenzhen Zheng, "Patterns of Temporary Labor Migration of Rural Women from Anhui and Sichuan", The China Journal, No. 52, 2004, pp. 49–70.

⑤ 盛来运：《金融危机中农民工就业面临的新挑战》，提交"城乡福利一体化学术研讨会"的论文，成都，2009 年 4 月 16 日。

⑥ 蔡昉：《人口转变、人口红利与刘易斯转折点》，《经济研究》2010 年第 4 期。

⑦ Fang Cai and Meiyan Wang, "A Counterfactual Analysis on Unlimited Surplus Labor in Rural China", China and World Economy, Vol. 16, No.1, 2008, pp. 51–65.

表1 外出农民工和城镇就业的数量及增长速度

年份	农民工		城镇就业	
	人数（万人）	年增长率（%）	人数（万人）	年增长率（%）
2001	8399	7.0	23940	3.4
2002	10470	24.7	24780	3.5
2003	11390	8.8	25639	3.5
2004	11823	3.8	26476	3.3
2005	12578	6.4	27331	3.2
2006	13212	5.0	28310	3.6
2007	13697	3.7	29350	3.7
2008	14041	2.5	30210	2.9
2009	14500	3.3	31312	3.6

资料来源：国家统计局：《中国统计年鉴（2009）》，北京：中国统计出版社，2009年；国家统计局农村社会经济调查司：《中国农村住户调查年鉴》，北京：中国统计出版社（历年）；2009年数字来自国家发展和改革委员会：《关于2009年国民经济和社会发展计划执行情况与2010年国民经济和社会发展计划草案的报告》，十一届全国人大三次会议，2010年。

在20世纪90年代末，中国城镇就业遭遇到亚洲金融危机和宏观经济低迷的严重冲击。当时许多城市企业陷入困境，国有企业被动地进行了激进的就业制度改革，即一部分长期享受"铁饭碗"的国有企业和城镇集体企业职工，遭遇了失业和下岗。然而，那次严峻的就业冲击也加速了劳动力市场的发育，在政府积极就业政策的帮助下，更加多样化的就业渠道最终吸纳了失业和下岗职工，化解了长期存在的冗员问题，使大多数受冲击职工实现了再就业。从表1中的第三、第四列数字看，不包含农民工在内的城镇就业始终稳定增长，但是，就业结构却发生了明显的变化，各种新兴部门乃至非正规部门成为吸纳城镇就业的主体。[1]

为了缓解20世纪90年代末的就业压力，从1999年开始，高等学校大幅度扩大了招生规模，并持续至今。1998~2008年招生数的年平均增长率为18.8%，比1988~1998年4.9%的年增长率高出13.9个百分点。2008年普通高校招生人数达到608万。扩招的结果必然是新增劳动力中高校毕业生比重提高，即每年有一个日益增加的大学毕业生群体寻求就业岗位，并以此改变了整体劳动力的教育水平构成。2009年，全国有611万应届大学毕业生，其中很大一部分需要直接进入劳动力市场，同年在公共就业服务平台求职的劳动者中，有9.4%是应届大学毕业生。

随着经济增长导致城乡就业的扩大，表现为农村剩余劳动力和城市冗员的隐蔽性失业现象逐渐被消除，并从2004年开始出现了全国性的劳动力短缺。在2010年成功地应对了金融危机并实现经济复苏之后，这个劳动力短缺现象更加突出。与此同时，普通劳动者的

---

[1] Fang Cai and Meiyan Wang, "Growth and Structural Changes in Employment in Transition China," Journal of Comparative Economics, Vol. 38, No.1, 2010, pp.71-81.

工资显著提高。在图 2 中，我们给出了粮食生产中雇工日工资，农民工、制造业和建筑业月工资，可以发现所有这些部门，以 1998 年不变价计算的工资水平都有显著的提高，而且 2004 年以后的提高速度明显加快。按照刘易斯的定义，这就是劳动力需求增长速度超过供给增长速度的转折点。

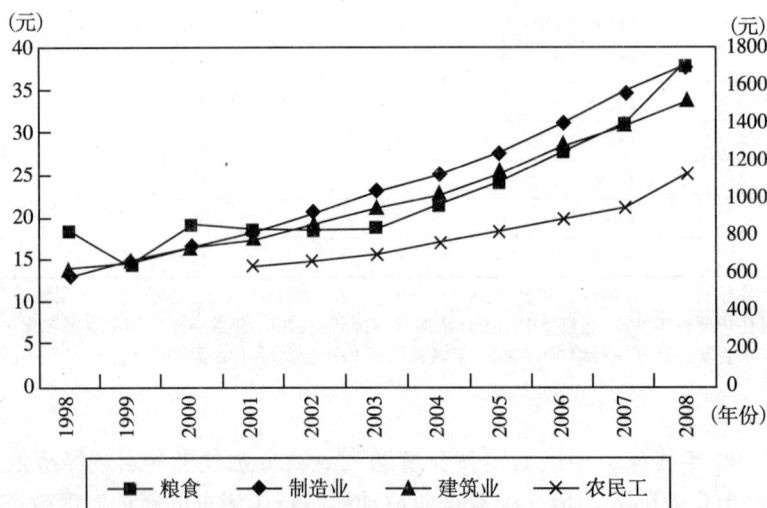

图 2 几个部门的工资水平变化

注：粮食是指稻谷、小麦和玉米三种粮食作物的平均。

资料来源：粮食雇工工资根据国家发展和改革委员会价格司编《全国农产品成本收益资料汇编》历年数据计算得到；制造业和建筑业工资根据国家统计局人口和就业统计司、人力资源和社会保障部规划财务司编《中国劳动统计年鉴》历年数据计算得到（北京：中国统计出版社）；农民工工资根据国家统计局农村社会经济调查司编《中国农村住户调查年鉴》历年数据计算得到（北京：中国统计出版社）。

关于中国是否迎来了刘易斯转折点，学术界和政策研究领域都存在着针锋相对的两种意见。在赞成的意见中，笔者及其同事做了大量经验研究，从不同角度进行了论证。[1] 学术界否认刘易斯转折点到来的意见中，表达观点的居多，而经验研究的文章比较有限。[2] 政策制定者则认为，承认刘易斯转折点，就意味着否定劳动力供给大于需求这个基本判断，担心就业及其对劳动者的保护在中央政府的优先次序中降低位次。实际上，这种担心是不必要的。[3] 下面，我们可以从不同劳动者群体的角度，具体分析在刘易斯转折点之后，中国仍然面临的就业和社会保护挑战。在经历 2008 年和 2009 年全球金融危机期间，中央

---

① 蔡昉：《人口转变、人口红利与刘易斯转折点》，《经济研究》2010 年第 4 期。

② 这些文献包括如 Ryoshi Minami and Xinxin Ma, "The Turning Point of Chinese Economy: Compared with Japanese Experience," Asian Economics, Vol. 50, No. 12, 2009; Meng Xin and Nansheng Bai, "How Much Have the Wages of the Unskilled Workers in China Increased: Data from Seven Factories in Guangdong," in Ross Garnaut and Ligang Song, eds., China: Linking Markets for Growth, Canberra: Asia Pacific Press, 2007; Xiaobo Zhang, Jin Yang and Shenglin Wang, "China Has Reached the Lewis Turning Point", IFPRI Discussion Paper 00977, May 2010.

③ 蔡昉：《成长的烦恼：中国在刘易斯转折期间面临的就业难题》，《比较》2010 年第 2 期。

政府提出关注三个群体，即农民工、城镇就业困难人员和大学毕业生的就业问题。实际上，这三个群体面临的就业困难性质不尽相同。

首先，农业不再是剩余劳动力的蓄水池，农民工日益成为城市部门具有刚性需求的劳动力供给来源，[①] 但是，他们成为周期性失业的潜在承受者。在遭遇全球金融危机对中国实体经济冲击期间，农民工从大规模返乡，到回城寻找工作，再到出现新一轮"民工荒"，反映了其就业受经济周期影响的程度。尽管农民工的就业环境愈益改善，特别是在出现劳动力短缺的情况下工资水平得以不断提高，但由于他们没有获得打工地的城市户口，因而面临着社会保护不足的困扰，就业和收入不稳定，社会保障覆盖率畸低，在遭遇就业冲击时难以获得就业扶助。根据国家统计局 2009 年的调查，农民工参加养老保险的比例为9.8%，参加医疗保险的比例为 13.1%，而参加失业保险的比例只有 3.7%。[②]

其次，城镇就业困难人员，特别是那些经历过下岗失业，在政府帮助下重新就业的城市劳动者，虽然作为城市户籍人口，可以享受较多的政策扶助和社会保护，但是，由于在特殊的年代中形成的人力资本禀赋，使得他们在适应产业结构变化的环境时遇到较大困难，将长期处于结构性和摩擦性自然失业的威胁之下。由于失业保险金乃至最低生活保障补贴的发放，是按照社区进行的，在这类低水平社会保护的获得上没有什么问题，但是，由于他们中的很大一部分处于非正规就业状态，基本养老保险的覆盖水平仍然偏低，依然处于社会保护不足的境地。例如，由于近 1/3 的城镇劳动者处于非正规就业状态，[③] 2008年城镇就业人口中，只有 54.9% 参加了基本社会养老保险。

最后，作为青年就业群体中越来越大的一个组成部分，大学毕业生就业难、失业率高等现象，成为社会关注的焦点。虽然大学生就业困难在一定程度上被夸大了，即很多大学生就业于非正规部门，就业不稳定且收入低，缺乏社会保险，因此，事实上他们并非没有就业，而是就业满意度低。不过，大学生就业困难及社会保护不足的问题确实存在，例如，根据 2005 年 1% 人口抽样调查数据的估算，大学专科毕业生的调查失业率为 8%，本科毕业生为 6.1%，皆高于平均 5.2% 的城镇平均水平。[④] 此外，在非正规部门就业的一个连带问题是，许多大学毕业生虽然在城市居住下来，却不能获得工作地的户口，因此被许多社会保护项目所遗漏。由于收入低，又不能享受城市保障性住房，许多毕业生聚居在城市某些社区的简陋住房中，形成一个缺乏社会保护的城市边缘人群体。

---

① 蔡昉：《被世界关注的中国农民工——论中国特色的深度城市化》，《国际经济评论》2010 年第 2 期。

② 盛来运：《金融危机中农民工就业面临的新挑战》，提交"城乡福利一体化学术研讨会"的论文，成都，2009 年4 月 16 日。

③ Fang Cai, "The Consistency of China's Statistics on Employment: Stylized Facts and Implications for Public Policies," The Chinese Economy, Vol. 37, No.5, 2004, pp.74–89.

④ 蔡昉主编：《中国人口与劳动问题报告——提升人力资本的教育改革》，北京：社会科学文献出版社，2009 年，第 29、57 页。

三、政府职能、政府作为及其转型

如果说通过经济增长劳动者增加了收入，城乡居民从而提高了生活质量，主要得益于劳动力市场的发育并推动就业的扩大，那么旨在通过劳动力市场制度和社会保障制度的建设，降低劳动者面对的就业和生活风险的社会保护水平的提高，则有赖于政府发挥更大的作用。中国政府推动经济增长的积极作用及其效果，得到全世界的广泛认可。这种积极作用能否转换到社会发展领域，关系到在经济发展新阶段上，人民群众对社会保护机制提出的要求能否得到满足，从而关乎社会乃至政治稳定。

对于改革时期中国政府在推进经济发展中发挥的作用，有两类研究：一类研究是对市场经济条件下政府应该履行怎样的经济职能进行了大量的规范性阐释；另一类是对改革过程中政府特别是地方政府实际扮演的角色进行实证性描述与概括。许多学者都发现，中国政府特别是地方政府深深地介入了经济发展过程，甚至扮演着企业、公司的角色，同时揭示了其背后的财政激励作用。[1]地方政府在财政分权的条件下，有着强烈的发展本地经济的动机，因而尝试以有效率的方式最大化发挥政府职能，被另外一些学者概括为竞争型政府。[2]

然而，仅仅从财政激励上理解中国政府发展经济的动机是不够的。从最初决定进行改革，到实质性地推进各项改革，中国政府自始至终都把发展经济和提高人民生活水平作为改革合法性的根本保障，从而形成了一整套针对各级政府发展经济绩效的考核、监督和激励制度。这种关注经济发展的政府类型，除了提供公共物品之外，还从有利于本地经济发展的目的出发，经常直接介入经济活动。这种政府行为虽然遭到许多批评，但是，其在推动地方经济发展方面的确起到了积极的作用，并且随着发展阶段的变化，其内涵也在发生变化。因此，我们甚至可以说，一种中国特色的政府职能转变方式正在形成。

一些西方学者正确地认识到了中国地方政府的特有作用。[3]但是，仅仅把中国政府区分为中央和地方两种类型，还不足以完整认识和解释中国政府在经济增长和改革中的作用，尤其无法预见政府职能未来的变化方向。实际上，发展型政府在中国的作用机制，是通过三个（政府）类型之间的协调和博弈展示出来的。这三个（政府）分别是：①作为最

---

[1] 参见 Jean C. Oi, "Local State Corporatism"; Andrew Walder, "Local Governments as Industrial Firms", American Journal of Sociology, Vol. 101, No.2, 1995.

[2] Carsten Herrmann Pillath and Xingyuan Feng, "Competitive Governments, Fiscal Arrangements, and the Provision of Local Public Infrastructure in China: A Theory-driven Study of Gujiao Municipality", China Information, Vol.18, No. 3, 2004, pp.373-428.

[3] Stephen Roach, "China's Rebalancing Imperatives: A Giant Step for Globalization", Morgan Stanley Research, Morgan Stanley & Co. Incorporated, December 1, 2006.

高决策层的中央政府——中共中央、全国人大和国务院，我们简称其为"中央"；②作为执行层的中央政府部门——各个主管部委（总局和局、办），我们简称其为"部委"；③执掌一方的地方政府，特别是省级和市级政府，我们简称其为"地方"。改革开放期间，在中央总揽改革、发展和稳定全局的前提下，地方与部委之间的财权与事权划分，充分展示了发展型政府的特征及其变化。

1994 年分税制改革之前，财政包干、财政分灶吃饭等分权改革，强化了地方政府的财政激励，调动了发展地方经济的积极性。与此同时，中央财政能够进行转移支付的能力大大减弱，因此导致相应的宏观协调缺失。伴随着经济发展水平的差异扩大，缩小地区之间财政能力差距、加大转移支付力度的呼求十分强烈。分税制改革因应了这种要求，强化了中央财政能力，解决了相应的问题。在相当长的时间内，中央进行转移支付，提高了公共服务均等化水平，弥补了地方政府社会保护不足的缺口，并通过实施区域发展战略，提高了地区之间经济社会发展的均衡水平。可以说，以经济增长为政府主要目标的时期，这种财政体制在很大程度上保障了必要的区域协调、公共服务和社会保护，总体效果是积极的。

在计划经济时期，许多社会福利都是由企业或单位提供的，形成与市场经济条件下相反的情形，即国家做出各种生产决策，而单位在小范围内提供社会服务，①从终身雇用制（铁饭碗）对社会化失业保险的替代、企业承担公费医疗和职工困难补助等及国家出资的企业养老，直到企业分配住房、解决职工子女入托，甚至开办义务教育。伴随着经济体制改革，特别是为了减轻国有企业的社会责任和负担，厘清经营性亏损和政策性亏损，进而搞活国有经济，相应的社会服务逐渐从企业剥离出来。但是，企业从社会责任中摆脱出来之后，并不意味着政府以公共服务的方式完全接续了相关的社会责任，从而实际上留下了社会保护不足的体制性缺口（见图 3）。这个缺口既是由制度衔接问题造成的，也与一定的发展阶段有关。因为在这个时期，地方政府集中资源发展经济，用于社会发展的资源有限。不仅如此，由于面临着计划经济时期留下来的庞大遗产成本，政府财政能力不敷应付。

不过，无论是政府集中精力发展经济，还是继续借助企业承担社会责任，无疑是具有符合发展阶段特点的政治经济学理性的。中国领导人在改革伊始就坚定不移地把发展经济作为改革获得最广泛支持的前提，通过做大"馅饼"使群众从改革中获益。此外，保持社会稳定也是获得群众支持、保证改革和发展顺利推进的关键。②因此，一方面，在劳动力市场发育过程中，解除规制的改革方式与制定劳动力市场规制的改革方式并重；另一方

---

① Assar Lindbeck, "Economic Social Interaction in China", Economics of Transition, Vol. 16, No.1, 2008, pp. 113–139.

② Önis 指出了发展型政府不同于专制国家之处在于，前者进行更加广泛的社会对话和沟通。中国政府从"代表最广大人民群众的根本利益"出发，并形成顺应民意变化的政策取向和政府职能的动态转变机制，在逻辑上的确符合发展型政府的特征。参见 Ziya Öni, "The Logic of the Developmental State", Comparative Politics, Vol.24, No.1, 1991, pp. 109–126.

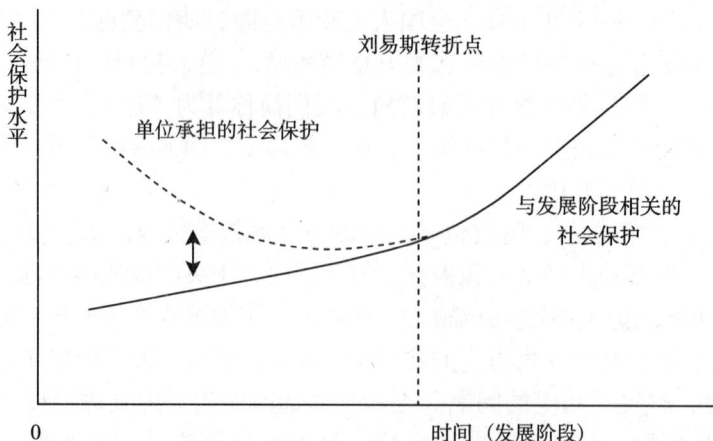

图 3 社会保护与改革及发展阶段

面，通过让企业特别是国有企业继续承担社会责任，对劳动者进行社会保护。这类责任包括：工会履行困难职工的救助职能；劝说企业在遇到经营困难的时候尽量不解雇工人；保持原有职工免受劳动力市场竞争，并维持制度性工资水平。[1]

这方面最典型的例子，是 20 世纪 90 年代末遭遇就业冲击时，国有企业所承担的责任。当时出现了计划经济时代从未有过的大规模失业现象。由于失业保险制度尚不健全，积累的失业保险基金不敷使用，中央政府要求在企业一级成立下岗职工再就业服务中心，并提出由政府、社会（当时积累的失业保险金）和企业，按照各 1/3 的比例共同负担发放下岗职工生活补贴。虽然实际上企业直接负担的费用没有达到 1/3（如 2002 年是 17.2%），但是，企业承担着接续下岗工人的社会保险，以及提供就业培训、岗位信息等帮助实现再就业的职责。[2]

图 3 中所示的在刘易斯转折点之后，社会保护水平将有一个实质性的提高，主要也不是由于政府财力的增长，而是与提供公共服务激励有关的政治经济学因素。刘易斯在观察第二次世界大战后，欧洲伴随着高速经济增长出现劳动力短缺时，感慨于随之发生的一系列变化，特别指出集体谈判等劳动力市场制度，不再因对人口过剩的担忧而受到限制。[3] 而在理解前述中国政府作为发展型政府和竞争型政府行为的前提下，考虑到经济发展阶段的实质性变化——刘易斯转折点，可以通过蒂布特模型来理解政府职能转变的原理。蒂布特通过构造一个迁移者"用脚投票"的模型，解释地方政府提供公共服务

---

① 通过计量经济学分析，Knight 和 Song 发现，农民工的边际劳动生产率是其工资率的 3.86 倍，而本地工的边际劳动生产率只是他们工资率的 80.5%（John Knight and Lina Song, Towards a Labour Market in China, Oxford：Oxford University Press，2005，p.108）。

② Fang Cai，"The Consistency of China's Statistics on Employment：Stylized Facts and Implications for Public Policies"，Vol.37，No.5，2004，pp.74-89.

③ Arthur Lewis，"The Dual Economy Revisited"，The Manchester School of Economic & Social Studies，Vol.47，No. 3，1979，pp. 211-229.

的行为,尝试找到公共服务供给与需求之间的市场解。① 这个假说的含义是,由于迁移者对于由地方政府支出提供的公共服务有特定需求和偏好,他们会根据一个地区或社区的公共服务提供水平,选择自己的迁移目的地。反过来,地方政府如果对本地居民的数量具有特定的需求和偏好,则会通过调整自己的公共服务供给行为,尝试吸引或排斥迁移者。

在刘易斯转折点到来之前,劳动力无限供给特征使得劳动者不是公共政策制定的关注重点,或者说对他们的关注仅仅通过吸引更为稀缺的投资资金,并为此而不遗余力地扩大基础设施投资规模,从而以增加就业机会表现出来。与此同时,由于1994年分税制改革给予中央政府更充分的财力,使其有能力承担社会保护的必要职能。特别是在应对20世纪90年代末就业冲击期间,中央政府实施了积极的就业政策,并基本建立起社会保障体系,城市居民得以被安全网覆盖。21世纪以来,在均等公共服务的政策理念之下,以社会保障和社会保护为核心内容的公共服务迅速向农村延伸。

刘易斯转折点到来之后,随着劳动力短缺逐渐构成对经济发展的制约,对于劳动者的关注,则会越来越多地直接体现在政府政策取向上。这个倾向在地方政府身上表现得更加突出。自2004年沿海地区出现劳动力短缺现象,并逐渐蔓延到全国以来,响应中央政府"以人为本"的科学发展观,地方政府逐渐在关于劳动者权益等问题上具备了政策自觉性和主动性。如果说以前仅仅把对本地劳动者的社会保护作为自身职能和责任的话,政府越来越把这种保护延伸到农民工身上。中国地方政府的行为,越来越像蒂布特所描述的那样,通过公共服务内容、水平和方向的调整,提高对人力资源的吸引力。其提供这类公共服务的激励,也越来越接近刘易斯转折点之前对待招商引资的程度。这种与发展阶段相适应的政府职能转型,有以下两个明显的特征和优点。

第一,这个转型符合政府职能转变的正确方向。归根结底,本源意义上的政府职能不是直接推动经济增长,而是提供公共服务,并促进公共服务的均等化。即使是作为发展型政府,在新的发展阶段并面对着更高的社会保护要求的条件下,为了发展的可持续性,政府有更强烈的动机,更多地运用公共服务供给这个手段,吸引人力资源,达到促进地方经济增长的目标。政府资源是有限的,更多地转向社会保护等公共服务,必然减少直接经济领域的干预。虽然目前产生政府不恰当职能的基础尚未被消除,然而,一旦地方政府尽享新型政府职能的好处,直接干预经济活动的传统职能将被逐渐放弃。

第二,这个转型是地方政府因应保持可持续发展的现实需要而启动的,因此,由此而提供的社会保护水平是发展阶段所内生的,不会形成过度供给或过度保护的问题。穆勒曾经警告社会救助会产生两种结果:一种是救助行为本身;另一种是对救助产生的依赖。前者无疑是有益的结果,后者则在极大程度上是有害的,其危害性之大甚至可能抵

---

① Charles M. Tiebout, "A Pure Theory of Local Expenditures", The Journal of Political Economy, Vol.64, No.5, 1956, pp.416~424. 陈金永则把这个概念用来解释改革时期中国农民向城市迁移的动机(David Lague, "The Human Tide Sweeps in to Cities," Far Eastern Economic Review, Vol. 166, No.1, 2003, pp.24~28)。

消前一结果的积极意义。① 大量经验表明，处理好这两个结果之间的分寸，既重要又微妙，构成一个"穆勒难题"。Lindbeck 用西方福利国家的经验描述了一个现代版的"穆勒难题"：在社会保护项目中，把个人贡献与受益挂钩，固然有助于解决上述依赖问题，然而，这种项目的再分配成分就大为淡薄了。② 但是，中国地方政府出于发展动机而加强社会保护，则有最大的可能性创新出一种解决"穆勒难题"的机制，或者至少在幅度、分寸上更接近于回避该难题。

四、关于中国社会保护转型的经验描述

按照刘易斯本人和其他发展经济学家的定义，当劳动力需求增长速度超过劳动力供给，从而经济发展超越了以不变工资为特征的劳动力无限供给阶段时，就意味着刘易斯转折点的到来。③ 以农民工为代表的普通劳动者短缺进而工资明显提高，大约发生在 2004 年。④ 政府特别是地方政府对刘易斯转折点到来的政策反应，主要表现在以下几个方面：

首先，立法更加着眼于保护劳动者。改革开放后的第一个《劳动法》颁布于 1994 年。由于当时处在典型的劳动力无限供给阶段，劳动力从严重剩余的农业转移到非农产业就业，无论对雇主还是对劳动者而言都是最为迫切的要求，因此，该法并没有很好地执行。最初预期会因此法执行而遭受损失的预测情形也没有发生，甚至被其他发展中国家视为一个有利于发展的灵活劳动力市场的正面经验。⑤ 随着新的发展阶段对劳动者保护的需求增强，2008 年同时开始实施三个与就业有关的法律：《劳动合同法》、《就业促进法》和《劳动争议调解仲裁法》，分别对签订劳动合同、加入社会保障、禁止就业歧视和建立和谐劳动关系各个方面做出规定和规范。虽然在颁布之后中国实体经济遭遇全球金融危机的冲击，地方政府适当放松了一些条文的执法力度，但是，法律的约束性大幅度规范了企业的用工行为，提高了劳动力市场制度化水平。

---

① 转引自 John Hoddinott, "Safety Nets and Social Protection: Opportunities for Mutual Learning between Asia and Latin America", A Background Paper for the IFPRI and Universidad del Pacífico Conference ("Fostering Growth and Reducing Poverty and Hunger in Asia and Latin America: Opportunities for Mutual Learning"), Lima, Peru, March pp.22 - 24, 2010。

② Assar Lindbeck, "Economic Social Interaction in China", pp.113–139.

③ Arthur Lewis, "Reflections on Unlimited Labour," in L. Di Marco, ed., International Economics and Development, New York: Academic Press, 1972, pp.75–96; Gustav Ranis and John C. H. Fei, "A Theory of Economic Development," The American Economic Review, Vol. 51, No.4, 1961, pp. 533–565.

④ 罗马不是一天建成的，许多转折端倪在此前也有所显示。因此，按照亲历并研究过日本转折点的南亮进 (Ryoshin Minami, "The Turning Point in the Japanese Economy," The Quarterly Journal of Economics, Vol. 82, No. 3, 1968, pp. 380–402) 的建议，我们应该把刘易斯转折点看做一个区间。这样的话，我们经常也可以在更长的时间跨度上观察中国的转折点。

⑤ Ministry of Finance of India, Economic Survey, 2005–2006, New Delhi, Ministry of Finance, 2006, p. 209.

　　许多观察者援引近年来的劳动争议，特别是与农民工有关的劳动争议案件的大幅度增加，暗示劳动关系的恶化。[①] 其实，这类劳动争议案件记录和报道数量的增加，具有某种内生性，即与此前相比，至少有三个因素鼓励劳动者提起劳动诉讼：第一，由于劳动法规的颁布与宣传，劳动者感觉更加有法可依；第二，由于劳动供求关系的变化和政府对于社会和谐的关注，劳动争议案件的仲裁和判决，天平大幅度地偏向于劳动者一方；第三，一个次要但并非没有意义的因素是，《劳动争议调解仲裁法》规定了"劳动争议仲裁不收费"，大大降低了诉讼的交易成本。上述因素实际上也是转折点到来后政府政策取向变化的证据。这两个变化都使得普通劳动者特别是农民工，更多地对那些以往采取忍耐态度的劳动争议提出诉讼。

　　其次，劳动力市场制度作用加强。很多研究表明，在不同的发展阶段上，劳动力市场制度作用程度与范围是不尽相同的。随着刘易斯转折点的到来，工资及其他待遇、就业条件进而劳动关系，更多地不再是由市场自发显示出的劳动力供求关系决定，而是由劳动力市场制度决定。一个具有代表性的类似变化，是最低工资标准调整频率和幅度的变化趋势。该制度实施初期，即在 20 世纪 90 年代，特点是标准较低、很少进行调整、通常不应用于农民工。随着 2004 年以后"民工荒"在各地普遍出现，意味着劳动力短缺成为经常现象，中央政府于 2004 年要求各地至少每两年进行一次调整，并广泛适用于农民工。各城市政府感受到劳动力短缺的压力，竞相提高最低工资水平。如图 4 所示，虽然年度间有波动，但总体来看，21 世纪以来，2004 年以后对最低工资标准进行调整的城市明显

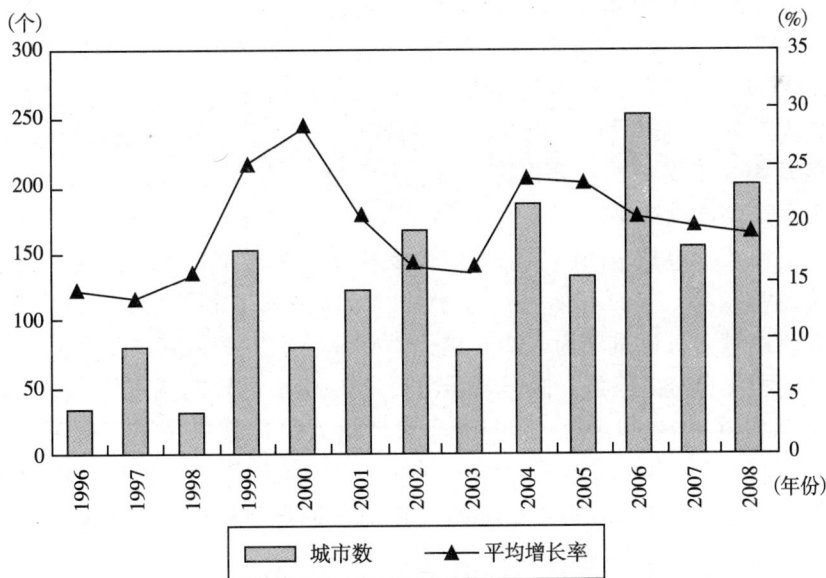

图 4　最低工资标准的调整城市数和平均幅度

资料来源：根据城市最低工资数据库（由中国社会科学院人口与劳动经济研究所收集）计算得到。

[①] 汝信、陆学艺、李培林主编：《2010 年中国社会形势分析与预测》，北京：社会科学文献出版社，2009 年。

增多，调整的幅度显著提高。在遭遇全球金融危机的 2009 年，最低工资标准在各城市都没有调整。但是，截至 2010 年 7 月就有 26 个城市再次进行了调整，提高幅度大多在 10%以上。

再次，社会保障体系建设更具包容性。20 世纪 90 年代末到 21 世纪初，城市职工的社会保障和社会保护覆盖水平大幅度提高，包括城市居民最低生活保障制度的全面覆盖、基本养老保险制度对退休职工的基本覆盖、对在职劳动者覆盖率的逐步提高、城市职工和城市居民医疗保障制度，以及失业保险等社会保险制度的实施。而在 2004 年以后，社会保障制度建设工作的重点被延伸到农村。已经实现制度全覆盖的项目，包括农村最低生活保障制度和新型农村合作医疗制度等，新型农村养老保险制度也开始试点，并定出了全覆盖的时间表。为了贯彻《劳动合同法》，[①] 提高农民工参加社会养老保险的积极性，2010 年开始执行包括农民工在内的城市职工基本养老保险关系接续和转移办法。

地方政府在提供更好社会保障和社会保护方面的积极性更显突出。第一，近年来地方政府在基本养老保险上的支出，超过了中央政府的支出。第二，在一些劳动力短缺的地区，政府利用在金融危机时期允许缓缴和少缴社会保险费等中央政府的宽松要求，有意识地降低了农民工加入社会保险的缴费水平，扩大了覆盖率。第三，农民工子女的义务教育得到明显改善。虽然中央政府早有明确要求，但是，由于义务教育的支出责任在地方政府，因此，这个问题最终得以较好解决，主要还是依靠劳动力输入地政府的积极性。第四，政府在帮助农民工追索拖欠工资、仲裁劳动争议，以及与城市户籍职工同等待遇等方面的作用大为增强，倾向性明显改变，亦即更倾向于农民工。

最后，户籍制度改革速度加快。应该说，许多研究者对中国户籍制度改革进程的估计过低，[②] 原因有两点：其一，许多研究者仅仅观察了户籍身份的表面，即仅仅看到大多数进城打工者尚未获得城市户口，而忽略了户籍制度作为阻止劳动力流动和人口迁移的制度障碍，以及内含不平等的社会保障和社会保护水平的功能。如果从后一个角度观察，不应该得出户籍制度改革进展不大的结论。其二，大多数研究者没有看到农村居民获得城市户籍的增长速度也是很快的，即使以此来狭义地为城市化做定义的话，中国的城市化速度也是超常规的。2007 年，按照 6 个月以上常住人口定义的中国城市化率为 45%，而同年非农业户籍人口比重仅为 33%。这固然意味着绝大多数农民工及其家属尚未获得打工地的正式居民身份，但是，根据国际经验，在 33% 这样的城市化水平上，每年城市化提高速度通常在 0.7%~1.8%，而中国非农户籍人口比重的年平均提高速度在 1997~2007 年达到了 2.1%。由于城市政府感受到劳动力短缺的压力，因而不断地降低了农民工落户条件，这个狭义的城市化，或者说中国特色的户籍城市化，主要是地方政府推动农民工获得城市户口的实践所促成的。

---

① 《社会保险法》也经全国人大常委会多次审议，即将颁布实施。
② 如参见 Wing Kam Chan and Will Buckingham, "Is China Abolishing the Hukou System?" The China Quarterly, Vol. 195, 2008, pp. 582-606.

五、结语和政策建议

根据以上分析，我们可以对中国社会保护的特征化事实做出以下概括：①为了创造并获得持续增长的源泉，例如，通过完善劳动力市场环境挖掘第一次人口红利潜力，通过加强人力资本积累获得第二次人口红利，[1] 中国政府作为发展型和竞争型政府的激励，在刘易斯转折点之后可以转变为加强对劳动力社会保护的动机；②按照蒂布特模型，上述转变最突出地表现在地方政府行为上，并且从地方性的公共服务和社会保护领域获得突破；③由于加强社会保护的愿望在根源上产生于政府促发展的动机，最终提供的社会保护，总体来说将确定在必要和恰当的范围内，并且产生相应的制度创新，从而避免长期困扰政府在社会保护抉择中面临的"穆勒难题"；④由于社会保护的主要手段是提供更加均等的基本公共服务，而这种行为更加符合本来意义上的政府职能，因此，这种转变实际上是符合正确方向的政府职能转变。

可见，刘易斯转折点到来之后在加强社会保护等公共服务方面，地方政府有更强的激励。而且，在中央政府已经实施的社会保护项目，一方面可以发挥纲举目张的作用；另一方面在可能产生报酬递减的条件下，进一步的社会保护领域和瞄准机制（即最佳最准确的资源用途），有赖于地方政府的积极性和判断力。1994年分税制改革后形成的中央与地方之间财权与事权的不对称关系，使得发展型地方政府虽然有更大的激励改善对农民工的公共服务，但是，在实质上推进户籍改革时，现行财税制度却会使它们陷入财政捉襟见肘的境地。[2] 中国政府中的特殊结构部分即部委，在一度承担了必要的社会保护职能之后，越来越陷入一个怪圈，在从中央争取资源的过程中，逐渐把部门履行职能的财政资源固化，而持续不断增加职能以获得追加资源的做法，不仅把各种项目碎片化，[3] 还可能超越发展阶段，人为制造出"穆勒难题"。

因此，通过财税制度改革，提高地方政府财政比重，使其财权与事权更加对称，是推进社会保护水平不断提高的关键，也符合政府职能改革的正确方向。以财政分配关系为主要内容的集权和分权，在中国经济体制调整和改革中已经经历了多次反复，正应验了古人所谓"天下大事，分久必合，合久必分"的说法。那么，一个自然产生的疑问就是，本文所建议的财权向地方倾斜，会不会是这无尽反复中又一个短暂的停留？合理划分和匹配事

---

[1] 蔡昉：《人口转变、人口红利与刘易斯转折点》，《经济研究》2010年第4期。

[2] 党的十六大以来中央提出构建和谐社会，实现经济和社会协调发展的要求，地方政府在贯彻中发现，发展社会事业所需资金，主要来自地方财政收入，而后者归根结底有赖于经济增长。可见，在没有处理好地方财权与事权对等问题的条件下，倡导社会发展仍会继续激发地方政府的GDP动机。

[3] 在中央实施的财政转移项目中，中央政府和地方政府都认识到的一个问题是：经常性项目趋于减少而专项资金泛滥。

权与财权的努力能否打破西西弗斯循环呢？

正如本文分析所示，以提供适度社会保护为主要内容的蒂布特式激励，可以使地方政府回归到公共服务这个政府职能本质上面，超脱传统的以推动经济增长为主要任务的发展型职能。虽然我们无法预期结果，但是，两利相权取其重，这个方向与历史上历次分权都会有根本性的不同，显然更加符合政府职能转变的正途。因此，在这个特定的发展阶段上重新提出的以财权与事权在中央和地方政府之间清晰界定为基础的财税体制改革，最有希望终结在中央和地方政府财政分权上似乎永无终止的博弈和轮回。

The Lewis Turning Point and the Reorientation of Public Policies: Some Stylized Facts of Social Protection in China

Cai Fang

Mass rural-to-urban migration and expansion of urban employment have enabled Chinese people to increase their income and participate in China's economic growth. While the pace of growth has been fast, social development has lagged behind. This phenomenon has left ordinary workers and their households socially less protected during the transition of the Chinese economy. This paper argues that as the Lewis turning point is reached, the incentives driving government policy have changed. As citizens voice strong demands for equitable public services, the Chinese government's focus on stimulating economic growth in the reform period before the turning point has shifted to supplying better public services. Consequently, not only has social protection been strengthened, but the function of government has been transformed from an economic growth-orientation to a public service-orientation. It then offers an empirical test of this verdict by narrating the experiences of labor-related legislation, formation of labor market institutions, more inclusive social security building, and hukou system reform during the turning point. The paper concludes with a generalization of the stylized facts on social protection and future trends in China during its transition, and an indication of the direction and main arena for necessary future reforms.

行业间不平等：日益重要的城镇收入差距成因
——基于回归方程的分解*

【摘　要】基于回归方程的收入差距分解发现，1988 年、1995 年和 2002 年，行业间收入不平等对中国城镇居民收入差距的贡献越来越大，而且这主要是由一些收入迅速提高的垄断行业造成的。同时，区位、教育、所有制和职业类型以及是否有第二职业对收入差距的贡献也在提高，是否完全就业和年龄对收入差距的贡献有明显下降。因此，缩小中国城镇收入差距，亟须打破劳动力市场进入壁垒和产品市场行业垄断。此外，减轻地区间的劳动力流动障碍、普遍提高劳动者的受教育水平等措施，也将是未来政府缩小城镇收入差距的重要政策着力点。

【关键词】行业垄断；收入差距分解；夏普里值

一、引言

行业间的收入差距是一个在国际上持续了 20 多年的话题，在中国，人们也普遍感受到了行业间的收入不平等。垄断行业的收入过高作为"收入不公"的重要表现，有别于因教育回报上升导致的"收入不均等"。但是，行业间收入不平等对于收入差距的贡献到底有多大，这一贡献有怎样的变化趋势，均不明确。这就使我们既无法了解旨在消除行业垄断的竞争政策对于缓解收入差距有多重要，也难以确定中国正在进行的市场化改革是否能

* 作者：陈钊、万广华、陆铭，复旦大学中国社会主义市场经济研究中心；云南财经大学财政与经济学院；复旦大学经济学院。本文引自《中国社会科学》，2010（3）。

本研究受到教育部重点研究基地重大项目（2009JJD790010）、国家社科基金项目（08BJL008）、上海市重点学科建设项目（B101）和复旦大学"中国经济国际竞争力"创新基地项目的资助。作者感谢联合国大学国际发展经济学研究院（UNU-WIDER）、Tony Shorrocks、蔡洪滨和周黎安的评论与建议，感谢本刊匿名审稿人的修改建议。感谢李实提供 CHIPS 数据。感谢孙永智的助研工作。文责自负。

够自动缩小行业间的收入不平等。[①]

本研究利用新近发展起来的基于回归方程的不平等分解方法，对决定收入差距的各个因子按其重要性进行了排序。在某种意义上讲，这就相当于对控制收入差距的政策措施就其重要性进行了排序。我们发现，1988 年、1995 年和 2002 年，行业间的收入不平等对于中国城镇居民收入差距的贡献越来越大，而且这主要是由一些收入迅速提高的国有垄断行业造成的。这一发现有助于我们认识中国市场经济体制的走向。在完善的市场机制下，劳动力市场的充分竞争能够保证收入在行业间被均等化，确切地说，只要劳动力市场上没有行业进入的壁垒，行业间平均工资的不同就仅仅由不同行业的劳动者个人差异导致，而在个人的特征被控制之后，行业因素就应该不再重要。如此推断，在走向一个竞争性的市场经济体制的过程中，行业因素对收入差距的贡献应该逐步缩小，这预示着中国将走向一个公平竞争的市场经济。然而，我们的发现与此恰恰相反。尽管市场竞争在加剧，但市场竞争对于不同行业的影响是不同的，相对来说，国有垄断部门受到的影响较小。这说明，在中国渐进式的改革中，转型并不必然走向竞争性的市场经济体制。在这个意义上，我们可以判断，如果不着手控制行业间收入的不平等，这一因素就可能把中国目前的市场化改革引向不公正的市场经济。本文也预示着，未来中国要缩小城镇收入差距，消除行业间收入的不平等将是非常重要的政策手段。

本文余下部分结构安排如下：第二部分简要评论相关文献；第三部分回顾中国劳动力市场改革及行业间收入不平等的背景与事实；第四部分介绍本文的数据和收入方程；第五部分是收入差距的分解结果；第六部分是结论及政策含义。

二、文献评论

行业间收入不平等在中国城镇收入差距的形成中究竟有多重要，现有文献一直没有给出很好的回答。Knight 和 Song 分解了中国城镇居民的收入差距，却没有考虑行业因素对于城镇收入差距的贡献。[②] Gustafsson 和 Li 按照收入构成分解了收入差距，但这种方法无法得出收入的基本决定因素对收入差距的贡献。[③]

[①] 如果同一个劳动者仅仅因为所处行业不同，其收入有所不同，那么这就导致了行业间收入不平等。在学术界，行业间收入差距（Inter-industry Wage Differ Ential）指的就是这种行业间收入不平等，它并不包括人们通常认为的诸如受教育水平差异等行业之外的因素导致的收入不同。本文研究中所使用的行业收入不平等和行业间收入差距指的仅仅是由于行业因素而导致的收入差距。

[②] J. Knight and L. Song, "Increasing Urban Wage Inequality in China: Extent, Elements and Evaluation," Economics of Transition, Vol.11, No.4, 2003, pp. 597–619.

[③] B.Gustafsson and S. Li, "The Anatomy of Rising Earnings Inequality in Urban China," Journal of Comparative Economics, Vol. 29, No.1, 2001, pp. 118–135.

将我们的研究与国际上有关行业间工资差距的研究做些比较就可以发现,[1] 研究行业间收入不平等在收入差距中的重要性,在理论与政策上都是重要的。自 20 世纪 80 年代中期以来,行业间工资存在差距已经是人们普遍认同的事实。后来的研究主要是讨论行业间工资差距的来源。其基本结论是,在用 OLS 方法估计的工资方程中,遗漏变量(比如能力)可能与行业变量相关,因此,这就可能会高估行业间的工资差距。对于巴西的研究发现,劳动力市场上存在巨大的行业间工资差距,即使在控制了职工的生产力和工作的特征差别之后,行业间工资差距仍然持续存在,工作的质量以及职工的异质性、歧视、在特定部门的短期过度需求或者宏观经济状况和政策的变化都不能解释行业间的工资差距。[2] Gittleman 和 Wolff 发现,行业间工资差距与行业的生产率增长、产出增长、资本密集度和出口导向是正相关的。[3]

那么,还有哪些因素对行业间工资差距产生影响呢?从理论上来说,企业所处的商品市场以及劳动力市场的非竞争性,是解释行业间工资差距的重要因素。商品市场的垄断地位使得企业可以获得超额利润,如果没有这一超额利润作为前提,行业间工资差距就没有了来源。而劳动力市场的非竞争性是行业间工资差距存在的另一条件,如果劳动力市场的进入没有障碍,劳动力之间是完全竞争的,那么,行业垄断并不会造成行业间工资差距。Krueger 和 Summers 发现,即使控制了可度量和未度量的劳动力质量、工作条件、额外福利、短期的需求冲击、工会化的威胁、工会谈判力量、企业规模等因素,行业间工资差距仍然存在。他们还发现,越是工资高的行业,劳动力的替换率(Turnover)越低,这表明高工资的行业获得了一些非竞争性的租金。[4] 这种租金可能表现为有些行业的企业自愿地为职工支付高于市场出清的工资水平,以换取更高的生产效率,因而被称为“效率工资”(Efficiency Wage)。Chen 和 Edin 提供的证据支持了这种效率工资的假说。[5] Arbache 用可比较、可度量的生产性特征来解释工资差异,没有发现支持补偿性工资(Compensated Wage)的证据,但在制造业中效率工资机制是存在的。效率工资机制在实证上面临的最大问题是,我们在工资更高的行业里看到的更高的“生产率”可能只是这些行业垄断带来的更高的人均产出(或利润)。[6]

从趋势上来说,在中国这样的转型经济国家,人们已经普遍感受到行业间工资差距的

① 国际上的同类研究,有时用 Wage,有时用 Earning,我们的研究用的是 Earning,即包括了不属于工资的其他劳动收入,比如奖金。

② A. C. Pinheiro and L. Ramos, "Inter-industry Wage Differentials and Earnings Inequality in Brazil," Estudios de Economia, Vol. 21 (November 1994), pp. 79–111.

③ M. Gittleman and E. N. Wolff, "International Comparisons of Inter-industry Wage Differentials," Review of Income and Wealth, Vol.39, No. 3, 1993, pp. 295–312.

④ A. Krueger and L. Summers, "Efficiency Wages and the Inter-industry Wage Structure," Econometrica, Vol. 56, No. 2, 1988, pp. 259–293.

⑤ P. Chen and P. Edin, "Efficiency Wages and Industry Wage Differentials: A Comparison across Methods of Pay," The Review of Economics and Statistics, Vol. 84, No. 4, 2002, pp. 617–631.

⑥ J. S. Arbache, "Wage Differentials in Brazil: Theory and Evidence," Journal of Development Studies, Vol. 38, No. 2, 2001, pp. 109–130.

扩大。经验研究也表明，20世纪70年代以来，美国行业间工资差距是扩大的，且主要是第一、第二产业间工资差距的扩大。[1] Gittleman 和 Wolff 用14个OECD国家1970~1985年的面板数据研究发现，行业间工资的排序是稳定的。他们发现，除了美国的行业间工资差距总体上来看在扩大，其他国家的趋势是不清晰的。[2] 在巴西，即使是在结构性调整非常剧烈的1984~1998年，工资的结构也是比较稳定的。[3] Krueger 和 Summers 利用美国1900~1984年的历史数据研究发现，9个主要行业间的相对工资相关度在1900~1984年为0.62，而在1970~1984年为0.91。[4]

　　在已有文献中，通过分解的方法来研究包括行业因素在内的各种因素对收入差距的贡献还比较少见，据此研究这些贡献的变化趋势就更少见了。Pinheiro 和 Ramos 用分解法研究了巴西的数据发现，在控制了其他变量之后，劳动力市场分割对工资不平等的贡献在7%~11%。[5] 另一项重要的相关研究来自邓曲恒与李实，[6] 他们对中国的收入差距成因进行了不同的分解，但在他们的研究中，行业间收入不平等并不是研究的核心内容。相比之下，本文更为细致地揭示了行业间收入不平等对收入差距的贡献及其变化，也考察了个别具有垄断性质的行业对行业间收入不平等的影响，为相关的研究提供了来自转型中的中国的经验证据。

三、中国劳动力市场改革及行业间收入不平等：背景与事实

　　在中国收入差距的各种构成中，城镇居民的收入差距越来越重要。中国的农村居民收入差距、城镇居民收入差距和总体收入差距都在扩大，城镇居民的收入差距虽然低于农村居民的收入差距，但两者之间的差别正在缩小。2001年，农村的基尼系数为36.48，全国总体的基尼系数为44.73，而城镇的基尼系数为32.32。[7] 另一组研究通过分析1988年、1995年和2002年的数据发现，1988~1995年收入差距扩大迅速，但1995~2002年收入差距变化不大，总体的收入差距基尼系数从46.9变为46.8，而城镇的基尼系数从33.9下降

　　① C. Davidson and M. Reich, "Income Inequality: An Inter-industry Analysis," Industrial Relations, Vol.27, No.3, 1988, pp.263-286.

　　② M. Gittleman and E. N. Wolff, "International Comparisons of Inter-industry Wage Differentials," Review of Income and Wealth, Vol. 39, No.3, 1993, pp.295-312.

　　③ J. S. Arbache, "Wage Differentials in Brazil: Theory and Evidence," Journal of Development Studies, Vol.38, No.2, 2001, pp.109-130.

　　④ A. Krueger and L. Summers, "Efficiency Wages and the Inter-industry Wage Structure," Econometrica, Vol.56, No.2, 1988, pp.259-293.

　　⑤ A. C. Pinheiro and L. Ramos, "Inter-industry Wage Differentials and Earnings Inequality in Brazil," pp.79-111.

　　⑥ Q. Deng and S. Li, "What Lies behind Rising Earnings Inequality in Urban China? Regressiorr Based Decompositions," CES ifo Economic Studies, Vol. 55, No. 3-4, 2009, pp. 598-623.

　　⑦ M. Ravallion and S. Chen, "China's (Uneven) Progress against Poverty," Journal of Development Economics, Vol. 82, No. 1, 2007, pp. 1-42.

至 32.2。实际上，收入差距总体上出现的"稳定"趋势主要是因为东部省份之间出现了收入水平的收敛。[①]

不管怎样，在城镇改革过程中，有一些因素是加剧收入差距的。在改革开放以前，中国城镇劳动力几乎全部为国有或集体所有制职工，他们的收入几乎全部来自劳动工资，而其水平则完全由计划体制来决定。在同工同酬的理念之下，除了职务和工龄外，其他的因素（包括教育和性别）对工资级别的作用被人为地控制在一个很低的水平。在收入的决定因素中，工龄要比生产率（教育）更为重要。[②]因为工资级别由劳动管理部门统一制定，行业和企业的效益差别也基本上不对职工的收入产生影响。改革开放以来，在劳动工资和收入决定方面，最大的变化就是教育回报的提高和行业间差别的扩大。市场化改革使得在计划经济下被扭曲的人力资本回报率开始上升。已有研究也已经证实，伴随着中国的改革开放，教育的回报率在不断提高。[③]如果劳动者受教育水平的差异很大，那么教育回报率的提高就很可能导致收入差距的扩大。

再来看日益扩大的行业间平均工资的差距。图 1 用两个指标展现了 1978 年以来《中国统计年鉴》中十余个行业之间的平均工资差距。一个最为简单的指标是最高行业平均工资和最低行业平均工资之比，这个比值从 1978 年的 1.66 上升到了 1997 年的 2.26，继而快速地上升到 2006 年的 4.75。另一个指标是所有行业的工资基尼系数。我们将同行业的职工视为一个同等工资的人群，并且用这个行业的职工人数作为计算基尼系数的组内人数，这样计算出的基尼系数也呈现出了上升的趋势，1978 年基尼系数为 0.05，1997 年为 0.1，之后迅速上升到 2006 年的 0.19。[④]

我们之所以将 1997 年作为前后两个阶段的分界线来对比行业平均工资差距的变化，是因为 1996 年是劳动力市场改革的分水岭。在 1996 年之前，劳动力市场的改革比较温和，较为明显的调整是人们的收入结构，工资占总收入的比重持续降低。20 世纪 80 年代的放权让利改革使企业拥有了更大的决定工资和奖金水平的权力，企业效益差别在收入上有所体现。企业对职工实施的激励机制有效地提高了员工的积极性，但同时也使得行业和企业间的效益差别开始成为职工收入差距的原因。孟昕等人用 1981 年、1987 年两组中国国有企业的样本调查数据研究发现，1987 年以后中国国有企业行业间的工资差别变得更为显著了。他们认为，其中的原因在于就业体制改革之后企业实行了与利润挂钩的奖金制度。[⑤]1996 年，上海开始了以再就业服务中心为中介的国有企业富余职工下岗分流，之后，

---

① 李实，史泰丽，古斯塔夫森主编. 中国居民收入分配研究Ⅲ [M]. 北京: 北京师范大学出版社，2008 .

② B. Gustafsson, S. Li, L. Nivorozhkina and K. Katz, "Rubles and Yuan: Wage Functions for Urban Russia and China at the End of the 1980s," Economic Development and Cultural Change, Vol. 50, No.1, 2001, pp. 1–17.

③ J. Zhang, Y. Zhao, A. Park and X. Song, "Economic Returns to Schooling in Urban China, 1988~2001," Journal of Comparative Economics, Vol.33, No.4, 2005, pp. 730–752.

④ 由于忽略行业内的工资差异，由此计算出的基尼系数要小于实际值，但其变化趋势仍然反映了行业间工资差距的扩大。

⑤ X. Meng and M. P. Kidd, "Labor Market Reform and the Changing Structure of Wage Determination in China's State Sector during the 1980s," Journal of Comparative Economics, Vol. 25, No. 3, 1997, pp. 403–421.

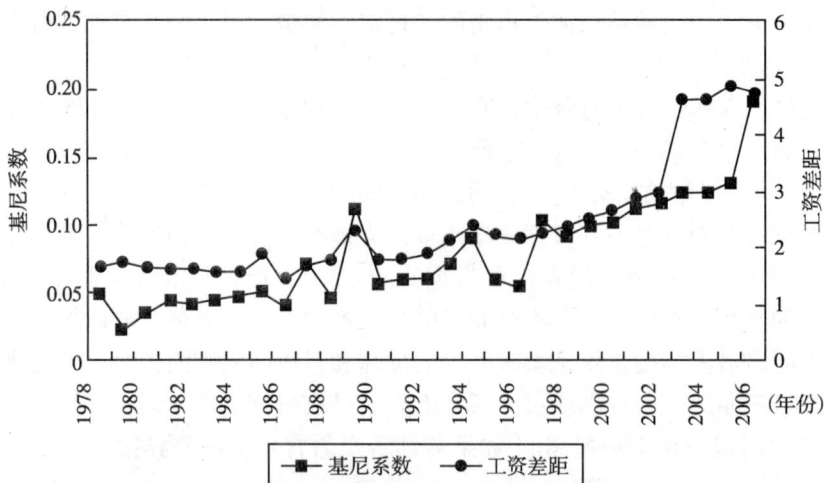

图1　中国的行业间平均工资差距（1978~2006年）
资料来源：根据国家统计局《中国统计年鉴》(北京：中国统计出版社) 中相关年份的数据计算得到。

劳动力市场改革加速，就业结构调整剧烈，劳动参与率不断下降，失业率迅速上升。1997年后在岗职工的平均工资获得了大幅度的提高，换句话说，由于就业存量的结构性调整，在国有部门出现的收入增长主要被继续留在国有部门的那部分人获得了，而被分流的富余职工除一部分再就业之外，另一部分则转为失业或退出劳动力市场。1996年之后，城镇收入差距的扩大与劳动力市场的结构性调整有直接的关系。[①] 值得注意的是，1996年之后的劳动力市场改革是从亏损企业开始的，当时的政策是允许连续亏损两年的国有企业通过下岗分流的方式减少企业富余职工，而亏损企业显然更多地集中在竞争性部门。而劳动力市场的竞争更多的是在边际上存在的，对于像公用事业、邮电、通信、金融等较少受到冲击的垄断部门来说，劳动力市场的竞争对他们影响不大。此外，在20世纪80年代，尽管劳动力市场变得更为灵活了，但城乡间和城市间的劳动力流动都不太显著。[②] 20世纪90年代中期以后，大规模的农民工进城，加剧了城市劳动力市场的竞争，但这种边际上增加的竞争主要集中在那些进入门槛较低的行业。劳动力市场竞争加剧对不同行业的影响是不同的，这成为行业间收入差距的重要原因。

在下面的分析中，我们将清晰地看到行业间收入差距对收入差距的贡献及其变化趋势，同时，我们还将看到，某些具有国有垄断性质的行业是行业因素对收入差距的贡献加大的"始作俑者"。

---

① X. Meng, R. Gregory and Y. Wang, "Poverty, Inequality, and Growth in Urban China, 1986-2000," Journal of Comparative Economics, Vol. 33, No. 4, 2005, pp. 710-729.

② D. Davis, "Job Mobility in Post-Mao Cities: Increases on the Margins," China Quarterly, Vol. 132 (Dec.1992), pp. 1062-1085.

四、数据与收入方程

本文所采用的数据是中国社会科学院经济研究所与国家统计局共同收集的中国家庭收入调查（CHIPS）数据的城镇居民相关信息。其中，1988 年的城市调查涵盖了北京、山西、辽宁、江苏、安徽、河南、湖北、广东、云南与甘肃共 10 个省份和直辖市；1995 年的数据在此基础上增加了四川省，涵盖了 11 个省份和直辖市；2002 年数据涵盖的省份在 1995 年基础上增加了新建的重庆直辖市。

我们的研究分为两步：首先，估计一个半对数的收入决定方程。然后，在这个收入决定方程的基础上，进行收入差距的分解。我们估计的收入决定方程如下：

$$\ln W_{it} = \beta'_t X_{it} + \varepsilon_{it} \tag{1}$$

其中，W 表示个人的年劳动所得，包括工资、奖金、价格补贴、实物收入和第二职业收入。下标 i 表示个人，下标 t 表示年份（t = 1988，1995，2002）。X 是一组解释变量构成的向量，遵循已有研究路径，解释变量中包括了有无第二职业、是否完全就业、性别、年龄及其平方、是否中共党员、是否少数民族、教育程度、所有制、职业类型和城市哑变量。β_t 是由待估系数构成的向量。

为了使作为被解释变量的收入数据在地区间与时序上具有可比性，我们用 Brandt 和 Holz 构建的地区间物价指数和省级城市居民消费价格指数对收入数据进行了平减。[1] 表 1 报告了收入差距的基尼系数，从中可以得出几点结论：第一，收入差距在扩大；第二，经过消胀的收入数据计算出的收入差距相对较小。[2] 我们报告的城镇收入差距估算值与李实等人报告的结果不一样，这是因为我们的收入定义没有包括非劳动收入，而且经过了消胀和地区间购买力平减处理。另外，我们计算收入差距的时候，只利用了本文分析中的有效样本。[3]

表 1　中国城镇收入差距的基尼系数

年份	1988	1995	2002
经过消胀和地区间购买力平减后	0.232	0.291	0.343
原始数据	0.246	0.310	0.362
差别（%）	6.034	6.529	5.539

---

[1] L. Brandt and C. A. Holz, "Spatial Price Differences in China: Estimates and Implications," Economic Development and Cultural Change, Vol. 55, No.1, 2006, pp. 43-86.

[2] 这是因为低收入地区的货币购买力往往更高。

[3] 李实，史泰丽，古斯塔夫森主编. 中国居民收入分配研究Ⅲ [M]. 北京：北京师范大学出版社，2008.

表 2 报告了行业工资决定模型的结果。在每一个回归方程中，我们都控制了那些通常在收入方程中被控制的变量，但限于篇幅，我们没有报告政治身份类别、教育、所有制类别、职业类型、城市哑变量的系数。行业之外其他变量的回归系数均与现有研究的发现相一致，并且，回归模型的拟合程度也较高。特别值得一提的是，表 2 中显示是否有第二职业对于收入的影响在这三年里有一个先上升后下降的变化，然而，本文接下来的分解结果显示（见表 5 与表 6），这个因素对于收入差距的贡献却是始终上升的。这也反映了仅仅依靠收入方程的回归系数并不能全面反映变量对收入差距的影响，此时，基于回归方程的收入不平等分解就显得尤为必要。

表 2　行业工资差距的估计

年份	1988	1995	2002
社会经济特征			
第二职业	0.058**	0.362***	0.150***
完全就业	0.643***	0.455***	0.444***
性别	0.079***	0.152***	0.122***
年龄	0.084***	0.160***	0.055***
年龄平方	−0.001***	−0.002***	−0.0006***
少数民族	0.024	−0.013	−0.036
行业			
农、林、牧、渔业	0.014	0.039	0.011
采掘业/采掘业及勘探业	0.065***	0.020	−0.0007
勘探/勘探与水利管理	−0.028		0.116
电力、煤气及水的生产供给			0.317***
建筑业	0.01	−0.051	0.070**
交通、运输、邮电、通讯业	0.001	0.047*	0.163***
商业	−0.004	−0.028	−0.027
房地产业	−0.069***	−0.022	0.203***
社会服务业	−0.186***		−0.091***
卫生、体育与社会福利业	0.016	0.036	0.050
教育、文化、艺术事业	0.0001	0.068***	0.067
科研及技术服务	−0.017	0.064	0.110
金融、保险业	0.003	0.196***	0.210***
政府、党政机关及社会团体	−0.038***	0.014	0.084
其他行业	−0.018	−0.259***	0.047
常数项	6.529***	4.861***	7.088***
观察值	17568	10933	6121
调整的 R^2	0.473	0.336	0.383

注：***、**、*分别表示在 1%、5% 和 10% 水平上显著。限于篇幅，没有报告系数的标准误差。

根据表 2，我们可以看到，在控制了其他变量之后，行业间工资差距仍然存在。以制造业为参照组，[①] 1988 年和 1995 年，分别有 4 个行业与制造业存在显著的行业间工资差距，而且这 4 个行业都不一样。到了 2002 年，与制造业存在显著行业间工资差距的有 6 个行业。这表明，行业工资结构在 1988~1995 年出现了比较剧烈的变化，之后行业间差距更趋于明显，但其相对结构变化并不大。其中，交通、运输、邮电、通信业和金融、保险业这两大行业的系数在 1988~1995 年，均从不显著为正变成显著为正，而且其系数的值也有所增大；1995~2002 年，这两个行业的系数保持为正，而且其系数在 1995 年的基础上又进一步增大。2002 年，交通、运输、邮电、通信业和金融、保险业这两个行业的工资分别比制造业高 16.3% 和 21.0%。

五、收入差距的分解结果

我们利用基于回归方程的分解框架来分析收入决定方程中各变量对于收入差距的影响。该方法的基本思想是：将收入决定函数的某一个自变量 X 取样本均值，然后将 X 的平均值和其他变量的实际值一起代入决定方程，推测出收入数据，并且计算对应于这个收入的不平等指数。此时，该指数已经不包含 X 的影响了。该指数与根据真实数据计算出的收入差距之差衡量了 X 对于收入差距的贡献。[②]

由于在收入决定方程中我们选用了半对数模型，如果在分解时仍旧使用收入的对数作为因变量来分解，就会造成对收入变量分布的扭曲，所以本文在写分解决定方程时对两边取了指数 e。

$$y = \exp(\hat{a}_0) \cdot \exp(\hat{a}_1 X_1 + \hat{a}_2 X_2 + \cdots + \hat{a}_k X_k) \cdot \exp(\hat{u}) \tag{2}$$

在式 (2) 中，$\exp(\hat{a}_0)$ 是一个作为倍乘系数的常数项。我们知道，一个合理的收入差距指标（比如本文中涉及的基尼系数），经过常数项倍乘后（相当于所有人的收入同时提高或减少一个倍数），应该不会发生变化。因此，当运用收入差距的相关指标时，我们能够从上述方程中去掉常数项而不会对结果产生任何影响。对于残差 $\hat{u}$ 的影响，我们采取了

---

① 因为虚拟变量的参照组可能为收入较低（或较高）的组，于是，在变换参照组时，相当于给每个组的样本加上（或减去）了一部分收入。这会通过该哑变量的系数影响其在总收入中的相对大小。根据收入差距的度量指标的定义，虚拟变量参照组的变换就会影响到分解的结果。为了最大限度地减少虚拟变量选择对本文结论的影响，最为稳妥的做法是以样本量最大的组，或者收入居中的组作为参照组。在本文中，制造业既是样本量最大的组，也是收入居中的组，因此，本文将制造业作为参照组是相对合理的做法。

② 以上是对本文所使用的分解方法的简要说明。在实际分解过程中，在对 X 取均值时，其他变量的值既可能是实际值，也可能是平均值，这时，计算所得的 X 的贡献也将是不同的。最终，X 的贡献是多种计算所得的贡献的平均值。对于这一方法更全面的介绍可参见 G. Wan and Z. Zhou, "Income Inequality in Rural China: Regression-based Decomposition Using Household Data," Review of Development Economics, Vol. 9, No.1, 2005, pp. 107-120.

一种通用的方法，对于任何度量不平等的指标都能够使用。我们将初始收入 y 的不平等指标（或者差距）与假设 û = 0 时的不平等指标之间的差距作为残差 û 对于实际收入不平等的影响。而当我们获得 û 的影响之后，总的收入差距和残差引起的收入差距之间的差就是收入决定方程中自变量的影响，因此，残差的作用可以表述为此方程中的变量所不能解释的收入差距部分。在理想的状态下，残差的影响为零，这时总收入差距能 100% 地被方程中的变量所解释，而这需要收入决定函数达到完美的拟合。但是，一般来说，残差很少为零，因此有必要对残差的影响进行分析。[1] 在表 3 中，我们采用了残差的影响与总的收入差距的比率来表示没有被解释的收入差距部分，而 1 减去这个比率就是得到解释的收入差距的部分，它反映了模型中全部变量对于收入差距的解释程度。[2] 根据这样的原则，在这三个年份中，我们的模型分别可以解释全部收入差距的 81%、78% 和 67%。

表 3　中国城镇收入差距的基尼系数及模型的解释度

年份	1988	1995	2002
原始数据计算的基尼系数	0.232	0.291	0.343
估计数据计算的基尼系数	0.189	0.227	0.228
残差对收入差距的解释度（%）	18.534	22.129	33.448
模型对收入差距的解释度（%）	81.466	77.871	66.552

由于三个年份中的行业分类略有差异，我们不能直接将这三个年份的收入差距分解结果进行比较。因此，我们先来看 2002 年的收入差距分解结果。因为本文所使用的基于回归方程的分解方法适用于各种收入差距的度量指标，我们就利用 2002 年的收入数据对四种衡量收入差距的指标（基尼系数，用 Gini 表示；泰尔指数，用 GE（0）表示；指数 C 取 1 时的普通熵，用 GE（1）表示；变异系数，用 CV 表示）加以分解，结果见表 4。

表 4　2002 年收入差距的分解（行业为原始分类）

	Gini	%	GE（0）	%	GE（1）	%	CV	%
第二职业	0.009	3.982	0.002	2.749	0.002	2.787	0.005	2.811
完全就业	0.015	6.613	0.008	9.253	0.007	7.926	0.012	6.828
性别	0.011	5.004	0.004	4.287	0.004	4.203	0.007	4.112
年龄	0.016	6.803	0.005	6.151	0.005	5.595	0.009	5.034

---

[1] 残差有正有负，其分布接近于均值为 0 的正态分布。残差无论正负都将降低拟合优度，但残差对收入差距的影响却与其方向有关。在实际数据中，往往会存在两种相反的情况：第一，一个收入高的人的残差是负的，而一个收入低的人的残差可能是正的，这时，残差的作用是缩小收入差距（贡献为负）；第二，收入高（低）的人的残差是正（负）的，这时，残差的作用是扩大收入差距（贡献为正）。而实际情况是，以上两种影响会部分地相互抵消，使得残差对于收入差距的"净贡献"要远远小于其对于拟合优度 R² 的影响。

[2] 参见 G. Wan, "Regression-Based Inequality Decomposition: Pitfalls and a Solution Procedure," World Institute for Development Economics Research Discussion Paper No. 2002/ 101, Helsinki, 2002.

续表

	Gini	%	GE (0)	%	GE (1)	%	CV	%
党员	0.008	3.321	0.003	3.060	0.003	3.104	0.006	3.176
少数民族	0.000	0.074	0.000	−0.019	0.000	−0.016	0.000	−0.017
教育	0.024	10.373	0.009	10.118	0.009	10.656	0.020	11.296
所有制	0.024	10.630	0.008	9.753	0.008	9.665	0.017	9.547
职业	0.025	11.148	0.009	10.910	0.009	10.799	0.019	10.771
行业	0.023	10.067	0.008	9.186	0.008	9.332	0.017	9.422
城市哑变量	0.073	31.984	0.029	34.551	0.030	35.948	0.067	37.020
全部	0.228	100.000	0.085	100.000	0.084	100.000	0.180	100.000

从表 4 中可以看出，在我们所使用的收入差距的四种指标中，每一种特定因素对收入差距的贡献都有所不同，这与收入差距的度量指标对不同收入水平的人群的强调不同有关。但是，我们可以看到，尽管使用不同的收入差距指标，每种因素对收入差距贡献度的排序却几乎没有变化。遥遥领先的是由城市哑变量所代表的不同区域的地理、制度和文化等因素，这一变量对收入差距的贡献度达到了 31.98%~37.02%。区位因素对城镇居民收入差距的极大贡献反映了在中国劳动力流动的障碍始终存在，这也正是 Davis 在其研究中发现的事实。[①] 按 Gini 分解结果，排在第二梯队的因素依次是职业、所有制、教育和行业，它们对收入差距的贡献基本上在 10% 左右；第三梯队的贡献因素是年龄、是否完全就业和性别，它们对收入差距的贡献在 5%~6.8%；有无第二职业和是否为党员的贡献度分别为 3.98% 和 3.32%。是否为少数民族这一因素的贡献几乎可以忽略，在用 Gini 以外的其他三个指数进行分解时，它甚至可以起到微弱的缩小收入差距的作用，事实上，在我们估计的收入决定方程中，是否为少数民族也是一个不显著的因素，这说明中国的确不存在对少数民族的歧视。

那么，行业因素对于收入差距的贡献变化如何呢？[②] 如果我们完全按照原始数据中的行业划分来估计收入方程，并且据此来进行收入差距的分解，那么，行业因素对于收入差距的贡献是逐渐扩大的，从 1988 年的 1.03% 提高到 1995 年的 3.02%，然后再上升到 2002 年的 10.07%。而且，1995~2002 年上升得特别快。考虑到三个不同年份中行业的划分略有不同，我们对有些行业进行了合理的归并，即表 2 中 1988 年、2002 年的勘探业与采掘业合并，同样这两年中的社会服务业并入卫生、体育与社会福利业，2002 年的电力、煤气及水的生产供给也并入这一行业。经过这样的处理后，我们得到了跨年可比的行业，每一年都有 13 个行业（含其他行业）。

---

① D. Davis, "Job Mobility in Post-Mao Cities: Increases on the Margins", 1992, pp. 1062-1085.
② 由于基尼系数使用最为广泛，且符合收入差距衡量指标的全部应有性质，所以以下我们仅针对基尼系数做进一步的分析。

表5 收入差距（Gini）的分解（行业合并后）

年份	1988		1995		2002	
	Gini	%	Gini	%	Gini	%
第二职业	0.000	0.147	0.001	0.558	0.009	4.178
完全就业	0.061	32.501	0.017	7.422	0.015	6.733
性别	0.009	4.603	0.014	6.245	0.012	5.363
年龄	0.053	27.868	0.051	22.378	0.016	7.116
党员	0.006	3.252	0.010	4.383	0.007	3.219
少数民族	0.000	0.114	0.000	0.049	0.000	0.081
教育	0.004	1.939	0.019	8.410	0.025	11.122
所有制	0.018	9.475	0.023	9.967	0.028	12.250
职业	0.011	5.641	0.018	7.735	0.028	12.623
行业	0.001	0.406	0.007	3.019	0.011	5.086
城市哑变量	0.027	14.055	0.068	29.834	0.072	32.229
全部	0.189	100.000	0.227	100.000	0.225	100.000

在表5中，我们报告了三个年份中11个因素对于收入差距的贡献。从表5中可以看到这样几个明显的趋势：①行业因素对于收入差距的贡献仍然是逐年上升的，因为在2002年的行业归并中，我们根据行业性质将收入显著高于制造业的电力、煤气及水的生产供给业与收入显著更低于制造业的社会服务业一同并入了收入与制造业没有显著差异的卫生、体育与社会福利业，所以，其对收入差距的贡献大大下降了，但即使如此，行业因素对于收入差距的贡献仍然比1995年高。②由城市哑变量代表的地区因素对于收入差距的贡献剧烈上升，在1988年，虽然地区因素已经贡献了收入差距的14%，居第一位，但到1995年这一贡献已经迅速上升到30%，成为最重要的收入差距成因，到2002年已经能够解释全部收入差距的1/3。区位因素对收入差距的贡献可以由城市间的劳动力流动障碍来解释，那么这一贡献的逐年上升则反映了在全球化过程中，地理因素在地区发展中越来越重要，而原本就存在的劳动力流动障碍则使由此形成的地区间差距的扩大难以缩小。③教育对于收入差距的贡献度有明显的上升，考虑在此期间教育的回报有明显的上升，其对收入差距的贡献度相应上升就不足为奇了。④所有制和职业这两种因素对于收入差距的贡献度也逐年上升，职业的贡献度上升得更为明显，这显示出不同所有制和职业间收入的分化在加剧。⑤是否完全就业对收入差距的贡献有明显的下降，其中，是否完全就业对收入差距的贡献在1988年几乎达到1/3，这可能是因为当时企业里的富余人员比较多，在我们的样本中9.47%的人处于就业不足的状态。但到1995年时，这一因素的贡献就急剧地下降到了7.4%，这一年，仅7.86%的人处于就业不足的状态。2002年，是否完全就业这一因素的贡献进一步下降到了6.7%。⑥年龄对收入差距的贡献也有明显下降，这也是很容易理解的，年龄在传统体制下可以给劳动者带来"工龄工资"，因此在1988~1995年，年龄对收入差距的贡献非常重要。但到了2002年，经过剧烈的劳动力市场改革之后，年龄的重要性有所下降，而其他更能反映生产率的因素对收入的影响则上升。⑦第二职业对于收入差距的贡献也有非常显著的上升，1988~1995年，其贡献提高了3倍，而2002年时，第二

职业的贡献是 1995 年的 7.5 倍。

根据表 5 的回归结果，交通、运输、邮电、通信业和金融、保险业这两个行业的系数从不显著变成显著，并且显著性日益提高，同时，两个行业的系数也是越来越大的。据此我们推测，很可能是类似这样的行业提高了收入差距扩大的速度。Galbraith 等也注意到，在俄罗斯和中国，拥有最强的垄断力量的部门得到的相对利益最大，在这两个国家，金融部门获益最多，农业部门则是受损者。[①] 于是，我们希望知道，上述两个行业是否就是行业因素在收入差距中贡献扩大的主要成因。为此，在下一步的研究中，我们在表 5 的基础上，将这两个收入最高的行业样本去掉，结果见表 6。[②]

表 6　收入差距（Gini）的分解（行业合并后，且删除了两个收入最高的行业）

年份	1988		1995		2002	
	Gini	%	Gini	%	Gini	%
第二职业	0.000	0.137	0.001	0.627	0.010	4.430
完全就业	0.060	31.892	0.017	7.511	0.016	7.177
性别	0.009	4.656	0.015	6.457	0.013	5.621
年龄	0.052	27.634	0.048	21.367	0.015	6.868
党员	0.006	3.383	0.010	4.382	0.008	3.526
少数民族	0.000	0.136	0.000	0.091	0.000	0.173
教育	0.004	2.090	0.018	8.149	0.023	10.194
所有制	0.018	9.570	0.023	10.230	0.028	12.695
职业	0.010	5.547	0.018	8.073	0.031	13.712
行业	0.001	0.424	0.005	2.421	0.005	2.292
城市哑变量	0.027	14.529	0.070	30.691	0.074	33.313
全部	0.187	100.000	0.225	100.000	0.223	100.000

从表 6 可以看到，除了行业因素之外的其他因素对于收入差距的贡献没有明显的变化，但是行业因素对于收入差距的贡献大大降低，在 2002 年，它已经脱离第二梯队，其对收入差距的贡献已经排在 11 个因素中的第 9 位，而且其贡献在 1995~2002 年甚至下降了 0.13 个百分点。可见，交通、运输、邮电、通信业和金融、保险业这两个行业在收入不断提高的同时也已经成为扩大城镇居民收入差距的重要因素，行业间不平等对收入差距的贡献在扩大这一结论也与样本中是否包括了两个高收入行业有关。虽然由于数据的限

---

① J. K. Galbraith, L. Krytynskaia and Q.Wang, "The Experience of Rising Inequality in Russia and China during the Transition", European Journal of Comparative Economics, Vol.1, No.1, 2004, pp. 87-106.

② 需要说明的是，收入差距和对收入差距的贡献是两个不同的概念。对于收入差距的度量来说，只要那些在高收入行业工作的人，在其他影响收入的因素上也处于相对的优势，那么一旦去掉高收入行业的样本，收入差距通常会缩小。但是，行业对收入差距的贡献则不一定因此会缩小。设想以下情形，假设在历史上，高收入行业一直收入很高，但中等收入行业的收入提高很快，那么，行业收入差距的贡献加大，就有可能是由收入居中的行业导致的。这时，去掉高收入行业的样本之后，剩余样本的行业收入差距对总体收入差距的贡献反而可能增加。因此，有必要对高收入行业是否成了行业收入差距贡献加大的原因进行实证检验。

制，我们难以对行业分类做进一步细分，但是从上述分析中可以看出，带有垄断色彩的行业已经成为助长行业间收入不平等的重要原因。例如，前面涉及的"电力、煤气及水的生产供给业"是垄断性的，"交通、运输、邮电、通信业"和"金融、保险业"这两个行业也集中了诸多广受争议的垄断行业。[①]

六、结论及政策含义

本文主要考察了行业间收入不平等对城镇居民收入差距的贡献及其变化，我们发现，在城镇居民收入差距不断扩大的过程中，由行业间收入不平等造成的收入差距也在扩大，而且，在我们的模型所考虑的各种扩大收入差距的因素中，行业间收入不平等的重要性越来越大。而在1995~2002年，行业间工资差距的贡献增加又主要是由一些具有国有垄断性质的行业引起的。这说明，在市场化改革进程中，部分行业受益相对较多，劳动力市场的竞争加剧并没有对所有行业产生同样的作用。与此同时，我们还发现，地区、教育、所有制和职业类型以及是否有第二职业对收入差距的贡献也在提高，是否完全就业和年龄对收入差距的贡献有明显下降。

本文的主要政策含义是，打破劳动力市场的进入壁垒和产品市场的行业垄断，对于控制中国城镇的收入差距扩大具有重要意义。以2002年的结果来看，如果能够实现行业间的收入均等，那么，城镇居民收入差距将缩小5%~10%。事实上，仅仅是打破个别行业的不合理的高收入，便可以使得行业因素不再成为导致收入差距的重要因素。地区之间巨大的收入差距反映了劳动力要素在地区间的流动并不自由，这主要源于由户籍制度而产生的各种制度障碍，因此，缩小地区间收入差距的主要政策手段应该是消除不利的制度障碍，而不是简单地依赖于地区间的财政转移。在教育方面，教育回报的扩大是市场化改革的必然结果，因此，从教育着手来缩小居民的收入差距就只能通过教育机会的均等化，而不是人为地降低教育的回报。特别是在未来，即使地区间劳动力的流动越来越自由，如果流入城市的劳动力在农村不能受到良好的教育，随着教育回报的提高，收入差距扩大的可能仍然存在。

本文实证研究的结果说明，市场化改革并不必然走向公平竞争的市场经济。日益扩大的行业间收入不平等作为劳动力市场上不公平的一种体现，正在引起越来越多的关注。在提供了有关行业间收入不平等的证据的同时，我们也将进一步提供有关行业间收

---

① 当然，本文的制造业样本也包括了像烟草这样具有垄断性质的细分行业，而"交通、运输、邮电、通信业"行业中也包括如公路运输这样较为竞争的细分行业。尽管如此，我们的分析仍然显示出"交通、运输、邮电、通信业"和"金融、保险业"高收入特征的不断显现以及其对于行业收入差距贡献的加强，这就更加提示我们，这些具有垄断性质的细分行业是导致行业因素对收入差距贡献不断加大的根源。

入不平等的来源的相关证据，什么样的人获得了进入高收入行业的机会将非常清楚地呈现在读者面前。

Inter-industry Inequality: An Important Source of the Urban Income Gap-Regression-based Decomposition

Abstract: Regression-based decomposition of inter-industry earnings differentials show that in 1988, 1995 and 2002, inter-industry earnings differentials made an increasing contribution to urban earnings inequality in China. The primary reason for the widening gap lay in monopoly industries. At the same time, geographical location, educational level, type of enterprise ownership, type of occupation and whether the individual had a second job also contributed to rising earnings inequality, while age and being fully employed made a decreasing contribution. Therefore, if China is to reduce the earnings gap it is imperative that we remove barriers to labor market entry and break down some monopoly industries in the product market. Additionally, reducing obstacles to the free movement of labor and improving workers' educational level should also be important elements of the government's strategy for reducing the urban income gap in future.

Key words: monopoly industries; decomposition of income differentials; Shapley value

教育质量对地区劳动生产率的影响[*]

【摘　要】 借鉴 Behrman 和 Birdsall（1983）的有效教育概念，本文利用 1980~2005 年的中国省级面板数据估计了平均教育年限（教育数量）和平均师生比率（教育质量）对地区劳动生产率的影响。本文的实证分析结果表明，以师生比率衡量的教育质量对劳动生产率有显著且稳健的正效应，在均值处师生比率每上升一个标准差（0.916）有助于提高地区劳动生产率约 3.09%。教育数量对劳动生产率的影响大小部分取决于教育质量的高低。教育质量越高，教育数量对劳动生产率的促进效应越大。本文的结论暗示过于快速的教育数量扩张而不增加教师供给可能并不是最有效率的教育资源配置方式。

【关键词】 师生比率；教育质量；有效教育；劳动生产率

一、引言

近十多年来，不少文献利用中国的各种调查数据估计了教育的私人收益率。[①] 综观这些估计结果，可以发现教育收益率有明显的地区和城乡差异，且随时间呈现不同程度的增长。[②] 对于教育收益率的这些差异，研究者从劳动力市场制度、相对供求或者歧视等视角给出了不同的解释。例如，Zhang 等（2005）认为中国劳动力市场的制度改革使得对技能型劳动力的需求上升，从而导致了教育收益率的上升趋势。王海港等（2007）从劳动力市场化程度视角解释了教育收益率的地区差异。另一种可能的解释是教育数量的收入效应也受教育质量的影响，也就是说，不同地区额外一年的同等级教育产生的人力资本可能是不等价的（Behrman & Birdsall, 1983；Hanushek & Wöβmann, 2007）。事实上，国外已有不少微观研

---

* 作者：张海峰、姚先国、张俊森，清华大学公共管理学院；浙江大学公共管理学院；香港中文大学经济系。本文引自《经济研究》，2010（07）。

① 张车伟（2006）对近年来有关中国教育收益率的估计做了归纳。

② 例如，李实和丁赛（2003）、Zhang 等（2005）均发现教育收益率有增长趋势，尽管他们使用了不同的抽样数据。后者的估计也显示教育收益率存在不小的地区差异。

究证实了教育质量对收入的影响，[1] 尽管这些研究对教育质量的衡量不尽相同。

本文的目的是在承认教育收益率的地区和时期差异这一事实的基础上，分析教育的数量和质量对地区劳动生产率[2] 的影响。换句话说，如果有关教育质量的收入效应的微观估计是因果性的，那么我们可以预期教育质量对地区劳均产出也可能有积极的促进作用。就我们所知，现有的大多数跨国增长文献主要关注教育数量（例如成人识字率、入学率或平均教育年限等指标）对人均产出的影响，相比之下对教育质量的生产率效应的实证分析仍显不多。[3] 从计量经济学的角度而言，如果教育质量与教育数量是相关的，那么对教育与人均产出关系的分析中忽略教育质量因素无疑会导致遗漏变量偏误。这或许是至今为止宏观增长文献关于教育对经济增长的影响仍没有达成一致的一个重要原因，[4] 尽管几乎所有微观研究都发现正的教育收益率。

遵循标准的增长回归分析框架，不少国内学者也分析了教育对中国地区经济增长或收入差距的影响，结论不尽相同。例如，蔡昉和都阳（2000）、王小鲁和樊纲（2005）以及邹薇和周芬（2006）的研究都认为教育发展在缓解经济发展不平衡或收入差距中有重要的作用，而另一些研究则发现近年来教育在解释地区间收入差异的相对重要性有明显下降（万广华等，2005）。姚先国和张海峰（2008）的研究也发现教育数量差异对中国地区经济差异的解释力有限。无一例外，这些研究均没有考虑教育质量对人力资本生产的影响。这实际上假定了不同地区不同时期的教育是同质的，从而对劳动生产率的边际影响也是无差异的。已有的这些研究主要是在增长回归[5] 框架下展开的，该分析框架的不足在于难以克服初始技术水平的内生性问题，[6] 相比之下，增长核算框架较少地受这一问题的影响。本文的实证分析将在增长核算框架下展开。

在教育资源有限的前提下，教育的数量扩展和质量提高之间必然存在一个权衡，因而准确地估计教育数量和质量的经济效应对于政策制定来说是极其重要的。借鉴 Behrman 和 Birdsall（1983）的有效教育概念，本文在已有研究的基础上进一步分析教育数量和质量对地区劳动生产率的影响。我们假定平均人力资本不仅取决于教育数量的多少，而且也与教

---

① 例如，Card 和 Krueger（1992a、1992b），Altonji 和 Dunn（1996），Bratsberg 和 Terrell（2002）以及 Strayer（2002）。《经济与统计评论杂志》（The Review of Economics & Statistics）于 1996 年出版了一期关于教育质量的专辑。

② 严格地说，劳动生产率是指每单位劳动时间投入获得的实际产出。由于详细的劳动时间较难获得，一般文献中的劳动生产率即是指劳均实际产出或劳均实际 GDP。如此，劳动生产率的增长率即为经济增长率。

③ 参见 Barro（1991）、Bils 和 Klenow（2000）、Hanushek 和 Kimko（2000），等等。不过跨国研究面临的一个问题是指标的可比性较差，导致相关的实证结论非常不一致。例如，Barro（1991）在其跨国回归中引入了中小学师生比率以控制教育质量的差异，发现初始的小学师生比率对后续增长有负效应，而中学师生比率虽然有预期的正效应，但系数在统计上不显著；Hanushek 和 Kimko（2000）发现以标准化考试成绩度量的教育质量对经济增长有很显著的正效应。

④ 尽管人力资本理论和新增长理论都强调了教育对于经济增长的重要意义，但已有的实证证据（代表性文献如 Mankiw 等，1992；Barro 和 Sala-i-Martin，1995；Benhabib 和 Spiegel，1994；Pritchett，2001）并非都支持这些理论。相关综述可参见 Temple（1999）以及 Durlauf 等（2005）。

⑤ Robert Barro 做了大量相关工作，增长回归有时也称为 Barro 回归。

⑥ 针对这一问题，新近的增长文献应用 Arellano 和 Bond（1991）以及 Blundell 和 Bond（1998）等人发展的动态面板广义矩方法估计增长回归方程（姚先国和张海峰，2008）。

育质量的高低有关。如此，本文的实证分析模型允许教育对劳动生产率的影响随地区和时期不同而变化。沿袭一些跨国增长文献的做法，本文用滞后的师生比率衡量地区的平均教育质量。我们的估计结果表明，平均教育质量对劳动生产率有显著且稳健的正效应，平均而言，师生比率每上升一个标准差（0.916）有助于提高劳动生产率约 3.09%；教育质量越高，教育数量对劳动生产率的促进效应越大，尽管这些效应在统计上不显著。本文的结论暗示过于快速的教育数量扩张而不增加教师供给可能并不是最有效率的教育资源配置方式。

本文余下部分内容安排如下：第二部分讨论实证分析的模型设定；第三部分介绍数据和有关变量；第四部分报告和解释分析结果；最后是结论。

二、实证分析框架

假设地区 i 在 t 期的劳均实际 GDP（劳动生产率）可以表示为：

$$\log(y_{it}) = (1 - \alpha)\log(h_{it}) + \alpha\log(k_{it}) + \eta_i + \mu_t + \varepsilon_{it} \tag{1}①$$

其中，y_{it}、h_{it} 和 k_{it} 分别表示地区 i 在 t 期的劳均实际 GDP（劳动生产率）、劳均人力资本和劳均资本，η_i 和 μ_t 分别为地区固定效应和时间效应，ε_{it} 为随机扰动项。

为了分析教育质量对劳动生产率的影响，我们借鉴 Behrman 和 Birdsall（1983），引入一个有效教育（Effective Schooling）概念，它是教育数量和教育质量的函数。假定劳动力 j 的人力资本与有效教育满足明瑟人力资本函数形式，即

$$\log(h_{ijt}) = \rho_0 + \rho_1 S_{ijt}^* + \rho_2 Age_{ijt} + u_{ijt} \tag{2}$$

其中，S_{ijt}^* 表示有效教育，Age_{ijt} 表示年龄（工作经验）。

进一步假定劳动力人力资本 h_{ijt} 服从对数正态分布（log normal），则劳均人力资本的对数 $\log(h_{it})$ 可表示为：

$$\log(h_{it}) = \rho_0 + \rho_1 S_{it}^* + \rho_2 Age_{it} + \sigma_{h_{it}}^2 \tag{3}$$

其中，$h_{it} = E(h_{ijt})$，$S_{it}^* = E(S_{ijt}^*)$ 表示平均有效教育，$Age_{it} = E(Age_{ijt})$ 表示平均年龄，$\sigma_{h_{it}}^2$ 为 h_{ijt} 的对数分布方差（Topel，1999；Krueger & Lindahl，2001）。

将式（3）代入式（1）：

$$\log(y_{it}) = \beta_0 + \beta_1 S_{it}^* + \beta_2 Age_{it} + (1 - \alpha)\sigma_{h_{it}}^2 + \alpha\log(k_{it}) + \eta_i + \mu_t + \varepsilon_{it} \tag{4}$$

其中，$\beta_l = (1 - \alpha)\rho_l$，l = 0，1，2。

在面板数据条件下，式（4）的参数可以应用随机效应和固定效应②等方法估计获得。由于地区固定效应与其他解释变量通常是相关的，因而与固定效应估计相比，随机效应估

---

① 这里实际上假定了生产函数为规模报酬不变包含人力资本的索洛模型，即 $Y = AK^\alpha (hL)^{(1-\alpha)}$。
② 固定效应变换又包括一阶差分变换和除均值变换。

计更可能是有偏不一致的。鉴于此，本文应用差分固定效应变换来消除式（4）中未可观测的地区固定效应 η_i，即

$$\Delta\log(y_{it}) = \beta_1\Delta S_{it}^* + \beta_2\Delta Age_{it} + (1-\alpha)\Delta\sigma_{h_{it}}^2 + \alpha\Delta\log(k_{it}) + \mu_t + \Delta\varepsilon_{it} \tag{5}$$

至此，我们仍不清楚有效教育 S_{it}^* 是如何受教育数量和质量影响的，即 $S^*(S，Q)$ 的具体形式。遗憾的是现有理论对于教育生产函数仍知之甚少，因而需要通过拟合不同的模型设定来确定。对于未知的函数形式，文献常用二次项近似方法（Quadratic Approximation）。[1] 基于此，我们假设：

$$S^* = b_1 S + b_2 Q + b_3 S^*Q + b_4 S^2 \tag{6}[2]$$

其中，S 和 Q 分别表示平均教育年限和平均教育质量。[3] 如果交叉项 S*Q 的系数显著异于 0，则表明教育数量对有效教育（从而劳动生产率）的效应大小也受教育质量的影响；S^2 的系数如果显著为负则表明教育数量的边际效应是递减的。

三、数据和变量

本文使用的数据来自《中国统计年鉴》、《中国人口统计年鉴》和《中国教育统计年鉴》等统计资料以及 1982 年、1990 年和 2000 年人口普查 1% 抽样微观数据库。数据格式为包括六个截面的面板结构，分别为 1980 年、1985 年、1990 年、1995 年、2000 年和 2005 年。每个截面包括中国大陆 28 个省市区，其中西藏、海南不包括在样本内，重庆则与四川合并。

教育质量：在已有的实证研究中，教育质量的度量可分为两大类，即教育资源投入和教育产出（Caselli，2005）。教育资源投入指标主要包括师资质量（如教师的教育程度）、教育经费投入（如生均教育经费、学校软硬件设施和教师工资水平等）、师生比率等；教育产出指标则一般使用标准化考试成绩。[4] 在本文中，我们使用中学师生比率作为衡量教育质量的原始指标，暗含的假定是师生比率与教育质量是正相关的，即一个地区一定时期内的平均师生比率越高，则平均教育质量越高。这么做主要基于三个原因：

第一，一些微观研究表明班级规模显著地影响学生的学习成绩，而教师的特征（如教学资历、教师性别和文化程度等）对学生成绩没有显著作用[5]（Krueger，1999）。Hanushek

---

① 这是由于该方法相对简单，且能刻画诸如边际递减等基本特性。Behrman 和 Birdsall（1983）用这一近似方法估计了教育质量对教育收益率和工资收入的影响。

② 假设个体的有效教育取决于其教育年限和地区平均教育质量，即 $S_{ij}^* = b_1 S_{ij} + b_2 Q_i + b_3 S_{ij}Q_i + b_4 S_{ij}^2$。对该式两边取均值并忽略教育年限的分布方差，即可得到式（6）。

③ 为方便表述，下文中"教育数量"是指平均教育年限，"教育质量"是指平均教育质量，不再赘述。

④ 比如，Barro（1991）使用中小学的师生比率作为质量指标，Hanushek 和 Kimko（2000）使用的是标准化考试成绩，Bils 和 Klenow（2000）使用教师人力资本。

⑤ 班级规模与本文使用的平均师生比率不完全一致，但是相关的。在附表 1 中，我们根据 2005 年数据计算了平均班级规模与平均师生比率的相关系数，显示两者高度相关（系数约为–0.88）。

（1986）的研究则表明在学校支出花费和学生成绩间没有明显的相关性。

第二，师生比率指标在很大程度上反映了其他教育投入差异。例如教育经费投入的很大一部分是教师的工资和福利。[①] 在附表 1 中，我们计算了各种可能反映教育质量的指标与师生比率的相关系数，例如班级规模、生均计算机拥有量、生均图书资料册数、生均体育场面积、生均仪器设备价值、本科及以上学历教师比率、高级职称教师比率等。结果显示这些指标与平均师生比率的相关系数多在 0.6 以上，且在统计上也非常显著。这表明师生比率差异在很大程度上可以捕获其他教育质量因素的差异。从计量实践来看，这些教育质量指标同时进入回归可能会导致严重的多重共线性问题。

第三，教育积累的人力资本有 10 年左右的滞后性，例如在 1980 年的成年劳动力实际上是在 20 世纪 60 年代甚至更早以前就已完成了学校教育，因此，影响当期劳动生产率的应是滞后数年的教育质量指标。遗憾的是，由于历史统计资料的缺失，除了师生比率之外，我们无法获得 2003 年以前上述各种指标的分省跨期数据。

在确定了质量指标后，我们还需要将滞后的质量指标与教育数量相匹配。理想的情况是为每个年龄组劳动力赋予一个滞后的师生比率，但可获得的数据限制了这一做法。本文根据 Caselli（2005）的做法，先计算当期劳动力平均年龄，然后根据这一平均年龄选择相应时期的师生比率。初始的师生比率根据《中国教育统计年鉴》报告的在校学生数和专任教师数计算。由于单一年份的师生比率可能受测量误差影响较大，我们实际使用的是师生比率的 5 年平均值。

教育数量：参照许多文献的做法（如 Topel，1999；Krueger & Lindhal，2001），我们使用平均教育年限衡量教育数量，该变量来自两部分资料。1990~2005 年的教育年限变量根据人口普查和 1% 人口抽样资料计算，1980 年和 1985 年的平均教育年限数据根据 1982 年和 1990 年人口普查 1% 抽样微观数据库并结合分年龄/性别人口死亡率、人口出生率和教育变化数据推算获得。

其他变量：劳动生产率（劳均产出）根据 2004 年第一次经济普查数据调整后的以 1978 年不变价计算的实际 GDP 除以劳动力数量获得。[②] 劳均资本投入根据张军等（2004）估算的各地区资本存量数据除以劳动力数量获得。劳动力平均年龄是 16~60 岁人口年龄的加权平均值。在竞争性劳动力市场假定下，式（4）中的人力资本分布方差可用个人收入分布方差代理（Heckman & Klenow，1997；Topel，1999），但遗憾的是我们无法获得各时期各地区的个人收入分布。为此，我们用相对易获得的城乡居民收入比率代理。此外，我们还控制了人口粗出生率和人口迁移率等可能影响地区教育的人口学变量。[③]

表 1 报告了主要变量的统计特性以及这些变量间的相关系数矩阵。粗略地看，平均教

[①] 以 2006 年为例，普通小学和普通中学预算内教育经费中 75% 以上为工资和福利费用支出（参见《中国教育经费统计年鉴 2007》）。

[②] 感谢香港中文大学经济系张宁博士提供调整后的各地区 1978~2005 年实际 GDP 数据。

[③] 值得注意的是，这些变量本身也可能通过其他途径影响经济增长。例如 Bloom 和 Williamson（1998）分析了抚养率的影响，Li 和 Zhang（2007）分析了出生率的影响。

育年限和平均教育质量都显著地与劳动生产率相关，平均教育年限与平均教育质量之间也是显著相关的。此外，从时间维度来看，1985 年对应的教育质量均值（标准差）为 4.72（0.77），而 2005 年对应的均值（标准差）为 5.93（1.09）。图 1 绘制了不同年份的师生比率和教师学历结构以更清晰显示这种变化趋势。总体来看，两个教育质量指标都显示教育质量的确随时间有不同程度的上升（两个数据序列的相关系数为 0.73，且在 1% 水平上显著）。基于 1970~1995 年的师生比率数据，平均来看，天津（Q = 6.76）、上海（Q= 6.66）和北京（Q = 6.22）等地明显较高，而贵州（Q = 4.72）、云南（Q = 4.83）等地则相对较低。这表明师生比率在一定程度上的确反映了教育质量的地区差异。

表 1　主要变量的统计特性和相关系数

变量名	均值	标准差	最小值	最大值	相关系数矩阵		
					log（y）	S	Q
劳动生产率对数（log（y））	7.848	0.892	6.188	10.638	1		
平均教育年限（S）	6.499	1.493	3.070	10.690	0.79***	1	
平均教育质量（Q）	5.118	0.916	3.145	9.433	0.42***	0.30**	1

注：①劳动生产率= 实际 GDP/就业人口；②平均教育年限为按各教育程度人口比率计算的加权平均值；③平均教育质量=师生比率× 100；④相关系数控制了时间效应；⑤*** 表示 1%显著性水平。

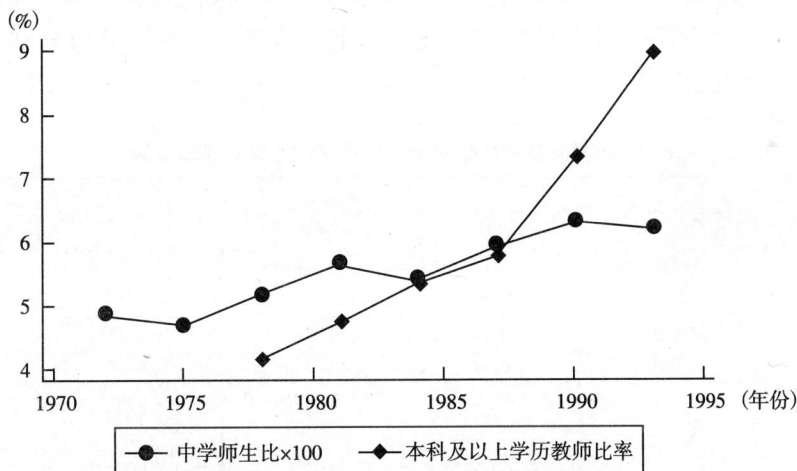

图 1　普通中学师生比率和本科及以上学历教师比率的变化：1970~1995 年

注：数据为三年平均值，两个数据序列的相关系数为 0.73。
资料来源：《中国教育统计年鉴》（各卷）。

四、估计结果

在这一部分中，我们先分别估计有效教育 S* 的不同设定，结果报告在表 2 中，然后在表 3 中通过一系列敏感性分析来检验估计结果的稳健性。

A. 基本结果

在表 2 第（1）列的回归中，解释变量仅包括劳均资本、平均教育年限和平均教育质量。[1] 可以发现，平均教育年限的系数符号为负，但在统计上不显著，而平均教育质量的系数则显著为正。第（2）列的回归引入了一个教育数量与教育质量的交叉项，以反映教育数量与教育质量之间的互相影响。如果交叉项的系数符号为正，则表明在教育数量一定的条件下，教育质量越高越有利于提高劳动生产率；或者在教育质量一定的条件下，教育数量越高越有利于提高劳动生产率。回归（2）的估计结果表明，交叉项的系数显著为正，表明教育数量对劳动生产率的效应大小与教育质量有关。此外，回归（2）中平均教育年限的系数绝对值有所增加，但是统计上仍是不显著的。[2] 基于回归(2)的系数，简单的计算表明，平均教育年限和平均教育质量在均值处对劳动生产率的边际效应分别为 –0.021 和 0.033，不过前者的边际效应在统计上不显著。

表 2   教育数量和质量对劳动生产率的影响：基本结果

解释变量	因变量：log（y）				
	(1)	(2)	(3)	(4)	(5)
log（k）	0.413*** (0.055)	0.413*** (0.055)	0.416*** (0.055)	0.452*** (0.047)	0.460*** (0.047)
S	–0.021 (0.028)	–0.046 (0.029)	–0.078** (0.036)	0.203** (0.087)	0.179** (0.088)
Q	0.032** (0.013)		–0.047 (0.034)		–0.064* (0.033)
S*Q	—	0.005*** (0.002)	0.011** (0.005)	0.007*** (0.002)	0.015*** (0.004)
S*S	—	—		–0.019*** (0.006)	–0.021*** (0.006)
R^2	0.669	0.677	0.681	0.703	0.710
观察值数量	140	140	140	140	140

---

[1] 本文的所有回归都包含了时间虚拟变量，限于篇幅，未报告时间虚拟变量的估计系数。

[2] 不过，对平均教育年限和交叉项的联合 F 检验表明两者系数在 10% 水平上显著异于 0。

续表

解释变量	因变量：log（y）				
	(1)	(2)	(3)	(4)	(5)
S 的边际效应	−0.021 (0.028)	−0.021 (0.028)	−0.021 (0.028)	−0.016 (0.031)	−0.016 (0.031)
Q 的边际效应	0.032** (0.013)	0.033*** (0.011)	0.025** (0.012)	0.044*** (0.010)	0.034*** (0.011)

注：①所有回归都应用了差分固定效应估计方法，并控制了时间效应。②括号内为异方差稳健 t 统计量。③***、** 和 * 分别表示系数在 1%、5%和 10%水平上统计显著。

第（3）列的分析同时增加了平均教育质量和交叉项。我们发现，除了平均教育质量的系数外，其他变量的系数均至少在 5% 水平上显著。[①]从统计上看，模型（3）要优于模型（2）的设定。第（4）列的估计引入了平均教育年限的二次项，显示所有解释变量的系数都至少在 5% 水平上显著，并且教育数量对劳动生产率的边际效应是递减的。第（5）列包含了教育数量、教育质量、交叉项和二次项等所有变量，估计结果表明所有变量的系数大小与统计显著性程度基本与第（4）列一致。特别地，与第（3）列相比，平均教育质量的系数现在 10% 上是显著的。

此外，表 2 中的各个回归也显示资本投入的系数都有预期的符号和相对稳健的大小（0.41~0.46），[②]且都在 1% 水平显著异于 0。表 2 的估计表明，无论我们采用哪种模型设定，简单的计算表明在样本均值处劳动力教育数量（平均教育年限）的变化对劳动生产率增长的效应是负的，当平均教育质量提高一个标准差以上时教育数量对劳动生产率的边际效应变为正。[③]不过这些系数在统计上都不显著，也就是说，没有明显证据表明教育数量对劳动生产率有重要的影响。与此相对应的是，以师生比率衡量的平均教育质量对劳动生产率有显著且稳健的正效应。根据本文偏好的模型设定（5）的估计系数，平均教育质量上升一个标准差（0.916）将有助于提高地区劳动生产率 3.09%（＝0.034*0.916）。[④]

必须指出的是，增长核算分析中教育的系数为负或者不显著尽管不符合人力资本理论和新增长理论的预期，但并非完全没有可能。实际上，已有的一些增长核算文献也发现了类似的结论，如 Benhabib 和 Spiegel（1994）、Barro 和 Salai Martin（1995）及 Prichett（2001）等均发现教育的变化对经济增长不仅没有显著贡献，甚至有负的效应。[⑤]这其中一个可能的原因在于教育变量在短期内变化不大，从而更易受测量误差的影响（Krueger & Lindhal，2001）。不过，本节 B 部分的稳健性分析显示，我们的估计受这种测量误差的影

① 对 Q 和 S*Q 的联合 F 检验表明不能拒绝这两个变量的系数同时为 0 的原假设。
② 这些系数估计表明资本在 GDP 核算中的份额大概是 45%，这与一般的观察相近（Bai et al.，2006）。
③ 以表 2 第（5）列为例，当平均教育质量变量为 6.3（即生师比率为 15.8 左右）及以上时，教育数量在均值处的边际效应变为正。
④ 当然相比于资本投资，教育质量对劳动生产率的贡献从数量上来说仍不显著。
⑤ 另外，增长回归文献大多发现初始的人力资本对增长有显著的正效应。在一项先前的研究中，我们实际上也发现了类似的情况（姚先国和张海峰，2008）。

响有限。另一个可能的解释是在劳动力市场上，教育实际只起到了一个信号作用，并没有实际的生产力效应，从而教育的社会收益率往往小于私人收益率（Spence，1973；Heckman & Klenow，1997）。在考虑教育质量的情况下，还有第三种可能的解释，即如果教育质量很低的话，教育实际上可能并不产生任何人力资本（Prichett，2001）。我们认为就中国的实际而言，后两种解释是可能成立的。"假文凭"以及高校有意无意的"卖文凭"现象或许是教育信号发送理论的典型例子，而"文化大革命"时期的教育体制则是后一种解释的一个有力证据。[1] 受匿名审稿人意见的启发，我们将区间划分为 1980~1990 年和 1995~2005 年两个子区间后分别回归，结果显示在 1980~1990 年这一区间，教育数量和教育质量的边际效应分别为 -0.012（0.066）和 0.019（0.011），[2] 但教育数量的边际效应在 1995~2005 年区间变为 0.019（0.033），尽管该效应在统计上仍不显著，同时教育质量的边际效应也增长为 0.031（0.015）。教育数量和质量的边际效应在不同期间的增长变化与观察到的教育私人收益率随时期增长的事实是一致的。

B. 稳健性分析

众所周知，差分变换消除了不随时间变化的地区固定效应，但不能消除其他随时间变化的因素。如果这些随时间变化的因素（如人口的省际迁移）与平均教育年限相关，本质上差分固定效应估计量仍将是有偏的。在这一小节中，我们进一步讨论表 2 的第（5）列估计结果的稳健性。

首先，与许多文献的稳健性分析一样，我们在表 2 的回归（5）的基础上引入一些可能影响教育变量的控制变量。表 3 的第（1）列的回归包含了方程 （5）中的其他两个变量。与表 2 的第（5）列相比，各变量的系数大小和显著性程度都没有发生大幅的变动，根据估计的系数计算的边际效应也几乎一致，这表明这些变量对参数估计的无偏性没有严重影响。在第（2）列的回归中，我们进一步控制了出生率和人口迁移率[3] 等变量。结果也表明表 2 的第（5）列的估计结果是相当稳健的。此外，为了进一步考察人口流动的影响，我们剔除了上海、北京、天津、广东、江苏和浙江等人口流动规模较大的省市，利用该剔除后的子样本重复了表 2 的回归，发现除了显著性程度有所下降外，教育质量的边际效应大小并没有发生大的改变。[4]

其次，我们参照 Topel（1999）、Krueger 和 Lindhal（2001）的做法检验平均教育年限测量误差的可能影响。平均教育年限在短期间内的组内变化（Within-Group Variation）相对较小，从而其系数估计更容易受测量误差的影响。检验教育变量是否受测量误差严重影

---

[1] 由于各种原因的缺课，在那段时期学习的不少中小学毕业生实际上真正在学校里受教育的时间可能加起来不过几个月甚至几天。

[2] 括号内为标准误。

[3] 理论上人口流动意味着蕴涵在人身上的人力资本的流动，从而影响地区的人力资本。

[4] 如感兴趣，有关结果可向作者索取。

表 3　教育数量和质量对劳动生产率的影响：敏感性分析

解释变量	因变量：log（y）					
	5 年间隔（FD）		10 年间隔（FD）		5 年间隔（IV–FD）	
	(1)	(2)	(3)	(4)	(5)	(6)
log（k）	0.473***	0.493***	0.609***	0.587***	0.469***	0.490***
	(0.045)	(0.046)	(0.069)	(0.076)	(0.048)	(0.048)
S	0.213**	0.231***	0.146	0.138	0.179	0.245**
	(0.084)	(0.081)	(0.110)	(0.118)	(0.126)	(0.118)
Q	−0.067*	−0.078**	−0.131*	−0.161*	−0.079	−0.061
	(0.035)	(0.032)	(0.071)	(0.066)	(0.077)	(0.064)
S*Q	0.016***	0.017***	0.025***	0.029**	0.017*	0.016**
	(0.005)	(0.005)	(0.009)	(0.009)	(0.009)	(0.008)
S*S	−0.024***	−0.026***	−0.026**	−0.026**	−0.022**	−0.026***
	(0.006)	(0.006)	(0.011)	(0.012)	(0.008)	(0.008)
Mean Age	−0.019	−0.011	0.012	0.009	−0.018	−0.012
	(0.016)	(0.015)	(0.029)	(0.026)	(0.017)	(0.017)
Inequality	−0.067**	−0.072**	0.006	0.007	−0.066*	−0.071**
	(0.031)	(0.030)	(0.043)	(0.044)	(0.034)	(0.033)
Birth Rate	—	−0.006***	—	−0.009	—	−0.006***
		(0.002)		(0.006)		(0.002)
Migration Rate	—	0.009*	—	−0.005	—	0.009*
		(0.005)		(0.010)		(0.005)
R^2	0.726	0.747	0.765	0.779	0.701	0.719
观察值数量	139	139	56	56	139	139
S 的边际效应	−0.015	−0.016	−0.066	−0.051	−0.014	−0.017
	(0.030)	(0.031)	(0.078)	(0.074)	(0.054)	(0.057)
Q 的边际效应	0.035***	0.034***	0.033*	0.030*	0.031	0.042**
	(0.011)	(0.009)	(0.020)	(0.017)	(0.023)	(0.020)

　　注：①第 1~4 列回归应用了差分固定效应估计方法，第 5~6 列回归应用了工具变量固定效应估计方法。所有回归都控制了时间效应。②括号内为异方差稳健 t 统计量。③*** 、** 和 * 分别表示系数在 1%、5%和 10%水平上统计显著。④第 3~4 列回归以 1985~2005 年（10 年间隔）为样本；1980 年四川省城乡收入差距变量缺失，故第 1~2 列和第 5~6 列回归的观察值少一个。

响的一个简单方法是适当扩展组内变化区间（比如 10 年间隔）。如果测量误差是恒定的，那么更长的变化区间相当于提高了教育变量的信噪比率（Signal–to–Noise Ratio），从而降低测量误差的影响。如果教育变量的系数随间隔区间的扩大而发生显著变动，则表明相关估计受测量误差的影响较严重。[①] 在表 3 的第（3）列和第（4）列中，我们报告了以 10 年

---

　　① Topel（1999）、Krueger 和 Lindhal（2001）的跨国研究都发现教育变量的系数大小随间隔区间的扩大均有大幅的增加。在 Topel（1999）的表 4 中，平均教育年限的系数从 0.028（5 年间隔）分别上升到 0.064（10 年间隔）、0.12（15 年间隔）和 0.167（20 年间隔）。在 Krueger 和 Lindahl（2001）的表 3 中，这一系数从 0.031（5 年间隔）分别上升到 0.075（10 年间隔）和 0.184（20 年间隔）。

间隔（1985 年、1995 年和 2005 年）为样本的估计结果。不过这样做使我们的样本观察值减少为 56。估计结果显示，与前两列相比，除了 Q 的系数有较大幅度的变动，其他变量系数大小的变化相对不大。此外，就基于这些估计系数计算的边际效应而言，平均教育质量对劳动生产率的边际效应大小和统计显著性均没有发生大的变化，平均教育年限对劳动生产率的边际效应有所增加，但是在统计上仍不显著。

上述稳健性分析分别考察了省略变量和测量误差对参数估计的影响，然而内生性偏误还可能来源于逆向因果性（Reverse Causality）。[①] 为此，我们借鉴 Anderson 和 Hsiao（1982）的思想，[②] 将一系列（二阶及以上）滞后水平变量作为相应差分变量（S、Q、SQ 和 SS）的工具用二阶段最小二乘法（2SLS）估计了式（5），结果报告在表 3 的第（5）列和第（6）列。我们仍然可以发现，与第（1）列和第（2）列中相应的差分固定效应估计值相比，工具变量固定效应估计值没有发生明显的变化，不过显著性程度有所下降。特别地，基于工具变量估计结果计算的教育数量和质量对劳动生产率的边际效应符号和大小也与第（1）列和第（2）列的估计结果基本一致。对第（2）列和第（4）列估计结果的 Hausman 检验的 p 值远大于 0.1，这表明在统计上无法拒绝两组系数估计值无系统性差异的原假设。如此，从估计量的效率角度，差分固定效应估计量是更合适的。

综上而言，我们的稳健性分析进一步支持了前述基本结果，即平均来看教育质量对劳动生产率有显著且稳健的正效应，但没有明显证据表明教育数量对劳动生产率有重要的影响。教育数量对劳动生产率的效应大小部分取决于教育质量的高低。此外，根据表（3）的估计结果，我们发现除了出生率变量对劳动生产率的效应显著为负外，[③] 其他变量对劳动生产率均没有一致的正效应或者负效应。

五、结论与不足之处

许多微观研究发现中国的教育私人收益率不仅存在地区差异而且有随时间增长趋势。本文认为这些差异的部分原因可能在于不同地区不同时间在教育质量方面的差异。基于这一微观假定，我们借鉴 Behrman 和 Birdsall（1983）的思路，重新设定加总的人力资本函数以考察教育数量和质量对地区劳动生产率的影响。利用中国 1980~2005 年省级面板数据，本文的估计结果表明，教育质量（平均师生比率）提高一个标准差将有助于提高地区劳动生产率 3.09%。教育数量对劳动生产率的影响大小部分取决于教育质量的高低。教育

---

① 此外，表 2 的第（3）列和第（4）列回归在降低测量误差影响的同时也可能加剧这种联立性误差（Krueger & Lindhal，2001）。

② Anderson Hsiao 估计量仅用一个二阶滞后水平变量作为差分变量的工具，因而本质上它是广义矩估计（GMM）的一种特例（Roodman，2009）。

③ 这一点与 Li 和 Zhang（2007）类似，他们的分析发现初始的粗出生率对经济增长是不利的。

质量越高教育数量对劳动生产率的促进效应越大。敏感性分析和工具变量估计表明这些结果是稳健有效的。本文的分析结果暗示过于快速的教育数量扩张而不增加教师供给可能并不是最有效率的教育资源配置方式。

最后需要指出的是，受限于数据，本文遵循一些文献的做法用师生比率衡量教育质量。师生比率在一定程度上捕获了教育质量的地区差异，并且相关分析也表明该变量也部分地代理了其他可能的教育投入指标，但是师生比率并非一个完美的教育质量指标。我们相信，在更丰富的宏观和微观数据可得的条件下，对教育质量的进一步分析是有意义的。[①]

参考文献

［1］蔡昉，都阳.中国地区经济增长的趋同与差异——对西部开发战略的启示.经济研究，2000（10）.

［2］万广华，陆铭，陈钊.全球化与地区间收入差距：来自中国的证据.中国社会科学，2005（3）.

［3］王小鲁，樊纲.中国收入差距的走势和影响因素分析.经济研究，2005（10）.

［4］王海港，李实，刘京军.城镇居民教育收益率的地区差异及其解释.经济研究，2007（8）.

［5］姚先国，张海峰.教育、人力资本与地区经济差异.经济研究，2008（5）.

［6］张车伟.人力资本回报率变化与收入差距："马太效应"及其政策含义.经济研究，2006（12）.

［7］张军，吴桂英，张吉鹏.中国省际资本存量估算：1952~2000.经济研究，2004（10）.

［8］邹薇，张芬.农村地区收入差异与人力资本积累.中国社会科学，2006（2）.

［9］Altonji. Joseph and Thomas Dunn, 1996, "Using Siblings to Estimate the Effect of School Quality on Wages", Review of Economics and Statistics, 78（4）：665–671.

［10］Arellano, Manuel and Stephen Bond, 1991, "Some Tests of Specification for Panel Data：Monte Carlo Evidence and an Application to Employment Equations", Review of Economic Studies, 58：277–297.

［11］Blundell, Richard and Stephen Bond, 1998, "Initial Conditions and Moment Restrictions in Dynamic Panel Data Models", Journal of Econometrics, 87：115–143.

［12］Bai, Chongen, Changtai Hsieh and Yingyi Qian, 2006, "The Return to Capital in China", Brookings Papers on Economic Activity, 2：61–101.

［13］Barro, Robert, 1991, "Economic Growth in a Cross Section of Countries", Quarterly Journal of Economics, 106（2）：407–444.

［14］Barro, Robert and Xavier Salai Martin, 1995, Economic Growth, New York：McGraw–Hill Press.

［15］Behrman, Jere and Nancy Birdsall, 1983, "The Quality of Schooling：Quantity Alone is Misleading", American Economic Review, 73（5）：928–946.

［16］Bratsberg, Bernt and Dek Terrell, 2002, "School Quality and Returns to Education of US Immigrants", Economic Inquiry, 40（2）：177–198.

［17］Benhabib, Jess and Mark Spiegel, 1994, "The Role of Human Capital in Economic Development：Evidence from Aggregate Cross–country Data", Journal of Monetary Economics, 34：143–173.

---

① 在另一项微观研究中，我们使用双胞胎调查数据分析了就读重点中学的效应（Zhang et al., 2009）。Zhang（2009）则利用武汉市重点学校入学摇号这一随机实验研究了就读重点学校对学生业绩的影响。

［18］Betts, Julian, 1995, "Does School Quality Matter? Evidence from the National Longitudinal Survey of Youth", Review of Economics and Statistics, 77 (3): 231–250.

［19］Bils, Mark and Peter Klenow, 2000, "Does Schooling Cause Growth?", American Economic Review, 90 (5): 1160–1183.

［20］Bloom, David and Jeffrey Williamson, 1998, "Demographic Transitions and Economic Miracles in Emerging Asia", World Bank Economic Review, 12 (3): 419–455.

［21］Card, David and Alan Krueger, 1992a, "School Quality and Black–White Relative Earnings: A Direct Assessment", Quarterly Journal of Economics, 107 (1): 151–200.

［22］Card, David and Alan Krueger, 1992b, "Does School Quality Matter? Return to Education and the Characteristics of Public Schools in the United States", Journal of Political Economy, 100 (1): 1–40.

［23］Caselli, Francesco, 2005, "Accounting for Cross–country Income Differences", Handbook of Economic Growth, 1A: 679–741, Elsevier.

［24］Durlauf, Steven, Paul Johnson and Jonathan Temple, 2005, "Growth Econometrics," Handbook of Economic Growth, 1A: 555–677, Elsevier.

［25］Grogger, Jeff, 1996, "Does School Quality Explain the Recent Black–White Wage Trend?", Journal of Labor Economics, 14 (2): 231–253.

［26］Hanushek, Eric, 1986, "The Economics of Schooling: Production and Efficiency in Public Schools", Journal of Economic Literature, 24 (3): 1141–1177.

［27］Hanushek, Eric and Dennis Kimko (2000), "Schooling, Labor–Force Quality, and the Growth of Nations", American Economic Review, 90 (5): 1184–1208.

［28］Hanushek, Eric and Ludger Wobmann, 2007, "The Role of Education Quality in Economic Growth", World Bank Policy Research Working Paper 4122.

［29］Heckman, James and Peter Klenow, 1997, "Human Capital Policy", Working Paper, University of Chicago.

［30］Krueger, Alan, 1999, "Experimental Estimates of Education Production Funcctions", Quarterly Journal of Economics, 114 (2): 497–532.

［31］Krueger, Alan and Mikael Lindahl, 2001, "Education for Growth: Why and For Whom?", Journal of Economic Literature, 39 (4): 1101–1136.

［32］Li, Hongbin and Junsen Zhang, 2007, "Do High Birth Rates Hamper Economic Growth?", Review of Economics and Statistics, 89 (1): 110–117.

［33］Prichett, Lant, 2001, "Where Has All the Education Gone?", World Bank Economic Review, 15 (3): 367–391.

［34］Spence, Michael, 1973, "Job Market Signaling", Quarterly Journal of Economics, 87 (3): 355–374.

［35］Strayer, Wayne, 2002, "The Returns to School Quality: College Choice and Earnings", Journal of Labor Economics, 20 (3): 475–503.

［36］Temple, Jonathan, 1999, "The New Growth Evidence", Journal of Economic Literature, 37 (1): 112–156.

［37］Topel, Robert, 1999, "Labor Market and Economic Growth", Handbook of Labor Economics, 3C: 2943–2984, Elsevier.

［38］ Zhang, Haifeng, Junsen Zhang and Junjian Yi, 2009, "Estimating the Effects of Key High Schooling", Working Paper, The Chinese University of Hong Kong.

［39］ Zhang, Hongliang, 2009, "Magnet Schools and Student Achievement: Evidence from a Randomized Natural Experiment in China", Working Paper, The Chinese University of Hong Kong.

［40］ Zhang, Junsen, Yaohui Zhao, Albert Park and Xiaoqing Song, 2005, "Economic Returns to Schooling in Urban China, 1988 to 2001", Journal of Comparative Economics, 33: 730–752.

附表1　普通中学各种教育质量指标的相关系数

	师生比率	班级规模（人/班）	生均体育场面积（平方米/人）	生均计算机（台/人）	生均图书（册/人）	生均仪器设备（元/人）	本科及以上学历教师比率（%）	高级职称教师比率（%）
指标均值	5.903	53.615	7.097	0.050	13.913	463.860	39.498	7.148
标准差	1.074	7.315	2.989	0.028	5.743	390.118	14.605	4.633
师生比率	1.000	—	—	—	—	—	—	—
班级规模	−0.880 (0.000)	1.000	—	—	—	—	—	—
生均体育场面积	0.654 (0.000)	−0.555 (0.001)	1.000	—	—	—	—	—
生均计算机	0.642 (0.000)	−0.699 (0.000)	0.371 (0.040)	1.000	—	—	—	—
生均图书	0.616 (0.000)	−0.531 (0.002)	0.389 (0.030)	0.813 (0.000)	1.000	—	—	—
生均仪器设备	0.457 (0.010)	−0.572 (0.001)	0.218 (0.239)	0.923 (0.000)	0.737 (0.000)	1.000	—	—
本科及以上学历教师比率	0.628 (0.000)	−0.740 (0.000)	0.455 (0.010)	0.802 (0.000)	0.624 (0.000)	0.712 (0.000)	1.000	—
高级职称教师比率	0.531 (0.002)	−0.403 (0.025)	0.622 (0.000)	0.275 (0.135)	0.158 (0.397)	0.125 (0.504)	0.325 (0.074)	1.000

注：括号内为相应显著性检验的 p 值。

资料来源：根据《中国教育统计年鉴》（2005）计算获得。

The Impact of School Quality on Regional Labor Productivity

Abstract: Following Behrman & Birdsall (1983), this paper estimates the effects of average schooling (school quantity) and pupil teacher ratio (school quality) on labor productivity by exploring Chinese provincial panel data over the period 1980–2005. Our empirical results show that the quality of schooling exhibits a statistically significant and robust positive effect on labor productivity. On average, one standard deviation (0.916) increase of teacher-pupil ratio helps increase labor productivity by 3.09%. The magnitude of the effect of school quantity on labor productivity partly depends on the level of school quality. The higher school quality is, the larger the effect of school quantity on labor productivity is. The results imply that overheated educational expansion without improving the supply of teachers may be inefficient in terms of the school resource allocation.

Key words: Pupil Teacher Ratio; School Quality; Effective Schooling; Labor Productivity

农村贫困的动态变化 *

【摘　要】 根据 2007 年和 2008 年住户追踪调查数据，本文描述了两个年份的农村贫困状况及其变动特征。从两个年份的贫困发生率来看，两年一直陷入贫困状态的家庭的比重较低，但贫困类型结构也会受到贫困标准的影响。贫困标准越高，则两年贫困在总体贫困中的比重将有较大幅度的上升。从收入结构的描述中可以发现，包括外出务工收入在内的工资性收入增长对于农户脱离贫困状态具有重要的贡献，经营收入的波动是农户陷入贫困状态的重要因素。通过对外出行为的内生性处理，本文发现外出务工显著降低了农户陷入贫困的可能性，同时是贫困状态转换的重要因素。外出与贫困可能性之间的关系受到贫困标准的影响。贫困标准越低，外出的贫困减缓效应越明显。此外，本文还发现家庭健康状况也具有十分显著的影响。家庭不健康成员人数及其变化对贫困发生率及其转换具有显著的影响。

【关键词】 外出打工；农村贫困；贫困动态变化

一、引言

在我国经济的快速发展过程中，农村贫困大幅度减缓。根据官方的统计数据，1978 年农村贫困发生率为 30%，而 2008 年则降至 4.2%。[①] 一些研究批评官方贫困线过低，不过采用更高的贫困标准，尽管会导致不同年份贫困指标的上升，但贫困减缓的总体趋势依然存在。Chen 和 Ravallion（2004）以 2002 年家庭人均年收入 850 元作为贫困标准，发现农村贫困率从 1980 年的 52.84% 下降至 2001 年的 7.97%，历年贫困率都会高于官方结果，但贫困减缓的趋势更为明显。2005 年，世界银行国际比较项目（ICP）调整了中国的货币

---

* 作者：罗楚亮，北京师范大学经济与工商管理学院。本文引自《经济研究》，2010（05）。

① 2008 年中国政府上调了贫困线，贫困发生率有所上升。依照原有的贫困标准，2007 年的贫困线为 785 元/人年，贫困发生率已经降至 1.6%，贫困人口为 479 万。按照农村消费价格指数折算，2007 年的 785 元相当于 2008 年的 836 元。2008 年贫困线提高至 1196 元/人年，当年的贫困发生率上升至 4.2%，贫困人口为 4007 万。各年农村贫困线及贫困发生率可参见历年《中国统计摘要》。

购买力平价，新估计的货币购买力平价为 3.46,[①] 此前为 1993 年估计的 1.42。以一人一天一美元为贫困标准，依照新的购买力平价，Chen 和 Ravallion（2008）的估计结果显示，农村消费贫困率从 1981 年的 83.8%下降至 2005 年的 15.6%，收入贫困率从 1981 年的 81.6%下降至 2005 年的 10.4%；而根据原有的购买力平价，同一时期中的消费贫困率从 63.8%下降至 5.5%，收入贫困率从 62.3%下降至 5.4%。因此，贫困标准的选择与调整都没有改变中国农村贫困发生率急剧下降的基本特征。

对于贫困大幅减缓的原因，多数研究都遵照了 Bourguignon（2004）所概括的"经济增长—收入差距—贫困变动"三角的分析框架，即将不同时点上的贫困状况变动分解为经济增长和收入差距两个影响因素，讨论经济增长和收入差距变动对于贫困变动所具有的不同效应。这也符合改革过程中中国农村经济发展的基本特征：经济增长和收入差距扩张并存。Datt 和 Ravallion（1992）以及 Kakwani 和 Pernia（2000）分别给出了将贫困变动分解为增长效应和差距效应的不同方法。在针对中国农村贫困变动的研究中，尽管不同学者对这两种分解方式有不同的偏好，但所得到的结论都是一致的，即经济增长大幅度减少了贫困，但收入差距扩大抵消了部分经济增长的减贫效应。基于住户调查数据的研究包括魏众和别雍·古斯塔夫森（1999）、陈绍华和王燕（2001）、万广华和张茵（2006）、杜凤莲和孙婧芳（2009）等。

不同时期贫困率的变化并不能细致地刻画贫困的动态特征。在贫困动态研究中，更为值得关注的问题是，对于特定的家庭或个人来说，贫困是短期的还是长期的？贫困家庭是否持续地处于贫困状态？哪些因素可能有利于贫困家庭脱贫？哪些非贫困户又易于陷入贫困状态？等等。在讨论中国贫困的众多研究文献中，类似的主题仍较少被关注。Jalan 和 Ravallion（1998、2000）利用广东、广西、贵州和云南四省的面板数据，讨论了农村贫困中的暂时性贫困与持久性贫困构成以及影响因素差异，发现四省暂时性贫困占总体贫困的 49.39%；但省份之间具有较大的差异性，如广东的农村贫困中 84.21%是暂时性贫困，而贵州则只有 42.80%。岳希明等（2007）发现国定贫困县中，暂时性收入贫困占总体贫困的比重达 91.34%（贫困线为 2000 年人均年收入 625 元）或 76.86%（贫困线为 2000 年人均年收入 874 元），并讨论了各因素对这两类贫困的不同影响。Duclos 等（2010）对总体贫困分解为暂时性贫困与持久性贫困提供了一种新的分解方法，发现中国农村暂时性贫困占总体贫困的比重达 75%。总体上说，在关于贫困动态的研究中，大多认为农村贫困中暂时性贫困占主导，大部分家庭陷入贫困是由于暂时性的外生冲击造成的。

在贫困的动态转换中，还值得注意的是，哪些因素可能有利于贫困家庭脱贫，哪些非贫困户又易于陷入贫困状态等问题。这类问题在暂时性贫困与持久性贫困的研究文献中通常也没有直接回答。本文试图根据最新搜集得到的相邻年份（2007 年和 2008 年）的面板数据，考察中国农村贫困的变动特征，即在相邻年份贫困状态的转换及其影响因素。相对于已有的研究，本文的关注重点不在于经济增长和收入分配对于不同时点贫困状况的影

---

① 如果不包括政府消费则为 4.09。

响，也不是家庭是否陷入持久贫困或暂时贫困状态，而是前一年度中处于贫困状态的家庭，有多大的可能脱离贫困，有利于脱贫的因素是什么；前一年度中处于非贫困状态的家庭，又有多大的可能陷入贫困，哪些家庭更容易陷入贫困；等等。

二、数据与描述

本文所使用数据来自于中国城乡劳动力流动调查（RUMIC，Rural-Urban Migration in China）在 2007 年和 2008 年针对 9 个省（市）所做的农村住户调查，这些省（市）包括河北、江苏、浙江、安徽、河南、湖北、广东、重庆和四川。[①] 每年计划调查的农村住户数量在 8000 户左右。两年都调查过的住户数量为 7948 户，2007 年有 53 户漏出，2008 年新补充进入的有 49 户。[②] 从个人来看，一共有 31526 人是两年调查中的跟踪观测样本，2007 年有 292 人漏出，2008 年新增 670 人。从住户来看，样本保有率[③]为 99.37%；从个人来看，样本保有率为 98.50%。因此，样本流失并不是一个严重的问题，具有较好的追踪效果。

调查的住户样本来自于国家统计局的常规住户调查，但本次调查的个人样本与国家统计局的常规调查有所不同。在 RUMIC 调查中，家庭成员对象不仅包括户籍人口，还包括非户籍常住人口。样本抽取以及入户访谈都由国家统计局系统协助完成，调查问卷由中外有关学者共同设计。2007 年的调查是在 2008 年的 3 月进行的，2008 年的调查是在 2009 年的 7 月左右完成的。该项目的直接目的在于探讨中国农村劳动力转移及其对城乡社会经济状况的影响，调查中详尽地包括了家庭特征、个人社会经济活动以及社会联系等方面的信息。其中，家庭的收入与支出信息直接过录自国家统计局的住户调查信息。按照农村住户调查的方案设计，住户收入和支出信息是由家庭日记账生成的；对于外出务工经商成员，也要求将一定时期内的收支情况概要记入家庭收入和支出。

根据两年调查中都包括的住户数据，表 1 给出了收入水平及其分布特征的基本描述，两年人均收入对数的核密度估计可见图 1。2007 年收入水平已经按农村消费价格指数调整至 2008 年价格水平。这里的收入指农村居民人均纯收入，根据过录得到的家庭纯收入除以家庭常住人口得到，然后以此均值赋予家庭中的每一位成员。根据农村住户调查方案，该收入包括实物收入和自我消费折算，但不包括自有住房估算租金。在所调查的两个年份

---

① 选择这些调查省份的原因在于它们是劳动力流入和流出数量最大的省份。这种样本选取方式，可能会在某种程度上影响分析结论。

② 漏出和新增的住户指的是这一家庭中所有成员都只出现在一个调查年份中。如果某住户中有家庭成员在两个年份中都接受过调查，则认为该户是两年都调查的。不同年份数据的合并不完全依赖于住户编码，同时还对照了调查者的姓名和出生日期等信息。

③ 计算方式为：两年都包括的样本/(两年都包括的样本 + (漏出 + 新增)/2)。

间，人均收入从 2007 年的 5339.31 元上升到 2008 年的 5691.91 元，年实际增长率为 6.6%。两年的收入水平具有较强的相关性，相关系数与 Spearman 等级相关系数（Rank Correlation）分别为 0.6497 和 0.6808，都在 1% 的水平上显著。从图 1 中可以看出，两个年份的收入分布具有非常强的重合性，2008 年的分布曲线略向右平移，这表明收入水平有所增长，但分布的不均等性并没有明显的改变。

表 1 收入及其分布特征

	2007 年	2008 年
均值	5339.31	5691.91
相关系数	0.6497	
Spearman 等级相关系数	0.6808	
分位点：1%	742.04	760.85
5%	1512.75	1600.59
10%	1969.78	2098.76
25%	2854.10	3084.79
50%	4266.16	4586.51
75%	6425.21	6992.34
90%	9603.28	10412.88
95%	12443.88	13230.00
99%	21768.02	21870.19
不均等指数		
相对平均离差	0.2553	0.2540
变异系数	0.8373	0.7857
对数标准差	0.6480	0.6575
Gini 系数	0.3593	0.3568
Mehran 指数	0.4776	0.4786
Piesch 指数	0.3002	0.2960
Kakwani 指数	0.1156	0.1155
Theil 指数（GE（1））	0.2300	0.2181
平均对数离差（GE（0））	0.2158	0.2130
Entropy 指数（GE（-1））	0.2499	0.2285

注：所使用的样本为两年调查中都包括的住户。

两年收入数据分布特征的变动也可以从表 1 中各分位点的收入水平变动以及两个年份的不均等指数中反映。根据表 1 中两年不同分位点的收入水平，图 2 给出了不同分位点上的收入增长率。非常有意思的现象是，两年收入分布两端的增长率都非常低，如最低的 1% 分位点上，收入增长率略高于 2%；而在最高的 99% 分位点上，收入增长率不到 1%，几乎没有增长。增长率比较高的是 75% 分位点。这一增长特征意味着两年间的收入差距不会有明显的变动。从不均等指数中可以看出，两年的各不均等指数并没有明显的差异。如广为熟知的 Gini 系数，在 2007 年和 2008 年分别为 0.3593、0.3568。

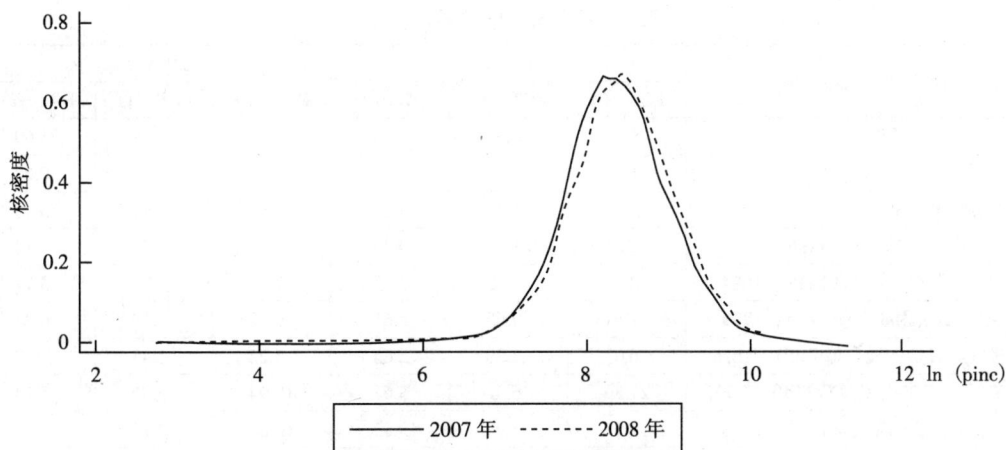

图1　人均收入对数的核密度估计

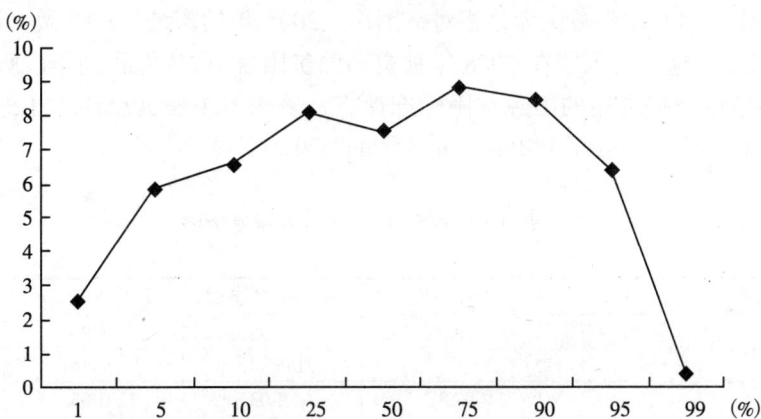

图2　不同分位点的收入增长率

贫困度量采用了 FGT 指数（Foster，Greer and Thorbecke，1984）：

$$FGT(\alpha) = \frac{1}{N} \sum_{i=1}^{q} \left(\frac{z - Y_i}{z} \right)^{\alpha}$$

其中，N 为总人口，q 为贫困人口，z、Y_i 分别为贫困线和第 i 个人的收入，$g_i = z - Y_i$ 为第 i 个人的贫困距。这里的加总范围只限于收入低于贫困线的人口。α 为参数，其值越大则低收入人口的权重越大。当 α = 0 时，FGT 指数为贫困发生率；当 α = 1 时，FGT 指数为比例贫困距；当 α = 2 时，FGT 指数为加权贫困距。

表 2 给出了不同贫困线下的贫困指标。前四行是中国政府在不同时期中所采用的贫困标准。2002 年贫困标准为人均年收入 625 元，按照价格指数调整后相当于 2008 年的 777 元，这一标准也被认为是绝对贫困标准；与此同时，低收入线，2002 年为 1077 元/人年，大体上相当于原有 PPP 折算下的 1 美元/人日的国际贫困线标准，收入水平处在低收入线

表2 不同贫困线的贫困指标

贫困标准（元/人·年）	2007 年			2008 年		
	FGT（0）	FGT（1）	FGT（2）	FGT（0）	FGT（1）	FGT（2）
2002 年贫困线：777	1.08	1.38	6.05	1.02	2.19	23.60
2007 年贫困线：836	1.17	1.36	5.41	1.18	2.11	20.68
2002 年低收入线：1077	2.04	1.41	3.80	1.88	1.97	13.26
2008 年调整的贫困线：1196	2.61	1.50	3.36	2.42	1.99	11.13
1 美元/人日贫困线（原 PPP）：1084	2.04	1.42	3.77	1.91	1.97	13.11
1 美元/人日贫困线（新 PPP）：1799	7.64	2.65	2.61	6.72	2.79	6.22
1.5 美元人日贫困线（原 PPP）：1626	6.03	2.20	2.65	5.22	2.45	7.02
1.5 美元/人日贫困线（新 PPP）：2699	21.39	6.52	3.67	18.94	5.96	5.14
2 美元/人日贫困线（原 PPP）：2168	12.55	3.94	2.82	10.87	3.79	5.30
2 美元/人日贫困线（新 PPP）：3598	38.17	12.46	6.23	34.01	11.04	6.61

注：贫困标准都以 2008 年价格衡量，按照农村消费者价格指数折算。

与绝对贫困线之间的住户被认为是相对贫困户。2005 年国家统计局稍微上调了贫困标准，为 635 元/人年。这一贫困线在 2008 年被更高的贫困线（1196 元/人年）所替代。接下来的几行贫困指标根据常用的国际贫困标准计算，采用了 1 美元/人日、1.5 美元/人日和 2 美元/人日三种情形，比较了 PPP 调整前后[①]的结果。

表3 2007 和 2008 年的贫困发生率

单位：%

贫困标准（元/人·年）	从未贫困	仅 2007 年贫困	仅 2008 年贫困	两年贫困
2002 年贫困线：777	98.03	0.95 [48.22]	0.89 [45.18]	0.13 [6.60]
2007 年贫困线：836	97.8	1.03 [46.82]	1.03 [46.82]	0.14 [6.36]
2002 年低收入线：1077	96.38	1.74 [47.93]	1.59 [43.80]	0.30 [8.26]
2008 年调整的贫困线：1196	95.38	2.20 [47.62]	2.01 [43.51]	0.41 [8.87]
1 美元/人日贫困线（原 PPP）：1084	96.34	1.75 [47.81]	1.61 [43.99]	0.30 [8.20]
1 美元/人日贫困线（新 PPP）：1799	88.18	5.11 [43.20]	4.18 [35.33]	2.54 [21.47]
1.5 美元/人日贫困线（原 PPP）：1626	90.41	4.36 [45.51]	3.55 [37.06]	1.67 [17.43]
1.5 美元/人日贫困线（新 PPP）：2699	70.31	10.75 [36.20]	8.30 [27.95]	10.65 [35.86]

---

① 本文中，调整后的 PPP 采用的是 3.64 而非 4.09。

贫困标准（元/人·年）	从未贫困	仅2007年贫困	仅2008年贫困	两年贫困
2美元/人日贫困线（原PPP）：2168	81.35	7.78 [41.74]	6.10 [32.73]	4.76 [25.54]
2美元/人日贫困线（新PPP）：3598	52.02	13.97 [29.12]	9.81 [20.45]	24.20 [50.44]

注：[　]内为该类贫困状态在总体贫困中所占百分比（以下各表同）。

在相邻的两个年份中，贫困指标的变动通常并没有明显的变化，在较低的贫困标准下尤其如此。如果采用最低的2002年贫困线，两年的贫困率[①]都在1%左右。采用更高的贫困线，则两年的贫困指标差异通常会更大一些。如根据新PPP得到的2美元/人日贫困线，2008年的贫困率下降了4个百分点。总体上看，2008年的FGT（0），即贫困发生率，比2007年要低一些，但对于FGT（1）和FGT（2），情形则有所不同。在许多情形中，2008年的FGT（1）和FGT（2）指标都要高于2007年。因此，尽管贫困发生率有所下降，但贫困的深度或严重程度在多数情形下要更高一些。此外，比较2008年调整贫困线和新PPP下1美元/人日贫困线的贫困发生率不难发现，贫困线仅仅增加500元/人年，但贫困发生率也由此而上升了5个百分点。这意味着大量的人群集中于这两条贫困线之间。

根据以上贫困标准，表3将住户在两个年份的贫困状况划分为四种类型。如果住户只在2007年是贫困的，则2008年该住户至少暂时地脱贫；而如果住户只在2008年是贫困的，则该住户从非贫困状态转入了贫困状态。除了贫困线非常高的情形（按新调整的PPP的1.5美元/人日标准或2美元/人日标准）以外，绝大多数情形下，两年都陷入贫困状态的人口是比较少的。按照各种官方的贫困标准，两年贫困占总体贫困的比重不到10%。按照新PPP的1美元/人日标准，两年贫困的比重为21.47%。因此大多数的贫困都是只发生在一年内的。这也与现有的关于暂时性贫困与持久性贫困的结构的认识具有一致性，即通常认为暂时性贫困在总体贫困中占有较大的比重。

三、贫困状态与住户特征

本部分将以描述性的方式讨论贫困状态与住户特征之间的联系。贫困标准采用的是2008年调整的贫困线以及根据新PPP计算的1美元/人日贫困线。

---

① 表2所给出的贫困指标低于官方所公布的贫困率（国家统计局，2009）。这与本次调查的样本选择有关系，因为本次调查选择的都是劳动力流入和流出规模最大的省份。

（一）收入结构

表 4 给出了不同贫困状态下的人均收入构成及其变化特征。两年从未贫困的住户中，人均收入增长率为 6.95%或 6.47%。这一增长率与全部样本的人均收入增长率基本上是一致的。从分项收入来看，从未贫困户中，转移性收入增长率是最高的，这与近年来政府对农业和农村转移支付不断增加的政策取向是一致的，但从绝对数量上看，转移收入的增量仍低于工资性收入与农业经营收入；其他收入项，如外出收入、其他工资性收入以及农业经营收入的增长率也都比较高，绝对数量上也比较大地增长。外出收入与工资收入分别增长了 17%、16%。与贫困户比较，从未贫困户的各项收入水平一般都要高些，即便是转移性收入也是如此。

不难理解，脱贫住户（仅 2007 年贫困）的收入水平在 2008 年的增长率是最高的，收入水平上升了将近 5 倍（根据 2008 年调整的贫困线）或 2 倍以上（根据新 PPP 计算的 1 美元/人日贫困线）。从非贫困状态转入贫困状态的住户收入水平则有较大幅度的下降，收入水平分别下降了 95%（根据 2008 年调整的贫困线）或 75%（根据新 PPP 计算的 1 美元/人日贫困线）。

从分项收入看，导致贫困状态改变的主要是工资性收入和经营性收入。仅 2007 年贫困的住户中，外出务工收入增加了 640 元左右，上升了将近 4 倍或 2.7 倍；其他工资性收入也上升了 2 倍。根据 1196 元/人年贫困线，仅 2007 年贫困的住户中，农业经营收入上升了 5 倍；采用较高的贫困线，也上升了 2 倍以上。非农经营收入也有大幅度的增长。与此相反，在仅 2008 年贫困户中，这四项收入都是下降的。从绝对数量上看，下降最大的是经营性收入，农业经营收入和非农经营收入都有相当大数量的下降，前者下降的绝对幅度分别为 2169 元或 1524 元，后者下降的绝对幅度分别为 962 元或 582 元。外出打工收入与其他工资收入也是下降的，但幅度要低于经营性收入。比较仅 2007 年贫困和仅 2008 年贫困的住户可以发现：工资性收入的增长，包括外出务工收入和其他工资收入，对于住户脱离贫困状态具有重要的贡献；经营收入的波动，包括农业与非农业经营收入，是住户陷入贫困状态的重要因素。贫困状态发生转换的住户，经营性收入通常具有非常大的波动性。

如果采用较低的贫困标准，在两年都贫困的住户中，不仅外出务工收入与其他工资性收入都是下降的，其中外出务工收入下降了 46.80%，其他工资收入下降了 8.94%。更为明显的是，两年中的农业经营纯收入都为负，也就是亏损，2007 年为 1150 元，2008 年为 936 元，不利的农业经营条件成为住户持续地陷入贫困状态的重要因素。如果采用较高的贫困线，两年贫困的住户中，外出务工收入有所增长，其他工资收入仍在下降，而农业经营收入也不再处于亏损状态。不同贫困标准下两年都贫困的住户的收入构成比较表明，持续的农业经营收入亏损对于持续性贫困，特别是对于那些收入极低的人群具有更为不利的影响。

表4　不同贫困状态的收入构成及其变化

	贫困标准=1196元/人·年				贫困标准=1799元/人·年			
	从未贫困	仅2007年贫困	仅2008年贫困	两年贫困	从未贫困	仅2007年贫困	仅2008年贫困	两年贫困
2007年收入（元）								
外出务工收入	1069.75	161.98	513.55	138.10	1126.79	235.57	607.26	174.40
其他工资收入	1277.91	272.71	526.01	294.16	1360.06	240.10	467.13	249.44
农业经营收入	1759.70	250.50	1979.43	−1149.87	1813.45	618.13	1908.27	371.35
非农经营收入	640.47	−252.11	566.51	71.84	683.09	−74.99	409.88	70.08
财产收入	169.32	57.91	177.22	642.98	181.14	34.24	111.20	115.82
转移收入	245.06	79.32	141.24	44.49	254.68	90.29	183.86	69.66
收入合计	5497.74	607.37	4157.72	44.42	5771.47	1217.65	3927.29	1119.04
2008年收入（元）								
外出务工收入	1259.94	804.65	168.68	73.47	1319.37	871.02	243.46	205.53
其他工资收入	1487.57	846.20	339.83	267.87	1577.11	723.02	288.82	231.18
农业经营收入	1942.42	1506.81	−189.53	−936.39	1988.07	1930.97	384.09	424.47
非农经营收入	680.25	50.04	−395.73	115.70	726.81	130.52	−172.63	85.80
财产收入	171.09	108.79	188.73	332.46	182.36	82.57	95.79	67.86
转移收入	338.40	264.42	99.35	370.75	351.35	241.80	139.25	163.50
收入合计	5879.68	3580.90	211.32	223.85	6145.07	3979.90	978.78	1178.34
收入增长（元）								
外出务工收入	190.19	642.67	−344.87	−64.63	192.58	635.45	−363.80	31.13
其他工资收入	209.66	573.49	−186.18	−26.29	217.05	482.92	−178.31	−18.26
农业经营收入	182.72	1256.31	−2168.96	213.48	174.62	1312.84	−1524.18	53.12
非农经营收入	39.78	302.15	−962.24	43.86	43.72	205.51	−582.51	15.72
财产收入	1.77	50.88	11.51	−310.52	1.22	48.33	−15.41	−47.96
转移收入	93.34	185.10	−41.89	326.26	96.67	151.51	−44.61	93.84
收入合计	381.94	2973.53	−3946.4	179.43	373.6	2762.25	−2948.51	59.30
收入增长率（%）								
外出务工收入	17.78	396.75	−67.15	−46.80	17.09	269.75	−59.91	17.85
其他工资收入	16.41	210.30	−35.39	−8.94	15.96	201.13	−38.17	−7.32
农业经营收入	10.38	501.53	−109.58	18.57	9.63	212.39	−79.87	14.31
非农经营收入	6.21	119.85	−169.85	61.05	6.40	274.05	−142.12	22.43
财产收入	1.05	87.88	6.49	−48.29	0.67	141.16	−13.86	−41.41
转移收入	38.09	233.36	−29.66	733.42	37.96	167.79	−24.26	134.73
收入合计	6.95	489.58	−94.92	404.00	6.47	226.85	−75.08	5.30

注：如果2007年的收入项为负数，增长率的计算公式为 $(y_t - y_{t-1})/|y_{t-1}|$。

（二）省份

表5给出了不同省份的贫困分布。不难理解，江苏、浙江和广东这些经济发展程度比较高的省份的贫困发生率通常比较低，无论是采用较低还是较高的贫困标准。众所周知，

这些省份也是劳动力流入较多的地方。贫困发生率比较高的是河北、安徽、河南和重庆，大多是劳动力流出较多的省份，如果采用较高的贫困线，这些省份（市）的贫困发生率会更为急剧地上升。

表5　不同省份的贫困状况

单位：%

省份	贫困标准=1196元/人·年				贫困标准=1799元/人·年			
	从未贫困	仅2007年贫困	仅2008年贫困	两年贫困	从未贫困	仅2007年贫困	仅2008年贫困	两年贫困
河北	92.46	2.95 [39.12]	4.04 [53.58]	0.55 [7.29]	80.88	6.94 [36.30]	8.96 [46.86]	3.22 [16.84]
江苏	97.99	1.34 [66.67]	0.51 [25.37]	0.16 [7.96]	94.19	2.89 [49.74]	2.41 [41.48]	0.51 [8.78]
浙江	93.62	2.40 [37.62]	2.74 [42.95]	1.24 [19.44]	90.01	3.61 [36.14]	3.03 [30.33]	3.35 [33.53]
安徽	94.13	3.67 [62.52]	1.79 [30.49]	0.41 [6.98]	82.21	8.89 [50.00]	4.65 [26.15]	4.24 [23.85]
河南	93.72	3.35 [53.34]	2.14 [34.08]	0.79 [12.58]	82.81	7.34 [42.70]	5.73 [33.33]	4.12 [23.97]
湖北	95.49	1.91 [42.35]	2.38 [52.77]	0.22 [4.88]	88.98	4.80 [43.56]	4.65 [42.20]	1.57 [14.25]
广东	99.04	0.31 [32.29]	0.61 [63.54]	0.04 [4.17]	95.34	2.35 [50.43]	1.35 [28.97]	0.96 [20.60]
重庆	91.54	2.69 [31.80]	5.49 [64.89]	0.28 [3.31]	83.87	5.77 [35.75]	7.62 [47.21]	2.75 [17.04]
四川	95.62	2.43 [55.35]	1.77 [40.32]	0.19 [4.33]	87.37	5.35 [42.36]	4.19 [33.17]	3.09 [24.47]

比较仅2007年贫困和仅2008年贫困的发生率可以发现，河北和重庆在2008年的贫困发生率有所上升。如果采用较低的贫困标准，河北和重庆的贫困发生率分别上升了1.1个和2.8个百分点，如果采用较高的贫困标准，河北和重庆的贫困发生率分别上升了2个和1.9个百分点。而下降幅度比较大的省份则为安徽和河南。如果采用较低的贫困标准，这两个省份的贫困发生率分别下降了1.9个和1.2个百分点；如果采用较高的贫困标准，这两个省份的贫困发生率分别下降4.2个和1.6个百分点。

从贫困类型来看，浙江与河南的两年贫困在总体贫困中的比重通常较高。按照较低的贫困线，浙江与河南两年贫困在总体贫困中的比重分别为19.44%和12.58%；按照较高的贫困线，这两个省份的两年贫困在总体贫困中的比重分别为33.53%和23.97%，都要高于全部样本的总体比重。在较高的贫困标准中，四川的两年贫困在总体贫困中的比重也高达24.47%，而在较低的贫困标准中，这一比重仅为4.33%。

（三）户主特征

从户主年龄与贫困状况的关系中（见表6）可以看出，户主年龄在40~59岁的住户中贫困发生率是最低的；户主年龄在70岁以上的住户中，贫困发生率要明显地高一些。如果采用较低的贫困标准，户主年龄在40~59岁的住户有过贫困经历的不到4%；在较高的贫困标准下，这一比重也不到10%。而在户主年龄80岁以上的住户中，两年中有过贫困经历的高达16%（较低贫困线）或22%（较高贫困线）。在户主年龄较大的住户中，两年贫困的比重也较高，这在较高的贫困线下更为明显。比如，户主年龄80岁以上的住户中，两年贫困占总体贫困的比重高达52%。

表6　户主年龄与贫困状况

单位：%

户主年龄	贫困标准=1196元/人·年				贫困标准=1799元/人·年			
	从未贫困	仅2007年贫困	仅2008年贫困	两年贫困	从未贫困	仅2007年贫困	仅2008年贫困	两年贫困
30岁以下	95.65	2.61 [60.00]	1.74 [40.00]	0.00 [0.00]	83.48	9.13 [55.27]	7.39 [44.73]	0.00 [0.00]
30~39岁	93.94	2.96 [48.84]	2.74 [45.21]	0.36 [5.94]	85.63	6.13 [42.66]	5.14 [35.77]	3.10 [21.57]
40~49岁	96.29	1.55 [41.78]	1.76 [47.44]	0.40 [10.78]	89.34	4.52 [42.36]	4.04 [37.86]	2.11 [19.78]
50~59岁	96.15	1.71 [44.42]	1.81 [47.01]	0.33 [8.57]	90.27	4.20 [43.17]	3.47 [35.66]	2.06 [21.17]
60~69岁	94.11	3.40 [57.82]	1.79 [30.44]	0.69 [11.73]	85.27	6.84 [46.47]	4.38 [29.76]	3.50 [23.78]
70~79岁	90.29	4.73 [48.71]	4.98 [51.29]	0.00 [0.00]	78.33	8.47 [39.09]	7.97 [36.78]	5.23 [24.13]
80岁以上	84.48	9.48 [61.12]	4.31 [27.79]	1.72 [11.09]	78.45	1.72 [7.98]	8.62 [40.00]	11.21 [52.02]

表7　户主受教育程度与贫困状况

单位：%

户主受教育年限	贫困标准=1196元/人·年				贫困标准=1799元/人·年			
	从未贫困	仅2007年贫困	仅2008年贫困	两年贫困	从未贫困	仅2007年贫困	仅2008年贫困	两年贫困
小于3年	93.80	2.78 [44.91]	2.32 [37.48]	1.09 [17.61]	86.51	4.60 [34.12]	5.74 [42.58]	3.14 [23.29]
3~6年	94.46	2.66 [48.01]	2.53 [45.67]	0.35 [6.32]	86.26	5.66 [41.19]	4.98 [36.24]	3.10 [22.56]
6~9年	95.83	2.05 [49.28]	1.70 [40.87]	0.41 [9.86]	88.66	5.18 [45.68]	3.90 [34.39]	2.26 [19.93]
9年以上	96.67	1.33 [39.94]	1.86 [55.86]	0.14 [4.20]	91.96	3.61 [44.84]	2.44 [30.31]	2.00 [24.84]

从表 7 中可以看出，户主受教育程度越高，则陷入贫困的可能性相对会更低一些。户主受教育年限在 3 年以下的住户中，按照低贫困标准，从未贫困的比重为 93.80%；按照高贫困标准，从未贫困的比重为 86.51%。两者比户主受教育年限在 9 年以上的住户分别低 3 个和 5 个百分点。两年都陷入贫困状态的可能性也随着户主受教育年限的上升而降低。按照低贫困标准，户主受教育年限小于 3 年的住户中两年贫困的比重为 1.09%，9 年以上的则为 0.14%；按照高贫困标准，户主受教育年限小于 3 年的住户中两年贫困的比重为 3.14%，而 9 年以上的则为 2.00%。贫困状态随着户主受教育年限而递减的趋势具有一致性。

（四）家庭规模

从家庭规模与贫困状况[①]的关系来看，表 8 表明，家庭规模在 2 人、3 人的家庭中的贫困发生率最低；单身住户的贫困发生率最高，并且两年贫困的比重也是最高的。除了单身住户外，家庭规模越大的家庭中贫困发生率通常会更高一些，但在较低贫困标准下，两年贫困的比重也要低一些。规模发生变动的家庭中，无论是家庭成员数量的增加或减少，贫困发生率通常都会更高一些。不过在规模扩大的家庭中，两年贫困的比重较低。人口数量增加的家庭中，2008 年的贫困发生率要高一些；相反人口数量减少的家庭中，2008 年的贫困发生率会有所下降。

表 8　家庭规模与贫困状况

单位：%

家庭人口数	贫困标准= 1196 元/人年				贫困标准= 1799 元/人年			
	从未贫困	仅 2007 年贫困	仅 2008 年贫困	两年贫困	从未贫困	仅 2007 年贫困	仅 2008 年贫困	两年贫困
2007 年家庭规模								
1	83.78	5.41 [33.33]	5.41 [33.33]	5.41 [33.33]	81.08	2.70 [14.28]	2.70 [14.28]	13.51 [71.44]
2	96.53	1.61 [46.40]	1.48 [42.65]	0.38 [10.95]	91.20	3.17 [36.02]	3.51 [39.89]	2.12 [24.09]
3	95.82	1.58 [37.80]	2.11 [50.48]	0.49 [11.72]	91.31	3.17 [36.48]	4.35 [50.06]	1.17 [13.46]
4	95.57	1.94 [43.89]	2.29 [51.81]	0.19 [4.30]	88.20	5.02 [42.54]	4.81 [40.76]	1.97 [16.69]
5	94.99	2.57 [51.30]	1.89 [37.72]	0.55 [10.98]	86.83	6.28 [47.68]	3.77 [28.63]	3.12 [23.69]
6 人及以上	94.69	3.08 [58.00]	1.79 [33.71]	0.44 [8.29]	85.03	6.79 [45.36]	3.79 [25.32]	4.39 [29.33]

---

① 由于使用人均收入水平，而非按照家庭等价规模调整过的收入水平，因此家庭规模与贫困状态之间的关系可能会有偏误。总体上可能会在一定程度上高估规模较大的家庭的贫困发生率。

家庭人口数	贫困标准= 1196 元/人年				贫困标准= 1799 元/人年			
	从未贫困	仅 2007 年贫困	仅 2008 年贫困	两年贫困	从未贫困	仅 2007 年贫困	仅 2008 年贫困	两年贫困
家庭规模变动								
不变	95.59	2.11 [47.74]	1.92 [43.44]	0.39 [8.82]	88.48	5.00 [43.40]	3.95 [34.29]	2.57 [22.31]
减少	93.95	2.97 [49.09]	2.28 [37.69]	0.80 [13.22]	86.85	6.70 [50.95]	3.62 [27.53]	2.83 [21.52]
增加	94.89	2.29 [44.81]	2.57 [50.29]	0.25 [4.89]	86.67	4.51 [33.83]	6.88 [51.61]	1.94 [14.55]

（五）外出

在描述外出与贫困状况的关系之前，表 9 给出了两个年份中外出状况的变化。本文所使用的相同住户样本中，外出的规模有所下降。外出 3 个月以上人数的绝对数量减少了 431 人，平均每户外出人数也有所下降。有外出成员的住户比重从 2007 年的 40.65%下降至 2008 年的 37.64%，下降了 3 个百分点。外出人员占全部样本人口以及全部劳动年龄人口的比重分别从 16.94%下降到 15.34%，从 22.54%下降至 20.44%，分别下降了 1.6 个和 2.1 个百分点。外出人员的平均外出月份数量略有下降，但差异并不明显。各收入（十等分）组的外出状况及其变动特征可见图 3 和图 4（1~10 分别代表最低收入到最高收入），基本的特征表现为，低收入户中的外出比重以及外出人口较高，这一特征与既有的一些研究有所不同。现有的多数研究认为外出集中于中等收入人群，尽管低收入人群具有较强的外出动机，但外出能力受到制约，因此外出行为受到限制。图 3 和图 4 所表明的外出行为向低收入人群集中的趋势或许与近年来的劳动力市场变化相关联，农村劳动力外出的障碍不断地被降低，从而外出逐渐惠及农村的低收入人群。

表 9 外出的变化

	2007 年	2008 年
外出 3 个月以上人数（人）	5353	4922
平均每户外出人数（人）	0.68	0.62
有外出人员的住户比重（%）	40.65	37.64
外出人员占全部样本人口比重（%）	16.94	15.34
外出人员占全部劳动年龄人口比重（%）	22.54	20.44
平均外出月份数（月）	10.03	9.98

从表 10 来看，外出与贫困的变动之间并没有十分密切的联系，但 Pearson 等二维列联表检验中，可发现相关统计量在 1%的水平下都是显著的，这表明外出行为与贫困状况之间存在某种显著的关联性。外出行为与贫困状况之间关联性的不明显可能是因为两者之间具有相互因果性影响，一方面外出行为可能有助于缓解贫困，另一方面贫困的家庭更有外

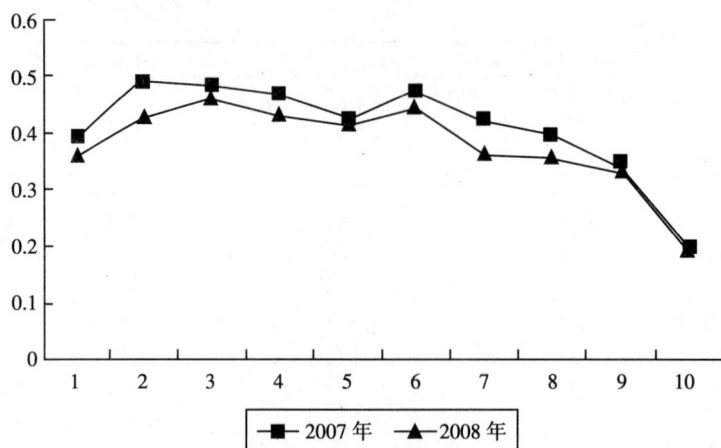

图 3　不同收入组的外出户比重

出以增加收入的倾向。因此，对于外出与贫困状况及其变动的影响，下一部分将做出更为细致的处理。

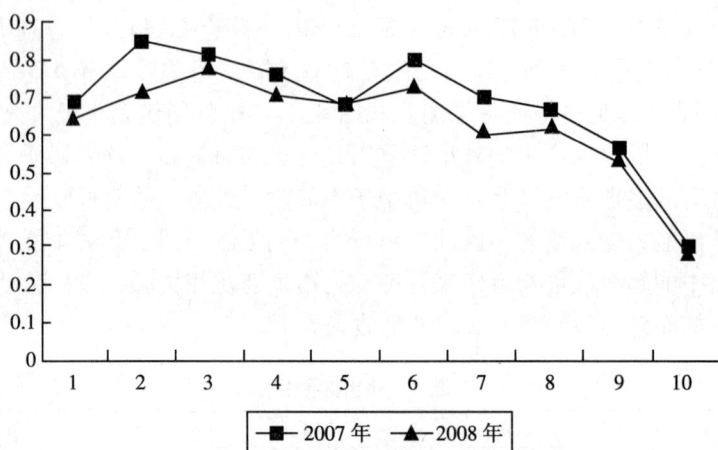

图 4　不同收入组的外出人数

表 10　外出与贫困状况

	贫困标准=1196元/人年				贫困标准=1799元/人年			
	从未贫困	仅2007年贫困	仅2008年贫困	两年贫困	从未贫困	仅2007年贫困	仅2008年贫困	两年贫困
两年均未外出住户	95.53	1.82 [40.72]	2.14 [47.87]	0.51 [11.41]	88.40	4.51 [38.88]	4.57 [39.40]	2.52 [21.72]
仅2007年外出住户	94.69	2.63 [49.44]	2.12 [39.85]	0.57 [10.71]	86.84	6.51 [49.47]	3.67 [27.89]	2.98 [22.64]
仅2008年外出住户	95.53	3.12 [66.95]	1.54 [33.05]	0.00 [0.00]	86.98	6.66 [51.15]	3.84 [29.49]	2.52 [19.35]

续表

| | 贫困标准=1196 元/人年 | | | | 贫困标准=1799 元/人年 | | | |
	从未贫困	仅 2007 年贫困	仅 2008 年贫困	两年贫困	从未贫困	仅 2007 年贫困	仅 2008 年贫困	两年贫困
两年均外出住户	95.41	2.39 [52.07]	1.89 [41.18]	0.31 [6.75]	88.52	5.16 [44.95]	3.88 [33.80]	2.44 [21.25]
外出人数变化								
外出人数未变：0 人外出	95.53	1.82 [40.72]	2.14 [47.87]	0.51 [11.41]	88.40	4.51 [38.88]	4.57 [39.40]	2.52 [21.72]
外出人数未变：1 人外出	95.50	2.32 [51.44]	2.00 [44.35]	0.19 [4.21]	89.96	4.79 [47.76]	3.70 [36.89]	1.54 [15.35]
外出人数未变：2 人外出	94.29	3.05 [53.42]	2.33 [40.81]	0.33 [5.78]	88.01	5.86 [48.87]	3.35 [27.94]	2.78 [23.19]
外出人数未变：3 人以上外出	95.46	2.63 [57.93]	1.43 [31.50]	0.48 [10.57]	87.42	5.02 [39.87]	3.03 [24.07]	4.54 [36.06]
外出人数减少	95.44	2.43 [53.29]	1.75 [38.38]	0.38 [8.33]	87.02	6.28 [48.38]	4.23 [32.59]	2.47 [19.03]
外出人数增加	95.58	2.41 [54.65]	1.71 [38.78]	0.29 [6.58]	87.43	5.60 [44.59]	4.15 [33.04]	2.81 [22.37]

四、计量分析

（一）方法

由于两个年份的贫困决定可能是相关的，因此本文采用双变量（Bivariate）Probit 的模型来估计贫困的决定因素及其动态影响。两年贫困的影响因素分别通过以下模型来描述：

$$y^*_{2007} = X_{2007}\beta_{2007} + \varepsilon_{2007}, \quad y^*_{2008} = X_{2008}\beta_{2008} + \varepsilon_{2008}$$

其中，$y = \begin{cases} 1, & y^* \leqslant \text{pline} \\ 0, & \text{others} \end{cases}$。误差项满足：$E(\varepsilon_{2007}|X_{2007}, X_{2008}) = E(\varepsilon_{2008}|X_{2007}, X_{2008}) = 0$；$\text{Var}(\varepsilon_{2007}|X_{2007}, X_{2008}) = \text{Var}(\varepsilon_{2008}|X_{2007}, X_{2008}) = 1$；$\text{cov}(\varepsilon_{2007}, \varepsilon_{2008}|X_{2007}, X_{2008}) = \rho$。

两年贫困概率的决定方式为：

$$\Pr[y_{2007} = 1, y_{2008} = 1|X_{2007}, X_{2008}] = \Phi(X_{2007}\beta_{2007}, X_{2008}\beta_{2008}, \rho)$$

其中，$\Phi(\cdot)$ 为累积正态分布函数。Greene（2002）给出了对应的似然函数和估计方式。

给定 2007 年贫困，各因素对 2008 年贫困概率的决定方式为：

$$Pr\left[y_{2008} = 1 | y_{2007} = 1, \; X_{2007}, \; X_{2008}\right] = \frac{Pr\left[y_{2007} = 1, \; y_{2008} = 1 | X_{2007}, \; X_{2008}\right]}{Pr\left[y_{2007} = 1 | X_{2007}\right]}$$

根据这一结果，可以得到相关变量的边际效应。这一边际效应度量的是，给定 2007 年贫困，相关因素对 2008 年贫困的边际影响，因此也就度量了 2008 年相关因素对于贫困状态转换的效应。本文中主要考虑两种情形：一是 2007 年贫困的住户在 2008 年继续陷入贫困的边际效应；二是 2007 年的非贫困住户在 2008 年进入贫困状态的影响因素。

贫困的解释变量中，包含了家庭劳动力的外出行为，而这一变量与贫困之间可能具有内生性的影响，因此利用工具变量估计了家庭劳动力的外出行为，所使用的工具变量为所在村的外出状况：本村人口外出比重以及外出人口的分布特征。因为这些变量度量了农村劳动力外出的信息网络，但与单个住户之间的收入水平没有直接的关联。被解释变量是"是否外出户"以及家庭中"外出劳动力数量"，这两个变量的预测值将用于解释两年贫困的决定过程，因此采用的是两阶段估计。在估计"是否外出住户"时，将全部住户按是否有外出务工人员区分为两种类型，然后采用 Probit 模型来模拟；在讨论家庭"外出劳动力数量"时，由于被解释变量是计数数据（Counted Data），因此使用的是 Poisson 模型。工具变量和估计模型的选取与罗楚亮和岳希明（2008）相同。

表 11　工具变量对外出行为的估计结果

	是否外出户（是=1；否=0）		外出劳动力数量	
	2007 年	2008 年	2007 年	2008 年
本村人口外出比重（%）	0.0178 28.68***	0.0135 23.14***	0.0117 30.07***	0.0104 24.93***
省内外县外出劳动力比重				
21%~40%	0.1183 6.28***	0.0999 5.30***	0.0909 5.94***	0.1077 6.65***
41%~60%	0.2805 9.46***	0.2634 8.86***	0.2725 11.62***	0.3478 14.30***
61%~80%	0.5627 16.15***	0.4812 13.92***	0.3905 14.95***	0.4040 14.86***
80%以上	0.4007 10.44***	0.4768 12.43***	0.2992 11.04***	0.3372 11.85***
省外外出劳动力比重				
21%~40%	0.2343 9.24***	0.2143 8.39***	0.2464 11.22***	0.2625 11.27***
41%~60%	0.473 17.84***	0.4855 18.31***	0.3929 18.01***	0.4180 18.05***
61%~80%	0.4231 15.46***	0.4318 15.86***	0.3127 13.98***	0.3860 16.32***
80%以上	0.4689 13.13***	0.5131 14.41***	0.3893 13.90***	0.4552 15.43***

注：（1）是否外出户，采用的是 Probit 模型估计；外出劳动力数量采用的是 Poisson 模型估计。

（2）其余变量为给出，包括各年贫困决定方程（见表12）中的所有其他变量。

（3）估计结果下方的数字为 t 统计量绝对值；*** 、** 、* 分别表示在1%、5%、10%水平下显著（以下各表同）。

（二）估计结果

表 11 给出了第一阶段的估计结果，即工具变量对劳动力外出行为的影响。不难理解，相关变量的估计值都显著为正。这就意味着村庄的外出规模对个人的劳动力流动具有显著的正效应。本村人口外出比重越高，则农户中有外出劳动力的倾向也将会更高一些，也可能会增加家庭中外出劳动力的数量。村庄中在省内外县外出的劳动力比重以及省外外出劳动力比重的提高也将有助于增加家庭劳动力的外出可能性。

表 12 给出了贫困影响因素的双变量 Probit 模型估计结果，讨论的是相关因素对 2007 年和 2008 年贫困发生率的影响。表 13 给出的是，在给定 2007 年贫困状况的条件下，2008 年陷入贫困的可能性，描述的是相关变量对 2008 年贫困发生率的边际效应。表 13 分别讨论了两种不同情形，如果 2007 年处于贫困状态，则估计相关变量对于 2008 年继续处于贫困状态的边际影响；如果 2007 年处于非贫困状态，则估计相关因素对 2008 年贫困概率的边际效应。

首先看外出状况。总体而言，劳动力的外出状况通常会构成农户贫困状态的显著影响因素，2007 年的贫困决定中尤其如此。无论是采用较低的还是较高的贫困线，是否外出户对 2007 年的贫困状态总是具有显著的负效应。也就是说，外出户陷入贫困的可能性将显著地低于非外出户。然而，"2007 年外出概率"对 2008 年贫困状态的影响并不显著。外出概率对于贫困变动的影响，在讨论影响贫困状态变动的各因素的边际效应时会进一步说明。度量外出的另一个变量是外出劳动力数量。对于不同的贫困标准，两个年份的估计结果都显示，家庭中的外出劳动力数量越多，家庭成员陷入贫困的可能性将会越低，这一效应一直都是显著的，对于表 13 中所给出的边际效应也是如此。从估计系数的变化中可以进一步地看到，当提高贫困线标准时，这一变量的估计系数将下降。这意味着，劳动力外出的减贫效应可能会随着贫困标准的提高而下降。

在低标准贫困转换中，外出概率对于 2008 年陷入贫困的可能性都具有显著的负效应。一个比较奇怪的现象是，在较高的贫困标准下，外出概率对于 2008 年陷入贫困的概率的边际效应可能是显著为正的。这一结果可能与贫困标准有关。为了验证这一点，表 14 给出了不同贫困标准下，外出状况对于贫困减缓的效应变化，结果表明，外出状况的减贫效应与贫困标准之间是相关的。在各贫困标准下，2007 年外出概率和外出概率变化两个变量对贫困概率的边际效应首先为负，也就是说 2007 年外出概率越高、2008 年外出概率上升越高，则贫困可能性会越低，即具有减贫效应；但随着贫困标准的提高，边际效应的绝对值是逐渐下降的，这意味着外出的减贫效应在逐渐下降。

当贫困标准高于一定程度后，外出可能不具有显著的减贫效应，甚至可能成为加剧贫困的因素。这是因为外出行为对不同收入组人群收入增长的效应可能是不相同的。在低收入人群，由于在当地收入获取的能力较低，因此外出能够显著地增强其收入水平；而对于高收入人群，在当地通常能够具有较高的收入水平，外出行为并不能成为收入增长的有效促进因素。从表 14 中也可以看出，外出行为更加有利于低标准下的减贫。与此相关的是，

"找到一份好工作"可能会增加家庭收入，因此会有助于降低贫困可能性。估计结果显示，在较低的贫困标准中，这一变量的估计系数是不显著的，在较高的贫困标准下，找到一份好工作能显著地降低贫困发生概率。

户主年龄的一次项与二次项的估计系数都是显著的，并且一次项的系数为负，二次项的系数为正，因此家庭的贫困可能性首先随着户主年龄的上升而下降，经过一定年龄段后，随着户主年龄的上升，贫困的可能性会逐渐上升。户主教育程度较高的家庭，陷入贫困的可能性通常较低。

从表12的估计结果来看，家庭成员的男性比重并没有成为贫困减缓的必然因素，在较低的贫困标准下，家庭男性成员比重与贫困可能性之间甚至是正向关联的。不过在表13的边际效应估计中，家庭中男性成员比重对于贫困发生率具有显著的负效应。

表12的估计系数以及表13的边际效应都显示，规模越大的家庭，贫困可能性越大。家庭劳动力①比重越高，贫困可能性越低，并且随着贫困标准的提高，家庭劳动力比重的估计系数也越高。人均耕地面积对于贫困可能性也具有负效应。

表 12　贫困影响因素的双变量 Probit 模型估计

	贫困线=1196 元/人年				贫困线=1799 元/人年			
	2007 年	2008 年	2007 年	2008 年	2007 年	2008 年	2007 年	2008 年
2007 年外出概率估计	−0.6668 4.83***	−0.1794 1.11			−0.2455 2.60***	0.1901 1.70*		
外出概率变化		−1.9208 2.71***				0.2903 0.58		
2007 年外出劳动力数量估计			−0.2258 4.37***	−0.1817 2.86***			−0.1154 4.09***	−0.0654 1.81*
外出劳动力数量估计值变化				−0.3976 2.28**				−0.2255 2.28**
户主年龄	−0.0542 4.59***	−0.0289 2.12**	−0.0541 4.57***	−0.0328 2.41**	−0.019 2.01**	−0.0489 5.15***	−0.0183 1.93*	−0.0475 5.02***
户主年龄平方/100	0.0578 5.11***	0.0268 2.04**	0.0576 5.09***	0.0316 2.41**	0.0185 2.01**	0.0434 4.72***	0.0182 1.98**	0.0432 4.71***
户主受教育年限3~6 年	−0.0129 0.19	−0.0536 0.72	−0.0149 0.23	−0.0029 0.04	0.0759 1.53	−0.0066 0.13	0.085 1.71*	−0.011 0.22
户主受教育年限6~9 年	−0.0577 0.86	−0.1914 2.50**	−0.0648 0.97	−0.1353 1.82*	0.0102 0.20	−0.1511 2.84***	0.0152 0.30	−0.1569 3.07***
户主受教育年限9 年以上	−0.3507 4.10***	−0.1949 2.23**	−0.3259 3.80***	−0.1493 1.73*	−0.1816 3.05***	−0.3285 5.22***	−0.1678 2.81***	−0.3411 5.53***
男性成员比重	0.2853 2.47**	0.014 0.11*	0.2292 2.01**	−0.0359 0.32	0.1545 1.95*	−0.1809 2.09**	0.1494 1.91*	−0.1082 1.34
2007 年家庭规模	0.1275 7.97***	0.0432 2.23**	0.1333 7.72***	0.0505 2.82***	0.1401 12.96***	0.0631 4.61***	0.1559 13.47***	0.0952 7.64***
2007 年家庭劳动力比重	−0.0782 0.87	−0.3263 3.45***	−0.1205 1.36	−0.195 2.11**	−0.4906 7.62**	−0.4689 6.98***	−0.4822 8.00***	−0.3876 6.07***

---

① 家庭劳动力根据年龄确定，指年龄在 16~59 岁的家庭成员。

续表

	贫困线=1196 元/人年				贫困线=1799 元/人年			
	2007 年	2008 年	2007 年	2008 年	2007 年	2008 年	2007 年	2008 年
2007 年人均耕地面积	−0.1915 9.21***	−0.0699 3.70***	−0.1924 9.21***	−0.0848 4.70***	−0.1192 9.26***	−0.0825 6.30***	−0.1185 9.18***	−0.0781 6.33***
2007 年人均固定资产原值对数	0.0137 2.44**	0.0214 3.42***	0.0111 1.98**	0.0184 3.11***	−0.0123 3.13***	−0.0115 2.58***	−0.013 3.34***	−0.0085 2.02**
2007 年家庭不健康人数	0.1074 3.39***	0.0178 0.45	0.112 3.53***	0.0347 0.90	0.0434 1.84*	0.1487 5.55***	0.0434 1.85*	0.1391 5.36***
找到一份好工作	0.0618 0.74	0.0079 0.10	0.0271 0.34	0.0811 1.06	−0.2685 4.19**	−0.1693 2.74***	−0.2676 4.28***	−0.1445 2.42**
家庭有人生病	0.0445 0.74	0.1159 1.79*	0.0346 0.57	0.0925 1.44	−0.0122 0.28	−0.0048 0.10	−0.0199 0.45	0.0217 0.47
家庭规模变化		0.1785 3.38***		0.1202 3.09***		0.1133 3.09***		0.1795 7.11***
固定资产变化		0.0004 0.03		−0.0177 1.68*		−0.0266 2.63***		−0.0171 2.27**
不健康人数变化		0.0736 2.07**		0.0832 2.33**		0.0825 3.49***		0.086 3.63***
劳动力比重变化		0.5337 2.81***		0.4107 2.28**		0.0498 0.39		0.12 1.00
常数项	−0.7812 2.42**	−0.7105 1.95*	−0.799 2.44**	−0.7438 2.09**	−0.6776 2.75***	0.6669 2.61**	−0.7958 3.25***	0.3938 1.59
样本数	31423		31423		31423		31423	
Rho	0.4059		0.3990		0.5574		0.5554	
Rho=0 似然比检验 chi2	191.542		185.64		1252.78		1241.55	
对数似然值	−6591.97		−6592.36		−14336.57		−14329.62	
Waldchi2	831.07		830.84		1766.26		1776.80	
预测概率：两年都不贫困（%）	95.48		95.48		88.19		88.19	
仅 2007 年贫困（%）	1.97		1.97		4.18		4.18	
仅 2008 年贫困（%）	2.20		2.20		5.17		5.18	
两年都贫困（%）	0.36		0.35		2.46		2.45	

注：估计中还控制了省份变量和村特征（平原，丘陵）。

表 13 贫困状态变化影响因素的边际效应（给定 2007 年的贫困状态）

贫困标准	贫困标准=1196 元/人年				贫困标准=1799 元/人年			
2007 年的贫困状态	贫困户	非贫困户	贫困户	非贫困户	贫困户	非贫困户	贫困户	非贫困户
2007 年外出概率估计	0.0125	−0.0053			0.1186***	0.0218**		
外出概率变化	−0.4116***	−0.0785***			0.1128	0.0264		

续表

贫困标准	贫困标准=1196元/人年				贫困标准=1799元/人年			
2007年的贫困状态	贫困户	非贫困户	贫困户	非贫困户	贫困户	非贫困户	贫困户	非贫困户
2007年外出劳动力数量估计			−0.0214	−0.0067***			0.0045	−0.0038
外出劳动力数量估计值变化			−0.0828**	−0.0161**			−0.0872**	−0.0205**
户主年龄	−0.0020	−0.0010*	−0.0029	−0.0012**	−0.0155***	−0.0041***	0.0151***	−0.0040***
户主年龄平方	0.0013	0.0009*	0.0024	0.0011**	0.0135***	0.0036***	0.0134***	0.0036***
户主受教育年限3~6年	−0.0104	−0.0021	0.0005	−0.0001	−0.0163	−0.0020	−0.0194	−0.0026
户主受教育年限6~9年	−0.0369*	−0.0078**	−0.0236	−0.0054*	−0.0607***	−0.0141***	−0.0636***	−0.0147***
户主受教育年限9年以上	−0.0142	−0.0061**	−0.0070	−0.0047*	−0.0878***	−0.0215***	−0.0938***	−0.0224***
男性成员比重	−0.0188	−0.0003	−0.0242	−0.0021	−0.0985***	−0.0193***	−0.0689**	−0.0126*
2007年家庭人口数	−0.0005	0.0014*	0.0008	0.0017**	−0.0010	0.0031**	0.0086*	0.0058***
2007年耕地面积	−0.0003	−0.0023***	−0.0036	−0.0029**	−0.0103**	−0.0053**	−0.0088*	−0.0049***
2007年人均固定资产原值对数	0.0035***	0.0008***	0.0030**	0.0007***	−0.0022	−0.0008**	−0.0009	−0.0005
2007年家庭劳动力比重	−0.0639***	−0.0131***	−0.0318	−0.0075**	−0.0927***	−0.0335***	−0.0628**	−0.0263***
2007年不健康家庭成员数量	−0.0044	0.0004	−0.0010	0.0011	0.0499***	0.0127***	0.0459***	0.0118***
找到一份好工作	−0.0030	0.0001	0.0155	0.0035	−0.0161	−0.0097**	−0.0069	−0.0078***
家庭有人生病	0.0226	0.0051	0.0174	0.0040	−0.0004	−0.0002	0.0085	0.0024
家庭规模变化	0.0382***	0.0073***	0.0250***	0.0049***	0.0440***	0.0103***	0.0694***	0.0163***
固定资产变化	0.0001	0.0000	−0.0037*	−0.0007*	−0.0103**	−0.0024**	−0.0066**	−0.0016**
不健康人数变化	0.0158**	0.0030**	0.0173**	0.0034**	0.0321***	0.0075***	0.0333***	0.0078***
劳动力比重变化	0.1144***	0.0218***	0.0855**	0.0166**	0.0193	0.0045	0.0464	0.0109
预测概率	0.1185	0.0161	0.1443	0.0159	0.2758	0.0392	0.2741	0.0392

注：本表只报告了估计系数和显著性水平。

　　而人均生产性固定资产与贫困可能性之间的联系与贫困标准相关。在较低的标准下，人均生产性固定资产对贫困可能性的影响显著为正；而在较高的标准下，人均生产性固定资产原值对贫困可能性的影响显著为负。这可能是因为较低标准下，暂时性贫困人口的比重要高一些，而这些暂时性贫困可能是由暂时性的生产经营原因造成的。

　　家庭中不健康成员数量会显著地增加贫困可能性，不健康成员的增加意味着家庭获取收入能力的下降。从表12中可以看到，家庭成员的健康状况对于家庭的贫困状况都具有非常显著的影响，并且家庭不健康成员数量的增加将会增加2008年陷入贫困状态的可能性。这两个变量的影响都是显著的。从表13中所给出的边际效应来看，对于贫困户来说，家庭成员中不健康成员数量的增加会具有更高的边际效应。同时值得注意的是，家庭中有人生病对于贫困的影响则是不显著的。其原因在于，这种暂时性的冲击更多的是影响住户的支出水平，而非收入获取能力。

表 14　贫困标准与外出的减贫效应（给定 2007 年的贫困状态）

贫困标准（元/人年）	估计系数		边际效应	
	2007 年外出概率	外出概率变化	2007 年外出概率	外出概率变化
2002 年贫困线：777	−1.2748***	−4.225***	−0.1505	−0.7785
2007 年贫困线：836	−1.0829***	−3.3275***	−0.1401	−0.6829
2002 年低收入线：1077	0.5621***	−1.3901*	−0.0471	−0.2540
1 美元/人日贫困线（原 PPP）：1084	−0.5764***	−1.5161*	−0.0489	−0.2783
2008 年调整的贫困线：1196	−0.1794	−1.9208***	0.0125	−0.4116
1.5 美元/人日贫困线（原 PPP）：1626	0.1251	0.2648	0.0680	0.0916
1 美元/人日贫困线（新 PPP）：1799	0.1901*	0.2903	0.1186	0.1128
2 美元/人日贫困线（原 PPP）：2168	0.2492***	0.4329	0.1425	0.1770
1.5 美元/人日贫困线（新 PPP）：2699	0.4838***	0.4751	0.2010	0.2180
2 美元/人日贫困线（新 PPP）：3598	0.7998***	0.7529**	0.2736	0.3514

注：本表没有给出边际效应的检验统计量及显著性水平。

从家庭特征的变化来看，家庭人口数的增加、不健康人数的增长都会成为导致 2008 年贫困发生率上升的显著因素。而固定资产的增加则可能会降低 2008 年的贫困可能性。劳动力比重变化对于 2008 年贫困的影响在不同贫困线下有所差异。在较低贫困线下，劳动力比重的增加不仅不能减少贫困，在估计方程中的系数反而显著为正，即劳动力比重的上升能会增加贫困的可能性；而在较高的贫困线下，这一变量的效应是不显著的。

五、总　结

根据 2007 年和 2008 年住户追踪调查数据，本文描述了两个年份的农村贫困状况及其变动特征。基于两个年份中相同的住户，本文发现人均收入不均等程度没有明显的变化，但低收入人群的相对位置也通常难以改变。根据不同的贫困标准，我们发现 2008 年的贫困发生率比 2007 年有了进一步的下降，但多数贫困深度指标有所上升。从两个年份的贫困发生率来看，两年一直陷入贫困状态的家庭的比重较低，但贫困类型结构也会受到贫困标准的影响。贫困标准越高，则两年贫困在总体贫困中的比重将有较大幅度的上升。

从收入结构的描述中可以发现，包括外出务工收入在内的工资性收入增长对于农户脱离贫困状态具有重要的贡献，经营收入的波动是住户陷入贫困状态的重要因素。此外，贫困类型在不同省份之间也具有较大的差异性，浙江与河南的两年贫困在总体贫困中的比重通常较高。户主年轻、受教育程度较高的家庭中，两年贫困的比重较低。从简单的描述性分析中，外出与贫困类型之间没有明显的关联性。但通过对外出行为的内生性处理，本文发现外出务工对于农村贫困具有显著的影响。外出务工显著降低了农户陷入贫困的可能性，同时是贫困状态转换的重要因素。无论是对于 2007 年的贫困户还是非贫困户，外出可能性更高的住户在 2008 年的贫困可能性通常显著更低。外出的贫困减缓效应也更为一致性地体现在外出劳动力数量与家庭贫困可能性的关系上，外出劳动力数量更多的家庭更加不易于陷入贫困状态。外出与贫困可能性之间的关系受到贫困标准的影响。贫困标准越低，外出的贫困减缓效应越为明显。在影响农村贫困及其变化的因素中，本文还发现家庭健康状况也具有十分显著的影响。家庭不健康成员的数量及其变化也是贫困及其转换的重要因素。

参考文献

[1] 陈绍华，王燕. 中国经济的增长和贫困的减少：1990~1999 年的趋势研究. 财经研究，2001 (9).

[2] 杜凤莲，孙婧芳. 经济增长、收入分配与减贫效应：基于 1991~2004 年面板数据的分析. 经济科学，2009 (3).

[3] 国家统计局. 中国统计摘要 (2009). 中国统计出版社，2009.

[4] 万广华，张茵. 收入增长和不平等对我国贫困的影响. 经济研究，2006 (6).

[5] 魏众，别雍·古斯塔夫森. 中国转型时期的贫困变动分析//赵人伟，李实，卡尔·李思勤主编. 中国居民收入分配再研究. 中国财政经济出版社，1999.

[6] 岳希明，李实，王萍萍，关冰. 透视中国农村贫困. 经济科学出版社，2007.

[7] 岳希明，罗楚亮. 劳动力流动与农村贫困，讨论稿.

[8] Bokosi, Fanwell Kenala, 2006, "Household Poverty Dynamics in Malawi", MPRA Paper No. 1222, Department of Economics, University of Kent.

[9] Bourguignon, 2004, "The Poverty Growth Inequality Triangle," Indian Council for Research on International Economic Relations, New Delhi Working Papers 125, Indian Council for Research on International Economic Relations, New Delhi, India.

[10] Chen, Shaohua and Martin Ravallion, 2004, "How Have the World's Poorest Fared since the Early 1980s", Discussion Paper WPS3341, World Bank.

[11] Chen, Shaohua and Ravallion, Martin, 2007, "Absolute Poverty Measures for the Developing World, 1981~2004". Proceedings of the National Academy of Sciences of the United States of America, 104/43: 16757-16762.

[12] Chen, Shaohua and Mart in Ravallion, 2008, "China is Poorer than We Thought, But No Less Successful in the Fight Against Poverty", Policy Research Working Paper 4621, World Bank.

[13] Datt, G., and M. Ravallion, 1992, "Growth and Redistribution Components of Changes in Poverty Measures: A Decomposition with Applications to Brazil and India in the 1980s", Journal of Development Economics, Vol. 38 (2), 275-295.

[14] Duclos, Jean Yves, Abdelkrim Araar, and John Giles, 2010, "Chronic and Transient Poverty: Measurement and Estimation, with Evidence from China", Journal of Development Economics, 91, 266–277.

[15] Foster, J., Greer, J. and Thorbecke, E., 1984, "A Class of Decomposable Poverty Measures", Econometrica 52, 761–765.

[16] Greene, W., 2002, Econometric Analysis, Prentice-Hall Inc.

[17] Jalan, Jyotsna, and Martin Ravallion, 1998, "Transient Poverty in Postreform Rural China", Journal of Comparative Economics, 26 (2), 338–357.

[18] Jalan, Jyotsna, and Mart in Ravallion, 2000, "Is Transient Poverty Different? Evidence from Rural China", Journal of Development Studies, 36 (6), 82–99.

[19] Kakwani, N., and Pernia, E., 2000, "What Is Pro-Poor Growth? ", Asian Development Review, 18 (1), 1–16.

[20] Ravallion, Martin and Shaohua Chen, 2007, "China's (Uneven) Progress Against Poverty." Journal of Development Economics, 82/1: 1–42.

Poverty Dynamics in Rural China

Abstract: Based on the longitudinal surveys in 2007 and 2008 conducted in rural China, the paper discusses the poverty and poverty dynamics. According to the poverty incidence oc-curred in these two years, the share of poverty in both years is not so high. Of course, the structure of poverty type also depends on the poverty line. Higher poverty line might result in higher share of poverty in both years. The dynamics of income composition indicates, the wage income, including earnings from migration, contributed obviously the poverty reduction, while fluctuation in household business income is an important contributor to poverty. After endoge-nization on household migration decision, the findings show migration is significantly reduced poverty incidence. The poverty incidence for the household with higher probability of migration is lower. The poverty reduction effects of migration also depend on the poverty line. The poverty reduction effect is higher for the lower poverty line. Additionally, health also significantly af-fects poverty and poverty dynamics. The unhealthy member will result in higher poverty inci-dence.

Key words: Migration; Poverty in Rural; Poverty Dynamics

垄断行业高收入问题探讨*

【摘　要】 应用 Oaxaca-Blinder 分解方法，把垄断行业高收入分解为合理和不合理两个部分。实证分析发现，垄断行业与竞争行业之间收入差距的 50%以上是不合理的。这主要是行政垄断造成的。由于目前收入统计未能反映垄断行业的高福利，以上测量结果显然低估了垄断行业高收入中的不合理部分。

【关键词】 垄断行业；收入差距；不合理收入

垄断行业高收入是社会各界普遍关注的对象，人们对垄断行业高收入的不满，可能源于以下四个原因：第一，垄断行业的工资收入明显高于其他行业，而且被认为超出了合理的界限。垄断行业的收入究竟有多高？这一点依赖于垄断行业以及与之比较行业的选择，同时也受收入范围的影响。劳动和社会保障部副部长步正发援引国家统计局数据显示，[①]按细行业分组，2000 年工资最高的航空运输业为 21342 元，最低的木材及竹材采运业为4535 元，两者相差 4.71 倍。2004 年工资最高的证券业为 50529 元，最低的林业为 6718元，两者相差 7.52 倍。这里使用的国家统计局的统计资料仅包括工资，而没有包括工资外收入和职工福利待遇。如果包括这两项的话，收入差距可能更大。第二，垄断行业的高收入主要来源于政府保护下该行业对市场的垄断，而不是这些行业在市场上成功竞争的结果，因此是不公平的。第三，目前受政府保护的垄断行业主要由国有企业组成，作为全民财产的国有企业本应把一般消费者福利放在首位，但实际上并非都如此。垄断企业提供的产品和服务，其大部分与居民日常生活有着密切的关系，价格水平的高低直接关系到居民日常生活消费支出的大小，实际上，垄断行业高收入往往以一般消费者的福利损失为代价。第四，行业垄断已经成为目前我国收入不平等，尤其是城镇职工收入差距的重要成因之一。

* 作者：岳希明、李实、史泰丽，中国人民大学财政金融学院；北京师范大学；加拿大西安大略大学。本文引自《中国社会科学》，2010（03）。

本文为李实主持的国家统计局人口司 2005 年全国 1%人口抽样调查数据合作课题——"缩小收入差距，建立公平的分配制度"的最终成果之一，感谢国家统计局人口司所提供的研究资助。岳希明感谢教育部哲学社会科学研究重大课题攻关项目"税收对国民收入分配调控作用研究"（项目批准号：08J ZD002）的资助。笔者感谢匿名审稿专家提出的宝贵意见，文责自负。

① 劳动和社会保障部副部长步正发在 2006 年 5 月 14 日召开的第三届薪酬管理高层论坛的发言，见步正发：《某些垄断行业工资过高》，《人民日报》2006 年 5 月 18 日，第 10 版。

行业垄断对我国目前收入不平等的贡献度究竟有多大？泰尔指数按人群组分解可以回答这个问题。[1]对我们界定的垄断行业和竞争行业进行泰尔指数分解的结果显示，[2]行业垄断对职工收入差距的贡献度为8.2%。如果以超过50%为标准来判定某一因素是收入差距的决定性因素，那么行业垄断不是城镇职工收入差距的决定性因素。但是现实中，很难找到一个对整体收入差距的贡献度超过50%的因素，因此不能判定行业垄断对收入差距的贡献不重要。判断行业垄断对收入差距贡献度的大小，可能需要把它与其他因素进行比较，[3]观察是否存在其他因素，其对收入差距的贡献度超过行业垄断。这里，我们按职工学历、年龄、性别以及是否是农民工等影响职工收入的主要因素对泰尔指数进行了分解，其贡献度超出行业垄断的只有教育。按职工学历进行泰尔指数分解时，组间差距为31.0%，超过了行业垄断，但按本文中其他因素分解得到的组间差距均小于行业垄断。[4]由此可见，在我们的研究范围内，行业垄断虽然不是导致职工收入差距的最主要因素，但也是仅次于教育的第二重要因素。

某一行业职工的高收入本身并不是问题，关键在于导致收入差距的原因是否合理。如果劳动力在不同行业之间能够自由流动，行业间工资差主要取决于职工在文化程度、年龄等个人属性上的差异，由此产生的收入差异应当视为合理的。如果垄断行业职工的受教育程度平均高于其他行业，或其职工多处于高收入年龄段，那么垄断行业职工的高收入并不一定是不合理的，至少可以说，并不是高收入的全部都是不合理的。因此，把垄断行业高收入区分为合理与不合理部分，观察其中不合理部分的比重，对于正确判断垄断行业高收入在多大程度上是合理的，至关重要。[5]这正是本文的目的。

---

① 泰尔指数是衡量收入不平等最常用的指标之一。通过泰尔指数分解测量行业垄断对收入分配的贡献度，是要把包括垄断行业和竞争行业在内的职工工资的泰尔指数分解为垄断行业内部收入差距、竞争行业内部收入差距以及垄断行业与竞争行业之间的差距等三项。其中第三项称为组间差距，它反映垄断行业和竞争行业之间的差距对职工整体收入差距的贡献，组间差距占整体泰尔指数的比重即为行业垄断对职工收入差距的贡献度。

② 本文的分析对象仅限于城镇从业人员，不包括农村从业人员。农民工在城镇从业人员中占有较大的比重，也被纳入分析对象。我们界定的垄断行业和竞争行业没有包括所有的行业，因为很多行业很难界定为垄断行业还是竞争行业。如果把计算对象扩大为所有的行业，而且设定每个行业是垄断行业或竞争行业，组间差距占泰尔指数的比重将大大降低，从而会低估行业垄断对收入差距的贡献。

③ 在考虑两种以及两种以上因素对收入差距的贡献度时，最理想的分解方法是把所有因素都包括进去，然后同时进行分解，然后观察和比较各个要素的贡献度。目前能够满足这一要求的有基于回归分析的分解（Regression-based Decomposition）。但是，该方法对虚拟变量的处理存在一定局限性。具体地说，以虚拟变量表示的收入决定因素对不平等指数的贡献度随虚拟变量省略组（作为比较基准被省略的那组人群）的变化而变化。为此我们没有采用这种方法。关于基于回归分析的分解方法，参见 Jonathan Morduch and Terry Sicular, "Rethinking Inequality Decomposition with Evidence from Rural China", The Economic Journal, vol.112, no.476（January 2002）, pp. 93-106; Ximing Yue, Terry Sicular, Li Shi and Björn Gustafsson, "Explaining Incomes and Inequality in China", in B. Gustafsson, Li Shi and T. Sicular, eds., Inequality and Public Policy in China, Cambridge : Cambridge University Press, 2008, pp. 88-117.

④ 按学历分解时，职工分为未上过学、小学、初中、高中、大学专科、大学本科、研究生及以上7组，组间差距的贡献度为31.0%。按年龄分解时，职工从16岁到60岁，每5岁为一组，共分9组，组间差距的贡献度为3.4%。按性别分解时职工共分两组，组间差距的贡献度为2.1%。按是否为农民工分解时，职工分为农民工和具有城镇户口的城镇职工两组，组间差距的贡献度为6.1%。

⑤ 参见傅娟：《中国垄断行业的高收入及其原因：基于整个收入分布的经验研究》，《世界经济》2008年第7期。该作者使用DFL分解方法对垄断行业和竞争行业的工资差进行了分解，但是其研究使用的数据样本小、行业分类较粗，因此垄断行业和竞争行业的界定缺少准确性。

本文以下部分的安排是：第一部分界定垄断行业的范围以及与之比较的竞争行业；第二部分交代实证方法、数据来源以及收入指标等；第三部分给出并讨论实证结果；第四部分进行稳定性检验；第五部分是本文的主要结论。

一、何谓垄断行业

何谓垄断行业？或者说，垄断行业应当包括哪些行业？尽管人们对垄断行业高收入给予极大的关注，但不难发现，人们对垄断行业并没有一个明确的定义，通常把一些行业列举为垄断行业，但是被列举的行业却因人而异，有时仅涉及一个行业（如电力），有时则涉及几个行业。如何界定垄断行业，是包括本文在内的所有国内垄断行业研究面临的难题之一。

简而言之，垄断指由一个或者少数几个企业操纵的市场状态，是相对于完全竞争而言的。完全竞争的市场状态是指，市场由无数生产者组成，每一生产者提供的产品数量都是微不足道的，从而对产品的价格没有任何影响。或者说，在完全竞争的市场状态下，市场价格对每一个生产者来说都是给定的。现实的市场状态与上述纯理论的假设不同，当市场上只有少数生产者或消费者，市场的进入和退出（尤其是进入）又有一定的限制，生产者或消费者对价格就有了一定的控制能力。因此，就生产的供给而言，某一行业企业个数的多少，企业是否能够自由地进入和退出该行业，个别企业是否对价格具有控制能力，或是否存在价格的管制，就成为衡量该行业市场竞争是否充分，以致是否存在垄断现象的重要标准。不完全竞争条件下的这些标准，也是我们下面界定垄断行业和与之比较的竞争行业时的重要依据。

导致垄断的原因主要有三个：第一，企业合谋会导致垄断。某个行业的几个大企业可以通过不正当合约来操纵产品的产量和价格，以此赢得不正当的高利润。第二，规模经济可以导致垄断，由规模经济导致的垄断叫做自然垄断。一些行业的生产技术决定该行业的企业在开始生产之前必须进行大量的投资，这种投入即固定成本。由于固定成本的存在，企业开始生产之后的单位成本随产品产量的增加而降低。对于存在规模经济的行业，其产品往往由单一企业供应时成本最低，最有效率。但是，这时无法避免企业抬高产品价格以损害消费者利益。电力和通信行业是规模经济的代表性行业。对于自然垄断行业，为了充分发挥其规模经济效益，同时避免自然垄断对消费者福利的损害，各国政府均施加管制，而管制方式无非有两种：一种是政府直接经营；另一种是在民营情况下对产品价格加以限制。第三，行政管制也是导致垄断的重要原因。出于某种特殊的需要或者由于某种特殊的原因，政府对某个或某些行业进行管制是常见现象。例如，银行业是各国政府普遍管制的行业，主要因为该行业具有很强的外部性，即使个别银行的经营不善，也会导致整个银行业甚至整个国民经济不稳定。因此，各国政府均通过设定行业准入标准、限定银行的业务范围以及限制存贷款利率等方式对该行业进行管制。再如，各国政府对电力行业的普遍管制，在防止自然垄断的同时充分发挥规模经济的效率。政府对某些行业的行政管制，是政府干预经济的方式之一，为了解决市场失灵，有效的行业干预能够改善经济效率。但是，作为行政干预的副产品，或者因为干预不当以及缺少有效干预手段等原因，行政干预往往会妨碍被干预行业的竞争，最终出现行政垄断。

在行业垄断的上述三个方面，各国具有共性。但是，与其他国家尤其是发达国家相比，我国行业垄断具有明显的特征，其主要形式是行政垄断。在对付自然垄断上，我国的行政管制不仅没有达到预期效果，反而保护了行业垄断，使潜在的自然垄断变成现实的行政垄断。

下面讨论如何具体界定垄断行业和与之比较的竞争行业。统计上通常用集中率（Concentration Ratio）衡量不完全竞争条件下垄断的程度。某一行业的集中率，通常定义为该行业销售额最大的几个企业（例如4个最大的企业）的市场占有率。在各国的实践中，分行业的集中率通常由本国反垄断当局计算和公布。我国由于没有行业集中率统计可以利用，因此通过集中率来界定垄断行业的做法是不可行的。[①] 在这种情况下，本研究在界定垄断行业时考虑了行业中企业的个数、是否有进入和退出的限制以及产品或服务价格是否存在管制等因素，并参照了公众讨论中作为垄断行业列举的行业，最终把金融、电力、电信、烟草、石油、石化、运输、邮电等行业（见表1上半部分）列入范围。[②] 这些行业均具有以下几个特征：第一，这些行业内的企业个数都很少，这是企业操纵市场价格的必要条件。第二，国有企业或者国有控股企业在这些行业中占支配地位，与我国目前行业垄断主要是行政垄断的现实相吻合。[③] 第三，这些行业中农民工的从业比重低，说明这些行业并没有通过参与竞争性劳动力市场，以降低劳动成本，而这恰恰是这些行业从业人员尤其是一般工人高收入得以维持的前提。[④]

---

① 我国农业普查和经济普查的数据可以用来计算分行业的集中率。但是，有关方面既未利用该数据计算行业集中率，也未公布经济普查收集到的企业层面数据。

② 人们有时把医疗、教育也列举为垄断行业。但是，在"企业"个数上（医疗行业的医院及诊所等，教育行业的学校），这两个行业和上述我们界定的垄断行业明显不同，竞争者众多，出现患者或生源不足的现象。因此我们没有把这两个行业界定为垄断行业。

③ 有关国有工业企业利润率的实证研究表明，某些国有企业利润率高于同行业平均水平，主要原因是其技术创新投入超出行业平均水平。与此不同，烟草加工业、石油和天然气开采业以及电力、热力的生产和供应业三大行业中的国有制企业，其利润总额每年超出其他行业国有企业利润总额的20%，其利润来源不是技术创新，而是行政垄断。参见严海宁、汪红梅：《国有企业利润来源解析：行政垄断抑或技术创新》，《改革》2009年第11期。这一研究结果与我们对工业中垄断行业的界定基本吻合。

④ 或许有人反驳说，垄断行业农民工从业比重低，是由于农民工不能胜任这些行业的岗位，而不是对农民工的歧视。我们承认，垄断行业中许多职位不是农民工可以胜任的，但并不是所有的岗位都是农民工不可胜任的，其中许多一般工人的岗位是农民工完全可以胜任的。我们的研究表明，在性别、年龄、受教育程度等个人属性完全相同的条件下，农民工在国有企业（包括垄断行业）就业的概率远远低于具有城镇户口的城镇职工。如果我们承认受教育程度等个人属性应当是一个人选择职业最重要的决定因素，那么农民工在国有企业就业比重较低的现状，表明存在着对农民工的歧视。关于农民工和城镇职工在就业上的差异，参见 Sylvie Demurger，Marc Gurgand，Shi Li and Ximing Yue，"Migrants as Second-class Workers in Urban China? A Decomposition Analysis"，Journal of Comparative Economics，Vol. 37，No.4，2009，pp.610-628.

垄断行业界定之后，需要选择与之比较的行业。当人们非议垄断行业高收入时，通常选择收入最低的其他行业与之比较，以突出垄断行业的高收入。这样的行业选择是可行的，但不是必需的。我国垄断行业高收入的原因主要在于政府对这些行业的保护，因此，作为与垄断行业相比较的其他行业，与其选择收入最低的行业，不如选择市场竞争较充分、政府管制较弱的行业，更能突出由行政垄断导致的垄断行业高收入的不合理性。那么，哪些行业的市场竞争最充分呢？鉴于上述行业集中率统计的缺失，这里遇到与界定垄断行业时相同的困难。我们把某个行业内相互竞争的企业个数众多且没有明显的证据表明一个或者少数几个企业占据该行业市场，作为评定该行业竞争充分的可行性客观标准。此外，从业人员总数中农民工的比重也是我们考察竞争行业的重要指标。虽然这与该行业产品市场的竞争程度（因而是否存在垄断）没有必然联系，但与该行业从业人员的工资水平是否接近竞争性劳动力市场有着直接关系。在城镇就业市场上，农民工是一个工资低、劳动保障条件差、雇佣和解聘较容易的群体，是城镇中最廉价的劳动力。如果某个行业农民工从业比重较高，说明该行业参与了竞争性劳动力市场，而不应该出现不合理的高工资收入。在选择竞争性行业时，应当选择那些农民工从业比重较高的行业。根据企业个数和农民工从业比重两个标准，我们最终把制造业中的轻工业、建筑业、批发和零售业、住宿和餐饮业、居民服务和其他服务业列为竞争行业（见表1下半部分）。这些行业不仅企业个数多，而且农民工在行业从业人员总数的比重也是最高的（40.0%）。与竞争行业相比，垄断行业从业人员中农民工的比重是非常低的（3.1%）。从整个行业中，选择那些垄断程度较强的行业与市场竞争较为充分的行业进行比较，可以缩小行业界定对分析结果的影响。

表1　垄断行业与竞争行业的界定

行业代码*	行业名称
垄断行业（3.1%）	
07	石油和天然气开采业（2.6%）
16	烟草制品业（2.5%）
25	石油加工、炼焦及核燃料加工业（5.1%）
D	电力、燃气及水的生产和供应业（3.0%）
51	铁路运输业（1.4%）
54	水上运输业（6.6%）
55	航空运输业（3.4%）
59	邮政业（7.5%）
60	电信和其他信息传输服务业（5.7%）
J	金融业（1.7%）

行业代码 *	行业名称
竞争行业（40.0%）	
13~15、 17~24、 41~43**	13.农副食品加工业；14.食品制造业；15.饮料制造业；17.纺织业；18.纺织服装、鞋、帽制造业；19.皮革、毛皮、羽毛（绒）及其制品业；20.木材加工及木、竹、藤、棕、草制品业；21.家具制造业；22.造纸及纸制品业；23.印刷业和记录媒介的复制；24.文教体育用品制造业；41.仪器仪表及文化、办公用机械制造业；42.工艺品及其他制造业；43.废弃资源和废旧材料回收加工业（54.0%）
E	建筑业（39.3%）
H	批发和零售业（20.8%）
I	住宿和餐饮业（43.5%）
O	居民服务和其他服务业（40.7%）

注：（1）括号中的百分数为相应行业农民工占该行业从业人员总数的比重，这些百分数为作者根据 2005 年全国 1%人口抽样调查的部分样本计算而得，并见本文第二部分的相关解释。

（2）* 行业分类标准为《国民经济行业分类》（GB/T4754-2002）。行业代码中的数字为大类代码，大写英文字母为门类代码。

（3）** 这些部门均为制造业的轻工业部分。与此不同，制造业中金属、机械等部门没有列入此处的竞争行业。之所以如此，是因为制造业中的金属和机械等行业部门包括国资委主任李荣融公布的，今后国有经济保持绝对控制力的军工行业。这些军工企业为垄断企业。在统计上无法把这些军工企业分离出来的情况下，金属、机械等部门不应作为竞争行业来处理。

二、实证方法、数据来源及其他

（一）实证方法

本文的目的在于测量垄断行业高收入中不合理部分的比重。具体的做法是，把垄断行业平均工资和竞争行业平均工资之差分解为合理部分和不合理部分，由此确定平均工资差距中不合理部分的比重。能够满足本研究需要的实证方法是劳动经济学中常用的 Oaxaca-Blinder 分解法。[①] 该方法最初是为了解释性别工资差距而提出的，但是其后被应用到任何两组人群之间收入差距的分析中。Oaxaca-Blinder 分解的对象是两组人群平均工资的差异，并且以回归分析结果为基础实现的。

以下以垄断行业和竞争行业为例，介绍 Oaxaca-Blinder 分解方法。该分解方法包括两个步骤：第一步是对考察对象的两组人群，分别估计收入方程式，此时使用相同的解释变量。用公式表示如下：

[①] 参见 Ronald Oaxaca, "Male-Female Wage Differentials in Urban Labor Markets", International Economic Review, Vol.14, No.3, 1973, pp.693-709; Alan S. Blinder, "Wage Discrimination: Reduced Form and Structural Estimate", Journal of Human Resource, Vol.8, No.4, 1973, pp.436-455.

$$\ln(y^l) = \alpha_l + \beta_l X^l + \varepsilon^l; \quad \ln(y^j) = \alpha_j + \beta_j X^j + \varepsilon^j \tag{1}$$

这里，l 表示垄断行业；j 表示竞争行业。y 为小时工资（向量）；X 为解释变量矩阵。完成第一步之后，第二步对垄断行业平均小时工资和竞争行业平均小时工资之差（$\overline{\ln y^l} - \overline{\ln y^j}$）进行分解。用公式表示如下：

$$\overline{\ln y^l} - \overline{\ln y^j} = (\hat{\alpha}_l - \hat{\alpha}_j) + (\hat{\beta}_l \overline{X^l} - \hat{\beta}_j \overline{X^j})$$

$$= (\hat{\alpha}_l - \hat{\alpha}_j) + \hat{\beta}_l (\overline{X^l} - \overline{X^j}) + (\hat{\beta}_l - \hat{\beta}_j)\overline{X^j} \tag{2}$$

这里，"—"表示平均值；"^"表示收入方程中参数估计值。该等式最右边的第一项表示回归方程常数项对工资差距的贡献；第二项是职工个人属性（教育、年龄等）差异的贡献；最后一项表示（对个人属性）回报率的贡献。这三项分别代表工资差异的不同决定要素，因此具有不同的含义和解释。第二项代表工资差距中由个人属性差异说明的部分，通常称为工资差异中的被解释部分（Explained Portion of the Differential），这部分差异被认为是合理的。除第二项之外的其他两项，表示由个人属性之外的因素所导致的工资差异，通常称为工资差距中的未解释部分（Unexplained Portion of the Differential）。由于这部分差异不是由教育、年龄等从业人员个人属性所导致的，是由歧视（Discrimination）造成的，因此通常被认为是不合理的。

在上面分解公式中，在测量个人属性差异（$\overline{X^l} - \overline{X^j}$）对工资差距的贡献时，使用了垄断行业的回报率（$\hat{\beta}_l$）；在衡量回报率差异（$\hat{\beta}_l - \hat{\beta}_j$）对工资差距贡献时，使用了竞争行业个人属性的平均值（$\overline{X^j}$）。这种分解通常叫做标准分解（Standard Decomposition）。除了这一标准分解之外，还存在其他的分解方式，即在计算个人属性的贡献时，使用竞争行业的回报率，在计算回报率的贡献时，使用垄断行业个人属性的平均值。用公式表示如下：

$$\overline{\ln y^l} - \overline{\ln y^j} = (\hat{\alpha}_l - \hat{\alpha}_j) + \hat{\beta}_j(\overline{X^l} - \overline{X^j}) + (\hat{\beta}_l - \hat{\beta}_j)\overline{X^l} \tag{3}$$

这种分解方式称为逆向分解（Reverse Decomposition）。标准分解和逆向分解的结果通常是不完全相同的，其中哪一个更能准确地估计收入差距的合理与不合理部分，取决于两组人群中哪一组的回报率估计值更接近竞争性劳动力市场的回报率。对于本文考察的垄断行业和竞争行业两组人群来说，竞争行业的劳动力市场可能更接近竞争性劳动力市场，因此基于竞争行业回报率的逆向分解可能更理想。在解释分解结果时，为了验证分解结果的稳定性，多数研究同时给出按两种分解方式的分解结果。本文亦遵循这一惯例。

由于使用不同的回报率和个人属性均值，标准分解和逆向分解的结果通常是不等的，有时相差相当大，这通常称为指数问题。Oaxaca–Blinder 分解方法出现之后，研究者在解决指数问题上付出了极大的努力，其中最有代表性的是 Cotton 和 Neumark 的研究。[①] 除了 Oaxaca-Blinder 分解之外，本文还尝试了 Cotton 分解和 Neumark 分解。在垄断行业高收入不合理部分估计值上，三种方法的分解结果基本一致。考虑到读者对 Oaxaca-Blinder 分解较为熟悉，因此本文第四、五节解释分解结果时只给出 Oaxaca-Blinder 分解结果。

（二）数据来源

本研究所用数据来源于 2005 年全国 1% 人口抽样调查，其样本量为 996588 户和 2585481 人，样本人数占该年全国总人口的比重超过 2‰（0.00204 = 2585481/1265830000）。在分析行业工资差距上，该数据有以下几个优点：①样本量大。②行业分类细分到我国国民经济行业分类中的大类（共 95 个行业）。与此不同，绝大多数其他统计调查的行业分类均为门类，由于分类过粗，因此无法精确地界定垄断行业或者竞争行业。例如，无法把石油和天然气开采业从采掘业区分出来；无法把烟草制品业以及石油加工、炼焦及核燃料加工业从制造业中区分开来。③有收入数据可以利用。世界上绝大多数人口普查或者人口抽样调查均不收集有关收入的信息，我国以往的人口普查和 1% 人口抽样调查也不例外。但 2005 年全国 1% 人口抽样调查是个例外，它包括从业人员工资信息。工资信息的加入，使其他信息的使用价值大大加强。④有劳动时间（工作小时）的信息可以利用。衡量工资差距时，小时工资优于其他形式的工资指标（如月工资、年工资等），能够使工资差距的测量更准确。⑤有关于住户成员的基本信息，如性别、年龄、教育等。

（三）从业人员的定义

本文研究的对象是工资差距，因此，我们首先把样本限定在从业人员上，并对从业人员又作了进一步的限定。第一，只保留城镇从业人员，去掉第一产业的从业人员。[②] 第二，在城镇从业人员中，我们仅仅考察就业身份为雇员的劳动者，就业身份为雇主、自营以及家庭帮工的，不在考察范围之内。把这些人排除在考察对象之外的一个重要理由是，在雇主和自营从业人员的收入中，有一部分是对其投资的报酬。如果收入中有资本所得，而解

[①] 关于 Cotton 与 Neumark 研究的原始文献，参见 Jeremiah Cotton, "On the Decomposition of Wage Differentials", The Review of Economics and Statistics, Vol.70, No.2, 1988, pp.236-243；David Neumark, "Employers, Discriminatory Behavior and the Estimation of Wage Discrimination", The Journal of Human Resources, Vol. 23, No.3, 1988, pp.279-295. 有关 Oaxaca-Blinder 分解最新进展的综述，参见 Ben Jann, "A Stata Implementation of the Blinder-Oaxaca Decomposition", ETH Zurich Sociology Working Paper, No. 5, 2008, forthcoming in The Stata Journal. 该文献可从 http://repec.ethz.ch/rsc/et s/wpaper/jann_oaxaca.pdf 下载（2010 年 1 月 15 日访问）。该文是其作者编写的 Oaxaca-Blinder 分解的 Stata 程序说明书，对分解公式以及分解程序等有非常详细的解释。对分解背后的劳动经济学含义感兴趣的读者，可直接阅读该文给出的原始文献。相关的中文文献可参见郭继强、陆利丽：《工资差异均值分解的一种新改进》，《经济学（季刊）》2009 年第 8 卷第 4 期，尤其是其中的第一、二节。

[②] 人们议论垄断行业高收入时，涉及的主要是城镇的职工，而不是农村中从事第一产业的劳动者。这是从分析对象中排除第一产业从业人员的主要原因。

释收入差距时没有相应的变量，[①]收入方程式的估计系数以及工资差距中合理部分与不合理部分的估计值，都会出现偏差。第三，满足上述限定条件的从业人员包括城镇职工（具有城镇户口的从业人员）和农民工两部分。对于其中的农民工，除了具备拥有农业户口的条件之外，又增加了两个条件：①离开户口登记地超过半年；②离开户口登记地的目的是为了务工经商。这些条件是定义农民工时最常见的。限定离开户口登记地必须在半年以上，是为了把农民工当中主要从事农业生产、偶尔外出打工的从业人员排除在外。

城镇就业人员总数中，农民工的比重很高，这是把农民工纳入考察对象的主要理由。但是，考虑到目前我国城镇劳动力市场中，有城镇户口的城镇职工和没有城镇户口的农民工在职业选择自由上仍然存在一定的差异，因此在下一节的实证分析中，除了对包括农民工在内的城镇全体从业人员进行考察之外，还对不包括农民工的城镇职工进行考察。剔除农民工后考察垄断行业和竞争行业之间的工资差距，可以排除刚刚提到的职业选择自由度差异造成的影响。

（四）收入指标的定义

讨论收入差距，离不开对收入指标的定义。相关文献多使用月工资或年工资等指标。但是很明显，与以月或年为单位计算的工资相比，按小时计算的工资（通常称为工资率）更能准确地反映工资差距。即使月工资或年工资完全相同的两个人，如果工作时间不同，以小时工资衡量的工资差距依然存在。如果月收入与工作时间之间存在负的相关关系（这正是我们后面所观察的），使用月收入指标会低估工资差距。2005 年全国 1% 人口抽样调查提供了收入与劳动时间的数据，因此，本文主要用小时工资来测算行业工资差。

三、实证结果与解释

这一部分通过对垄断行业和竞争行业的工资差距分解，区分其中合理与不合理部分的比重。在进入分解之前，首先通过描述性统计观察两个行业之间的差异，表 2 给出了相关信息。

首先观察包括农民工在内的垄断行业与竞争行业之间的差异。垄断行业职工的月工资为 1465 元，竞争行业为 1009 元，前者是后者的 1.45 倍。从工资时间来看，竞争行业的周工作小时远远高出垄断行业，前者是后者的 1.19 倍。按小时工资衡量，垄断行业为竞争行业的 1.63 倍，明显大于按月工资衡量的工资差距。不包括农民工时，垄断行业和竞争行业的月工资均有所上升，但由于后者上升幅度更大，因此两类行业之间工资差距比包

---

① 在我们使用的数据中，不存在解释个人资本收入的要素。

表2　垄断行业和竞争行业差异的描述性统计

	月工资（元）	周工作时间（小时）	小时工资（元）	男性比重（%）	受教育年限（年）	年龄（岁）	观测值数（人）
包括农民工							
垄断行业	1465.20	42.90	8.00	0.62	12.40	36.60	29092
竞争行业	1009.20	51.00	4.90	0.51	10.20	32.80	106792
全体样本	1106.80	49.30	5.50	0.53	10.60	33.60	135884
垄断行业与竞争行业之差	456.00	−8.10	3.20	0.11	2.30	3.80	—
垄断行业与竞争行业之比	1.45	0.84	1.63	1.23	1.22	1.12	—
不包括农民工							
垄断行业	1474.70	42.70	8.10	0.62	12.50	36.80	28189
竞争行业	1065.40	47.80	5.40	0.50	11.10	35.70	64096
垄断行业与竞争行业之差	409.40	−5.10	2.70	0.10	1.40	1.10	—
垄断行业与竞争行业之比	1.38	0.89	1.50	1.24	1.13	1.03	—

括农民工时小。不包括农民工时，竞争行业职工的周工作小时依然大于垄断行业，但是与包括农民工时相比，工作小时的差异有所缩小，竞争行业的周工作小时数为垄断行业的1.12倍。与包括农民工时相比，由于月工资与工作小时差异在垄断行业和竞争行业之间均有所缩小，因此，不包括农民工的两类行业小时工资差距明显降低，垄断行业小时工资为竞争行业的1.5倍，而包括农民工时为1.63倍。[①]

通过观察两类行业职工属性差异不难发现，在男性职工比重、平均受教育年限以及平均年龄方面，垄断行业均高出竞争行业。具体地说，垄断行业男性职工的比重为62%，高出竞争行业11个百分点；垄断行业职工平均受教育年限为12.4年，较竞争行业长2年以上；垄断行业职工的平均年龄较竞争行业大近4岁。职工收入差异至少部分来源于职工属性的差异。从下面收入方程估计结果可知，男性工资较女性高，职工工资随职工受教育年限和年龄的增加而上升。因此，从职工属性差异来看，垄断行业职工工资高于竞争行业是必然的（在其他情况一定的条件下）。关键是高出的部分在多大程度上是合理的，这正是本部分实证的目的。

本文使用Oaxaca-Blinder分解法来测量垄断行业与竞争行业工资差异的合理与不合理部分。该分解方法的第一步是对两类行业分别估计收入方程，所使用的解释变量是相同的。表3给出了包括农民工和不包括农民工的估计结果。这里考虑的职工属性包括性别、

[①] 需要说明，以上数据显示的垄断行业与竞争行业之间的收入差距，明显小于人们在谈论垄断行业高收入时出现的收入差距。这主要是由比较对象不同造成的。垄断行业高收入的讨论，通常把垄断行业中的高收入部门与收入最低部门的工资相比。与此不同，作为与垄断行业比较的部门，我们没有选择收入最低的行业，而是选择了市场竞争较为充分的行业部门。上文中步正发副部长在谈论垄断行业收入过高时，把收入最高行业的证券业与收入最低的林业进行了比较，前者的收入为后者的7.52倍。按本研究使用的数据计算，这两个行业的工资差距，按月工资计算为3.74倍（=2658.2/710.3），按小时工资计算为4.01倍（=14.95/3.73），其差距虽然不及步正发副部长援引的数据，但是明显大于正文中垄断行业和竞争行业之间的工资差距。

受教育年限、年龄、[1] 各省的城市生活费指数、[2] 所在地区以及所从事的职业。[3]

表3 收入方程回归结果

	包括农民工		不包括农民工	
	垄断行业	竞争行业	垄断行业	竞争行业
性别（男=1；女=0）	0.1080 (16.34)***	0.1880 (57.21)***	0.1066 (15.91)***	0.2173 (47.50)***
受教育年限	0.1086 (77.90)***	0.0887 (138.93)***	0.1085 (74.45)***	0.1070 (114.16)***
年龄	0.0338 (12.74)***	0.0301 (28.47)***	0.0346 (12.64)***	0.0227 (13.85)***
年龄平方	−0.0003 (8.33)***	−0.0003 (22.81)***	−0.0003 (8.30)***	−0.0002 (10.78)***
城市生活费指数对数值	1.3243 (37.02)***	1.1168 (61.69)***	1.3442 (36.95)***	1.4958 (61.38)***
东部	0.1558 (17.68)***	0.2348 (44.03)***	0.1523 (17.11)***	0.2182 (32.88)***
中部	−0.1014 (11.42)***	−0.0682 (11.27)***	−0.1055 (11.79)***	−0.0606 (8.45)***
管理人员	0.2560 (15.69)***	0.5562 (54.27)***	0.2493 (15.21)***	0.5131 (43.59)***
技术人员	0.0518 (7.25)***	0.2615 (40.46)***	0.0465 (6.45)***	0.2314 (31.48)***
常数项	−11.1258 (38.11)***	−9.4675 (64.62)***	−11.2952 (38.12)***	−12.6015 (63.63)***
观测值数	29092	106792	28189	64096
R−squared	0.33	0.33	0.33	0.38

注：括号里的数字为 t 统计量的绝对值，* 、**、*** 分别表示在 10%、5%、1%水平上显著。

---

[1] Mincerian 收入函数中的工作经历变量应当为职工工龄，而不是职工年龄。工龄较年龄更能准确地测量职工在岗技能积累以及由此产生的劳动生产率的提高。但是在现实中，由于数据资料通常有职工年龄的信息，而没有工龄的信息，因此年龄常常作为工龄的代理变量来使用，2005 年全国 1%人口抽样调查也是如此。以往研究曾经尝试用职工的年龄和受教育年限，间接估算职工工龄，计算公式通常如下：工龄= 年龄− 受教育年限−上学年龄（通常使用 6 岁）。这种计算方法会因职工上学年龄的差异以及失业经历而使工龄的估计值出现偏差。在这种情况下，年龄和工龄哪个指标更好，就难以判断。我们按照上述公式计算了职工工龄，用工龄取代年龄后重新估计了收入方程式并进行了 Oaxaca-Blinder 分解，结果变化不大。分解结果可以向作者索取。

[2] 各省城市生活费指数来自 Loren Brandt and Carsten A. Holz, "Spatial Price Differences in China：Estimates and Implications"，Economic Development and Cultural Change，Vol. 55, No. 1, 2006, pp.43-86. 另外，关于变量的变化对分解结果的影响将在第四节进行讨论。

研究地区间生活费差异影响的另外一种方法是，从解释变量中去掉各省城市生活费指数，用其缩减被解释变量的收入，进行收入方程式估计和 Oaxaca-Blinder 分解。我们尝试了这样的估计和分解，结果发现，无论收入方程式中保留变量的估计系数，还是 Oaxaca-Blinder 分解中不合理部分的比重，都没有实质性的变化。估计结果可以向作者索取。

[3] 以下分析中，一般工人被选择为其他两类职业从业的参照组，因此一般工人虚拟变量没有出现在收入方程式中。为了检验估计结果对参照组选择的敏感性，我们先后在省略了管理人员和技术人员虚拟变量的情况进行了重新估计，结果变化不大。估计结果可以向作者索取。

从估计系数可知，相对于女性职工，男性职工的回报较高，而且高出程度在竞争行业较大。这在包括农民工和不包括农民工时都没有太大差异。包括农民工时，受教育年限的估计系数在垄断行业为10.86%，在竞争行业为8.87%，前者高于后者。收入方程中受教育年限的估计系数通常称为教育回报率。也就是说，在包括农民工时，垄断行业的教育回报率高于竞争行业。但是当不包括农民工而将样本局限于拥有城镇户口的职工时，垄断行业的教育回报率反而低于竞争行业，但是二者之间的差异不明显，可以视为相等。包括农民工与否，使教育回报率估计值出现明显的差异。具体地说，受教育年限每增加一年所带来的收入增长，具有城镇户口的城镇职工要高于农民工。从年龄及其平方的估计系数来看，工资收入首先随年龄的增加而增长，但是当达到一定年龄后转为下降。根据估计系数计算的这个关键年龄有所变化：垄断行业与是否包括农民工无关，大约在58岁，而竞争行业因是否包括农民工存在一定差距，包括时大约44岁，不包括时大约47岁。从估计系数大小来看，工资收入随年龄的增长幅度，垄断行业较竞争行业大。城市生活费指数的估计系数符合预期，生活指数越高的省份，收入也越高。

在得到收入方程的估计结果之后，即可对垄断行业和竞争行业工资差进行分解，分解结果显示在表4中。该表给出了包括农民工和不包括农民工两种情况的分解结果，并对每一种情况实施了标准分解和逆向分解两种分解。从表4可以看出，垄断行业和竞争行业之间的工资差距中不合理部分均超出了50%，与包括农民工相比，不包括农民工时不合理部分的估计值变大，达到60%。Cotton和Neumark分解结果显示，垄断行业高收入中不合理部分的比重也在50%以上。[1] 由此可见，我们对垄断行业高收入不合理部分的估计值不受分解方法的影响。

表4　垄断行业和竞争行业工资差距的分解结果

单位：%

	包括农民工		不包括农民工	
	标准分解	逆向分解	标准分解	逆向分解
合理部分	45.5	43.2	32.9	40.3
不合理部分	54.5	56.8	67.1	59.7
合计	100.0	100.0	100.0	100.0

垄断行业与竞争行业之间的工资差距及其不合理部分的比重可能因职业不同而不同，为此我们进行了分职业分析。表5分管理阶层、技术工人和一般工人，给出了垄断行业和竞争行业的工资差距。表中的数字为小时工资的对数值，其含义是垄断行业小时工资高出竞争行业的百分比。从该表可以看出，包括农民工时，垄断行业管理阶层收入较竞争行业

[1] 包括农民工时，不合理部分的Cotton分解为56.3%，包括垄断行业虚拟变量时，Neumark分解为58.7%，不包括该虚拟变量时，Neumark分解为47.2%。不包括农民工时，相应的估计结果分别是61.3%、63.1%和54.6%。使用Neumark分解，收入方程估计不包括垄断行业虚拟变量会导致不合理部分的低估，参见前面引用的Jann一文。本文以下对所有Oaxaca-Blinder分解同时进行了Cotton和Neumark分解，其结果没有实质性的变化，故以下仅给出Oaxaca-Blinder分解结果。

高 19%，技术人员高出 22%，而一般工人则高出 48%。不包括农民工时，两类行业的工资差距在三种职业上均有所缩小，但是不变的是，与管理阶层和技术工人相比，一般工人的工资差距最大。

表 5　垄断行业和竞争行业分职业的工资差距

	管理阶层	技术人员	一般工人
包括农民工			
垄断行业	2.37	1.97	1.76
竞争行业	2.18	1.75	1.28
垄断行业与竞争行业之差	0.19	0.22	0.48
不包括农民工			
垄断行业	2.37	1.97	1.77
竞争行业	2.21	1.76	1.31
垄断行业与竞争行业之差	0.16	0.20	0.46

那么，垄断行业高收入中不合理部分的大小在不同职业之间又有怎样的差异呢？表 6 给出了分职业的分解结果。该表显示，无论是哪一种职业，工资差距中不合理部分的估计值因分解方法（标准分解和逆向分解），以及是否包括农民工而有所不同，但从四种分解结果的平均值来看，以技术工人最大（77.8%），一般工人次之（70.2%），管理阶层最低（62.7%）。另外，与包括农民工相比，不包括农民工时不合理部分的估计值变大。

以上有关分职业的分析结果显示，垄断行业和竞争行业之间工资差距及其不合理部分的比例以管理阶层为最低，但对于这一结论需予以特殊的注意。问题来自现行收入统计的缺陷。包括本文使用的 2005 年全国 1%人口抽样调查在内，目前我国的收入统计都不能反映（至少不能完全反映）工资收入之外的其他货币和非货币收入，而收入的这种遗漏现象在垄断行业表现更为突出。垄断行业的管理阶层在福利住房占有、公车使用以及公款消费等方面，较竞争行业管理阶层更具有优势。如果把这些非货币收入考虑进去，管理阶层的收入差距在垄断行业和竞争行业之间会明显扩大，其中的不合理部分会因此增大。

表 6　垄断行业和竞争行业分职业工资差异的分解结果

单位：%

	包括农民工		不包括农民工	
	标准分解	逆向分解	标准分解	逆向分解
管理阶层				
合理部分	41.6	40.6	37.2	29.7
不合理部分	58.4	59.4	62.8	70.3
合计	100.0	100.0	100.0	100.0
技术人员				
合理部分	21.8	28.6	15.8	22.7
不合理部分	78.2	71.4	84.2	77.3
合计	100.0	100.0	100.0	100.0

	包括农民工		不包括农民工	
	标准分解	逆向分解	标准分解	逆向分解
一般工人				
合理部分	41.3	25.4	27.1	25.4
不合理部分	58.7	74.6	72.9	74.6
合计	100.0	100.0	100.0	100.0

以往研究发现，收入差距在地区之间存在显著的差异，东部地区最小，西部地区最大，中部地区居中，但在程度上更加接近西部地区。为了加深对收入差距的理解，我们分东、中、西三个地区考察垄断行业和竞争行业之间的收入差距，重点观察垄断行业高收入中不合理部分的比重是否存在地区差异。

表 7 垄断行业和竞争行业分地区的工资差距

	东部	中部	西部
包括农民工			
垄断行业	2.04	1.60	1.71
竞争行业	1.44	1.06	1.10
垄断行业与竞争行业之差	0.60	0.54	0.61
不包括农民工			
垄断行业	2.06	1.60	1.72
竞争行业	1.58	1.08	1.14
垄断行业与竞争行业之差	0.48	0.52	0.57

表 7 分地区给出了垄断行业和竞争行业人均工资的对数值。从反映工资差异的数字可以看出，包括农民工时，垄断行业和竞争行业之间工资差异在中部地区最低，前者高出后者 54%，其次为东部地区，差异最大的是西部，但是东部和西部十分接近。不包括农民工时，两类行业之间工资差异以东部最低，中部次之，西部最高。包括农民工与否，对东部地区两类行业工资差距变化的影响较大，其原因是东部地区吸纳了较多的农村流动人口，而流动人口在城市中是收入较低的群体，因此当包括农民工时，该地区垄断行业与竞争行业之间的工资差距明显上升。

表 8 分地区给出 Oaxaca-Blinder 分解结果。该表显示，垄断行业高收入中不合理部分的比重在东部最低，其估计值最大时也只有 53%；中部和西部均高于东部，除个别情况外，均在 60% 以上，但两个地区十分接近。分地区分解结果的含义是，中部和西部两大地区垄断行业和竞争行业之间的工资差距，尤其是其中的不合理部分是导致这两个地区收入分配不平等程度高于东部的原因之一。

表 8　垄断行业和竞争行业分地区工资差异的分解结果

单位：%

	包括农民工		不包括农民工	
	标准分解	逆向分解	标准分解	逆向分解
东部				
合理部分	63.1	57.2	47.2	53.1
不合理部分	36.9	42.8	52.8	46.9
合计	100.0	100.0	100.0	100.0
中部				
合理部分	36.3	37.5	31.1	35.4
不合理部分	63.7	62.5	68.9	64.6
合计	100.0	100.0	100.0	100.0
西部				
合理部分	39.7	45.1	29.0	41.6
不合理部分	60.3	54.9	71.0	58.4
合计	100.0	100.0	100.0	100.0

四、稳定性检验（Robust Test）

由于政府的保护，垄断行业高收入的一半以上是不合理的，这一实证结果是否可信，是否具有稳定性呢？本节讨论这一问题。影响上一节实证结果的第一个因素是垄断行业和竞争行业的界定。鉴于上述行业集中率在统计上的缺失，垄断行业或者竞争行业界定范围某种程度的不确定性或变化，可能对垄断行业高收入中不合理部分的估计值产生影响。为了观察垄断行业高收入中不合理部分估计值对垄断行业和竞争行业范围的敏感程度，我们从表1的垄断行业和竞争行业中任意抽取部分行业部门进行了多次分解。结果显示，除了极个别的分解结果外，垄断行业高收入中不合理部分的比重均超过50%。另外，我们还从按大类划分的95个行业部门总数中，选取10%的人均工资最低的行业部门，与表1中的垄断行业进行分解，其结果与表4十分接近。这说明，上一节关于垄断行业高收入中不合理部分超出50%的分解结果，基本不受两类行业范围界定的影响。①

影响垄断行业高收入中不合理部分估计值的第二个可能因素是收入方程式中解释变量的变化。对此首先应当说明的是，从第二节Oaxaca-Blinder分解公式来看，收入方程式解释变量个数的多少与Oaxaca-Blinder分解结果没有直接关系。解释变量的多少可能直接影响收入方程式对个人收入差距的解释能力。一般地说，解释变量越多，R-squared的值越大，收入方程式的解释能力越强。但是Oaxaca-Blinder分解中被解释部分和未解释部分的

---

① 作者愿意按读者指定的垄断行业和与之比较的行业，提供Oaxaca-Blinder分解结果。

大小与此没有直接的关系。观察解释变量对垄断行业高收入中不合理部分估计值的影响，只有通过实际改变解释变量后重新估计收入方程式。在收入方程式估计以及 Oaxaca-Blinder 分解时，上一节考虑了从业人员的性别、受教育年限、年龄、所在地区的生活费指数、所在地区和所从事职业等因素。由于 2005 年全国 1% 人口抽样调查搜集的个人与家庭信息有限，因此无法在表 3 的基础之上进一步增加解释变量，而只有通过减少说明变量的办法进行验证。上一节分职业和分地区的分解，实际上已经改变了收入方程式的解释变量。因为分职业分解时，解释变量中已经去除了职业虚拟变量，而分地区分解时，解释变量中则去除了地区虚拟变量。从分职业和分地区的分解结果来看，除了个别情况外，垄断行业高收入中不合理部分的估计值仍然停留在 50% 以上，与表 4 相比没有实质性变化。为了进一步检验解释变量变化对分解结果的影响，我们又进行了多次尝试。在表 3 的基础之上，首先去除职业虚拟变量，然后又去除地区虚拟变量，到最后只保留受教育年限及年龄两个因素，但是分解结果仍没有实质性变化，除极个别情况外，不合理部分的估计值均在 50% 以上。由此可见，解释变量的变化对分解结果并没有实质性影响。

作为可能影响垄断行业高收入中不合理部分估计值的第三个因素，我们考虑无法观测的从业人员能力因素。现实中个人能力的差异是一时难以观察到的，即使能观察到，在统计中也难以反映出来，这是长期困扰收入方程式估计的难题。无法观测的能力差异与受教育年限紧密联系在一起，一般来说，能力越强的人，在校期间成绩也越好，受教育年限也会越长，即个人受教育年限的长短可能与个人能力成正比。在估计收入方程式时，无法观测的个人能力会导致受教育年限系数的高估。如果垄断行业从业人员的个人能力普遍高于竞争行业，那么垄断行业受教育年限系数的高估程度要高于竞争行业，在其他情况一定的条件下，这会直接导致垄断行业与竞争行业工资差异中不合理部分的高估。把个人能力差异造成的收入差异视作不合理的做法，显然是不合理的。从平均水平看，垄断行业从业人员的个人能力可能在实际上高于竞争行业。由于其高收入，垄断行业在人员招聘过程中能够吸引更多能力较强的人应聘，因此有更多的机会选择能力最强或者较强的员工。垄断行业在劳动力市场上的这种优势，有可能导致垄断行业从业人员的个人能力普遍高于竞争行业。若此成立，以上关于垄断行业高收入不合理部分的估计有可能被夸大了。

把从业人员父母的受教育年限作为从业人员不可观测的个人能力的代理变量，引入收入方程式进行估计，是以往文献消除（至少缩小）不可观测的个人能力影响的办法之一。本文亦采取这种办法。从 2005 年全国 1% 人口抽样调查数据中，我们首先抽取与户主关系为子女的从业人员，然后建立其父母学历的变量。满足这一条件的家庭，是那些已经工作的子女并与父母居住在一起的家庭。这种家庭在城镇户口中不多，而对在城镇打工的农民工家庭来说就更少。由于满足条件的农民工家庭只有几户，因此我们最终把样本限于拥有城镇户口的家庭。即使如此，父母同在并且与已工作子女生活在一起的家庭也不多，而更多的是只有父母中一方的家庭。当我们把父母的受教育年限同时引入解释变量对收入方程式进行估计时，许多变量的估计系数虽然保持预期的符号，但均因观测值过少而不显著。为了增加观测值，我们仅仅把父亲或者母亲的受教育年限引入解释变量进行估计，由于二者的结果相差不大，这里仅报告基于父亲受教育年限的估计结果。

表9给出了收入方程式的估计结果。为了便于比较，表9除了给出包括父亲受教育年限的收入方程式估计结果之外，同时给出了使用相同样本，但没有包括父亲受教育年限的收入方程式估计结果。通过比较可知，引入父亲受教育年限后估计系数变化最大的变量为从业人员自身的受教育年限，该变量的估计值在引入父亲受教育年限后变小，在变动幅度上，竞争行业较垄断行业大，前者为–0.0144，而后者为–0.0089。

根据表9中收入方程式的估计结果，我们把垄断行业和竞争行业之间的工资差异分解为合理与不合理两部分，分解结果显示在表10中，表明收入方程式中是否包括父亲受教育年限（因而是否考虑无法观测的个人能力差异），对垄断行业高收入中不合理部分的估计值几乎没有影响。① 由此可得出结论，如果父母受教育年限可以反映子女能力，那么，从业人员无法观测的个人能力差异对以上关于垄断行业高收入中不合理部分的估计值没有太大影响。

表9 加入父亲受教育年限后的收入方程式回归结果

| | 自变量中是否包括父亲受教育年限 | | | |
| | 是 | | 否 | |
	垄断行业	竞争行业	垄断行业	竞争行业
性别（男=1；女0）	0.0704 (2.12)**	0.1090 (5.03)***	0.0662 (1.99)**	0.1151 (5.26)***
受教育年限	0.0706 (8.34)***	0.0996 (18.66)***	0.0795 (9.88)***	0.1140 (22.75)***
父亲受教育年限	0.0208 (3.28)***	0.0290 (7.29)***		
年龄	0.1379 (2.74)***	0.0746 (2.64)***	0.1338 (2.65)***	0.0713 (2.50)**
年龄平方	–0.0020 (2.00)**	–0.0010 (1.77)*	–0.0019 (1.92)*	–0.0010 (1.68)*
城市生活费指数对数值	1.5619 (9.11)***	1.6201 (14.47)***	1.5749 (9.14)***	1.6254 (14.36)***
东部	0.1373 (2.89)***	0.2714 (8.00)***	0.1362 (2.86)***	0.2640 (7.70)***
中部	–0.1288 (2.60)***	0.0378 (1.01)	–0.1277 (2.56)***	0.0415 (1.10)
管理人员	0.3703 (2.28)**	0.6032 (7.11)***	0.3972 (2.44)**	0.6301 (7.36)***

① 把母亲受教育年限引入解释变量，或者把父母受教育年限同时引入解释变量（尽管一些变量的估计系数失去统计上的显著性）进行分解时，不合理部分的绝对水平及其变化与表10的结果基本相同。分解结果可向作者索取。

	自变量中是否包括父亲受教育年限			
	是		否	
	垄断行业	竞争行业	垄断行业	竞争行业
技术人员	0.0728	0.1429	0.0811	0.1547
	(2.04)**	(4.01)***	(2.27)**	(4.30)***
常数项	−13.6384	−14.6318	−13.5764	−14.5076
	(9.05)***	(15.31)***	(8.97)***	(15.02)***
观测值数	1069	2404	1069	2404
R-squared	0.33	0.43	0.32	0.41

注：括号里的数字为 t 统计量的绝对值，*、**、*** 分别表示在 10%、5%、1%水平上显著。

表10　考虑从业人员个人能力差异的分解结果

单位：%

	自变量中是否包括父亲受教育年限			
	是		否	
	标准分解	逆向分解	标准分解	逆向分解
合理部分	13.7	17.9	12.5	16.7
不合理部分	86.3	82.1	87.5	83.3
合计	100.0	100.0	100.0	100.0

　　作为影响垄断行业高收入中不合理部分估计值的因素，最后需要考虑的是由收入统计缺陷带来的问题。本文使用的月收入指标，仅包括调查月份的收入总额，或者按年收入折算的月收入，包括现金和实物折合现金两个部分。[①] 但是，这一收入指标没有包含福利住房、用人单位为职工支付的各种形式保险缴费（如企业年金）等福利收入。在垄断行业的各项福利较竞争行业普遍丰厚的条件下，本文使用的收入指标不仅低估了垄断行业与竞争行业之间的收入差距，同时也低估了垄断行业高收入中不合理部分的估计值。[②] 我们试图测量低估的幅度。由于垄断行业福利收入的测量没有统计数据可以利用，我们采取的办法是，在保持竞争行业职工收入不变的同时，给垄断行业职工收入乘以一个大于 1 的系数，然后进行分解。应当说，收入指标对福利收入的低估，不仅限于垄断行业，竞争行业也存在。即使如此，只要垄断行业的低估程度大于竞争行业，这种做法得出的结论也是成立的。当我们给垄断行业职工收入乘以一个大于 1 的常数时，实际上假定垄断行业职工工资

---

① 详见 2005 年全国 1%人口抽样调查方案中有关收入指标的解释。

② 被解释变量扩大一定倍数后，解释变量的估计系数会扩大相同倍数。而解释变量估计系数的扩大，直接导致分解结果中不合理部分的扩大。这一点从正文的式（2）和式（3）中可以看出，在单变量回归时最明显。比如，当把 y 对 x 进行回归时，x 的估计系数为 $\hat{\beta} = \sum (y_i - \bar{y})(x_i - \bar{x}) / \sum (x_i - \bar{x})^2$；常数项估计系数为 $\hat{\alpha} = \bar{y} - \hat{\beta}\bar{x}$。由此可见，估计系数会随被解释变量数值的增大而增大。假如被解释变量观测值都上升为原来的 1.5 倍，所有解释变量（包括常数项）的估计系数也会扩大 1.5 倍。解释估计系数和被解释变量扩大相同的倍数，这在多元回归时也是如此，只不过计算公式变得复杂而已。

低估的百分比相同，但绝对数随统计工资（统计调查时登记的工资）增加而增加。由于统计工资和统计遗漏的福利收入受从业人员的职位、工龄、学历等相同因素影响，因此这一假定在一定程度上是合理的。

表 11　调整垄断行业工资水平之后的分解结果

单位：%

	包括农民工		不包括农民工	
	标准分解	逆向分解	标准分解	逆向分解
观测收入 *				
合理部分	45.5	43.2	32.9	40.3
不合理部分	54.5	56.8	67.1	59.7
合计	100.0	100.0	100.0	100.0
1.2 倍 **				
合理部分	33.6	31.9	23.6	28.8
不合理部分	66.4	68.1	76.4	71.2
合计	100.0	100.0	100.0	100.0
1.5 倍 ***				
合理部分	25.4	24.1	17.5	21.4
不合理部分	74.6	75.9	82.5	78.6
合计	100.0	100.0	100.0	100.0
2 倍 ****				
合理部分	19.3	18.4	13.1	16.1
不合理部分	80.7	81.6	86.9	83.9
合计	100.0	100.0	100.0	100.0

注：* 表示根据 2005 年全国 1%人口抽样调查登记工资收入的分解结果，该结果与表 4 完全相同；** 假设垄断行业实际收入为抽样调查中工资收入的 1.2 倍；*** 和 **** 以此类推。

作为扩大垄断行业职工工资的系数，我们取 1.2、1.5、2 三个数值。1.2 意味着实际收入（包括遗漏的福利收入）被低估了 16.7%，[①] 1.5 和 2 意味着实际收入低估的百分比分别是 33.3%和 50.0%。表 11 显示分解结果。为了便于比较，我们把基于统计收入的分解结果显示在该表的最上面（和表 4 分解结果相同）。

从表 11 可以看出，垄断行业高收入中不合理部分的估计值随该行业收入低估程度的增大而增大。当假定实际收入为统计收入的 1.2 倍时，根据四种不同分解方法得到的不合理部分的估计值均超过 60%。当假定实际收入为统计收入的 1.5 倍时，不合理部分的估计值均超过 70%。当假定实际收入为统计收入的 2 倍时，不合理部分的估计值甚至超过 80%。

由此可见，由于我国现行收入工资统计遗漏了职工收入中的福利收入，垄断行业与竞争行业之间的收入差距不仅被低估了，垄断行业高收入中不合理部分的比重也被低估了。上一节使用 2005 年全国 1%人口抽样调查收入数据的分解结果，低估了垄断行业高收入中不合理部分的比重。

---

① 用 w 表示统计工资，包括福利收入在内的实际收入应当是 1.2w，实际收入被低估的比例为：（1.2w-w）/1.2w ×100≈16.7。

五、结 论

本文应用 Oaxaca-Blinder 分解方法，通过把垄断行业高收入分解为合理和不合理两个部分，观察垄断行业高收入中不合理部分比重的大小。结果发现，垄断行业与竞争行业之间收入差距的 50%以上是不合理的，是由该行业的垄断地位造成的。分职业看，垄断行业高收入中不合理部分的比重以技术人员最高，一般工人次之，管理阶层最低。但是与竞争行业管理阶层相比，垄断行业管理阶层在福利待遇和公款消费上更有优势，因此垄断行业管理阶层高收入中不合理部分的比重可能被低估。

与竞争行业相比，垄断行业的高福利不限于管理阶层，而是多少惠及垄断行业全体职工。由于目前收入统计未能反映垄断行业的高福利，因此整个垄断行业高收入中不合理部分的比重不可避免地被低估。为了纠正这一偏差，我们在假定垄断行业实际收入（包括福利等其他收入）为统计收入 1.2 倍的基础之上进行了 Oaxaca-Blinder 分解，结果显示，垄断行业高收入中不合理部分的比重超过 60%；如果假定 1.5 倍的话，不合理部分比重则超过 70%。

当分地区观察垄断行业高收入中不合理部分的比重时，东部地区最低，西部地区最高，中部地区居中，但十分接近西部。关于估计值稳定性检验的结果显示，垄断行业高收入中不合理部分比重的估计值，基本不受垄断行业和竞争行业界定范围以及解释变量变化的影响。把父母受教育年限作为从业人员个人能力代理变量的分解结果显示，无法观测的个人能力差异对垄断行业高收入中不合理部分的估计值没有影响。

Are the High Salaries of Employees in Monopoly Industries Justified?

Abstract： Using Oaxaca-Blinder decomposition method，we decompose high income in monopoly industries into two parts：the reasonable and the unreasonable. Empirical analyses show that over fifty percent of the income gap between monopoly industries and competitive industries is unreasonable and is brought about mainly by industrial monopolies. As current income statistics do not count the high welfare benefits in monopoly industries，the above results clearly underestimate the unreasonable component of the high income in these industries.

Key words： Monopoly Industries；Income Gap；Unreasonable Income

转轨期女性劳动参与和学前教育选择的经验研究：以中国城镇为例

【摘　要】本文分析转轨过程中中国城镇女性的劳动参与和学前教育模式的选择，探讨学前教育体制改革对不同经济阶层家庭的影响。研究发现，夫妻一方受过良好教育或者富裕家庭的女性倾向于参加有酬劳动，并更可能把子女送到幼儿园接受教育。此外，中国的公立幼儿园并没有向低收入阶层倾斜，与私立幼儿园相比，公立幼儿园更倾向于接受教育程度高的家庭的孩子。

【关键词】转型经济；劳动参与率；学前教育选择；多元 Logit 模型

一、导言

近十几年来，年轻女性劳动参与率大幅度下降使得人们重新审视国家的学前教育政策，一个被学术界普遍接受的观点是：降低学前教育服务价格（或者提高学前教育服务补贴）可以提高女性劳动参与率，进而可以保证就业和收入的性别平等。高质量幼儿园的可获得性对儿童早期智力开发是至关重要的，儿童早期智力开发对于儿童个体或者国家而言都是一项重要的人力资本投资（Morrissey and Warner，2007）。然而，作为逐利的经济主体，学前教育服务提供商会设定价格门槛，许多低收入家庭被排斥在学前教育服务市场之外。为了保证儿童获得高质量的学前教育，避免经济分层，政府选择以补贴等方式参与学前教育服务市场。据统计，OECD 国家将国内生产总值的 0.75% 投入到学前教育补贴和学前教育（Jaumotte，2004）。许多发展中国家认识到早期教育是消除贫困、保证公平的重要

---

* 作者：杜凤莲、董晓媛，内蒙古大学经济管理学院；加拿大温尼伯大学经济系、北京大学国家发展研究院。本文引自《世界经济》，2010（02）。

本研究得到中美富布赖特基金（G68430934）、德国伯尔基金会（198834 BJ－0707－C14）的资助。作者感谢福特基金会对中国女青年经济学者培训项目的资助，感谢 Francine D. Blau，Mildred E. Warner，Gary Fields 以及赵耀辉、雷晓燕、陆铭、Margret Maurer－Fazio 和 RachelConnelly 的有益评论。本文为 2009 年中山大学青年经济学家联谊会会议论文，作者还感谢与会者的建议。所有可能的错误由作者负责。

举措，纷纷推出了早期教育补贴计划。[①]

中国1978年以来的市场取向改革逐步瓦解了原有的学前教育服务体系，这一转变对女性就业和儿童教育产生了不利影响，特别是对低收入家庭女性和儿童的不利影响更为严重。在中国经济转轨过程中，女性在劳动力市场中的地位恶化已经是一个不争的事实。[②]大量研究探讨了学前教育和女性劳动参与之间的关系，但这些研究主要定位于发达市场经济国家，[③]对发展中国家的研究并不是很多。[④]本文利用1991~2004年中国健康营养调查数据（CHNS），分析转轨过程中女性劳动参与和学前教育模式选择。

已有研究结论显示：学前教育服务价格不仅影响对学前教育服务的需求，而且影响女性劳动参与率。也就是说学前教育服务价格越高，对学前教育服务的需求就越低，女性就越倾向于退出劳动力市场。这一结论说明中国学前教育服务体系的改革以及政府退出学前教育服务市场对女性和儿童的福利可能产生不利影响，特别是对低收入家庭更是如此。

在中国，对学前教育和女性劳动供给关系的研究刚刚起步。Kilburn和Datar（2002）利用1991~1997年的CHNS数据研究了学前教育可获得性对女性劳动参与的影响，发现社区内有幼儿园不仅会提高儿童进入幼儿园学习的概率，还会提高女性劳动参与率。杜凤莲（2008）研究了非正规幼儿看护和女性劳动供给的关系，发现与爷爷、奶奶（或姥姥、姥爷）居住在一起（或者居住在附近）会大大提高有学龄前儿童的女性劳动参与率。Maurer-Fazio等（2009）也得出类似结论，这间接证明了学前教育可获得性对女性就业的影响。本文探讨中国托幼体制变迁的分配效应：第一，中国学前教育体制改革对不同经济收入家庭女性劳动参与和儿童学前教育有何影响？第二，公立幼儿园在促进女性就业、消除学前教育不平等方面起什么作用？研究结果显示，女性劳动参与和儿童入园概率与儿童父母受教育年限和家庭收入成正比。夫妻双方至少有一方为大学教育程度与双方都是小学教育程度的家庭相比，女性劳动参与率将提高11个百分点；儿童进入正规幼儿园的概率提高34个百分点。本研究还发现，与私立幼儿园相比，公立幼儿园更倾向于接受高教育程度家庭的孩子。

本文结构如下：第二部分介绍中国经济体制改革与学前教育体制的变化；第三部分是数据介绍和描述性统计分析，勾勒女性劳动参与率变化和儿童学前看护模式的变化；第四部分提供理论分析框架和经验分析方法；第五部分是回归结果；第六部分是结论和政策建议。

---

① Carnerio和Heckman（2003）认为，为了消除贫困和不平等，对儿童早期发展进行干预的效果要比后期干预好得多。世界银行2006年发展报告（World Bank, 2006）指出早期儿童教育投资具有很高的回报率，大约每投资1美元，回报2~5美元。

② 许多研究发现在转轨过程中，女性的失业率更高，失业女性更难找到工作（Appleton et al., 2002；Giles et al., 2006；Du and Dong, 2009）；许多女性被迫退出劳动力市场（Dong et al., 2006；Maurer - Fazio et al., 2007）。

③ 这些研究包括Heckman（1974）、Blau和Robin（1988）、Connelly（1992）、Ribar（1992、1995）、Kimmel（1995）、Blau和Hagy（1998）等对美国的研究，Gustafsson和Stafford（1992）等对瑞典的研究，Cleveland等（1996）以及Power（2002）对加拿大的研究，Doiron和Guyonne（2002）对澳大利亚的研究，Vittanen（2005）对英国的研究，Wetzels（2005）对瑞士的研究，Lokshin（2004）对俄国的研究以及Wrohlich（2006）对德国的研究。

④ 主要有Wong和Levine（1992）对墨西哥的研究，Connelly等（1996）对巴西的研究，Lokshin等（2004）对肯尼亚的研究，以及Lokshin和Fong（2006）对罗马尼亚的研究。

二、中国经济体制改革与学前教育政策变化

计划经济时期，中国女性劳动参与率是所有发展中国家中最高的（Croll，1983），几乎适龄女性都参与到劳动大军之中，而这种极高的女性劳动参与率是建立在公立幼儿园体系基础之上的。早在1952年，中国政府就发布了《幼儿园暂行规程（草案）》，要求各级政府和公有企业建立托儿所、幼儿园。该草案规定幼儿园的双重任务是教育幼儿，使他们的身心在入小学前获得健全的发育；同时减轻母亲的负担，以便母亲有时间参加政治生活、生产劳动、文化教育活动等（和建花，蒋永萍，2008）。由此可见，当时的公立幼儿园承担起了孩子们从几个月到入学前的看护和教育责任。

与苏联、东欧等国家相比，中国托幼体系的管理和投资都更加分散化：[1] 一是教育部经营管理一小批幼儿园，以期在管理教育方面起到示范作用。二是托幼机构提供者是单位，包括国家机关、事业单位以及公有企业，单位是托幼服务最重要的提供者，托幼服务被视为职工福利的一部分。此外，居委会也提供部分托幼服务，主要针对那些在不提供托幼服务的城镇集体企业的工作者。在农村，人民公社和生产队是托幼服务的主要提供主体。这种分散的托幼服务体系的缺点之一就是再分配功能不足，特别是托幼资源主要集中在城市，造成了城乡托幼服务水平的巨大差距。

改革开放以后，中国政府把提高企业经济效益作为改革的首要目标，国有企业单位逐步剥离托幼机构。1989年，中国政府颁布了《幼儿园管理条例》，该条例规定公立幼儿园不再接收0~2岁儿童。Zhu和Wang（2005）认为这一改革的倡导者强调学前教育的教育功能，忽视其看护功能和对女性参与劳动的支持功能。

托幼体制改革的第二个变化是政府、企业对托幼机构财政支持的减少。为了提高劳动力市场的灵活性，20世纪90年代，中国政府颁布了一系列旨在分离企业和托幼机构的文件，这些政策和规定旨在实现国有企业与社会职能的分离。规定要求国有企业把所属的全日制普通中小学、医院、公安、检察院、法院等职能单位，一次性全部分离并按属地原则移交地方管理，并详细阐述了资产、人员的移交以及移交过程中中央政府所给予的优惠政策。然而，所有的规定都没有涉及企业办的托幼机构移交过程中的财政支持问题。与此同时，各地方国资委出台了关于国有企业主辅分离政策，要求国有企业剥离企业办的幼儿园等福利机构。与中小学的移交不同，因为没有中央政府的财政支持，幼儿园的改革形式就非常多：效益差或者倒闭的国有企业主办的幼儿园随之解散；效益较好的部分企业在经营幼儿园的同时，探索承包制等其他经营形式，以减轻企业的财政负担。2006年的中国企业社会责任调查显示，只有不到20%的国有企业提供托幼服务，私营企业与外资（包括合

---

[1] 苏联托幼项目完全是由市政府组织资助的，并且覆盖了所有地区（Motiejunaite and Kravchenko，2008）。

资）企业提供托幼服务的比例更低，分别为2.7%和3.1%，平均而言，所有企业提供托幼服务的比例为5.7%。由于国家对托幼服务投入减少，许多社区办的幼儿园纷纷倒闭。公立托幼看护体制的改革对国家机关、事业单位办幼儿园的影响虽然没有对企业和社区办托幼机构的影响大，但也受到了不利冲击。由于缺乏足够的经费支持，许多公立托幼机构实施了二元价格体系，即对本单位职工的子女入托收取较低的价格，而对非本单位职工收取市场价格。[①] 在托幼体制改革的过程中，地方政府、国有企业以及私营幼儿园都成为幼儿看护服务的供给主体，总的趋势是政府和国有企业提供的幼儿看护服务比例在缩小，私人提供的看护比例在上升。

鉴于托幼体制的变化，2001年中国政府提出公立幼儿园只起到示范作用，社会力量是办园主体的方针。表1显示了1997~2006年中国各地区幼儿园数量变化趋势。其间，在全国范围内公立幼儿园的数量下降了65%，私立幼儿园数量占比从1997年的13.5%上升到2006年的57.8%，中西部落后地区私立幼儿园的比例高于东部。整体上，1997~2006年幼儿园的数量下降了28.5%。

表1 1997~2006年中国幼儿园数量

单位：所，%

年份	1997	2000	2005	2006
总量	182485	175836	124402	130495
教育系统直属	30694	35710	25688	26877
其他公立幼儿园*	127148	95809	29879	28192
私立幼儿园	24643	44317	68835	75426
私立百分比	13.5	25.2	55.3	57.8
按照地区划分				
东部				
总体	—	98511	67448	69528
私立	—	22553	32202	34313
私立百分比	—	22.9	47.7	49.4
中部				
总体	—	42429	30110	32437
私立	—	12490	19364	22000
私立百分比	—	29.4	64.3	67.8
西部				
总体	—	34896	26844	28530
私立	—	9274	17269	19113
私立百分比	—	26.6	64.3	67.0

注：*其他公立幼儿园包括除了教育系统之外的国家机关、事业单位、国有企业、居民社区以及乡镇、村办幼儿园。

资料来源：中国教育部，1997~2006年《中国教育统计年鉴》。

[①] 对中国14个省托幼机构调查发现，36%的公立幼儿园对非本单位职工加收"赞助费"，赞助费金额从每年1000元到1万元不等，北京一些高端幼儿园的赞助费高达每年3万元（刘伯红等，2008）。

托幼看护体制的变革已经引起了人们对学前教育服务可获得性、公平性以及服务质量的关注:一方面,在机关事业单位和经营状况良好的国有企业的劳动者继续享受福利型学前教育服务;另一方面,下岗职工或盈利状况不佳企业的职工需要购买市场化的学前教育服务。和建花和蒋永萍(2008)发现北京公立幼儿园每月费用为600~800元,而私立幼儿园每月费用高达1300~1500元。许多研究都发现中国托幼服务可获得性方面的不平等(蔡迎旗和冯晓霞,2004;Jin 等,2005;刘伯红等,2008)。

中国劳动力市场方面,伴随着改革的深化,Dong 等(2006)、Maurer-Fazio 等(2007)发现大量女性退出劳动力市场,Ding 等(2009)发现这些女性主要来自低收入家庭,且女性就业率下降是导致家庭间收入差距拉大的主要原因之一。Du 和 Dong(2009)发现女性更难实现再就业。Maurer-Fazio 等(2009)指出拥有学龄前儿童的女性劳动参与率下降很快。本文试图研究托幼体制变化对女性劳动参与和学前教育模式的影响,特别是对低收入家庭女性和儿童的影响。

三、学前教育模式变迁和女性劳动参与

本文数据来源于中国营养健康调查(CHNS)1991 年、1993 年、1997 年、2000 年和 2004 年的数据,该数据为面板数据,每年调查的样本量为 4000 户左右,从地理上分布于中国 9 个省及自治区,即黑龙江、辽宁、山东、河南、江苏、湖北、湖南、贵州和广西,覆盖了中国东、中、西部。该数据提供了丰富的社会经济信息,信息收集分为三个层次:个人、家庭与社区。样本包含了城市、城郊、县城以及农村,鉴于中国城市、农村学前教育体制的极大差异性,本文分析地域包括城市、城郊以及县城地区。根据本文的研究目的,我们选择了历年调查样本中女性在 52 岁以下、有 7 岁以下儿童、夫妻双方都健在的住户,删除各年份中没有提供幼儿教育状况的信息样本后,共得到 1439 个样本。[①]

表 2 展示了有学龄前儿童的女性历年劳动参与率,发现在 1991~2004 年,男性和女性的劳动参与率都有所下降,但女性下降的幅度更大,其中,有 0~2 岁孩子的女性劳动参与率下降 25.8%;有 3~6 岁孩子的女性劳动参与率下降 14.6%。[②]表 2 显示男性劳动参与率从 99.3%下降到 90.6%,女性劳动参与率从 90.7%下降到 71.3%,男女之间的劳动参与率差距从 1991 年的 8.6%上升到 2004 年的 19.3%。

---

① CHNS 是一个面板数据,随着孩子年龄的增加,许多样本随着年份的变化而被剔除,为了避免因此而导致的偏差,本文视不同年份样本为重复的截面样本。

② 尽管中国女性劳动参与率下降,但从国际比较来看,其劳动参与率依然是比较高的。美国有 6 岁以下孩子母亲的就业率为 56%,加拿大为 67%;20 世纪 90 年代初期,俄国有 1.5 岁以下孩子母亲的就业率为 20%,有 1.5~3 岁孩子母亲的就业率为 34%~43%,有 3~7 岁孩子母亲的就业率为 70%(Lokshin,2004)。

表 2　有 0~6 岁孩子的父母历年劳动参与率

年份	1991	1993	1997	2000	2004
父亲	0.993	0.954	0.991	0.959	0.906
母亲	0.907	0.879	0.904	0.831	0.713
差异	0.086	0.075	0.087	0.128	0.193
根据孩子年龄分组的母亲劳动参与率					
孩子 0~2 岁	0.892	0.854	0.860	0.730	0.634
孩子 3~6 岁	0.916	0.889	0.952	0.887	0.770
样本量	440	305	345	178	171

资料来源：CHNS。下表数据来源如果不做特别说明都来源于 CHNS。

表 3 按照儿童年龄分组，报告了学前教育模式的变化。本文把学前教育模式分为三类：非正规看护、公立幼儿园和私立幼儿园。非正规看护包括父母亲自己看护、爷爷奶奶（姥姥、姥爷）看护或者由其他亲戚、保姆看护；公立和私立托幼机构包括托儿所、幼儿园以及学前班。[①] 在中国，人们认为非正规看护主要具有看护功能，正规看护则具有看护和教育双重功能。表 3 显示学前教育模式的选择随着儿童年龄的变化而变化：0~2 岁儿童主要选择非正规看护，且有上升趋势，从 1991 年的 86.5% 提高到 2004 年的 95.8%；0~2 岁儿童在公立幼儿园的比例 1991 年为 12%，2000 年起下降到 0；在私立幼儿园的比例从 1991 年的 1.6% 小幅度上升到 2004 年的 4.2%。3~6 岁儿童则主要选择正规看护，42% ~ 45% 的儿童在幼儿园就读；与 0~2 岁学前教育模式变化相同，在公立幼儿园就读的比例在下降，从 1991 年的 37.4% 下降到 2004 年的 9%；同期，在私立幼儿园就读的比例从 4.6% 上升到 36%。

表 3　历年学前教育模式百分比（分孩子年龄）

年份	非正规看护	公立幼儿园	私立幼儿园	总体
0~2 岁				
1991	86.5	11.9	1.6	100.0
1993	88.3	9.6	2.1	100.0
1997	95.9	3.1	1.0	100.0
2000	92.1	0.0	7.9	100.0
2004	95.8	0.0	4.2	100.0
3~6 岁				
1991	58.1	37.4	4.6	100.0
1993	58.8	36.2	5.1	100.0
1997	56.4	37.1	6.4	100.0
2000	56.3	13.8	31.9	100.0
2004	55.0	9.0	36.0	100.0

---

① 一些家庭同时使用正规和非正规看护，鉴于中国正规看护基本属于全日制看护，所以本文未把选择正规幼儿园的家庭列入非正规看护大类。

四、理论框架和经验研究

我们运用 Blau 和 Robins（1988）的研究方法来研究学前教育模式和劳动参与的选择问题，在这个框架下，学前教育模式和女性劳动参与选择被视为同时决定。我们假设母亲必须在三种看护模式中选择一种：非正规看护、公立幼儿园和私立幼儿园，同时还要选择自己是否继续留在劳动力市场。女性是否参与劳动力市场与学前教育模式的组合是因变量，女性基于效用最大化原则来选择行为：其效用函数包括市场物品、学前教育质量以及闲暇时间，约束条件包括预算约束、时间约束以及学前教育质量约束。[①] 最优化结果可以得出 4 个选择组合：（0）母亲不工作，幼儿看护就不再是一个问题；（1）母亲工作，选择非正规学前教育；（2）母亲工作，选择公立幼儿园；（3）母亲工作，选择私立幼儿园。追求效用最大化的母亲 i 选择第 j 种模式，表示为：

$$U_{ij} = X_i\beta_j + \varepsilon_{ij} \tag{1}$$

这里，U_{ij} 表示母亲 i 选择状态 j 所获效用；X_i 是影响母亲 i 选择行为所有变量的组合向量；β_j 是待估计系数；ε_{ij} 是随机扰动项。母亲会在四种方案中进行选择以实现效用最大化，于是母亲 i 选择 j 时满足：

$$Prob(U_{ij} > U_{ik}),\ j \neq k \tag{2}$$

我们利用式（1）、式（2）研究托幼体制改革的再分配效应。[②] 研究主要集中在两个方面：第一，托幼体制改革如何影响不同社会经济地位家庭的母亲就业和儿童入园选择。父母教育水平和家庭收入（扣除母亲工资收入）被用来衡量家庭社会地位，母亲的教育水平预期对女性参与劳动和儿童入园具有正向影响。这是因为一方面，受过良好教育的女性往往能够获得较高的工资，从而具有参与劳动市场的动机，较高工资赋予女性购买托幼服务的能力；另一方面，受过良好教育的女性更倾向于在正规部门工作，从而在工作时间和地点上更不具有灵活性，这样母亲自己照顾孩子的可能性下降，对学前教育服务的需求增加（Connelly，1996）。父亲的教育水平和家庭收入对母亲劳动参与的影响是不确定的：丈夫受教育程度低、家庭收入不高的女性有参与劳动市场获得收入的压力。然而，在其他条件相同情况下，参与劳动力市场女性面临购买市场儿童看护服务的压力。[③] 对于参与劳动

① 该模型假设父亲不是潜在儿童看护者，父亲劳动供给由社会习俗决定，是外生的。Connelly（1992）对前述观点提出异议，认为母亲的决定是基于家庭决策做出的。
② 如许多其他相关研究一样，Blau 和 Robins（1988）研究了学前教育成本、工资对就业的影响，进而评价政府补贴的效果。本文研究家庭社会背景对母亲参与劳动和学前教育模式选择的影响。中国学前教育服务价格不仅取决于看护质量，而且还与家长的工作性质有关，从而价格具有内生性，本文所使用的数据并不能够完全识别价格的影响。
③ Dong 等（2006）发现随着中国市场化改革进程的深入，兼职工作机会越来越少；Du 和 Yang（2006）发现有学龄前儿童的女性劳动参与率低。

市场的女性，在其他条件不变的情况下，丈夫良好的教育背景和较高的家庭收入会提高女性选择正规托幼服务的可能性，因为在大多数人的观念里，正规托幼教育具有良好的教育功能。

本文研究的第二个问题是公立幼儿园对再分配所起的作用。与私立幼儿园相比，公立幼儿园是否对低收入阶层更加倾斜？在此，我们提出两个论断：其一，受到良好教育的女性在公有部门就业的概率更高，母亲更倾向于把孩子送到公立幼儿园。[①] 其二，父亲教育水平和家庭收入对选择公立还是私立幼儿园的影响应该是相似的，因为除了公有部门职工享受学前教育福利之外，其他学前教育服务需求者无论进入公立还是私立幼儿园都必须按照服务价格支付。

下面我们进行经验分析，假设 Y_i 是一个随机变量，表示前文所述的四种选择结果，这样第 i 个母亲选择 j 的概率表示为：

$$Prob(Y_i = j) = Prob(U_{ij} > U_{ik}) = Prob[\varepsilon_{ij} - \varepsilon_{ik} > X_i(\beta_j - \beta_k)], j \neq k \tag{3}$$

假设 j 服从 Weibull 独立同分布，根据式（3）估计多元 logit 模型，该模型有一个强假定，即机会比率 P_j/P_k 独立于其他选择。为了检验估计结果对这一强假设的敏感性，我们同时对式（3）进行了多元 Probit 模型估计。[②]

表 4　主要变量统计性描述

变量	所有样本	母亲不工作 (0)	母亲工作 非正规看护 (1)	母亲工作 公立幼儿园 (2)	母亲工作 私立幼儿园 (3)
样本分布	100.0	14.0	42.0	21.0	23.0
母亲受教育年限	9.40 (4.19)	8.89 (4.40)	8.49 (4.13)	10.40 (3.42)	10.45 (4.36)
母亲年龄	29.36 (4.34)	28.69 (4.79)	29.01 (4.36)	30.51 (4.01)	29.36 (4.16)
父亲受教育年限	10.00 (3.96)	9.83 (4.67)	9.18 (3.53)	10.47 (3.27)	11.17 (4.46)
父亲年龄	31.05 (4.92)	31.17 (5.66)	30.44 (4.80)	32.42 (4.72)	30.85 (4.64)
母亲非工资收入	804.84 (1024.31)	837.42 (995.10)	767.71 (1087.80)	715.56 (822.06)	932.90 (1074.05)
孩子年龄（0~2 岁=1，3~6 岁=0）	0.39 (0.49)	0.52 (0.50)	0.51 (0.50)	0.12 (0.32)	0.36 (0.48)
社区有 0~2 岁幼儿园=1	0.38 (0.48)	0.41 (0.49)	0.30 (0.46)	0.48 (0.50)	0.41 (0.49)

①　改革开放以来，中国的许多家庭分工采取了所谓的"一家两制"原则，即丈夫下海赚钱，而妻子在国有部门从事稳定工作，所以我们更强调母亲而不是父亲的教育对托幼服务选择的影响。

②　多元 Logit 和多元 Probit 模型的回归结果相近，为了节约篇幅，文中只列出了多元 Logit 回归结果，有兴趣的读者可以向作者索要多元 Probit 模型的回归结果。

续表

变量	所有样本	母亲不工作 (0)	母亲工作 非正规看护 (1)	母亲工作 公立幼儿园 (2)	母亲工作 私立幼儿园 (3)
社区有 3~6 岁幼儿园=1	0.50 (0.50)	0.53 (0.50)	0.39 (0.49)	0.60 (0.49)	0.59 (0.49)
居住地（城郊和县城=1，市区=0）	0.320 (0.467)	0.458 (0.499)	0.255 (0.436)	0.297 (0.457)	0.381 (0.486)
观测值	1438	190	611	300	338

注：括号内数据为标准差；为了节省篇幅，省份和年份变量均省略。

自变量 X 定义如下：父母亲的教育水平以受教育年限表示。家庭收入是丈夫的工资收入与家庭非劳动收入之和，取月收入的自然对数形式。文中所有的收入变量都以分省城镇消费价格指数折算到 2004 年。孩子年龄以虚拟变量表示：如果孩子的年龄是 0~2 岁，该虚拟变量为 1；如果孩子年龄为 3~6 岁，该虚拟变量为 0。本文还控制了儿童年龄虚拟变量与年份的交叉项；对于社区托幼服务的可获得性，即如果社区内有幼儿园记为 1，如果没有记为 0；① 社区的地理特征以虚拟变量表示，即市区记为 0，城郊和县城记为 1。其他控制变量还包括父母年龄以及平方项、省虚拟变量和年虚拟变量，各变量的统计性描述分析见表 4。

五　检验结果

表 5 列出了多元 Logit 模型的回归结果，状态 0（女性退出劳动力市场）为参照组。根据对数似然比和 Wald 检验② 结果可知，该回归在统计上是高度显著的。母亲教育水平显著提高母亲参与工作和选择正规托幼机构的可能性。与参照组相比，母亲教育年限每提高 1 年，母亲选择状态 2（母亲工作，利用公立幼儿园）和状态 3（母亲工作，利用私立幼儿园）的对数机会比率分别提高 0.170 和 0.065。与状态 1（母亲工作，使用非正规看护）相比，母亲选择状态 2 和状态 3 的对数机会比率分别提高 0.147 和 0.042。③ 所有以上估计的显著性水平至少达到 5%。进一步分析发现，对使用正规幼儿园的群体而言，女性教育水平提高会显著提高使用公立幼儿园的概率，状态 2 与状态 3 的对数机会比率为 0.113，④ 并且在统计上显著。这个结果说明其他条件不变，母亲受教育的年限对是否选择公立幼

① 托幼服务在社区的可获得性用两个指标表示：是否有 0~2 岁和 3~6 岁孩子的幼儿园。受数据信息限制，我们既无法提供家庭所在社区幼儿园的所有制性质，也无法控制非正规学前教育的潜在供给。如果由其他家庭成员或者亲戚提供的非正规学前教育与家庭的社会经济特征不相关，该控制变量缺失不会导致对教育水平和家庭收入的有偏估计。

② Wald 检验用来检验多元 Probit 模型总显著性水平，为节省篇幅，表 5 未列出该回归结果。

③ 为节省篇幅，表 5 未列出以状态 1 为参照组的结果，下同。

④ 为节省篇幅，表 5 未列出以状态 2 为参照组的结果，下同。

儿园的影响很大。

家庭收入增加显著影响女性参与劳动的概率，即低收入家庭女性倾向于退出劳动力市场，这说明儿童看护成本高对低收入家庭女性劳动参与的负向影响显著。家庭收入估计结果还显示，收入每提高1%，相对于状态1，状态2和状态3的对数机会比率就分别提高0.061和0.051，但该结果在统计上不显著。值得注意的是，父亲受教育水平和家庭收入对选择状态2和状态3的影响是相似的，这说明公立幼儿园和私立幼儿园对不同收入阶层学前教育需求的反应并没有太大区别。总之，父母受教育水平和家庭收入的估计结果显示，家庭的社会经济特征是导致女性劳动参与和学前教育模式选择的重要原因，公立幼儿园并没有向低收入家庭倾斜。

表5　女性劳动参与与学前教育模式选择回归结果：多元 Logit 模型

参照组（母亲不工作）	母亲工作 非正规看护 (1)	母亲工作 公立幼儿园 (2)	母亲工作 私立幼儿园 (3)
母亲受教育年限	0.023 (0.027)	0.170 (0.034)***	0.065 (0.027)**
母亲年龄	0.382 (0.215)*	0.372 (0.284)	0.357 (0.228)
母亲年龄平方	−0.004 (0.003)	−0.005 (0.004)	−0.004 (0.004)
Log（母亲非工资收入）	0.096 (0.048)**	0.157 (0.068)**	0.146 (0.054)***
父亲受教育年限	0.009 (0.028)	0.061 (0.035)*	0.072 (0.028)***
父亲年龄	−0.059 (0.182)	−0.028 (0.222)	−0.243 (0.188)
父亲年龄平方	−0.001 (0.003)	0.000 (0.003)	0.002 (0.003)
孩子年龄（0~2岁=1，3~6岁=0）	0.169 (0.285)	−1.364 (0.339)***	0.026 (0.322)
孩子年龄与1997~2004年交叉项	−0.563 (0.383)	−2.502 (0.632)***	−1.261 (0.410)***
社区有0~2岁幼儿园=1	−0.033 (0.278)	0.397 (0.311)	−0.217 (0.283)
社区有3~6岁幼儿园=1	−0.396 (0.278)	0.239 (0.318)	0.501 (0.286)*
居住地（城郊和县城=1，市区=0）	−0.673 (0.199)***	−0.742 (0.236)***	−0.352 (0.209)*
1993年	−0.566 (0.267)**	−0.508 (0.289)*	0.153 (0.298)
1997年	0.720 (0.451)	1.622 (0.505)***	0.192 (0.510)
2000年	−1.696 (0.402)***	1.454 (0.448)***	1.389 (0.385)***

续表

参照组（母亲不工作）	母亲工作 非正规看护 (1)	母亲工作 公立幼儿园 (2)	母亲工作 私立幼儿园 (3)
2004 年	−1.781 (0.355)***	−4.150 (0.601)***	0.045 (0.369)
省虚拟变量	是	是	是
常数项	−4.219 (2.990)	−7.978 (4.040)**	−2.942 (3.168)
LR 检验	843.46	伪 R^2	0.226
p 值	0.000	—	—

注：括号中数据为标准差。***、** 和 * 分别表示在 1%、5% 和 10% 的显著性水平上显著。多元 Logit 和多元 Probit 模型的回归结果相近，为了节约篇幅，文中只列出了多元 Logit 回归结果。

孩子年龄影响女性选择，与参照组母亲不工作相比，有 0~2 岁孩子的女性对选择状态 1（母亲工作，使用非正规学前教育模式）和状态 3（母亲工作，使用私立学前教育模式）没有显著影响，但对状态 2（母亲工作，使用公立幼儿园）有显著负向影响。从孩子年龄与年份交叉项估计系数来看，相对于状态 0，1997 年、2000 年与 2004 年女性选择状态 2 和 3 的概率显著降低。有 0~2 岁孩子母亲选择公立和私立幼儿园的对数机会比率为−1.342（标准差是 0.275）。这些结果说明有 0~2 岁孩子的女性劳动参与率下降，对于留在劳动力市场的女性，她们更多使用非正规看护或者私立幼儿园，这可能与公立幼儿园的不可获得性有关。

社区是否有幼儿园影响女性选择，具体说，相对于状态 1，社区有 0~2 岁孩子幼儿园可以显著提高女性选择状态 2 的概率（状态 2 对状态 1 的对数机会比率为 0.430，标准差是 0.239）；社区有 3~6 岁孩子幼儿园也显著提高女性选择状态 2 的概率（状态 2 对状态 1 的对数机会比率为 0.635，标准差是 0.243）。结果还显示，社区有 3~6 岁孩子幼儿园会提高家长选择正规幼儿园的概率，状态 3 相对于状态 0 和状态 1 的对数机会比例分别为 0.501（标准差 0.286）和 0.897（标准差 0.230）。这些结果显示提高托幼服务的可获得性可以提高选择正规幼儿园的概率。[①]

在表 5 结果的基础上，我们模拟了各种选择状态概率如何随着父母的受教育水平和家庭收入而变化[②]见表 6，基准概率根据样本平均值计算得出。首先，我们模拟了受教育水平对各种选择状态概率的影响，即计算并预测父母的受教育水平分别为小学（受教育年限为 6 年）和大学（受教育年限为 16 年）时各种选择的概率。当父母的受教育水平为小学

---

① Kilburn 和 Datar（2002）认为幼儿园更多集中在需求较高的社区，利用 Difference-in-Differences 的方法，他们得出了与本文一致的结论，即学前教育服务可获得性提高会增加女性参与劳动和购买学前教育服务的概率。为检验社会经济特征对女性劳动参与和学前教育模式影响结果的稳健性，本文剔除学前教育服务可获得性指标，对式（3）重新进行估计，结果得到了与表 5 相似的结果。

② 模拟结果基于多元 Logit 和多元 Probit 模型的估计结果得出，二者结果相差不大。为了节省篇幅，文中只列出以 Logit 为基础的模拟结果，有兴趣的读者可以向作者索要以 Probit 模型为基础的模拟结果。

时，4 种选择模式 0~3 的预测概率依次为 17.1%、58.1%、6.8% 和 17.9%；当父母的受教育水平为大学时，相应预测概率依次为 7.3%、34.1%、28.8% 和 29.8%。可见，低受教育水平（父母的受教育水平为小学）的家庭进入公立幼儿园的概率将比高受教育水平家庭低 22%，进入私立幼儿园的概率低 11%。低受教育水平家庭进入公立幼儿园的概率比进入私立幼儿园的可能性更低。

表 6　教育和家庭收入对女性劳动参与和儿童学前教育模式影响模拟

（基于多元 Logit 估计基础上的模拟）

	母亲不工作 (0)	母亲工作 非正规看护 (1)	母亲工作 公立幼儿园 (2)	母亲工作 私立幼儿园 (3)
父母教育水平影响				
基准值 ª（样本平均值）	0.134	0.512	0.120	0.234
小学 ᵇ（6 年）	0.171	0.581	0.068	0.179
大学（16 年）	0.073	0.341	0.288	0.298
家庭收入影响				
1991 年				
基准（704 元）	0.088	0.522	0.245	0.145
最低 1/4 收入群（291 元）	0.092	0.525	0.240	0.142
最高 1/4 收入群（884 元）	0.081	0.517	0.253	0.148
2004 年				
基准（1470 元）	0.279	0.265	0.009	0.447
最低 1/4 收入（395 元）	0.294	0.265	0.008	0.432
最高 1/4 收入群（2164 元）	0.251	0.266	0.009	0.474

注：模拟结果基于表 5 多元 Logit 和多元 Probit 模型的估计结果，二者结果相差不大，为了节省篇幅，文中只列出以 Logit 为基础的模拟结果。a. 样本中母亲、父亲的平均受教育年限分别为 9.4 年和 10 年。b. 样本中父母的受教育水平均为小学或者大学。

为了分析家庭收入对选择的影响并考虑收入的时间变化，我们分别对 1991 年和 2004 年的家庭收入进行了模拟。对于每一个年份，我们分别模拟了基本概率以及占最高和最低收入各 25% 家庭选择几种状态的概率。1991~2004 年，收入的不平等程度加剧：占 25% 最高和最低收入家庭的收入比从 1991 年的 3.04 倍上升到 2004 年的 5.48 倍。在 1991 年和 2004 年，家庭收入对是否选择非正规学前教育（即状态 1）的影响几乎可以忽略；1991 年，低收入家庭组和高收入家庭组选择状态 0 的概率相差 1.1%，2004 年这一差距上升到 4.3%；1991 年，高收入家庭组和低收入家庭组选择状态 2 和状态 3 的概率相差 1.9%，2004 年这一差距上升到 4.3%。低收入家庭女性退出劳动力市场的概率更高，并且选择正规托幼服务的概率更低，说明学前教育成本的提高阻碍了低收入家庭女性进入劳动力市场，造成低收入家庭没有能力购买正规托幼服务。伴随着中国城镇居民收入差距的扩大和学前教育责任从政府向家庭的转移，导致许多低收入家庭女性退出劳动力市场，造成这些低收入家庭儿童早期教育质量下降。

六、结论

本分析了改革对中国城镇居民学前教育模式和女性劳动参与选择的影响，与其他研究不同，本文没有直接分析学前教育成本和工资对选择行为的影响，而是研究了托幼体制改革的再分配效应，并评价了公立幼儿园所发挥的作用。本文重要的结论是不同经济阶层的劳动参与和儿童学前教育选择存在很大差别：没有受过良好教育、① 低收入阶层女性退出劳动力市场的概率更高，购买正规托幼服务的概率更低。对于工作女性而言，丈夫教育水平高会增加选择正规托幼服务的概率。我们还发现，公立幼儿园相比私立幼儿园更倾向于招收来自良好教育和高收入家庭的孩子。

鉴于正规托幼机构是儿童早期教育的基本提供者，女性劳动参与和学前教育服务选择的差异对社会公正将产生不利的影响。短期来看，低收入家庭女性退出劳动力市场不仅会降低女性在家庭收入中的贡献，导致性别间收入不平等，而且还会扩大城市居民收入差距，引起社会的不公平。长期来看，低收入家庭儿童早期教育受到影响会导致其未来劳动力市场人力资本水平下降，进而引起贫困的代际传递。

参考文献

[1] 蔡迎旗，冯晓霞. 论我国幼儿教育政策的公平取向及其实现. 教育与经济，2004 (2).

[2] 杜凤莲. 家庭结构、学前教育与女性劳动参与：来自中国非农村的证据. 世界经济文汇，2008 (2).

[3] 和建花，蒋永萍. 从支持妇女平衡家庭工作视角看中国托幼政策及现状. 学前教育研究，2008 (8).

[4] 刘伯红，张勇英，李燕妮. 平衡家庭和工作：中国的问题和政策，中华妇女联合会，2008.

[5] Appleton, S.; Knight, J.; Song, L. and Xia, Q, "Labor Retrenchment in China: Determinants and Consequences." China Economic Review, 2002, 13, pp. 252 – 275.

[6] Blau, D. M. and Robins, P. K. "Child-Care Costs and Family Labor Supply." Review of Economics and Statistics, 1988, 70 (3), pp. 374 – 381.

[7] Blau, D. and Hagy, A. "The Demand for Quality in Child Care." Journal of Political Economy, 1998, 106, pp. 104–139.

[8] Carneiro, Petro and Heckman, James. "Human Capital Policy", NBER Working Paper Series No. 9495, 2003.

[9] Cleveland, G.; Gunderson, M. and Hyatt, D. "Child Care Costs and the Employment Decision of Women: Canadian Evidence." Canadian Journal of Economics, 1996, 29, pp. 132–151.

[10] Connelly, Rachel. "The Effect of Child Care Costs on Married Women's Labor Force Participation." The Review of Economics and Statistics, 1992, 74 (1), pp. 83–90.

---

① 无论是以受教育年限高低来衡量（见表5），还是以小学教育水平来衡量（见表6），结果都成立。

[11] Connelly, Rachel; DeGraff, Deborah S. and Deborah, Levison. "Women's Employment and Child Care in Brazil." Economic Development and Culture Change, 1996, Vol. 44, No. 3, pp. 619-656.

[12] Croll, E. Chinese Women Since Mao. London, UK: Zed Books, 1983.

[13] Ding, Sai; Dong, Xiao-Yuan and Li, Shi. "Married Women's Employment and Family Income Inequality during China's Economic Transition." Feminist Economics, 2009, 15 (3), pp. 163-190.

[14] Dong, Xiaoyuan; Yang, Jianchun; Du, Fenglian and Ding, Sai. "Women's Employment and Public Sector re-structuring: the Case of Urban China", in Grace O. M. Lee and Malcolm Warner, eds., Unemployment in China, Economy, Human Resources and Labor Markets. London: Routledge, 2006, pp. 87- 107.

[15] Doiron, Denise and Guyonne, Kalb. "Demand for Childcare Services and Labour Supply in Australian Families." Australian Economic Review, Jun 2002, 35 (2), pp. 204.

[16] Du, Fenglian and Dong, Xiao-Yuan. "Why Do Women Have Longer Durations of Unemployment than Men in Post-Restructuring Urban China?" Cambridge Journal of Economics, 2009, 33 (2), pp. 233-252.

[17] Du, Fenglian and Yang, Jianchun. "Women's Employment and Industrial Restructuring in China: Investigation Using Urban Household Survey." Presented at the 5th PEP General Meeting, Addis Ababa, Ethiopia, 2006.

[18] Giles, J.; Park, A. and Cai, F. "Re-employment of Dislocated Workers in Urban China: the Roles of Information and Incentives." Journal of Comparative Economics, 2006, pp. 582- 607.

[19] Gustafsson, Siv and Stafford, Frank. "Child Care Subsidy and Labor Supply in Sweden." The Journal of Human Resources, Special Issue on Child Care, 1992, 27 (1), pp. 204-230.

[20] Heckman, James J. "Effects of Child-Care Programs on Women's Work Effects." Journal of Political Economy, 1974, 82 (2), pp. 136-163.

[21] Jaumotte, Florence. "Labor Force Participation of Women: Empirical Evidence on the Role of Policy and Other Determinants in OECD Countries." OECD Economic Studies, 2004, No. 37, pp. 51-108.

[22] Jin, Qinghua; Liu, Yan; Zhang, Yan and Li, Qiong. "A Survey of Current Pre-school Education for Children from Urban Low-income Families in Beijing." International Journal of Early Years Education, 2005, 13 (2), pp.157-169.

[23] Kimmel, J. "The Effectiveness of Child Care Subsidies in Encouraging the Welfare-to-work Transition of Low-income Single Mothers." American Economic Review, 1995, 85 (2), pp. 271-275.

[24] Kilburn, M. Rebecca and Datar, Ashlesha. "The Availability of Child Care Centers in China and Its Impact on Child Care and Maternal Work Decisions." RAND Working Paper Series 02-12, 2002.

[25] Lokshin, Michael. "Household Childcare Choices and Women's Work Behavior in Russia." Journal of Human Resources, 2004, 39 (4), pp. 1094-1115.

[26] Lokshin, Michael and Fong, Monica. "Women's Labour Force Participation and Child Care in Romania." Journal of Development Studies, 2006, 42 (1), pp. 90-109.

[27] Lokshin, Michael; Glinskaya, Elena and Garcia, Marito. "The Effect of Early Childhood Development Programs on Women's Labor Force Participation and Older Children's Schooling in Kenya." Journal of African Economics, 2004, 13 (2), pp. 240-276.

[28] Maurer-Fazio, M; Connelly, R.; Chen, L. and Tang, L. "Childcare, Elder-care and Labor Force Participation of Urban Women 1982-2000." Presented at the ASSA Conference in San Francisco on

January 3, 2009.

[29] Maurer-Fazio, M.; Hughes, J. and Zhang, D. "An Ocean Formed from One Hundred Rivers: The Effects of Ethnicity, Gender, Marriage, and Location on Labor Force Participation in Urban China." Feminist Economics, 2007, 13 (3 & 4), pp. 159-187.

[30] Morrissey, Taryn W. and Warner, Mildred E. "Why Early Care and Education Deserves as Much Attention Or more, Than Prekindergarten Alone." Applied Development Science, 2007, 11 (2), pp. 57-70.

[31] Motiejunaite, A. and Kravchenko, Z. "Family Policy, Employment and Gender Role Attitudes: A Comparative Analysis of Russia and Sweden." Journal of European Social Policy, 2008, 18, pp. 38-49.

[32] Powell, Lisa M. "Joint Labor Supply and Childcare Choice Decisions of Married Mothers." Journal of Human Resources, 2002, 37 (1), pp. 106-128.

[33] Ribar, David C. "A Structural Model of Child Care and the Labor Supply of Married Women. " Journal of Labor Economics, 1995, 13 (3), pp. 558-597.

[34] Ribar, David C. "Child Care and Labor Supply of Married Women: Reduced form Evidence." The Journal of Human Resources, 1992, 27 (1), pp. 134-165.

[35] Vittanen, Tarja K. "Cost of Childcare and Female Employment in the UK". LABOUR, Review of Labour Economics and Industrial Relations, 2005, Supplement 1, Vol. 19, pp. 149-170.

[36] Wetzels, Cecile. "Supply and Price of Childcare and Female Labour Force Participation in the Netherlands." LABOUR, 2005, Vol. 19 (Special Issue), pp. 171-209.

[37] Wong, Rebeca and Levine, Ruth E. "The Effect of Household Structure on Women's Economic Activity and Fertility: Evidence from Recent Mothers in Urban Mexico. " Economic Development and Cultural Change, 1992, 41 (1), pp. 89-102.

[38] Wrohlich, Katharina. "Labor Supply and Child Care Choices in a Rationed Child Care Market." IZA DP Working Paper, 2006, No. 2053.

[39] World Bank. World Development Report 2006: Equity and Development. New York, Oxford University Press, 2006.

[40] Zhu, Jiaxiong and Wang, C. "Contemporary Early Childhood Education and Research in China," in B.Spodek and O. Saracho eds, International Perspective on Research in Early Childhood Education. 2005, Greenwich, CT, U.S., Information Age Publishing.

Empirical Research on Female Labor Force Participation and Choice of Pre-School During Economic Transition Period: The Case of China

Abstract: This paper analyzed female's labor participation and choice of pre-school model during China economic transition period, and discussed the impact of education reform on families of different economic classes. The study found that one of the spouses of well-educated or women from wealthy families tended to participate in the paid labor, and were more likely to send their children to nursery schools to receive education. In addition, China's public kindergartens don't tilt to the low income group, compared to private kindergartens, public kindergartens are more likely to accept the children from highly educated families.

Key words: Transition Economy; Labor Participation Rate; Choice of Pre-school; Multi-logit Model

高校扩招与大学毕业生就业[*]

【摘　要】本文在"控制—干预"的框架内，利用双差分模型及其扩展形式，评估了1999年以来高校扩招政策对大学新毕业生劳动力市场表现的影响。尽管这个期间经济增长迅速，就业机会增多，但扩招还是导致大学新毕业生的劳动参与率下降，失业率上升，小时工资下降。

【关键词】自然试验；三次差分模型；劳动参与；失业；工资

一、引　言

从1999年开始，中国以每年40万~50万人的速度扩大高校招生。高校招生人数从1998年的108万上升到2008年的607万，10年里增加了近5倍。在今天往回看，高校扩招目的有两个：①推迟年轻人口队列进入劳动力市场，减轻就业压力。中央政府将这个期间的就业困难归结为三个原因：新增劳动年龄人口进入市场；农村剩余劳动力进入城镇寻求非农就业；城镇下岗失业者寻求再就业（吴邦国，2002）。"三碰头"都在增加劳动力供给，而高校扩招能直接减少劳动力市场的供给数量。②积累人力资本，应对产业升级。虽然当时并未明确提出这个目标，但在逻辑上是成立的。劳动部门把就业压力区分为"总量矛盾"和"结构矛盾"，提高劳动者受教育水平，是解决"结构性失业"的长效办法。另外，政府预期，经济高速增长会持续下去，一段时间后，剩余劳动力会被耗尽，工资水平会上涨，那么，产业结构就会升级。扩大高等教育规模相当于为即将到来的产业升级提前做准备。

────────────

*作者：吴要武，中国社会科学院人口与劳动经济研究所，邮政编码：100732，电子信箱：wuyw@ cass. org. cn；赵泉，北京工商大学经济学院，邮政编码：100037，电子信箱：zhaoq@ th. btbu. edu. cn。蔡昉教授、张车伟教授、朱玲教授、魏众教授、朴之水教授、米建伟博士以及中国社会科学院人口与劳动经济研究所、中国社会科学院经济研究所报告会参加者为本文的改进贡献了有益意见，在此一并致谢。匿名审稿人在本文的模型设定、篇章结构和文字表述上，都贡献了重要的改进意见，在此特别致谢！作者文责自负。本文得到中国社会科学院重点课题"中国城镇非正规就业问题研究"的资助。本文引自《经济研究》，2010（09）。

2003 年，中国城镇就业压力开始缓解。2004 年，以"民工荒"为表征的非技术劳动者短缺从沿海爆发并迅速蔓延到中西部地区。与非技术劳动者短缺相伴随的是工资水平迅速上升：农民工的月工资从 2002 年的大约 600 元，持续上升到 2008 年的约 1700 元。[①]劳动密集型产业对工资非常敏感，产业升级的压力因此增大。2003~2007 年，中国经济增长速度连续 5 年超过 10%，这一方面固然需要更多的非技术劳动者，另一方面，对高校毕业生的需求也在持续增加。这意味着，高校扩招后的毕业生进入市场时，正面临着非常有利的市场环境。尽管如此，中央政府从 2002 年开始，就在关注大学毕业生"就业困难"了。这个现象自然引起人们的思考：今天的大学毕业生就业与扩招是怎样的关系？对这个问题的回答，需要建立在严谨规范的经验分析基础上。

这次高校扩招，可以看做一次覆盖全国的自然试验，在不长的时间内急剧增加的大学新毕业生供给，给劳动力市场带来了冲击。分别收集于扩招前后的具有全国代表性的微观数据，为评估这次扩招的效果提供了可能。本文在一个"控制—干预"（Control–Treatment）框架内回答这个问题。

二、数　据

1. 数据介绍

在项目评估中，数据结构决定模型设定，所以，本文先介绍数据，再讨论模型设定。本文使用的数据包括 2000 年人口普查和 2005 年 1% 人口抽样调查微观数据，它们可以分别对应扩招前和扩招后。数据中包含的劳动力市场指标有劳动参与和失业。收入是评价政策效果的另一个重要指标，但 2000 年人口普查数据中没有被调查者的收入信息，本文用劳动与社会保障部于 2002 年 12 月所做的劳动力市场抽样调查数据（66 城市）来替代。这时，扩招后的本科生尚未毕业和进入市场，仍可视为扩招前。

2005 年的 1% 人口抽样调查抽样方法与 66 城市调查方法非常接近。[②]每个省市按照国家统计局分配的样本数量和调查原则，组织实施抽样调查。实际调查样本大约占全国人口的 1.31% 。国家统计局从这些调查样本（约 1698.6 万人）中，按照简单随机抽样的方法抽取 1/5 的样本提供给研究机构。本文使用 2005 年抽样调查数据的观测样本约为 258 万人。本文使用的 2000 年人口普查数据为长表数据的 0.95% 样本，约 118 万人。这三组微观数据产生过程接近，可以混合起来使用。

---

① 数据来源于人力资源与社会保障部 2003 年以来的（50 个县）历年农民工监测调查数据。
② 2002 年的 66 城市抽样调查数据的抽样方法为多阶段随机抽样（PPS），根据城市规模和地区分布，在全国 660 个城市中抽取 66 个城市；在不同人口规模的城市里，调查 800~3000 户居民。经过作者的认真清理，发现共成功调查约 7.5 万户，16 岁及以上有效样本 18.9 万人。

劳动者的市场表现受环境的影响，为了控制这个因素，本文将各个城市特征匹配到个体观测数据上。城市数据来自历年的《中国城市统计年鉴》，本文使用了地级市和三个直辖市的经济增长速度、发展水平（由人均 GDP 来衡量）与城市特征，如是否是开放城市、行政级别、是否（因行政区划调整而）发生人口急剧增长或减少等。

在评估高校扩招对收入的影响时，为了使 2005 年抽样调查数据与 2002 年 66 城市数据更具可比性，作者将 2005 年抽样调查数据中相应的 66 个城市挑出，与 2002 年劳动力市场调查数据匹配起来。因 2005 数据的样本大于 2002 年数据，在做回归分析时，2002年数据相应被赋予更大的权重。考虑到价格因素，本文以 2002 年的小时工资作基础，根据各省市的城镇消费者价格指数对 2005 年的小时工资进行了平减。

2. 对变量的定义

本文的观测对象是已经毕业的劳动年龄人口。我们把 1999 年及以后进入大学的毕业生视为"新毕业生"，他们受到扩招（干预）的影响。然而，这些调查数据中没有询问被调查者的入学时间，作者面临一个技术性难题：如何对"大学新毕业生"进行统计识别？或者说，哪些观测样本受到了高校扩招的影响？按照中国的学制并假定 6 岁入学，则 18岁会高中毕业并进入大学阶段，但现实生活中，人们可能在 7 岁甚至更晚入学，会在中小学期间留级、复读等。从历次人口普查数据看出，18 岁的"在校生"大部分在高中阶段；19 岁的"在校生"中，高中生的比重也明显大于大学生。因此，1999 年扩招可能影响到1978~1982 年甚至更早出生的人口。在 2005 年数据中，这些人口对应 23~27 岁。所以，"大学新毕业生"并没有一个准确的统计定义。

表 1 描述性统计信息

		2000 年	2002 年	2005 年
年龄组		平均受教育年限（年，全国样本）		
21~25 岁		10.71	—	11.07
26~30 岁		10.16	—	10.65
31~40 岁		10.01	—	9.93
		小时工资对数值（元，66 城市）		
高中毕业（21~40 岁）		—	1.35 [19764]	1.66 [31065]
本科毕业（21~40 岁）		—	2.05 [5953]	2.43· [13053]
21~25 岁	高中毕业	—	1.22 [3835]	1.59 [8410]
	本科毕业	—	1.88 [764]	2.22 [2750]
26~30 岁	高中毕业	—	1.34 [4560]	1.68 [7776]
	本科毕业	—	2.01 [1507]	2.45 [3731]

续表

		2000 年	2002 年	2005 年
31~40 岁	高中毕业	—	1.37 [11369]	1.72 [14879]
	本科毕业	—	2.07 [3682]	2.48 [6572]

注：方括号内为观测值。

根据经验，本文把两组观测数据中 21~25 岁的高校毕业者，定义为"大学新毕业生"（干预组）。2005 年数据中，这个群体会受到扩招的影响，邻近的 26~30 岁人口可能部分受到扩招的影响。但作者预计扩招的影响会随着年龄提高而持续衰减。本文把 31~40 岁的高校毕业者定义为"大学老毕业生"（控制组），在 2005 年数据中，这个群体没有受到扩招的影响。由于大学生都是来自高中毕业生，本文把相同年龄的"高中毕业生"视为大学毕业生群体的一个"附加控制组"。

把 2000 年或 2002 年数据分别与 2005 年数据混合在一起，本文就拥有三组虚拟变量：

调查年份。2000 年（或 2002 年）和 2005 年可以视为干预前（0）和干预后（1）。2000 年，扩招后入学的大学生尚未毕业；2005 年，扩招后入学的大学生已经开始进入市场。

"老毕业生"和"新毕业生"。31~40 岁定义为"老毕业生"（0），21~25 岁定义为"新毕业生"（1），分别为"控制组"和"干预组"。

"高中毕业生"和"大学毕业生"。高中毕业生（0）为大学毕业生（1）的"附加控制组"。

人口普查数据最接近简单随机抽样且样本巨大，抽样误差可以忽略。混合两组普查数据可视为重复截面数据，其优势为：一是接近准面板数据；二是大样本且短期限，大大降低了各种不确定性风险（Bertrand et al.，2004；Donald et al.，2007）。

3. 描述性统计信息

根据本文要研究的内容，把三组微观数据的描述性信息报告在表 1 中。首先，本文截取 21~40 岁年龄组作为分析对象，21~25 岁是本文最关注的年龄组。与 2000 年相比，2005 年 21~25 岁年龄组的受教育水平上升了 0.36 年；26~30 岁年龄组上升了 0.49 年；31~40 岁年龄组反而减少了 0.08 年。[①] 其次，作者比较了 66 个城市高中毕业生和本科毕业生在 2002 年和 2005 年的小时工资（对数值）。在每一个年龄组中，本科毕业生的小时工资都显著高于高中毕业生。随着年龄增长（工作经验增加），在每个受教育群体内，小时工资也都在持续提高。最后，2002 年 66 城市调查数据的观测值虽然少于 2005 年数据，由于样本数量巨大，即使在 21~25 岁年龄组中，获得工资性收入的本科毕业生也有 764 人，所以，不必担心小样本带来估计偏差风险。

高校扩招的规模达到每年 40 万~50 万人，扩招后的大学毕业生进入市场，不仅提高

---

① 2005 年，31~40 岁年龄组的受教育年限反而出现下降，这是乡城迁移导致的结果：本文的观测样本为城镇人口，按照城乡划分标准，乡城迁移超过 6 个月者，计入城镇人口。2000~2005 年，城镇出现民工荒，迁移者的年龄开始向上推移，农村大龄劳动者大规模进入城镇。受教育水平更低的农村人口的进入使 31~40 岁人口的受教育年限反而低于 2000 年样本。

了年轻劳动者的受教育年限，也给劳动力市场带来冲击。2000~2005 年，本科生在 21~25 岁人口中的比重从 1.8%~4.6% 上升到 4.9%~7%，上升了 3~4 个百分点，从绝对数量上看则增加了一倍多。大专及以上者增幅更大，提高了 6~8 个百分点。形成对比的是，高中毕业生的比重稳定，在 21~25 岁人口中甚至在下降，见附图 1。这意味着，高校扩招对受教育年限的影响在 2005 年数据中已清晰显现出来。扩招显著增加了大学新毕业生的市场供给，这会影响该群体的市场表现。

附表 1 显示，受到高校扩招影响较少的大龄人口，劳动参与率下降很少，在 26~40 岁年龄组中，2000~2005 年，本科毕业生的劳动参与率下降了 0.6~1.6 个百分点；在 21~25 岁年龄组中，则下降了 2.4~12.4 个百分点。在大专及以上群体中，劳动参与率下降呈现同样特征，26~40 岁年龄组下降了 1.4~2.5 个百分点，21~25 岁年龄组则下降了 3.2~8.9 个百分点。高中毕业生的劳动参与率下降却呈现相反的特征：大龄人口的劳动参与率下降了 7.8~11 个百分点；21~25 岁年龄组仅下降了 7.4~7.9 个百分点。

附表 2 报告了不同年龄组的失业率变化。本科毕业生群体中，2000~2005 年，31~40 岁年龄组的失业率下降了 0.2~0.8 个百分点；在 26~30 岁年龄组中，则提高了 0.01~1.34 个百分点；22~25 岁年龄组提高幅度最大，达到 2.1~5.1 个百分点。大专及以上群体的失业率变化与本科毕业生类似，27~40 岁年龄组的失业率都在下降，22~26 岁年龄组出现了上升。高中毕业生群体中，27~40 岁年龄组的失业率上升了 0.7~3 个百分点；21~26 岁年龄组中有三个队列的失业率出现显著下降，23~25 岁年龄组略为上升了 0.03~0.8 个百分点。

描述性统计信息提供了初步的经验证据：扩招增大了高校毕业生的市场供给，也对大学新毕业生的市场表现产生了负面影响。高中毕业生的市场表现与大学毕业生呈现出相反的年龄组特征，这种差异，可能是高校扩招导致的。下面进一步检验这个判断。

三、经验分析框架

1. 经验方程的设定

本文的基本研究假设是高校扩招后进入大学的毕业生会因供给增加而有着不利的市场表现。这个结果会体现在经验数据中，通过相应的经济计量方法可以侦测出来。从上述三组虚拟变量的特征可知，调查年份和人口队列演进都可以看成严格外生的。将两组不同年份的人口普查数据混合起来，这样的数据结构支持本文采用双差分模型来估计干预效应（Esther，2001）。把分析对象限定为大学毕业生群体，指示性变量包括调查年份（扩招前后）和年龄队列（新毕业和老毕业），以及两个变量的交互项。可以设定一个标准的双差分经验方程：

$$y_{it}^k = \alpha + \alpha_1 d_t + \gamma^1 e^k + \gamma_1^1 e_t^k + \varepsilon_{it}^k \tag{1}$$

等式左边 y 代表劳动者的市场表现——劳动参与、失业或小时工资；下标 i 代表观测个体；

下标 t 代表调查年份，干预前（2000 年或 2002 年）为 0，干预后（2005 年）为 1；上标 k 代表毕业时间，31~40 岁年龄组为"老毕业生"（控制组）——未受扩招政策的影响，定义为 0，21~25 岁年龄组为"新毕业生"（干预组），定义为 1。$e_t^k = d_t \times e^k$，其系数 γ_1^1 就是我们所关心的干预效应（Treatment Effect）。

在扩展模型里，引入高中毕业生群体。2000~2005 年，中国经济高速增长，就业机会增加，大学新毕业生也面临更多的就业岗位：技术结构一定时，高校毕业生和中学毕业生在劳动力市场上为互补品，会随着产出扩大而同时增长。本文在使用双差分估计时，首先假定，如果没有高校扩招的影响，大学新毕业生的就业环境不会恶化，因为对大学毕业生的市场需求与高中毕业生是一致的。相对于大学老毕业生，新毕业生可能受经济环境的影响更大，而这个时期的经济环境对大学新毕业生是有利的。[①] 如果大学新毕业生的市场表现实际上出现了恶化，如劳动参与率下降、失业率上升等，则可以推断，这是由大学新毕业生供给增加过多导致的。

模型里的高中毕业生并不是大学毕业生"完美的"附加控制组：同一个人口队列中，哪些高中生可以考上大学并不是随机决定的。但增加不完美的控制组，却能够改进估计结果，有望得到相对更加完美的干预效应（Murray, 2006）。可以预期，在每个人口队列中，上大学选择性偏差的方向都是一致的。比如智商高、更健康、更努力、家庭条件好的高中生更可能考取大学。那么，可以假定干预前上大学者（更早的人口出生队列）与干预后上大学者（更晚的人口出生队列）的无法观测特征是相同的，都在某个人口队列的最高分位组。使用差分估计，可以把这个同方向的选择性偏差消除或减轻。因此，三次差分应该是一个有效改进。

数据结构特征决定了本文的第二个经验方程（Meyer, 1995）：

$$y_{it}^{jk} = \alpha + \alpha_1 d_t + \alpha^1 d^j + \gamma^1 e^k + \alpha_1^1 d_t^j + \gamma_1^1 e_t^k + \alpha^{11} d^{jk} + \beta d_t^{jk} + \varepsilon_{it}^{jk} \tag{2}$$

上标 j 代表受教育程度，大学或大专定义为 1，高中为 0；将三个指示性变量两两形成交互项，即 d_t^j、e_t^k、d^{jk}，分别衡量了某种偏干预效应。三个指示性变量的交互项 d_t^{jk} 的系数 β，是本文所关心的干预效应：高校扩招对大学新毕业生市场表现产生的影响。其估计结果就是 $\beta = (y_{i1}^{jk} - y_{i0}^{jk}) - (y_i^{1k} - y_i^{0k}) - (y_i^{j1} - y_i^{j0})$。当被解释变量为劳动参与和失业时，为虚拟变量，本文采用线性概率模型，对个人的选择作分析。

2. 模型扩展——额外回归因子

影响大学新毕业生市场表现的因素，除新毕业生供给的冲击性增加外，劳动力市场的需求因素也会影响其市场表现。在模型中使用额外的解释变量，不仅能减少误差项的方差，改进估计效率，还能部分控制劳动力市场的需求因素。地区经济发展不平衡是中国经济的特征，以户籍为代表的制度性分割，使大学新毕业生流动受到限制，因此，新毕业生所在城市的地区经济特征，可以作为需求和制度的代理变量引入模型。

本文把各城市最近 10 年来（1995~2005 年）的实际增长速度、期初发展水平（以

---

① 如果说 2005 年的大学新毕业生面临着比 2000 年更好的市场环境——就业机会多，市场环境对大学新毕业生的影响大于老毕业生，那么，用双差分模型估计出来的干预效应就可能低估扩招对大学新毕业生市场表现的不利影响。

1995 年的人均 GDP 对数值来衡量）、城市特征（是否在 1990 年以前开放）、竞争性部门从业者在非农就业者中的比重等，与微观数据匹配起来并作为控制劳动力市场需求的解释变量。可以推测，经济增长速度快、发展水平高的地区，最先面临产业升级，会创造更多技术岗位提供给大学新毕业生；竞争性部门从业者更多的地区，市场发育进程早，开始提供"体面就业"岗位，预期会更好地解决大学新毕业生的就业问题。

3. 识别

出生队列决定了谁会受到扩招的影响。我们推断，2005 年数据中的 21~25 岁年龄组受到了高校扩招的影响，但 26 岁、27 岁甚至更大的年龄组中，也会有人在 1999 年甚至以后升入大学。当测量误差在观测性数据中难以避免的时候，本文选择 21~25 岁年龄组作为干预组合理吗？一个可行的识别策略是观测年龄增大与市场表现之间的关系。我们预期，随着年龄增大，受扩招的影响变得越来越小，他们的市场表现与控制组之间的差异会逐渐消失。经验显示，20 岁以后升入大学的可能性会下降，1999 年的 20 岁在 2005 年对应着26 岁，因此，扩招产生的干预效应会在 26 岁以上的年龄组逐渐缩小并趋于消失；24 岁以后升入大学的可能性极小，在 2005 年数据中对应着 30 岁。我们将 21~30 岁年龄组作为目标干预组——其中"26~30 岁"年龄组是附加干预组，观察各个年龄组的市场表现及其变化。

本文将大学毕业生区分为本科毕业和专科毕业两个次级组。2000 年普查数据显示，44.5% 的专科毕业者为"成人教育"学历；本科毕业者中，成人学历只有 17.5%，随着高校扩招这个比重还会下降。[1] 成人高等教育和普通高等教育存在显著的质量差别，把两类高校毕业生分开处理是"准确区分"的需要。

为了观察扩招对每一个年龄组（21~30 岁）的影响，将经验方程（1）扩展为：

$$y_{it}^k = \alpha + \alpha_1 d_t + \gamma^l e^k + \sum_{c=21}^{30} \gamma_1^l e_{tc}^k + X\delta + \varepsilon_{it}^k \tag{3}$$

其中，c 为年龄队列，X 为城市特征向量。

表 2 报告了扩招对本科毕业生的干预效应，模型中包括了"经济增长"等城市层面的控制性变量。左边窗框的样本仅限于本科毕业生群体。首先，扩招的干预效应从人口年龄组变化中清晰显示出来。在 21~25 岁组中，对劳动参与的干预效应为（下降了）1.1%~12.2%，随年龄上升而递减，统计上非常显著；在 26~30 岁组中，干预效应迅速接近于 0且变得不显著。结果与预期相一致。对失业的影响不如劳动参与那样清晰，但在 22~25 岁组中，干预效应为（提高了）2.5%~4.7%，统计上非常显著；在 26~30 岁组中，干预效应迅速缩小，由于样本巨大，把统计显著水平设定为 1%，则 28~30 岁组都是不显著的。把21~25 岁组和 26~30 岁组作为两个次级群组，则 21~25 岁组的两个干预效应分别为 -3.5%（劳动参与）和 3.8%（失业）；26~30 岁组中，两个对应的干预效应分别为 0 和 0.9%。[2] 远

---

[1] 可以预期，高校扩招会使那些原本无法迈过高考门槛的"成教生"，越来越多地进入普通高校。从日益减少的生源可以看出成人高等教育的萎缩。

[2] 由于样本巨大，即使一个微小的变异，也能被捕获（Capture），所以，26~30 岁组的失业率提高了 0.9%，可能是由于测量误差，也可能是由于 26~27 岁组中确实有人受到扩招的影响。因此，本文谨慎地把 31~40 岁组设为控制组。

低于受到扩招影响的人口组。结果与预期也基本一致。

右边窗框报告了三次差分模型估计的干预效应——分年龄组观察 β 值，观测对象为"本科毕业生和高中毕业生"。尽管增加了高中毕业生作为附加控制组，干预效应与双差分结果非常接近：在 21~25 岁各组中，对劳动参与的干预效应为 -1.3% 至 -11.2%，随年龄上升而持续下降，这个次级组的平均干预效应为 -2.8%；在 26~30 岁各组中，对劳动参与的干预效应都非常接近于 0，且统计上不显著，这个次级群组的平均干预效应为 -0.1%，统计上不显著。结果与预期相一致。对失业的干预效应显示，21 岁组的干预效应为负值但不显著，[①] 在 22~25 岁组中，干预效应为 2.5%~6.3%，这个次级组的平均干预效应为 5%；在 26~30 岁组中，26~27 岁两个组的干预效应分别为 2.5% 和 1.3%，统计上显著，28~30 岁组的干预效应为 0.3%~1%，但统计上不显著，26~30 岁这个次级组的平均干预效应为 1.1%。从两个群组的系数大小看出，干预效应随年龄增加而衰减，这个结果也与预期相一致。

识别的有效性——证伪检验（Falsification Test）。[②]

为了检验识别的有效性，说明是高校扩招影响了干预组的市场表现，本文构建一个证伪检验：将 31~40 岁组划分为 31~35 岁和 36~40 岁两组，将 31~35 岁组作为"控制组"，将 36~40 岁组作为"人为干预组"（Artificial Treatment Group），计算高校扩招带来的"干预效应"。由于 36~40 岁组不可能受到高校扩招的影响，显然，"干预效应"也就不会真的存在。左边窗格的结果显示，对劳动参与和失业的系数都接近 0 且不显著；右边窗格的两个系数都不到 1%，但统计上显著，这可能是测量误差和生命周期等导致的。

表 2 的结果证实本文的识别策略是有效的：高校扩招显著影响了受干预群体（21~25 岁组）的市场表现，对未受干预群体的市场表现几乎没有影响。

表 2　对干预效应的检验（1）：本科毕业生

| 年龄组（岁） | 年份 × 毕业时间（γ_1^j） | | | | 年份 × 毕业时间 × 是否本科（β） | | | |
| | 劳动参与 | | 失业 | | 劳动参与 | | 失业 | |
	系数	标准差	系数	标准差	系数	标准差	系数	标准差
21	−0.122	0.021	−0.056	0.028	−0.112	0.021	−0.014	0.028
22	−0.069	0.008	0.047	0.012	−0.062	0.008	0.063	0.012
23	−0.050	0.005	0.055	0.007	−0.041	0.005	0.061	0.007
24	−0.028	0.003	0.043	0.005	−0.023	0.004	0.048	0.006
25	−0.011	0.003	0.025	0.004	−0.013	0.004	0.025	0.005
26	−0.004	0.003	0.018	0.003	−0.009	0.004	0.025	0.004
27	−0.001	0.003	0.011	0.003	−0.001	0.004	0.013	0.004

① 在测量对失业的影响时，21 岁组的干预效应为异常值，作者推测有两个原因：第一，样本过少，21 岁的本科毕业生在 2000 年和 2005 年样本中分别只有 37 个和 185 个观测值；第二，在中国的学制下，21 岁能够本科毕业者很少，可能存在异质性。在分年龄组作"识别"时，可以舍弃这个队列的结果，但在对年龄分组时，应该保留，2005 年数据中，21 岁的本科毕业生肯定是高校扩招后入学的。

② 由于中国的本科毕业生受成人教育的干扰较少，数据质量更高，用本科生群体作证伪检验的结果更可信。

续表

年龄组（岁）	年份×毕业时间（γ_t^1）				年份×毕业时间×是否本科（β）			
	劳动参与		失业		劳动参与		失业	
	系数	标准差	系数	标准差	系数	标准差	系数	标准差
28	0.001	0.003	0.005	0.003	0.002	0.004	0.003	0.004
29	0.000	0.003	0.005	0.003	0.000	0.004	0.010	0.004
30	0.005	0.003	0.004	0.002	0.004	0.004	0.003	0.004
21~25	−0.035	0.002	0.038	0.003	−0.028	0.003	0.050	0.003
26~30	0.000	0.001	0.009	0.001	−0.001	0.002	0.011	0.002
36~40*	−0.002	0.002	0.000	0.002	−0.006	0.002	0.009	0.002

注：* 这里的控制组为 31~35 岁组。

尽管"专科毕业生"群体存在更大的测量误差，本文仍按同样的技术路径，检验受到扩招影响和没有受到扩招影响的人口组的市场表现。结果报告在表3中，模型设定同表2。

表3　对干预效应的检验（2）：专科毕业生

年龄组（岁）	年份×毕业时间（γ_t^1）				年份×毕业时间×是否本科（β）			
	劳动参与		失业		劳动参与		失业	
	系数	标准差	系数	标准差	系数	标准差	系数	标准差
21	−0.053	0.006	−0.051	0.010	−0.047	0.007	−0.011	0.010
22	−0.033	0.004	−0.006	0.007	−0.028	0.005	0.010	0.007
23	−0.021	0.003	0.008	0.005	−0.015	0.004	0.014	0.006
24	−0.009	0.003	0.015	0.004	−0.006	0.004	0.020	0.005
25	−0.009	0.003	0.008	0.003	−0.011	0.004	0.008	0.005
26	−0.005	0.003	0.004	0.003	−0.009	0.004	0.011	0.004
27	−0.002	0.003	0.000	0.003	−0.002	0.004	0.001	0.004
28	−0.006	0.003	0.003	0.003	−0.004	0.004	0.002	0.004
29	−0.011	0.003	−0.002	0.003	−0.011	0.004	0.003	0.004
30	−0.004	0.002	0.000	0.003	−0.006	0.004	−0.001	0.004
21~25	−0.021	0.002	0.004	0.002	−0.016	0.002	0.017	0.003
26~30	−0.006	0.001	0.001	0.001	−0.006	0.002	0.003	0.002

左边窗格报告了双差分模型估计的干预效应。在只观察专科毕业生群体时，扩招对劳动参与的干预效应在21~25岁组中均为负值，为−1%至−5%，统计上非常显著；在26~30岁组中，系数下降到−0.2%至−1.1%，只有29岁在1%水平上显著。解读扩招的干预效应时，不仅要关注统计显著性，还要关注系数的大小。把21~25岁组视为一个群体，这时，扩招的平均干预效应为−2.1%；在26~30岁次级组中为−0.6%。对失业的影响不显著，在21~25岁组中，只有24岁和25岁组显著，其系数分别为1.5%和0.8%。在26~30岁组中，都不显著异于0。

右边窗格报告了三次差分模型估计的干预效应。扩招对 21~25 岁组劳动参与的干预效应为-0.6%到-4.7%，平均干预效应为-1.6%；在 26~30 岁组中，大多数组的干预效应不显著，对这个次级组劳动参与的平均干预效应为-0.6%，约是 21~25 岁组的 1/3。分年龄组看，对失业的干预效应大多不显著，把 21~25 岁和 26~30 岁分为两个次级组，干预效应分别为 1.7%和 0.3%，后者在统计上不显著。

将高校扩招对不同年龄队列的本科毕业生和专科毕业生的干预效应结合起来，可以得出结论：那些受到高校扩招影响的年轻组，市场表现与我们的预期一致且显著异于受影响较少或没有受影响的大龄组。因此，本文的经验识别策略是有效的。

四、回归分析的结果及解释

（一）2000~2005 年的市场结果：劳动参与和失业

我们先观察本科毕业生的市场表现，这既是本文最关注的对象，其数据质量也更高。干预组为 21~25 岁组；控制组为 31~40 岁组。市场结果分别为劳动参与和失业，双差分结果按照传统的表达方式报告在表 4 中。

劳动参与：2000~2005 年，31~40 岁的本科毕业生劳动参与率从 98.8% 下降到 97.7%，下降了 1.1 个百分点；21~25 岁的本科毕业生从 97.4%下降到 92.6%，下降了 4.8 个百分点。双差分后，新毕业生的劳动参与率下降了约 3.7 个百分点。失业：2000~2005 年，31~40 岁的本科毕业生失业率由 1.6%下降到 1.1%，下降了约 0.5 个百分点；21~25 岁本科毕业生的失业率则从 6.1%上升到 9.4%，上升了约 3.3 个百分点。双差分后，新毕业生的失业率净增加了 3.8 个百分点。2005 年城镇总体失业率为 5.2%，比 2000 年的 8.3%下降了 3.1 个百分点。本科新毕业生的失业率反而上升了 3.3 个百分点，这是完全逆于经济形势的。

表 4 本科毕业生的市场表现 （DID）

	劳动参与			失业		
	2000 年	2005 年	差异	2000 年	2005 年	差异
老毕业生	0.9881 (0.0006)	0.9774 (0.0005)	0.0107 (0.0008)	0.0157 (0.0007)	0.0108 (0.0004)	0.0048 (0.0008)
新毕业生	0.9737 (0.0016)	0.9261 (0.0014)	0.0475 (0.0021)	0.0611 (0.0024)	0.0940 (0.0016)	-0.0329 (0.0029)
差异	0.0145 (0.0017)	0.0513 (0.0015)	-0.0368 (0.0022)	-0.0454 (0.0025)	-0.0832 (0.0017)	0.0377 (0.0023)

接着考察"本科毕业生"和"专科毕业生"两个次级组的市场表现。为了得到更准确的估计结果，模型中引入控制性解释变量。结果报告在表5中。为便于扩展模型和容纳更多信息，下文只报告回归分析结果。

左边窗格提供了本科毕业生的双差分结果。增加省份控制变量后，高校扩招使本科新毕业生的劳动参与率下降了2.1个百分点，失业率则提高了5.3个百分点，统计上非常显著。模型中进一步增加"性别"和"民族"等变量后，对劳动参与的效应为-1.3%，对失业的影响几乎没有变化。

右边窗格报告了专科毕业生群体的双差分结果，控制性变量与本科毕业生群体一致。扩招对劳动参与的干预效应为下降2.3个百分点；对失业的干预效应为上升2.1个百分点。都在统计上显著。模型中增加了"性别"和"民族"后，干预效应没有显著变化。

从这个初步估计结果看，扩招使本科新毕业生和专科新毕业生的劳动参与率显著下降，但扩招似乎更严重地影响了本科新毕业生，这表现为失业率更大幅度地上升。

表5　大学毕业生的市场表现变化——DID（1）

	本科毕业				专科毕业			
	劳动参与	失业	劳动参与	失业	劳动参与	失业	劳动参与	失业
	(1)	(2)	(3)	(4)	(1)	(2)	(3)	(4)
年份	−0.028	−0.023	−0.028	−0.023	−0.028	−0.023	−0.028	−0.023
(d_t)	(0.001)	(0.001)	(0.001)	(0.001)	(0.001)	(0.001)	(0.001)	(0.001)
新毕业	0.036	−0.008	0.034	−0.009	0.031	0.046	0.039	0.043
(e^k)	(0.002)	(0.002)	(0.002)	(0.002)	(0.001)	(0.002)	(0.001)	(0.002)
新毕业＊年份	−0.021	0.053	−0.013	0.051	−0.023	0.021	−0.021	0.021
(e_t^k)	(0.002)	(0.003)	(0.002)	(0.003)	(0.002)	(0.002)	(0.002)	(0.002)
观测值	197205	180790	188794	173066	208212	191016	43631	41043
R^2	0.0096	0.0094	0.0418	0.012	0.010	0.0136	0.0131	0.0279

注：模型（1）、模型（2）的控制性变量为省份虚拟；模型（3）、模型（4）进一步增加了"性别"和"民族"。

下面把本专科毕业生群体合并作为"大学毕业生"，双差分回归结果报告在表6中。

模型（1）显示，年份与新毕业交互项的系数为-0.022，即扩招导致大学新毕业生劳动参与率下降了2.2个百分点。模型（2）显示，年份与新毕业的交互项系数为0.027，扩招导致大学新毕业生的失业率提高了2.7个百分点。在这两个模型里，两个指示性变量的系数（Main Effects）都非常显著。

模型（3）和模型（4）增加了"性别"与"民族"做控制变量，三个解释变量的系数和显著性没有变化。模型（5）和模型（6）进一步增加了所在城市的增长速度（1995~2005年）、期初发展水平（1995年人均GDP的对数值）、竞争性部门从业者在非农从业人员中的比重、1990年以前是否为开放城市、1995~2005年是否因行政区划调整出现人口急剧变化等控制变量，这些变量的系数都在1%水平上统计显著，出于简洁未在此报告其结果。本文所关注的三个解释变量的系数大小和显著性几乎没有任何变化。这意味着回归结果是稳健的。

表 6　大学毕业生的市场表现变化——DID（2）

	劳动参与	失业	劳动参与	失业	劳动参与	失业
	(1)	(2)	(3)	(4)	(5)	(6)
年份	−0.028	−0.022	−0.028	−0.022	−0.028	−0.023
(d_t)	(0.001)	(0.001)	(0.001)	(0.0005)	(0.0006)	(0.0006)
新毕业	0.032	0.033	0.038	0.032	0.038	0.031
(e^k)	(0.001)	(0.002)	(0.001)	(0.002)	(0.001)	(0.002)
新毕业 * 年份	−0.022	0.027	−0.019	0.027	−0.019	0.027
(e_t^k)	(0.001)	(0.002)	(0.001)	(0.002)	(0.001)	(0.002)
观测值	217206	199441	217206	199441	208170	191146
R^2	0.0103	0.0131	0.0378	0.0144	0.0382	0.0147

注：模型（1）、模型（2）的控制性变量为省份虚拟；模型（3）、模型（4）进一步增加了"性别"和"民族"；模型（5）、模型（6）则进一步增加了城市特征变量。括号内为稳健标准差，下同。

下面讨论模型中增加"高中毕业生"时，高校扩招对大学新毕业生的影响。沿着既定的技术路线，首先观察"本科毕业生与高中毕业生"混合样本，高中毕业生可视为附加控制组。三次差分估计结果报告在表7中。

从模型（1）和模型（2）看出，三个指示性变量交互项的系数分别为−0.029和0.051，高校扩招使本科新毕业生的劳动参与率下降了2.9个百分点，使失业率上升了5.1个百分点，与双差分结果几乎无差异（见表5）。当模型中增加了性别和民族时，干预效应相对于基础方程没有任何变化。进一步增加城市特征等控制性变量，干预效应的大小和显著性也都没有发生明显变化。在本科毕业生和高中毕业生群体中，三次差分模型对干预效应的估计结果是稳健的。

表 7　劳动力市场参与决策（样本：高中毕业生和本科毕业生）——DDD（1）

	劳动参与	失业	劳动参与	失业	劳动参与	失业	劳动参与	失业
	(1)	(2)	(3)	(4)	(5)	(6)	(7)	(8)
年份	−0.051	−0.020	−0.052	−0.020	−0.051	−0.021	−0.052	−0.021
	(0.001)	(0.001)	(0.001)	(0.001)	(0.001)	(0.001)	(0.001)	(0.001)
本科毕业	0.075	−0.075	0.059	−0.072	0.074	−0.075	0.058	−0.072
	(0.001)	(0.001)	(0.001)	(0.001)	(0.002)	(0.001)	(0.001)	(0.001)
新毕业	0.019	0.060	0.022	0.059	0.019	0.059	0.022	0.058
	(0.001)	(0.001)	(0.001)	(0.001)	(0.001)	(0.001)	(0.001)	(0.001)
本科毕业 * 年份	0.039	0.014	0.048	0.013	0.038	0.015	0.048	0.013
	(0.001)	(0.001)	(0.001)	(0.001)	(0.002)	(0.001)	(0.001)	(0.001)
新毕业 * 本科毕业	−0.037	−0.014	−0.029	−0.015	−0.037	−0.013	−0.029	−0.014
	(0.002)	(0.003)	(0.002)	(0.003)	(0.002)	(0.003)	(0.002)	(0.003)
新毕业 * 年份	−0.009	−0.015	−0.009	−0.015	−0.009	−0.014	−0.008	−0.014
	(0.001)	(0.002)	(0.001)	(0.002)	(0.001)	(0.002)	(0.001)	(0.002)
年份 * 新毕业 * 本科毕业	−0.029	0.051	−0.029	0.051	−0.028	0.050	−0.029	0.050
	(0.003)	(0.003)	(0.003)	(0.003)	(0.003)	(0.003)	(0.003)	(0.003)

	劳动参与	失业	劳动参与	失业	劳动参与	失业	劳动参与	失业
	(1)	(2)	(3)	(4)	(5)	(6)	(7)	(8)
观测值	198893	179357	198893	179357	191308	172625	191308	172625
R^2	0.0268	0.0266	0.0565	0.0276	0.0273	0.0273	0.0568	0.0283

注：模型（1）、模型（2）为基础方程，控制性变量为省份虚拟；模型（3）、模型（4）增加了"性别"与"民族"；模型（5）、模型（6）在模型（1）、模型（2）的基础上增加了城市特征向量（增长速度，初始发展水平，是否开放城市，人口变化，竞争性部门就业比例等）；模型（7）、模型（8）在模型（5）、模型（6）的基础上增加了"性别"和"民族"。表8~表9的模型设定与表7同。

表 8 报告了专科毕业生与高中毕业生群体的结果。从模型（1）看出，三个指示性变量的交互项系数为-0.016，即扩招使大专新毕业生的劳动参与下降了 1.6%。比起双差分结果（下降 2.3%），干预效应略有下降。模型（2）显示，三个指示性变量交互项的系数为 0.018，即扩招导致专科新毕业生的失业率上升了 1.8%，与双差分结果（2.1%）较为接近。

模型（3）和模型（4）增加了控制性变量"性别"和"民族"，这时，估计结果与模型（1）、模型（2）没有显著差异。进一步增加城市特征变量[见模型（5）~模型（8）]，三个指示性变量交互项的系数仍然是一致的。这意味着，专科毕业生和高中毕业生群体中，三次差分模型的估计结果是稳健的。

由于被解释变量是一样的，可以比较表 7 和表 8 的模型（1）和模型（2）结果，与大专新毕业生相比，本科新毕业生的劳动参与率多下降 1.3 个百分点，失业率多提高 3.3 个百分点。高校扩招对本科新毕业生的不利影响大于专科新毕业生。

把专科和本科毕业者合并为"大学毕业生"，仍把"高中毕业生"作为附加控制组，表 9 报告了三次差分模型估计的结果。高校扩招使大学新毕业生的劳动参与率降低了约 2.1 个百分点，失业率提高了约 2.5 个百分点。增加控制性解释变量既没有改变三个指示性变量的交互项系数（干预效应），也没有改变其他变量的系数（主效应和偏干预效应）。这说明干预效应在不同的观测样本和不同的模型扩展形式中都是稳定的。

至此，可以得出清晰的结论：高校扩招显著影响了大学新毕业生，使以劳动参与和失业为特征的市场表现恶化。

表 8　劳动力市场参与决策（样本：高中毕业生和大专毕业生）——DDD（2）

	劳动参与	失业	劳动参与	失业	劳动参与	失业	劳动参与	失业
	(1)	(2)	(3)	(4)	(5)	(6)	(7)	(8)
年份	−0.051	−0.020	−0.052	−0.020	−0.051	−0.021	−0.052	−0.021
(d_t)	(0.001)	(0.001)	(0.001)	(0.001)	(0.001)	(0.001)	(0.001)	(0.001)
大专毕业	0.068	−0.062	0.061	−0.061	0.068	−0.062	0.061	−0.062
(d^j)	(0.001)	(0.001)	(0.001)	(0.001)	(0.001)	(0.002)	(0.001)	(0.001)
新毕业生	0.019	0.060	0.022	0.059	0.019	0.059	0.022	0.058
(e^k)	(0.001)	(0.001)	(0.001)	(0.001)	(0.001)	(0.002)	(0.001)	(0.001)
大专 * 年份	0.024	0.017	0.030	0.016	0.022	0.018	0.029	0.017

	劳动参与	失业	劳动参与	失业	劳动参与	失业	劳动参与	失业
	(1)	(2)	(3)	(4)	(5)	(6)	(7)	(8)
(d_t^i)	(0.001)	(0.001)	(0.001)	(0.001)	(0.001)	(0.002)	(0.002)	(0.001)
新毕业*大专毕业	−0.035	0.027	−0.026	0.025	−0.035	0.027	−0.026	0.026
(d_t^{jk})	(0.001)	(0.002)	(0.001)	(0.002)	(0.002)	(0.002)	(0.002)	(0.002)
新毕业*年份	−0.009	−0.015	−0.009	−0.015	−0.008	−0.014	−0.008	−0.014
(e_t^k)	(0.001)	(0.002)	(0.001)	(0.002)	(0.001)	(0.002)	(0.001)	(0.002)
年份*新毕业*大专毕业	−0.016	0.018	−0.019	0.019	−0.016	0.017	−0.019	0.018
(d_t^{jk})	(0.002)	(0.003)	(0.002)	(0.003)	(0.002)	(0.003)	(0.002)	(0.003)
观测值	231933	210283	231933	210283	222300	201601	222300	201601
R^2	0.0258	0.026	0.0526	0.0267	0.0259	0.0263	0.0527	0.027

表 9　劳动力市场参与决策（样本：高中毕业生和本专科毕业生）——DDD（3）

	劳动参与	失业	劳动参与	失业	劳动参与	失业	劳动参与	失业
	(1)	(2)	(3)	(4)	(5)	(6)	(7)	(8)
年份	−0.051	−0.020	−0.052	−0.020	−0.051	−0.021	−0.052	−0.021
	(0.001)	(0.001)	(0.001)	(0.001)	(0.001)	(0.001)	(0.001)	(0.001)
大学毕业	0.070	−0.066	0.062	−0.065	0.070	−0.066	0.062	−0.065
	(0.001)	(0.001)	(0.001)	(0.001)	(0.002)	(0.001)	(0.001)	(0.001)
新毕业	0.019	0.060	0.022	0.059	0.019	0.058	0.022	0.058
	(0.001)	(0.001)	(0.001)	(0.001)	(0.001)	(0.001)	(0.001)	(0.001)
大学毕业*年份	0.029	0.016	0.036	0.015	0.028	0.017	0.034	0.016
	(0.001)	(0.001)	(0.001)	(0.001)	(0.001)	(0.001)	(0.002)	(0.001)
新毕业*大学毕业	−0.036	0.018	−0.028	0.017	−0.036	0.019	−0.028	0.018
	(0.001)	(0.002)	(0.001)	(0.002)	(0.001)	(0.002)	(0.002)	(0.002)
新毕业*年份	−0.009	−0.015	−0.008	−0.015	−0.008	−0.014	−0.008	−0.014
	(0.001)	(0.002)	(0.001)	(0.002)	(0.001)	(0.002)	(0.001)	(0.002)
年份*新毕业*大学毕业	−0.021	0.025	−0.023	0.026	−0.020	0.024	−0.023	0.025
	(0.002)	(0.002)	(0.002)	(0.002)	(0.002)	(0.003)	(0.002)	(0.003)
观测值	265681	242983	265681	242983	255015	233279	255015	233279
R^2	0.0301	0.030	0.0531	0.0305	0.030	0.0301	0.053	0.0307

（二）2002~2005 年的市场结果：小时工资

高校扩招给大学新毕业生产生的另一个可能冲击是收入变化，下面对本科毕业生的收入（小时工资）变化作进一步的探讨。数据为 2002 年 66 城市劳动力市场调查数据和 2005 年 1% 人口抽样调查数据。表 10 报告了高校扩招对小时工资的影响。

模型（1）采用经验方程（1），为双差分模型的基础方程，31~40 岁组为控制组。2005 年，本科毕业生的小时工资比 2002 年增长了 21.3%；但本科新毕业生的小时工资比老毕业生低 21.7%；"年份"和"新毕业"的交互项系数为−0.105，即扩招使本科新毕业生的小时工资下降了 10.5%。当模型（2）增加了"性别"和"婚姻状况"后，干预效应变为-11.4%。

模型（3）和模型（4）采用经验方程（2），高中毕业生为附加控制组，模型（3）为基础方程。这时，干预效应出现了一些新的变化。从指示性变量的系数看，2005 年，观测对象的实际工资增长了 17.3%；本科毕业生的小时工资比高中毕业生高 64.6%，假定本科毕业生比高中毕业生多接受四年教育，则教育的年收益率达到约 14%，与其他估计结果一致（吴要武，2010）。与老毕业生相比，新毕业生的小时工资要低 16.8%。三个指示性变量的交互项系数为 0.01，统计上不显著。模型（4）增加了"性别"和"婚姻状况"，三个指示性变量的交互项系数为-0.01，统计上不显著。这说明高校扩招虽然导致本科新毕业生的小时工资下降，但考虑了高中毕业生群体的相对变化后，本科新毕业生的小时工资没有受到显著影响。

为了准确比较估计结果，本文估计了 26~30 岁组的小时工资变化，报告在右边窗格中。这个次级群体受扩招的影响较小，其工资变化更可能体现了市场变化。在只观察本科毕业生群体时，干预效应在统计上不异于 0。增加了高中毕业生群体做控制组时，三个指示性变量交互项的系数为 0.069，扩展模型里为 0.056，即受到扩招影响较少的次年轻队列，实际工资增长了 5.6%~6.9%。如果这个群体的工资增长体现了市场变化，那么，21~25 岁组的工资不变本身就意味着相对恶化。

表 10 收入决定因素分析（被解释变量：对数小时工资）

	21~25 岁队列				26~30 岁队列			
	(1)	(2)	(3)	(4)	(5)	(6)	(7)	(8)
年份	0.213 (0.011)	0.220 (0.011)	0.173 (0.007)	0.166 (0.006)	0.199 (0.011)	0.206 (0.011)	0.165 (0.006)	0.158 (0.006)
本科毕业	—	—	0.646 (0.011)	0.626 (0.011)	—	—	0.644 (0.011)	0.623 (0.011)
新毕业	−0.217 (0.022)	−0.155 (0.027)	−0.168 (0.010)	−0.110 (0.012)	−0.079 (0.016)	−0.058 (0.016)	−0.037 (0.010)	−0.027 (0.010)
本科毕业*年份	—	—	0.083 (0.011)	0.103 (0.011)	—	—	0.085 (0.011)	0.106 (0.011)
新毕业*本科毕业	—	—	−0.039 (0.025)	−0.007 (0.025)	—	—	−0.035 (0.019)	−0.010 (0.019)
新毕业*年份	−0.105 (0.023)	−0.114 (0.023)	−0.114 (0.011)	−0.108 (0.011)	−0.015 (0.017)	−0.019 (0.017)	−0.076 (0.011)	−0.070 (0.011)
年份*新毕业*本科毕业	—	—	0.010 (0.026)	−0.010 (0.026)	—	—	0.069 (0.020)	0.056 (0.020)
观测值	50688	50688	182232	182229	56404	56404	185550	185548
R²	0.4067	0.4107	0.4103	0.4197	0.4292	0.4338	0.4213	0.4318

注：模型（1）、模型（3）、模型（5）、模型（7）为基础方程，"城市特征"为控制性变量。模型（2）、模型（4）、模型（6）、模型（8）增加了"性别"和"婚姻状况"。

从双差分和三次差分回归分析结果可知，2000~2005年，高校扩招产生了如下影响：

第一，高校扩招使大学新毕业生群体的劳动参与率下降，失业率提高。

第二，相对于高中毕业生和大学老毕业生来说，大学新毕业生收入下降的证据是不一致的。在本科毕业生样本中，扩招使新毕业生的小时工资下降了10.5%~11.4%；但在本科毕业生和高中毕业生混合样本中，扩招并没有对本科新毕业生的小时工资造成显著的不利影响。然而，邻近年长组的小时工资出现了显著增长，这使得受扩招影响的年轻队列小时工资呈现相对下降。

（三）对内部有效性和外部有效性的简要评估

如果把1999年的高校扩招视为一个自然试验，对这个试验的评估结果准确可信吗？在一个高速增长的经济体中，对2005年的评估结果适用于今天吗？这需要对内部有效性和外部有效性作出评估。

1. 内部有效性

由于本文使用的是观测性数据，对内部有效性的威胁可能来自两个方面：内生性（异质性）偏差和一般均衡效应。[①]内生性偏差风险表现为：第一，用31~40岁组作为21~25岁组的控制组时，两个群体处在不同的生命周期上，市场表现不同。第二，模型引入了高中毕业生做附加控制组时，与大学毕业生具有异质性。项目评估的前提通常是假设两个次级群组在干预前无差异，后来的差异是干预导致的结果。

重复截面数据和差分估计，可以消除不随时间变化的异质性偏差。在识别部分发现，无论是双差分模型还是三次差分模型，识别都是有效的：受到干预的年轻组（21~25岁）有与预期一致且显著的系数，受干预较少或不受干预的大龄组，其系数不显著异于0。这意味着，即使存在偏差，也没有扭曲识别的有效性。

减轻内生性偏差的另一种方法是进行聚类分析，本文把每个地级市作为聚类群组，可以设想，群组内样本会有更高的同质性。聚类回归结果显示，除了使回归系数的标准差显著增大外，与非聚类分析的系数没有统计上的差异。这意味着，本文的结论是稳健的。

扩招后的大学毕业生进入市场，导致供给曲线右移，这时，市场对大学新毕业生的需求曲线会作出相应调整，那么，本文计算出来的干预效应就可能是有偏差的。为了控制需求曲线移动产生的估计偏差，本文将各个城市特征变量引入到模型中。增加这些控制性解释变量后，本文所关注的几个变量的系数没有显著变化。我们谨慎推测：一般均衡效应引起的估计偏差不严重。

可以对需求曲线的移动特征做个理论推测，评估偏差的可能方向。如果产业结构稳定，则厂商对非技术劳动者和技术劳动者的需求变动是一致的：都会随着经济增长而扩大雇佣（规模效应）。如果增长过程伴随着产业升级，就会出现替代效应：产业升级是技术

---

① 一般均衡效应通常用于评估受控实验数据中的外部有效性。但高校扩招由于对市场供给产生了冲击，也会带来一般均衡效应，本文讨论的是后者。

劳动者的互补品，却是非技术劳动者的替代品（Borjas，2006），那么，对大学毕业生的需求会快速增加，对非技术劳动者的需求会减速甚至减少。非技术劳动者工资迅速上升会刺激产业升级，因此，本文计算的干预效应可能低估了实际效应：大学新毕业生本来有更大幅度的劳动参与率下降和失业率上升。

2. 外部有效性

对自然实验的估计结果，在一般化其应用时要谨慎，需对外部有效性作出评估。本文使用的数据样本巨大且覆盖全国，会降低对外部有效性的威胁。Murray（2006）指出：在自然实验产生的数据中，外部有效性通常不会成为问题。可能影响估计结果一般化的重要因素是"时间变化"；2005 年以后的市场环境与 2000~2005 年相比发生了变化。限于数据，无法评估这个变化的数量范围，但可以对其变化方向作个推断。首先，大学新毕业生进入市场的数量在持续增加，由 2005 年的约 300 万人增加到今天的 650 万人，大学新毕业生失业率上升和劳动参与率下降的态势可能会持续下去。其次，经济增长速度不会超过前一时期，2008 年下半年以来，中国经济增长走向下行阶段，这个阶段会持续多长时间还是未知数，所以，市场对大学毕业生的需求增长会低于前一时期。综上所述，大学新毕业生面临的就业压力会持续下去甚至会变得更沉重。

五、结　论

将 1999 年的高校扩招视为一个自然实验，本文在一个"控制—干预"框架内，评估了扩招对大学新毕业生市场表现的影响，发现扩招的确给大学新毕业生的就业带来困难，这主要表现为劳动参与率下降，失业率上升，小时工资有下降的态势。但大学毕业生和高中毕业生之间存在显著的收入差距，"上大学"仍是一个获利丰厚的人力资本投资，因此，尚难断言现在的招生规模是过大还是仍然不足。扩招后的大学毕业生不断进入市场，给城镇劳动力市场带来一个不小的冲击，也给中国经济增长带来广泛的影响。中国经济如何对这种影响作出调整进而影响劳动力市场，是一个值得关注的研究方向。

参考文献

［1］吴邦国. 以"三个代表"重要思想为指导切实做好下岗失业人员再就业工作//中国积极的就业政策——全国再就业工作会议（2002）文件汇编，中国劳动和社会保障出版社，2002.

［2］吴要武. 寻找阿基米德的杠杆——出生季度是个弱工具吗. 经济学季刊，2010，9（2）.

［3］Angrist Joshua D., 2004, "Treatment Effect Heterogeneity in Theory and Practice", Economic Journal, 114, C52-83.

［4］Bertrand Marianne, Esther Duflo and Sendhil Mullainathan, 2004, "How Much Should We Trust Differences-in-Differences Estimates?" Quarterly Journal of Economics, 119 (February): 249-276.

［5］Borjas G., 2006, Labor Economics, McGraw–Hill International Edition.

［6］Donald, Stephen G. and Kevin Lang, 2007, "Inference with Difference–in–Differences and Other Panel Data", Review of Economics and Statistics . Vol. 89（2）: 221–233.

［7］Duflo Esther, 2001, "Schooling and Labor Market Consequences of School Construction in Indonesia: Evidence from an Unusual Policy Experiment", American Economic Review, Vol. 91, No. 4, pp. 795–813.

［8］Meyer Bruce, 1995, "Natural and Quasi–Experiments in Economics", Journal of Business & Economic Statistics , Vol. 13, No. 2, pp. 151–161.

［9］Murray M., 2006, Econometrics: A Modern Introduction, Addison Wesley.

附　录

附表 1　不同年龄组的劳动参与率及其变化

单位：%

年龄	2000 年			2005 年			差异		
	高中	本科	大专+	高中	本科	大专+	高中	本科	大专+
	(1)	(2)	(3)	(4)	(5)	(6)	(4) – (1)	(5) – (2)	(6) – (3)
40	96.15	98.42	97.84	85.16	97.40	96.24	−10.99	−1.02	−1.60
39	96.34	98.73	98.20	85.86	98.01	96.76	−10.49	−0.73	−1.45
38	96.81	99.06	98.41	85.94	98.09	96.80	−10.87	−0.97	−1.61
37	96.21	98.87	98.45	85.63	97.85	96.27	−10.58	−1.02	−2.18
36	96.45	98.86	98.54	86.31	97.55	96.34	−10.14	−1.31	−2.20
35	96.69	98.53	98.31	86.34	97.81	96.30	−10.36	−0.72	−2.00
34	96.51	99.25	98.65	86.47	98.09	96.33	−10.04	−1.16	−2.31
33	96.05	98.86	98.27	86.29	97.76	96.20	−9.76	−1.11	−2.07
32	95.33	98.66	97.88	86.62	97.64	95.79	−8.71	−1.02	−2.09
31	95.12	98.73	97.82	86.10	97.42	95.77	−9.02	−1.31	−2.05
30	95.35	98.52	97.88	86.67	97.91	95.75	−8.69	−0.61	−2.12
29	95.31	98.52	97.97	86.90	97.47	95.29	−8.41	−1.05	−2.68
28	94.74	98.09	97.61	86.48	96.98	95.22	−8.26	−1.11	−2.40
27	94.34	98.51	97.43	86.46	97.13	95.19	−7.88	−1.38	−2.24
26	94.81	98.20	97.41	87.00	96.59	94.91	−7.81	−1.61	−2.50
25	94.70	98.17	97.38	87.28	95.79	94.24	−7.42	−2.37	−3.15
24	95.08	98.38	97.41	87.62	94.36	93.60	−7.46	−4.02	−3.81
23	95.63	97.08	97.02	87.95	90.83	91.63	−7.69	−6.25	−5.40
22	96.29	95.85	96.06	88.39	88.33	89.46	−7.90	−7.52	−6.60
21	96.09	91.09	94.78	88.22	78.73	85.85	−7.87	−12.37	−8.93

附表 2 不同年龄组的失业率及其变化

单位：%

年龄	2000 年			2005 年			差异		
	高中	本科	大专+	高中	本科	大专+	高中	本科	大专+
	(1)	(2)	(3)	(4)	(5)	(6)	(4) – (1)	(5) – (2)	(6) – (3)
40	4.00	1.34	2.51	6.89	1.02	1.64	2.89	−0.32	−0.86
39	4.44	1.48	2.52	7.09	1.09	1.73	2.65	−0.38	−0.79
38	3.63	1.73	2.47	6.68	1.07	1.82	3.05	−0.66	−0.65
37	4.46	1.40	2.33	6.99	0.87	1.80	2.53	−0.52	−0.54
36	4.80	1.46	2.22	7.25	0.90	1.90	2.44	−0.55	−0.32
35	4.88	1.17	2.00	7.03	1.07	2.02	2.15	−0.10	0.02
34	5.19	1.90	2.39	7.35	1.14	2.07	2.16	−0.75	−0.33
33	5.55	1.75	2.43	7.12	1.22	2.10	1.57	−0.53	−0.33
32	5.85	1.78	2.71	7.14	1.22	2.28	1.29	−0.56	−0.43
31	5.99	1.44	2.73	7.21	1.22	2.22	1.22	−0.23	−0.51
30	6.32	1.47	2.89	7.09	1.49	2.53	0.77	0.01	−0.35
29	6.09	1.50	2.93	6.98	1.62	2.59	0.89	0.12	−0.34
28	6.32	1.95	3.23	7.48	1.99	3.14	1.16	0.04	−0.09
27	7.21	1.83	3.67	7.92	2.49	3.58	0.71	0.66	−0.09
26	8.60	1.98	4.24	8.24	3.32	4.52	−0.36	1.34	0.28
25	8.22	3.18	5.37	9.04	5.25	6.19	0.81	2.08	0.81
24	9.90	4.16	6.86	10.10	8.06	8.74	0.20	3.91	1.88
23	11.36	7.20	10.24	11.38	12.30	12.22	0.03	5.10	1.99
22	13.99	11.65	16.58	12.74	16.21	16.62	−1.25	4.56	0.04
21	17.82	22.40	23.54	14.14	17.25	18.62	−3.68	−5.15	−4.92

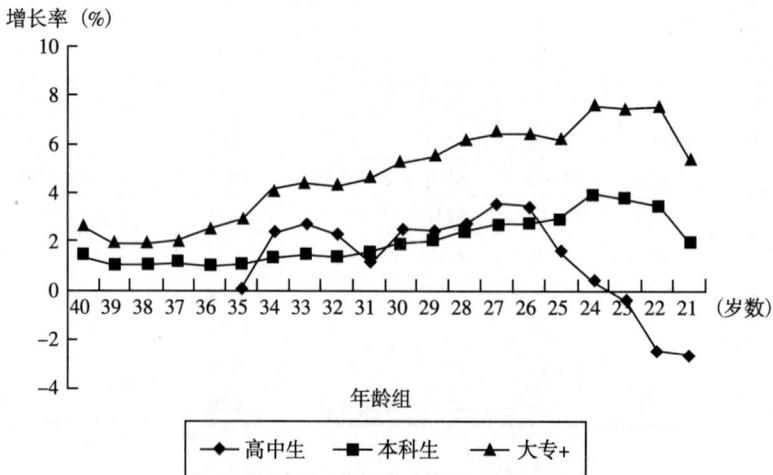

附图 1 不同受教育水平人口在相应队列中的变化（2000~2005 年）

Higher Education Expansion and Employment of University Graduates

Abstract: Using DID (Diff in Diffs) method and its extended form (Diff in Diff in Diffs) under a "treatment-control" framework, this paper evaluates the impacts of higher education expansion policy, introduced in 1999, on the performance of college/university graduates in the labor market. The results indicate that higher education expansion has reduced labor force participation rate of the college/university graduates, increased their unemployment rate and brought down their wage rate, despite the fact of rapid economy growth and growing job opportunities during that period. Hence, the higher education expansion policy led to the negative effect on the market.

Key words: Natural Experiment; Diff in Diff in Diffs; Labor Force Participation; Unemployment; Wage

技术进步、教育收益与收入不平等*

【摘　要】本文建立了一个基于技能偏向型技术进步的一般均衡模型，表明教育回报率的变化是引起我国劳动者收入不平等扩大的重要原因。基于该模型的进一步推导分解出了教育的要素回报效应与要素结构效应，前者拉大了收入不平等，后者降低了收入不平等，但总效应仍然是收入不平等的扩大。利用基于 RIF 回归的分解方法，本文验证了上述理论预测与实际数据的高度一致性。

【关键词】收入不平等；技能偏向型技术进步；RIF 回归分解

一、引言与文献综述

近年来，我国劳动者收入差距不断扩大的现象受到政府、学术界以及社会大众的高度关注，也越来越成为媒体和群众讨论的焦点。据世界银行估算，我国 2001 年的基尼系数约为 0.447。依照 2006 年 2 月 14 日《光明日报》的引述，中国社科院收入分配课题组根据城乡入户调查数据计算出的我国 2002 年的基尼系数约为 0.454。2008 年 2 月，《瞭望》周刊载文指出，我国的基尼系数高于绝大多数发展中国家，并处于我国历史的最高点。此后，关于各种衡量收入不平等的指标，尤其是基尼系数的计算方法及其在我国的适用性的争论愈加激烈。虽然各种衡量收入分配不平等的指标在我国的适用性仍有待商榷，但改革开放以来我国收入差距扩大却是不争的事实。

经济学界对收入分配不平等问题的关注由来已久，我国学者也进行了广泛而深入的研究。夏庆杰等（2007）利用中国家庭收入调查项目（CHIP）数据，分析了我国 1988~2002

　　* 徐舒，西南财经大学经济与管理研究院，邮政编码：610074，电子信箱：sxu@ mail. swufe. edu. cn。本文受西南财经大学"211 工程"3 期建设项目资助。感谢香港岭南大学魏向东教授在文章实证方法上的指导以及范承泽教授的热情帮助。感谢两位匿名审稿人的宝贵意见，他们对文章的改进和完善起到了非常重要的作用。当然，文责自负。本文引自《经济研究》，2010（09）。

年城镇贫困的变化趋势和模式，研究表明，在样本时期内我国城镇居民的绝对贫困显著减少，但收入分配不平等加剧；徐现祥、王海港（2008）讨论了我国初次分配中的两极分化及其成因，表明两极分化主要是由劳动贡献这个分配标准在产业间的差异造成的；洪兴建、李金昌（2007）在对收入两极分化测度方法进行评述的基础上，运用几个主要指标实证分析了中国居民的收入两极分化，说明中国城乡两极分化、城镇及农村内部的两极分化、沿海与内陆的两极分化以及行业两极分化大多呈现上升趋势。

对收入不平等研究的另一个活跃领域是工资收入不平等的分解。这部分的研究多采用计量经济学方法，将两个不同群体（或相同群体在不同时期）的工资收入差异分解为劳动力个体特征（如性别、年龄、受教育程度等）的影响，借此探索不同社会群体在工资收入上存在差别的原因。常采用的方法有：基于线性回归的 Blinder-Oaxaca 分解、Juhn et al.（1993）的方法，以及 Machado & Mata（2005）提出的基于分位数回归的分解方法。[①] 例如，姚先国、李晓华（2007）就利用 Quantile-JMP 方法从总体上研究了工资收入不平等上升的结构效应与价格效应。具体到研究内容，上述研究已经涉及的方面有工资收入的性别差异（王美艳，2005a；迟巍，2008）、行业差异（罗楚亮，李实，2007）以及流动人口与本地人口的工资收入差异等（王美艳，2005b；邓曲恒，2007）。

与上述文献不同，本文利用中国健康与营养调查数据（CHNS）研究了 1991~2006 年我国工资收入不平等程度在时间维度上的纵向变化特征。文章建立了一个基于技能偏向型技术进步（Skill-biased Technical Change）的一般均衡模型，并通过实证表明该模型与现实数据的高度吻合——教育的要素结构效应（指高等教育劳动者比重的增加）降低了工资收入不平等程度，但教育的要素报酬效应（指教育回报率的上升）在更大程度上扩大了工资收入不平等程度，其总效果仍然是收入不平等程度上升，并且这种效应对城镇劳动者更加显著。

本文的主要贡献，即与既有文献的区别主要有两个方面：一是通过理论模型的推导，分解出教育的要素结构效应及要素报酬效应，并预测了两种效应对工资收入不平等的不同作用方向。二是在实证方法上采用 Firpo et al.（2007）发展出的基于再中心化影响函数回归（Recentered Influence Function Regression，RIF 回归）的分解方法，以反映收入不平等的不同统计指标分别刻画出教育的要素结构效应与要素报酬效应对收入分配不平等程度的影响。

---

① 详见邓曲恒（2007）；另外，黎波等（2007）对现有的收入差距扩大成因的分解方法进行了较为全面的回顾和评述。

二、我国的工资收入不平等与教育回报率：1991~2006 年

如前文所述，本文的实证研究主要基于中国健康与营养调查数据（CHNS）。[①] 根据研究目的，我们选取了 1991 年、1993 年、2004 年及 2006 年的数据，并将 1991 年和 1993 年的样本合并，定义为基期（t_0 时期）；将 2004 年与 2006 年的样本合并，定义为报告期（t_1 时期）。[②] 和现有的国内外文献类似，文中的劳动者样本指的是年龄在 18~65 岁并有正常工作的劳动者；收入指的是劳动者的月工资收入，包括工资、奖金和其他补贴收入。不同年份的收入都通过 CPI 调整为 2006 年的名义收入，在实际分析中根据惯例对月收入取自然对数。

（一）工资收入不平等的变化趋势

为了反映工资收入分配不平等在时间上的纵向变化情况，将 t_0 时期和 t_1 时期样本中劳动者的收入分布加以对比，如图 1 所示。图 1 左图显示的是两个时期对数工资的核密度估计。可以看出：与 t_0 时期相比，t_1 时期对数工资的密度函数明显左偏，左尾的厚度增加，且分布的离散程度增加，方差上升。图 1 右图显示的是两个时期对数工资的分位数（左轴）及分位数之差（右轴）。右图中有两个特征非常明显：第一，t_1 时期连接各分位数的斜线较 t_0 时期更加陡峭，在左尾分位数较为接近的情况下右尾分位数产生巨大差异，这说明与 t_0 时期相比，t_1 时期收入分布的离散程度上升；第二，两个时期的分位数之差是一条向上倾斜的曲线，也说明收入分布的离散程度在不断扩大。由此可见，从 20 世纪 90 年代初到 2006 年，我国劳动者的收入分配不平等确有显著上升。

（二）教育回报率的变化趋势

根据本文的研究目的，进一步对两个样本时期的教育回报率进行比较，见表 1。

表 1　高等教育劳动者比例与教育回报率变化

	样本数	大学生比重	非大学生对数平均工资	大学生对数平均工资	工资比	对数工资方差
t_0 时期	5863	0.06	5.61	5.76	1.03	0.45
t_1 时期	4623	0.15	6.51	7.18	1.10	0.90

[①] 由于目前国内使用 CHNS 数据进行的研究很多，本文不对数据进行详细介绍。感兴趣的读者可以通过 CHNS 网站（http://www.cpc.unc.edu/projects/china）了解更多信息。

[②] 本文没有选取 1989 年的数据，一方面因为当年的数据中含有较多缺失与异常值；另一方面国外相关文献的研究结论，普遍认为收入差距扩大的现象始于 20 世纪 90 年代初。

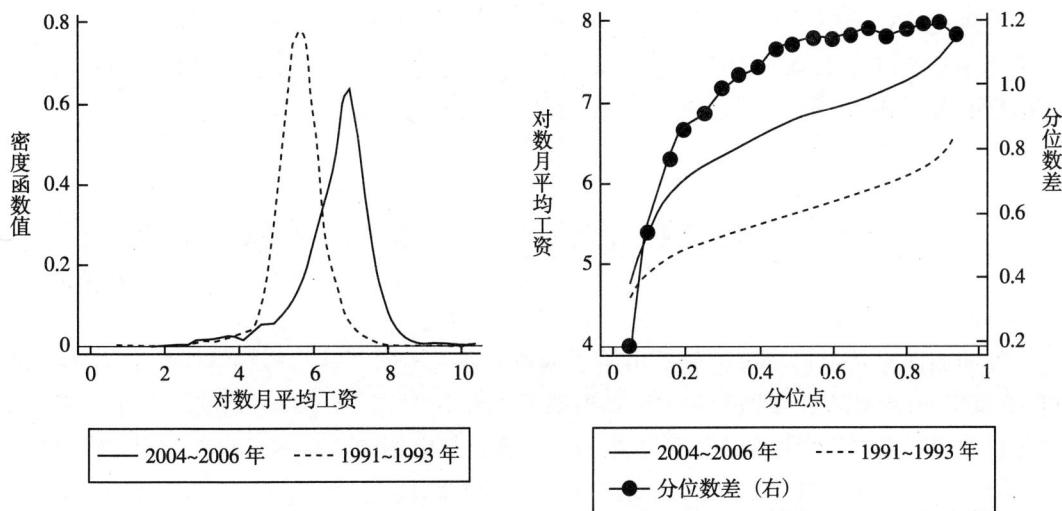

图1　收入分布变化趋势

表1中有两个趋势值得注意：一是在 t_1 时期，接受高等教育的劳动者比重较 t_0 时期有了明显增加，其比重由 6% 大幅上升至 15%；二是在接受高等教育劳动者比重增加的同时，高等教育劳动者的相对工资也有明显上升。在 t_0 时期，大学生与非大学生的对数工资比为 1.03，两者基本持平，其绝对水平都处于对数工资分布 50%~60% 的分位数之间。在 t_1 时期，大学生的对数平均工资为 7.18，处于对数工资分布 75% ~80% 的分位数之间；而非大学生的对数平均工资为 6.51，处于对数工资分布 35%~40% 的分位数之间，两者的差距明显增大。值得注意的是，这里的计算没有控制影响收入的其他因素，如工作经验。通常认为没有大学学位的劳动者拥有更长的工作经验，如果将工作经验予以控制，则高等教育的收入溢价程度会更高。此外，t_1 时期对数工资的方差为 0.9，几乎是 t_0 时期的两倍，再次验证了在样本期间内我国劳动者收入差距显著扩大这一事实。

通过一个简化的例子，我们可以将前文描述的我国劳动力市场在 1991~2006 年产生的两大变化) ——①接受高等教育劳动者的比重大幅增加；②两类劳动者的相对收入差距不断扩大，与整个劳动力市场的收入不平等程度（收入的方差）上升联系起来。

假设市场上只有高技术工人（大学生）与低技术工人（非大学生）两类劳动者，所占比重分别为 α 及 （1 − α）；大学生与非大学生的工资分别为 y^c 与 y^{nc}，其中，$y^c > y^{nc}$。在此假设下，劳动力市场上的平均工资为：

$$E(y) = \alpha y^c + (1 - \alpha)y^{nc} \tag{1}$$

劳动者的收入分配不平等程度由收入的方差衡量，简单计算可得：

$$\mathrm{var}(y) = E(y^2) - [E(y)]^2 = \alpha(1 - \alpha)(y^c - y^{nc})^2 = (y^{nc})^2\alpha(1 - \alpha)(y^c/y^{nc} - 1)^2 \tag{2}$$

从式（2）可以得到：

$$\partial\mathrm{var}(y)/\partial\alpha = (1 - 2\alpha)(y^{nc})^2(y^c/y^{nc} - 1)^2 > 0 \quad (当 \alpha < 0.5) \tag{3}$$

$$\partial\mathrm{var}(y)/\partial(y^c/y^{nc}) = 2(y^{nc})^2\alpha(1 - \alpha)(y^c/y^{nc} - 1) > 0 \tag{4}$$

上述式（3）与式（4）的结论正是数据所表现出的特征：高技术工人的比重上升（但比重仍小于 50%）以及两类劳动者的相对收入差距扩大，从而整个劳动群体的收入不平等程度增大。[1]

三、技能偏向型技术进步与收入不平等的理论模型

技能偏向型技术进步理论的提出始于国外学者对美国劳动力市场结构性变化的研究。自 20 世纪 60 年代起，美国劳动力市场出现了收入不平等扩大、高技能劳动力的相对供给增加以及相伴随的教育回报率上升等结构性变化，技能偏向型技术进步理论正是在这样的背景下应运而生的，并为解释这些变化提供了理论支持。Acemoglu（1996，1998，2002a，2002b）的一系列文章对技术进步引起的收入不平等及其作用机制进行了全面阐述。Autor et al.（2003）基于该理论研究了计算机的普及对不同类型劳动力需求的影响，研究表明计算机的普及和随后价格的下降增加了对计算机不可替代的劳动力，尤其是高教育劳动力的需求。Autor et al.（2006）的研究进一步表明，技术进步的技能偏向与高技能劳动力相对供给增速的下降能很好解释美国劳动力市场的极化现象以及不断上升的收入不平等。虽然 Card& DiNado（2002）详细讨论并指出了技能偏向型技术进步理论与实证结果存在一些矛盾，但该模型仍然是解释上述现象最有力的理论工具之一。本文在这一部分建立一个基于技能偏向型技术进步的一般均衡模型，并以此揭示文章第二部分描述的我国劳动力市场的变化特征。

（一）模型设定

首先，假设经济中厂商的生产函数为 CES 形式：

$$Y = [(A_l(\tau)L)^\rho + (A_h(\tau)H)^\rho]^{1/\rho} \quad (0 < \rho \leqslant 1) \tag{5}$$

其中，Y 代表产出，L 代表低技能劳动投入，H 代表高技能劳动投入，$A_l(\tau)$ 和 $A_h(\tau)$ 分别代表低技能劳动和高技能劳动的单位技术回报率，τ 代表外生的技术水平，且满足 $\partial A_l(\tau)/\partial \tau > 0$，$\partial A_h(\tau)/\partial \tau > 0$。令 $\sigma \equiv 1/(1-\rho)$，即高技能劳动与低技能劳动间的替代弹性。

厂商的生产满足最优化的一阶条件，由此得到两类劳动力的单位工资分别为：

$$w_l = A_l^\rho(\tau) \cdot L^{\rho-1} \cdot [(A_l(\tau)L)^\rho + (A_h(\tau)H)^\rho]^{\rho-1} \tag{6}$$

$$w_h' = A_h^\rho(\tau) \cdot H^{\rho-1} \cdot [(A_l(\tau)L)^\rho + (A_h(\tau)H)^\rho]^{\rho-1} \tag{7}$$

其次，假设劳动者总是可以提供 1 单位的低技术劳动，但提供的高技术劳动数量 η_i 取决于该劳动者的受教育程度以及教育成本，即满足 $\eta_i = [f(edu_i) - c_i] \in [0, 1]$，其中 f 表

---

① 当然，在这样简化的假设下，y^c/y^{nc} 自身就是对收入不平等程度的测度。

示特定受教育程度下提供高技术劳动的能力，且有 $\partial f/\partial edu_i > 0$，$c_i$ 为劳动者个体的异质性受教育成本。

劳动者在两种劳动力供给方式间选择。当 $\eta_i \geqslant w_l/w_h$ 时，劳动者选择提供 η_i 单位的高技术劳动；当 $\eta_i < w_l/w_h$ 时，选择提供 1 单位的低技术劳动。[①] 由此，两种劳动力的总供给分别为：

$$H^s = \sum_i \eta_i \cdot I(\eta_i \geqslant w_l/w_h), \quad L^s = \sum_i I(\eta_i < w_l/w_h) \tag{8}$$

其中，$I(\cdot)$ 为示性函数，当括号中条件满足时取 1，否则取 0。令 $r_w \equiv w_l/w_h$，即低技术劳动与高技术劳动的相对工资。在式中，对任意 i，显然有 $\partial H^s/\partial \eta_i > 0$，$\partial L^s/\partial \eta_i < 0$，以及 $\partial H^s/\partial r_w < 0$，$\partial L^s/\partial r_w > 0$。

最后，劳动力市场出清要求 $H = H^s$ 和 $L = L^s$ 同时成立。

上述一般均衡模型中最重要的假设是：外生的技术进步具有技能偏向性，即技术进步对高技术劳动力更加有利。[②] 这一假设在上述模型中可以表述为：

$$\partial[A_l(\tau)/A_h(\tau)]/\partial \tau < 0 \tag{9}$$

（二）技术进步、收入不平等与劳动力相对供给

技能偏向型技术进步加剧劳动力市场收入不平等的作用机制可以由如下推导过程得到：

$$r_w \equiv w_l/w_h = [A_l(\tau)/A_h(\tau)]^\rho (H/L)^{1-\rho} \tag{10}$$

对式（10）两边取对数：

$$\ln(r_w) \equiv \ln(w_l/w_h) = \rho \ln[A_l(\tau)/A_h(\tau)] + (1-\rho)\ln(H/L) \tag{11}$$

式（11）两边同时对 τ 求导：

$$\frac{\partial \ln(r_w)}{\partial \tau} = \frac{1}{r_w} \cdot \frac{\partial r_w}{\partial \tau} = \rho \frac{A_h}{A_l} \frac{\partial(A_l/A_h)}{\partial \tau} + (1-\rho)\frac{\partial r_w}{\partial \tau}\left[\frac{(\partial H^s/\partial r_w)}{H} - \frac{(\partial L^s/\partial r_w)}{L}\right] \tag{12}$$

上述推导使用到了 $H = H^s$，$L = L^s$ 这个结论。进一步整理得到：

$$\overbrace{\left[\frac{HL}{r_w} - (1-\rho)L\frac{\partial H^s}{\partial r_w} + (1-\rho)H\frac{\partial L^s}{\partial r_w}\right]}^{+} \cdot \frac{\partial r_w}{\partial \tau} = HL\rho\frac{A_h}{A_l}\frac{\partial(A_l/A_h)}{\partial \tau} \tag{13}$$

显然有 $\partial r_w/\partial \tau < 0$。这表明随着技术进步（$\tau$ 上升），低技术工人的相对收入减少（r_w 下降），劳动力市场的不平等程度上升。在此基础上可以进一步得到技能偏向型技术进步对两类劳动力相对供给的影响（$H = H^s$，$L = L^s$）：

---

① 显然，一个隐含的假设是 $w_l < w_h$，否则经济中将不会有劳动者提供高技能劳动。
② 后文将从数据中验证该假设的合理性。

$$\partial(H/L)\partial\tau = [(\partial H^s/\partial r_w)(\partial r_w/\partial\tau)L - (\partial H^s/\partial r_w)(\partial r_w/\partial\tau)H]/L^2 > 0 \tag{14}$$

至此，本文从模型中得到了数据反映出的两个特征：第一，高技术劳动力的相对工资上升，收入差距扩大；第二，与此同时，高技术劳动力相对供给增加。[1]

上述推导揭示了劳动力市场的动态调整过程。技能偏向型技术进步使高技术工人的相对工资上升，这引起高技术工人的相对供给增加；高技术工人相对供给的增加降低了高技术工人的相对工资，在一定程度上缓解了劳动力市场的收入不平等。[2]但是，这个调整过程的最终结果仍然是收入分配不平等程度的上升，原因在于高技术工人相对供给的增加不能完全弥补由于技术进步带来的收入差距扩大。

（三）教育回报与收入不平等

上文的分析框架为使用教育年限作为劳动者技术水平的衡量标准提供了支持。在文章的模型中，由于低技术劳动者的最优选择是不进行教育投入（或者说，在现实中只进行基础水平的教育投入），而只有高技术劳动者进行教育投入。因此，受教育程度是劳动者技术水平的等价测度，二者的信息是重合的。在这个意义上，可以把教育水平看做"连续"的，反映劳动者技术水平的分组指标。不同教育水平劳动者的收入差距，就是不同技术水平劳动者的收入差距。这解决了无法从数据中直接识别高技能劳动者和低技能劳动者的问题。

具体而言，在上述模型框架下，我们可以进一步将收入差距扩大与劳动者的受教育程度联系起来，分解出劳动者的受教育程度对收入差距扩大的两种不同效应。根据前文假设，社会的平均受教育程度可以由如下等式衡量：[3]

$$\eta \equiv \sum_i edu_i \cdot I(\eta_i \geq w_l/w_h) = \prod_i f^{-1}(\eta_i + c_i)I(\eta_i \geq r_w) \tag{15}$$

注意式（15）成立的原因是：由于劳动者总是可以提供 1 单位的低技术劳动，因此对于 $\eta_i < w_l/w_h$ 的劳动者而言，其最优选择是不进行教育投入（$edu_i = 0$）而直接从事低技术劳动。式（15）两侧对 r_w 求导，得到：

$$\partial\eta/\partial r_w = \sum_i f^{-1}(\eta_i + c_i)\partial I(\eta_i \geq r_w)/\partial r_w < 0 \tag{16}$$

因此有 $\partial\ln r_w/\partial\eta = (\partial r_w/\partial\eta)/r_w < 0$。这说明在技能偏向型技术进步条件下，受教育程度的总体上升（$\partial\eta/\partial\tau = \partial\eta/\partial r_w \cdot \partial r_w/\partial_T > 0$）加剧了劳动者的收入不平等。这是教育因素对收入不平等影响的总效应。同时，受教育程度的上升意味着市场上高技术劳动相对供给的增加，如前文所述，这在一定程度上缓和了收入不平等：

---

① 在劳动力市场总体供给水平不变的情况下，这意味着高技术劳动供给上升，低技术劳动供给下降。这个结论也可以由 H^s、L^s 直接对 τ 求导得到。

② 式（11）两边对 $\ln(H/L)$ 求导可得 $\partial\ln r_w/\partial\ln(H/L) = 1 - \rho > 0$。

③ 不失一般性，假设经济中的劳动者总量为 1。

$$\partial(H^s/L^s)/\partial\eta = \left[(\partial H^s/\partial\eta)L^s - (\partial L^s/\partial\eta)H^s\right]/(L^s)^2$$

$$= [\underbrace{(\partial H^s/\partial r_w)(\partial r_w/\partial\eta)L^s}_{+} - \underbrace{(\partial L^s/\partial r_w)(\partial r_w/\partial\eta)H^s}_{-}]/(L^s)^2 > 0 \tag{17}$$

本文把这部分效应定义为教育的要素结构效应。这样，可以将外生的技能偏向型技术进步引起劳动者收入不平等的总效应分解成如下两个与劳动者受教育程度相关的部分：

$$总效应(+) = 教育的要素结构效应(-) + 教育的要素回报效应(+) \tag{18}$$

其中，正号表示该效应扩大了劳动者的收入不平等，负号表示该效应减小了劳动者的收入不平等。教育的要素回报效应定义为总效应与教育结构效应之差，反映的是由技能偏向型技术进步带来的边际教育回报率的上升。

(四) 技能偏向型技术进步的存在性

由于本文的理论推导以及后面的实证研究都建立在技术进步具有技能偏向性这一关键假设上，因此验证这一假设，即式 (9) 成立，具有十分重要的意义。在进入本文的实证部分前，此处依照 Author et al. (1998) 以及 Acemoglu (2002) 的方法，证明技能偏向型技术进步这一条件在我国是成立的。结合式 (6) 与式 (7)，得到如下等式：

$$S_h = w_h H/w_l L = (A_h/A_l)^{(\sigma-1)/\sigma} (H/L)^{(\sigma-1)/\sigma} \tag{19}$$

其中，$\sigma \equiv 1/(1-\rho)$，S_h 是高技术劳动力的相对工资份额。通过简单变换可以得到：

$$A_h/A_l = S_h^{\sigma/(\sigma-1)}/(H/L) \tag{20}$$

由于相对工资份额 S_h 与劳动力的相对供给 H/L 都可以从数据中得到，因此可以通过式 (20) 计算出 A_h/A_l 在样本区间内的变化情况，如图 2 所示。

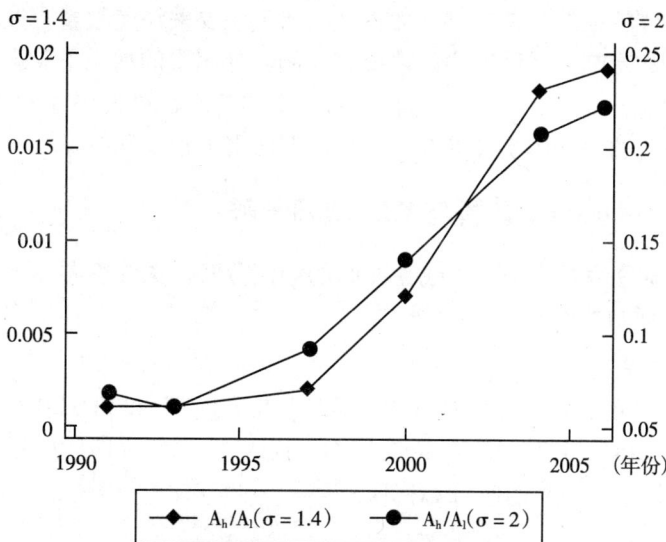

图 2 A_h/A_l 在样本期间的变化

图 2 给出了 1991~2006 年从 CHNS 数据中计算出的 A_h/A_l 的数值。借鉴 Acemoglu (2002) 的做法，分别取 $\sigma = 1.4$ 以及 $\sigma = 2$。可以看出，在整个样本区间内，A_h/A_l 都呈现上升趋势，并且在 20 世纪 90 年代中期以后上升速度明显加快。由于技术进步与时间是一致的，这就验证了 $\partial(A_h/A_l)/\partial\tau > 0$，即 $\partial(A_l/A_h)/\partial\tau < 0$，也就是技能偏向型技术进步在我国是确实存在的。

这里需要注意的是，上述结论的成立基于这样一个隐含假设：技术水平 τ 随着时间推移是不断上升的，即 $\partial\tau/\partial t > 0$。[①] 本文中的技术水平 τ 可以理解为劳动专有技术（Labor-specific）。虽然不能直接从数据中验证 $\partial\tau/\partial t > 0$ 这一条件，但一般而言，劳动专有技术水平与全要素生产率（TFP）是密切相关的，二者呈正相关关系。因此，与我国全要素生产率相关的研究结论可以从侧面佐证该假设的合理性。郭庆旺、贾俊雪（2005），傅勇、白龙（2009），魏下海（2009）以及刘秉镰、李清彬（2009）分别采用全国、省级和市级数据，应用不同方法研究了我国不同时期的 TFP 变化情况，其研究结论均认为我国的 TFP 随时间有不同程度的增长。进一步考虑到 1991~2006 年信息技术的发展和计算机的普及对劳动者劳动生产率的影响，显然 $\partial\tau/\partial t > 0$ 是一个合理的假设。

四、基于 RIF 回归分解的实证研究

本文的这一部分将通过实证方法从数据中验证式（18）。如文章第一部分所言，当前在收入不平等问题上的实证研究，其中一个重要的领域是通过计量经济学方法将收入不平等分解成劳动者个体特征的要素贡献。而本文的研究主要关注受教育程度这一个体特征对劳动者收入不平等的影响。具体来说，需要在控制其他因素的情况下验证：①劳动者平均受教育水平的提高缩小了收入差距；②教育回报率的提高在更大程度上加剧了收入差距；③劳动者受教育程度这一个体特征的变化在总体上加剧了收入不平等。

（一）Blinder–Oaxaca 分解与 RIF 回归分解

Blinder–Oaxaca 分解方法是基于线性回归的均值分解。关注变量 y 为劳动者的对数月平均收入，在线性回归的假设下有：

$$y_t = x'_t\beta + u_t, \quad E(u_t|x_t) = 0, \quad t = \{1,\ 0\} \tag{21}$$

本文关注收入 y 在 t_0 时期（1991~1993 年）以及 t_1 时期（2004~2006 年）的平均差异 $Dy = E(y_1) - E(y_0)$ 如何受到其他因素 X 的影响。代入式（21）可以得到：

$$Dy = E(y_1) - E(y_0) = E(x'_1)\beta_1 - E(x'_0)\beta_0$$

---

① 非常感谢匿名审稿人指出在文章中需要对该隐含假设的合理性进行讨论。

$$= E(x_1')(\beta_1 - \beta^*) + [E(x')\beta^* - E(x_0')\beta_0]$$

$$= E(x_1')(\beta_1 - \beta^*) + [E(x') - E(x_0')]\beta_0 + E(x_1')(\beta^* - \beta_0) \tag{22}$$

其中，β^* 为均衡的要素回报率；$\Delta_S \equiv E(x_1')(\beta_1 - \beta^*)$ 称为要素的报酬效应，反映的是相同要素结构下由要素回报率不同引起的收入差别；$\Delta_X \equiv [E(x_1') - E(x_0')]\beta_0$ 称为要素的结构效应，[1] 反映的是由要素分布结构不同引起的收入差别；$R = E(x_1')(\beta^* - \beta_0)$ 是不可解释的部分。

Blinder-Oaxaca 分解的局限性在于它考察的仅仅是收入 y 的均值在不同时期的差异。更理想的方法应该从 y 的边际分布函数出发，研究要素 X 及其回报如何影响 y 在不同时期的分布。Firpo et al.（1996）开创性地提出可以通过构造反事实状态的分布函数的方法来研究不同要素对收入分布的影响。所谓反事实状态的分布函数，即 t_0 时期在具有与 t_1 时期相同的要素分布 X_1 时 y_0 所具有的分布。记反事实状态的分布函数为 $F(y_C)$，它可以看做一个"公平"的分布，通过比较 $F(y_0)$、$F(y_1)$ 与 $F(y_C)$ 的差别，可以得到各要素 X 的变化对 y 分布变化的影响。[2] Firpo et al.（2007）改进了其 1996 年的研究成果，提出了一种基于 RIF 回归的新分解方法。该方法通过建立 RIF 与各种统计量间的对应关系，可以将任意的统计量表示成其他变量的线性投影，进而应用类似于 Blinder-Oaxaca 的分解方法，分解出各解释变量对该统计量的影响。

令 $v = v(F)$ 是定义在任意分布函数 F 上的泛函。本文中 v 特指刻画分布 $F(y)$ 的各种统计量，包括均值、方差、分位数以及基尼系数等。y_1 与 y_0 的分布差异可以用各种统计量来衡量，即

$$D = v(F_1) - v(F_0) = [v(F_1) - v(F_C)] + [v(F_C) - v(F_0)] \tag{23}$$

其中，$F_C(\cdot)$ 是反事实状态的分布函数。相应地，$v(F_C)$ 是定义在 F_C 上的统计量。任意分布 $F(y)$ 的再中心化影响函数 RIF 定义为：

$$RIF(y; \ v) \equiv v(F) + IF(y; \ v) = v(F) + \lim_{\varepsilon \to 0} \frac{v(F_\varepsilon) - v(F)}{\varepsilon} \tag{24}$$

Firpo et al.（2007）证明有如下等式成立：

$$\int RIF(y; \ v) \cdot dF(y) = E_y(RIF(y; \ v)) = v(F) \tag{25}$$

通过迭代期望原理，可以将统计量 $v(F)$ 表示成其他变量 X 的函数，即

$$v(F) = E_y(RIF(y; \ v)) = E_x[E_y(RIF(y; \ v)|X)] = E[m^v(X)] \tag{26}$$

---

① 国外文献中称 Δ_S 为 Structural Effect，称 Δ_X 为 Composition Effect。为了便于与前文统一，并更贴近现实含义，本文采取了不同的命名方式。

② 如何构造反事实状态的分布函数，以及如何得到各要素 X 的变化对 y 分布的影响的具体方法将在下文阐述。黎波等（2007）也对该方法进行了较为详细的介绍。Machado & Mata（2005）利用分位数回归（Quantile Regression）的方法先得到 y 给定 X 的条件分布，再通过 bootstrap 方法对 X 进行抽样来构造 y 的边际分布，从而成功将要素分布及其回报与 y 的边际分布联系起来。这成为另一个被广泛使用的方法。

其中，$E_y(RIF(y; \ v)|X) \equiv m^v(X)$。令 $m_L^v(X) = X \cdot \gamma^v$ 是 $m^v(X)$ 在 X 上的线性投影，显然有：

$$\gamma^v = E(XX^T)^{-1} \cdot E(X^T m^v(X)) \tag{27}$$

由线性投影的性质可以得到 $E[m_L^v(X)] = E[m^v(X)]$。结合式（23）、式（26）和式（27）可以得到：

$$D = [E(m_1^v(X_1)) - E(m_C^v(X_1))] + [E(m_C^v(X_1)) - E(m_0^v(X_0))]$$
$$= [E(X_1^T) \cdot (\gamma_1^v - \gamma_C^v)] + [E(X_1^T) \cdot \gamma_C^v - E(X_0^T) \cdot \gamma_0^v]$$
$$= [E(X_1^T) \cdot (\gamma_1^v - \gamma_C^v)] + [E(X_1^T) - E(X_0^T)] \cdot \gamma_0^v + E(X_1^T)(\gamma_C^v - \gamma_0^v) \tag{28}$$

式（28）与式（22）相对应。因此，在得到 γ_l^v（$l = 1, \ 0, \ c$）的一致估计后，可以应用与 Blinder–Oaxaca 相似的方法来对不同效应进行分解。

总的来说，获得式（28）的分解结果可以分两步进行。首先是得到目标统计量（分位数、方差或基尼系数）RIF 的一致估计；[①] 得到 RIF 的一致估计后，γ_l^v（$l = 1, \ 0, \ c$）的一致估计可以简单地由加权最小二乘法得到，考虑到 RIF 估计的误差，Firpo et al.（2007）建议使用 White 异方差一致估计。

（二）基于 RIF 回归的分解结果

本文中使用到的反映收入 y 分布的统计量包括方差、基尼系数以及分位数。方差与基尼系数能在总体上反映两个时期收入不平等的变化情况，而不同分位数能在整个分布上刻画 y 的变化情况，从而得到更加细致、精确的结果。不同统计量的 RIF 一致估计可以通过 Firpo et al.（2007）介绍的方法得到。在第二阶段的 RIF 回归中，必须控制影响收入分配的其他因素来得到受教育程度对收入分配的影响。具体而言，RIF 回归方程的设定如下：

$$v(F_l) \equiv E_y(RIF(y_l; \ v)) = m_L^v(X) + \varepsilon = \gamma_l^0 + educ \cdot \gamma_l^* + Z\gamma_l^v + \varepsilon \quad (l = 0, \ 1, \ c)$$

其中，educ 是劳动者的受教育程度，采用受教育年限来衡量；[②] Z 是影响收入的其他因素，包括劳动者的性别（female，1 为女性，0 为男性）、城乡户籍（rural，1 为农村户口，0 为城市户口）、性别与受教育程度的交互项、户籍与受教育程度的交互项、年龄及其平方项（age，agesq）、公司性质虚拟变量以及地域（省份）虚拟变量；ε 是回归的残差。

1. 变量描述统计

表 2 给出了 t_0（1991~1993 年）和 t_1（2004~2006 年）两个时期主要变量的描述统计结果。其中有两个突出的特征：①劳动者的工资收入有了明显上升，其对数工资均值从 t_0 时期的 5.62 上升到 t_1 时期的 6.61，上升幅度达到 17.6%；同时，工资收入的不平等程度显著

---

① Firpo et al.（2007）介绍了不同统计量 RIF 的估计方法，并证明了 RIF 估计的渐进正态性质。其中以分位数为统计量的 RIF 回归也称为无条件分位数回归（Unconditional Quantile Regression，见 Firpo et al.（2009））。由于 RIF（y_l; v）的估计过程较为复杂，且随统计量的不同而不同，此处不对其估计方法进行具体讨论，有兴趣的读者可以参考 Firpo et al.（2007）。

② 附表 A1 和附表 A2 列出了采用离散化教育测度的 RIF 分位数回归及分解结果，与正文中采用连续教育测度所得到的结果是一致的。感谢匿名审稿人的这一建议。

扩大，其对数工资收入的标准差从 t_0 时期的 0.67 上升到 t_1 时期的 0.95，上升幅度为 41.8%。②两个时期劳动者的个体特征构成有了明显变化。相对于 t_0 时期，t_1 时期样本中农村劳动者的比重更大，从 49% 上升到 57%；同时劳动者的平均年龄上升了 5.37 岁，而平均受教育年限上升了约 1.5 年。上述劳动者收入水平、收入差距以及个体特征在不同样本时期的差异为模型参数的准确估计提供了足够的变异性（Variation），也从侧面反映了我国劳动力市场的巨大变化。

表 2　主要变量描述统计

变量名	样本量	均值	标准差	最小值	最大值	变量名	样本量	均值	标准差	最小值	最大值
1991~1993 年						2004~2006 年					
lnwage	5863	5.62	0.67	0.70	8.74	lnwage	4623	6.61	0.95	1.40	10.06
rural	5863	0.49	0.50	0.00	1.00	rural	4623	0.57	0.50	0.00	1.00
female	5863	0.39	0.49	0.00	1.00	female	4623	0.40	0.49	0.00	1.00
educ	5863	8.96	3.54	0.00	18.00	educ	4623	10.45	3.78	0.00	18.00
age	5863	35.69	10.54	18.02	64.95	age	4623	41.06	10.50	18.03	64.89

2. RIF 分位数回归结果

由于各分位数能全面刻画收入分布状况，并且以收入分布的分位数为被解释变量的回归能直观看出各要素在不同收入水平的边际回报率，因此本文先给出在不同时期 RIF 分位数回归的结果，具体见表 3。

表 3　RIF 分位数回归结果

时期	1991~1993 年			2004~2006 年		
分位数	10%	50%	90%	10%	50%	90%
rural	−0.280**	−0.304**	−0.171	−0.481	−0.572**	−0.057
	(0.081)	(0.046)	(0.089)	(0.335)	(0.077)	(0.104)
female	−0.256**	−0.201**	−0.396**	−1.638**	−0.122*	−0.023
	(0.084)	(0.044)	(0.082)	(0.297)	(0.058)	(0.082)
educ	0.004	0.004	−0.005	0.025	0.027**	0.058**
	(0.007)	(0.004)	(0.009)	(0.021)	(0.005)	(0.009)
rural×educ	0.014	0.013**	0.003	0.014	0.034**	−0.019
	(0.008)	(0.005)	(0.009)	(0.027)	(0.007)	(0.010)
female×educ	0.016*	0.010*	0.021**	0.105**	−0.005	−0.011
	(0.008)	(0.005)	(0.008)	(0.024)	(0.005)	(0.008)
age	0.089**	0.029**	0.062**	0.177**	0.050**	0.014
	(0.010)	(0.005)	(0.008)	(0.030)	(0.007)	(0.010)
agesq	−0.001**	−0.000**	−0.001**	−0.002**	−0.001**	−0.000
	(0.000)	(0.000)	(0.000)	(0.000)	(0.000)	(0.000)

续表

时期	1991~1993 年			2004~2006 年		
分位数	10%	50%	90%	10%	50%	90%
Constant	3.091** (0.378)	4.955** (0.185)	5.044** (0.399)	3.426** (0.673)	6.288** (0.228)	7.271** (0.457)
公司虚拟变量	有	有	有	有	有	有
地域虚拟变量	有	有	有	有	有	有
样本个数	5863	5863	5863	4623	4623	4623
R^2	0.100	0.131	0.118	0.279	0.275	0.095

注：括号中为 White 稳健标准差，** 与 * 分别表示在 1% 与 5% 的水平上显著（以下附表 A1 同）。

从表 3 可以看出，在 t_0 时期，教育对劳动者的收入在统计上没有显著影响；但在 t_1 时期，这种影响变得十分显著，并且随着收入分位数的上升该作用愈加明显。另外，从平均水平上看（50% 分位数），农村居民存在更高的教育溢价（rural×educ 的系数显著为正），在 t_0 时期的平均溢价程度约为 0.013，在 t_1 时期的平均溢价程度约为 0.034，约为 t_0 时期的 2.5 倍。上述结果再次反映出教育回报率在样本期间内的显著上升。此外，表 3 的结果还表明无论是 t_0 时期还是 t_1 时期，都存在着城乡收入差距以及性别收入差距，并且城乡差距在收入的中位数水平上趋于扩大，t_0 时期系数为 -0.304，t_1 时期系数为 -0.572；但性别差距在缩小，t_0 时期为 -0.201，t_1 时期为 -0.122。

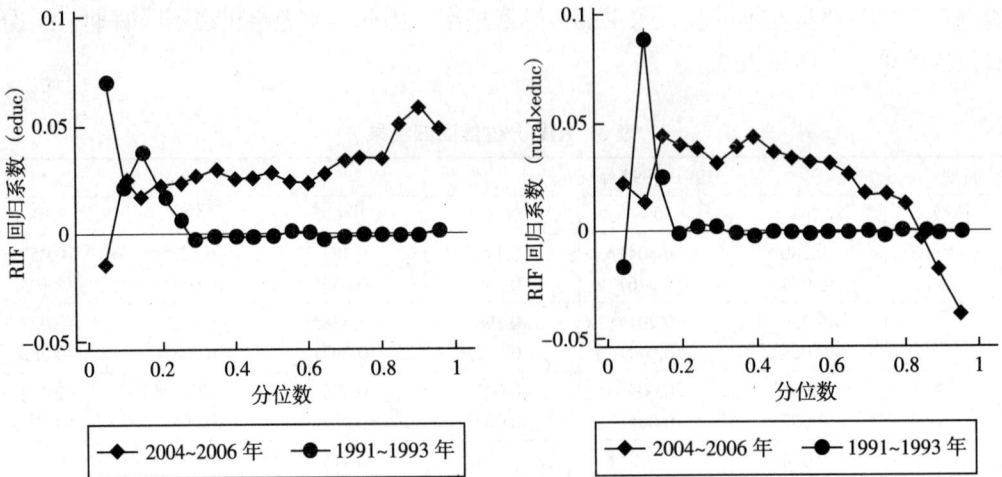

图 3　RIF 分位数回归系数

为了更全面了解教育回报率在不同时期对劳动者收入的影响，图 3 画出了 educ 与 rural×educ 两个变量在不同时期不同分位数上的 RIF 回归系数。① 从左图可以看出，在 t_0 时

---

① 由于变量 female×educ 在大部分分位数上都不显著，本文在分析中暂时忽略该交互项的影响。

期，教育要素除了在低分位数上有显著的正向作用外，对收入几乎没有什么影响，回归系数都在 0 上下很小的区间内波动；但在 t_1 时期，教育有明显的正效应，并且该溢价效应随着收入分位数的上升而增加。农村人口的额外教育收益在 t_1 时期也表现得十分明显（右图），在高分位数上虽然回归系数为负，但在统计上并不显著。这可以理解为这种额外的教育收益不存在于农村的高收入人群，即收入在 85% 分位数以上的人群。

3. 基于 RIF 回归的要素效应分解结果

虽然从 RIF 分位数回归可以看出不同时期教育收益率的变化情况，但基于式（28）的 RIF 回归分解才能反映各要素对收入不平等的影响，同时可以验证文章第三部分的理论预测。表 4 进一步给出了关于不同收入不平等测度的基于 RIF 回归的分解结果。第一部分列出的是基于所有回归变量 X =（educ，Z）的分解结果，第二部分列出的是与教育相关的变量的分解结果。

表 4　RIF 回归分解结果

	基尼系数	方差	Q50–Q10	Q90–Q50	Q90–Q10
总效应	0.011	0.430	0.061	0.590	0.650
要素报酬效应	0.015	0.424	0.138	0.661	0.800
要素结构效应	−0.004	0.006	−0.077	−0.072	−0.150
总效应					
educ	0.042	0.821	0.065	0.583	0.648
rural×educ	−0.008	−0.137	0.106	−0.226	−0.120
female×educ	−0.014	−0.386	−0.435	−0.062	−0.497
要素报酬效应					
educ	0.057	0.986	0.251	0.783	1.034
rural×educ	0.011	0.152	0.094	0.047	0.140
female×educ	−0.030	−0.591	−0.534	−0.354	−0.888
要素结构效应					
educ	−0.043	−0.650	−0.240	−0.376	−0.616
rural×educ	−0.019	−0.290	0.013	−0.273	−0.260
female×educ	0.016	0.204	0.099	0.292	0.391

注：Qx–Qy 表示 x%分位数与 y%分位数之差（以下附表 A2 同）。

从表 4 中可以得到以下四点结论：

第一，各种收入不平等的测度——无论是基尼系数、方差还是分位数之差，都反映出我国劳动者收入差距在不断扩大。另外，从各要素的整体影响来看，要素报酬效应均为正，而要素结构效应都为负，这说明不同要素报酬率的上升是造成收入差距扩大的主要因素。比较不同分位数之差还可以进一步发现，收入差距扩大主要是由上侧分位数与中位数的差距拉大造成的。也就是说，高收入群体与其他收入水平劳动者之间收入差距的扩大是造成整个劳动群体收入差距扩大的主要原因。这样的发现与事实相符，也反映出 RIF 回归分解的优势所在，即可以灵活地构造不同的统计量，对问题进行更加深入的描述。

第二，对受教育水平的 RIF 回归分解得到了与本文第三部分的理论预测高度一致的结果（见式（18））。首先，对于不同的不平等测度，教育的要素报酬效应全部为正，即扩大了劳动力群体的收入不平等；其次，教育的要素结构效应全部为负，这说明劳动者平均受教育程度的提高能在一定程度上降低收入差距；最后，教育的总效应也都为正，这反映出技能偏向型技术进步使高技能劳动者获益，提高了高技能劳动者的相对工资，从而拉大了收入不平等。

第三，将表 4 第二部分第 1 行与第 2 行的数值分别相加，得到受教育水平对农村劳动者收入差距的影响。总体而言，受教育水平引起的收入差距扩大对农村劳动者的影响较小。但对于收入中位数以下的农村劳动者而言，受教育程度的不同反而提高了他们的收入不平等程度（rural×educ 在 50%分位数与 10% 分位数之差上的总效应为 0.106）。

第四，考虑教育的性别差异，将表 4 第二部分第 1 行与第 3 行的数值分别相加，可以看到教育水平对女性劳动者收入不平等的影响要远远低于对男性劳动者的影响，并且在 50%分位数与 10%分位数之差上降低了女性劳动者的收入不平等程度，其数值为 0.065−0.435 = −0.37。

为了更全面地刻画教育要素对两个时期收入不平等变化的影响，将受教育程度在不同分位数上 RIF 回归分解的结果描绘在同一张图上，如图 4 所示。

首先是教育的要素结构效应。可以看出，除了在两端的极值点以外，教育的要素结构效应在 55% 分位数以下的作用为正，这表明与 t_0 时期相比，要素结构效应在 t_1 时期提升了下侧分位数。与此相反，在 55% 分位数以上，教育的要素结构效应为负，这表明与 t_0 时期相比，教育的要素结构效应在 t_1 时期降低了上侧分位数。总的结果是使上下侧分位数的距离减小，收入分布向均值集中，从而离散程度减小，方差变小，即不平等程度下降。

其次是教育的要素报酬效应。它与教育的要素结构效应有完全相反的作用方向：在下侧分位数的效应为负，在上侧分位数的效应为正。这样，教育的要素报酬效应在抬升上侧分位数的同时拉低了下侧分位数，使收入分布变得更加离散，加大了收入不平等程度。两种效应相叠加，得到教育对收入分布的总效应。可以看出除极小值点外，教育的总效应在下侧分位数上的作用为正且大小基本保持不变；但在上侧分位数上的作用逐渐递增，使收入分布的右侧离散程度加大，从而扩大了收入不平等。这也与表 4 的结论一致，即教育要素主要是通过扩大高收入群体的与其他收入水平劳动者的收入差距，加剧了劳动力群体的整体收入不平等程度。

显然，图 4 进一步验证了等式的理论预测，并表明在整个收入分布上，教育的要素结构效应、要素报酬效应以及总效应都与理论预测相符。

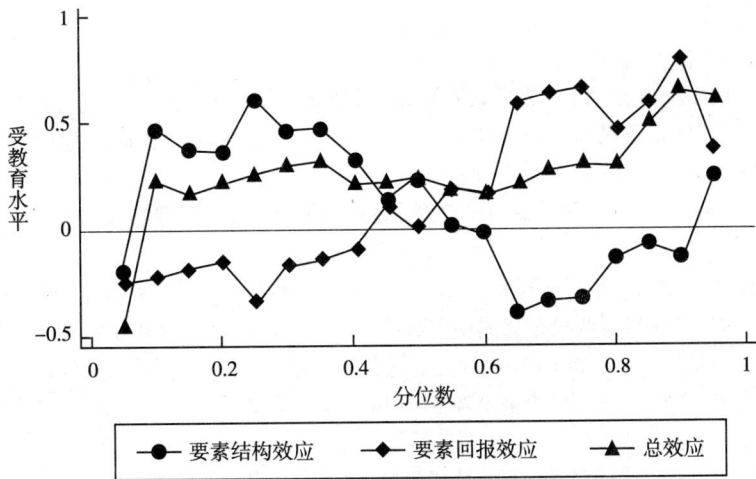

图 4　教育在不同分位数上的要素分解

五、研究结论

　　本文在技能偏向型技术进步的框架下，通过理论分析表明技能偏向型技术进步能很好地解释数据中表现出的高技能劳动者比例增加与高技能劳动者相对收入上升同时存在的现象。进一步地，通过应用 Firpo et al.（2007）发展出的基于 RIF 回归的分解方法，检验了作为反映劳动者技能的受教育程度对劳动者收入不平等变化的影响。文章的实证分析得到了和理论预测高度一致的结果：劳动者平均受教育程度的提高降低了收入不平等，但技能偏向型技术进步却在更大程度上提高了教育的边际收益率，最终的结果仍然是收入不平等上升。

　　研究结果还表明，1991~2006 年，劳动者收入不平等的扩大具有不对称性。一方面表现在收入不平等的上升主要是由于处在收入平均水平以上的高收入劳动者与在收入平均水平以下的低收入劳动者之间收入差距扩大引起的，与此同时低收入劳动者之间的收入差距没有明显的变化；另一方面体现在城乡差别上，低收入农村劳动者的收入不平等程度受到教育要素的影响比相同收入水平的城市劳动者更大，而高收入农村劳动者的收入不平等程度较同等收入水平的城市劳动者受教育要素的影响更小。

　　本文的一个政策含义是，始于 1999 年的高校扩招可能在一定程度上降低了劳动者的收入不平等水平。由于高校扩招降低了接受高等教育的成本，同时培养了更多能从事高技能劳动的劳动者，从而强化了教育要素的结构效应，使收入不平等水平下降。当然，影响收入不平等变化的因素很多，本文在实证过程中发现，性别收入差距、劳动者的年龄结构等都对收入不平等的动态变化有重要的影响，其影响程度与教育要素的数量级十分接近。因此，如何在一个统一的理论框架下更加全面地解释这些现象是一个重要的研究方向。

参考文献

［1］迟巍，2008：《中国城市性别收入差距研究》，《统计研究》第 8 期。

［2］邓曲恒，2007：《城镇居民与流动人口的收入差异——基于 Blinder–Oaxaca 和 Quantile 方法的分解》，《中国人口科学》第 2 期。

［3］傅勇、白龙，2009：《中国改革开放以来全要素生产率变动及其分解（1978~2006年）》，《金融研究》第 7 期。

［4］郭庆旺、贾俊雪，2005：《中国全要素生长率的估算：1979~2004》，《经济研究》第6 期。

［5］洪兴建、李金昌，2007：《两极分化测度方法评述与中国居民收入两极分化》，《经济研究》第 11 期。

［6］刘秉镰、李清彬，2009：《中国城市全要素生产率的动态实证分析：1990~2006》，《南开经济研究》第 3 期。

［7］罗楚亮、李实，2007：《人力资本、行业特征与收入差距——基于第一次全国经济普查资料的经验研究》，《管理世界》第 10 期。

［8］黎波、迟巍、余秋梅，2007：《一种新的收入差距研究的计量方法——基于分布函数的半参数化估计》，《数量经济与技术经济研究》第 8 期。

［9］王美艳，2005a：《中国城市劳动力市场上的性别工资差异》，《经济研究》第 12 期。

［10］王美艳，2005b：《城市劳动力市场上的就业机会与工资差异——外来劳动力就业与报酬研究》，《中国社会科学》第 5 期。

［11］魏下海，2009：《贸易开放、人力资本与中国全要素生产率》，《数量经济与技术经济研究》第 7 期。

［12］夏庆杰、宋丽娜、Appleton S，2007：《中国城镇贫困的变化趋势和模式：1988~2002》，《经济研究》第 9 期。

［13］徐现祥、王海港，2008：《我国初次分配中的两极分化及成因》，《经济研究》第 2 期。

［14］姚先国、李晓华，2007：《工资不平等的上升：结构效应与价格效应》，《中国人口科学》第 1 期。

［15］Acemoglu，D.，1996，"A Microfoundation for Social Increasing Returns in Human Capital Accumulation"，Quarterly Journal of Economics，111，pp.779–804.

［16］Acemoglu，D.，1998，"Why do New Technologies Complement Skills? Directed Technical Change and Wage Inequality"，Quarterly Journal of Economics，113，pp.1055–1089.

［17］Acemoglu，D.，2002a，"Technical Change，Inequality and the Labor Market"，Journal of Economic Literature，40，pp.7–72.

［18］Acemoglu，D.，2002b，"Directed Technical Change"，Review of Economic Studies，69，pp.781–810.

［19］Author，D.，Katz，L.，Krueger，A.，1998，"Computing Inequality：Have Computers Changed the Labor Market?"，Quarterly Journal of Economics，113（4），pp.1169–1213.

［20］Autor，D.，Levy，F.，Murnane，R.，2003，"The Skill Content of Recent Technological Change：An Empirical Exploration"，Quarterly Journal of Economics，118（4），pp.1279–1333.

［21］Autor，D.，Katz，L.，Kearney，M.，2006，"The Polarization of the U. S. Labor Market"，American Economic Review，Papers and Proceedings，96（2），pp.189–194.

[22] Card. D., Dinardo, J., 2002, "Skill-Biased Technological Change and Rising Wage Inequality: Some Problems and Puzzles", Journal of Labor Economics, 20 (4), pp.733-783.

[23] DiNardo, J., Fortin, N., Lemieux, T., 1996, "Labor Market Institutions and the Distribution of Wages, 1973-1992: A Semiparametric Approach", Econometrica, 64, pp.1001-1044.

[24] Firpo, S., Fortin, N., Lemieux, T., 2007, "Decomposing Wage Distribution Using Recentered Influence Function Regression", Working Paper.

[25] Firpo, S., Fortin, N., Lemieux, T., 2009, "Unconditional Quantile Regression", Econometrica, 77 (3), pp.953-973.

[26] Juhn, Chinhui, Kevin M. Murphy and Brooks Pierce, 1993, "Wage Inequality and the Rise in Returns to Skill", Journal of Political Economy, 101 (3), pp.410-442.

[27] Machado, F., A., Mata, J., 2005, "Counterfactual Decomposition of Changes in Wage Distributions Using Quantile Regression", Journal of Applied Econometrics, 20, pp.445-465.

附　录

附表 A1 和附表 A2 列出了采用离散化教育测度的 RIF 分位数回归以及分解结果。按照国内外相关文献的处理惯例，我们将劳动者的受教育程度离散化，设置"大学"、"高中和中专"、"初中"以及"小学及以下"四个虚拟变量。劳动者的不同受教育程度反映了其不同的技术水平。将"小学及以下"作为基准组（低技术劳动者），其他虚拟变量的系数及 RIF 回归分解结果就能直观地反映出（不同技术水平的）高技术工人和低技术工人的相对工资差距。

从附表 A1 和附表 A2 的实证结果可以看出：

（1）与连续教育测度的结果相同，RIF 无条件分位数回归结果显示，相对于小学及以下受教育组而言，大学和高中组的劳动者在 t_0 和 t_1 时期均有明显的教育溢价，并且教育回报在 t_1 时期不同分位点上都比 t_0 时期有明显上升。但是，这样的效果在"初中"组中并不显著，表明相对于小学及以下受教育程度的劳动者而言，具有初中受教育程度的劳动者没有明显的教育溢价。这样的结果也是与直觉相符的。

（2）在不同的不平等测度下（基尼系数、方差、分位数差），不同受教育程度（也就是不同技术水平）的劳动者基于 RIF 的分解结果都与理论预测一致——教育的要素价格效应为正，要素结构效应为负（初中组的要素结构效应在 50%~10%分位数上为正，是一个例外，并且总效应都为正。这与原文中使用连续教育测度进行分解的结果是一致的。

（3）从 RIF 分解结果的数值大小上看。大学教育与高中教育在要素价格效应上的大小大致相当，二者均显著高于初中教育。但在 50%分位数与 10%分位数之差上，大学教育的要素价格效应要明显大于高中教育。在教育的要素结构效应上，大学教育的要素结构效应在绝对数值上要大于高中教育和初中教育。

附表 A1　离散教育测度的 RIF 分位数回归结果

分位数	1991~1993 年			2004~2006 年		
	10%	50%	90%	10%	50%	90%
rural	−0.156** (0.031)	−0.182** (0.018)	−0.145** (0.036)	−0.264** (0.080)	−0.185** (0.027)	−0.257** (0.042)
female	−0.114** (0.031)	−0.112** (0.017)	−0.209** (0.030)	−0.588** (0.081)	−0.189** (0.023)	−0.167** (0.032)
college	0.220** (0.046)	0.166** (0.040)	0.060 (0.070)	0.218* (0.097)	0.357** (0.038)	0.613** (0.071)
high school	0.093** (0.034)	0.027 (0.020)	0.013 (0.039)	0.249** (0.090)	0.136** (0.029)	0.116** (0.038)
junior school	−0.104 (0.162)	−0.113 (0.082)	0.084 (0.180)	−0.841 (0.920)	0.062 (0.144)	−0.067 (0.180)
age	0.088** (0.010)	0.029** (0.005)	0.061** (0.008)	0.168** (0.030)	0.052** (0.007)	0.019* (0.010)
agesq	−0.001** (0.000)	−0.000** (0.000)	−0.001** (0.000)	−0.002** (0.000)	−0.001** (0.000)	−0.000 (0.000)
Constant	3.131** (0.374)	4.981** (0.181)	5.022** (0.393)	3.932** (0.620)	6.433** (0.218)	7.464** (0.445)
公司虚拟变量	有	有	有	有	有	有
地域虚拟变量	有	有	有	有	有	有
样本个数	5863	5863	5863	4623	4623	4623
R²	0.099	0.127	0.117	0.271	0.272	0.105

注：college、high school 和 junior school 分别是大学、高中及职专和初中受教育程度虚拟变量（以下附表 A2 同）。

附表 A2　离散教育测度的 RIF 回归分解结果

	基尼系数	方差	Q50−Q10	Q90−Q50	Q90−Q10
总效应	0.0108	0.3943	0.0446	0.5232	0.5403
要素报酬效应	0.0127	0.0091	0.0158	0.4922	0.1801
要素结构效应	−0.0019	0.3852	0.0288	0.0310	0.3602
总效应					
college	0.0060	0.0976	0.0908	0.0826	0.1733
high school	0.0080	0.1087	0.0545	0.0992	0.1899
junior school	0.0001	0.0013	0.0052	0.0021	0.0074
要素报酬效应					
college	0.0071	0.1121	0.0959	0.0927	0.1885
high school	0.0086	0.1284	0.0594	0.1002	0.1957
junior school	0.0001	0.0013	0.0052	0.0029	0.0081
要素结构效应					
college	−0.0011	−0.0135	−0.0051	−0.0101	−0.0152
high school	−0.0006	−0.0097	−0.0049	−0.0010	−0.0059
junior school	−0.0000	−0.0000	0.0000	−0.0008	−0.0007

Technical Progress, Return to Education and Income Inequality in China

Abstract: This paper establishes a general equilibrium model based on the framework of Skill-biased Technical Change to illustrate that change in return to education is the main source of rising income inequality in China since early 1990s. The model shows that the total effect of education on income inequality can be decomposed into factor price effect and factor composition effect. While the former widens the magnitude of income inequality, the latter tends to narrow it. However, the total effect is still the rising of inequality. Using newly developed RIF regression techniques, our empirical results indicate that the model's predictions are highly consistent with the data.

Key words: Income Inequality; Skill-biased Technical Change; RIF Regression

基于家庭收入分布的地区基尼系数的测算及其城乡分解*

【摘　要】 本文利用《中国城乡居民生活综合调查》（2004 年）的有关家庭收入抽样调查数据，首次考察发现全国和各地区城乡家庭人均收入的对数服从由 Pareto 分布、正态分布和指数分布构成的混合分布。与通常的利用分组数据计算基尼系数不同，本文综合了全部抽样家庭的人均收入信息，应用分布函数法对全国、各省（市、自治区）以及东、中、西部地区的城镇基尼系数、农村基尼系数和城乡混合基尼系数进行了测算，进一步对城乡混合基尼系数进行城乡分解，得到了城镇和农村内部收入差距以及城乡收入差距对混合基尼系数的贡献大小。研究结果对有关政府部门制定相关的居民收入分配政策提供了依据。

【关键词】 地区差距；收入分布；基尼系数

一、引言

自 1978 年中国实行改革开放以来，中国经济在取得快速发展的同时，居民收入差距也在不断扩大，社会不公平现象凸显，而这种不公平性尤其体现在城乡之间和区域之间。收入差距过大不仅影响经济效率，更重要的是会影响社会的稳定，带来一系列严峻的社会问题，有悖于中国建设和谐社会的目标。因此，居民收入差距保持在适当水平非常重要和紧迫，对其客观测量亦显得十分重要。

常见的地区收入差距分析方法主要有以下三种：一是采用加权变异系数法，对地区收入差距的产业或部门构成进行分解。如万广华（1998）、覃成林和李二玲（2002）、林毅夫

* 作者：段景辉：厦门大学经济学院计划统计系，电子信箱：jhduan001@163.com；陈建宝：厦门大学宏观经济研究中心研究员。

本文获国家社科重大基金研究项目"扩大内需的宏观经济政策研究"（08&ZD034）、教育部人文社科重点研究基地基金项目"我国地区间收入分配差异与劳动力转移的经济增长效应分析"（07JJD790145）和福建省社会科学规划研究项目"我国城乡收入差异问题研究"（2009b051）的资助。同时，本文作者感谢匿名评审人提出的有益建议以及程永宏在计算方面提供的帮助。本文引自《世界经济》，2010（1）。

和刘培林（2003）。二是采用泰尔系数和广义熵系数法，对地区收入差距的地理构成进行分解。如李实和赵人伟（1999）、孙靖和黄海滨（2007）。三是计算基尼系数并对其进行分解。如王祖祥（2006）利用分组数据对中国中部6省的基尼系数进行估算，发现中部6省农村和城镇内部的基尼系数都不大，但是城乡加总的基尼系数都很大；陈昌兵（2007）利用非等分数据计算了全国21个省的基尼系数，并利用非参数计量中的分布函数估计方法分析了各地区城乡军民基尼系数的变化特征；王云飞（2007）利用Dagum（1997）提出的分解方法，计算了中国东、中、西部以及三地区之间的基尼系数和贡献度，发现中国地区间的基尼系数贡献度占地区总基尼系数的比重达到80%，东部各省之间的差距有缩小趋势，而西部各省的差距正在不断扩大。综合来看，虽然已有的研究成果揭示了中国地区收入差距的规律性问题，但是也存在一些不足：①多数成果都是研究整个区域的差异，并没有区分区域内农村和城镇的差异情况，事实上，由于目前中国城乡居民收入差距悬殊，将二者混在一起计算的区域差异系数并不能反映区域间贫富的实际情况。②多数研究采用的数据都是分组数据，利用微观数据的不多，因此计算的区域差异系数并不精确，不能准确反映区域间和区域内的收入差距情况。针对以上问题，本文拟利用中国社会综合调查开放数据库（CGSS）中21个省、3个自治区和4个直辖市2004年的微观数据对全国和这28个地区的城镇内部、农村内部和城乡混合基尼系数进行计算并分解，并进一步将这28个省（市、自治区）分为东、中、西部三个地区，分别对这三个地区的城镇内部、农村内部和城乡混合基尼系数进行计算并分解。

本文采用分布函数法测算基尼系数。分布函数法是基于对指标的概率密度函数或概率分布函数的假设，估计其分布参数，然后利用洛伦兹曲线对基尼系数进行估计，如McDonald（1995）在总结已有的各类分布函数的基础上提出广义贝塔分布函数（GB）和幂函数形式的广义贝塔分布函数（EGB），并通过分析说明此函数可以用于描述居民收入分布和金融变量的分布等。成邦文（2005）通过对洛伦兹曲线和基尼系数的研究表明大量社会经济规模指标服从对数正态分布；王海港（2006）用帕累托分布拟合中国1988年和1995年两年的居民收入数据，研究中国居民收入分配的格局。国内不少学者曾分别引入过伽马分布函数、帕累托分布函数和正态分布函数等对实际数据进行拟合，效果都不甚理想，主要是由收入分布两端拟合效果不佳引起的。据我们所知，目前还没有一种较理想的将中国居民家庭收入拟合得很好的分布。为此，本文在这方面做了有益的尝试。

基尼系数的分解可以按不同收入群体或不同收入来源的组成部分来进行。按收入群体分解可以了解社会各个群体的收入不平等是如何影响社会总体的，按收入来源分解可以探索各个收入来源组成部分的不平等是如何影响收入不平等的。如Sundrum（1990）将收入群体分为"穷人"和"富人"两个群体，并对混合群体的基尼系数进行分解；Cowell（2000）指出混合基尼系数在不同群体间进行分解时，除了各群体内部差距外，还包括群体间差距和交叉项；董静和李子奈（2004）在假设"城镇和农村居民的收入服从正态分布"的条件下，对城乡混合基尼系数在"城镇居民"和"农村居民"两个群体下进行分解；程永宏（2007）在利用逻辑斯蒂函数估算城乡混合基尼系数后，对城乡两个群体进行分解混合基尼系数。由于中国是一个典型的二元经济社会，居民收入数据天然地分成了城镇家庭居民收入和农村家庭居民收入两套数据，因此，本文在计算全国和各地区城乡混合基尼系数的基础上，对"城镇家庭"和"农村家庭"两个收入群体进行分解。

本文尝试在前人研究的成果基础上，利用中国社会综合调查开放数据库（CGSS）中2004 年的微观数据，将全国和各地区的城镇和农村家庭人均收入分为高、中、低三个收入层次，利用分布函数法寻找合适的函数对全国和各地区城乡家庭人均收入的每个收入层次进行拟合，构造更加准确的城乡居民收入分布函数，从而推导全国和各地区的城乡混合基尼系数并在城镇和农村两个群体分解，研究城镇和农村居民收入的不平等是如何影响收入差距的。

二、城镇和农村家庭收入的分布特征

本文数据来源于中国社会综合调查开放数据库（CGSS）中的《中国城乡居民生活综合调查》（2004 年）的有关家庭收入抽样调查数据。该数据采用分层四阶段不等概率抽样方法，以家庭为样本单位进行调查。本文所使用的样本包括 21 个省、3 个自治区和 4 个直辖市共 9724 个家庭样本单位。其中东部地区包括北京、上海、天津、广东、福建、浙江、山东、辽宁、江苏 9 个省（市）；中部地区包括山西、陕西、江西、吉林、湖北、湖南、黑龙江、河南、河北、海南、安徽、重庆 12 个省（市）；西部地区包括云南、贵州、甘肃、四川、内蒙古、广西、新疆 7 个省（自治区）。

为了描述 2004 年中国城镇和农村家庭人均收入分布特征，将"家庭人均收入"[①] 这一指标取对数处理后，经计算得到表 1 和表 2。

表 1 2004 年全国、各省（市、自治区）家庭人均对数收入分布特征

地区	城乡	家庭数目	均值	标准差	偏度	峰度	JB 正态性检验 P 值
全国	城镇	5665	3.7022	0.3193	−0.3844	0.5826	0.0001
	农村	4059	3.1917	0.4042	−0.4529	0.2946	0.0001
北京	城镇	383	4.0038	0.3097	−0.1972	0.8336	0.0001
上海	城镇	382	4.1019	0.3239	0.5363	2.7703	0.0001
天津	城镇	400	3.8856	0.2705	0.7663	4.1311	0.0001
广东	城镇	328	3.8655	0.4197	0.6161	3.6601	0.0001
	农村	178	3.1629	0.4551	−0.2576	0.1319	0.0001
福建	城镇	200	3.9708	0.3231	0.4644	0.2241	0.0001
	农村	103	3.1378	0.4011	−0.3661	0.1393	0.0001
浙江	城镇	106	4.0186	0.3449	−0.0318	1.1074	0.0001
	农村	163	3.4011	0.5157	−0.2774	0.2269	0.0001

---

① 计算"基于家庭人均收入的基尼系数"更符合中国社会的文化背景，我们把"家庭"看做不可分的个体，以"家庭人均收入"作为该个体的收入，这样处理更具有现实意义。

续表

地区	城乡	家庭数目	均值	标准差	偏度	峰度	JB 正态性检验 P 值
山东	城镇	317	3.8111	0.3407	−0.1376	0.1376	0.0001
	农村	329	3.3563	0.3308	−0.3137	1.5943	0.0001
辽宁	城镇	224	3.7125	0.3337	0.5266	1.6456	0.0001
	农村	188	3.2358	0.3382	−0.0641	0.4974	0.0001
江苏	城镇	282	3.8896	0.3898	−0.0173	0.5488	0.0001
	农村	328	3.3786	0.3844	−0.1556	0.5731	0.0001
山西	城镇	76	3.5315	0.2572	−0.2436	0.3368	0.0001
	农村	81	3.1342	0.3419	−0.7395	2.1806	0.0001
陕西	城镇	207	3.7654	0.2914	0.3517	2.2122	0.0001
	农村	124	3.0659	0.3135	−0.0256	0.1661	0.0001
江西	城镇	91	3.3962	0.3997	0.6389	0.5062	0.0001
	农村	104	2.9499	0.3907	−0.5708	1.6083	0.0001
吉林	城镇	129	3.4196	0.3671	0.0668	0.8679	0.0001
	农村	42	3.1894	0.2502	1.0398	0.8426	0.0001
湖北	城镇	241	3.6876	0.3404	−0.5059	0.9827	0.0001
	农村	247	3.2076	0.2769	−0.0509	0.4793	0.0001
湖南	城镇	263	3.7969	0.3671	0.3016	0.8613	0.0001
	农村	204	3.3537	0.2849	−0.1672	0.1586	0.0001
黑龙江	城镇	251	3.4741	0.3675	0.1169	0.1432	0.0001
	农村	60	3.3555	0.4283	0.1837	0.2501	0.0001
河南	城镇	261	3.5973	0.3618	−0.5825	4.2893	0.0001
	农村	328	2.9686	0.3588	−0.5051	0.7722	0.0001
河北	城镇	171	3.8259	0.3603	−0.4659	3.3312	0.0001
	农村	233	3.2599	0.3208	−0.6131	0.7945	0.0001
海南	城镇	52	3.4531	0.3725	−0.0142	0.7192	0.0001
	农村	12	3.1713	0.2205	−0.2156	0.5265	0.0001
安徽	城镇	259	3.7576	0.3899	0.2301	1.5554	0.0001
	农村	263	3.2779	0.3357	0.0616	0.1811	0.0001
重庆	城镇	42	3.5646	0.3132	0.4556	1.4482	0.0001
	农村	43	3.1665	0.3564	−0.3605	0.1365	0.0001
云南	城镇	150	3.5324	0.3939	−0.3516	0.0804	0.0001
	农村	158	3.1709	0.3198	0.0017	0.3285	0.0001
贵州	城镇	104	3.7243	0.2951	−0.3502	0.0629	0.0001
	农村	171	3.2716	0.2622	0.2427	0.2913	0.0001
甘肃	城镇	147	3.6506	0.3597	−0.8064	1.5732	0.0001
	农村	100	3.2444	0.3992	−0.2487	0.0279	0.0001
四川	城镇	258	3.6523	0.3815	0.0206	1.1923	0.0001
	农村	390	3.0391	0.3107	0.2581	0.7106	0.0001
内蒙古	城镇	85	3.6822	0.3427	0.4231	0.2102	0.0001
	农村	80	3.2206	0.2532	−0.1726	0.3043	0.0001

续表

地区	城乡	家庭数目	均值	标准差	偏度	峰度	JB 正态性检验 P 值
广西	城镇	180	3.6563	0.4146	0.5348	3.7609	0.0001
	农村	130	2.8807	0.3881	0.1474	0.1662	0.0001
新疆	城镇	76	3.2334	0.4677	0.3769	1.1062	0.0001

注：缺少北京、天津、上海、新疆的农村家庭收入数据。

资料来源：根据中国社会综合调查开放数据库（CGSS）的数据计算所得，下同。

表 2　2004 年中国东、中、西部地区家庭人均对数收入分布特征

地区	城乡	家庭数目	均值	标准差	偏度	峰度	JB 正态性检验 P 值
东部地区	城镇	2622	3.9203	0.3564	−0.2084	1.7429	0.0001
	农村	1289	3.3059	0.4069	−0.0237	0.6665	0.0001
中部地区	城镇	1794	3.6364	0.3911	−0.0355	1.0714	0.0001
	农村	1574	3.1856	0.3637	−0.3513	0.9305	0.0001
西部地区	城镇	1249	3.6366	0.3858	−0.1909	1.3563	0.0001
	农村	1196	3.1092	0.3369	−0.0991	0.2539	0.0001

如表 1 和表 2 所示，全国 28 个省（市、自治区）和东、中、西部三大地区的城镇家庭人均对数收入的均值都大于农村家庭人均对数收入的均值，说明城镇家庭人均收入要高于农村家庭人均收入；城镇和农村家庭人均对数收入的 JB 正态性检验 P 值都小于 0.05，说明城镇和农村的家庭人均对数收入分布都没有通过正态性检验，不符合正态分布。偏度[①]和峰度[②]是两个无量纲的数值，常用来描述一组数据的分布形状。正态分布的 g_1 和 g_2 均为 0，若 $g_1 > 0$ ，则称 x 的分布是正偏（或右偏）的；若 $g_1 < 0$ ，则称 x 的分布是负偏（或左偏）的，$|g_1|$ 越大，说明分布偏斜得越厉害；若 $g_2 > 0$ ，则说明随机变量 x 分布的尾部比正态分布的尾部粗，并且 g_2 值越大，倾向认为尾部越粗；若 $g_2 < 0$ ，则说明 x 分布的尾部比正态分布的尾部细，且 $|g_2|$ 值越大，倾向认为尾部越细。2004 年全国以及东、中、西部三大地区的城镇和农村家庭人均对数收入分布的偏度 $g_1 < 0$ ，而峰度 $g_2 > 0$ ，说明全国以及三大地区的城镇和农村家庭人均对数收入的分布都是左偏厚尾的；中国 28 个省（市、自治区）中浙江、山东、江苏、山西、湖北、河南、河北和海南省的城镇和农村家庭人均对数收入分布都是左偏厚尾的，其他各省（市、自治区）大部分农村家庭的人均对数收入分布是左偏厚尾的，而城镇家庭人均对数收入分布是右偏厚尾的。所以，2004 年城镇和农村的家庭人均对数收入分布不可能用单一的分布函数来描述，我们将依据城镇和农村家庭人均对数收入分布的特点寻找适合低、中、高三个收入层次的分布函数，以此来拟合整个城镇和农村家庭的人均收入[③]分布函数。

在国外，研究收入分布规律已经有很长的历史，意大利经济学家 Pareto 是研究这一问

[①] 偏度定义：$g_1 = E[x - E(x)]^3 / [Var(x)]^{1/2}$。

[②] 峰度定义：$g_2 = E[x - E(x)]^4 / [Var(x)]^2 - 3$。

[③] 本文的"人均收入"即为"人均对数收入"的简称，下同。

题的第一人，他发现收入分布服从幂率分布。随后的大量研究结果表明高收入阶层的收入分布可以用幂率分布描述，而中低收入阶层的收入分布可以用对数正态分布或指数分布描述。本文拟采用这一思想，对全国和各地区城镇和农村家庭人均收入分布做一个拟合，经过反复验证，高收入阶层可用帕累托分布拟合，中等收入分布可用正态分布拟合，低收入分布可用指数分布拟合。

帕累托分布是收入分配理论中一种重要的分布（Cowell，2000）。帕累托分布的累积分布函数为：

$$F(x) = 1 - (\frac{\theta}{x})^\alpha, \ x \geq \theta > 0, \ \alpha > 1$$

其中，α 是形状参数，θ 是尺度参数（门限参数），累积分布函数度量收入小于等于 θ 的相对人口比例，我们将这种两参数帕累托分布记为 Pareto(θ, α)。因为帕累托分布的参数严格为正，仅有右尾，而且尾部比对数正态分布厚，能很好地拟合高收入阶层。在分析过程中，如果所得模型的平均方差（Average Variance，AV）远远超过均方误差（Mean Square Error，MSE），则数据的拟合效果好（彭昭英，2000）。

正态分布的概率密度函数为：

$$f(x) = \frac{1}{\sqrt{2\pi} \ \sigma} e^{-(x-\mu)^2/2\sigma^2}$$

其中，μ 和 σ 分别是随机变量 X 的均值与标准差，我们记为 N（μ，σ）。如果中等收入的城乡家庭数目小于 2000 户，则用 W[①] 统计量检验中等收入阶层的对数收入分布是否符合正态分布。根据样本数据分布的形状和正态分布相比较，得出一个数值 P（$0 < P < 1$，即实际的显著性水平）来描述"数据分布服从正态分布"的拟合程度。如果 W 统计量的 P 值大于 0.05，则样本分布通过正态性检验。

指数分布是一种连续概率分布，由于城乡家庭人均收入大于等于 0，因此它的累积分布函数为：

$$F(x) = 1 - e^{-\lambda x}, \quad x \geq 0$$

其中，λ 是指数分布参数，我们记指数分布为 Exp(λ)。我们对所估计的参数 λ 进行 P 检验，如果参数估计的 P 值小于 0.05，则拒绝"参数 $\lambda = 0$"的原假设，参数 λ 的估计值在 5%水平下显著。

---

① 在观察值的样本数 n < 2000 时，Wilk-Shapiro 建议用 W 统计量：$W = [\sum (a_i - \bar{a})(x_i - \bar{x})]^2/[\sum (a_i - \bar{a})^2 \sum (x_i - \bar{x})]^2$ 在原假设 H_0（数据分布服从正态分布）为真时，W 统计量标准化后渐近分布为标准正态分布，取值接近于 1。

三、基于分布函数的基尼系数的测算及分解方法

（一）单一总体基尼系数的测算

下面以城镇家庭为例计算其基尼系数，农村家庭基尼系数的测算方法类似。

在城镇家庭这一总体中，家庭人均收入可以被近似地看做一个连续型变量 I，因此，城镇家庭人均收入的分配状况可以用连续性随机变量 I 的概率分布函数表示，即

$$[PI < x] = F_u(x) \tag{1}$$

表示城镇家庭人均收入不大于 x 的家庭数目占全部城镇家庭数目的比重是 $F_u(x)$。将城镇家庭人均收入分为低等收入、中等收入和高等收入三个层次，其中低、中、高三个收入层次的家庭数目占整个城镇家庭数目的比例分别为 α、β、θ。则可设城镇家庭人均收入分布函数为 $F_u = \alpha F_1 + \beta F_2 + \theta F_3$，其中，$\alpha + \beta + \theta = 1$，$F_1$、$F_2$、$F_3$ 分别表示城镇家庭低、中、高三个收入层次的家庭人均收入分布函数。

基尼系数是根据洛伦兹曲线构造的统计指数，从洛伦兹曲线的定义可知，洛伦兹曲线与城镇家庭人均收入分布函数间存在确定的关系，厉以宁和秦宛顺（1997）与程永宏和糜仲春（1998）曾以不同方式推导出这一关系：洛伦兹曲线上任意点 D 的横坐标 P 与纵坐标 L 为：

$$\begin{cases} P(D) = F_u(x) \\ L(D) = \dfrac{N}{W} \displaystyle\int_0^x t f_u(t) dt \end{cases} \tag{2}$$

其中，N 表示城镇家庭总数目；W 表示城镇家庭人均总收入；横坐标 P(D) 意味着城镇家庭人均收入不大于 x 的家庭数目（设为 n）占全部城镇家庭数目的比例；纵坐标 L(D) 意味着这 n 个城镇家庭的累积收入占整个城镇家庭人均总收入的比重。

利用洛伦兹曲线的参数方程，可知洛伦兹曲线与 y 轴在 $y \in [0, 1]$ 上围成的面积 S 为：

$$S = \int_0^X F_u(x) dL(F_u(x))$$

与 L(x) = 0 相对应的数量 x 为 0，与 L(x) = 1 相对应的数量 x 就是城镇家庭人均收入中的最高收入者（用 X 表示）。利用式（2），分部积分得到：$S = \dfrac{N}{W}\left(\dfrac{1}{2}X - \dfrac{1}{2}\displaystyle\int_0^X F_u^2(x)dx\right)$。则洛伦兹曲线与直线 y = x 围成的面积 A 为：$A = S - \dfrac{1}{2} = \dfrac{N}{W}\left(\dfrac{1}{2}X - \dfrac{1}{2}\displaystyle\int_0^X F_u^2(x)dx\right) - \dfrac{1}{2}$。

---

① 在实际计算中，积分的下限为城镇家庭人均收入最低者。

由基尼系数的定义可知，城镇家庭基尼系数 G_u[①] 可以用 A 表示为：

$$G_u = 2A = \frac{N}{W} \left(X - \int_0^X F_u^2(x)dx \right) - 1 \tag{3}$$

利用以上公式计算城镇家庭基尼系数需要解决一个问题：城镇家庭人均收入分布函数的具体形式。本文将在经验分析部分分别拟合各地区城镇和农村家庭低、中、高三个层次的收入分布函数，从而得到城乡家庭混合人均收入分布函数。

（二）城乡家庭混合基尼系数的测算

根据单一总体基尼系数的测算方法以及城乡家庭人均收入调查数据，可以分别拟合城镇和农村家庭人均收入分布函数，从而获得城乡混合收入分布函数，进一步推算城乡混合基尼系数。

设城镇家庭数目为 N_u，城镇家庭中的人均最高收入为 X_u；农村家庭数目为 N_r，农村家庭中的人均最高收入为 X_r；某一地区居民家庭数目为 N_m，显然这一地区居民家庭总数目为 $N_m = N_u + N_r$，这一地区居民家庭中的最高人均收入为 $X_m = \max(X_u, X_r)$。由式（1）可知，这一地区居民家庭人均收入可用随机变量 I_m 表示，相应的收入分布函数为 $F_m(x)$。则对于这一地区居民家庭人均收入来说，人均收入不大于给定 x 值的家庭绝对数目为 $M = N_u F_u(x) + N_r F_r(x)$，则相应的比重为 $M/N_m = [N_u F_u(x) + N_r F_r(x)]/N_m$。

由此得到这一地区城乡混合家庭人均收入分布函数 $F_m(x)$：

$$F_m(x) = P(I_m < x) = \frac{N_u F_u(x)}{N_m} + \frac{N_r F_r(x)}{N_m} \tag{4}$$

将这一分布函数式（4）代入式（3），即可得到这一地区城乡家庭混合基尼系数 G_m：[①]

$$G_m = \frac{N_m}{W_m} \left(X_m - \int_0^{X_m} F_m^2(x)dx \right) - 1 \tag{5}$$

进一步，因为这一地区居民家庭人均总收入 W_m 实际上就是累积收入在 $x = X_m$ 时的值，因此：

$$W_m = N_m \int_0^{X_m} x dF_m(x) = N_m \left(X_m - \int_0^{X_m} F_m(x)dx \right) \tag{6}$$

将式（6）代入式（5）得到：

$$G_m = \frac{X_m - \int_0^{X_m} \left(\frac{N_u F_u(x)}{N_m} + \frac{N_r F_r(x)}{N_m} \right)^2 dx}{X_m - \int_0^{X_m} \left(\frac{N_u F_u(x)}{N_m} + \frac{N_r F_r(x)}{N_m} \right) dx} - 1 \tag{7}$$

将式（7）进一步展开，并设 $X_u > X_r$，则 $X_m = \max(X_u, X_r) = X_u$，记：

$$\frac{N_u}{N_m} = \gamma, \quad \frac{N_r}{N_m} = 1 - \gamma, \quad \int_0^{X_u} F_u(x)dx = A_u, \quad \int_0^{X_r} F_r(x)dx = A_r$$

---

① 在实际计算中，积分的下限为城乡家庭人均收入最低者。

$$\int_0^{X_u} F_u^2(x)dx = B_u, \quad \int_0^{X_r} F_r^2(x)dx = B_r, \quad \int_0^{X_u} F_u(x)F_r(x)dx = C \tag{8}$$

又因为 $x > X_r$ 时，$F_r(x) = 1$，有 $\int_{X_r}^{X_u} F_r(x)dx = X_u - X_r$，$\int_{X_r}^{X_u} F_r^2(x)dx = X_u - X_r$，所以存在：

$$\begin{cases} \int_0^{X_u} F_r(x)dx = \int_0^{X_r} F_r(x)dx + \int_{X_r}^{X_u} F_r(x)dx = A_r + X_u - X_r \\ \\ \int_0^{X_u} F_r^2(x)dx = \int_0^{X_r} F_r^2(x)dx + \int_{X_r}^{X_u} F_r^2(x)dx = B_r + X_u - X_r \end{cases} \tag{9}$$

把式（8）和式（9）代入到式（7）的展开式中，整理后得到城乡混合基尼系数的另一形式：

$$G_m = \frac{X_u - \left[\gamma^2 B_u + (1-\gamma)^2 B_r + 2\gamma(1-\gamma)C + (1-\gamma)^2(X_u - X_r)\right]}{X_u - \left[\gamma A_u + (1-\gamma)A_r + (1-\gamma)(X_u - X_r)\right]} - 1 \tag{10}$$

以上公式涉及诸多积分计算，形式复杂，但是利用计算机软件 Matlab 强大的数值计算功能，很好地解决了这一计算难题。更可贵的是，式（10）可以进一步分解成具有明确经济意义的简单形式，为这一地区城乡家庭混合基尼系数的分解提供了可靠的理论依据。

（三）城乡家庭混合基尼系数的分解

基尼系数的分解一直是相关文献研究的热点难点问题，根据以上城乡家庭混合基尼系数的测算方法，可以进一步对这一地区的城乡家庭混合基尼系数进行分解。

设这一地区城乡家庭人均收入的均值为 E_m，根据式（8）可将式（6）表示为：

$$E_m = \frac{W_m}{N_m} \int_0^{X_m} x dF_m(x) = X_m - \int_0^{X_m} F_m(x)dx$$

$$= X_m - \left[\gamma A_u + (1-\gamma)A_r + (1-\gamma)(X_u - X_r)\right] \tag{11}$$

同理，根据式（3）和式（8），城镇家庭人均收入的均值和农村家庭人均收入的均值分别为：

$$E_u = (A_u - B_u)/G_u, \quad E_r = (A_r - B_r)/G_r \tag{12}$$

将式（11）、式（12）代入式（10），重新整理组合得到：

$$G_m = \frac{\gamma E_u}{E_m} G_u + \frac{(1-\gamma)E_r}{E_m} G_r + \frac{\gamma(1-\gamma)(B_u + B_r - 2C + X_u - X_r)}{E_m} \tag{13}$$

式（13）中 $B_u + B_r - 2C$ 可以表示为：

$$B_u + B_r - 2C = \int_0^{X_m} \left[F_u^2(x) + F_r^2(x) - 2F_u(x)F_r(x)\right]dx - \int_{X_r}^{X_m} F_r^2(x)$$

$$= \int_0^{X_m} \left[F_u(x) - F_r(x)\right]^2 dx - (X_u - X_r)$$

我们记 $\int_0^{X_m} \left[F_u(x) - F_r(x)\right]^2 dx = D$，则得到这一地区的城乡家庭混合基尼系数的分解式：

$$G_m = \frac{\gamma E_u}{E_m} G_u + \frac{(1-\gamma)E_r}{E_m} G_r + \frac{\gamma(1-\gamma)}{E_m} D \tag{14}$$

以上城乡家庭混合基尼系数分解式有明确的经济意义：D 是度量城乡差距的优良指标，更全面地反映了城乡差距，被定义为"绝对城乡差距指数"，而 D 去除家庭人均收入这一"量纲"的影响后，可以记为 $G_d = D/E_m$，被定义为"相对城乡差距"（程永宏，2006）。G_u、G_r 的权数分别表示城镇和农村家庭人均收入占总收入的份额，表明城乡内部基尼系数对混合基尼系数的影响取决于城乡家庭人均收入所占全国家庭人均总收入份额的大小。式（14）左边可以看做城乡家庭人均收入因为总体不平等造成的福利损失；右边第一项可以看做由于农村内部不平等造成的福利损失，右边第二项可以看做由于城市内部不平等造成的福利损失，右边第三项可以看做由于城乡差距造成的福利损失。因此本文的分解方法揭示了这一地区城乡内部以及城乡之间的收入差距。

四、经 验 分 析

（一）城镇和农村家庭人均收入的分布函数拟合

首先确定全国和各地区城镇和农村家庭低、中、高收入阶层的分界线。利用"交叉验证法"（赵桂芹和粟芳，2008）得到帕累托分布的门槛值 x_g，即城镇（农村）高收入家庭的最小值，根据门槛值 x_g 所处位置可以计算得到城镇（农村）高收入家庭数目占整个城镇（农村）家庭数目的比例 θ；从城镇（农村）概率分布图中得到门槛值 x_g 的概率 P_g 以及概率最大的值 x_0 后，根据正态分布的对称性，以 x_0 为对称中心，在 x_0 的左端找到概率同样为 P_g 的数值 x_d，以 x_d 所处位置作为中等收入和低收入阶层的分界点，由此可以分别计算出城镇（农村）中、低收入家庭数目占整个城镇（农村）家庭数目的比例 β 和 α。

接下来，分别利用帕累托分布函数、对数正态分布函数和指数分布函数对全国和各地区城镇和农村家庭人均收入的高、中、低收入阶层进行拟合。经验证发现每个帕累托模型的平均方差远远超过均方误差，数据的拟合效果好，全国和各地区城镇和农村中等收入阶层的家庭人均对数收入数据都通过正态性检验，指数分布模型的参数估计结果均在显著性水平 5% 上显著，如表 3 和表 4 所示。因此，可以用以上模型得到全国和各地区城镇和农村家庭各收入阶层的分布函数，见表 5 和表 6。

由城镇家庭人均收入分布函数公式 $F_u = \alpha F_1 + \beta F_2 + \theta F_3$ 可分别得到各地区的城镇家庭人均收入分布函数 F_{ui}（i 表示地区，下同）。同样，由农村家庭人均收入分布函数 $F_r = \alpha F_1 + \beta F_2 + \theta F_3$ 可分别得到各地区农村家庭人均收入分布函数 F_{ri}。进一步，可以分别得到 2004 年各地区城乡混合家庭人均收入分布函数 F_{mi}，$F_{mi} = \gamma_i F_{ui} + (1 - \gamma_i) F_{ri}$，$\gamma_i$ 表示第 i 个地区城镇家庭数目占该地区家庭总数目的比例。

表 3　2004 年全国、各省（市、自治区）城镇和农村各收入阶层的分布检验

地区	城镇					农村				
	高收入		中等收入		低收入	高收入		中等收入		低收入
	AV	MSE	W	P	P	AV	MSE	W	P	P
全国	259.67	0.0429	0.6981	0.3039	0.0001	489.18	0.0419	0.7224	0.3022	0.0001
北京	455.43	0.0476	0.6844	0.2859	0.0001	—	—	—	—	—
上海	499.39	0.0352	0.9381	0.2074	0.0001	—	—	—	—	—
天津	691.09	0.0729	0.8419	0.2847	0.0001	—	—	—	—	—
广东	438.73	0.0169	0.5491	0.1308	0.0001	341.43	0.0193	0.9399	0.2739	0.0001
福建	372.06	0.0825	0.7649	0.1726	0.0001	734.56	0.0831	0.7519	0.2527	0.0001
浙江	294.87	0.0939	0.9201	0.2938	0.0001	492.81	0.0442	0.6429	0.1862	0.0001
山东	318.29	0.0136	0.9724	0.1744	0.0001	339.05	0.0401	0.9291	0.1582	0.0001
辽宁	294.71	0.0392	0.9173	0.0827	0.0001	450.21	0.0157	0.6011	0.2729	0.0001
江苏	593.99	0.0471	0.9742	0.1732	0.0001	290.74	0.0291	0.5472	0.1528	0.0001
山西	371.94	0.0962	0.5028	0.1143	0.0500	239.87	0.0247	0.9022	0.2632	0.0500
陕西	448.32	0.1003	0.8391	0.3192	0.0001	229.37	0.0591	0.4493	0.0837	0.0001
江西	397.12	0.0582	0.7392	0.1745	0.0500	279.37	0.0482	0.6938	0.0739	0.0001
吉林	377.91	0.0385	0.6391	0.0928	0.0001	307.37	0.0639	0.5983	0.0691	0.0500
湖北	492.91	0.1958	0.7329	0.0837	0.0001	401.32	0.1201	0.5911	0.0594	0.0001
湖南	510.32	0.0991	0.5918	0.1193	0.0001	311.92	0.0773	0.6118	0.1148	0.0001
黑龙江	338.58	0.0639	0.7111	0.1148	0.0001	271.83	0.0492	0.7028	0.1039	0.0500
河南	291.28	0.0927	0.5822	0.0739	0.0001	407.25	0.0591	0.5091	0.0837	0.0001
河北	381.21	0.0762	0.6291	0.2248	0.0001	421.04	0.0397	0.6003	0.0581	0.0001
海南	229.34	0.1772	0.4999	0.1473	0.0001	—	—	—	—	—
安徽	308.65	0.0837	0.5118	0.0639	0.0001	229.72	0.0859	0.5933	0.0596	0.0001
重庆	112.96	0.0999	0.7291	0.1175	0.0500	308.67	0.0715	0.7301	0.1739	0.0500
云南	307.11	0.0629	0.6882	0.1928	0.0001	307.49	0.0482	0.6229	0.1236	0.0001
贵州	296.48	0.0582	0.5338	0.0593	0.0001	317.92	0.0695	0.5582	0.0982	0.0001
甘肃	229.74	0.0691	0.5915	0.0601	0.0001	288.49	0.0299	0.5118	0.0974	0.0001
四川	288.41	0.0883	0.4829	0.0739	0.0001	217.47	0.0682	0.4928	0.0636	0.0001
内蒙古	231.54	0.0119	0.3981	0.1791	0.0500	239.45	0.0194	0.6049	0.0791	0.0500
广西	387.69	0.1029	0.5598	0.1208	0.0001	291.58	0.0501	0.5821	0.0575	0.0001
新疆	285.48	0.0721	0.7101	0.0728	0.0500	—	—	—	—	—

注：缺少北京、天津、上海、新疆的农村家庭收入数据；海南省农村家庭样本太少，无法检验。

资料来源：中国社会综合调查开放数据库（CGSS）的数据计算所得，下同。

表 4　2004 年东、中、西部地区城镇和农村各收入阶层的分布检验

地区	城镇					农村				
	高收入		中等收入		低收入	高收入		中等收入		低收入
	AV	MSE	W	P	P	AV	MSE	W	P	P
东部地区	489.43	0.0147	0.8744	0.0737	0.0001	430.11	0.0457	0.8911	0.0629	0.0001
中部地区	317.49	0.0342	0.5281	0.0911	0.0001	220.14	0.0591	0.7972	0.0828	0.0001
西部地区	221.09	0.0829	0.7919	0.0816	0.0001	259.87	0.0741	0.7092	0.0532	0.0001

表 5　2004 年全国、各省（市、自治区）城镇和农村家庭各收入阶层的分布函数

地区	城镇		农村	
全国	$\alpha=0.21$	Exp（0.0272）	$\alpha=0.23$	Exp（0.1826）
	$\beta=0.68$	N（3.821, 0.0217）	$\beta=0.63$	N（3.2363, 0.0225）
	$\theta=0.11$	Pareto（6085.18, 1.2238）	$\theta=0.14$	Pareto（5494.17, 1.0591）
北京	$\alpha=0.15$	Exp（0.0721）	—	—
	$\beta=0.64$	N（4.1538, 0.0397）	—	—
	$\theta=0.21$	Pareto（4.1956, 1.2975）	—	—
上海	$\alpha=0.14$	Exp（0.0829）	—	—
	$\beta=0.64$	N（4.1587, 0.0847）	—	—
	$\theta=0.22$	Pareto（4.2050, 1.3819）	—	—
天津	$\alpha=0.16$	Exp（0.0739）	—	—
	$\beta=0.66$	N（4.0219, 0.0821）	—	—
	$\theta=0.18$	Pareto（4.1807, 1.2482）	—	—
广东	$\alpha=0.13$	Exp（0.0391）	$\alpha=0.20$	Exp（0.0463）
	$\beta=0.68$	N（3.9626, 0.0256）	$\beta=0.65$	N（3.2953, 0.0408）
	$\theta=0.19$	Pareto（4.0089, 1.3491）	$\theta=0.15$	Pareto（3.5889, 1.1819）
福建	$\alpha=0.23$	Exp（0.0587）	$\alpha=0.26$	Exp（0.0523）
	$\beta=0.60$	N（3.9441, 0.0491）	$\beta=0.64$	N（3.1517, 0.0349）
	$\theta=0.17$	Pareto（4.0380, 1.1490）	$\theta=0.10$	Pareto（3.1901, 1.8060）
浙江	$\alpha=0.14$	Exp（0.0399）	$\alpha=0.20$	Exp（0.0494）
	$\beta=0.71$	N（4.1849, 0.0831）	$\beta=0.65$	N（3.5051, 0.0176）
	$\theta=0.15$	Pareto（4.2162, 1.0273）	$\theta=0.15$	Pareto（3.6910, 1.3240）
山东	$\alpha=0.15$	Exp（0.0394）	$\alpha=0.13$	Exp（0.0517）
	$\beta=0.70$	N（3.9267, 0.0217）	$\beta=0.75$	N（3.4441, 0.0151）
	$\theta=0.15$	Pareto（4.0150, 1.2411）	$\theta=0.11$	Pareto（3.5530, 1.1621）
辽宁	$\alpha=0.14$	Exp（0.0183）	$\alpha=0.23$	Exp（0.0322）
	$\beta=0.72$	N（3.8212, 0.0421）	$\beta=0.63$	N（3.3849, 0.0990）
	$\theta=0.14$	Pareto（3.9907, 1.2911）	$\theta=0.14$	Pareto（3.4429, 1.0209）
江苏	$\alpha=0.16$	Exp（0.0344）	$\alpha=0.20$	Exp（0.0587）
	$\beta=0.72$	N（3.9626, 0.0126）	$\beta=0.67$	N（3.4804, 0.0246）
	$\theta=0.12$	Pareto（4.0089, 1.3192）	$\theta=0.13$	Pareto（3.4006, 1.1165）

地区	城镇		农村	
山西	α=0.19	Exp (0.0517)	α=0.18	Exp (0.0279)
	β=0.68	N (3.6441, 0.0151)	β=0.69	N (3.2545, 0.0568)
	θ=0.13	Pareto (3.8030, 1.1611)	θ=0.13	Pareto (3.4007, 1.0384)
陕西	α=0.24	Exp (0.0285)	α=0.16	Exp (0.0437)
	β=0.61	N (3.8849, 0.0753)	β=0.72	N (3.2231, 0.0491)
	θ=0.15	Pareto (3.9029, 1.0222)	θ=0.12	Pareto (3.3999, 1.1633)
江西	α=0.14	Exp (0.0597)	α=0.19	Exp (0.0317)
	β=0.75	N (3.4267, 0.0239)	β=0.68	N (3.0849, 0.0119)
	θ=0.11	Pareto (3.5980, 1.2210)	θ=0.13	Pareto (3.1129, 1.0385)
吉林	α=0.14	Exp (0.0433)	α=0.24	Exp (0.0417)
	β=0.76	N (3.5212, 0.0511)	β=0.66	N (3.2261, 0.01131)
	θ=0.10	Pareto (3.6307, 1.2966)	θ=0.10	Pareto (3.3085, 1.1611)
湖北	α=0.16	Exp (0.0321)	α=0.14	Exp (0.0359)
	β=0.72	N (3.7626, 0.0184)	β=0.75	N (3.3849, 0.0742)
	θ=0.12	Pareto (3.8955, 1.3752)	θ=0.11	Pareto (3.4629, 1.0661)
湖南	α=0.19	Exp (0.0517)	α=0.14	Exp (0.0519)
	β=0.68	N (3.8441, 0.0169)	β=0.76	N (3.4422, 0.0153)
	θ=0.13	Pareto (3.5530, 1.1740)	θ=0.10	Pareto (3.5530, 1.1440)
黑龙江	α=0.24	Exp (0.0299)	α=0.16	Exp (0.0249)
	β=0.62	N (3.4849, 0.0497)	β=0.72	N (3.3899, 0.0543)
	θ=0.14	Pareto (3.5829, 1.0239)	θ=0.12	Pareto (3.4029, 1.0200)
河南	α=0.14	Exp (0.0313)	α=0.19	Exp (0.0579)
	β=0.75	N (3.6267, 0.0262)	β=0.68	N (3.0451, 0.0149)
	θ=0.11	Pareto (3.7750, 1.2190)	θ=0.13	Pareto (3.1130, 1.1620)
河北	α=0.14	Exp (0.0133)	α=0.24	Exp (0.0311)
	β=0.76	N (3.9212, 0.0321)	β=0.66	N (3.3849, 0.0110)
	θ=0.10	Pareto (4.0007, 1.2185)	θ=0.10	Pareto (3.3329, 1.0218)
海南	α=0.16	Exp (0.0490)	—	—
	β=0.70	N (3.5626, 0.0129)	—	—
	θ=0.14	Pareto (3.6989, 1.3332)	—	—
安徽	α=0.19	Exp (0.0807)	α=0.14	Exp (0.0511)
	β=0.68	N (3.8445, 0.0111)	β=0.76	N (3.3466, 0.0199)
	θ=0.13	Pareto (3.9130, 1.1220)	θ=0.10	Pareto (3.4430, 1.1610)
重庆	α=0.14	Exp (0.0301)	α=0.26	Exp (0.0311)
	β=0.69	N (3.6809, 0.0550)	β=0.62	N (3.2849, 0.1060)
	θ=0.17	Pareto (3.7129, 1.0251)	θ=0.12	Pareto (3.3429, 1.0261)
云南	α=0.14	Exp (0.0314)	α=0.17	Exp (0.0527)
	β=0.75	N (3.6247, 0.0267)	β=0.75	N (3.2441, 0.0081)
	θ=0.11	Pareto (3.7750, 1.2050)	θ=0.08	Pareto (3.3000, 1.1090)

地区	城镇		农村	
贵州	α=0.24	Exp (0.0133)	α=0.34	Exp (0.0307)
	β=0.66	N (3.8212, 0.0031)	β=0.59	N (3.3849, 0.0460)
	θ=0.10	Pareto (3.9107, 1.2285)	θ=0.07	Pareto (3.4629, 1.0291)
甘肃	α=0.16	Exp (0.0280)	α=0.14	Exp (0.0307)
	β=0.72	N (3.7626, 0.0106)	β=0.75	N (3.3461, 0.0281)
	θ=0.12	Pareto (3.8900, 1.3152)	θ=0.11	Pareto (3.4430, 1.1090)
四川	α=0.19	Exp (0.0217)	α=0.14	Exp (0.0355)
	β=0.68	N (3.7281, 0.0431)	β=0.76	N (3.1859, 0.0390)
	θ=0.13	Pareto (3.8030, 1.1490)	θ=0.10	Pareto (3.2911, 1.0611)
内蒙古	α=0.14	Exp (0.0330)	α=0.24	Exp (0.0417)
	β=0.69	N (3.7809, 0.0160)	β=0.65	N (3.3411, 0.0211)
	θ=0.17	Pareto (3.8429, 1.0291)	θ=0.11	Pareto (3.4930, 1.1630)
广西	α=0.14	Exp (0.0269)	α=0.14	Exp (0.0377)
	β=0.75	N (3.7401, 0.0481)	β=0.67	N (2.9843, 0.0290)
	θ=0.11	Pareto (3.8630, 1.0390)	θ=0.19	Pareto (3.0029, 1.0921)
新疆	α=0.14	Exp (0.0258)	—	—
	β=0.76	N (3.3848, 0.0380)	—	—
	θ=0.10	Pareto (3.5429, 1.0202)	—	—

表 6 2004 年东、中、西部地区城镇和农村家庭各收入阶层的分布函数

地区	城镇		农村	
东部地区	α=0.19	Exp (0.0539)	α=0.13	Exp (0.0716)
	β=0.66	N (4.0987, 0.0328)	β=0.73	N (3.5113, 0.0119)
	θ=0.15	Pareto (4.256, 1.2838)	θ=0.14	Pareto (3.7871, 1.0556)
中部地区	α=0.14	Exp (0.0354)	α=0.20	Exp (0.0587)
	β=0.75	N (3.8229, 0.0249)	β=0.77	N (3.3814, 0.0246)
	θ=0.11	Pareto (3.9150, 1.2351)	θ=0.13	Pareto (3.5246, 1.1346)
西部地区	α=0.16	Exp (0.0163)	α=0.13	Exp (0.0211)
	β=0.74	N (3.6012, 0.0491)	β=0.79	N (3.1565, 0.0348)
	θ=0.10	Pareto (3.7707, 1.2459)	θ=0.08	Pareto (3.2947, 1.0364)

（二）城镇和农村基尼系数及其混合基尼系数分解

根据拟合所得的家庭人均收入分布函数，利用式（10）可以计算得到全国和各地区中国城镇基尼系数、农村基尼系数、城乡差异基尼系数和城乡混合基尼系数。表 7 和表 8 给出了相应的结果。按照联合国有关组织规定，基尼系数若低于 0.2 表示收入绝对平均，

0.2~0.3 表示比较平均，0.3~0.4 表示相对合理，0.4~0.5 表示收入差距较大，0.6 表示收入差距悬殊，而国际上通常以 0.4 作为收入分配差距的"警戒线"。

表 7 2004 年全国、各省（市、自治区）城乡家庭人均收入基尼系数

地区	城乡混合基尼系数	城镇基尼系数	农村基尼系数	城乡差距基尼系数	城乡混合基尼系数*
全国	0.4554	0.3703	0.3589	0.4286	0.4506
北京	—	0.2303	—	—	—
上海	—	0.3122	—	—	—
天津	—	0.3191	—	—	—
广东	0.3694	0.3137	0.3398	0.0578	0.3411
福建	0.3915	0.2911	0.3264	0.1091	0.3752
浙江	0.3877	0.3182	0.3121	0.0838	0.3820
山东	0.3816	0.3083	0.3299	0.0705	0.3707
辽宁	0.3847	0.2883	0.3194	0.0961	0.3729
江苏	0.3908	0.3622	0.3488	0.0393	0.3906
山西	0.4307	0.2996	0.3060	0.1541	0.4283
陕西	0.4539	0.2929	0.3627	0.1683	0.4527
江西	0.3984	0.2967	0.2671	0.1482	0.3883
吉林	0.4007	0.2916	0.2708	0.1829	0.3899
湖北	0.4132	0.2997	0.2686	0.1481	0.4118
湖南	0.4313	0.3328	0.2786	0.1359	0.4201
黑龙江	0.3573	0.3214	0.3407	0.0601	0.3492
河南	0.4476	0.3382	0.2917	0.1661	0.4291
河北	0.4506	0.3437	0.3791	0.1029	0.4385
海南	—	0.3546	—	—	—
安徽	0.4433	0.3476	0.2779	0.1461	0.4087
重庆	0.4431	0.2638	0.3003	0.1926	0.4215
云南	0.4808	0.3088	0.3711	0.1695	0.4799
贵州	0.4705	0.3064	0.3315	0.1844	0.4607
甘肃	0.4703	0.3318	0.2682	0.1934	0.4539
四川	0.4626	0.3161	0.2896	0.2049	0.4499
内蒙古	0.3702	0.3030	0.3641	0.0459	0.3583
广西	0.4507	0.2633	0.3631	0.1864	0.4471
新疆	—	0.2977	—	—	—

注：缺少北京、天津、上海、新疆的农村家庭收入数据；海南省农村家庭样本太少，无法计算。标注 * 号的城乡混合基尼系数是按照 Sen（1973）提出的计算公式所得。Sen（1973）提出的计算公式为：$G = (n+1)/n - 2\sum_{i=1}^{n}[(n-i+1)y_i]/(n^2 u)$，其中，$y_i$ 表示按家庭人均收入排序的第 i 个家庭的收入，n 为所有的家庭数目，μ 为平均收入。

资料来源：中国社会综合调查开放数据库（CGSS）、《中国统计年鉴 2005》及各省（市、自治区）的统计年鉴相关数据计算所得，下同。

从表 7 可以看出，2004 年全国基尼系数为 0.4554，同样各省（市、自治区）的城乡混合基尼系数不容乐观，除 9 个省份以外，多数省份的城乡混合基尼系数已经超过收入分配差距的"警戒线"，尤其是处于西部地区的云南、贵州这二个省份的城乡混合基尼系数达到 0.46 以上，说明中国城乡差距贫富差距拉大，收入分配不公平。

2004 年全国城镇基尼系数为 0.3703，多数省（市、自治区）的城镇基尼系数都在 0.3~0.4，说明这些省份的城镇内部居民收入分配存在一定差距，而尤以江苏省的城镇基尼系数最高，达到 0.3622。

2004 年全国农村基尼系数为 0.3589，小于全国城镇基尼系数。而绝大多数省份的农村基尼系数要高于该省的城镇基尼系数，说明农村内部的收入分配相对于城镇来说更不公平；除了江西、吉林、湖南、湖北、河南、安徽、甘肃、四川这 8 个省份外，其他各省（市、自治区）的农村基尼系数都在 0.3~0.4，且内蒙古的农村基尼系数达到 0.3641，说明农村内部收入分配也存在一定差距，成为不可忽视的问题。

2004 年全国城乡差距基尼系数为 0.4286，说明城乡收入存在巨大的差距。绝大多数省份的城乡差距基尼系数都在 0.1 左右，说明城镇和农村收入分配差距问题的存在已经成为不争的事实，四川省的城乡差距基尼系数最大，为 0.2049，而江苏省的城乡差距基尼系数最小，为 0.0393，可以看出收入越欠发达的地区，城乡收入差距相对越大，收入分配也相对越不公平。

如表 8 所示，从横向来看，2004 年东部地区的城镇基尼系数大于农村基尼系数和城乡差距基尼系数，说明东部地区城镇内部的收入分配不公平现象相对于农村内部严重；中部地区的城镇基尼系数略高于农村基尼系数，说明中部地区也存在城镇内部收入差距相对较大的问题；而西部地区的农村基尼系数高于城镇基尼系数，说明西部地区的农村内部收入差距相对城镇内部较大，存在收入分配不公平、不合理的问题。

表 8　2004 年东、中、西部地区城乡家庭人均收入基尼系数

地区	城乡混合基尼系数	城镇基尼系数	农村基尼系数	城乡差距基尼系数	城乡混合基尼系数 *
东部地区	0.3905	0.3499	0.3274	0.0575	0.3724
中部地区	0.3118	0.2957	0.2791	0.0274	0.3002
西部地区	0.4522	0.3093	0.3542	0.1453	0.4516

从纵向来看，2004 年西部地区的城乡混合基尼系数最大，已经超过收入分配差距的"警戒线"，其次为东部地区，最小的为中部地区，说明西部地区的城乡收入差距最大，存在收入分配不公平的现象；东部地区的城乡混合基尼系数也达到 0.3905，城乡收入分配略显不公平；中部地区的城乡混合系数为 0.3118，城乡收入差距相对较小。2004 年城镇基尼系数以东部地区最大，西部地区次之，中部地区最小，说明东部地区的城镇内部收入差距相对中、西部地区较大。而 2004 年农村基尼系数以西部地区最大，东部地区次之，中部地区最小，说明对于农村地区来说，西部地区的收入差距相对较大，不公平现象较严重。2004 年西部地区的城乡差距基尼系数最大，为 0.1453，远远超过东部地区的 0.0575

和中部地区的 0.0274，说明西部地区的城乡收入差距问题非常严重，已经阻碍了西部地区城乡均衡发展。

另外，我们还利用 Sen（1973）提出的基尼系数公式进行了计算，结果见表 7 和表 8。结果显示：用此公式计算出的城乡混合基尼系数普遍小于用分布函数法计算出的城乡混合基尼系数，其差值幅度在 0.0002~0.035。由于选取的样本一致，因此我们认为这种差异的成因主要来自于计算方法。

对城乡混合基尼系数进行分解一直是收入分配研究的重要课题。本文在计算城镇基尼系数、农村基尼系数和城乡差距基尼系数的基础上，对城乡混合基尼系数进行分解，并利用式（14）分别计算了各自的贡献率，如表 9 和表 10 所示。

表 9 2004 年全国、各省（市、自治区）城乡混合基尼系数分解后的贡献率

单位：%

地区	城镇基尼系数贡献率	农村基尼系数贡献率	相对城乡差距基尼系数贡献率
全国	43.0563	35.9582	21.9855
广东	58.8081	28.2860	12.9059
福建	52.8479	24.1152	23.0369
浙江	35.6618	45.5222	18.8160
山东	42.2107	41.2837	16.5056
辽宁	43.2808	35.0761	21.6431
江苏	46.1031	44.8554	9.0415
山西	35.7478	34.5357	29.7165
陕西	43.3739	26.1972	30.4288
江西	37.3734	33.3983	29.2283
吉林	55.8216	15.7419	28.4365
湖北	39.2337	29.8425	30.9239
湖南	45.7901	26.2627	27.9472
黑龙江	73.0796	17.8861	9.0344
河南	37.0918	33.1779	29.7304
河北	35.2967	45.2001	19.5032
安徽	41.5799	29.4465	28.9736
重庆	31.1789	32.2797	36.5415
云南	33.0121	37.5116	29.4763
贵州	26.6417	41.6328	31.7255
甘肃	43.9684	21.4870	34.5446
四川	30.2640	34.8758	34.8602
内蒙古	44.8925	44.4071	10.7003
广西	37.2336	29.2171	33.5493

从表 9 可以看出，2004 年全国城镇基尼系数的贡献率大于农村、城乡差距的贡献率，说明城镇内部收入差距是造成全国收入差距最主要的原因，其次为农村内部收入差距和城乡相对收入差距。除了浙江、河北、重庆、云南、贵州和四川这 6 个省份外，其他省份的

城镇基尼系数的贡献率都高于农村基尼系数的贡献率和城乡差距基尼系数的贡献率，说明城镇收入差距是造成各省（市、自治区）收入差距的主要原因。从数值比较来看，黑龙江省的城镇基尼系数贡献率最大，达到73%以上，而四川省的城镇基尼系数贡献率最小，仅30.26%；河北省的农村基尼系数贡献率最大，为45.2%，而吉林省的农村基尼系数贡献率最小，为15.74%；四川省和甘肃省的相对城乡差距基尼系数的贡献率都较大，达到34%以上，说明这两省份的城乡收入差距非常不公平，而江苏省和黑龙江省的相对城乡差距基尼系数的贡献率较小，仅9%多，说明这两省份的城乡收入差距相对较小。

从表10可以看出，2004年东、中、西部地区的城镇基尼系数贡献率都高于农村基尼系数贡献率和相对城乡差距基尼系数贡献率，说明在这三大地区中城镇收入差距是造成这三个地区城乡收入差距的主要原因。从城镇基尼系数贡献率来看，东部地区最大，中部地区次之，西部地区最小，说明东部地区的城镇收入差距相对最大，收入分配不公平。从农村基尼系数贡献率来看，中部地区农村基尼系数贡献率均大于东、西部地区农村基尼系数贡献率，说明中部地区农村收入差距相对较大，而东部地区农村收入差距相对较小。从相对城乡差距基尼系数的贡献率来看，西部地区最大，达到27.13%，而东部地区和中部地区仅为12.09%和7.48%，说明西部地区城镇和农村的相对差距是导致西部地区收入差距不可忽视的重要原因。

表10　2004年东、中、西部地区城乡混合基尼系数分解后的贡献率

单位：%

地区	城镇基尼系数贡献率	农村基尼系数贡献率	相对城乡差距基尼系数贡献率
东部地区	63.3433	24.5712	12.0855
中部地区	53.6222	38.9005	7.4772
西部地区	37.6088	35.2598	27.1314

另外，我们同时也用泰尔指数进行了城乡分解，结果见表11和表12，其结果显示收入差距主要来自城乡差距，而城镇和农村各自内部差距并不大，这一分解结果与基尼系数的城乡分解结果存在差异。程永宏（2007）对这一问题进行了解释，他指出："对泰尔指数进行城乡分解的方法并不完善。万广华（2005）早已注意到：经验证据表明，对泰尔指数进行分解时，组间差距贡献率依赖于分组数目；当分组数目较大时，组间差距影响较小；当用于城乡分解时，由于只有两个分组，组间差距显得尤为重要。"本文计算的城乡差距基尼系数尽管很大，但其贡献率并不是最高的。所以，城乡差距贡献率的大小随分解方法的不同而不同，泰尔指数的城乡分解结果夸大了城乡差距贡献率。

表11　2004年全国、各省（市、自治区）的泰尔指数及其城乡分解贡献率

地区	城乡混合泰尔系数	城镇内部泰尔系数	农村内部泰尔系数	城乡之间泰尔系数	城镇内部贡献率（%）	农村内部贡献率（%）	城乡差距贡献率（%）
全国	0.1034	0.0381	0.0225	0.0428	36.85	21.76	41.39
北京	—	0.0293	—	—	—	—	—

续表

地区	城乡混合泰尔系数	城镇内部泰尔系数	农村内部泰尔系数	城乡之间泰尔系数	城镇内部贡献率（%）	农村内部贡献率（%）	城乡差距贡献率（%）
上海	—	0.0281	—	—	—	—	—
天津	—	0.0247	—	—	—	—	—
广东	0.1215	0.0383	0.0340	0.0492	31.52	27.98	40.49
福建	0.1103	0.0318	0.0299	0.0486	28.83	27.11	44.06
浙江	0.1024	0.0324	0.0261	0.0439	31.64	25.49	42.87
山东	0.0975	0.0338	0.0232	0.0405	34.67	23.79	41.54
辽宁	0.1147	0.0418	0.0230	0.0499	36.44	20.05	43.50
江苏	0.1015	0.0330	0.0233	0.0452	32.51	22.96	44.53
山西	0.0934	0.0318	0.0233	0.0383	34.05	24.95	41.01
陕西	0.0904	0.0284	0.0243	0.0377	31.42	26.88	41.70
江西	0.1097	0.0420	0.0239	0.0438	38.29	21.79	39.93
吉林	0.0986	0.0355	0.0235	0.0396	36.00	23.83	40.16
湖北	0.1094	0.0361	0.0235	0.0498	33.00	21.48	45.52
湖南	0.1080	0.0375	0.0207	0.0498	34.72	19.17	46.11
黑龙江	0.0772	0.0221	0.0286	0.0265	28.63	37.05	34.33
河南	0.0970	0.0385	0.0219	0.0366	39.69	22.58	37.73
河北	0.0901	0.0320	0.0225	0.0356	35.52	24.97	39.51
海南	—	0.0326	—	—	—	—	—
安徽	0.1077	0.0340	0.0281	0.0456	31.57	26.09	42.34
重庆	0.1172	0.0420	0.0243	0.0509	35.84	20.73	43.43
云南	0.1110	0.0322	0.0213	0.0575	29.01	19.19	51.80
贵州	0.1009	0.0212	0.0228	0.0569	21.01	22.60	56.39
甘肃	0.1079	0.0226	0.0231	0.0622	20.95	21.41	57.65
四川	0.1106	0.0322	0.0231	0.0553	29.11	20.89	50.00
内蒙古	0.1045	0.0257	0.0241	0.0547	24.59	23.06	52.34
广西	0.1101	0.0263	0.0237	0.0601	23.89	21.53	54.59
新疆	—	0.0377	—	—	—	—	—

资料来源：中国社会综合调查开放数据库（CGSS）、《中国统计年鉴2005》及各省（市、自治区）的统计年鉴相关数据计算所得，下同。

表12　2004年东、中、西部地区的泰尔指数及其城乡分解贡献率

地区	城乡混合泰尔系数	城镇内部泰尔系数	农村内部泰尔系数	城乡之间泰尔系数	城镇内部贡献率（%）	农村内部贡献率（%）	城乡差距贡献率（%）
东部地区	0.1076	0.0432	0.0193	0.0451	40.15	17.94	41.91
中部地区	0.0675	0.0249	0.0169	0.0257	36.89	25.04	38.07
西部地区	0.1044	0.0254	0.0204	0.0586	24.33	19.54	56.13

五、结 论

理论上，从使用数据的角度看，与通常的通过分组数据计算基尼系数相比较，我们所采用的方法计算出来的结果显然应该更准确，原因在于我们考虑了所有抽样家庭的人均收入分布，而分组数据将所有抽样家庭按人均收入的多少又分成几个组，每一组计算其收入平均，这肯定会导致大量关于家庭收入分布的信息损失，无法得到基尼系数的准确值。由于我们首次得到了中国和各地区居民家庭收入的较准确的拟合分布，因此，基于这种拟合分布得到的基尼系数的估算值至少从分布函数法的角度看应该是目前为止最好的。事实上，国内外学者曾分别引入过伽马分布函数、帕累托分布函数和正态分布函数等对实际家庭收入数据进行拟合，效果都不甚理想，主要是因为收入在高、中、低不同阶层的分布形状不一样，有关文献见 McDonald（1995）、成邦文（2005）和王海港（2006）等。另外，利用 Sen（1973）提出的离散公式所计算的基尼系数比分布函数法计算的基尼系数偏小，但相差不大；泰尔指数城乡分解与基尼系数城乡分解的结果存在差异，这一差异主要是由于分解方法不同造成的，泰尔指数的城乡分解结果往往夸大了城乡差距贡献率。

本文利用分布函数法对全国和各地区城镇、农村和城乡混合基尼系数进行测算，并对城乡混合基尼系数进行城乡分解，发现以下结论：①中国 2004 年全国和各地区的城乡低、中、高收入阶层的家庭人均收入分布的对数可以分别用指数分布、对数正态分布和帕累托分布来描述；②2004 年全国和大部分省份的城乡混合基尼系数已经超过收入分配差距的"警戒线"，城乡贫富差距拉大，收入分配不公平；③2004 年中国西部地区的城乡收入差距最大，东部地区次之，中部地区最小；④城镇收入差距是造成全国和大部分省（自治区、市）城乡收入差距的主要原因；⑤城镇收入差距也是造成东、中、西部地区城乡收入差距的主要原因；⑥城镇和农村的相对差距是导致城乡收入差距扩大不可忽视的因素。关于如何制定相关政策以便缩小中国各地区收入差异，是一项系统工程，涉及方方面面，不是三两句话可以解决问题的，但本文的研究成果对于有关政府部门制定相关的政策提供了理论依据。

参考文献

［1］成邦文. 基于对数正态分布的洛仑兹曲线与基尼系数 ［J］. 数量经济技术研究，2005（02）.

［2］程永宏. 二元经济中城乡混合基尼系数的计算与分解 ［J］. 经济研究，2006（01）.

［3］程永宏. 改革以来全国基尼系数的演变及其城乡分解 ［J］. 中国社会科学，2007（04）.

［4］程永宏，糜仲春. 利用个人收入分配函数确定基尼系数的新方法 ［J］. 华东经济管理，1998（01）.

［5］陈昌兵. 各地区居民收入基尼系数计算及非参数计量模型分析 ［J］. 数量经济技术经济研究，2007（01）.

［6］董静，李子奈. 修正城乡加权法及其应用——由农村和城镇基尼系数推算全国基尼系数 ［J］. 数量经济技术经济研究，2004（05）.

［7］厉以宁，秦宛顺. 现代西方经济学概论［M］. 北京大学出版社，1997.

［8］李实和赵人伟. 中国居民收入分配再研究［J］. 经济研究，1999（04）.

［9］林毅夫，刘培林. 中国的经济发展战略与地区收入差距［J］. 经济研究，2003（03）.

［10］彭昭英. SAS 应用开发指南［M］. 希望电子出版社，2000.

［11］孙靖，黄海滨. 泰尔指数在东、中、西部地区收入差距分析中的应用［J］. 商业研究，2007（04）.

［12］覃成林，李二玲. 中国南北区域经济差异研究［J］. 地理学与国土研究，2002（04）.

［13］万广华. 中国农村区域间居民收入差异及其变化的实证分析［J］. 经济研究，1998（05）.

［14］万广华. 收入差距的地区分解［J］. 世界经济文汇，2005（03）.

［15］王祖祥. 中部六省基尼系数的估算研究［J］. 中国社会科学，2006（04）.

［16］王海港. 我国居民收入分配的格局—帕累托分布法［J］. 南方经济，2006（05）.

［17］王云飞. 我国地区收入差距变化趋势—基于基尼系数分解的分析［J］. 山西财经大学学报，2007（08）.

［18］赵桂芹，粟芳. 汽车交通事故损失分布的尾部估计［J］. 数理统计与管理，2008（06）.

［19］Cowell，F. "Measurement of Inequality." Handbook of Income Distribution，North Holland，2000.

［20］Dagum，C. "A New Approach to the Decomposition of the Gini Income Inequality Ratio." Empirical Economics，1997（4），pp. 515 – 531.

［21］McDonald，J. B. "A Generalization of the Beta Distribution with Application." Journal of Econometrics，1995，66，pp. 133–152.

［22］Sen，Amartya K. "On Economic Inequality." Oxford：Clarendon Press，1973，pp. 139–148.

［23］Sundrum. "Inequality Decomposition." Bulletin of Economic Research，1990，40，pp. 309–311.

Estimating the Region Gini Coefficient and Its Urban–Rural Decomposition Based on Household Income Distribution

Abstract： This paper used the household income data from Comprehensive Survey of Chinese Urban and Rural Residents，found that the logarithmic of National and regional urban and rural households per capita income obey to the mixture distribution of Pareto distribution，normal distribution and exponential distribution. Unlike the usual packet data to calculate the Gini coefficient，this paper combined per capita income of all households in the sample application to the urban Gini coefficient of the distribution function of the country，the provinces（municipalities and autonomous regions），and the East，the western region，the rural Gini coefficient of urban and rural mixed Gini coefficient was calculated，further decomposed urban and rural mix Gini coefficient，and got the urban and rural income gap and the contribution of urban–rural income gap on mixed Gini coefficient. The findings provide a basis for government to develop income distribution policy for residents.

Key words： Region Gap；Income Distribution；Gini Coefficient

最低工资管制的就业效应分析

——兼论《劳动合同法》的交互影响*

【摘　要】非线性规划分析表明，最低工资管制的就业后果不仅取决于最低工资管制本身，还取决于外部监管环境，当监管环境强化到一定程度时，最低工资管制的就业冲击会扩大。基于粤闽两省439家企业调查数据的实证分析表明，2008年提高最低工资标准对农民工的就业冲击明显强于2007年，但对城镇劳动力的就业没有造成明显强化的冲击。进一步分析证明，农民工就业冲击的扩大主要源于《劳动合同法》引起的监管环境的强化，而城镇劳动力就业冲击没有扩大主要源于二元就业制度对城镇劳动力利益的优先保护。这提醒我们，《劳动合同法》对就业的影响很可能会通过强化最低工资管制等其他管制措施的效果来间接实现。

【关键词】最低工资管制；《劳动合同法》；就业效应

一、引　言

近年来中国政府逐渐加强了对劳动力市场的管制，其中一个典型的例证就是自2004年新的《最低工资规定》出台以来，各地政府频繁、大幅度地提高最低工资标准。以广东、福建、上海等沿海省市为例，基本每一两年就提高一次最低工资标准，每次幅度都超过10%。最低工资管制有利于保护劳动者的工资利益、重塑和谐的劳资关系。但问题在于，在一直受就业问题困扰的中国，最低工资管制会不会因为增加用工成本而加剧失业难题呢？对此，人们展开了激烈辩论。有人认为，最低工资管制必定会加剧失业，另一些学者则坚称这种损害并不存在。2008年随着《劳动合同法》的出台，人们又将争论焦点转向了《劳动合同法》会不会加剧失业的问题。撇开《劳动合同法》自身是否会损害就业这个问题不论，另一个问题同样值得我们关注，那就是，《劳动合同法》会不会强化最低工资管制的

*作者：丁守海，中国人民大学农业与农村发展学院。本文为作者主持的国家自然科学基金项目（70873128）"劳动规制对农民工的就业影响及管理政策研究：以提高最低工资标准为例"的阶段性成果。这同时也是国家质检总局和中国人民大学"国外技术性贸易措施对中国出口的影响"课题的研究成果之一。感谢匿名审稿人提出的中肯意见。本文引自《中国社会科学》，2010（01）。

就业后果？毕竟，政府对最低工资执行情况的监督在相当程度上依赖于用工关系的法律凭据——劳动合同，而《劳动合同法》恰恰对劳动合同做出了强制的约定。从这个角度讲，讨论最低工资管制的就业后果不应局限于最低工资管制本身，还必须考虑到《劳动合同法》颁布后监管环境变化所可能带来的影响。

劳动管制的就业影响是一个重要的政策课题，然而直到今天，中国学者对这一问题的考察大多还是停留在泛泛争论的层面，普遍缺乏科学研究论据的支持，既难以相互说服，也很难为管制政策的制定提供有益的参考。在金融危机肆虐、就业形势严峻的今天，对于劳动管制会不会损害就业的问题，迫切需要通过科学的研究来加以澄清。本文正是要以最低工资管制为切入点并结合《劳动合同法》的交互影响来阐述上述问题。

二、文献回顾与评述

关于最低工资管制效应的研究最早可以追溯到 Stigler 的经典文献。[①] 他认为，最低工资管制会提高用工成本，但是否会损害就业还要取决于劳动力市场结构，在竞争性市场会损害就业，而在垄断性市场则不一定会损害就业。许多研究者认为，在受最低工资管制影响较大的行业中，员工流动性很强，企业很难聚集起市场势力，市场更加接近于竞争性，依据 Stigler 所提出的范式，最低工资管制必然会损害就业。早期的实证分析验证了这一论点。按 Brown 的经典总结，当最低工资标准提高 10% 时，底层劳动力的就业大约会减少 1%~3%。[②]

自 20 世纪 80 年代起，人们开始摆脱传统范式，从两个方面完善最低工资管制效应的分析。一方面，有学者指出，低工资行业并不像人们所想象的那样缺乏市场势力，利用最低工资的价格效应或企业招募中引荐奖励等指标，均可以发现垄断型劳动力市场结构的存在。[③] 搜寻—匹配模型提供了垄断性结构的另一类证据。[④] 另一方面，即便在竞争型市场中，由于存在传统理论忽视的种种因素，最低工资管制的就业冲击也有可能会被抵消掉，这些因素大概包括以下几个方面：第一，在信息不对称条件下，最低工资管制可以发挥类似于效率工资的功能，降低企业的监督成本和信号甄别成本。[⑤] 第二，劳动合约是多维的，当提高最低工资标准时，企业可以通过提高工人劳动强度、压缩非货币福利支出等途径来缓

① G. Stigler, "The Economics of Minimum Wage Legislation", The American Economic Review, Vol.36, No.3, 1946, pp. 358–365.

② Kohen Brown, "The Effect of the Minimum Wage on Employment and Unemployment", Journal of Economic Literature, Vol.20, No.2, 1982, pp. 487–528.

③ D. Card and A. Krueger, "Time–Series Minimum–Wage Studies: A Meta–analysis", The American Economic Review, Vol. 85, No. 2, 1995, pp. 238–243.

④ C. Flinn, "Minimum Wage Effects on Labor Market Outcomes under Search, Matching, and Endogenous Contact Rates", Econometrica, Vol.74, No.4, 2006, pp.1013–1062.

⑤ A. Manning, "How Do We Know that Real Wages Are too High?" Quarterly Journal of Economics, Vol.110, 1995, pp.1111–1125.

解成本压力，从而减少对就业的冲击。① 第三，提高最低工资标准会使失业的机会成本提高，所以，加入到搜寻工作队伍中的失业者人数会增加，由于在就业实现过程中，搜寻—匹配效率是搜寻者人数的增函数，这无疑有利于促进就业。②

另一个需要强调的因素是对最低工资制度的监管问题。传统理论认为，企业对法律法规的遵守是天经地义的，所以在提高最低工资标准后，企业必然按照新的标准来提高工资，但现实中企业对最低工资制度的违反则屡见不鲜。研究者发现，除非监管体系满足非常苛刻的条件，否则企业违规行为就不可避免。据估算，即便在美国这样制度健全的国家，也至少有 1/3 的企业没有完全遵从最低工资规定。③ 不过事物总有两面性，很多学者认为，对最低工资执行情况"睁一只眼闭一只眼"，恰是缓解就业冲击的一剂"润滑剂"。这也是为什么美国政府一直不对违规行为施以重典的主要原因。④ 尽管对于放松最低工资监管是否能缓解就业冲击的问题，也有不同的声音。⑤ 但总的来看，持肯定态度的学者居多数。这提醒我们，在考察最低工资管制就业效应时不能局限于最低工资管制本身，还必须考虑到监管环境对最低工资制度执行情况的影响。

随着理论推进的探索，人们对最低工资管制究竟会不会损害就业的认识变得越来越模棱两可，需要用实证检验进行辨别。由于传统的时间序列分析方法存在种种缺陷，从 1992 年开始，新的实证分析方法如一阶差分模型、准差分模型、双重差分模型先后被引入到最低工资管制的研究领域。其中，最有影响力的是 Card 和 Krueger 利用双重差分方法对新泽西州和宾夕法尼亚州的案例分析。⑥ 这些新方法得出的结论几乎是一致的，即最低工资管制没有明显地损害就业。进一步，Card 和 Krueger 利用事后分析法（Meta-analysis）对 20 世纪 80 年代的时间序列文献进行偏误性检验，结果发现，它们存在刻意夸大最低工资管制的就业负效应的嫌疑。一个典型证据就是在这些文献中，参数估计的 t 值与模型自由度的平方根关系被严重扭曲。⑦ 面对这些挑战，一些持传统观点的学者进行了回击，比如，Neumark 和 Wascher 利用面板数据分析重拾了最低工资管制会损害就业的证据。⑧ 目前这种争论仍在持续。

① G. D. Fraja, "Minimum Wage Legislation, Productivity and Employment", Economica, Vol. 66, No. 264, 1999, pp.473-488; M. Hashimoto, "Minimum Wage Effects on Training on the Job", The American Economic Review, Vol.72, No.5, 1982, pp.1070-1087.

② C. Flinn, "Minimum Wage Effects on Labor Market Outcomes under Search, Matching, and Endogenous Contact Rates", 2001, pp. 1013-1062.

③ O. Ashenfelter and R. Smith, "Compliance with the Minimum Wage Law", The Journal of Political Economy, Vol.87, No.2, 1979, pp.333-350; G. Grenier, "On Compliance with the Minimum Wage Law", The Journal of Political Economy, Vol.90, No.1, 1982, pp. 184-187; Chang Yang-Ming, Isaac Ehrlich, "On the Economics of Compliance with the Minimum Wage Law," The Journal of Political Economy, Vol.93, No.1, 1985, pp. 84-91.

④ Chang Yang-Ming, "Noncompliance Behavior of Risk-Averse Firm sunder the Minimum Wage Law", Public Finance Quarterly, Vol.20, No.3, 1992, pp.390-401.

⑤ Gideon Yaniv, "Minimum Wage Noncompliance and the Employment Decision", Journal of Labor Economics, Vol. 19, No.3, 2001, pp.596-603.

⑥ D. Card and A. Krueger, "Minimum Wages and Employment: A Case Study of the Fast-Food Industry in New Jersey and Pennsylvania", The American Economic Review, Vol.84, No.5, 1994, pp. 772-793.

⑦ D. Card and A. Krueger, "Time-Series Minimum-Wage Studies: A Meta-analysis," 1993, pp.238-243.

⑧ D. Neumark and M. W. Wascher, "Minimum Wage Effects throughout the Wage Distribution", The Journal of Human Resources, Vol. 39, No. 2, 2004, pp. 425-450.

总的来看，不管理论分析还是实证检验，国外学者对最低工资管制就业效应的研究结论存在很大分歧，我们很难依靠它们来对最低工资管制的就业效应形成一个一致的判断。另外，国外文献在研究最低工资管制的就业效应时，一般是将最低工资管制与其他管制措施割裂开来并行地研究，而忽视了不同管制措施间可能发生的交互影响。尽管他们注意到最低工资制度的执行情况会对就业后果产生重大影响，但没有注意到最低工资制度的执行情况很可能内生于其他管制措施。这个问题在中国可能是比较突出的。中国城市就业市场庞杂，劳动监管难度很大，一项管制措施的执行在很大程度上依赖于其他配套措施所提供的支撑。就最低工资管制来说，如果没有专门的法规对劳动合同、加班工资等做出明确的规定，那么，最低工资的执行就可能会走样。正因为如此，国外文献的研究方法和结论并不能照搬于中国，对于最低工资管制的就业效应问题，还必须结合中国的实际情况展开具体的研究。

目前国内学者对最低工资管制就业后果展开系统研究的并不多，而在为数不多的几篇实证分析文献中，也主要是利用宏观统计数据来进行分析的。近年来，中国劳动力市场风云突变，各种因素交织发力，要将最低工资管制的就业影响从劳动力市场的内生变化中剥离出来，恐非宏观统计数据所能胜任的。可以说，科学地评估中国最低工资管制的就业效应，必须要有调查数据的支撑。

三、最低工资管制效应的理论分析

假设企业的生产要素包括资本和劳动，二者投入量分别为 K 和 L，r 为利率。如果没有最低工资管制，企业将依据劳动力市场的供求状况，支付均衡工资 w_0。如果有最低工资管制，那么，企业既可能完全遵从最低工资规定，将工资调整到最低工资标准 m 的水平，也可能完全置其于不顾，维持原工资水平不变，或部分地遵从最低工资规定，将工资调整到介于 w_0 和 m 之间的某一水平。

在经济人假设下，除非最低工资标准形同虚设，否则，企业会滋生违规冲动，但冲动不等于行动，因为违规一旦被发现，可能会面临惩罚。问题是：违规行为会有多大概率被查处？如果被查处，企业将面临怎样的惩罚？

首先，就违规企业被查处的概率来说，传统文献都暗含了监管部门对企业的监察概率与违规程度无关的假设。但另外，他们又承认监管力量的配置是基于工人对企业违规行为的投诉（Complaint Based）。既然如此，那些违规程度大的企业为什么不会面临更大的监察概率呢？毕竟，更大程度的违规更易招致员工投诉，也更容易引起监管部门的注意。正是基于这样的考虑，Yaniv 等人摆脱了传统文献的局限，假设企业被监察的概率是违规程度的增函数。[1] 如果对照中国的现实就会发现，这一假设与中国比较吻合。在中国，劳动

---

[1] Gideon Yaniv, "Minimum Wage Noncompliance and the Employment Decision", 2001, pp. 596–603.

监察部门对劳动关系的监察也主要以举报为实施依据。因此，我们假设监察概率是企业违反最低工资规定程度的增函数。将违规程度定义为工资低于最低工资标准的差 m − w，令监察概率为 λ，它是 m − w 的增函数，即 λ′ > 0。

其次，就对违规行为的惩罚而言，Ashenfelter 和 Smith 在其开创性文献中将其假设为一个固定的数额，很显然，这与现实相距甚远。[①] 在美国，监管部门要求被查处的违规企业缴纳工资与最低工资标准的差额的一定比例，可见，惩罚并非固定数额，而是违规程度的增函数。据此许多研究者对惩罚的假设做出了修正，比如 Grenier。[②] 再来看中国的实践，2004 年在新的《最低工资规定》出台后不久，国务院颁布了《劳动保障监察条例》，其中第 26 条明确规定，当劳动者工资低于当地最低工资标准时，劳动保障部门要责令企业补齐工资与最低工资标准间的差额，对逾期不补的，还要支付这个差额的 50%~100% 作为对劳动者的赔偿。我们认为，企业在被查处且被责令补齐工资款的情况下是不会继续"顶风作案"的，因为这样只会带来一笔额外的损失。所以，所谓的罚款只是补齐 m − w，并不具有真正的惩罚性质，仅相当于延期执行最低工资规定。当企业违反最低工资规定且被查处时，实际工资成本就是最低工资标准本身（w + m − w = m）。

当企业支付工资 w 时，产生一个预期利润 Eπ，企业目标就是通过选择合适的工资水平 w* 以及雇佣量 L* 来实现 Eπ 的最大化。

Max：$E\pi = (1-\lambda)[pf(L, K) - Lw - Kr] + \lambda[pf(L, K) - Lm - Kr]$

s.t.：$w \geq w_0$

$w \geq 0, L \geq 0$

其中，f(L, K) 为生产函数，$f'_{(.)} > 0$；$f''_{(.)} < 0$。p 为产品价格。借鉴 Chang，[③] 我们运用 Kuhn-Tucker 条件来求解上式。令拉格朗日乘子为 u：

$Z = (1-\lambda)[pf(L, K) - Lw - Kr] + \lambda[pf(L, K) - Lm - Kr] + u(w - w_0)$

根据 L 和 w 的边际条件、非负约束和互补松弛条件，可得出以下关系式：

$$\frac{\partial Z}{\partial L} = pf'_L - w - \lambda(m-w) \leq 0, \ L \geq 0, \ L\frac{\partial Z}{\partial L} = 0 \tag{1}$$

$$\frac{\partial Z}{\partial w} = -L + \lambda'L(m-w) + \lambda L + u \leq 0, \ w \geq 0, \ w\frac{\partial Z}{\partial w} = 0 \tag{2}$$

再根据拉格朗日乘子 u 的边际条件、非负约束和互补松弛条件，得出：

$$\frac{\partial Z}{\partial u} = w - w_0 \geq 0, \ u \geq 0, \ u\frac{\partial Z}{\partial u} = 0 \tag{3}$$

由于 w > 0，从式（2）的互补松弛条件知 $\frac{\partial Z}{\partial w} = 0$，因此 $u = L - \lambda'L(m-w) - \lambda L$，令 ε 为 λ 对 m − w 的弹性，则有 $u = L[1 - \lambda(\varepsilon + 1)]$，下面分两种情形来讨论：

① O. Ashenfelter and R. Smith, "Compliance with the Minimum Wage Law", 1979, pp. 333–350.
② G. Grenier, "On Compliance with the Minimum Wage Law", 1982, pp.184–187.
③ Chang Yang-Ming, "Noncompliance Behavior of Risk-Averse Firms under the Minimum Wage Law", 1992, pp.390–401.

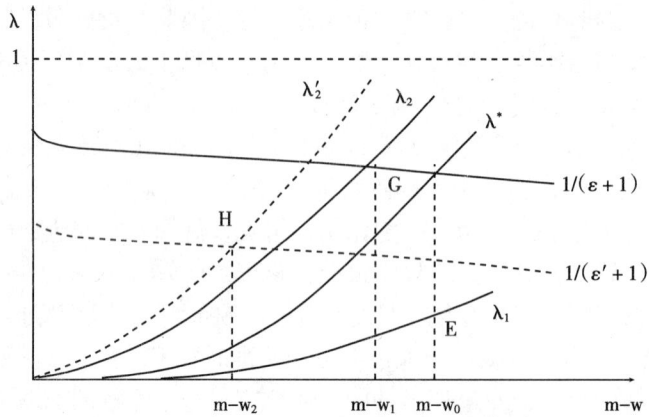

图1 不同监管环境下的企业工资决策

情形1： 在 $[w_0, m]$ 区间上，不论 w 取值多少，λ 均小于 $1/(\varepsilon+1)$。

如果监管环境松懈，那么在各 $m-w$ 处，监管概率 λ 都很小，并且监管概率对违规程度的反应也较迟钝，即 ε 较小。将二者综合起来看，$\lambda < 1/(\varepsilon+1)$ 的条件也就越容易满足。因此情形1代表了一种松懈的监管环境，如图1中 λ_1 曲线所示，它容易诱发严重的违规问题。

根据 u 的计算公式，在这种情形下，不论选择怎样的 w，u 均大于零。由于 $u>0$，由式（3）的互补松弛条件知，$\frac{\partial Z}{\partial u}=0$，因此，$w^*=w_0$，这说明企业对最低工资规定置若罔闻，仍按原均衡水平支付工资。这时均衡点位于图1中的 E 点。由于 L 大于 0，由式（1）的互补松弛条件知 $\frac{\partial Z}{\partial L}=0$，将 $w^*=w_0$ 代入其中，有：

$$pf'_L{}^* = w_0 + \lambda(m-w_0) \tag{4}$$

在没有最低工资管制的情况下，企业的雇佣量满足 $pf'_{L_0}=w_0$。因为 $m>w_0$，$\lambda>0$，所以，$pf'_L{}^* > pf'_{L_0}$，由于 $f''<0$，所以，$L^*<L_0$。这说明，虽然此时企业的工资决策没有变化，但由于受到最低工资规定及监管制度的制约（担心其违规行为将来会被查处，因此预期的用工成本比没有最低工资管制时高），仍然会减少雇佣人数。

对式（4）简单变形，就业减少程度可用下式间接表示：

$$\Delta pf'_L = pf'_L{}^* - pf'_{L_0} = \lambda(m-w_0) \tag{5}$$

由式（5）可得：

$$\frac{d(\Delta pf'_L)}{dm} = \lambda'(m-w_0) + \lambda|_{m-w_0} \tag{6}$$

由于 λ、λ' 及 $m-w_0$ 均大于 0，式（6）必大于 0。说明尽管此时企业拒不执行最低工资规定，但提高最低工资标准照样会导致就业冲击的扩大。

从式（5）还可以得出 $\frac{d(\Delta pf'_L)}{dw_0} = -\lambda'|_{m-w_0} < 0$，说明对于那些原均衡工资水平较低的企

业来说，最低工资管制所带来的就业损失更大。

情形 2： 随 w 在 $[w_0, m]$ 上取值的减少，λ 会达到并超过 $1/(\varepsilon + 1)$。

如图 1 中 λ_2 曲线所示，λ 是 m − w 的增函数，当 w 取值自 m 至 w_0 逐渐减少时，m − w 逐渐增大，λ 也逐渐增大，当达到一定临界值时，将达到并超过 $1/(\varepsilon + 1)$。相对于情形 1，情形 2 下最低工资执行情况的监管更为严格，因为在各 m − w 处，λ 取值更大。此时 λ 曲线位于临界的 λ^* 曲线（在 m − w_0 处，$\lambda = 1/(\varepsilon + 1)$）的上方。按照 u 的计算公式及非负约束，这时并不能保证 u > 0，而可能出现 u = 0，因此，不等式约束条件 w ≥ w_0 失去约束力。新的均衡工资水平 w^* 直接根据预期利润函数 Eπ 的极值条件来求解：$\frac{\partial E\pi}{\partial w} = -L[1 - \lambda(\varepsilon + 1)] = 0$ 可见，w^* 满足 $\lambda|_{m-w} = 1/(\varepsilon + 1)$。当均衡点位于 λ_2 曲线与 $1/(\varepsilon + 1)$ 曲线的交点 G 时，均衡工资确定为 w_1，它既不是原来的均衡工资，也不是最低工资标准，而是介于二者之间。这反映了企业部分地遵守最低工资规定的情形。

如果继续加大监管，那么 λ_2 曲线将上移，比如移到 λ_2' 的位置。同时监管概率对违规程度的反应也更敏感，ε 提高，因此 $1/(\varepsilon + 1)$ 曲线下移，比如至 $1/(\varepsilon' + 1)$ 位置。两曲线交点相应移至 H，均衡工资 w^* 也由 w_1 增加到 w_2。这说明，随监管力度的强化，企业选择的工资水平提高，违反最低工资规定的程度也相应地下降了。

将 w^* 代入 Eπ 的另一极值条件 $\frac{\partial E\pi}{\partial L} = pf_L' - w - \lambda(m - w) = 0$，可得：

$$pf_L'^* = w^* + \lambda(m - w^*) \tag{7}$$

对式（7）稍作变形：$pf_L'^* = w_0 + (1 - \lambda)(w^* - w_0) + \lambda(m - w_0)$，可得：

$$\Delta pf_L' = pf_L'^* - pf_{L_0}' = (1 - \lambda)(w^* - w_0) + \lambda(m - w_0) \tag{8}$$

上式反映了在严格的监管环境下最低工资管制的就业冲击。进一步：

$$\frac{d(\Delta pf_L')}{dm} = \lambda'(m - w^*) + \lambda|_{m-w^*} + (1 - \lambda|_{m-w^*})\frac{dw^*}{dm} \tag{9}$$

式（9）反映了对应于不同的最低工资标准提高幅度，就业冲击的变化情况。该式中，$\frac{dw^*}{dm}$ 必然介于 0 和 1 之间。当提高最低工资标准时，原 w^* 将不再满足均衡条件，因为随着 m 的扩大，$\lambda|_{m-w^*}$ 将超过 $1/(\varepsilon + 1)$。w^* 只有提高，均衡条件 $\lambda|_{m-w^*} = 1/(\varepsilon + 1)$ 才能恢复，因此，$\frac{dw^*}{dm} > 0$。另外，均衡工资的提高幅度不会超过最低工资标准，所以，$\frac{dw^*}{dm}$ 又必然小于 1。

从式（8）还可以看出，$\frac{d(\Delta pf_L')}{dw_0} = -1$，说明在严格的监管环境下最低工资管制不仅对低工资企业造成了更大的就业冲击，而且它与高工资企业的冲击差异正好等于它们在没有最低工资管制时均衡工资的差异。

如果在情形 1 和情形 2 下最低工资标准的提高幅度相同，那么，通过比较式（6）和式（9），就能判断监管环境变化对最低工资管制效应的影响。如果式（9）大于式（6），

则说明在严格的监管环境下最低工资管制的就业冲击要大于松懈的环境。但式（6）和式（9）并没有直接的可比性。在式（9）中，虽然对应于各 $m-w$ 的 λ、λ' 的取值更大，但 $m-w$ 的实际取值要小于式（6）中的 $m-w_0$。所以，我们并不能凭经验武断地判定，在一个稍严的监管环境下，最低工资管制的就业冲击就必然大于松懈的环境。只有当两种情形下监管环境的差异足够大，或者说监管环境强化的力度达到一定程度时，最低工资管制的就业冲击才会扩大。这有三种可能：一是过去的监管环境特别松懈；二是现在的监管环境特别严格；三是二者兼而有之。在第一种情况下，λ 和 λ' 很低的取值足以克服较大的 $m-w_0$ 的影响，并使式（6）足够小。在第二种情况下，λ 和 λ' 很高的取值足以克服较小的 $m-w^*$ 的影响，并使式（9）足够高。需注意的是，在式（9）中，虽然最后一项 $(1-\lambda|_{m-w^*})\dfrac{dw^*}{dm}$ 与 λ 呈反比，但由于 $\dfrac{dw^*}{dm}<1$，后两项之和 $\lambda|_{m-w^*}+(1-\lambda|_{m-w^*})\dfrac{dw^*}{dm}$ 乃至整个式（9）仍与 λ 呈正比。根据上述分析，可以得出如下命题。

命题 1：最低工资管制的就业效应取决于最低工资标准本身和监管环境。当监管强化到一定程度时，最低工资管制的就业冲击会扩大。

现在比较情形 1 和情形 2 下最低工资管制对低工资企业和高工资企业的影响差异。在情形 1 下，$\dfrac{d(\Delta pf'_L)}{dw_0}=-\lambda|_{m-w_0}$，而情形 2 下，$\dfrac{d(\Delta pf'_L)}{dw_0}=-1$。由于 $\lambda|_{m-w_0}<1$，[①] 所以在情形 2 下，$\dfrac{d(\Delta pf'_L)}{dw_0}$ 的绝对值更大。这说明，在严格的监管环境下，最低工资管制对低工资企业的就业冲击比高工资企业严重。

命题 2：在更严格的监管环境下，相对于高工资企业来说，最低工资管制对低工资企业所造成的就业冲击的严重性会进一步加剧。

四、实证检验方法与数据说明

（一）检验方法及原理

为检验上述命题，我们将利用双重差分方法来分析并比较 2007 年和 2008 年提高最低工资标准对就业的影响。之所以选择这两个年份，主要是因为在 2008 年，随着《劳动合同法》的颁布实施，劳动监管环境进一步严格化。监管环境的差异为我们提供了比较的基础。如果上述命题是正确的，那么，2008 年最低工资管制的就业冲击应明显强于 2007 年，并且低工资企业的强化程度应大于高工资企业。

---

① 当 $m=w_0$ 时，λ 必然小于 1，否则企业就不会选择完全不遵守最低工资规定。

这里遇到两个问题：第一，2008 年大洋彼岸的金融危机突然袭来，对我国就业造成了严重影响。如何将金融危机的影响从最低工资管制的效应分析中剥离出来？第二，要比较 2007 年和 2008 年最低工资管制的就业效应，就要保证这两年提高最低工资标准的幅度是一样的，或至少是相近的。怎么能保证这一点？

为了剔除金融危机的影响，我们将采取两项措施：一是在样本上，尽量选择那些地理位置毗邻、经济结构类似、受金融危机冲击程度相近的省份。由于本文使用双重差分的分析方法，只要两个样本省份受金融危机的冲击是相近的，那么，在第二次差分过程中，就能把金融危机的影响剔除。举个例子来说，如果 A 省和 B 省受金融危机的影响相近，A 省在 2008 年提高最低工资标准，而 B 省没有。那么，对 A 省来说，用提高最低工资标准后的就业量减去提高最低工资标准前的就业量（实验组的一次差分），就代表最低工资管制因素和非最低工资管制因素特别是金融危机对就业的综合影响。而对 B 省来说，用它在 A 省提高最低工资标准后的就业量减去它在 A 省提高最低工资标准前的就业量（控制组的一次差分），就只代表非最低工资管制因素特别是金融危机的影响。由于假设两个省受金融危机的影响是相近的，用实验组的一次差分减去控制组的一次差分（两次差分过程），就把金融危机的影响大致过滤了。但问题是，如果两个省受金融危机的影响并不相同或并不相近，上述结果就会出现偏差。对此，我们再通过第二步措施来解决，那就是对双重差分方法进行改进，即抛弃简单的两次差分方法，改用回归方程来模拟两次差分过程。通过在回归方程中引入控制变量，特别是产值变量，来控制住金融危机的影响。我们知道，金融危机对就业的冲击主要是通过产出规模下降来实现的。所以，金融危机对就业的影响，完全可以通过在回归方程中引入产值变量来单独地量化出来，并与最低工资管制变量分列开来。因此，即使两个省受金融危机的影响不同，也不会对最低工资管制的效应分析产生干扰。对于这一点，我们是可以通过严格的数学推导来证明的。[①]

就如何保证 2007 年和 2008 年提高最低工资标准的幅度一致的问题，关键还是要选择合适的样本。经过慎重筛选，我们选择广东和福建两省作为样本。理由是，这两个省在 2007 年和 2008 年交错地提高了最低工资标准，且幅度是大致相同的。2007 年 8 月 1 日，

---

① 在下面的分析中，我们将用回归方程（10）来模拟双重差分过程。在方程（10）中，lny 就是产值变量。假设除了最低工资管制因素外，影响就业的只有金融危机的因素，它通过 lny 的波动来实现。被解释变量 lnE 为就业量。如果用简单的两次差分过程来进行处理，得出的政策效应就是 e|简单 = ΔlnE|实验组 − ΔlnE|控制组，其中，ΔlnE|实验组和 ΔlnE|控制组分别为实验组的一次差分和控制组的一次差分。如果金融危机对实验组和控制组的冲击程度一样大，e|简单就反映了最低工资管制的就业效应。如果金融危机对两组冲击不一样，e|简单就不仅仅包括最低工资管制的就业效应，还包括金融危机的残余影响，后者应该剔除掉。按方程（10），ΔlnE|实验组 = lnE（treat = 1，time = 1）− lnE（treat = 1，time = 0）= $\alpha_2 + \gamma + \beta \times$（lny 实|$_{t=1}$ − lny 实|$_{t=0}$）；ΔlnE|控制组 = lnE（treat = 0，time = 1）− lnE（treat = 0，time = 0）= $\alpha_2 + \beta \times$（lny 控|$_{t=1}$ − lny 控|$_{t=0}$）。所以有：e|简单 = ΔlnE|实验组 − ΔlnE|控制组 = $\gamma + \beta \times$ [（lny 实|$_{t=1}$ − lny 实|$_{t=0}$）−（lny 控|$_{t=1}$ − lny 控|$_{t=0}$）]，移项有：γ = e|简单 − $\beta \times$ [（lny 实|$_{t=1}$ − lny 实|$_{t=0}$）−（lny 控|$_{t=1}$ − lny 控|$_{t=0}$）]。γ 就是回归方法所估算的政策效应。可见，即使金融危机对实验组和控制组的冲击不同，并使二者的产值下降幅度不一致，但在回归方程的效应评估 γ 中，通过后面的减项即可剔除。

福建省宣布提高最低工资标准，平均幅度达到 12.7%，[①] 当年广东省没有提高最低工资标准，这提供了一次准自然试验样本。到 2008 年，广东省于 4 月 1 日宣布提高最低工资标准，平均幅度为 12.9%，而福建省当年没有提高最低工资标准，这提供了第二次准自然试验样本。可见，两次提高最低工资标准的幅度是非常接近的，具备比较的基础。以广东和福建为分析样本，其有利之处还在于，它们地理位置毗邻，又都是中国外向型经济的"桥头堡"，经济结构相近。在金融危机的荡涤下，它们所受的冲击也颇为相似，比如出口订单锐减、制造业急剧下滑。尽管我们在上面提到，可以通过回归方程来模拟两次差分过程，而不必强求金融危机对两个省的冲击相同，但用两个结构类似的省份做样本，至少还可以得到其他的好处。比如，除了金融危机的冲击外，还有其他一些非政策因素会影响就业，它们又不可能穷尽于控制变量之中，而对结构相似的两个省份而言，这些因素比较接近，在两次差分中容易剔除掉。从这个角度讲，用广东和福建作为分析样本，与 Card 和 Krueger 利用位置毗邻、经济结构相近的新泽西州和宾夕法尼亚州作为分析样本具有类似的优势。[②]

（二）模型设置与数据说明

根据上述原理，我们设置如下的回归模型：

$$\ln E_{i,t} = \alpha_0 + \alpha_1 treat_{i,t} + \alpha_2 time_{i,t} + \gamma \times treat_{i,t} \times time_{i,t} + \sum \beta \ln y_{i,t-1} + \phi z_{i,t} + \varepsilon_{i,t} \tag{10}$$

式（10）中下标 i 为截面单元，由于本文使用粤、闽两省企业调查数据进行分析，i 实际上代表各样本企业。下标 t 代表时点，取值只有两个：$t = 1$，表示在实验组提高最低工资标准之前；$t = 2$ 表示提高最低工资标准之后。为消缓月度间雇佣量波动的影响，时点均以季度为单位。对于 2007 年的分析，由于福建是在 8 月 1 日提高最低工资标准的，提高最低工资标准之前的时点定为第 2 季度，提高后的时点定为第 4 季度。对于 2008 年的分析，由于广东省是在 4 月 1 日提高最低工资标准的，提高最低工资标准之前的时点定为第 1 季度，提高之后的时点定为第 3 季度。[③]

被解释变量 $\ln E$ 为企业雇佣的工人数量（区分城镇劳动力和农民工）的对数。企业雇佣量的信息主要来自于国家质检总局和中国人民大学"国外技术性贸易措施对中国出口的影响"课题组的调查数据。该调查是于 2009 年 3~6 月进行的，其中，3~4 月进行的是第一轮调查，6 月对受访企业进行第二轮的补充调查。调查共发放 550 份问卷，收回 439 份有效问卷，有效问卷回收率接近 80%。其中，广东省企业 283 家，福建省企业 156 家。在问卷中我们要求企业分别提供 2007~2008 年各个季度城镇劳动力和农民工的雇佣量数据。

[①] 剔除新增的第五档最低工资标准 550 元/月，按原来四档标准的平均增幅计算。

[②] D. Card and A. Krueger, "Minimum Wages and Employment: A Case Study of the Fast-Food Industry in New Jersey and Pennsylvania", 1994, pp.772-793.

[③] 提高最低工资标准之前及之后的时点都尽量靠近提高最低工资标准的时刻，可尽量减少其他因素变化所带来的干扰。同时，上述选择使企业从提高最低工资标准起都有 3~6 个月时间来调整雇佣量。

从回答情况来看，2007 年第 4 季度的雇佣量与第 2 季度相比并没有太大变化，但 2008 年第 3 季度的雇佣量比第 1 季度明显减少，特别是农民工数量锐减。雇佣量大幅减少可能与金融危机发力有关。

treat 为区分控制组和实验组的变量，如某省提高最低工资标准，则该省的企业视作实验组，treat 变量取 1；否则，视作控制组，该变量取 0。在 2007 年的分析中，由于福建省提高最低工资标准，而广东省没有，所以福建省企业 treat 变量均取 1，广东省企业均取 0。反过来，在 2008 年的分析中，广东省提高了最低工资标准，而福建省没有，所以广东省企业均取 1，福建省企业均取 0。

time 变量为时间哑元变量，在实验组提高最低工资标准之前，该变量取 0；在提高最低工资标准后，则取 1。time 的系数 α_2 代表控制组在提高最低工资标准前后的就业变化，它反映了非最低工资因素随时间推移对就业的影响。

作为本文最关心的变量，treat × time 代表对实验组和控制组进行双重差分的处理过程，其系数 γ 就是我们要估算的政策效应。如果它显著为负，说明提高最低工资标准会损害就业；否则，就不能说明提高最低工资标准会损害就业。

lny 为产值的对数。如前所述，引入这个变量，主要是为了控制住金融危机对就业的影响。但我们在模型中并没有直接引入当期的产值变量，这主要是考虑到从产值变化到企业调整雇佣量一般要经历一定的时滞。[①] 所以，引入的是滞后的产值对数。产值信息也是从上述调查数据中获取的。在调查问卷中，我们要求企业提供 2007~2008 年各个季度的产值情况。从回答情况来看，2008 年第 1 季度企业产值并没有出现同比减少，反而是增加的，说明金融危机的影响还没有显现出来，但从第 2 季度开始，产值同比下降的趋势骤然凸显，第 3 季度和第 4 季度的下降趋势更加明显。这说明，金融危机的影响大约是从第 2 季度开始逐渐强化的。

z 为可能影响就业的其他控制变量。各地区的要素禀赋、技术构成、政府对企业的干预程度等因素都可能会对企业雇佣量产生影响。对此，我们统一用地区哑元变量来表征，地区的划分以企业所处的地级市为界。另外，我们还引入各个地区 GDP 指标的对数，因为以 GDP 为代表的宏观经济风向标会对企业的雇佣决策产生影响。在微观层面，企业所处的行业属性、所有制性质、工资水平等也会对雇佣量产生影响，因此需要引入这些变量。就行业属性来说，由于样本企业主要集中在制造业部门，我们依据调查问卷中企业所填写的主营产品，按《国民经济行业分类》（GB T4754—2002）的前两位数代码对企业进行划分，共涉及制造业 30 个大类中的 12 个。就所有制性质来说，我们按民营（个体）、外资、国有及国有控股、其他等性质对企业进行分类。其中，有 136 家属于民营（个体）企业，205 家属于外资企业，73 家属于国有及国有控股企业，25 家属于其他性质。由于工资是敏感信息，在问卷中我们只要求企业提供平均工资的信息，所以这里工资水平只是企业内部的平均工资水平，从回答情况来看，2007 年广东省企业和福建省企业的月平均

---

① 丁守海：《中国就业弹性究竟有多大？——兼论金融危机对就业的滞后冲击》，《管理世界》2009 年第 5 期。

工资分别为 1623 元和 1426 元，而 2008 年分别为 1813 元和 1575 元。

五、最低工资管制效应的实证检验结果

（一）2007 年提高最低工资标准的效应评估

中国工业劳动力供给主要包括城镇劳动力和农民工，两类劳动力在劳动供给行为、劳资关系等方面都存在诸多差异，提高最低工资标准对它们的影响也很可能会有差异。因此对于上述分析，我们将区分这两类劳动力来分别进行。[①]

表 1 第 1 栏表明，在未引入控制变量时，treat 变量的系数显著为负，为-0.144，说明在 2007 年第 2 季度，福建省企业比广东省少雇佣 14.4 % 的农民工。time 变量的系数并不显著，说明不管是福建省还是广东省，从第 2 季度到第 4 季度，随时间自发变化的非政策性因素并没有对农民工雇佣量产生显著的影响。lny_{t-1} 系数显著为正，且达到 0.566，说明产值对企业的雇佣劳动量具有很强的解释力。作为我们最关心的变量 treat × time，其系数在统计上并不显著，这表明，2007 年提高最低工资标准并没有对农民工就业产生明显的影响。

表 1　2007 年提高最低工资标准对农民工的就业影响

	（1 栏）	（2 栏）	（3 栏）
treat	−0.144**	−0.137*	−0.125*
time	0.108	0.093	0.086
treat × time	0.132	0.117	0.165
lny_{t-1}	0.566***	0.541***	0.494***
wage × treat × time		−0.116	
owns × treat × time			−0.039*
控制变量	无	有	有
观测值	782	687	637
调整 R^2	0.331	0.432	0.438
F	231.43	289.28	271.52

注：被解释变量为农民工数的对数。*、**、*** 分别代表通过 10%、5%、1%的显著性检验。除地区变量、地区GDP、行业属性外，第 2、3 栏还分别控制住所有制变量和平均工资的影响。

[①] 本文使用的是平衡面板数据，没有将那些未接受补充调查的企业纳入到样本中，如果这些企业与样本企业存在系统性差异，则会产生选择性偏误问题，并使结果出现一定程度的低估。但由于数据的限制，对低估程度的估计已超出本文的范围。好在没有证据表明未接受补充调查企业的处境比样本企业更糟，它们大多由于通信方式错误或者有顾虑而未接受补充调查，所以上述问题应该不会很严重。

当然，上述结果是全部样本的分析结果，其背后隐含的可能是对不同类型企业的不同作用方式。我们可以从两个维度对企业进行分割并区别分析：一是按平均工资水平;[①] 二是按所有制性质。

就第一个维度来说，前面的理论分析已经证明，相对于高工资企业来说，提高最低工资标准对低工资企业的冲击更大，而在更严格的监管环境下，这种严重性还会加剧。以2007 年福建省企业工资水平的平均数为临界值，将低于平均数的划作低工资企业，将高于平均数的划作高工资企业。以高工资企业为基准组，设置分组哑元变量 wage，再与双重差分变量组成一个新的交叉变量 wage×treat×time。[②] 表 1 的第 2 栏显示了引入这个变量以及相关的控制变量后的分析结果。可以看出，treat、time、lny_{t-1} 的系数均出现了一定变动，但性质不变且变动幅度不大。在基准组（高工资组），双重差分变量的系数仍不显著，说明 2007 年提高最低工资标准对高工资企业的农民工并没有显著的影响，交叉变量 wage×treat×time 的系数也不显著，说明提高最低工资标准对低工资企业的影响与高工资企业没有显著差异，农民工就业也没有受到明显冲击。

从第二个维度来说，我们按所有制性质对福建省企业进行分类，以民营和外资企业为基准，以国有及国有控股企业为另一组，设置哑元变量 owns。之所以进行这样的分类，主要是出于这样的考虑：在中国，民营和外资企业往往是劳资关系争执的焦点，不遵从劳动法规、侵犯工人权益的行为时有发生。前几年发生的富士康事件就是一个典型的例证。相对而言，国有企业的用工关系更为规范，在保护劳动者权益方面更为完善一些。所以我们可以合理地推测，即便是在同样的外部监管环境下，国有企业也会更自觉地遵守最低工资规定，它实际的监管效果比民营及外资企业要强。如果按命题 1 的推测，最低工资管制对国有及国有控股企业的影响也应该更大一些。为检验这一点，我们利用所有制变量 owns与双重差分变量组合成一个新的交叉变量 owns×treat×time，表 1 第 3 栏显示了引入该变量以及相关的控制变量后的分析结果。可以看出，双重差分变量 treat×time 的系数仍不显著，说明提高最低工资标准对民营及外资企业的农民工并没有造成显著影响，但交叉变量owns×treat×time 的系数显著为负，说明提高最低工资标准对国有及国有控股企业造成了显著影响，并使其农民工数量减少 3.9%。这大致验证了上述推测。

表 2　2007 年提高最低工资标准对城镇劳动力的就业影响

	（1 栏）	（2 栏）	（3 栏）
treat	−0.107	−0.098	−0.112
time	0.084	0.063	0.103

---

① 尽管平均工资水平并不能完全反映企业的工资结构，尤其是底层工资状况以及它与最低工资标准的关系，但我们可以合理地推论，在平均工资较低的企业，各类人员包括底层工人的工资都会比较低，底层工资与最低工资标准的差距也会比较大，提高最低工资标准对其影响也应该会更大。

② 之所以没有对广东省企业进行工资分组，是因为在 2007 年的分析中，广东省企业的 treat=0，wage×treat×time的取值全为零。所以，对这些企业进行工资分组并对 wage 变量进行赋值将失去意义。

续表

	(1 栏)	(2 栏)	(3 栏)
treat × time	−0.044*	−0.018*	−0.041*
$\ln y_{t-1}$	0.613***	0.590***	0.571***
wage × treat × time		−0.037**	
owns × treat × time			0.015
控制变量	无	有	有
观测值	740	665	615
调整 R^2	0.312	0.408	0.401
F	237.25	190.05	191.35

注：被解释变量为城镇工人数的对数。控制变量同表 1。

　　从表 2 第 1 栏可见，treat × time 的系数显著为负，且达到 −0.044，这说明，提高最低工资标准对城镇劳动力就业造成了明显影响，并使其减少了 4.4%。而表 1 第 1 栏表明，提高最低工资标准并没有对农民工造成明显的冲击。那么为什么提高最低工资标准会对城镇劳动力造成显著冲击呢？这可能与中国城市二元就业制度有关。在城市就业市场上，城镇劳动力和农民工处于不同的地位，相对于农民工而言，城镇劳动力的劳动利益得到政府的优先保护。[1][2] 纵使企业敢对农民工支付低于最低工资标准的工资，但对城镇劳动力也要慎之又慎。从这个角度讲，企业可能确实会像 Yaniv 描述的那样，在最低工资问题上对城镇劳动力和农民工采取"分而治之"策略。[3] 这可以看做，当面对城镇劳动力时，企业承受的监管约束比面对农民工时大，所以，最低工资管制尽管不会对农民工就业造成显著影响，但会对城镇劳动力造成明显冲击。这一结果与命题 1 是吻合的。

　　在表 2 的第 2 栏，我们引入了工资分组变量与双重差分变量的交叉项以及相关控制变量。treat × time 的系数显示，在基准组（高工资企业），提高最低工资标准使城镇劳动力就业显著地减少了 1.8%。交叉项 wage × treat × time 的系数显示，相对于高工资企业，提高最低工资标准使低工资企业城镇劳动力就业多减少了 3.7%，总的减少幅度达到 5.5%。这与命题 2 的结论是基本吻合的。在第 3 栏，我们又引入了所有制变量与双重差分变量的交叉项以及控制变量，treat × time 变量的系数显示，提高最低工资标准使民营及外资企业城镇劳动力就业减少 4.1%；但交叉项 owns × treat × time 的系数并不显著，说明提高最低工资标准并没有使国有及国有控股企业的城镇劳动力数量比民营及外资企业减少得更多。造成这种情况的主要原因可能在于，在二元就业制度下，城镇劳动力在各类企业都面临较严格的监管约束，即使民营及外资企业也会重视城镇劳动力的工资利益，所有制差异对企业的监管约束乃至最低工资管制效应的叠加影响可能很小。所以，上述结论与命题 1 并不矛盾。

　　① 蔡昉、白南生：《中国转轨时期劳动力流动》，北京：社会科学文献出版社，2006 年。

　　② 王美艳：《城市劳动力市场上的就业机会与工资差异——外来劳动力就业与报酬研究》，《中国社会科学》2005 年第 5 期。

　　③ Gideon Yaniv, "Minimum Wage Noncompliance and the Employment Decision", 2001, pp. 596–603.

（二）2008 年提高最低工资标准的效应评估

表 3 第 1 栏显示，treat 变量的系数不显著，说明在 2008 年第 1 季度，两省企业在农民工雇佣数量上并不存在显著性差异。time 变量系数也不显著，说明不管是广东省还是福建省，第 3 季度的农民工雇佣量与第 1 季度相比均没有显著的变化。从往年的农民工流动规律来看，第 1 季度一般是农民工返乡的高峰期，农民工雇佣量因此锐减。春节后随农民工返回工厂以及企业生产的恢复，农民工雇佣量又陆续回升。到第 3 季度，企业通常达到生产的高峰期，农民工务工也最为稳定。所以一般情况下，第 3 季度的农民工雇佣量应该比第 1 季度增加许多。但 2008 年第 3 季度的农民工雇佣量并没有比第 1 季度明显增加，这种情况并不正常。究其原因，就在于金融危机削弱了对农民工的需求。双重差分变量 treat × time 的系数表明，2008 年提高最低工资标准使农民工雇佣量显著地减少了 7.9%。

表 3　2008 年提高最低工资标准对农民工的就业影响

	（1栏）	（2栏）	（3栏）
treat	0.093	0.085	0.112
time	−0.131	−0.119	−0.143
treat × time	−0.079*	−0.036*	−0.071*
$\ln y_{t-1}$	0.617**	0.602***	0.598***
wage × treat × time	—	−0.069**	—
owns × treat × time	—	—	0.220
控制变量	无	有	有
观测值	815	743	693
调整 R^2	0.298	0.412	0.416
F	262.53	293.87	311.02

注：被解释变量为农民工数的对数。控制变量同表 1。

类似于 2007 年的分析，我们以广东省企业工资的平均数为临界值，将低于临界值的企业划分为低工资企业，将高于临界值的企业划分为高工资企业，设置哑元变量 wage，以高工资企业为基准组，低工资企业的 wage 变量取 1。再设置它与双重差分变量的交叉项 wage × treat × time。表 3 第 2 栏显示，在引入该变量以及相关的控制变量后，treat × time 系数变为−0.036，并且在统计上是显著的，这表明 2008 年提高最低工资标准使高工资企业的农民工数量减少 3.6%。wage × treat × time 的系数显著为负，达到−0.069，这说明提高最低工资标准使低工资企业的农民工数量比高工资企业多减少了 6.9%，减幅共达到 10.5%。

从另一维度，我们按所有制性质对广东省企业分类，以民营和外资企业为基准组，以国有及国有控股企业为另一组，设置哑元变量 owns，并构建它与双重差分变量的交叉项 owns × treat × time。表 3 第 3 栏显示，在引入该变量及相关控制变量后，treat × time 变量的系数变为−0.071，统计上显著。这说明 2008 年提高最低工资标准使民营及外资企业农民工数量减少了 7.1%。owns×treat×time 的系数不显著，说明提高最低工资标准并没有使国有及国有控股企业的农民工数量比民营及外资企业减少的更多。按照前述分析，国有及国有控股企业很可能面临比民营及外资企业更严格的监管约束，提高最低工资标准对农民工的就业冲击理应更大。之所以没有出现这一预期结果，可能的原因在于 2008 年的外部监管环境变得更为严格，从而使国有及国有控股企业与民营及外资企业原来在监管约束方面的差异趋于弱化。至于 2008 年外部监管环境是否强化的问题，我们在后面还将做进一步的论证。

表 4　2008 年提高最低工资标准对城镇劳动力的就业影响

	(1 栏)	(2 栏)	(3 栏)
treat	0.216	0.184	0.265
time	−0.179	−0.164	−0.143
treat×time	−0.053*	−0.029*	−0.056*
$\ln y_{t-1}$	0.640***	0.622***	0.612***
wage×treat×time		−0.040**	
owns×treat×time			0.107
控制变量	无	有	有
观测值	794	710	660
调整 R^2	0.323	0.419	0.424
F	320.19	375.33	389.76

注：被解释变量为城镇工人数的对数。控制变量同表 1。

从表 4 第 1 栏可以看出，treat×time 的系数显著为负，且等于−0.053，说明 2008 年提高最低工资标准使城镇劳动力的雇佣量减少了 5.3%。第 2 栏显示，在引入工资分组变量与双重差分变量的交叉项 wage×treat×time 以及相关的控制变量后，treat×time 变量的系数变为−0.029，说明提高最低工资标准使高工资企业的城镇劳动力就业减少 2.9%。wage×treat×time 项的系数显著为负，达到−0.040，说明提高最低工资标准使低工资企业城镇劳动力就业比高工资企业多减少了 4.0%，总的减幅达到 6.9%。第 3 栏显示，在引入所有制分组变量与双重差分变量的交叉项 owns×treat×time 及相关的控制变量后，treat×time 项的系数变为−0.056，说明 2008 年提高最低工资标准使民营及外资企业的城镇劳动力就业减少了 5.6%。另外，owns×treat×time 项的系数不显著，这表明 2008 年提高最低工资标准并没有使国有及国有控股企业的城镇劳动力就业比民营及外资企业减少得更多。对它的解释与关于表 2 第 3 栏结果的解释是一样的。

六、最低工资管制效应的比较分析及进一步解释

（一）2007~2008 年农民工最低工资管制效应的比较分析及解释

比较表 1 和表 3 的分析结果，可以看出 2007 年和 2008 年提高最低工资标准对农民工就业影响的差异。为便于比较，我们将结果整理在表 5 中。

表 5　2007~2008 年提高最低工资标准对农民工就业的影响比较

	全部样本	按工资分组		按所有制分组	
		高工资组	低工资组	民营及外资	国有及国有控股
	（1 栏）	（2 栏）	（3 栏）	（4 栏）	（5 栏）
2007 年	不显著	不显著	不显著	不显著	−0.039
2008 年	−0.079	−0.036	−0.105	−0.071	−0.071
差值	−0.079	−0.036	−0.105	−0.071	−0.032

注：表中差值为 2008 年的参数减去 2007 年的参数。

从表 5 可以看出，2008 年提高最低工资标准对农民工的就业冲击较 2007 年有明显的扩大趋势。就全体样本而言，就业冲击扩大了 7.9%，其中，高工资企业扩大了 3.6%，低工资企业扩大了 10.5%，民营及外资企业扩大了 7.1%，国有及国有控股企业扩大了 3.2%。

由于 2008 年最低工资标准的提高幅度与 2007 年相近，所以，这种扩大不可能源于最低工资制度本身，只能源于外部监管环境的变化。从中国的管制实践来看，2008 年监管环境的一个重大变化就是《劳动合同法》的颁布。《劳动合同法》从劳动合同的订立、劳动报酬、劳动条件、工作保护等多个维度对劳资关系做出了新的、强制性的约定。它极有可能为其他管制措施的执行奠定一个更为严格的监管平台。就最低工资管制而言，《劳动合同法》至少会在以下几个方面强化对最低工资执行情况的监管：第一，过去很多企业不与员工尤其是农民工签订劳动合同，当雇主侵犯工资利益时，由于缺乏劳动合同的举证，员工很难通过法律途径来解决，因此雇主在违反最低工资规定时并没有太多的顾虑。《劳动合同法》通过强制约定雇主在签订劳动合同方面的法律责任，有望使这一情况得到改善。《劳动合同法》第 10 条规定，自用工之日起一个月内，企业必须与劳动者签订劳动合同。如果超过一个月还不签订，按第 82 条规定，企业必须向劳动者支付两倍的工资，作为补偿。如果超过一年还不签订，按第 14 条规定，视同企业与劳动者签订了无固定期限合同。自《劳动合同法》颁布后，监管部门实际上更强调企业在签订劳动合同方面的主导责任。举个例子来说，即便是劳动者自己不愿与企业签订劳动合同，企业也应该说服劳动者签订，

否则，不签订的责任仍在企业。第二，过去企业对基本工资、加班工资、福利保险等薪酬概念的界定非常模糊，这就造成了在执行最低工资规定时"浑水摸鱼"、"打擦边球"的情形。比如，支付给劳动者的薪酬虽然较高，但可能是因为加班费比较高，除去加班费后，基本工资并不能满足最低工资规定的要求。《劳动合同法》第 17 条、74 条、85 条对劳动报酬的组成、劳动时间、加班工资、最低工资、社会保险等均作出了明确的约定，并将它们明确列入劳动行政部门监督检查的范围。这些条款有利于从本源上遏制企业迂回地违反最低工资规定的行为。第三，过去很多企业利用试用期来规避最低工资规定，《劳动合同法》第 20 条明确规定，即便在试用期内工资也不得低于最低工资标准。

基于上面分析，我们认为，《劳动合同法》的出台很可能会对最低工资制度的执行起到强化作用，并使监管环境变得更为严格。这是造成 2008 年最低工资管制对农民工的就业冲击明显大于 2007 年的主要原因。对于这一推断，我们还可以从另一维度进行验证。《劳动合同法》对不同企业的作用力度可能并不相同：对于那些过去劳动关系不规范、频繁侵犯劳动者利益的企业来说，影响可能会更大一些；相反，对于那些劳动关系规范、注重劳动者利益保护的企业来说，影响可能更小一些，甚至没有什么影响。如果说《劳动合同法》的影响程度确实反映了企业所面临的监管约束的强化程度的话，那么按命题 1 的推测，受《劳动合同法》影响越大的企业，2007~2008 年提高最低工资标准对它们的就业冲击的扩大幅度也应该越大。

为了度量企业受《劳动合同法》影响的程度，我们在问卷中按五等分李克特量表要求企业对《劳动合同法》的影响程度做出主观评价。为了验证这种主观评价的可靠性，我们又要求企业提供在 2007 年和 2008 年与员工签订的劳动合同中超过 1 年期限的员工比例。如果说企业对《劳动合同法》影响程度的主观评价是可靠的，那么对于那些认为《劳动合同法》影响较大的企业来说，2008 年长期劳动合同所占的比例应该比 2007 年提高得更多。这是因为《劳动合同法》至少在以下两个方面遏制企业签订短期合同的冲动：第一，根据《劳动合同法》第 14 条的规定，如果企业与劳动者连续签订了两次劳动合同，那么从第三次开始，将自动转成无固定期限合同。企业与员工签订的劳动合同期限越短，就越有可能面对这一现实。第二，根据第 19 条规定，劳动合同期限越短，试用期也越短。比如，1 年期以内的劳动合同，试用期不能超过 1 个月，而 3 年期以上的合同，试用期可延展至 6 个月。试用期越短，企业就越难利用它来降低甄选员工的成本。

表 6　企业对《劳动合同法》影响的评价及校验

	广东省		福建省	
	平均值	标准差	平均值	标准差
无影响	0.031	0.158	0.082	0.057
程度较小	0.337	0.181	0.315	0.135
程度一般	0.279	0.202	0.326	0.240
程度较大	0.602	0.190	0.576	0.153
程度特别大	1.723	0.753	2.182	1.213

注：表中数据为 2007~2008 年劳动合同中，期限超过 1 年的合同比例的增长率。

从表 6 可以看出，随着企业对《劳动合同法》影响程度评价的提高，长期劳动合同比例的增长率也明显提高。唯一的例外是，在广东样本中，"程度较小"和"程度一般"两档所对应的长期合同比例的增长率出现了倒挂，前者为 0.337，后者为 0.279。这可能与企业对"较小"或"一般"的界定模糊有关。总的来讲，上述校验基本能说明企业对《劳动合同法》影响程度的评价是可信的。

为了减少界定的模糊性，同时也为了简化分析，我们将企业受《劳动合同法》影响程度精简为两个等级，即把"无影响"、"程度较小"、"程度一般"合并到"影响较小"等级中，把"程度较大"、"程度特别大"合并到"影响较大"等级中。广东省企业归入到"影响较小"和"影响较大"等级的分别有 116 家和 167 家。福建省企业分别有 69 家和 87 家。进而以两个省"影响较小"的 185 家企业为一个子样本，以"影响较大"的 254 家企业为另一个子样本，分别考察它们在 2007 年和 2008 年提高最低工资标准对农民工的就业影响，并进行比较。

表 7　提高最低工资标准对农民工就业影响的子样本比较

	《劳动合同法》影响较小的子样本		《劳动合同法》影响较大的子样本	
	2007 年	2008 年	2007 年	2008 年
	（1 栏）	（2 栏）	（3 栏）	（4 栏）
treat	−0.115	0.098	−0.087**	0.125
time	0.079	−0.171	0.113	0.090
treat × time	−0.041**	−0.062*	0.128	−0.092**
lny_{t-1}	0.562***	0.593***	0.616***	0.580***
观测值	296	320	381	413
调整 R^2	0.406	0.425	0.411	0.430
F	277.29	310.64	227.81	265.39

注：被解释变量为农民工数量的对数。各栏均控制住地区变量、地区 GDP、行业属性、所有制性质、平均工资的影响。

从表 7 可以看出，对于受《劳动合同法》影响较小的子样本来说，2007 年提高最低工资标准使农民工就业显著地减少了 4.1%，2008 年提高最低工资标准使农民工就业显著地减少了 6.2%，因此，2008 年提高最低工资标准对农民工的就业冲击程度比 2007 年扩大了 2.1%。而对于受《劳动合同法》影响较大的子样本来说，2007 年提高最低工资标准并没有对农民工数量造成明显的影响，但 2008 年提高最低工资标准使农民工数量显著地减少了 9.2%。也就是说，2008 年提高最低工资标准对农民工的就业冲击比 2007 年扩大了 9.2%。由此可见，对于受《劳动合同法》影响较大的企业来说，在《劳动合同法》颁布后，提高最低工资标准对农民工就业影响的扩大程度，确实比受《劳动合同法》影响较小的企业大。

从表 5 第 2 栏和第 3 栏还可以看出，在低工资企业和高工资企业之间，2007 年提高最低工资标准对农民工就业影响程度并不存在明显差异，二者均不显著。但 2008 年，低工资企业农民工就业的受冲击程度比高工资企业高 6.9 %。就是说，相对于高工资企业来说，低工资企业受最低工资管制冲击的严重性，在监管环境更严格的 2008 年开始凸显出来了。这验证了命题 2 的理论推测。

（二）2007~2008 年城镇劳动力最低工资管制效应的比较分析及解释

为便于比较，我们将表 2 和表 4 的结果整理于表 8 中。

表 8　2007~2008 年提高最低工资标准对城镇劳动力就业的影响比较

	全部样本	按工资分组		按所有制分组	
		高工资组	低工资组	民营及外资	国有及国有控股
	（1 栏）	（2 栏）	（3 栏）	（4 栏）	（5 栏）
2007 年	−0.044	−0.018	−0.055	−0.041	−0.041
2008 年	−0.053	−0.029	−0.069	−0.056	−0.056
差值	−0.009	−0.011	−0.014	−0.015	−0.015

注：表中差值为 2008 年的参数减去 2007 年的参数。

从表 8 可以看出，2008 年提高最低工资标准对城镇劳动力的就业冲击程度，与 2007 年相比并没有出现太大的增强趋势。以全体样本为例，2008 年的冲击程度比 2007 年仅扩大了 0.9%。即使是变化相对较大的民营及外资企业或国有及国有控股企业，2008 年的冲击程度也只比 2007 年扩大了 1.5%。如上所述，随着 2008 年《劳动合同法》的颁布，最低工资监管环境变得更加严格了，那么为什么提高最低工资标准对城镇劳动力的就业冲击没有像农民工那样出现明显的强化趋势呢？对于这一点，仍然要结合城市二元就业制度来解释。在二元就业制度下，由于城镇劳动力利益受到优先保护，即便是在 2007 年外部监管环境松懈的情况下，企业在面对城镇劳动力时，也会较规范地按最低工资规定的要求来支付工资。农民工则没有这么幸运。2008 年《劳动合同法》的出台以及外部监管环境的强化，虽然使农民工工资利益的受保护程度提高了，但对城镇劳动力而言，这种影响并不明显，因为该保护的劳动利益已经受到了保护。正是从这个角度讲，2008 年城镇劳动力在企业面临的监管约束并没有比 2007 年强化很多，因此提高最低工资标准所带来的就业冲击的扩大也不会很明显。上述结论可以说是从另一个角度验证了命题 1 。

表 8 第 2~第 3 栏表明，2007 年提高最低工资标准对低工资企业城镇劳动力的就业冲击比高工资企业高 3.7%，2008 年这一差异为 4.0%，二者几乎相近。可见，低工资企业受最低工资冲击的严重性并没有在 2008 年明显加剧。如上所述，既然 2008 年企业面对城镇劳动力时的监管约束没有比 2007 年强化太多，按命题 2 的推测，相对于高工资企业来说，低工资企业受最低工资冲击的严重性也不应该进一步加剧。

七、结语

近年来，我国劳动管制步伐不断加快。新的《最低工资规定》和《劳动合同法》的颁布就是典型例证。日益强化的劳动管制会不会损害就业，这是社会普遍关注的问题。本文以最低工资管制为切入点，结合《劳动合同法》的交互影响，对这一问题进行了考察。我们首先利用非线性规划方法从理论角度证明，最低工资管制的就业后果并不简单地取决于最低工资制度本身，还要取决于外部监管环境。当监管环境强化到一定程度时，即便是同等程度的最低工资管制所带来的就业冲击也会扩大。由于《劳动合同法》从劳动合同的订立、劳动报酬、劳动条件、工作保护等多个维度对劳资关系做出了新的、强制性的约定，我们有理由相信，它的颁布很可能会进一步完善最低工资执行的监管平台，并使最低工资管制的就业冲击得到强化。

基于粤、闽两省的企业调查数据，利用准自然试验方法下的双重差分模型，我们分析并比较了 2007~2008 年提高最低工资标准的就业后果。结果发现，2008 年提高最低工资标准对农民工就业的冲击程度要明显强于 2007 年，特别是低工资企业，尤为如此。但对城镇劳动力而言，这种趋势并不明显。进一步分析证明，导致 2008 年提高最低工资标准对农民工就业冲击扩大的主要原因在于《劳动合同法》的颁布压缩了企业对最低工资规定的回旋空间，强化了最低工资规定的执行力度。而城镇劳动力的就业冲击之所以没有出现明显的扩大，主要是由于二元就业制度对城镇劳动力利益的优先保护抵消了《劳动合同法》在劳资关系监管中的潜在作用。

本文结论的一个重要启示是，在劳动管制政策体系中，各项措施的就业后果是相互依赖的，《劳动合同法》对就业的影响不一定非要通过直接的方式来实现，它完全可以通过强化以最低工资管制为代表的其他管制措施的效果来间接实现。这是目前人们所忽视的，也是应该引起我们注意的。

当前中国正处于国民经济与社会发展的关键时期，加快构建适应中国国情的劳动管制政策体系有利于化解经济发展中的各种矛盾。这种政策体系应该肩负起两项职能：扶助弱势劳动群体和阻止失业蔓延。本文提醒我们，劳动管制政策体系是一个有机整体，任何一项措施的出台都必须考虑到它对其他措施可能产生的影响。要平衡劳动管制的两项职能，就必须根据劳资关系的矛盾焦点以及就业现状，渐进地推出各项管制措施，做好彼此间的调适，避免在短期内各项措施密集推出、交织发力可能引起的剧烈冲击。

参考文献

[1] Ashenfelter, O. and R. Smith. "Compliance with the Minimum Wage Law." Journal of Political Economy, Vol. 87, No. 2, 1979.

［2］Brown, Charles, Curtis Gilroy and Andrew Kohen. "The Effect of the Minimum Wage on Employment and Unemployment." Journal of Economic Literature, Vol. 20, No. 2, 1982.

［3］Cai, Fang and Bai Nansheng. Flow of Labor in Transitional China（中国转轨时期劳动力流动）. Beijing: Social Sciences Academic Press, 2006.

［4］Card, D. and A. Krueger. "Minimum Wages and Employment: A Case Study of the Fast-food Industry in New Jersey and Pennsylvania." American Economic Review, Vol. 84, No. 5, 1994.

［5］Card, D. and A. Krueger. "Time-Series Minimum-Wage Studies: A Meta-analysis." American Economic Review, Vol. 85, No. 2, 1995.

［6］Chang, Yang-Ming. "Noncompliance Behavior of Risk-Averse Firms under the Minimum Wage Law." Public Finance Quarterly, Vol. 20, No. 3, 1992.

［7］Chang, Yang-Ming and Isaac Ehrlich. "On the Economics of Compliance with the Minimum Wage Law." Journal of Political Economy, Vol. 93, No.1, 1985.

［8］Ding, Shouhai. "How Flexible Is Employment in China? With a Discussion on the Lagged Impact on Employment of the Financial Crisis"（中国就业弹性究竟有多大？——兼论金融危机对就业的滞后冲击）. Management World（管理世界）, No. 5, 2009.

［9］Flinn, C. "Minimum Wage Effects on Labor Market Outcomes under Search, Matching, and Endogenous Contact Rates." Econometrica, Vol. 74, No. 4, 2006.

［10］Fraja, G.D. "Minimum Wage Legislation, Productivity and Employment." Economica, Vol. 66, No. 264, 1999.

［11］Grenier, G. "On Compliance with the Minimum Wage Law." Journal of Political Economy, Vol. 90, No. 1, 1982.

［12］Hashimoto, M. "Minimum Wage Effects on Training on the Job." American Economic Review, Vol. 72, No. 5, 1982.

［13］Manning, A. "How Do We Know that Real Wages Are Too High?" Quarterly Journal of Economics, Vol. 110, 1995.

［14］Neumark, D. and M.W. Wascher. "Minimum Wage Effects throughout the Wage Distribution." The Journal of Human Resources, Vol. 39, No. 2, 2004.

［15］Stigler, G. "The Economics of Minimum Wage Legislation." American Economic Review, Vol. 36, No. 3, 1946.

［16］Wang, Meiyan. "Employment Opportunities and Wage Differences in the Urban Labor Market: A Study of Migrant Workers and Their Remuneration"（城市劳动力市场上的就业机会与工资差异——外来劳动力就业与报酬研究）. Zhongguo Shehui Kexue（中国社会科学）, No. 5, 2005.

An Analysis of Minimum Wage Effects on the Labor Market— Effect of Interaction with the Law of the PRC on Employment Contracts

Abstract: Non-linear programming analysis suggests that employment effects of minimum wage regulation are the result not only of the regulation itself but also of the external regulatory environment. At a certain level, the regulatory environment intensifies the effect on employment of minimum wage regulation. Empirical studies based on survey data from 439 enterprises in Guangdong and Fujian show that minimum wage rises had a greater impact on the employment of rural migrant workers in 2008 than in 2007, although no significant change was observed among workers who were permanent urban residents. Further analysis shows that the greater impact on migrant workers derives mainly from the strengthened regulatory environment brought about by the Employment Contracts Law. The permanent urban workforce has not been similarly affected because their interests have been given priority under the dual employment system. This reminds us that the employment effects of the Employment Contracts Law may be realized indirectly through other regulatory measures, including strengthened minimum wage regulation.

Key words: Minimum Wage Regulation; Employment Contracts Law; Employment Effects

农地流转、禀赋依赖与农村劳动力转移[*]

【摘 要】以农地适度规模经营为目的的农地流转能否顺利实现农村劳动力转移让人顾虑。本文以中国 30 个省份为数据分析对象，通过线性回归模型、SLM、SEM 选择，对 6 个假设进行检验。研究发现，现阶段农地流转不直接导致农村劳动力转移，离地失业或者滞留在农地是农民流转农地后可能的劳动力走向。在寻找农地流转中实现农村劳动力转移所依赖的中间变量时发现：农地流转依赖于工业化解决农地流转中农村劳动力转移存在地区差异；农村工业化存在单独的以及与农地流转互补的作用促进农村劳动力转移；农地占有禀赋的改善与降低不是实践可行的农地流转转移劳动力依赖条件；农地流转受农户户均耕地经营面积大小影响依赖于农业机械投入的增加推进（或阻滞）农村劳动力转移；弱化农地社会保障功能可以促进农村劳动力转移，但不存在着与农地流转的依赖互补。因此在无法断言现有农地流转速度及规模与外部条件是否存在潜在均衡时，推进农地流转更需要寻找并完善辅助农地流转制度安排目标实现的工具。

【关键词】农地流转；农村劳动力转移；禀赋依赖；空间计量；交叉乘积

一、引言

建立健全土地承包经营权流转市场已经成为当前农村土地制度改革的一个指导方向。20 世纪 80 年代中国全面实施家庭联产承包经营责任制，从此确立了在农村集体土地所有权与使用权分离基础上，以户为单位的家庭承包经营的新型农业耕作模式。家庭联产承包经营责任制有效调动了农民生产积极性，提高了农业生产率（Justin Yifu Lin，2002），促进了城乡经济改革，但是农地细碎化（许庆等，2008），市场组织化程度低（陈锡文，2008）等弊端同时困扰着进一步改善农业生产条件，提高农民收入。通过农地流转实现农

＊作者：游和远、吴次芳，浙江大学公共管理学院。

本研究得到国家科技支撑计划（2006BAJ11B03）资助。

地配置具有优势。姚洋（2000）认为，土地的自由流转可能产生土地边际产出拉平与交易收益效应，Terry van Dijk（2003）研究发现土地流转市场可以解决土地细碎化，马晓河等（2002）提出农地流转是区域农业生产规模化经营的基础条件。因此在确保土地承包关系稳定并长久不变的前提下，允许农民以多种形式流转土地承包经营权，实现农地适度规模经营，成为完善家庭联产承包经营责任制的一种可能性选择。

农地流转后实现流转出农地农民的劳动力转移是必须的。当前认为农地流转的现实意义在于提高农地经营规模，实现土地适度规模经营，从而提高农业比较效益促进农民增收，但流转出农地的农民一般不再直接从事农业生产，很难直接获得农地经营规模扩大后的农业生产效益。如果在农地流转中离地农民无法顺利转移劳动力，那么农地流转 能否真正惠及农地流转双方，特别是相对弱势的流转出农地的细微农地经营者，就是一个有待论证的疑问。现实似乎没有足够的证据支持流转出农地的农民可以顺利实现劳动力转移。农业部课题组（2000）发现受农业资本/劳动力比率提高、乡镇企业就业弹性下降以及城市化滞后的影响，未来农村剩余劳动力转移仍然是艰巨的任务。因此在农村劳动力转移动力不足、压力巨大的现实背景下，农民没有足够理由自愿大规模流转土地承包经营权，从而避免寻找劳动力转移之路。由异质性人力资本引致农民对自身农地进行价值评价，再进行农地流转选择的过程在条件约束下总是很难实现。可以说直接认定农地流转就实现劳动力从农地上转移是不够严谨的。从这一点出发，研究中将论证农地流转与农村劳动力转移之间是否存在必然联系，以及在农地流转推进中，要实现农地流转—农村劳动力转移过程所依赖的居间变量。

论文接下来的内容安排如下：第二部分为文献回顾及研究假设，提出研究中需要论证的几个问题；第三部分为数据来源、变量选择与模型设定，根据研究假设的需要在数据可以收集的前提下，选择适当变量，并确定假设检验模型；第四部分为实证结果与分析，对所有假设进行检验，并针对假设检验结果进行分析；第五部分为结论与启示，对全文研究进行总结，以实证结果与分析为基础阐述需要重视的问题。

二、文献回顾及研究假设

相关研究文献认为农村劳动力转移是土地流转的原因之一。贺振华（2006）认为、土地流转之所以产生的最初原因是部分农村劳动力外出打工，从而将土地出租给别人耕种。徐旭等（2002）在分析我国农村土地流转的动因中提出，如果农民从事农业的日均收入低于非农行业日均收入，农民就愿意进行土地流转，否则甚至进行抛荒。胡新艳（2006）提出农户异质性人力资本划分为务农优势、务工优势、务农与务工优势相当三类，基于"经济人"理性，农民一旦根据异质性人力资本追求利润最大化，那么农民就具备了农地流转的意愿，并得到加强。因此如果推动农村劳动力转移，就可能加快农地流转。谭丹等

（2007）通过农户问卷调查，得出农地流转率与家庭非农就业率正相关，提高家庭非农就业率可以促进农地流转。

仅仅将劳动力转移作为农地流转的原因是不够的，特别是在农地非农化、农地非粮化趋势下，农民不一定可以在依法自愿有偿原则下[①]决策是否进行农地流转。这里有两个方面需要阐述：第一，农民是否在任何条件下，或者说在绝大部分情况下，所进行的农地流转是依法自愿有偿的，特别是否是自愿的。上述有关研究文献关于农村劳动力转移是土地流转的原因研究，若从理论出发，农地流转则基于经济理性；若从实证出发，研究对象都是业已完成农地流转的农民。这里隐含着农地流转是农民进行的自愿理性选择。但是王景新等（2007）通过调查发现农民土地权利事实上是短期而不稳定的，为了满足农业开发和招商引资，基层组织利用土地流转制度，迫使农民进行大量的非自愿土地流转，工商资本大量占用农地。因此农业部在《关于做好当前农村土地承包经营权流转管理和服务工作通知》强调要求防止违背农民意愿强行流转，流转的农用地不得改变农业用途。第二，在劳动力没有转移的条件下，农地流转是否可以顺利实现农地适度规模经营。从日本的经验看，农地流转没有充分可行或者强制性的劳动力转移导致农户选择兼业（杨国新，2008），农户不愿意退出农地经营使得农地流转中农地适度经营规模无法形成。台湾地区在扩大农地经营规模遇到了同样困境。钱忠好（2008）研究发现基于家庭利益最大化的考虑，农户决策的结果是农户经营兼业化。在存在农民非自愿流转农地的背景下，面对原始的兼业化需求，农地流转很可能导致农村劳动力无法转移。因此，本文提出第1个假设。

假设1：农地流转不直接导致农村劳动力转移。

显然，农地流转中解决劳动力转移是一个无法回避的问题。从文献中发现，城镇化、工业化、农村工业化被认为过去、现在或者未来在破解农村劳动力转移难题上发挥或可以发挥重要作用。城镇化的核心是人口城镇化，对于农村劳动力，城镇化意味着劳动力彻底转移。但是中国一直存在着人口长期彻底转移的困境。王伟等（2007）从制度成因分析，得出受户口—就业—福利一体化制度安排，乡城人口自由迁移被严格限制。刘勇（2006）认为城镇化滞后于工业化，中国需要选择一条适合的城镇化道路，但是城镇化转移大量的农村剩余劳动力而带来的城市就业压力是加快城镇化可能面临的难题。工业化进程中，工业产值比重和就业比重将不断上升，工业部门创造的岗位将源源不断吸收农村剩余劳动力。Lewis（1954）经典的二元结构模型认为农村劳动力转移会伴随着农业国向工业国转换过程中，农业部门等传统部门劳动力会向制造业等现代部门流动。张永丽（2007）提出包括农村人口问题在内的"三农"问题是在既定约束条件下工业化模式偏差产生的，要从根本上解决这些问题，只能通过工业化。辜胜阻（2007）提出要解决农民工问题需要改进低价工业化模式。农村工业化在过去吸收农村劳动力的作用是被认可的，乡镇企业则是有中

---

① 在《中共中央关于推进农村改革发展若干重大问题的决定》（以下简称《决议》）中要求按照依法自愿有偿原则，允许农民以转包、出租、互换、转让、股份合作等形式流转土地承包经营权。陈锡文等（2002）、韩俊（2003）也提出，要建立"依法、自愿、有偿"的土地流转机制。

国特色的农村工业化的组织载体。李成贵（2002）认为，中国农村工业化的兴起和快速发展，成就了"中国的奇迹"，尽管乡镇企业发展没有带来城市化效应，但是大量农民已经转移到非农产业。申茂向等（2005）也认为中国农村工业化的成就和积极作用是毋庸置疑的，乡镇企业转移了大量农村劳动力。但是现在乡镇企业吸纳农村剩余劳动力的作用似乎发生了变化。韩保江（1995）和于立（2003）都论证了乡镇企业吸纳劳动力边际递减规律的存在。整理文献，可以得出中国存在着多种可能解决农村劳动力转移困境的途径，但是任何一种途径都存在现实困境。农地流转对于农村劳动力转移，既提供了条件，又提出了需求。因此本文试图论证在农地流转推动下，是否存在解决农地流转后劳动力转移的条件，为此提出如下两个假设，关于农地流转、城镇化及农村劳动力转移的假设将在后面设置。

假设 2：农地流转依赖于工业化，两者互补推动农村劳动力转移。

假设 3：农地流转依赖于农村工业化，两者互补推动农村劳动力转移。

目前关于农地流转后如何实现劳动力转移的研究并不多，寻找到农地流转中顺利完成劳动力转移的依赖中间量还有待进一步研究。在有限的文献中，有学者从农地资源禀赋、农业机械及技术投入、农地社会保障功能等角度阐述了农地自然经济社会特征在农民选择、劳动力转移、农地流转中起的重要作用。James（1976）在研究东南亚农民问题时指出，在人均土地资源禀赋极少的小农经济中，农民在"安全第一"的生存伦理下追求的是较低的分配风险和较高的生存保障，收入最大化不是农民追求的根本目标。钱文荣（2007）认为，由于农村人口的增加以及经济高速发展下耕地大量占用，家庭当前经营土地面积的缩小影响农民土地意愿经营规模。姚洋（2000）在解释土地对劳动力转移的替代效应的时候，认为较多的土地降低农民离农进城的积极性，从而迟滞劳动力的转移。农业机械与技术对农村劳动力存在替代作用。刘凤芹（2006）对东北农村农业土地规模经营问题研究支持了这个观点，她认为替代的界限依赖于农业机械与农业劳动力的相对价格变化或相对成本变化。她在研究中也发现生化技术存在着对土地和劳动力的节约或替代。李洁（2008）在解释长三角地区农田化肥投入快速增长的现象时，得出相对劳动密集型作物上化肥投入快速增长是由于劳动机会成本高速增长引发的化肥对劳动的替代的结论。根据《中国经济周刊》（2008）对六省市农地流转现状调查，被调查农户认为农业机械化生产是农地流转后的良性结果。[①]农地对于农民兼具生产资料及社会保障双重功能在中国农村仍然没有改变。朱冬亮（2002）认为，定期或不定期的土地调整同样具有重要的社会保障功能。何国俊（2007）通过回归得出，社会保障对农户土地流转意愿影响显著，在农户生存有了保障后，其经济理性才会得到体现。但是姚洋（2000）认为土地的社会保障和失业保险功能对效率的正面作用常常被人忽略，现有农地制度具备促进农民转移的可能性。上述文献研究提供了存在于农地流转与农村劳动力转移之间的中间变量以解决农地流转中农村劳动力转移的可能性，但建立起农地流转、中间变量与农村劳动力转移三者完成联系的

---

① 具体内容可参考 http://news.xinhuanet.com/local/2008-12/08/content_10471079.htm。

研究还是缺失，一些中间变量在农地流转以及农村劳动力转移中所起的作用仍然没有一个明确公认的结论。在此为寻找农地流转可以依赖的农地自然经济社会禀赋以促使农村劳动力转移，提出三个假设。

假设 4：农地流转依赖于改善农民农地占有禀赋以促使农村劳动力转移。

假设 5：农地流转依赖于增加农业机械投入以促使农村劳动力转移。

假设 6：农地流转依赖于弱化农地社会保障功能以促使农村劳动力转移。

考虑到农民农地占有禀赋受农地数量与农民数量双重影响，同时农民数量与城镇化有直接联系，因此有关农地流转、城镇化及农村劳动力转移的假设在假设 4 中体现。

三、数据来源、变量选择与模型设定

（一）数据来源

本文以中国省级行政区为数据采集对象。考虑到中国香港、中国澳门、中国台湾三地的农地制度与内地相异，不纳入实证研究中。同时海南省在地理位置上与其他省份不相邻，也不纳入实证研究。[①] 最终本研究采集北京、天津、河北、山西、内蒙古、辽宁、吉林、黑龙江、上海、江苏、浙江、安徽、福建、江西、山东、河南、湖北、湖南、广东、广西、重庆、四川、贵州、云南、西藏、陕西、甘肃、青海、宁夏、新疆 30 个省份有关数据。变量所需数据来源于《中国第二次全国农业普查资料综合提要》、《中国农村统计年鉴》、《中国人口与就业统计年鉴》、《中国乡镇企业及农产品加工业年鉴》、《中国统计年鉴》、《中国农业年鉴》。受第二次全国农业普查年份限制，所采集数据年份为 2006 年。具体与变量对应的数据来源在变量选择中列出。

（二）变量选择

农村劳动力转移变量（RLTR）。农村劳动力转移有就地转移和异地转移两种途径。就地转移是中国农村剩余劳动力转移的开端，从开始的社队企业到后来的乡镇企业都成为农村劳动力就地转移的主要吸纳器。本文以乡镇企业从业人员数来标识农村劳动力就地转移量。异地转移则采用第二次全国农业普查中的农村住户（户籍）外出从业人员数量。由于第二次全国农业普查中农村外出从业劳动力是指 2006 年农村户籍人口中 16 周岁及以上从业人员到户籍所在镇街行政管辖区域以外从业的人口，那么乡镇企业从业人员数中在镇街

---

① 研究中采用的空间计量模型在运用 rooks 规则确定空间权重矩阵时，地理上不与其他省份相邻的海南省的 W_{ij} = 0，那它在空间上不会与任何省份存在空间依赖。但是在以地理相邻表达变量在空间上的相关性时，部分学者在有些研究中也发现经济流动等的空间位移也同样可能产生空间相关，也就是存在着以经济距离判定空间相邻的需要，不过考虑到经济流动的复杂性，一般采用的地理区位判定空间相邻。因此最终本文暂时不将海南纳入实证分析中。

行政管辖区域以外从业部分与农村外出从业劳动力重叠，但是目前本文数据收集手段无法完全剥离重叠部分获得完美数据。农地流转对农村劳动力转移的影响可以通过两方面来判定：一是农地流转后农村劳动力转移总量，但是农村劳动力转移总量受人口、地域面积等诸多因素影响；二是农地流转后单位农地面积挤出的农业劳动力。为了比较研究的方便以及减少部分数据重叠而导致的误差，本文选择单位耕地面积农村劳动力挤出能力来最终标识农村劳动转移变量。单位耕地面积农村劳动力挤出 =（乡镇企业从业人员 + 农村外出从业劳动力）/耕地总面积。其中乡镇救济费用增加来判定农地社会保障功能弱化。农业人口人均农村社会救济费及灾害救济费用 = 农村社会救济费及灾害救济费用/农业人口。其中农村社会救济费及灾害救济费用数据来源于《中国农村统计年鉴（2007）》。

农地流转变量（FLCI）。目前农地流转制度安排的出发点是发展适度规模经营。[1] 由于无法获得分省份农地流转总量，同时家庭是农地经营的基本单元，本文认为农地流转会导致农户经营耕地面积改变，[2] 农地流转强度与农户经营耕地面积变化同向。农户户均经营耕地面积 = 农户平均人数×农村居民家庭人均经营耕地面积。其中农户平均人数来源于《中国人口与就业统计年鉴（2007）》，农村居民家庭人均经营耕地面积数据来源于《中国统计年鉴（2007）》。工业化变量（INDU）。以工业化率来标识工业化。工业化率 = 工业增加值/地区生产总值。其中工业增加值与地区生产总值来源于《中国统计年鉴2007》。

农村工业化变量（RINDU）。以农村工业产值占农村工农业生产总值比重来衡量农村工业化水平。用乡镇企业增加值代替农村工业产值，以乡镇企业增加值与农林牧渔增加值的和代替农村生产总值。[3] 农村工业产值占农村工农业生产总值 = 乡镇企业增加值/（乡镇企业增加值 + 农林牧渔业增加值）。其中乡镇企业增加值来源于《中国乡镇企业及农产品加工业年鉴（2007）》，农林牧渔业增加值来源于《中国农业年鉴（2007）》。

农民农地占有禀赋变量（FLHO）。以农业人口人均占有耕地面积标识农民农地占有禀赋。农业人口人均占有耕地面积 = 耕地总面积/农业总人口。其中农业总人口数据来源于《中国人口与就业统计年鉴（2007）》。

农业机械投入变量（AMIN）。以农村居民家庭拥有农业机械固定资产原值来标识农户在农业生产中的机械投入。数据来源于《中国农村统计年鉴2007》。

农地社会保障功能变量（FLSS）。农地社会保障功能的识别比较困难。本文着重考察

---

① 要求加强土地承包经营权流转管理和服务，建立健全土地承包经营权流转市场，而发展多种形式的适度规模经营则是其目的之一。不论本文引用的国内研究姚洋（2000）还是国外研究 Terry van Dijk（2003）等，在表述土地（农地）流转作用时都蕴涵着被流转出土地作为生产资料叠加到流入土地一方的土地上，这一点在逻辑上也容易理解。同时国内似乎一直认为农地经营规模过小是制约当前农业生产、农民收入等问题解决的重要原因，毕竟中国农户的土地经营规模在全世界是细小的（韩俊，1999），而有效提高农地经营规模则被认为农地流转所具备的功能。基于这一点出发，研究中农地流转推进的标识以农地经营规模增加来表达。

② 从数据可收集与重要性出发，本文仅研究农地中的耕地，农地流转仅考虑耕地流转，农户农地经营规模则为农户耕地经营规模，其他相关变量也类似处理。

③ 这种处理方式在求取与农村工业化相关指标的文献中已经比较普遍，参考文献中申茂向等（2005）、李成贵（2002）也体现了这一点。

农地社会保障功能弱化条件下的一系列变量变化，认为农村社会保障投入增加可替代农地社会保障功能，农村社会保障投入量由农村社会救济费及灾害救济费用标识，因此从农业人口人均农村社会救济费及灾害救济费用增加来判定农地社会保障功能弱化。农业人口人均农村社会救济费及灾害救济费用=农村社会救济费及灾害救济费用/农业人口。其中农村社会救济费及灾害救济费用数据来源于《中国农村统计年鉴2007》。

表1给出所有变量的统计描述。

表1　变量统计描述

变量	N	最小值	最大值	均值	标准差
RLTR（人/亩）	30	0.0157	0.6438	0.2125	0.1790
FLCI（户/亩）	30	0.8877	34.3200	8.1768	7.9183
INDU	30	0.0700	0.5300	0.4080	0.0932
RINDU	30	0.0812	0.9437	0.6270	0.19575
FLHO（人/亩）	30	0.8658	9.0472	2.5878	1.9541
AMIN（万元/户）	30	0.0090	0.5790	0.1840	0.1551
FLSS（元/人）	30	12.1537	263.0715	40.7790	46.0560

（三）模型设定

农村劳动力转移在空间上不是孤立、均质的，[①]但是区域间农村劳动力转移可能存在的空间相关性在以前研究中常常被忽略。Anselin（1999）认为空间依赖存在于实质性变量时，空间滞后项必须以内源性（Endogenous）变量对待，否则OLS估计将是有偏，不一致（Inconsistent）的。当空间依赖存在于误差项时，如果忽略了这种空间相关，那么尽管OLS保持无偏，但不再有效，经典估计得到的标准误差有偏。在存在空间依赖时，需要空间计量来解释变量之间的关系，以避免过度解释或者被忽略现象发生。空间回归计量模型主要包括空间滞后模型（Spatial Lag Model，SLM）和空间误差模型（Spatial Error Model，SEM），在具体运用中，通过检验，在普通线性回归模型、SLM、SEM三者中进行选择。下面设定实证研究中运用的模型。

1. 普通线性回归模型

普通线性回归模型如下：

$$Y = \alpha + \beta X + \varepsilon \qquad \varepsilon \sim N(0, \sigma^2 I) \tag{1}$$

其中，Y为被解释变量，X为解释变量，α为常数项，β为偏回归系数，ε为从残差。将实证研究变量引入线性回归模型，同时为提高模型解释能力以检验假设，在7个变量基

[①] 中国农村劳动力转移在空间上存在集聚与摇摆（Cai，2003），在地理区位上中国形成劳动力输出地与劳动力输入地。

础上，再加入 FLCI 分别与 INDU、RINDU、FLHO、AMIN、FLSS 变量的交叉乘积项，最终模型修正如下：

$$RLTR_i = \alpha + \beta_1 FLCI_i + \beta_2 INDU_i + \beta_3 RINDU_i + \beta_4 FLHO_i + \beta_5 AMIN_i + \beta_6 FLSS_i$$
$$+ \beta_7 FLCI_i \times INDU_i + \beta_8 FLCI_i \times RINDU_i + \beta_9 FLCI_i \times FLHO_i + \beta_{10} FLCI_i \times AMIN_i$$
$$+ \beta_{11} FLCI_i \times FLSS_i + \varepsilon_i \qquad \varepsilon_i \sim N(0, \ \sigma^2 I) \tag{2}$$

其中，i 为第 i 个省（直辖市、自治区）。

2. 空间滞后模型

最早 Whittle（1954）提出空间滞后模型，Anselin（1988）以及 Anselin 和 Bera（1998）改进并提出方便运用的空间滞后模型，具体如下：

$$Y = \alpha + \rho WY + \beta X + \varepsilon \qquad \varepsilon \sim N(0, \ \sigma^2 I) \tag{3}$$

其中，ρ 为空间自回归系数，W 为空间权重矩阵（Spatial Weight Matrix），ε 为残差。代入 7 个变量，同时引入交叉乘积项，得到分析用 SLM 如下：

$$RLTR_i = \alpha + \rho W_{ij} \times RLTR_i + \beta_1 FLCI_i + \beta_2 INDU_i + \beta_3 RINDU_i + \beta_4 FLHO_i + \beta_5 AMIN_i + \beta_6 FLSS_i$$
$$+ \beta_7 FLCI_i \times INDU_i + \beta_8 FLCI_i \times RINDU_i + \beta_9 FLCI_i \times FLHO_i + \beta_{10} FLCI_i \times AMIN_i$$
$$+ \beta_{11} FLCI_i \times FLSS_i + \varepsilon_i \qquad \varepsilon_i \sim N(0, \ \sigma^2 I) \tag{4}$$

其中，i 为第 i 个省（直辖市、自治区）；空间权重矩阵 W_{ij}（Cliff and Ord，1973）是 i 省（直辖市、自治区）的邻近省（直辖市、自治区）j 的空间权重矩阵，$j \neq i$，如果 j 和 i 相邻或小于给定距离时，$W_{ij} = 1$，否则 $W_{ij} = 0$。本文选用 rooks 规则（Sawada，2004）认定空间相邻。

3. 空间误差模型

当空间相关性依赖于误差时，残差将不再是白噪音，而是有空间自相关。将残差空间关系纳入考虑，得到 SEM 如下：

$$\begin{cases} Y = \alpha + \beta X + \varepsilon \\ \varepsilon = \lambda W \varepsilon + \mu \qquad \varepsilon \sim N(0, \ \sigma^2 I) \end{cases} \tag{5}$$

其中，ε 为回归残差，λ 为空间误差相关系数，μ 为白噪音干扰项。SEM 中代入 7 变量，同时引入交叉乘积项，得到分析用 SEM 如下：

$$\begin{cases} RLTR_i = \alpha + \beta_1 FLCI_i + \beta_2 INDU_i + \beta_3 RINDU_i + \beta_4 FLHO_i + \beta_5 AMIN_i + \beta_6 FLSS_i \\ \qquad + \beta_7 FLCI_i \times INDU_i + \beta_8 FLCI_i \times RINDU_i + \beta_9 FLCI_i \times FLHO_i + \beta_{10} FLCI_i \times AMIN_i \\ \qquad + \beta_{11} FLCI_i \times FLSS_i + \varepsilon_i \\ \varepsilon = \lambda W_{ij} \varepsilon_i + \mu \qquad \varepsilon_i \sim N(0, \ \sigma^2 I) \end{cases}$$
$$\tag{6}$$

其中，空间权重矩阵 W_{ij} 定义与选择与 SLM 一致。

四、实证结果与分析

(一)农地流转形成农村劳动力转移充分性论证

采用普通线性回归模型、SLM、SEM 计算,[①] 结果见表 2。其中普通线性回归模型仍选择 OLS 估计参数,但对 SLM 及 SEM 待估参数估计则不适合选用 OLS,否则估计参数值会是有偏或者无效。本文采用最大似然估计(Ord,1975)来估计 SLM 与 SEM 的回归系数与空间参数。从 OLS 估计结果发现,普通线性回归模型的 Moran's I 误差为 1.7500,且在 10%水平下显著,变量间存在明显的空间相关性,需要引入空间变量。引入空间变量后,使用拉格朗日乘子(LM)检验从 SLM 与 SEM 中选择最优模型。表 2 结果显示,Lagrange Multiplier(lag)比 Lagrange Multiplier(error)更显著,且 Robust LM(lag)在 1%水平下显著而 Robust LM(error)不显著,因此对农地流转形成农村劳动力转移充分性论证选用 SLM 进行解释。[②] SLM 的 Breusch-Pagan 检验在 10%显著水平仍然不显著,接受虚无假设认为不存在空间异质性。

表 2 农地流转形成农村劳动力转移充分性检验

解释变量 RLTR			
	OLS	SLM	SEM
CONSTANT	0.0544	0.0213	0.0595
	(0.5563)	(0.7671)	(0.5746)
FLCI	0.0185	0.0150	0.0073
	(0.2020)	(0.1696)	(0.5644)
INDU	0.002	−0.1762	−0.2805
	(0.9949)	(0.4594)	(0.2449)
RINDU	0.3772**	0.3540***	0.4761***
	(0.0213)	(0.0034)	(0.0044)
FLHO	−0.0986*	−0.0726*	−0.0497
	(0.0649)	(0.0677)	(0.2485)
AMIN	−0.2692	−0.1999	−0.0784
	(0.2625)	(0.2715)	(0.7441)

---

① 计算通过 GeoDA 0.9.5-i 进行。

② SLM 与 SEM 判别标准:空间回归估计检验中,如果 Lagrange Multiplier(lag)在统计上比 Lagrange Multiplier(error)更显著,且 Robust LM(lag)显著而 Robust LM(error)不显著,则可以判定选择 SLM;如果 Lagrange Multiplier(error)在统计上比 Lagrange Multiplier(lag)更显著,且 Robust LM(error)显著而 Robust LM(lag)不显著,则可以判定选择 SEM。

解释变量 RLTR			
	OLS	SLM	SEM
FLSS	0.0018***	0.014***	0.0013***
	(0.0006)	(0.0001)	(0.0014)***
ρ/λ		0.4169***	0.5103***
		(0.0078)	(0.0059)
R-squared	0.7577	0.8101	0.7835
Adjusted R-squared	0.6944		
Breusch-Pagan Test	7.6501	5.6614	6.8999
	(0.2649)	(0.4622)	(0.3302)
Moran's I (error)	1.7500*		
	(0.0801)		
Lagrange Multiplier (lag)	6.0400**		
	(0.0140)		
Robust LM (lag)	9.4722***		
	(0.0021)		
Lagrange Multiplier (error)	0.2386		
	(0.6253)		
Robust LM (error)	3.6707*		
	(0.0554)		

注：***、**、*分别表示在1%、5%和10%的显著水平上显著，括号内是 P-value 值。

关于假设 1 检验，SLM 结果发现 FLCI 项系数为 0.0150，但没有通过显著性检验，则不能拒绝系数为 0 的假设。因此假设 1 "农地流转不直接导致农村劳动力转移"成立。即使在没有接受的 OLS 估计模型与 SEM 中，FLCI 项系数仍不显著，支持了假设 1。假设 1 的成立说明农地流转形成农村劳动力转移是不充分的，这个结论与陈锡文等（2002）和韩俊（1998）呼吁农业规模经营和土地承包经营权流转首先要解决农民非农就业问题，要为农民转移出农业和农村创造条件是一致的。

考虑到本文的研究目的，仅从实证分析选择的农地流转变量标识量与农村劳动力转移变量标识量阐述假设 1 成立的原因。假设 1 成立意味着农地流转中农户户均经营耕地面积的扩大无法确保单位耕地面积农村劳动力挤出形成，那么流转土地承包经营权后农民离地失业则成为农地经营规模扩大后劳动力流向的一种可能。这一点其实并不难理解，农村剩余劳动力大规模存在意味着滞留在农村中的劳动力在竞争性的劳动市场中不具备明显的竞争优势，低水平的劳动密集型岗位不足以吸收规模庞大的农村剩余劳动力。而研究较多的征地中失地农民失业现象也旁证了同样影响农民最基本生产资料配置的农地流转也许根本无法保障流转农地农民的劳动力转移，毕竟这么多年来还没有从根本上很好地解决征地中农民失地失业问题。流转农地一方的劳动力滞留在农地中则是劳动力第二种可能的流向。那么农户户均经营耕地面积扩大则可能不存在足以改变劳动力转移趋势的技术替代与资本替代。现阶段农业生产率的增长由技术进步导致的，而不是来自效率（EC）的改善（陈卫平，2006），农业技术进步与农业效率损失并存表明现有农业技术的推广和扩散不成功，内生性的农业技术投入研发采用机制并没有形成，农户扩大经营规模不会主动通过技术替代劳动力。这点同样解释了为何在中国农业技术投入创新更多是政府驱动，但问题的关键是政府驱动效率与目的性是有待考证的。资本替代劳动力是否可行取决于农户可操纵资金及其意愿。薄弱的农村金融体系以及农户普遍不高的收入水平决定了普通农户的生产资金规模不会很大，考虑到农地流转中接受土地的农户一般具有资本上的比较优势以及参与到农地流转中的工商资本，可以认为农户有足够规模资本进行劳动力替代，但又有一个问题需要思考，农户是否有意愿将可操纵的资本用于替代劳动力。农业生产收益偏低不会导致农户将大量资金投入到农业生产中，即使资本在农户兼业中获得报酬也会高于农业收益。在农村资本有限、劳动力供给相对无限的背景下，劳动力雇佣者实现以低工资支付劳动力成本是容易的。因此最终无法完成资本替代劳动力而实现农户扩大经营规模后劳动力挤出。

基于以上解释，一个重要的隐含前提得到论证，无法有效形成劳动力转移的农地流转不是农民依据家庭劳动力安排、人均收入以及自身发展等因素自愿做出的选择。不难理解，如果纯粹以农地适度规模经营出发，在农地流转收益不高的现实条件下，农地流转后失业不会是农民的自愿理性决策的结果；而对于滞留在农地上的农民来说，仅仅是农业劳动力的相互置换甚至原地保留，他们并不需要流转出土地承包经营权，至少是不需要大规模进行农地流转，因为多数农民的技能水平与农业生产性质决定了农业劳动的差异性不大，同时农民浓烈的土地情节也起着重要制约。那么推进农地流转就需要寻找到在农地流转是实现农村劳动力转移的依赖中间变量。

（二）农地流转与工业化、农村工业化互补推动农村劳动力转移论证

表 3 模型 1 估计结果显示，INDU、FLCI 与 INDU 的交叉乘积项分别为 -0.6567、0.0654，并都在 5% 水平下显著。INDU 项与 FLCI × INDU 项符号不一致，判断农地流转与工业化对农村劳动力转移作用需要再考察 INDU 与 FLCI × INDU 两项系数，可以确定在 FLCI 等于 10.0 时，INDU 项与 FLCI × INDU 项互为相反数。因此在农户户均经营耕地面积大于 10.0 亩时，农地流转依赖于工业化，两者互补推动劳动力转移，假设 2 成立；在农户户均经营耕地面积小于 10.0 亩时，农地流转与工业化互斥作用于劳动力转移，假设 2 不成立；在农户户均经营耕地面积等于 10.0 亩时，农地流转中工业化的改变不对农村劳动力转移产生影响，假设 2 不成立。除在农户户均经营耕地面积大于 10.0 亩的黑龙江、内蒙古、吉林、宁夏、新疆、西藏、辽宁、甘肃，提高工业增加值在地区生产总值中的比重，在现阶段可以提高单位耕地面积的劳动力挤出，在其他省（自治区、直辖市）以工业化率考核的工业化水平提高无法有效在农地流转中推动农村劳动力转移。从检验结果看，在农户户均经营耕地面积小于 10.0 亩的地区，工业化升级过程中会对已转移农村劳动力产生逆向冲击。在区位分布上，农户户均经营耕地面积小于 10.0 亩的地区主要处于东中部地区，工业化水平普遍高于农户户均经营耕地面积大于 10.0 亩的地区。郑江淮（2007）在以苏州制造业为对象的分析中发现在农村劳动力在工业化升级中受到逆向就业冲击会选

择农地流转（加入土地股份合作社）以规避风险提高福利，农地流转也许会成为工业化升级中城市资本密集型工业挤出简单劳动力中缓解农民返乡生存问题激化的一种选择。工业化水平的提高能否有助于假设 1 劳动力转移困境解决取决于现有农户户均经营耕地面积。

表 3 模型 2 估计结果显示，FLCI、RINDU、FLCI 与 RINDU 的交叉乘积项分别为 0.0641、0.9273、-0.0658，并都在 1% 水平下显著。RINDU 项与 FLCI×RINDU 项符号不一致，判断农地流转与农村工业化对农村劳动力转移作用需要再考察 RINDU 与 FLCI×RINDU 两项系数，可以确定在 FLCI 等于 14.1 时，RINDU 项与 FLCI×RINDU 项互为相反数。因此在农户户均经营耕地面积小于 14.1 亩时，农地流转依赖于农村工业化，两者互补推动劳动力转移，假设 3 成立；在农户户均经营耕地面积大于 14.1 亩时，则农地流转与农村工业化互斥作用于劳动力转移，假设 3 不成立；在农户户均经营耕地面积等于 14.1 亩时，则农地流转中农村工业化的改变不对农村劳动力转移产生影响，假设 3 不成立。从检验结论看，在地域上除黑龙江、内蒙古、吉林、宁夏、新疆 5 地外，在其他 25 省份假设 3 都成立，农地流转与农村工业化之间对农村劳动力转移的影响存在地域上的差异。一般来说，在农户平均经营耕地面积较小地区，由于受户均经营耕地面积限制，农业劳动力选择兼业来弥补收入的不足，这在浙江、广东等农户平均经营耕地面积达不到 3 亩/户的省份表现得很明显。伴随着农村非农工业化水平进一步提高，以非农业兼业的农户迅速上升而农业兼业农户由升转降（杨学成等，1998）。在此过程中，纯农户或者农业兼业户中具备扩大经营规模的趋于转入土地以实现农地规模经营，同时另有一部分纯农户或者农业兼业户则转变为非农兼业户，农户中部分务农劳动力通过兼业转移劳动力；而非农兼业户趋于转出部分甚至全部农地以转移劳动力来满足非农产业劳动力需要。在多数省份假设 3 的成立是解决假设 1 困境的一个途径。

相比假设 2 的检验结果，作为工业化体系组成部分的农村工业化与农地流转之间推动农村劳动力转移的互补作用要远好于工业化整体水平的提高。以乡镇企业为代表的农村工业体系在技术及资本上与城市工业的差距，可以帮助知识技能水平较低的离地农民寻找到更多就业机会，而在空间距离上分散分布于农村，则在地理上满足了农民就近就业的需求。在面对工业化升级时，推进农村工业化的作用不仅仅在于改变农村产业结构，更重要的是在农村劳动力吸纳上可以发挥区别于城市工业化的补偿作用。农地流转中实现劳动力转移同样离不开农村工业化的辅助。

从表 2 的 SLM 中看到农村工业化作为单独因子可以有效促进农村劳动力转移，由于 SLM 中 ρ 为 0.4169，且在 1% 水平下显著，因此农村工业化影响农村劳动力转移在空间上存在溢出扩散效应。对于户均农地经营规模较大的地方，通过农村工业化可以促进农村劳动力转移，同时周边地区的农村工业化水平提高也可以异地吸收农村劳动力转移，当然这种作用不受农地流转与农村工业化之间关系影响。

表3 农地流转与农村劳动力转移间禀赋依赖检验①

	解释变量 RLTR				
	模型1	模型2	模型3	模型4	模型5
CONSTANT	0.2537**	−0.2424*	0.2802***	0.2094**	0.0103
	(0.0327)	(0.0688)	(0.0039)	(0.0309)	(0.8877)
FLCI	−0.0114	0.0641***	−0.0064	−0.0041	0.0101
	(0.4431)	(0.0034)	(0.6027)	(0.7684)	(0.4176)
INDU	−0.6567**	0.0127	−0.0443	−0.0475	−0.1944
	(0.0247)	(0.9616)	(0.8498)	(0.8555)	(0.4113)
RINDU	0.3028***	0.9273***	0.2701**	0.3387**	0.3940***
	(0.0072)	(0.0005)	(0.0324)	(0.0157)	(0.0025)
FLHO	−0.0870**	−0.1238**	−0.1372***	−0.0969**	−0.0660*
	(0.0185)	(0.0112)	(0.0022)	(0.0344)	(0.1000)
AMIN	−0.1193	−0.4457**	−0.0825	−0.4633**	−0.2199
	(0.4802)	(0.0459)	(0.6559)	(0.0355)	(0.2268)
FLSS	0.0016***	0.0010**	0.0018***	0.0015***	0.0012**
	(0.0000)	(0.0434)	(0.0000)	(0.0011)	(0.0174)
FLCI × INDU	0.0654**				
	(0.0178)				
FLCI × RINDU		−0.0658***			
		(0.0068)			
FLCI × FLHO			0.0037***		
			(0.0003)		
FLCI × AMIN				0.0478***	
				(0.0041)	
FLCI × FLSS					0.0001
					(0.4430)
ρ/λ	0.4635***				0.4230***
	(0.0009)				(0.0060)
R−squared	0.8415	0.8276	0.8672	0.8349	0.8140
Breusch−Pagan Test	7.1044	5.3519	2.1048	2.5864	11.0080
	(0.4181)	(0.6171)	(0.9538)	(0.9205)	(0.1383)
Moran's I（error）	1.7259*	−0.0331	0.8921	0.9141	1.7055*
	(0.0844)	(0.4048)	(0.3723)	(0.3607)	(0.0881)

注：***、**、* 分别表示在1%、5%和10%的显著水平上显著，括号内是P-value值。

---

① 表3中5个模型全部经过OLS估计回归模型、SLM、SEM选择，具体步骤可参考"农地流转形成农村劳动力转移充分性论证"。最终模型1、模型5为SLM，模型2、模型3、模型4为OLS估计回归模型。考虑到篇幅限制，模型1和模型5的Lagrange Multiplier（lag）、Robust LM（lag）、Lagrange Multiplier（error）、Robust LM（error）没有列出。表3中Breusch-Pagan Test结果为所选择的模型的检验结果，模型1、模型5该项为SLM的Breusch-Pagan Test值，模型2、模型3、模型4该项为OLS估计回归的Breusch-Pagan Test值。

（三）农地流转依赖农地占有禀赋、机械投入、农地社会保障功能改变促进农村劳动力转移论证

表 3 中模型 3 估计结果显示，FLHO、FLCI 与 FLHO 的交叉乘积项分别为−0.1372、0.0037，并都在 1%水平下显著。FLHO 项与 FLCI × FLHO 项符号不一致，判断农地流转依赖农地占有禀赋对农村劳动力转移作用需要再考察 FLHO 与 FLCI × FLHO 两项系数，可以确定在 FLHO 等于 37.5 时，FLHO 项与 FLCI × FLHO 项互为相反数。因此在农户户均经营耕地面积大于 37.5 亩时，农地流转中农民农地占有禀赋改善，可以促进农村劳动力转移，假设 4 成立；在农户户均经营耕地面积小于 37.5 亩时，农地流转中农地占有禀赋改善，则阻滞农村劳动力转移，假设 4 不成立；在农户户均经营耕地面积等于 37.5 亩时，农地占有禀赋的改善不改变农村劳动力转移，假设 4 不成立。实证 30 个省份中农户平均经营耕地面积最大值为黑龙江的 34.32 亩，实际上假设 4 在 30 个省份中都不成立，但农地流转依赖于农地占有禀赋的减低以促进农村劳动力转移。农地占有禀赋由农业人口人均占有耕地面积决定，因此要在农地流转中实现农村劳动力转移，可以通过增加农业人口与减少耕地面积降低农业人口占有耕地面积。然而在城镇化水平无法逆转的背景下，增加农业人口是无法实现的，减少耕地面积又不是农地流转本意蕴涵的目的。因此得出一个最终结论，现阶段农地流转无法依赖于农地占有禀赋改变而促进农村劳动力转移，这不是解决假设 1 困境的有效途径。

从表 2 的 SLM 中可以看到农地占有禀赋 FLHO 项系数为−0.0726，在 10%水平下显著，因此农地占有禀赋逆向作用于农村劳动力转移，这种作用具备在空间上的溢出与扩散。农地占有禀赋降低在城镇化大背景下只能通过农地非农化实现，这种农地非农化趋势下单位耕地面积的劳动力挤出是迫压式的强制劳动力转移。我们需要在农地流转中重视流转农地在劳动力转移需求下的非农化压力。

在假设 1 的分析中，发现农户并没有意愿加大在农地经营规模扩大时的资本投入，现实中也发现受购买农机成本过高、农资价格上涨等影响，多数农户购买农机的积极性不高。但考虑到购买农机政府补贴的存在，从解决假设 1 困境出发，本部分将分析农户投入资本购买农业机械对劳动力转移的影响。

表 3 中模型 4 估计结果显示，AMIN、FLCI 与 AMIN 的交叉乘积项分别为−0.4633、0.0478，并分别在 5%、1%水平下显著。AMIN 项与 FLCI × AMIN 项符号不一致，判断农地流转依赖增加农业机械投入对农村劳动力转移作用需要再考察 AMIN 与 FLCI × AMIN 两项系数，可以确定在 FLHO 等于 9.7 时，AMIN 项与 FLCI × AMIN 项互为相反数。因此在农户户均经营耕地面积大于 9.7 亩时，农地流转中农业机械投入提高，可以促进农村劳动力转移，假设 5 成立；在农户户均经营耕地面积小于 9.7 亩时，农地流转中农业机械投入提高，阻滞农村劳动力转移，假设 5 不成立；在农户户均经营耕地面积等于 9.7 亩时，农地流转中农业机械投入提高，不改变农村劳动力转移，假设 5 不成立。具体到省份，在黑龙江、内蒙古、吉林、宁夏、新疆、西藏、辽宁、甘肃，农地流转依赖于增加农业机械投

入以促使农村劳动力转移假设成立，但在多数省份农地流转中如果农户户均经营耕地面积无法超过 9.7 亩时，农业机械投入增加则起到阻滞作用。对黑龙江等省份的农地流转中增加农业机械投入两者的互补作用是较好理解的，在农户经营规模较大的地区，大多数农业机械均为劳动替代型，对劳动力形成替代效应，而且这种替代由于规模效益的存在产生较好收益。但对于农户平均经营耕地面积小于 9.7 亩的地区，出现机械投入对农地劳动力阻滞很可能是因为在扩大农地经营规模时机械投入的增加产生对青壮年等具有一定技能水平的劳动力需求增加，部分在外务工的青壮年劳动力因此返乡补充结构性劳动力不足，但从事农业劳动的原始劳动力仍然没有动力转移出农业生产，最终在农户平均经营耕地面积较小地区形成在农地流转中机械投入对劳动力转移的逆向作用，假设 5 对于解决假设 1 困境没有作用。在当前强调农地流转有利于农业机械投入不仅仅只考虑带来的经济效益，对于劳动力转移的影响同样需要注意，在农户户均经营耕地面积较小的地区实现农村劳动力转移也是在农地流转后增加机械投入的前提条件。

表 3 中模型 5 估计结果显示，FLCI 与 FLSS 的交叉乘积项为 0.0001，但没有通过显著性检验。因此假设 6 "农地流转依赖于弱化农地社会保障功能以促使农村劳动力转移" 不成立。农地流转与弱化农地社会保障功能之间不存在互补作用影响农村劳动力转移。但从表 2 的 SLM 中发现 FLSS 项系数为 0.0014，并在 1% 水平下显著，弱化农地社会保障功能可以促进农村劳动力转移，而且这种作用中间不受中间变量影响，不论是否参与农地流转，是否受农地经营规模扩大影响，弱化农地社会保障功能对于劳动力从农业中转出起到正面作用。因此尽管假设 6 不成立，但是弱化农地社会保障功能可以辅助农地流转后农村劳动力的转移。

五、结论与思考

本文在寻找到农村劳动力转移变量、农地流转变量、工业化变量、农村工业化变量、农民农地占有禀赋变量、农业机械投入变量、农地社会保障功能变量标识量基础上，通过 30 个省份的实证分析，对 6 个假设进行了检验。检验结果表明：

（1）农地流转不直接导致农村劳动力转移。以农地适度规模经营为目的的农地流转会产生流转出农地农民失业或滞留在农地两种可能。因此需要寻找到农地流转中可以依赖的实现农村劳动力转移的中间变量。

（2）农地流转能否依赖工业化水平提高实现劳动力转移受农户户均耕地经营面积影响。在农户户均经营耕地面积大于 10.0 亩的地区，假设 2 成立；在农户户均经营耕地面积小于 10.0 亩的地区，提高工业化水平无法有效解决假设 1 困境。

（3）农地流转可以依赖于农村工业化以实现农村劳动力转移，但这取决于农户户均经营耕地规模的大小，在小于 14.1 亩时这种依赖与互补作用是存在的。农村工业化同时可以不通过与农地流转之间的作用，直接正向影响农村劳动力转移，并且这种作用存在空间上的溢出与扩散作用。

（4）农地流转依赖于农地占有禀赋降低促进农村劳动力转移，但在农地流转避免"农地非农化"约束下，农地流转不存在依赖于农地占有禀赋改变而促进农村劳动力转移的可能。同时降低农地占有禀赋可以不通过农地流转而影响农村劳动力转移，这种作用同样存在空间溢出与扩散效应。

（5）农地流转在农户户均经营耕地规模大于 9.7 亩地区可以依赖增加农业机械投入促使农村劳动力转移，但在小于 9.7 亩地区则会阻滞农村劳动力转移。

（6）农地流转无法依赖弱化农地社会保障功能促使农村劳动力转移，但弱化农地社会保障功能可以直接促进农村劳动力转移，因此弱化农地社会保障功能可以辅助农地流转中农村劳动力转移，但这个作用与是否进行农地流转无关。

通过以上总结，以下三点认识有助于未来更好推进农地流转制度设计：

（1）农地流转开始于 20 世纪 80 年代，转包、出租、置换、转让四种形式逐步发展成为成熟的农地流转方式，到 2008 年全国进行农地流转的耕地规模已经超过亿亩。[①] 在缺少制度推进的过去，农地流转更多是农户之间自发自愿的农地资源再配置过程，这个过程中劳动力转移较好地得到解决。因此在现在或许已经存在农地流转速度和规模与外部条件的潜在均衡，而这种均衡如果没有外部条件的改变，一旦被打破则可能产生出乎于农地流转设计目的一系列后果。在本文研究中并没有得到农地流转扩大农户户均经营耕地面积后可以直接形成劳动力转移的结论就是个佐证。

（2）本文研究得出农地流转中实现流转出土地的农民的转移，可以通过部分禀赋因素的改变以形成依赖互补作用而解决农地流转中劳动力转移困境，也可以通过部分禀赋自身的改进以辅助农地流转中劳动力转移。因此当前农地制度改革的一个重点应该是相关配套与保障制度的建设，而寻找并完善这些辅助工具并不比推进农地流转容易。

（3）农地流转制度设计与保障制度安排需要注意地区差异。本文中的假设 2、假设 3、假设 4、假设 5 检验都发现原始的农户户均耕地经营面积对检验结论的重要影响。一个地区的农户户均耕地经营面积形成受该地区的农地资源、经济水平、社会习惯等诸多因素影响，本研究中尽管没有深入阐述农户户均耕地经营面积背后的经济社会条件地区差异，但仍然揭示了在安排农地流转，解决农地流转中劳动力转移问题时，如果忽略地区差异就可能导致事倍功半甚至适得其反的结果。省域尺度上的经验，对于相对微观尺度的问题分析与解决也有一定借鉴作用。

参考文献

[1] Anselin, L., 1988, "Spatial Econometrics: Methods and Models", Dordrecht: Kluwer Academic Publishers.

---

① 见 http://news.aweb.com.cn/2009/4/1/117200904010919590.html。这个规模来自官方数据，可信度较高。

［2］Anselin，L.，1999，"Spatial Econometrics"，Bruton Center School of Social Sciences University of Texas at Dallas Richardson.

［3］Anselin，L. and A. Bera，1998，"Spatial Dependence in Linear Regression Models with an Introduction to Spatial Econometrics"，Handbook of Applied Economic Statistics，pp. 237–289.

［4］Cai Fang and Wang Dewen，2003，"Migration as Marketization: What Can We Learn from China's 2000 Census Data?"，The China Review，Vol. 3，pp.73–93.

［5］Cliff，A. and Ord，J. K.，1973，"Spatial Autocorrelation"，London: Pion.

［6］James C. Scott，1976，"The Moral Economy of the Peasant"，New Haven: Yale University Press.

［7］Yifu Lin，1992，"Rural Reforms and Agricultural Growth in China"，American Economic Review，Vol. 82，pp. 34–51.

［8］Lewis，W. Arthur，1954，"Economic Development with Unlimited Supplies of Labor"，Manchester School of Economic and Social Studies，Vol. 22，pp.139–191.

［9］Ord，J. K.，1975，"Estimation Methods for Models of Spatial Interaction"，Journal of the American Statistical Association，Vol. 70，pp.120–126.

［10］Terry van Dijk，2003，"Scenarios of Central European Land Fragmentation"，Land Use Policy，Vol. 20，pp.149–158.

［11］Sawada，M.，2004，Global Spatial Autocorrelation Indices– Moran's I，Geary's C and the General Cross–Product Statistic，http: //www.lpc.uottawa.ca/publications/moransi/moran.htm.

［12］Whittle，P.，1954，"On Stationary Processes in the Plane"，Biometrika，Vol. 41，pp.434–449.

［13］陈卫平：《中国农业生产率增长、技术进步与效率变化：1990~2003 年》，《中国农村观察》，2006 年第 1 期。

［14］陈锡文：《新形势下推进农村改革发展的重大意义》，《学习月刊》，2008 年第 23 期。

［15］陈锡文、韩俊：《关于农业规模经营问题》，《农村工作通讯》，2002 年第 7 期。

［16］辜胜阻：《统筹解决农民工问题需要改进低价工业化和半城镇化模式》，《中国人口科学》，2007 年第 5 期。

［17］李成贵：《中国农村工业化理论研究评述》，《中国农村观察》，2002 年第 6 期。

［18］李洁：《长三角地区农田化肥投入快速增长的经济学诱因分析》，《生态与农村环境学报》，2008 年第 2 期。

［19］刘凤芹：《农业土地规模经营的条件与效果研究》，《管理世界》，2006 年第 9 期。

［20］刘勇、林家彬：《"十一五"时期中国城镇化战略思考》，《城镇化和城市发展》，2006 年第 2 期。

［21］韩保江：《乡镇企业吸纳劳动力边际递减与剩余劳动力反梯度转移》，《经济研究》，1995 年第 7 期。

［22］韩俊：《土地政策：从小规模均田制走向适度规模经营》，《调研世界》，1998 年第 5 期。

［23］韩俊：《中国农村土地制度建设三题》，《管理世界》，1999 年第 3 期。

［24］韩俊：《积极稳妥地推进农民承包土地使用权合理流转》，《农村经营管理》，2003 年第 3 期。

［25］何国俊、徐冲：《城郊农户土地流转意愿分析》，《经济科学》，2007 年第 5 期。

［26］贺振华：《农户外出、土地流转与土地配置效率》，《复旦学报（社会科学版）》，2006 年第 4 期。

［27］胡新艳：《促进我国农地流转的整体性政策框架研究》，《调研世界》，2006 年第 9 期。

［28］马晓河、崔红志：《建立土地流转制度，促进区域农业生产规模化经营》，《管理世界》，2002 年第 11 期。

[29] 农业部课题组：《21 世纪初期我国农村就业及剩余劳动力利用问题研究》，《中国农村经济》，2000 年第 5 期。

[30] 钱文荣、张忠明：《农民土地意愿经营规模影响因素实证研究》，《农业经济问题》，2007 年第 5 期。

[31] 钱忠好：《非农就业是否必然导致农地流转》，《中国农村经济》，2008 年第 10 期。

[32] 申茂向、祝华军、田志宏、韩鲁佳：《中国农村工业化及其环境与趋势分析》，《中国软科学》，2005 年第 10 期。

[33] 谭丹、黄贤金：《区域农村劳动力市场发育对农地流转的影响》，《中国土地科学》，2007 年第 6 期。

[34] 王景新、刘福海：《农村土地制度改革不能损害农民利益》，《中国农村发现》，2007 年第 1 期。

[35] 王伟、吴志强：《基于制度分析的我国人口城镇化演变与城乡关系转型》，《城市规划学刊》，2007 年第 4 期。

[36] 许庆、田士超、徐志刚、邵挺：《农地制度、土地细碎化与农民收入不平等》，《经济研究》，2008 年第 2 期。

[37] 徐旭、蒋文华、应风其：《我国农村土地流转的动因分析》，《管理世界》，2002 年第 9 期。

[38] 杨国新：《日本农地流转的就业缓冲和增收致富功能分析》，《南开经济研究》，2008 年第 4 期。

[39] 杨学成、赵瑞莹：《转型时期农民兼业问题的实证研究》，《中国农村观察》，1998 年第 3 期。

[40] 姚洋：《中国农地制度：一个分析框架》，《中国社会科学》，2000 年第 2 期。

[41] 于立、姜春海：《中国乡镇企业吸纳劳动就业的实证分析》，《管理世界》，2003 年第 3 期。

[42] 张永丽、柳建平：《工业化视角下我国"三农"问题的演变及其启示》，《兰州大学学报（社会科学版）》，2007 年第 6 期。

[43] 郑江淮、王成思、Shunfeng Song：《工业化升级中的农村要素流动和收入保障》，《中国农村观察》，2007 年第 6 期。

[44] 朱冬亮：《土地调整：农村社会保障与农村社会控制》，《中国农村观察》，2002 年第 3 期。

Transfer of Agricultural Land，Endowment Dependence and the Migration of Rural Labor Force

Abstract： To the modest scale of operation of agricultural land for the purpose of transfer of agricultural land to the successful transfer of rural labor has caused widespread concern. This paper took the data of 30 provinces as research object and tested 6 assumptions through liner regression，SLM and SEM. This paper found that nowadays the transferring of agriculture land couldn't lead the migration of rural labor force，but resulted in their unemployment in rural area. While looking for the intermediate variables which lead the transfer of agricultural land to migration of rural labor force，this paper found that there were regional differences in transfer of agricultural land to bring migration of rural labor force based on industrialization；the improvement and decreasing of agriculture land endowment are not the dependent condition; the impact of land size on transfer of agriculture land depends on the impact of agricultural machinery investment on the migration of rural labor force; Weakening the social security function of agricultural land can contribute to the migration of rural labor force. When it couldn't assert there is a potential equilibrium between agricultural land transfer speed and scale and external conditions, promoting the transfer of agricultural land need to find and improve the tool to achieve the institutional arrangements for transfer of agricultural land.

Key words: Transfer of Agricultural Land; Migration of Rural Labor Force; Endowment Dependence; Space Measurement; Cross Product

中国城镇居民不同收入群体的劳动参与行为

——基于参数模型和半参数模型的经验分析 *

【摘　要】本文建立了劳动参与方程的参数模型和半参数模型，用于分析中国城镇居民不同收入群体的劳动参与行为。研究结果表明：在所有收入群体中，劳动参与的工资弹性远大于收入弹性，女性劳动参与的工资弹性和收入弹性均大于男性劳动参与的工资弹性和收入弹性；随着家庭收入的提高，女性和男性劳动参与的工资弹性和收入弹性均呈现递减趋势，且低收入群体劳动参与的工资弹性和收入弹性要明显大于其他收入群体的工资弹性和收入弹性。因此，设计和实施针对低收入群体而非高收入群体的积极劳动力市场政策，不仅能够有效地缓解城镇居民失业问题，而且有助于抑制城镇居民收入差距的持续扩大。

【关键词】劳动力市场；劳动供给；劳动参与；收入；半参数模型

一、引言

中国改革开放以来，随着市场机制在资源配置过程中发挥的作用越来越大，劳动力市场绩效不断提高，但城镇居民失业却一直是近年来中国经济发展过程中的一个突出问题。理论上政府通过设计和实施相应的积极劳动力市场政策能够在一定程度上缓解失业问题，但公共政策的就业效应取决于城镇居民的劳动参与行为反应（Heckman et al., 1999）。[1] 由于不同的公共政策通常作用于不同的收入群体，因而分析不同收入群体的劳动参与行为就显得尤为必要。

研究不同收入群体劳动参与行为势必需要首先将总样本按收入划分成若干子样本，然后应用劳动参与方程对每个子样本进行回归分析，最后比较不同收入群体劳动参与行为的

* 作者：张世伟、周闯，吉林大学数量经济研究中心。

本文为教育部人文社会科学重点研究基地重大项目（05JJD790079）研究成果。本文引自《管理世界》，2010（05）。

① 按照 Heckman（1993）的观点，积极的劳动力市场政策不仅影响居民劳动参与（广度变化），而且影响居民工作时间（深度变化）。但 Blundell 和 MaCurdy（1999）通过对大量经验研究成果总结后提出，劳动参与变化远比工作时间变化重要。由于就业问题主要关注劳动参与而非工作时间，故本文将研究对象锁定为劳动参与行为分析。

差异。然而，劳动参与行为经验研究的经典方法——结构法，通常假设支配参与决策的解释变量在统计上服从某种形式的分布，进而将劳动参与方程直接设定为 Probit 模型或 Logit 模型，并应用截面数据对劳动参与方程进行参数估计（Blundell and MaCurdy，1999）。当所使用的样本是所分析对象总体的一个随机抽样时，将劳动参与方程设定为参数模型通常是合理的。但如果将样本分成若干子样本，则某些子样本很可能不满足参数模型设定的假设，应用参数模型势必会导致有偏和不一致的估计量，进而形成不恰当甚至是错误的统计推断。①

20 世纪 90 年代中期，Eissa（1995）提出分析特定群体劳动参与行为的经验研究方法——自然实验法，以公共政策作为自然实验，应用参数模型控制个体异质性，通过比较政策实施前后个体的劳动参与状态来分析特定群体的劳动参与行为。但自然实验法并不适合分析不同收入群体的劳动参与行为，主要源于：首先，政策变动本身是一个非常特殊的事件，政策变动前后的微观数据不易获取，故自然实验法适用的场合非常有限（Cahuc and Zylberger，2004）；其次，自然实验法仅可以用于分析受政策变动影响群体的劳动参与行为，而无法分析其他群体的劳动参与行为；最后，自然实验法中控制个体异质性的参数模型同样可能存在模型误设问题。

中国城镇居民劳动参与行为研究起步较晚，主要源于中国劳动力市场的微观调查数据相对匮乏。目前，主要研究集中于应用结构法分析居民整体劳动参与行为方面（于洪，2004；姚先国、谭岚，2005；余显才，2006；杜凤莲，2008；张世伟、周闯，2009）。尽管张世伟等（2008a，2008b）应用自然实验法分别分析了城镇居民中纳税群体和贫困群体的劳动参与行为，且通过对他们的研究结果比较可以发现，贫困群体劳动参与的工资弹性明显大于纳税群体劳动参与的工资弹性，但其他收入群体劳动参与的工资弹性却是未知的。

本文认为半参数模型可能是分析不同收入群体劳动参与行为的一个有效途径。目前，国外学者已成功地将半参数模型应用于劳动参与行为分析（Martins，2001；Goodwin and Holt，2002），但这些研究的对象均为劳动力总体，且仅将简化式劳动参与方程设定为半参数模型。② 本文拟进一步建立简化式和结构式劳动参与方程的参数模型和半参数模型，根据数据特征选择合适的模型分析不同收入群体的劳动参与行为。本文第二部分将论述分析方法，包括工资方程的估计方法和劳动参与方程的参数与半参数估计方法以及参数估计的设定检验；第三部分对本文分析所使用的数据进行统计描述；第四部分对工资方程和劳动参与方程的估计结果进行分析；最后给出本文的研究结论。

---

① 事实上，即使是来自一个总体的样本有时也不满足参数模型的假设条件（Gerfin，1996；Fernández and Rodríquez-Poo，1997）。

② 解释变量中包含市场工资的劳动参与方程称为结构式劳动参与方程，而解释变量中不包含市场工资的劳动参与方程称为简化式劳动参与方程，简化式劳动参与方程无法分析工资对劳动参与的影响（Killingsworth，1983）。

二、分析方法

劳动供给理论认为个体的劳动参与决策取决于其所面对的市场工资水平和自身的保留工资水平，因而市场工资是劳动参与方程中的重要影响因素。然而，由于非参与个体的市场工资的不可观测性，必须通过对工资方程估计来预测非参与个体的工资水平。

（一）工资方程的参数估计方法

在工资方程的估计中，需要解决样本选择偏差问题。解决样本选择偏差问题的传统参数估计方法是 Heckman（1979）两阶段估计方法，Heckman 两阶段估计方法的第一阶段通过估计简化式劳动参与方程（选择方程）得到逆米尔斯比（Inverse Mills Ratio），第二阶段通过将逆米尔斯比作为工资方程的一个解释变量修正工资方程的样本选择偏差。

假设简化式劳动参与方程可以表示为：

$$p_i^* = \alpha_1 Y_i + Z_i' \alpha_2 + u_i$$

$$p_t = \begin{cases} 1 & \text{if} \quad p_i^* > 0 \\ 0 & \text{if} \quad p_i^* \leqslant 0 \end{cases} \tag{1}$$

其中，p_i^* 表示不可观测的决定个体是否劳动参与的潜在变量，p_i 表示个体是否劳动参与（1 表示参与，0 表示未参与），Y_i 表示个体 i 的非劳动收入，Z_i 表示其他影响个体 i 是否劳动参与的解释变量（不包括市场工资），α_1 和 α_2 表示系数，u_i 为随机扰动项。

在假设 $u_i \sim N$（0，1）情况下，简化式劳动参与方程即为一个 Probit 模型，可以应用极大似然估计法进行估计。根据简化式劳动参与方程可以得到逆米尔斯比：

$$\lambda_i = \frac{\phi\,(\alpha_1 Y_i + Z_i' \alpha_2)}{\Phi\,(\alpha_1 Y_i + Z_i' \alpha_2)} \tag{2}$$

其中，$\phi(\cdot)$ 和 $\Phi(\cdot)$ 分别表示标准正态分布的概率密度函数和分布函数。用逆米尔斯比对工资方程进行修正可以解决样本选择偏差问题，修正样本选择偏差的工资方程可以表示为：

$$\ln(w_i) = X_i' \beta_1 + \beta_2 \lambda_i + \varepsilon_i \tag{3}$$

其中，w_i 表示个体 i 的小时工资，X_i 表示个体 i 的小时工资的影响因素，β_1 和 β_2 表示系数，$\varepsilon_i \sim N(0, \sigma^2)$。

根据人力资本理论，个人工资水平差异主要决定于人力资本的差异。人力资本主要包括知识和技能，个体的知识水平主要体现于受教育年限，而个体的技能水平主要体现于工作经验；Griliches（1977）指出，传统 Mincer 工资方程忽略了个体能力的异质性，存在个体能力偏差问题，应在工资方程设定中考虑个体能力以对个人能力的异质性加以控制。依据中国的经验事实，个体中学毕业学校、中学成绩和上大学形式可以作为个体能力的体现。根据 Shultz（1988）的观点，家庭教育背景对个体技能和受教育质量具有重要影响，进而会对其工资水平产生影响。此外，地区的经济发展水平也会对个体工资水平产生重要影响。因而，本文将受教育年限、工作经验（工作经验平方）、父亲（和母亲）大学毕业（虚拟变量，以非大学毕业为参照组）、重点中学毕业（虚拟变量，以普通中学为参照组）、中学成绩优良（虚拟变量，以成绩中下为参照组）、考上大学（虚拟变量，以非通过高考上大学为参照组）和所处地区作为工资方程的解释变量。

（二）工资方程的半参数估计方法

在简化式劳动参与方程中，如果随机扰动项不服从 $N(0，1)$，则基于 Probit 模型的估计是不恰当的，因而有必要对 Probit 模型进行设定检验。当 Probit 模型的解释变量中存在离散变量时，可以将样本按照离散解释变量分割成若干个子集，应用传统的频数估计法进行模型的设定检验。然而，Hsiao、Li 和 Racine（2007）认为当样本数量有限或者解释变量的数量相对于样本来说较多时，将样本按离散变量分割的每个子集将没有足够的观测值产生可信的参数估计，从而会产生有限样本效率损失问题（当方程解释变量中存在离散变量时，对样本进行分割的频数估计具有较低的势（Power））。他们提出对具有离散解释变量参数模型的设定检验方法，即参数模型正确设定的原假设可以表示为：

H_0：对于任一 $\beta \in B$，有 $P[E(y_i \mid x_i) = m(x_i，\beta)] = 1$

其中，$m(\cdot，\cdot)$ 是已知的函数形式，β 是 $p \times 1$ 维未知的参数向量，B 是 R^p 的一个紧子集（Compact Subset）。原假设 H_0 的备择假设可以表示为：

H_1：对于任一 β，有 $P[E(y_i \mid x_i) = m(x_i，\beta)] < 1$

检验的统计量定义为：$I = E[u_i E(u_i \mid x_i) f(x_i)]$，其中 $u_i = y_i - m(x_i，\beta)$，当且仅当 H_0 为真时，$I = 0$。I 的样本形式可以表示为：

$$I_n = n^{-1} \sum_{i=1}^{n} \hat{u}_i \hat{E}_{-i}(u_i \mid x_i) \hat{f}_{-i}(x_i)$$

$$= n^{-1} \sum_{i=1}^{n} \hat{u}_i \left\{ n^{-1} \sum_{j=1,j \neq i}^{n} \hat{u}_j W_{h,ij} L_{\rho,ij} \right\}$$

$$= n^{-2} \sum_{i} \sum_{j \neq i} \hat{u}_i \hat{u}_j K_{\gamma,ij} \tag{4}$$

其中，$\hat{u}_i = y_i - m(x_i，\hat{\beta})$ 是原假设中参数模型的残差，$\hat{\beta}$ 是在原假设 H_0 下 β 的 $\sqrt{n}$ 一致估计量，$\hat{E}_{-i}(u_i \mid x_i) \hat{f}_{-i}(x_i)$ 是 $E(y_i \mid x_i) f(x_i)$ 的 leave-one-out 核估计量，$K_{\gamma,ij} = W_{h,ij} L_{\rho,ij}$（$\gamma = (h，\rho)$），$W$ 是连续自变量的核函数，L 是离散自变量的核函数，h 是连续自变量的平滑参数向量，ρ 是离散自变量的平滑参数向量。Hsiao、Li 和 Racine 建议使用交叉—鉴定（Cross-Validation）方法选择平滑参数向量 h 和 ρ，使用 CV 平滑参数 $(\hat{h}_1，\cdots，\hat{h}_q，\hat{\rho}_1，\cdots，\hat{\rho}_r)$

（假设 x_i 中连续变量的个数为 q，离散变量的个数为 r）代替（4）式中的（$h_1, \cdots, h_q, \rho_1, \cdots, \rho_r$）可以得到基于 CV 的检验统计量 $\hat{I}_n$。Hsiao、Li 和 Racine 进一步证明在原假设 H_0 下，

$$n(\hat{h}_1, \cdots, \hat{h}_a)^{1/2}I_n \to N(0, \Omega)$$

$$\Omega = 2E\left[\sigma^4(x_i)f(x_i)\right] \times \left[\int W^2(\upsilon)d\upsilon\right] \tag{5}$$

其中，$\sigma(x_i) = E(u_i^2)$，Ω 的一个一致估计量可以表示为：

$$\hat{\Omega} = \frac{2(\hat{h}_1 \cdots \hat{h}_q)}{n^2} \sum_i \sum_{j=i} \hat{u}_i^2 \hat{u}_j^2 W_{h,ij}^2 L_{\hat{\rho},ij}^2 \tag{6}$$

因而，在原假设 H_0 下可以得到：

$$\hat{J}_n = n(\hat{h}_1 \cdots \hat{h}_q)^{1/2}\hat{I}_n \Big/ \sqrt{\hat{\Omega}} \to N(0, 1) \tag{7}$$

当 J_n 检验被拒绝时，说明假定随机扰动项服从 N（0，1）是不恰当的，简化式劳动参与方程不是一个参数模型，而是一个半参数模型，应该使用半参数估计方法进行估计。半参数估计方法放松了参数模型中随机扰动项服从特定分布的假设，则个体 i 劳动参与的概率可以表示为：

$$Pr(p_i = 1) = F(\alpha_1 Y_i + Z_i' \alpha_2) \tag{8}$$

其中，F（·）函数形式未知，模型为一个半参数单指示模型[①]〔Semi-parametric Single Index Model）。对于这类模型的估计有许多方法，如半参数极大似然估计（Klein and Spady，1993）、平滑最大计分估计（Smooth Maximum Score Estimator）（Horowitz，1992）和半参数最小二乘估计（Ichimura，1993）等。本文应用半参数最小二乘估计法进行估计，系数估计值可以通过最小化下面的式子得到：

$$\frac{1}{n} \sum_{i=1}^n \left[y_i - \hat{F}(\alpha_1 Y_i + Z_i' \alpha_2)\right] \tag{9}$$

其中，$\hat{F}(\alpha_1 Y_i + Z_i' \alpha_2)$ 为 $F(\alpha_1 Y_i + Z_i' \alpha_2)$ 的非参数估计量。

在参数估计方法下，逆米尔斯比项可以依据式（2）得到。然而，在半参数估计方法下，由于函数形式未知，因而不能准确地得到逆米尔斯比的表达形式。Newey（1999）提出可以通过一个多元函数序列得到逆米尔斯比的近似表达式，主要思想为尽管并不知道逆米尔斯比的准确形式，但是可以确定的是逆米尔斯比是单指示 $\alpha_1 Y_i + Z_i' \alpha_2$ 的函数，因而可以通过单指示的一个多元函数序列近似表达逆米尔斯比。逆米尔斯比可以近似表示为：

$$\lambda_i \cong \sum_{j=1}^J \kappa_j \cdot \tau_i^{j-1} \tag{10}$$

[①] 单指示模型将因变量 y 和指示形式 x'θ 通过函数联系起来，一般形式：$y = \varphi(x'\theta) + \upsilon$，$E(\upsilon \mid x) = 0$，θ 只可规模识别。当 $\varphi(\cdot)$ 函数形式未知时，除已知 $E(\upsilon \mid x) = 0$ 外，无法获得具体形式函数分布（Stroker，1986）。

其中，κ_j 为未知的系数，τ_i 为已知的基础函数（Basis Function），是 $\alpha_1 Y_i + Z_i' \alpha_2$ 的函数，J 是基础函数的项数，通过增加 J 可以得到更加灵活的近似函数，但是却以需要估计更多的参数为代价。J 的项数可以通过交叉—鉴定方法来确定。Newey 给出基础函数的近似形式：

$$\hat{\tau}_i = \phi\,(\hat{\eta}_1 + \hat{\eta}_2 \hat{v}_i)/\Phi\,(\hat{\eta}_1 + \hat{\eta}_2 \hat{v}_i) \tag{11}$$

其中，v_i 为半参数单指示模型的拟合值（即 $F\,(\hat{\alpha}_1 Y_i + Z_i' \hat{\alpha}_2)$），$(\hat{\eta}_1, \hat{\eta}_2)$ 为 p_i 对 $(1, \hat{v}_i)$ 进行 Probit 回归所得的系数估计值。最后，用式（10）中的 λ_i 代替式（3）中的 λ_i 可以得到简化式劳动参与方程为半参数模型的情况下，修正样本选择偏差的工资方程。

（三）结构式劳动参与方程的估计方法

在得到工资方程的估计结果后，可以对结构式劳动参与方程进行估计从而得到市场工资对劳动参与概率的影响。结构式劳动参与方程可以表示为：

$$p_i^* = \gamma_1 \ln(\hat{w}_i) + \gamma_2 Y_i + Z_i' \gamma_3 + \upsilon_i$$

$$p_i = \begin{cases} 1 & \text{if} \quad p_i^* > 0 \\ 0 & \text{if} \quad p_i^* \leq 0 \end{cases} \tag{12}$$

其中，γ_1、γ_2 和 γ_3 表示系数，从而个体 i 劳动参与的概率可以表示为：

$$P_r(p_i = 1) = F(\gamma_1 \ln(\hat{w}_i) + \gamma_2 Y_i + Z_i' \gamma_3) \tag{13}$$

根据搜寻匹配理论，个体所面对的市场工资水平越高，个体参与劳动力市场的概率越大；根据劳动供给生命周期理论，个体在整个生命周期内劳动参与形式并不相同；根据人力资本理论，个体的人力资本水平会影响个体劳动参与的概率；根据家庭劳动供给理论，家庭情况会影响个体的劳动参与概率。根据区域经济理论，地区经济发展水平越高，个体参与劳动力市场的概率越大。因此，本文将工资水平，表示生命周期劳动参与的年龄，表示人力资本水平的受教育年限与身体健康情况（虚拟变量，以身体差为参照组），表示家庭情况的户主（虚拟变量，以家庭成员为参照组）、学龄前孩子（虚拟变量，以没有 6 岁以下孩子为参照组）与非劳动收入（非劳动收入仅包括家庭其他人收入和家庭其他收入）和表示经济环境的东、中、西部地区作为劳动参与方程的解释变量。

$F(\cdot)$ 的函数形式取决于 υ_i 的分布形式，当 $\upsilon_i \sim N(0, 1)$ 时，为 Probit 模型，可以应用极大似然估计方法进行估计，根据方程的估计结果可以计算劳动参与的工资弹性和收入弹性分别为：

$$\eta_w = \frac{\partial \Phi}{\text{lfp} \times \partial \ln w} \qquad \eta_Y = \frac{\bar{Y} \partial \Phi}{\text{lfp} \times \partial Y} \tag{14}$$

其中，lfp 表示劳动参与率，$\bar{Y}$ 为非劳动收入的均值。

但当 υ_i 的分布形式未知时，$F(\cdot)$ 为半参数单指示模型，可以应用前文介绍的半参数估计方法进行估计，根据方程的估计结果可以计算劳动参与的工资弹性和收入弹性分别为：

$$\eta_w = \frac{\partial \hat{F}}{\text{lfp} \times \partial \ln w}, \quad \eta_Y = \frac{\overline{Y} \partial \hat{F}}{\text{lfp} \times \partial Y} \tag{15}$$

三、数据的统计描述

本文使用的数据来自中国社会科学院经济研究所"中国城乡居民收入分配"课题组2002年住户抽样调查数据，该调查在国家统计局大样本二次抽样的基础上得到，覆盖了中国东、中、西部三大地区 12 个省和直辖市[①] 的 60 多个城市近万个家庭，调查内容涉及个人（和家庭）基本人口信息、收入与财产信息和劳动力市场状态信息。由于调查中的已婚个体占据了劳动年龄人口的绝大多数，并且考虑到结合成家庭的个体劳动参与行为与单身个体劳动参与行为的影响因素存在较大差异，本文将样本范围限制为结合成家庭并且夫妻双方均小于 60 岁的劳动年龄人口。进一步，本文从样本中删除了丈夫或妻子为离休、退休、提前退休或丧失劳动能力的家庭，最后得到 4029 个家庭样本。本文将在 2002 年有过就业经历界定为劳动参与，包括 2002 年底就业（2002 年部分时间就业或全年就业）和2002 年底失业但 2002 年部分时间失业。[②] 表 1 给出了样本中男性和女性劳动力处于各种劳动力市场状态的人数分布，可以发现男性和女性劳动参与率分别为 94.81% 和 83.35%，男性劳动参与率明显大于女性劳动参与率；男性和女性全年失业率分别为 4.91% 和10.67%，男性失业率明显低于女性失业率。

表 1 劳动力市场状态人数分布

劳动力	全年就业	部分时间就业	部分时间失业	全年失业	退出劳动力市场
女性	3147	138	73	430	241
男性	3654	122	44	198	11

为了分析不同收入群体的劳动参与行为，本文将所有家庭按收入由低到高平分成 4个子群体。表 2 给出了样本中女性和男性不同收入群体劳动参与个体工资影响因素的描述统计量，可以发现无论女性还是男性，个体小时工资与家庭收入明显呈正相关关系。随着家庭收入的增加，受教育年限、工作经验、重点中学毕业比例、学习成绩良好比例

---

① 其中，东部地区包括北京市、辽宁省、江苏省和广东省，中部地区包括安徽省、河南省、湖北省和山西省，西部地区包括重庆市、四川省、云南省和甘肃省。

② 国外的研究一般将调查时点前的一段时期内有过工作经历界定为劳动参与，例如 Eissa（1995）将在调查时点的前一年中工作一小时以上界定为劳动参与。

和通过高考上大学比例均呈现出不断上升趋势；高收入群体中父亲和母亲大学毕业比例均高于其他 3 个收入群体，而低收入群体父亲和母亲大学毕业比例均低于其他 3 个收入群体，这些统计结果均与理论预期一致。

表 3 给出了女性和男性不同收入群体劳动参与影响因素的描述统计量，可以发现由低收入群体至高收入群体，工资水平和劳动参与率均呈现不断上升趋势；在反映生命周期劳动参与的年龄变量中，高收入群体平均年龄要大于前 3 个收入群体，而前 3 个收入群体平均年龄无较大差异；反映人力资本情况的受教育年限均呈现出上升趋势；反映家庭情况的学龄前孩子比例呈递减趋势，非劳动收入（年收入，下同）呈增加趋势，女性户主比例呈增加趋势，而男性户主比例呈递减趋势。

表 2　参与个体工资影响因素的描述统计量

影响因素	女性				男性			
	低	中低	中高	高	低	中低	中高	高
小时工资对数	0.65	1.13	1.53	2.01	0.99	1.47	1.76	2.23
	(0.67)	(0.58)	(0.56)	(0.59)	(0.60)	(0.50)	(0.42)	(0.50)
受教育年限	9.77	10.72	11.68	12.16	9.93	11.18	11.9	12.61
	(2.63)	(2.67)	(2.76)	(2.78)	(2.78)	(2.76)	(3.04)	(3.05)
经验	17.90	18.86	20.35	22.37	21.54	22.12	22.6	24.48
	(7.46)	(7.22)	(7.25)	(7.87)	(7.59)	(7.50)	(7.44)	(8.21)
重点中学	0.17	0.20	0.28	0.30	0.17	0.25	0.31	0.35
	(0.37)	(0.40)	(0.45)	(0.46)	(0.38)	(0.43)	(0.46)	(0.48)
中学成绩	0.23	0.34	0.49	0.56	0.28	0.40	0.50	0.60
	(0.42)	(0.47)	(0.50)	(0.50)	(0.45)	(0.49)	(0.50)	(0.49)
大学录取	0.03	0.08	0.10	0.15	0.04	0.12	0.17	0.26
	(0.18)	(0.27)	(0.30)	(0.36)	(0.20)	(0.32)	(0.37)	(0.44)
父亲大学毕业	0.01	0.02	0.04	0.05	0.02	0.05	0.04	0.07
	(0.09)	(0.15)	(0.20)	(0.22)	(0.15)	(0.21)	(0.20)	(0.25)
母亲大学毕业	0.01	0.02	0.02	0.04	0.01	0.02	0.02	0.03
	(0.11)	(0.14)	(0.13)	(0.19)	(0.09)	(0.13)	(0.12)	(0.18)

注：（　）内为标准差，下同。

表 3　劳动参与影响因素的描述统计量

影响因素	女性				男性			
	低	中低	中高	高	低	中低	中高	高
小时工资对数	0.65	1.13	1.53	2.01	0.99	1.47	1.76	2.23
	(0.67)	(0.58)	(0.56)	(0.59)	(0.60)	(0.50)	(0.42)	(0.50)
参与率	0.667	0.8231	0.8987	0.9454	0.8949	0.9437	0.9752	0.9752
	(0.47)	(0.38)	(0.30)	(0.23)	(0.31)	(0.22)	(0.16)	(0.16)

影响因素	女性				男性			
	低	中低	中高	高	低	中低	中高	高
年龄	40.27	40.33	40.62	42.4	42.48	42.45	42.45	44.34
	(6.55)	(6.53)	(6.67)	(7.02)	(6.81)	(6.70)	(6.73)	(7.21)
健康	0.93	0.96	0.95	0.95	0.94	0.97	0.97	0.97
	(0.26)	(0.20)	(0.21)	(0.22)	(0.23)	(0.17)	(0.18)	(0.16)
受教育年限	9.38	10.36	11.45	11.99	9.85	11.09	11.88	12.56
	(2.68)	(2.81)	(2.80)	(2.85)	(2.76)	(2.77)	(3.04)	(3.05)
户主	0.24	0.29	0.38	0.39	0.77	0.71	0.62	0.61
	(0.42)	(0.45)	(0.48)	(0.49)	(0.42)	(0.45)	(0.48)	(0.49)
学龄前孩子	0.14	0.14	0.12	0.09	0.14	0.14	0.12	0.09
	(0.34)	(0.35)	(0.33)	(0.28)	(0.34)	(0.35)	(0.33)	(0.28)
非劳动收入	7682	11715	15405	26797	4548	8029	11996	21816
	(3487)	(4597)	(6047)	(14626)	(3231)	(4237)	(5732)	(13322)

四、估 计 结 果

（一）工资方程的估计结果

表4给出了应用参数方法对女性和男性工资方程估计的结果，可以发现女性和男性选择方程参数模型设定检验 J_n 统计量的估计值分别为0.9797和0.2167，都没有拒绝原假设，说明参数模型估计的结果是恰当的。女性和男性工资方程中的选择修正项都是显著的，说明修正样本选择偏差是必要的。从女性和男性简化式劳动参与方程（选择方程）的估计结果中可以发现，随着年龄的增长，个体劳动参与概率逐渐下降，与生命周期理论的预期相符；健康的身体和较高的受教育年限均会增加个体劳动参与的概率，与人力资本理论的预期相符；户主身份对个体劳动参与概率具有正向影响，说明户主需要承担更多的家庭收入责任；具有学龄前孩子对女性劳动参与的概率具有负向影响，说明女性需要花费一定的时间照看年幼的孩子；非劳动收入的增加对女性劳动参与的概率具有负向影响，说明收入效应在发挥作用；相反，学龄前孩子和非劳动收入对男性劳动参与概率没有显著影响，说明男性的劳动参与受到家庭情况的影响较小，与劳动供给理论的预期和相关经验研究结果相符；与东部地区相比，中部与西部地区的女性和中部地区的男性劳动参与概率明显降低，主要源于东部地区工资水平明显高于中部和西部，较高的工资水平导致了较高的劳动参与概率。

表4 参数模型下女性和男性工资方程的估计结果

解释变量	女性		男性	
	工资方程	选择方程	工资方程	选择方程
户主		0.5692*** [0.1050]		0.2328*** [0.0188]
年龄		−0.0278*** [−0.0057]		−0.0477*** [−0.0035]
健康		0.2974*** [0.0710]		0.7318** [0.1006]
受教育年限	0.0563***	0.1500*** [0.0310]	0.0548***	0.0810*** [0.0061]
经验	0.0380***		0.0262***	
经验平方	−0.0005***		−0.0002*	
父亲大学毕业	0.1408**		0.1531***	
母亲大学毕业	−0.0027		0.0202	
重点中学	0.1048***		0.0904***	
中学成绩	0.1118***		0.0883***	
大学录取	0.1838***		0.1663***	
学龄前孩子		−0.1551** [−0.0342]		0.1036 [0.0072]
非劳动收入		−0.0370** [−0.0766]		−0.0196 [−0.0015]
中部	−0.2241***	−0.4922*** [−0.1098]	−0.3183***	−0.2607*** [−0.0209]
西部	−0.1835***	−0.2132*** [−0.0465]	−0.2838***	0.0189 [0.0014]
常数项	0.4829***	0.5155**	0.6698***	2.1857***
λ	−0.5046***		−0.3895**	
R^2	0.2046	0.1588	0.2091	0.1218
设定检验	$\hat{J}_n=0.9797$, P=0.1636		$\hat{J}_n=0.2167$, P=0.4142	

注：为使非劳动收入系数估计值与其他变量系数估计值在数量级上不存较大差异，在回归中将非劳动收入除以10000，*、** 和 *** 分别表示在10%、5%和1%的水平下显著，[　]内为变量对劳动参与概率的边际影响，下同。

从女性和男性工资方程的估计结果中可以发现，受教育年限对个体工资具有正向影响，经验对个体工资的影响呈倒U型趋势，与人力资本理论的预期相符；在表示家庭教育背景变量中的父亲大学毕业对个体工资具有正向影响，但母亲是否大学毕业对个体工资的影响并不显著；代表个体能力的重点中学毕业、中学成绩优良和通过高考入大学对个体工资均具有正向影响，与工资理论预期相符；中部和西部地区个体的工资水平明显低于东部地区个体的工资水平，既与区域经济发展水平一致，也暗示着中国劳动力市场存在一定的地域分割性。

对比女性和男性工资方程的估计结果可以发现，受教育年限、经验和表示个人能力的三个解释变量对女性工资的影响要大于对男性工资的影响，说明人力资本和个人能力在决定女性工资水平的过程中发挥了更大的作用。男性工资方程中代表地区经济环境差异的中部和西部变量的系数绝对值要大于女性系数的绝对值，说明男性工资的地区差距要大于女性工资的地区差距。从劳动经济学中比较关注的教育收益率指标来看，女性和男性的教育收益率分别为5.63%和5.48%，说明女性的教育收益率略高于男性的教育收益率，与国内相关的经验研究结果是一致的。

（二）劳动参与方程的估计结果

由于工资方程参数模型设定检验的原假设并没有被拒绝，因而可以采用工资方程的参数估计结果对每个个体的市场工资进行预测，并将预测的市场工资水平作为解释变量引入结构式劳动参与方程。表 5 给出了女性和男性不同收入群体劳动参与方程参数模型设定检验的统计量，可以发现除女性低收入群体、男性低收入群体和男性高收入群体没有拒绝参数模型的设定形式外，其他收入群体均拒绝了参数模型的设定形式，说明如果仅研究女性低收入群体、男性低收入群体和男性高收入群体的劳动参与行为，则应用参数模型是合适的；但如果需研究所有收入群体的劳动参与行为，则必须应用半参数模型。

表 5　不同收入群体结构式劳动参与方程参数设定检验

性别	低收入群体	中低收入群体	中高收入群体	高收入群体
女性	$\hat{J}_n$=0.1305，P=0.448	$\hat{J}_n$=1.9262，P=0.027	$\hat{J}_n$=1.6608，P=0.0484	$\hat{J}_n$=3.3118，P=0.0005
男性	$\hat{J}_n$=0.2167，P=0.4142	$\hat{J}_n$=1.8034，P=0.0357	$\hat{J}_n$=2.0423，P=0.0205	$\hat{J}_n$=-1.4226，P=0.9226

表 6 给出了参数模型下女性低收入群体、男性低收入群体和男性高收入群体劳动参与方程的估计结果，可以发现对这三个群体中的个体来说，小时工资对个体劳动参与的影响是正向的，说明随着工资率的提升，个体倾向于劳动参与；年龄对个体劳动参与的影响是负向的，说明随着年龄的增长，个体倾向于退出劳动力市场；受教育年限对个体劳动参与概率具有负向影响，主要源于受教育水平较高的个体，其保留工资较高，在相同的市场工资水平下，劳动参与概率将会较低；在相同的市场工资水平下，中部和西部地区个体劳动参与概率要大于东部地区个体劳动参与概率。这些估计结果与经济理论预期和经济现实是相符的。

表 6　参数模型下若干收入群体劳动参与方程的估计结果

解释变量	女性低收入群体	男性低收入群体	男性高收入群体
户主	−0.1837 [−0.0663]	0.0450 [0.0055]	0.0241 [0.0005]
小时工资对数	2.8990*** [1.0245]	2.5425*** [0.3065]	3.9660*** [0.0828]
年龄	−0.0345*** [−0.0122]	−0.0629*** [−0.0076]	−0.0778*** [−0.0016]
健康	0.1379 [0.0522]	0.5011** [0.0837]	−0.1296 [−0.0023]
受教育年限	−0.2318*** [−0.0819]	−0.1819*** [−0.0219]	−0.2058*** [−0.0043]
学龄前孩子	0.5464*** [0.1705]	0.9102*** [0.0675]	−0.2307 [−0.0061]
非劳动收入	−1.0449*** [−0.3692]	−1.0096*** [−0.1217]	−0.1176** [−0.0025]

续表

解释变量	女性低收入群体	男性低收入群体	男性高收入群体
中部	0.6041*** [0.2097]	0.3990*** [0.0479]	0.5911*** [0.0085]
西部	0.5716*** [0.1880]	0.0728 [0.0086]	0.2218*** [0.0040]
常数项	1.2527***	1.9827***	1.5852
R²	0.2848	0.2268	0.2619

表7 半参数模型下不同收入群体女性劳动参与方程的估计结果

解释变量	低收入群体	中低收入群体	中高收入群体	高收入群体
户主	1.0000	1.0000	1.0000	1.0000
小时工资对数	0.8152*** [0.7270]	0.6267*** [0.5003]	0.5598*** [0.3862]	0.4862*** [0.2313]
年龄	−0.0086*** [−0.0077]	−0.0166*** [−0.0133]	−0.0113*** [−0.0078]	−0.0052*** [−0.0025]
健康	0.0273 [0.0244]	−0.0433 [−0.0346]	−0.0104 [−0.0072]	0.1713*** [0.0815]
受教育年限	−0.0691*** [−0.0616]	−0.0538*** [−0.0429]	−0.0358*** [−0.0247]	−0.0329*** [−0.0157]
学龄前孩子	0.1506*** [0.1343]	0.0409* [0.0327]	0.0331 [0.0228]	0.0132 [0.0063]
非劳动收入	−0.2783*** [−0.2482]	−0.1997*** [−0.1595]	−0.1119*** [−0.0773]	−0.0044** [−0.0021]
中部	0.1715*** [0.1530]	0.1484*** [0.1185]	0.1176*** [0.0811]	0.0633*** [0.0301]
西部	0.1610*** [0.1436]	0.1166*** [0.0931]	0.0898*** [0.0619]	0.0836*** [0.0398]
R²	0.3341	0.4337	0.3191	0.3711

表7和表8分别给出了半参数模型下女性和男性不同收入群体劳动参与方程的估计结果，①通过与表6中相应群体劳动参与方程的估计结果对比可以发现，解释变量对个体劳动参与影响的方向是一致的，说明半参数模型估计的结果是稳健的。从表7中估计结果可以发现，小时工资对各收入群体女性劳动参与概率均具有正向影响，并且边际效应呈递减趋势，小时工资对低收入群体女性劳动参与概率的边际效应最大（0.7270），而对高收入群体女性劳动参与概率的边际效应最小（0.2313），主要源于低收入群体保留工资水平较低；年龄对每个收入群体女性劳动参与概率都具有负向影响；身体健康对高收入群体女性劳动参与概率具有正向影响，而对其他收入群体劳动参与概率没有显著影响；受教育年限对各收入群体女性劳动参与概率均具有负向影响，且边际效应呈递减趋势，说明在相同的市场工资水平下，受教育年限对收入较低家庭女性劳动参与概率影响较大，主要源于受教育年限与保留工资水平正相关；学龄前孩子对低收入群体和中低收入群体女性劳动参与概率具有显著正向影响，而对其他收入群体女性劳动参与概率并没有显著影响，说明较低收入家庭更需要通过劳动参与增加家庭收入以抚养幼儿；非劳动收入对各收入群体女性劳动参与概率均具有负向影响，并且边际效应呈递减趋势，对低收入群体边际效应最大（−0.2482），

①由于半参数单指示模型只能规模识别，因而需要将某一解释变量的系数固定为1，本文将户主的系数固定为1。尽管半参数单指示模型所得系数估计值与Probit模型所得系数估计值的大小存在明显差异（主要源于户主系数固定为1所致），但在两种模型的估计结果中解释变量对劳动参与概率的边际影响并无较大差异。

而对高收入群体边际效应最小（–0.0021）；代表地区经济环境差异的中部和西部代理变量在各收入群体女性的劳动参与方程中均显著为正，说明在各地区市场工资水平相同的情况下，中部和西部地区各收入群体女性劳动参与概率均要大于东部地区相应收入群体女性劳动参与的概率。

根据式（15）可以计算每个收入群体女性的劳动参与弹性。由低收入群体至高收入群体，女性劳动参与的工资弹性分别为 1.0899、0.6078、0.4297 和 0.3583，而女性劳动参与的收入弹性分别为–0.2858、–0.2270、–0.1324 和–0.0087，说明女性劳动参与的工资弹性和收入弹性均随家庭平均收入的增加而递减，家庭收入越低的女性对工资和收入变动的劳动参与行为反应越敏感。由于每个收入群体中女性劳动参与的工资弹性均大于劳动参与的收入弹性，说明女性劳动参与的替代效应远大于收入效应，工资率的提升将会促进女性的劳动参与。

表8　半参数模型下男性不同收入群体劳动参与方程的估计结果

解释变量	低收入群体	中低收入群体	中高收入群体	高收入群体
户主	1.0000	1.0000	1.0000	1.0000
小时工资对数	0.4787*** [0.3942]	0.2084*** [0.1437]	0.1643*** [0.0640]	0.2788*** [0.0891]
年龄	–0.0104*** [–0.0086]	–0.0075*** [–0.0052]	–0.0082*** [–0.0032]	–0.0019*** [–0.0006]
健康	0.1453*** [0.1198]	0.0221 [0.0153]	0.0163 [0.0063]	0.0609*** [0.0194]
受教育年限	–0.0316*** [–0.0261]	–0.0107** [–0.0073]	–0.0134*** [–0.0052]	–0.0132*** [–0.042]
学龄前孩子	0.0513** [0.0423]	–0.0077 [–0.0053]	–0.0193* [–0.0075]	0.0064 [0.0021]
非劳动收入	–0.1336*** [–0.2110]	–0.1154*** [–0.0796]	–0.1685*** [–0.0457]	–0.0185*** [–0.0059]
中部	0.1386*** [0.1142]	0.0711*** [0.0491]	0.0458*** [0.0084]	0.0386*** [0.0123]
西部	0.1550*** [0.1277]	0.0332*** [0.0229]	0.0802*** [0.0412]	0.0508*** [0.0163]
R²	0.2498	0.1932	0.3043	0.2197

从半参数模型下不同收入群体男性劳动参与方程的估计结果中可以发现，与女性类似，小时工资对各收入群体男性劳动参与概率均具有正向影响，对劳动参与概率的边际影响由低收入群体至高收入群体呈递减趋势，小时工资对低收入群体男性劳动参与概率的边际效应最大（0.3942），而对高收入群体男性劳动参与概率的边际效应最小（0.0891）；年龄对各收入群体男性劳动参与概率都具有负向影响；身体健康对低收入群体男性和高收入群体男性劳动参与概率的影响显著为正，而对其他收入群体男性劳动参与概率的影响并不显著；受教育年限对各收入群体男性劳动参与概率的影响为负，且边际效应呈递减趋势；学龄前孩子对低收入群体男性劳动参与概率具有显著正向影响，而对其他收入群体男性劳动参与概率的影响并不显著，说明低收入群体男性需要为培育孩子付出更多的劳动；非劳动收入对各收入群体男性劳动参与概率均具有负向影响，且边际效应呈递减趋势，对低收入群体男性劳动参与边际效应最大（–0.2110），对高收入群体男性边际效应最小（–0.0059）；代表地区经济环境差异的中部代理变量和西部代理变量在各收入群体男性劳动参与方程中

均显著为正，说明在各地区市场工资水平相同的情况下，中部和西部地区各收入群体男性劳动参与概率要大于东部地区相应群体男性劳动参与的概率。

同样，根据式（15）可以计算各收入群体男性的劳动参与弹性。由低收入群体至高收入群体，男性劳动参与的工资弹性分别为 0.4405、0.1554、0.0656 和 0.0913，劳动参与的收入弹性分别为 −0.1068、−0.0678、−0.0562 和 −0.0133，说明男性劳动参与的工资弹性由低收入群体至中高收入群体基本呈递减趋势，虽然高收入群体男性劳动参与的工资弹性要大于中高收入群体，但明显小于前两个收入群体男性劳动参与的工资弹性；每个收入群体男性劳动参与的收入弹性都很小，并且劳动参与的收入弹性由低收入群体至高收入群体呈递减趋势，说明收入较低的家庭对工资和收入变动的劳动参与反应较敏感。每个收入群体中男性劳动参与的工资弹性都远大于劳动参与的收入弹性，说明男性劳动参与的替代效应远大于收入效应，工资率的提升将会促进男性的劳动参与。

工资和收入对城镇居民劳动参与的边际影响远大于其他因素对劳动参与的边际影响，说明工资和收入是城镇居民劳动参与的最主要影响因素。低收入群体劳动参与的工资和收入弹性较大，而高收入群体劳动参与弹性较小，主要源于低收入群体家庭收入较低，人力资本水平和个人能力较低，工资和收入的变动对其家庭效用影响较大，故保留工资水平较低。因此，提升工资和收入将会为低收入群体带来较大效用，更易于使得市场工资高于其保留工资，能够明显促进其劳动参与。

五、结 论

为了加深对中国城镇居民劳动参与行为的理解，为了使得劳动力市场政策的设计更具针对性，本文提出将城镇居民总样本按照家庭收入由低到高分成若干子样本，并通过劳动参与方程的参数模型或半参数模型分析每个子样本劳动参与行为的研究思路。这种研究思路可能不仅可以用于劳动参与行为的分析，而且可以应用于其他经济学问题的分析，如不同收入群体的消费行为等。由于劳动参与方程参数模型设定检验的统计量拒绝了大部分收入群体参数模型估计的结果，说明半参数模型所得的结果是比较稳健的，且对参数模型进行设定检验是必要的。

本文的研究结果表明：在每个收入群体中，女性劳动参与的工资弹性和收入弹性均大于男性劳动参与的工资弹性和收入弹性，说明女性劳动参与行为更易受到工资和收入变动的影响，这与发达国家的经验研究结果是一致的（Blundell and MaCurdy, 1999）；女性和男性劳动参与的工资弹性均远大于收入弹性，即替代效应大于收入效应，说明中国城镇居民劳动参与处于倒 U 型曲线的前半段，工资水平的提升将会促进城镇居民（尤其是女性）的劳动参与，有助于城镇居民就业率的上升。

随着家庭收入的提高，女性和男性劳动参与的工资弹性和收入弹性均呈现递减趋势，且低收入群体劳动参与的工资弹性和收入弹性要明显大于其他收入群体的工资弹性和收入弹性，说明低收入群体劳动参与行为对工资和收入的变动比较敏感，主要源于低收入群体保留工资水平较低。由于低收入群体的劳动参与率明显低于其他收入群体，而失业率却高于其他收入群体，因此设计和实施针对低收入群体工资提升的劳动力市场政策，如适当地提高最低工资标准，将能够有效地促进低收入群体的劳动参与，进而在较大程度上缓解城镇居民失业的问题。[①] 相反，由于高收入群体劳动参与的工资弹性和收入弹性较低，对工资和收入变动反应不太敏感，设计和实施针对高收入群体工资提升的劳动力市场政策，如工薪所得税减除费用标准提升，对促进就业的作用效果将不明显。

由于中国正处于计划经济向市场经济转型过程中，不可避免地会出现城镇贫困和收入差距问题，城镇贫困的一个重要成因是家庭成员失业。由于城镇居民劳动参与的收入弹性为负值，那么单纯的收入维持政策（如最低生活保障制度和失业保险制度）只能在短期内缓解城镇贫困问题，无法促进低收入群体的劳动参与，因而无法从根本上使其摆脱贫困的处境。由于低收入群体劳动参与具有较大的工资弹性，因而设计和实施积极的劳动力市场政策（如提供公共岗位和就业补贴等），改善就业环境，促进低收入群体的劳动参与和就业，不仅能够有效地削减城镇贫困，而且有助于抑制城镇居民收入差距的持续扩大。

参考文献

[1] 杜凤莲：《家庭结构、儿童看护与女性劳动参与：来自中国非农村的证据》，《世界经济文汇》，2008 年第 2 期。

[2] 姚先国、谭岚：《家庭收入与中国城镇已婚妇女劳动参与决策分析》，《经济研究》，2005 年第 7 期。

[3] 于洪：《我国个人所得税税负归宿与劳动力供给的研究》，《财经研究》，2004 年第 4 期。

[4] 余显才：《所得税劳动供给效应的实证研究》，《管理世界》，2006 年第 1 期。

[5] 张世伟、周闯：《城市贫困群体就业扶持政策的劳动供给效应》，《经济评论》，2008 年第 6 期。

[6] 张世伟、周闯、万相昱：《个人所得税制度改革的劳动供给效应》，《吉林大学社会科学学报》，2008 年第 4 期。

[7] 张世伟、周闯：《城镇劳动力市场工资方程和劳动参与方程联立估计》，《财经问题研究》，2009 年第 9 期。

[8] Blundell, R. and MaCurdy, T., 1999, "Labor Supply: A Review of Alternative Approaches", in Ashenfelter, O. and Card, D. (eds.), Handbook of Labor Economics, 3, Elsevier Science.

[9] Cahuc, P. and Zylberger, A., 2004, Labor Economics, MIT Press.

[10] Eissa, N., 1995, "Taxation and Labor Supply of Married Women: The Tax Reform Act of 1986 as a Natural Experiment", NBER, 4325.

[11] Fernández, A. and Rodríquez-Poo, J., 1997, "Estimation and Specification Testing in Female Labor Participation Models: Parametric and Semiparametric Methods", Econometric Reviews, Vol. 16, No. 2,

[①] 理论上就业和失业不仅取决于劳动供给，而且取决于劳动需求。但近年来中国许多地方政府陆续提出针对低收入群体的"4050"就业扶持计划和"零就业家庭"就业扶持计划等，并相应地提高了最低工资标准，则城镇居民的就业和失业主要取决于居民的劳动参与（张世伟等，2008a）。

pp. 229–247.

[12] Gerfin, M., 1996, "Parametric and Semi-Parametric Estimation of the Binary Response Model of Labour Market Participation", Journal of Applied Econometrics, Vol. 11, No. 3, pp. 321–339.

[13] Goodwin, B. and Holt, M., 2002, "Parametric and Semiparametric Modeling of the Off-Farm Labor Supply of Agrarian Households in Transition Bulgaria", American Journal of Agricultural Economics, Vol. 84, No. 1, pp. 184–209.

[14] Griliches, Z., 1977, "Estimating Returns to Schooling: Some Econometric Problems", Econometrica, Vol. 45, No.1, pp. 1–22.

[15] Heckman, J., 1979, "Sample Selection Bias as Specific Error", Econometrica, Vol. 47, No.1, pp. 152–161.

[16] Heckman, J., 1993, "What Has Been Learned about Labor Supply in the Past Twenty Years?", American Economic Review, Vol. 83, No.1, pp. 116–121.

[17] Heckman, J., Lalonde, R. and Smith, V., 1999, "The Economics and Econometrics of Active Labor Market Programs", in Ashenfelter, O. and Card, D. (eds.), Handbook of Labor Economics, 3, Elsevier Science.

[18] Horowitz, J., 1992, "A Smoothed Maximum Score Estimator for the Binary Response Model", Econometrica, Vol. 60, No.3, pp. 505–531.

[19] Hsiao, C., Li, Q. and Racine, J. 2007, "A Consistent Model Specification Test with Mixed Categorical and Continuous Data", Journal of Econometrics, Vol.140, No.2, pp. 802–826.

[20] Ichimura, H., 1993, "Semiparametric Least Squares (SLS) and Weighted SLS Estimation of Single-Index Models", Journal of Econometrics, Vol.58, No.1, pp. 71–120.

[21] Killingsworth, R., 1983, Labor Supply, Cambridge: Cambridge University Press.

[22] Klein, R. and Spady, R., 1993, "An Efficient Semi-Parametric Estimator for Binary Response Models", Econometrica, Vol. 61, No. 2, pp. 387–423.

[23] Martins, M., 2001, "Parametric and Semiparametric Estimation of Sample Selection Models: An Empirical Application to the Female Labour Force in Portugal", Journal of Applied Econometrics, Vol. 16, No. 1, pp. 23–39.

[24] Newey, K., 1999, "Two-Step Series Estimation of Sample Selection Models", Massachusetts Institute of Technology, Department of Economics, Working Paper, 04.

[25] Schultz, T., 1988, "Education Investments and Returns", in Chenery, H. and Srinivasan, T. (eds.), Handbook of Development Economics, 1, Elsevier Science.

[26] Stoker, T., 1986, "Consistent Estimation of Scaled Cofficients", Econometrica, Vol. 54, No.6, pp. 1461–1481.

The Labor Participation Behavior of Different Income Groups of Urban Residents in China—Empirical Research Based on the Parametric and the Semi-Parametric Model

Abstract: This paper established a parametric and the semi-parametric model of labor participation function to analyze labor participation behavior of different income groups of urban residents in China. The results showed that, in all groups, labor force participation's wage flexibility is much larger than the income elasticity, and female labor force participation's wage and income elasticity are larger than male's; however, as family income rises, the wage elasticity and income elasticity of female and male's labor force participation showed a decreasing trend, and the wage elasticity and income elasticity of labor force participation of low-income groups were significantly larger than other income groups. Therefore, designing and implementing active labor market policies for low-income groups rather than high-income groups, not only can effectively alleviate the unemployment problem of urban residents, but also contribute to control the widen of urban residents' income gap.

Key words: Labor Market; Labor Supply; Labor Participation; Income; Semi-Parametric Model

农民人力资本、农民学习及其绩效实证研究[*]

【摘　要】不少研究者通过模型构建和数学演算验证了人力资本对促进农村和农民的发展的积极作用，但对农民人力资本如何影响农民绩效的研究很鲜见。本文在农村入户调查数据的基础上，结合相关的官方统计数据，构建了中国情景下农民人力资本、农民学习与农民绩效的结构方程模型。模型校验结果表明，农民的知识资本对农民绩效有显著作用；农民健康资本不仅对农民绩效有显著作用，且在农民知识资本与农民绩效中具有调节作用；农民学习则在两者之间起着部分中介作用。本文实证结果显示了中国实施新农村建设、提高农民绩效的有效途径：提高农民知识资本和健康资本、农民学习水平以提高农民的绩效，最终实现农民自身收入水平、生活水平的提高以及居住条件的改善。

【关键词】人力资本；知识资本；健康资本；农民学习；农民绩效

一、引　言

新农村建设是我国解决"三农"问题的重大战略。党的十六届五中全会提出建设"生产发展、生活宽裕、乡风文明、村容整洁、管理民主"的社会主义新农村。"生产发展、生活宽裕"是新农村建设的首要任务，是新农村建设的物质基础；"乡风文明"是加强农村的精神文明建设；"村容整洁"是改善农村人居；"管理民主"是加强农村的政治文明建设（王伟光，2006）。从微观上说，就是要提高农民的绩效，实现农民自身收入水平、生产生活水平的提高以及居住条件、农村基层的民主自治的完善。2004~2009 年连续 6 个中

*作者：张银，武汉大学经济与管理学院；李燕萍，北京益瑞德工程有限公司。本文得到国家社会科学基金项目"培养新型农民与新农村建设研究：基于人力资源开发的理论分析、作用机制与政策建议"（07BJY101）与国家社会科学基金重点项目"中国特色的人才强国战略实施与动力机制研究"（07AJY023）资助。本文引自《管理世界》，2010（02）。

共中央、国务院"一号文件"也无一例外地强调了增加农民收入，[①] 改善农民生产生活条件等农民绩效范畴的因素。建设新农村应把新农民的开发放在中心位置，大力培养新农民（姜长云，2003；严书翰，2006）。"建设现代农业，最终要靠有文化、懂技术、会经营的新型农民。必须发挥农村的人力资源优势，大幅度增加人力资源开发投入，全面提高农村劳动者素质，为推进新农村建设提供强大的人才智力支持。"[②] 农民是新农村建设的主体和最终受益者（叶敬忠，2006），其素质的高低，直接关系到新农村建设的成效（韩俊，2008）。"提高农民整体素质，培养造就有文化、懂技术、会经营的新型农民，是建设社会主义新农村的迫切需要"。[③] 但我国 2005 年 1%人口抽样调查结果显示，农村受教育程度在初中以及初中以下的占 92.93%，高中文化的占 6.31%，大专以及大专以上的不足 1%。这表明，我国绝大部分农民受教育程度都比较低，进一步提高农民的素质是一件艰巨而刻不容缓的任务。新农村建设的关键在于不断地增强农民自我发展的能力，使其有更高、更好的发展平台，主要途径就是加大对农民的人力资本投资，教育和培训农民，使他们能够最终提高自身发展能力（史振厚，2006）。

人力资本对经济发展具有重要的贡献价值（Schultz，1961；Denison，1962；Lucas，1988；Romer，1990）。农村人力资源开发以人力资本理论为基础，一直备受理论界、国际机构（如 ILO、WB、UNESCO、UNDP、APEC 等）和各国政府的关注，已形成了丰富的研究成果。持"可持续发展观"的学者认为，通过农村人力资源开发活动来适应并促进农业经济的可持续发展（Lutz，Ernst & Michael Young，1992；Pierce，John T.，1993）。持"全面发展观"的学者认为，农村人力资源开发就是要全面发展农民，"发展的最终目的是以一种持续的方式改善社会的福利。人力资本的发展是教育的产物和健康与营养的改善，它是发展的主要目的之一，也是获得发展的手段"（WB，1997）。持"能力建设观"的学者认为，农业教育与职业培训是劳动者能力建设的关键，可促进改变传统的过度消耗物质资源的生产方式、农业生产率的提高、适应自然资源的可持续开发的需要（L. Van

---

① 2004 年中央一号文件《中共中央 国务院关于促进农民增加收入若干政策的意见》指出：增加农民收入，不仅是重大的经济问题，而且是重大的政治问题，要力争实现农民收入较快增长。2005 年中央一号文件《中共中央 国务院关于进一步加强农村工作提高农业综合生产能力若干政策的意见》指出："进一步深化农村改革，努力实现粮食稳定增产、农民持续增收，促进农村经济社会全面发展。"2006 年中央一号文件《中共中央 国务院关于推进社会主义新农村建设的若干意见》指出："推进农村综合改革，促进农民持续增收，确保社会主义新农村建设有良好开局"。2007 年中央一号文件《中共中央 国务院关于积极发展现代农业扎实推进社会主义新农村建设的若干意见》指出："深化农村综合改革，促进粮食稳定发展、农民持续增收、农村更加和谐，确保新农村建设取得新的进展，巩固和发展农业农村的好形势。"2008 年中央一号文件《中共中央 国务院关于切实加强农业基础建设进一步促进农业发展农民增收的若干意见》指出："积极促进农业稳定发展、农民持续增收，努力保障主要农产品基本供给，切实解决农村民生问题，扎实推进社会主义新农村建设。"2009 年中央一号文件《中共中央 国务院关于 2009 年促进农业稳定发展农民持续增收的若干意见》指出："千方百计促进农民收入持续增长，为经济社会又好又快发展继续提供有力保障。"

② 2007 年中央一号文件：《中共中央 国务院关于积极发展现代农业扎实推进社会主义新农村建设的若干意见》，新华网：http://news.xinhuanet.com/politics/2007－01/29/content_5670478.htm.

③ 2006 年中央一号文件：《中共中央 国务院关于推进社会主义新农村建设的若干意见》，新华网：http://news.xinhuanet.com/politics/2006－02/21/content_4207811.htm.

Crowder, 1997）。尽管国外学术界并没有提及"新型农民"、"新农村"的概念，但从已有的文献看，不少的相关研究聚集于：农村人力资源开发的内涵（Rivera, William M., 1995）、方式与途径的创新（Nancy Grudens-Schuck, 2000）；农村人力资源开发促进农业经济的可持续发展（Stephen Leahy, 2006）；为增强农业竞争力政府应采取政策与措施的研究（Pierce, John T., 1993; Jules N. Pretty, 1999）；等等。

国内许多学者基于人力资本理论研究发现，我国农民人力资本与农村经济增长（沈利生、朱运法，1992；周晓、朱农，2003；孙敬水，2006）和农民收入增加（钱雪亚，2000；张艳华等，2006；白菊红，2003）之间具有正向关系。在与新农村建设相关的研究中，许多学者的研究认为，新型农民开发能够有效地提高农民的人力资本，促进新农村建设绩效（李建民等，2007；王伟等，2007）。但是，目前关于我国农村人力资源开发和农民绩效之间的研究多为定性研究，还缺乏直接的数据证据支持，且大多数研究也忽视农民开发过程中的农民学习问题，撇开农民学习直接探讨农民人力资本与农民绩效的相关性，对实际影响农民绩效的农民学习这一中介作用的研究很鲜见。农民的人力资本对农民学习将产生怎样的变化，进而又如何影响到农民绩效？农民的健康资本在农民绩效中扮演什么样的角色？这些问题还有待于深入探讨和实证。

本研究依据问卷调查、访谈所整理的数据以及部分来自国家统计年鉴的二手数据，分析了我国农民人力资本（主要考察其知识资本和健康资本）、农民学习及其绩效之间的作用路径，校验农民学习在农民人力资本开发及其绩效之间的中介作用，进一步丰富我国农村人力资源开发和新农村建设理论，为各级政府的"三农"政策的决策提供中国情境下的实证数据支持和依据。

二、文献综述与假设提出

围绕农民人力资本及其绩效的关系问题，很多学者做了大量的研究，并形成了丰富的研究结论。关于农村人力资源开发的必要性和重要性，学者们大都在人力资本理论的框架下进行了讨论和研究。本文在人力资本理论、学习理论等理论的基础上，探究新农民开发与农民绩效之间的关系。

教育作为人力资本的重要形式对农村经济发展和农民收入具有显著作用，已为不少研究者所证实。教育能够提高农民的工作效率，在变化的、现代化的环境中获得更高的收益（Theodore W. Schult, 1975），提高农产品产量（Marlaine E. Lockheed, et al., 1980; Joseph M. Phillips, 1994）。从教育投资的影响研究方面来看，相对于文化程度低的农户，劳动力文化程度高的农户收入水平高，收入增长快，择业门路宽，可选就业机会多，收入来源广（唐平，1995）。研究表明，在基础教育之外再接受 4 年教育的农民，其产出增长平均为 7.4%（Marlaine E. Lockheed, et al., 1980, Joseph M. Phillips, 1994）。基于明塞尔收入模型的实证研究结果表明，教育对农民收入有明显的促进作用（周晓、朱农，2003）；农村居民的受教育程度对人均纯收入有显著的正向影响，这种影响的强度随着受教育程度的增加而增强（王姮、汪三贵，2006）；运用 Panel Data 模型验证也表明，农民收入和农民受教育水平之间存在着长期的稳定的均衡关系，培训作为人力资本的重要形式对农民收入产生很大的影响（辛岭，2007）。培训对农村经济发展和农民收入也具有显著作用，培训能够解决农民技术和创业技能的缺乏，从而解决农民增收和转移就业的难题（姜长云，2005）；培训无论是对提高农户的人均收入还是劳动者个人收入都有明显影响（周逸先、崔玉平，2001）；农民科技培训促进了农户对新技术、新品种的采用，提高了农户粮食和其他农作物的产量，增加了农户家庭收入（陈华宁，2007）。但一项在入户调查的数据基础上的研究发现，我国的新型农民培训在提升农民的市场意识和经营能力方面还有较大欠缺，在农民增收方面培训所发挥的作用还较小（徐金海，2009），培训对于农民增收和新农村建设的实效还需要进一步的证据证明，为此，本文假设如下：

假设 I　农民的知识资本对其个人绩效有直接的显著正向影响。

人的健康作为人力资本的重要组成部分很早就受到经济学家的注意（Mushkin，1962；Becker，1964；Grossman，1972）。该研究领域的研究主要是基于 Becker（1964）的人力资本理论和 Grossman（1972）的健康生产函数模型，有学者发现，我国农村人口的健康状况与主要社会经济变量之间的关系基本符合 Grossman 模型的理论预测（赵忠，2008）。健康人力资本对于宏观经济增长（Lucas，1988；Zon & Muysken，2001；王弟海等，2008）、居民的收入增长（张车伟，2003；魏众，2004；刘国恩，2004；李谷成等，2006）有显著作用。研究证明，在我国 20 世纪 90 年代，健康人力资本确实在个人收入增长中发挥了重要作用，并且健康的经济收益对农村人口来说要高于城市人口（刘国恩，2004）。几乎所有的营养和健康方面都影响到农村的劳动生产率，营养和健康确实是制约农民收入增加的重要因素，投资于营养和健康具有至关重要的作用（张车伟，2003）。因此，本文提出如下假设：

假设 II　农民的健康资本对其个人绩效有直接的显著正向影响。

农民的健康资本是其从事农业生产的基础条件。由于当前我国农业生产劳动强度较大，对农民的身体健康水平要求较高，农民个体的身体健康水平直接影响其生产活动和人力资本开发活动。农民的身体健康水平越高，那么他能够将其人力资本存量用于新农村建设，从而产生更高的绩效，获得更高的经济回报；相反，如果农民的身体健康水平越低，那么他的生产活动和人力资本的利用就会受到限制，从而其绩效也将降低，预期经济回报也会较低，目前我国农村存在的"因病返贫"进而"贫者越贫"的现象很大程度上反映了这个推论，因此，本文提出如下假设：

假设 II—1　农民在高健康资本水平下，其知识资本越高，其个人绩效也越高。

假设 II—2　农民在低健康资本水平下，其知识资本越低，其个人绩效也越低。

学习具有路径依赖性（Path Dependence），如果农民的知识资本越多，他会有更多的知识和技能储备，更高的学习能力和学习动机，从而提升农民学习的水平；反之，农民具有较少的知识资本，那么他学习的能力和参与强度都会相应受到限制。刘智元（2008）发现，文化程度高的农民学习意识要强于文化程度低的农民；文化程度高的农民平时对农业技术信息的关注程度高于文化程度低的农民；文化程度高的农民对自己接收和运用新技术能力的评价程度高于文化程度低的农民；农民文化程度越高，越有看农业科技资料习惯，看书或参加培训时越能坚持做笔记。总体上看，农民的文化程度影响着农民学习农业技术的意识、兴趣、信心、态度、习惯养成等学习品质。因此，本文也提出如下假设：

假设Ⅲ 农民的知识资本越高，农民的学习水平越高。

个体学习（Individual Learning）是指个人不断获取知识、改善行为、提升其他素质，以在不断变化的环境中使自己保持良好生存和健康和谐发展的过程（陈国权，2009）。个体学习是组织学习的基础（Senge，1990），个体学习是保持竞争优势的关键，能够有效地提升绩效（Edwin & Judith，1966；Barry K. Goodwin et al.，2002；陈国权，2009）。个体学习规则对于提高个人绩效有显著的效果，个体越早学习规则，会有越高的绩效（Edwin，1966）。同时个体的学习方法（Learning Approach）、学习时间（David Kember，1995）、学习能力（陈国权，2009）对个体的绩效有不同的影响。针对农民的研究表明，农民的"干中学"对农作物产量有显著的作用（Barry，2002），因此本文提出假设：

假设Ⅳ 农民学习的水平越高，其个人的绩效水平越高。

三、样本选择与研究设计

（一）研究模型和变量设计

为了探讨农民人力资本、农民学习及其绩效三者之间的作用路径关系，根据本文的研究目的、本研究的理论假设和变量的选取，作者构建研究模型如图 1 所示。

人力资本是指由凝聚在劳动者身上具有经济价值的知识、技术、能力和健康素质构成，是劳动者质量的反映（杨建芳等，2006）。教育、健康、培训和劳动力迁徙构成了人力资本（Becker，1988；Schultz，1999）。人力资本有多种形式，但对劳动者而言，可以分为脑力和体力两大人力资本形式，本研究用知识资本表示教育资本、培训资本等劳动者脑力形式的人力资本，用健康资本表示劳动者体力形式的人力资本。如果说传统农业生产对农民提出了具有一定的知识文化水平、农业生产技术及较好的身体素质的要求，那么，现代农业则要求农民在知识、技术、健康等诸方面全面发展。根据本研究的需要，同时考虑到农民生产、生活的特点，作者选取了农民知识资本、农民健康资本、农民学习和农民绩效四个潜变量，其中，资本为外生潜变量，农民学习是中介变量，农民绩效为内生潜变量，健康资本是调节变量。为了考察农民健康资本对农民的知识资本及其绩效之间的关

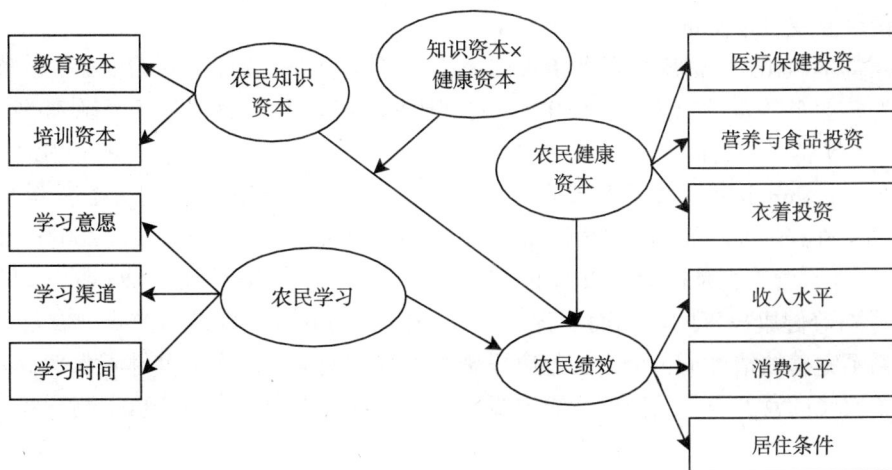

图 1　农民人力资本、农民学习及其绩效关系路径图

系，作者将自变量和调节变量做中心化变换（温忠麟等，2005），构建了一个"知识资本×健康资本"交互项变量来检验农民健康资本的调节作用。

根据研究目的的需要，作者将设计的变量定义如表 1 所示。

表 1　变量设计一览表

潜变量	显变量	定义
知识资本（KC）	教育资本（EC）	受访者的受教育年限
	培训资本（TC）	受访者接受培训种类的数量
健康资本（HC）	营养与食品投资（NI）	受访者所在省（区）农民的人均主要食品消费量。由于我国农村基本都能达到粮食和蔬菜的自给自足，因此本文选取食油、猪牛羊肉、家禽、蛋类及其制品、水产品等 7 种高营养价值食品来衡量农民的营养水平
	医疗保健投资（HI）	受访者所在省（区）农民的平均用于医疗保健的投资
	衣着投资（CI）	受访者所在省（区）农民的平均用于衣着的投资
农民学习（FL）	学习意愿（LM）	受访者对学习的意愿程度
	学习时间（LT）	受访者投入学习的时间
	学习渠道（LA）	受访者可利用的学习渠道数量
农民绩效（FP）	收入水平（IL）	受访者所在省（区）农民的平均收入水平（人均纯收入）
	消费水平（CL）	受访者所在省（区）农民的平均消费水平（人均消费）
	居住条件（DC）	受访者所在省（区）农民的平均居住条件（人均混凝土建筑居住面积）

知识资本（KC）。教育资本是人力资本的重要组成部分（Schultz，1961；Becker，1964）。大量的研究以教育水平来度量人力资本，甚至完全以教育资本来替代整个人力资本（杨建芳等，2006）；培训资本是人力资本的最重要的组成部分（Becker，1988；Schultz，1999），Lucas（1988）认为教育和"干中学"（Learning by Doing）是人力资本形成的主要来源，"干中学"也可以认为是培训的一种特殊形式。因此本文选取教育资本和培

训资本两个显变量来衡量农民的知识资本。

健康资本（HC）。健康投资即指人们为了获得良好的健康而消费的食品、衣物、健身时间和医疗服务等资源（朱玲，2002）。对健康资本的测量一直都是相当困难的，已有的测量主要包括：人体测量变量（Anthropometric Variables），存活率和死亡率变量（Surviving or Mortality），发病率变量（Morbidity），总体健康和功能状态变量（General Health and Functional Status）（Schultz，2001；Thomas & Frankenberg，2002；刘国恩，2004）。此外，营养也是衡量健康的重要标准（张车伟，2003；魏众，2004），个人的健康资本存量随着健康投资的增加而上升（Grossman，1999），特别是目前我国农村公共卫生医疗体系不完善的情况下，个人的健康投资水平很大程度上决定了其健康水平，因此，本文选取了农民的营养与食品投资、衣着投资、医疗保健投资三个显变量来测量农民的健康资本。

农民学习（FL）。学习理论（Learning Theory）用于解释人类如何学习和人类的固有的复杂的学习过程，建立理解观察到的学习行为的词汇、概念框架和实践问题的解决方案（Hill，2002）。大量的素质培训都建立在学习理论基础上，其中的行为理论流派（Behavioral Theories）、认知理论流派（Cognitive Theories）社会学习流派（Social Learning Theories）都能够很好地解释农民学习，例如，David Kember（1995）发现学习方法、学习时间及学习者的动机对被试者的学业成绩有不同的影响。本文选取农民的学习渠道、学习时间（David Kember，1995）、学习意愿（Hill，2002；Weiner，1990）三个显变量来测量新农村建设中的农民学习。

农民绩效（FP）。党中央提出了新农村建设的"二十字"目标，出于测量指标可获得性的考虑，本研究选取这五个指标中的"生产发展"、"生活富裕"、"村容整洁"三个指标，分别用农民收入水平、农民消费水平和农民居住条件来测量。

（二）样本选择与数据处理

根据研究的需要，作者于 2008 年组织了 23 支调研队伍深入我国 11 个省（自治区）的农村地区，通过问卷调查、走访与深度访谈，对我国新农村的建设和新型农民开发进行了全面的考察。获取有效问卷 766 份，其中村民问卷 585 份，村干部问卷 181 份，访谈调研报告 22 份，如表 2 所示。

表 2　我国新型农民开发情况调研表

区域	调研队数量	省份及调研队数量分布	调查问卷			调研报告
			村民问卷	村干部问卷	合计	
中部	14	湖北（11 支）；湖南（1 支）；安徽（1 支）；河南（1 支）	283	84	367	14
西部	6	青海（1 支）；贵州（1 支）；四川（1 支）；内蒙古（2 支）；陕西（1 支）	199	60	259	6
东部	3	山东（2 支）；河北（1 支）	103	37	140	2

本次问卷分为村民问卷和村干部问卷，村民问卷主要关注新型农民开发与新农村建设，而村干部问卷则主要关注农村基层治理。根据本研究的目的，为提高样本的有效性，作者选取村民问卷作为数据来源，并对问卷进行了二次筛选：剔除了未能对本文变量所涉及的问题同时进行完整回答的样本；剔除那些答案模糊、无法确认的样本，最终获得514个有效样本。其中，东部区域113个样本，中部地区221个样本，西部地区180个样本。

本文的另一个数据来源为国家统计年鉴数据。农民的知识资本、农民学习变量均是通过农民自我报告（Self-report）方式来收集，但是因农民对其收入和消费等相关数据具有敏感性，很大程度上会导致规范性答案（Normative Answers），从而导致数据的不准确性以及同源方差（Common MethodBias）。因此，作者将农民的健康资本、农民绩效数据采用了统计年鉴的数据。数据选取的具体方法是：各省调查样本的农民绩效、农民的健康投资数据用国家统计局公布的省际相应的个人层面的统计数据替代（如人均收入、人均健康投资水平等）；由于我国是在2005年底正式提出新农村建设的宏伟目标，考虑到政策在时效上具有一定的滞后性以及农业的生产周期原因，本文选用了2007年度的统计相关数据。本文利用SPSS13.0以及AMOS7.0完成数据处理。

（三）样本的描述性统计分析

对本研究样本进行描述性统计分析（如表3所示）发现，样本具有两个特点：一是我国农村的人力资本存量不足，人均教育年限仅有8.46年，未达到9年义务教育水平，同时，被访农民人均所接受的培训的种类不足一种，培训方式十分有限，通过教育和培训这两种人力资本积累最主要方式所增加的人力资本存量处于较低水平，这也是我国农民人力资本存量总量较低的根本原因。二是我国农民的健康投入不足，其2007年7种主要食品人均消费量仅为35.32千克，平均每人每天仅为96.77克；同时，我国的医疗保健投资也处于较低水平，2007年人均仅194元，较低的医疗保健投资意味着低水平的医疗保健服务水平。总体而言，农民的营养不足和低水平健康投资，是制约农民收入增加的重要原因（张车伟，2003）。

表3 样本的描述性统计（N=514）

测量指标	最小值	最大值	平均值	标准差
测量资本（年）	3.00	16.00	8.46	2.88
培训资本（种）	0	6.00	0.97	1.22
营养与食品投资（千克）	22.87	45.94	35.32	5.66
医疗保健投资（百元）	0.79	2.81	1.94	0.46
衣着投资（百元）	0.87	2.51	1.80	0.36
学习意愿	1.00	4.00	1.68	0.93
学习时间	1.00	6.00	2.86	1.69
学习渠道（种）	0	6.00	2.90	1.46

续表

测量指标	最小值	最大值	平均值	标准差
收入水平（百元）	23.74	65.61	39.03	8.02
消费水平（百元）	19.14	47.86	30.00	5.08
居住条件（百元）	0.21	25.51	12.40	7.68

四、实证结果

（一）变量的相关检验

知识资本、健康资本、农民学习和农民绩效四个潜变量的均值、标准差和相关系数如表 4 所示。农民的知识资本与农民绩效显著相关（$\gamma = 0.260$，$p < 0.01$）；农民健康资本与农民绩效显著相关（$\gamma = 0.474$，$p < 0.01$）。假设 I 和假设 II 得到支持和验证。按照本文对农民人力资本的操作化定义，农民的知识资本和健康资本代表其人力资本水平，上述两个变量均与农民绩效显著相关，这和已有的人力资本理论的结论相吻合（Schultz，1961；Denison，1962；Lucas，1988；Romer，1990）。

表 4 四个变量的均值、标准差及相关关系

变量	均值	标准差	知识资本	健康资本	农民学习
知识资本	4.72	1.67	1		
健康资本	13.02	1.87	0.168**	1	
农民学习	2.48	0.74	0.080	0.047	1
农民绩效	27.14	5.70	0.260**	0.474**	(0.06)

注：n=514；**p<0.01。

（二）中介变量的检验

为了验证农民学习对农民知识资本及农民绩效的中介作用，本研究构建了五个模型。模型 I 是部分中介作用模型，模型 II 为完全中介作用模型，模型 III、模型 IV、模型 V 均为无中介模型（如表 5 所示），从 CFI、GFI、TLI、IFI 这四个拟合指标来看，五个模型均拟合程度较好。从 RESEA 指标来看，模型 V 拟合不满足阈值（RESEA = 0.107 > 0.10），因此，我们拒绝模型 V，而模型 I、模型 II、模型 III、模型 IV 的 RESEA（$0.088 \leqslant RESEA \leqslant 0.096$）略高于可接受阈值 0.08，但一般只要 RESEA ≤ 0.10 都认为模型是尚可接受的（Kelloway，1998；陈永霞，2006；张伟雄，2008；荣泰生，2009）。从 AIC 拟合指标来

看，模型Ⅰ的拟合要略优于模型Ⅱ、模型Ⅲ、模型Ⅳ，因此，我们接受模型Ⅰ，即农民学习对农民知识资本及农民绩效的部分中介作用模型拟合最优。

表5   五种结构方程模型间的比较

	结构模型	卡方	df	GFI	RESEA	CFI	TLI	IFI	AIC
Ⅰ	部分中介作用模型 KC→FL→FP 和 KC→FP、KC×HC→FP	180	36	0.949	0.088	0.965	0.936	0.965	263.95
Ⅱ	完全中介作用模型 KC→FL→FP 和 KC×HC→FP	184.88	37	0.984	0.088	0.964	0.936	0.964	266.88
Ⅲ	无中介作用模型A KC→FL 和 KC→FP、KC×HC→FP	213.57	37	0.94	0.096	0.957	0.936	0.964	295.57
Ⅳ	无中介作用模型B FL→FP 和 KC→FP、KC×HC→FP	200.02	37	0.945	0.093	0.961	0.93	0.961	282.02
Ⅴ	无中介作用模型C KC→FP、KC×HC→FP	83.01	12	0.968	0.107	0.982	0.947	0.982	149.008

注：KC 表示知识资本，FL 表示农民学习，HC 表示健康资本，KC×HC 表示新构建的调节变量，FP 表示农民绩效。

在模型Ⅰ中，农民的知识资本对农民绩效的 $\gamma = 0.142$（$p = 0.011$），农民健康资本对农民绩效的 $\gamma = 0.591$（$p < 0.001$），农民知识资本对农民学习的 $\gamma = 0.447$（$p = 0.023$），这表明农民的知识资本对农民学习具有显著的正向影响作用，这验证和支持了本研究假设Ⅲ；农民学习对农民绩效的 $\beta = 0.062$（$p = 0.055$），这表明农民学习对农民绩效也具有正向影响作用，这验证和支持了本研究假设Ⅳ。

（三）调节变量的作用

从模型Ⅰ可以看出，农民的健康资本与农民绩效呈正相关（$\gamma = 0.591$，$p < 0.001$），对于其调节作用，农民知识资本与农民健康资本的交互作用项"知识资本×健康资本"与农民绩效的 $\gamma = -0.065$（$p = 0.092$），在 $p < 0.1$ 的水平上显著，如图2所示。

为了进一步衡量农民健康资本对农民知识资本与农民绩效的调节作用，作者以均值加减一个标准差所得的值为标准，将农民健康资本分为高健康资本和低健康资本两个组（Aiken，West，1991；杜旌，2009），调节作用如图3所示。在农民高健康资本水平下，农民的知识资本越多，农民绩效越高，由此证明假设Ⅱ—1的成立；而在农民低健康资本水平下，农民的知识资本对农民绩效的影响并不显著，由此证明假设Ⅱ—2不成立。

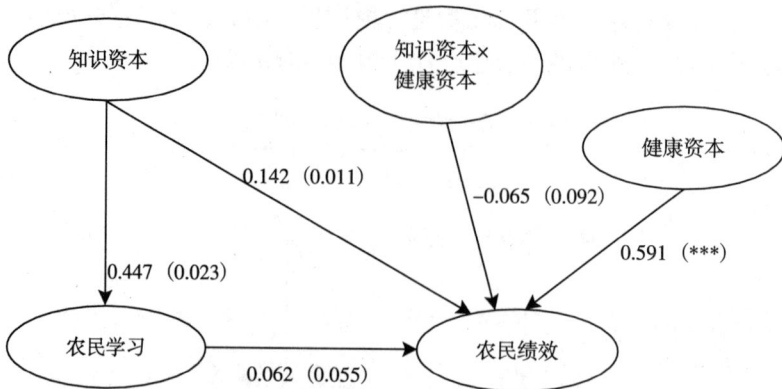

图2　模型Ⅰ：部分中介作用路径

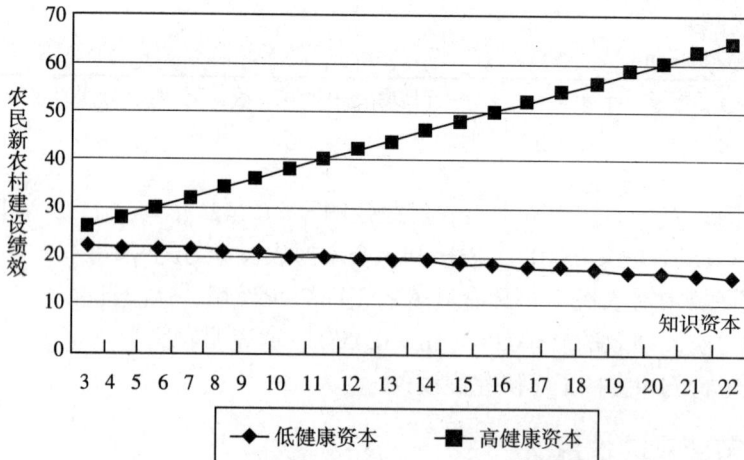

图3　健康资本对知识资本与农民绩效的调节

五、结论与解释、建议、展望

（一）研究结论与解释

本研究运用作者组织的农村入户调查的数据及相应的官方统计数据，探究了我国农民的人力资本、农民学习及农民绩效之间的作用路径，其研究结论与解释如下。农民的知识资本和健康资本均与农民绩效具有正作用关系。这一研究结果支持和验证了人力资本理论在我国新农村建设中实施农民人力资本开发的适用性。因此，加强对农村人力资源的开发，提高农民的人力资本存量，能够有效地提高农民绩效（周晓等，2003；钱雪亚，

2000)。在我国新农村建设中，新型农民开发是不断推进新型农村建设的有效途径（史振厚，2006；李建民等，2007）。

农民的健康资本在农民知识资本与农民绩效之间具有显著的调节作用。农民的知识资本与农民绩效具有显著相关关系，但是这种相关关系受到农民健康资本的调节，如果农民的健康资本较低，那么农民知识资本对其农村建设绩效的作用不显著；如果农民健康资本较高，农民知识资本与农民绩效则呈现显著的相关关系。本研究结果表明，农民健康资本对于农民绩效的重要性，更是农民知识资本发挥贡献作用的基础。

农民学习对农民绩效具有一定的正作用关系，对新型农民的培育和开发成为我国当前新农村建设的重要工作之一。在本研究的调研中，作者对农民学习主要从农民对学习的意愿、时间和渠道等进行调研。农民学习与农民绩效之间具有相关关系，但本研究显示出这种关系较弱，这与我国农村目前的现实情况相一致，即在广大农村地区还存在农民的学习兴趣不够高、农村学习氛围不够浓厚，农民学习渠道或培训农民体系不够健全，因此，农民学习对农民绩效的效应还不能完全发挥或体现出来。

总之，本研究所检验的路径模型是对当前我国农民知识资本和健康资本、农民学习及农民绩效关系实证的尝试。本研究结果表明，实施新农村建设战略的有效途径在于：提高农民的知识资本和健康资本、农民学习水平以此提高农民的绩效，最终实现农民自身收入水平、生活水平的提高以及居住条件的改善。

（二）对策建议

本研究验证了我国农民的知识资本、健康资本、农民学习对农民绩效的作用路径关系。针对以上研究结论，作者提出如下政策与建议：

1. 重视对农民的人力资源开发，进一步加大农民的教育和培训投入力度

农民的知识资本对农民绩效具有显著影响作用。新农村建设的主体是农民，农民也是最终的受益者（叶敬忠，2006），毫无疑问，重视对农民的人力资源开发，进一步加大农民的教育和培训投入力度，是实施我国新农村建设战略的重要途径。随着我国经济的发展和社会的进步，我国的农村教育事业取得了很大的成就。农村基本普及九年义务教育，文盲率逐渐减低，近年来我国的义务教育基本实现了免学杂费，这大大降低了居民家庭特别是农村家庭的教育支出，从而降低了农村家庭的经济负担。但是当前我国农村教育仍然呈现结构上不平衡状态：一是我国的教育支出占 GDP 比重仍然偏低；二是我国城乡间的教育存在"鸿沟"。实施新型农民开发就是要提高我国农村人力资源质量，而农村人力资源质量的提高的关键又在于农村的教育发展水平。针对当前我国农村人力资源质量难以适应新农村建设任务需要的现状，必须大力发展农村教育，加大对新农民培训或培养投入力度，提高农民的综合素质，推动农村经济和社会发展。

2. 提高农民的医疗卫生水平，加快农村社会保障制度建设进程

农民高的健康资本对农民知识资本及其绩效具有更显著的调节作用关系。就我国目前的现状而言，农民的医疗卫生水平则是提高农民健康资本的重要因素。一方面，要提高我

国农民的医疗水平，就必须完善农村卫生医疗的硬件和软件建设，而完善农村医疗卫生服务硬件建设的关键在于健全我国农村医疗卫生服务机构的布局，提升农村医疗设备的质量，同时，逐步完善农村卫生医疗的软件建设，吸引优秀卫生医疗人才服务于新农村建设，并要加强农村医生的专业技能培训；另一方面，完善农村社会保障制度是提升农民健康资本的关键。一是要加强农村合作医疗制度，保证农民获得更好的医疗保障，做到"病有所医"。①完善农村合作医疗的筹资机制和保值增值机制，继续扩大新型农村合作医疗制度的覆盖范围和保障力度，逐步提高新型农村合作医疗制度的统筹水平。二是逐步建立我国农村养老保险制度，积极推进试点，稳步扩大推广，最终形成农民养老的制度保障体系。②三是建立农村最低生活保障制度。农村最低生活保障制度是保障贫困农民生存权和健康权的最后一道保障，也是社会保障制度的基本组成部分。加强农村最低生活保障制度建设，不仅要加大财政投入，提高保障水平，还要进行"造血式"扶贫，使更多的农民通过发展来摆脱贫困。③

3. 加强农村学习氛围的营造，促进"学习型"新农村的建设

农民学习对农民的绩效具有一定的正向作用关系。提升农民学习水平有利于农民提升绩效。在激发农民的学习兴趣的同时，还应在农村学习营造学习氛围，进一步丰富农民学习或培训渠道或方法，完善农民培训体系，为此，要进一步加强农村精神文明建设，提高农民的思想道德素质，树立与现代文明相适应的思想观念，促进学习型新农村的建设。一是要抓住新农村建设的契机，不仅要大力建设农村的物质文明，也要建设农村的精神文明，提高农民的科学文化素质和思想道德素质。重视农民的思想道德教育，要用先进的、科学的、民主的、文明的思想去战胜落后的、腐朽的封建思想残余；应加强农村文化建设，就是要完善文化传播体系，丰富农村文化，用先进的文化传播去填补文化贫瘠。二是加强基层党组织的战斗堡垒作用和"致富能人"的带头模范作用，引导农民自觉地学习和发展。三是促进农村学习风气，培养农民自我学习的习惯，例如通过送知识下乡，筹建农民图书馆等措施来促使农民不断地自我提升。

（三）局限性与展望

本研究的样本抽样分布不完全平衡。由于我国农村地区发展水平相差较大，数据抽样

①2003 年我国启动新型农村合作医疗制度试点，截至 2007 年 6 月，合作医疗参保人数占全国农业人口的 82.83%。新华网：2008 年新型农村合作医疗制度基本覆盖全国，http://www.china.com.cn/news/2007-09/05/content_8804963.htm。
② 我国长期以来依托家庭为单位来养老，在老龄化日益严重以及"计划生育"政策执行下的今天，以家庭为单位的养老方式也面临着很多压力，因此，建立农村地区的养老保险制度不仅是农民的健康保障，而且是农村社会发展的必然选择。2009 年 8 月，国务院常务会议研究了关于新型农村社会养老保险试点工作的指导意见，决定从 2009 年下半年开始进行试点工作。
③ 我国部分农村地区仍然没有脱贫致富，因此最低生活保障制度的建立和发展有着深刻的现实意义。我国在 2007 年全面建立农村最低生活保障制度，3451.9 万农村居民纳入了保障的范围。随着国家财政实力的不断增加，最低生活保障的财政投入也会逐步加强，最低生活保障水平逐步提高。

的科学性和代表性是当前农村问题研究的主要障碍。本研究受限于研究者的社会资源网络和影响力，尽管在组织去农村入户调研时，作者注重了东部、中部、西部等区域样本的结构，但总体来看，中部地区的样本最多，西部地区的样本其次，东部地区的样本最少。不过因本研究的样本量较大，样本分布不平衡的缺陷得到一定的改善。

本研究为了更加客观地评价农民的相关经济数据和健康数据，作者选用了省际官方统计数据的人均值代替农民个人的报告值，虽然避免了研究的规范性答案和同源误差，但是也会一定程度上影响数据的精确性。

未来的研究中，应该平衡我国地区间样本的数量，以更科学和全面地衡量我国新农村建设发展的状况，同时，在调查时可以考虑采取第三方评价的配对研究，即部分数据由农民自我报告，而部分数据由熟悉该农民的邻居或者村干部来报告，这样既采取了第三方评价，避免了同源误差，又较好地减少了使用统计数据的误差，但是这种方法难度会相对更高。

参考文献

[1] Aiken, L. S., West, S. G., 1991, Multiple Regression: Testing and Interpreting Interactions, Sage: Newbury Park, CA.

[2] Barry K. Goodwin, Allen M. Featherstone, Kimberly Zeuli, Aug., 2002, "Producer Experience, Learning by Doing and Yield Performance", American Journal of Agricultural Economics, Vol. 84, No. 3, pp. 660-678.

[3] Becker, Gary S., 1964, Human Capital, A Theoretical and Empirical Analysis, with Special Reference to Education, New York: Columbia University Press.

[4] David Kember, Qun Wang Jamieson, Mike Pomfret, Eric T. T. Wong, Apr., 1995, "Learning Approaches, Study Time and Academic Performance", Higher Education, Vol. 29, No. 3, pp. 329-343.

[5] Duncan Thomas1 & Elizabeth Frankenberg, 2002, "Health, Nutrition and Prosperity: A Microeconomic Perspective", Bulletin of the World Health Organzation, 80 (2), pp.116-113.

[6] E. Kevin Kelloway, 1998, Using LISREL for Structural Equation Modeling: A Researcher's Guide, SAGE Publication, Inc., USA, p.27.

[7] Edward F. Denison, 1962, "How to Raise the High-Employment Growth Rate by One Percentage Point How to Raise the High-Employment Growth Rate by One Percentage Point", The American Economic Review, Vol. 52, No. 2, pp. 67-75.

[8] Edwin A. Locke and Judith F. Bryan, Sep., 1966, "The Effects of Goal-Setting, Rule-Learning, and Knowledge of Score on Performance", The American Journal of Psychology, Vol. 79, No. 3, pp. 451-457.

[9] Gary S. Becker and Robert J. Barro, 1988, "A Reformulation of the Economic Theory of Fertility", The Quarterly Journal of Economics, Vol. 103, No. 1, pp. 1-25.

[10] Grossman, M., 1972, "On the Concept of Health Capital and the Demand for Health", Journal of Political Economy, Vol.80, pp.223-255.

[11] Grossman, M., 1999, The Human Capital Model of the Demand for Health NBER Working Paper Series, http://www.nber.org .

［12］Hill, W. F., 2002, "Learning: A Survey of Psychological Interpretation (7th ed)", Allyn and Bacon, Boston, MA.

［13］Joseph M. Phillips, 1994, "Farmer Education and Farmer Efficiency: A Meta-Analysis", Economic Development and Cultural Change, Vol. 43, No.1, pp. 149–165.

［14］Jules N. Pretty, 1999, "Regenerating Agriculture: Policies and Practices for Sustainability and Self-reliance", London: Earthscan Publications, p.108.

［15］Lucas, R. E., 1988, "On the Mechanics of Economic Development", Journal of Monetary Economics, Vol. 22, pp.3–42.

［16］Lutz, Ernst and Michael Young, 1992, "Integration of Environmental Concerns into Agricultural Policies of Industrial and Developing Countries", World Development, 20, pp.241–253.

［17］Marlaine E. Lockheed, T. Jamison, Lawrence J. Lau, 1980, "Farmer Education and Farm Efficiency: A Survey", Economic Development and Cultural Change, Vol. 29, No.1, pp. 37–47.

［18］Mushkin, S. J., 1962, "Health as an Investment", Journal of Political Economy, Vol.70, pp.129–157.

［19］Nancy Grudens-Schuck, 2000, "Conflict and Engagement: An Empirical Study of a Farmer-Extension Partnership in a Sustainable Agriculture Program", Journal of Agricultural and Environmental Ethics, Guelph Vol.13, Iss 1, p.79.

［20］Paul M. Romer, 1990, "Endogenous Technological Change Endogenous Technological Change", The Journal of Political Economy, Vol. 98, No. 5, pp. S71–S102.

［21］Pierce John T., 1993, "Agriculture, Sustainability and the Imperatives of Policy Reform", Geoforum, 24, pp.381–396.

［22］Rivera, William M. Jan-Feb, 1995, "Human Resource Development in the Agriculture Sector: Three Levels of Need", International Journal of Lifelong Education, Vol. 14 No. 1, pp.65–73.

［23］Schultz, T. P., 1999, "Health and Schooling Investment in Africa", Journal of Economic Perspectives, 13 (3), pp.67–88.

［24］Schultz, T. P., 2002, "Productivity Benefit of Improving Health: Evidence from Low-income Countries", Economic Growth Center Discussion Paper, Yale University, 80 (2), pp.106–113.

［25］Stephen Leahy, 2006, Development: Want to Save the World? Go Organic, Global Information Network, New York: Dec. 18, p.1

［26］Theodore W. Schultz, 1961, "Investment in Human Capital", The American Economic Review, Vol. 51, No. 1, pp. 1–17.

［27］Theodore W. Schultz, 1975, "The Value of the Ability to Deal with Disequilibria", Journal of Economic Literature, 13, pp.872–876.

［28］Van Crowder, L., 1997, "Women in Agricultural Education and Extension", FAO, Rome (Italy), Research, Extension and Training Div.

［29］Weiner, B., 1990, "History of Motivational Research in Education", Journal of Education Psychology, 82 (4), pp.616–622.

［30］Zon, A. H. van and J. Muysken, 2001, "Health and Endogenous Growth", Journal of Health Economics, 20, pp.169–185.

［31］白菊红、袁飞:《农民收入水平与农村人力资本关系分析》,《农业技术经济》, 2003 年第 1 期。

[32] 陈国权、李兰：《中国企业领导者个人学习能力对组织创新成效和绩效影响研究》，《管理学报》，2009 年第 5 期。

[33] 陈华宁：《我国农民科技培训分析》，《农业经济问题》，2007 年第 1 期。

[34] 陈永霞等：《变革型领导、心理授权与员工的组织承诺：中国情景下的实证研究》，《管理世界》，2006 年第 1 期。

[35] 杜旌：《绩效工资：一把双刃剑》，《南开管理评论》，2009 年第 3 期。

[36] 韩俊：《中国改革开放 30 周年》（农村经济卷），重庆大学出版社，2008 年。

[37] 姜长云：《对建设社会主义新农村的几点认识》，《农业经济问题》，2006 年第 6 期。

[38] 姜长云：《农民的培训需求和培训模式研究》，《调研世界》，2005 年第 9 期。

[39] 李谷成、冯中朝、范丽霞：《教育、健康与农民收入增长——来自转型期湖北省农村的证据》，《中国农村经济》，2006 年第 1 期。

[40] 李建民、张士斌：《农村人力资本投资和社会主义新农村建设》，《河北大学学报（哲学社会科学版）》，2007 年第 3 期。

[41] 刘国恩、William H. Dow、傅正泓、John Akin：《中国的健康人力资本与收入增长》，《经济学（季刊）》，2004 年第 4 卷第 1 期。

[42] 刘智元：《农业推广教育中农民文化程度对其学习品质的影响》，《职业技术教育》，2008 年第 22 期。

[43] 荣泰生：《AMOS 与研究方法》，重庆大学出版社，2009 年。

[44] 沈利生、朱运法：《人力资本与经济增长分析》，社会科学文献出版社，1992 年。

[45] 史振厚：《农村人力资源开发和新型农民培训》，《华东经济管理》，2006 年第 8 期。

[46] 孙敬水、董亚娟：《人力资本与农业经济增长：基于中国农村的 Panel Data 模型分析》，《农业经济问题》，2006 年第 12 期。

[47] 唐平：《我国农村居民收入水平及差异研析》，《管理世界》，1995 年第 2 期。

[48] 王弟海、龚六堂、李宏毅：《健康人力资本、健康投资和经济增长——以中国跨省数据为例》，《管理世界》，2008 年第 3 期。

[49] 王姮、汪三贵：《教育对中国农村地区收入差距的影响分析》，《农业技术经济》，2006 年第 2 期。

[50] 王伟等：《论社会主义和谐新农村建设的路径选择》，《河北农业大学学报（农林教育版）》，2007 年 9 月。

[51] 王伟光：《正确认识新农村建设的"二十字"目标》，《半月谈》，2006 年第8 期。

[52] 魏众：《健康对非农就业及其工资决定的影响》，《经济研究》，2004 年第 2 期。

[53] 温忠麟、侯杰泰、张雷：《调节效应与中介效应的比较和应用》，《心理学报》，2005 年第 2 期。

[54] 辛岭、王艳华：《农民受教育水平与农民收入关系的实证研究》，《中国农村经济》，2007 年专刊。

[55] 徐金海、蒋乃华：《新型农民培训工程实施绩效分析——基于扬州市的调查》，《农业经济问题》，2009 年第 2 期。

[56] 严书翰：《建设社会主义新农村关键在人》，《光明日报》，2006 年 4 月 14 日。

[57] 杨建芳、龚六堂、张庆华：《人力资本形成及其对经济增长的影响——一个包含教育和健康投入的内生增长模型及其检验》，《管理世界》，2006 年第 5 期。

[58] 叶敬忠：《农民视角的新农村建设》，社会科学文献出版社，2006 年。

[59] 张车伟：《营养、健康与效率——来自中国贫困农村的证据》，《经济研究》，2003 年第 1 期。

[60] 陈晓萍、徐淑英、樊景立：《组织与管理研究的实证方法》，北京大学出版社，2008 年。

[61] 张艳华、李秉龙：《人力资本对农民非农收入影响的实证分析》,《中国农村观察》，2006 年第 6 期。

[62] 赵忠：《我国农村人口的健康状况及影响因素》,《管理世界》，2008 年第 3 期。

[63] 周晓、朱农：《论人力资本对中国农村经济增长的作用》,《中国人口科学》，2003 年第 6 期。

[64] 周逸先、崔玉平：《农村劳动力受教育与就业及家庭收入的相关分析》,《中国农村经济》，2001 年第 4 期。

[65] 朱玲：《健康投资与人力资本理论》,《经济学动态》，2002 年第 8 期。

Empirical Research on Farmers Human Capital, Farmers Learning and their Performance

Abstract: Many researchers verified the positive role of human capital to promote the development of rural areas and farmers through the model and mathematical calculations, however, how farmers' human capital affect farmers' performance is very uncommon. This paper using rural household survey data and official statistics data to establish structural function model of human capital, farmers learning and their performance. The results showed that farmers' knowledge capital had positive effect on their performance; their health capital didn't only play a distinct role for the farmers' performance, but also play a regulatory role in the farmers' knowledge capital and farmers' performance; the farmers learning played an intermediary role between the knowledge and performance. The empirical results indicated that effective ways to implement China's new rural construction and improve farmers' performance are improving farmers' knowledge and health capital and their learning level to improve their performance, in order to realizing the improvement of farmers' income levels, living standards and living conditions.

Key words: Human Capital; Knowledge Capital; Health Capital; Farmers Learning; Farmers' Performance

企业规模对职工工资的影响：来自中国竞争性劳动力市场的证据 *

【摘　要】 本文使用在浙江省收集的企业—职工配对数据研究了国际学术界困惑已久的企业规模对工资的溢价谜题。我们发现，当控制了企业所处的地区、行业和职工的人力资本后，企业的技术效率可以完全解释企业规模对职工工资的正向作用。大企业提供高工资，主要是由于它们拥有高素质的职工和较高的技术效率。与国际上使用发达国家数据的同类文献相比，本文所使用数据的独特性在于两个方面：一是企业与职工的配对，便于控制个人和企业层面的特征；二是在制造业方面，中国的劳动力市场更接近一个竞争性市场，因而更容易识别企业规模对工资的影响。

【关键词】 企业规模；职工工资；技术效率

一、引言

根据经济学的理论，在竞争性劳动力市场上，企业应当按照劳动的边际产出决定工资率，因此同质的劳动力应当面对相同的工资率，与其所在的企业规模无关。但是大量的实证研究却发现，大企业倾向于提供高工资（Brown and Medoff，1989；Dunne and schmitz，1992；Hamermesh，1993；Bronars and Famulari，1997；Oi and Idson，1999；Troske，1999；Agell，2004；Belfield and Wei，2004；Milliment，2005；Lallemand，Plasman，and Rycx，2007；Gibson and Stillman，2009）。由于企业规模不同而导致的工资差异几乎等同于性别之间的工资差异，并且大于工会或种族之间的工资差异（Oi and Idson，1999）。几十年来，这种异质的劳动力市场现象一直困扰着学术界。为解开这个谜题，众多研究者们不断用截面数据或者长时间序列数据进行研究，迄今为止，仍然无法完全解释企业规模的工资溢价问题。已有的研究主要提出以下假说来解释企业规模对工资的正向作用。

＊ 作者简介：陈凌（1966—），浙江大学管理学院教授；李宏彬（1972—），清华大学经济管理学院教授；熊艳艳（1978—），通讯作者，清华大学经济管理学院博士后；周黎安（1966—），北京大学光华管理学院副教授。

首先，从人力资本回报的角度讲，大企业提供高工资是由于它们倾向于雇佣高素质和高技能的职工。一方面，大企业可能更趋于资本密集型，有较高的资本/劳动比率，引进更新的技术和设备，并且进行更多的科学研究和开发，因而它们需要雇佣具有更高教育水平、更高技能和经验的职工，并且支付一个较高的工资率（Hamermesh，1993；Dunne and Schmitz，1995；Bayard and Troske，1999）；另一方面，大企业由于企业科层较多，更倾向于降低监督、甄选和雇佣成本，所以它们更有可能保留能力较强的管理者与训练有素的职工（Brown and Medoff，1989；Velenchik，1997；Oi and Idson，1999）。[1]

其次，从补偿性工资角度讲，大企业提供高工资是对其不理想的工作条件的补偿。大企业可能有更严格的规章制度、更少的自由度、更不具人情味的工作气氛等，因而在大企业工作的职工将得到补偿性工资，即使这些职工的人力资本与小企业的相差无几（Lester，1967；Masters，1969；Brown and Medoff，1989）。但是，很多实证研究都指出，事实上大多数大企业提供更好的工作条件，例如先进设备、额外的福利、更多的工作保障以及理想的晋升阶梯等（Todd Idson，1996；Schaffner，1998；Winter–Ebmer and Zweimuller，1999）；也有研究发现，工作条件与企业规模无关（Oi and Idson，1999；Agell，2004）。

最后，从支付能力角度讲，大企业具有更强的支付能力，而且倾向于提供高工资以降低职工的怠工（Brown and Medoff，1989；Schaffner，1998）。大企业往往生命力较强，较易形成规模生产，在产品市场上占有一席之地甚至处于垄断地位，而且在资金供给方面的约束也相对小企业要小些，这些都能为大企业带来较多的超额利润，从而使得他们有能力将超额利润的一部分分配给职工，以将职工的努力程度提高到一个最优的水平（Brown and Medoff，1989；Troske，1999）。然而，有的实证研究则发现，垄断企业虽然与其职工分享超额利润，但这和企业的规模无关（Troske，1999）。

此外还有一些制度因素的解释。大企业提供高工资可能是为了避免形成工会组织或者遵循最低工资法。大企业的所有者和管理者可能宁可提高职工工资以避免他们参加工会，也不愿意看到雇员们联合在一起，日益增强谈判能力。另外，大企业可能更受最低工资立法的约束，不得不将职工的工资提升到最低工资水平以上（Brown and Medoff，1997；Schaffner，1998）。

但是上述各种假说至多只能解释企业规模对工资溢价的一部分，没有一个能完全解开规模溢价的谜题。而且，在这些研究中，尤其是在发达国家的一些实证研究中，主要存在以下两个方面的问题：

第一，以往实证研究中的数据来源于非竞争性或竞争性较弱的劳动力市场。经济学理论中所述及的"同质的劳动力面对相同的工资率"有一个核心的前提假设，即企业面对的是一个竞争性的劳动力市场。但是，以往的大多数研究不满足这个假设条件，它们的数据

---

① 当然，在实证分析中，可能会遇到自选择偏差问题（Self-selection Bias），因为能力强的职工可能会选择进入大企业，这会导致企业规模对工资的作用被高估（Oi and Idson，1999）。但是，Idson and Feasler（1990）利用职工随机分布于不同企业规模的样本做研究，结果发现估计出的企业规模对工资的作用反而更大。

往往来自工会力量较强或者较为严格执行最低工资立法的劳动力市场。工会组织会对劳动力市场产生一个溢出效应。通常，工会组织具有较强的谈判能力，能迫使雇主提供高于市场出清的工资率，这将同时影响工会部门和非工会部门的工资和雇佣情况。举例来说，一个工会通过强有力的谈判提高了工会会员当前的工资率，那么根据这个新的工资率，雇主为了保证企业利润，就会解雇一些职工，缩小企业规模。而这些被解雇的职工很有可能会到没有工会组织的部门去寻找工作，从而造成非工会部门的超额劳动供给，并迫使该部门工资率降低以达到新的市场均衡（Ehrenberg and Smith，1997）。因此，在整个劳动力市场上，职工的工资率和企业规模将同时受工会行为的影响。同样地，另一个违背竞争性劳动力市场假设的因素是在很多国家制定并严格实行的最低工资立法。这条法规也将同时影响工资率和企业人数。在执行最低工资法规的部门，该法规提高了低技能职工的工资，那么企业将根据新的工资率重新决定一个雇佣规模。同样地，被辞退的劳动力可能会到没有或不严格执行这项法规的部门去寻求工作机会，超额的劳动供给便会降低该部门的工资率（Ehrenberg and Smith，1997）。因此，任何劳动工会行为和最低工资法规的改变，都将影响劳动需求和劳动供给，并导致异质的劳动力市场现象。实证研究中，如果研究者从这样的劳动力市场上获取数据，那么职工的小时工资和以雇佣人数来衡量的企业规模将同时受劳动工会以及最低立法的影响，得出的估计结果是有偏的。所以，在本文中，我们将更加重视在满足经济学理论假设前提的情况下，选择中国的竞争性劳动力市场来进行研究。

第二，以往实证研究中的数据信息不全。企业间的工资差异说明小时工资应当由职工的个人特征和企业特征共同决定。但是，大多数已有的实证研究所使用的数据，要么仅有职工的个人特征，要么仅有企业特征，很少包含了企业—职工配对的信息（Troske，1999）。尽管 Troske（1999）努力将美国职工调查和制造业调查合成一个配对数据，但是这个数据是在美国的劳动力市场上收集而来的，受强大的劳动工会和所执行的最低工资立法的影响，其估计结果有偏。所以，本文将使用 2003 年在浙江省收集的企业—职工配对数据，同时控制职工的个人特征和企业特征，进而解释规模溢价现象。

我们首先对由职工所组成的竞争性劳动力市场上的样本做回归分析，结果发现，当我们控制了职工的人力资本、行业和地区后，企业的技术效率可以完全解释企业规模对职工工资的溢价现象。同时，为了做比较，我们又对由管理者所组成的非竞争性劳动力市场上的样本做了同样的回归分析，结果则有所不同。当我们控制了企业的技术效率，管理者的人力资本，企业所处的行业和地区后，仍有很大一部分企业规模对工资的溢价无法解释，由此说明遵循理论假设解释该谜题的重要性和必要性。此外，我们的结果还表明，资本/劳动比率和企业支付能力都不能解释企业规模对工资的溢价，而且事实上，它们和企业规模有负相关关系。本文的内容安排如下：第二部分简单介绍了中国的劳动力市场；第三部分描述调研数据，计量模型和方法；第四部分给出估计结果和相应的解释；最后一部分是结论。

二、中国劳动力市场概述

1978 年以前，在计划经济时代，中国没有传统意义上的劳动力市场。在城镇地区，劳动用工机制僵化，劳动力被指派到某个特定的岗位上。劳动力的工资是由中央政府决定，与他们的劳动生产率和人力资本无关。在农村地区，有限的耕地面积和不断增长的农村人口使得农村的劳动边际产品不断下降，甚至为零。此外，严格的户籍制度阻碍了农村剩余劳动力向城市的转移。虽然在 20 世纪 70 年代初出现的一些早期村办工厂，吸收了部分农村的剩余劳动力，但是这些工厂仍然没有做决定的自主权，包括制定工资和决定雇佣规模。从 1983 年起，城镇国有和集体企业不再实行终生雇佣制，而是开始实行劳动合同制；企业拥有了一定的自主权，可在一定范围内调整其工资总额，引进奖金制度和其他的物质激励，以提升职工的工作努力程度。所以，职工所得与他们的能力和工作表现开始挂钩。此外，城市职工也可以在企业间调换工作，城镇劳动力市场上开始有了一定的流动性。在农村地区，引进家庭联产承包责任制后，农业劳动生产率大幅提高，这导致了更多的劳动边际产品为零的剩余劳动力，造成农村地区过剩的劳动力供给。乡镇企业的出现和发展吸收了部分农村的剩余劳动力，它们比国有企业拥有更具弹性的用工政策，更趋于根据劳动力的边际产品决定工资水平。

户籍制度的改革从完全禁止农村人口迁移到城镇，发展为允许部分农村人口缴纳行政费用后迁移到城镇，为城镇劳动力市场注入了流动性。2001 年末，一些小城镇的户籍制度已经向所有来自农村地区的人口开放，只要他们在城镇拥有一份稳定的工作就可以获得户口。同时，如果这些迁移到城镇的农村人口愿意，他们还可以保留管理他们农村耕地的权利。此外，为鼓励农村人口离开土地工作，政府还实行了更多减少企业雇佣农村劳动力的行政限制，消除不合理的税费。这些政策加快了农村劳动力向城镇的转移，向城镇劳动力市场输入了大量的农村剩余劳动力。

逐渐地，随着不断增强的劳动力流动性和更多市场化导向的改革，中国劳动力市场出现了分层现象。根据 Reich、Gordon and Edwards（1973）的理论，劳动力市场有次级与高级之分。在次级劳动力市场上，劳动力通常拥有较低的技能，很少的工作晋升机会，不稳定的工作和工资。在中国的情境下，位于这种市场上的劳动力主要包括国有企业下岗人员和农民工。自 20 世纪 90 年代国有企业改制以来，数以万计的低技能人员下岗失业。1997~2003 年，超过 2800 万的人被迫离开国有企业寻找新工作，为城镇劳动力市场提供了大量的劳动供给。同时，有将近 1.5 亿的农村劳动力涌入城镇地区，他们的技能低，收入也低（莫荣，2004）。农民工的流动性较大，当经济发展迅速的时候，城镇地区出现大量的工作机会，农村人口便会离开他们的土地，进入城镇劳动力市场工作，虽然他们的工资很低，但是仍高于农业收入。当一些企业面临困境必须裁员的时候，农民工首当其冲，他们于是可能迁移到别的城市寻找工作机会，或者返回农村地区继续从事农业生产。所以，在以低技能下岗人员和农民工组成的劳动力市场中，劳动力流动性较强，劳动供给通常大于劳动需求。企业雇主比较容易在劳动力市场上找到拥有与他们辞退或者辞职人员相同技能的劳动力，并按照市场出清的价格决定这些劳动力的工资。因而这样的劳动力市场相对具有竞争性。

在高级劳动力市场中，劳动力通常拥有稳定的工作，相对较高的收入和晋升机会（Reich，Gordon and Edwards，1973）。通常，高技能职工和企业管理者处于这样的劳动力市场中。一方面，随着技术的不断进步，对高教育高技能劳动力的需求与日俱增，而直到2003年，中国高技能劳动力仅占劳动力总数的4%，还远不能满足经济发展的需要（莫荣，2004）；另一方面，企业管理者的能力和作用日益变得重要，需要对企业的发展、生产、营销、投资、奖酬制度、雇佣政策等各环节做出关键性的决策。一个有能力的管理者可以为企业带来高业绩和高利润。这些劳动力通常具有对企业发展起到关键作用但又相对稀缺的特殊才能或是企业家精神。所以，由这些劳动力所组成的劳动力市场，流动性相对较低，劳动供给小于劳动需求，缺乏竞争性。

此外，虽然中国也有工会组织，但是它们的谈判能力很弱，以至于对企业的雇佣或工资制度不起作用。2000年，劳动和社会保障部颁布了《关于工资集体协商暂行规定》，第二年又修改了《工资法》，进一步修改了关于集体谈判和集体合同的相关条例（莫荣，2004）。这两项举措都为了提升中国工会组织的谈判能力，以期待它们能像发达国家的工会组织一样，为工会成员获取更好的福利和更高的工资。但是，这些条例在全国执行得并不理想，工会组织仍旧难以代表广大会员职工（莫荣，2004）。因而，在中国，工资受工会组织的影响很小。1993年，劳动部制定了《企业工资最低标准》，中国各省份根据当地生活标准分别制定各自的最低工资。但是，由于缺少地方劳动部门的严格监管，企业事实上很少执行最低工资条例。而且，劳动力市场上还有大量的待业人员等待就业，企业没有动机提高现行的工资水平。所以，在我们的数据截止到2003年之前，中国的最低工资条例难以影响市场上的工资。

综上所述，中国劳动力市场上的这些特征有助于我们克服以往研究中的问题，在基本满足理论假设的前提下，估计竞争性劳动力市场上企业规模对工资的影响作用，以理解规模溢价谜题。

三、数据和估计模型

（一）数据

本文所使用的数据来自 2003 年在浙江省开展的一项大规模企业调研，是一套企业—管理者—职工配对的截面数据，包括 6 个制造业行业、9 个市县，共 311 家企业、653 名企业管理人员和 606 名职工。[①]调研采用访谈与问卷相结合的方式，由调研员直接进入样本企业的办公室或者工作车间，面对面地访问管理者和职工，获取了第一手数据资料。[②]这套数据的一个显著特点是配对，使我们运用同一套数据可以分别估计以职工组成的竞争性劳动力市场和以管理者组成的非竞争性劳动力市场上的企业规模对工资的影响，并且同时控制个人和企业层面的影响因素。该数据中包括了已往研究中不多见的企业基本情况、股权结构、企业一把手的人力资本情况与收入、合同履行情况、政府支持、银企关系、主要产品的销售和客户情况等。此外，还包括了丰富的管理者和职工的信息，包括基本的人口统计信息（包括性别、年龄、婚姻状况等）、教育、工作经验、月工资、奖金、福利、分红、工作合同与条件等。这些信息都将有助于我们控制住以往研究中想控制但没能控制的影响因素。

根据本文的研究需要，去除配对数据中的一些缺失值，我们的样本中总共包括 470 名职工和 481 名管理者，表 1 中分别给出了职工和管理者样本的统计结果。如表 1 所示，职工和管理者样本中的平均企业规模分别为 458 人和 339 人，以对数形式表示的企业规模和标准差在职工样本中为 5.679 和 0.910，在管理者样本中为 5.384 和 0.928。[③]职工的平均工资率为每小时 6 元，平均接受过不到 12 年的教育，平均工作了 13 年。而管理者的平均教育水平较高，工作年限较长，小时工资也是职工的 3 倍之多。第 3 列中报告了职工和管理者样本中各变量均值差异的 t 检验结果。我们发现职工的人力资本变量均值都显著较低，部分反映出他们处于次级劳动力市场上。此外，职工样本中的企业更倾向于资本密集型和具有较高的技术效率，但是这些差异并不很大，不会影响我们的估计结果。

---

① 该企业调研是美国福特基金会中国公共政策研究项目"私有化及其对企业业绩和员工行为的影响：中国国有企业改制的实证研究"课题的一部分。调研涉及竞争性较强的制造业行业，包括服装、纺织、电气机械及器材、化工、机械和其他具有地方性特色的制造业行业。调研地区涵盖了全省贫穷和富裕地区，控制不同的生活水平。

② 职工抽样是分层抽样，按照企业职工总数的固定比例抽取样本职工。除企业一把手以外的管理者是在企业中随机选取，包括分管财务、生产、营销的高级管理者。

③ 平均上讲，本文数据库中的企业规模比已有研究中汇报的其他地区的企业规模稍大些。例如，发展中国家如津巴布韦平均的企业规模为 335 人（Velenchik，1997），发达国家如美国的企业平均规模为 425 人（Troske，1999）。

（二）计量模型

我们从以下基准模型开始，估计企业规模对工资率的影响：

$$\ln wage = \alpha + \lambda\, \ln emp + \beta\, industry + \xi\, region + \mu$$

其中，lnwage 代表小时工资的自然对数形式，小时工资是由月工资除以月工作时间而得；ln emp 表示企业规模的自然对数形式；industry 和 region 分别是行业和地区虚拟变量；μ 是残差项，包括了其他可能影响小时工资但又无法观测的变量，以及在抽样或者建模时造成的测量误差。我们所感兴趣的估计系数是 λ，即企业规模对小时工资的影响作用。

然后，我们在上述回归模型中依次加入个人的和企业的特征，以寻找工资溢价的原因，其模型如下：

$$\ln wage = \alpha + \lambda\, \ln emp + \gamma\, HC + \delta\, FC + \beta\, industry + \xi\, region + \sigma$$

其中，HC 是人力资本向量，包括年龄、性别、教育和工作经历；FC 是企业特征向量，包括技术效率、资本/劳动比率、支付能力、政府支持等；σ 是残差项。

表 1　职工样本和管理者样本的统计性描述

	职工 (1)	管理者 (2)	均值之差 (3) = (1) - (2)
个人特征			
小时工资	6.031 (3.322)	18.201 (41.326)	-13.222*** (1.775)
小时工资的对数	1.685 (0.461)	2.515 (0.724)	-0.831*** (0.037)
年龄	32.285 (9.286)	38.210 (9.324)	-5.389*** (0.546)
性别（男性）	0.630 (0.483)	0.809 (0.394)	-0.177*** (0.025)
受教育年限	11.647 (2.783)	12.952 (2.389)	-1.465*** (0.147)
工作年限	12.754 (9.195)	19.249 (9.573)	-5.872*** (0.547)
企业特征			
企业人数	458.247 (528.283)	339.309 (374.010)	113.928*** (28.577)
企业人数的对数	5.679 (0.910)	5.384 (0.928)	0.318*** (0.55)
资本/劳动比率的对数	1.435 (1.025)	1.336 (1.039)	0.164*** (0.063)
人均利润率的对数	-0.153 (1.405)	-0.112 (1.402)	-0.113 (0.088)
地方政府的工作效率	-2.700 (1.031)	-2.615 (0.979)	-0.052 (0.054)

	职工 (1)	管理者 (2)	均值之差 (3) = (1) - (2)
技术效率	0.594 (0.124)	0.565 (0.112)	0.025** (0.008)
观测值	470	481	—

注：表格报告了均值和标准差（括号内）。第 3 列是对第 1、2 列中均值差异所做的 t 检验；* 表示 10% 的显著性水平，** 表示 5% 的显著性水平，*** 表示 1% 的显著性水平。

四、实证结果

（一）企业规模对工资的总体影响

我们首先根据基准模型，利用最小二乘法，分别在职工样本和管理者样本中估计企业规模对工资的总体效应。如表 2 的第 1 列中所示，职工样本中，企业规模的系数为 0.067，并且在 1% 的显著水平上显著，说明其他条件相同的情况下，规模高于平均值一个标准差之上的企业的职工比规模低于平均值一个标准差以下的企业的职工，工资要高出 12.2%（0.067×0.910×2）。表 3 的第 1 列结果显示，在管理者样本中，企业规模的系数是 0.165，说明企业规模的工资溢价为 30.6%（0.165×0.928×2），是职工的 2.5 倍。[①]

表 2　企业规模对职工小时工资溢价的普通最小二乘法估计（因变量：小时工资的对数）

	职工样本						
	(1)	(2)	(3)	(4)	(5)	(6)	(7)
Ln 企业规模	0.067*** (0.024)	0.076*** (0.024)	0.036* (0.022)	0.039* (0.022)	0.045** (0.021)	0.052** (0.020)	0.029 (0.021)
年龄			−0.006* (0.003)	−0.006 (0.003)	−0.005 (0.003)	−0.006* (0.003)	−0.006* (0.003)
性别（男性）			0.156*** (0.040)	0.155*** (0.039)	0.141*** (0.040)	0.160*** (0.039)	0.145*** (0.039)
受教育年限			0.066*** (0.008)	0.064*** (0.008)	0.065*** (0.007)	0.066*** (0.007)	0.066*** (0.007)
工作年限			0.014*** (0.003)	0.013*** (0.003)	0.014*** (0.003)	0.014*** (0.003)	0.014*** (0.003)
Ln 资本/劳动比率				0.038* (0.021)			

[①] 在以往的研究中，企业规模的系数在 0.028~0.066 之间变化。不同规模的企业间，工资差距为 18%~40%。

	职工样本						
	(1)	(2)	(3)	(4)	(5)	(6)	(7)
Ln 人均利润率					0.043*** (0.014)		
地方政府的工作效率						0.038* (0.020)	
技术效率							0.484*** (0.183)
行业	无	是	是	是	是	是	是
地区	无	是	是	是	是	是	是
样本数	470	470	470	470	470	470	470
R^2	0.02	0.19	0.36	0.37	0.37	0.37	0.37

注：括号中是稳健性标准误差；* 表示10%的显著性水平，** 表示5%的显著性水平，*** 表示1%的显著性水平。

为控制企业的外部经济环境，我们加入行业和地区这两个相对外生的变量。[①] 表2和表3中第2列的结果显示，当我们控制了行业和地区变量后，在两个样本中，企业规模的系数均变大。[②] 这说明企业规模和外部经济环境存在负相关关系，在收入相对较低的行业和地区，企业规模较大，这些企业很可能集中在劳动密集型行业，例如纺织和服装业。

总之，当控制了外部经济环境后，规模高于平均值一个标准差之上的企业对其职工的工资溢价为13.8%，对其管理者则高达31.7%。在下文中，我们将分别控制个人和企业的特征变量，力图解释该显著的规模溢价。

表3　企业规模对管理者小时工资溢价的普通最小二乘法估计（因变量：小时工资的对数）

	管理者样本						
	(1)	(2)	(3)	(4)	(5)	(6)	(7)
Ln 企业规模	0.165*** (0.034)	0.171*** (0.035)	0.145*** (0.036)	0.149*** (0.035)	0.183*** (0.036)	0.164*** (0.035)	0.139*** (0.036)
年龄			0.009 (0.008)	0.009 (0.008)	0.010 (0.008)	0.011 (0.008)	0.009 (0.008)
性别（男性）			0.242*** (0.076)	0.243*** (0.076)	0.229*** (0.076)	0.246*** (0.076)	0.248*** (0.076)
受教育年限			0.059*** (0.014)	0.056*** (0.014)	0.051*** (0.014)	0.057*** (0.014)	0.054*** (0.014)

[①] 加入行业变量，也是检验大企业由于工作条件欠佳而提供补偿性工资的一种常见方法（Brown and Medoff，1989），我们的估计结果部分支持该假说。为进一步检验这个结果的稳健性，我们利用丰富的数据信息，分别加入以下代表工作条件的具体指标：企业中来自外地的职工比例，晋升到中层管理者的职工比例，晋升到高层管理者的职工比例，辞职比例，企业是否提供住房等，结果均不显著。
[②] Wald 检验显示，所有的企业和地区变量联合显著不为零。

续表

| | 管理者样本 | | | | | | |
	(1)	(2)	(3)	(4)	(5)	(6)	(7)
工作年限			−0.006 (0.008)	−0.006 (0.008)	−0.007 (0.008)	−0.007 (0.008)	−0.006 (0.008)
Ln 资本/劳动比率				0.046 (0.034)			
Ln 人均利润率					0.090*** (0.024)		
地方政府的工作效率						0.055* (0.031)	
技术效率							0.825*** (0.300)
行业	无	是	是	是	是	是	是
地区	无	是	是	是	是	是	是
样本数	481	481	481	481	481	481	481
R^2	0.04	0.07	0.12	0.13	0.15	0.13	0.14

注：括号中是稳健性标准误差；* 表示 10%的显著性水平，** 表示 5%的显著性水平，*** 表示 1%的显著性水平。

（二）劳动力素质假说

我们首先检验劳动力素质假说，在回归方程里控制个人的人力资本变量，包括年龄、性别、受教育年限和工作经验。[①] 表 2 中第 3 列的结果显示，当我们控制了职工的人力资本特征后，企业规模的系数从 0.076 下降到 0.036，并且在 10%的显著水平上显著，说明 52.6%的企业规模溢价可以由劳动力素质来解释，即大企业提供高工资，是由于大企业中拥有高素质职工，其人力资本回报相应较高。但是，与以往的研究一样，企业规模的系数仍然显著为正，说明控制了职工的人力资本变量后，仍有一部分企业规模溢价无法解释。

在管理者样本中，如表 3 中第 3 列的结果所示，控制了个人的特征变量后，企业规模的系数从 0.717 降到 0.145，仅下降了 15.2%，说明管理者的人力资本特征只能解释其规模工资溢价的一小部分，仍有很大一部分显著的规模溢价有待解释。[②]

（三）资本/劳动比率假说

接下来，我们检验资本劳动互补假说（劳动力素质假说的一部分），即大企业具有较

① 还有其他可能影响小时工资的人力资本变量，例如健康、父母的教育水平和收入、孩子数量、配偶的收入等。但是，这些变量与企业规模不相关，所以省略这些变量不会使我们的估计结果有偏。此外，我们曾加入职工的职位虚拟变量，但估计结果均不显著，因此未在本文中做详细报告。

② 为检验劳动力素质假说，我们在回归分析中还曾分别利用以下变量：企业中技术职工的比例，具有大学及以上学历的职工比例，具有大学及以上学历的中层以上管理者的比例，但是结果均不显著，因此未在本文中汇报。

先进的机器和设备，具有较尖端的技术，这些都需要有高技能的职工与之相匹配。我们将企业总资本除以企业人数后得出这一比率，并在估计中使用它的对数形式。如表2的第4列结果所示，资本/劳动比率的系数显著为正，说明越是资本密集型的企业，其职工的工资就越高。但是，与第1列的结果相比，我们发现当控制这个比率后，企业规模的系数微升8%，说明资本密集和企业规模存在负相关关系。这个结论与已有的研究不同，以往的研究表明资本密集和企业规模间存在显著正相关关系，或者至多没有相关关系（Hamermesh，1993；Dunne and Schmitz，1995；Bayard and Troske，1999）。尽管如此，我们所得出的负相关关系也较容易理解。因为我们以雇佣人数来衡量企业规模，而那些大企业基本都是劳动密集型的（例如纺织和服装企业），其资本/劳动比率相对较低。

在管理者样本中，如表3的第4列结果所示，资本/劳动比率不显著，说明管理者的工资与生产密集形式无关。而且，加入这个变量后，企业规模的系数基本没发生变化，说明这两个变量之间也不存在相关关系。

所以，在本文中，资本/劳动互补理论无法解释企业规模的工资溢价问题。[1]

（四）企业支付能力

如前所述，大企业提供高工资，还可能是由于大企业拥有较高的支付能力。由于支付能力与企业的垄断能力相关，已有的研究通常检验大企业是否具有较高的市场垄断力。

但是，企业的垄断力难以衡量。Brown and Medoff（1989）使用企业管理者汇报的产品需求弹性衡量市场垄断程度，Troske（1999）则使用企业产品的赫芬达尔指数（Herfindahl Index of Concerntration）来衡量产品的市场集中度。在本文中，我们则使用人均利润率以及地方政府的工作效率作为衡量企业支付能力的指标。[2]

我们利用企业利润总额除以企业人数后得出人均利润率指标，并在回归分析中，使用该指标的对数形式。从表2的第5列可以看出，人均利润率与职工的小时工资显著正相关，说明企业的支付能力越高，职工的工资率就越高。企业规模的系数从第3列的0.036上升到0.045，提高了25%，说明企业规模和企业支付能力之间负相关，即小企业具有较强的支付能力，而且愿意和其职工分享超额利润。其中一个可能的解释是，当小企业有支付能力的时候，它们希望支付职工格外的工资以保留他们。

除此之外，我们还用地方政府的工作效率来衡量企业的支付能力。在中国，政府与企业的关系紧密，尤其是与大企业，会为它们提供额外有利的政策。所以，如果政府支持大企业，那么这些大企业就可以获得更好的政府服务，支付较低的运作成本，因而可能具有

① 另外，与劳动力素质假说有关的两个假说是大企业的管理者具有较强的管理能力和大企业为了降低监督成本。为检验前一个假说，我们加入企业中核心管理者的平均受教育水平和平均的管理工作经验，但结果不显著。为检验后一个假说，我们分别加入以下变量：中高层管理者的人数比例，高层管理者、中层管理者和职工的平均工资/奖金比例，但结果均不显著。因此，本文中未报告这些检验结果。

② 在我们的数据中，有其他衡量企业垄断力的指标，例如企业一把手汇报的企业可能影响产品市场价格的能力，但是这项指标存在较大的测量误差，而且估计结果并不显著，因此在本文中没有使用。

较高的支付能力。在我们的企业调研中，调查员会询问企业一把手对当地政府工作效率的综合评价（包括能源、交通、治安和教育等情况），评价的分值越高，那么当地政府的工作效率也越高。[①] 第6列的结果显示地方政府的工作效率与职工工资显著正相关，说明与政府关系越好的企业，职工的工资就越高。但是，当控制了这个变量后，企业规模的系数从第3列中的0.036上升到0.052，而且仍在5%的显著水平上显著，说明政企关系与企业规模之间也存在负相关关系，大企业对地方政府的评价倾向于更低。

来自管理者样本的估计结果大致相同。将表3的第5、第6列与第3列的结果相比，当我们控制人均利润率和政府的工作效率后，企业规模的系数都变大而且在1%的显著水平上显著，说明企业规模和这些变量间存在负相关关系。

所以，企业支付能力假说也不能解释企业规模对工资的溢价问题。

（五）技术效率

已有的研究从企业组织和生产过程的各个方面去解释规模对工资溢价的现象，例如高技能的职工、高技术资本、产品市场的垄断能力、利润分享、防止怠工等，但是这些解释仅仅是企业特征的某一方面，都不能完全解释整个溢价谜题。我们对已有假说的检验也未能解开这个谜题，这使得我们考虑能衡量企业整体运作的效率指标，即技术效率。

简单而言，技术效率是可见的或实际的企业产出对考虑到随机扰动的企业最大可能或潜在产出的比率，也可以将其表述为实际的生产点到随机生产前沿面（Stochastic Production Frontier）的距离（Timmer，1977；Kumbhakar and Lovell，2000）。如果这个距离越短，那么企业的实际产出越接近于最优水平，企业的生产过程也越具有技术效率。利用随机生产前沿面模型分析法（Aigner、Lovell and Schmidt，1977；Battese and Coelli，1995），我们估算出各个企业的技术效率。[②]

表2的第7列结果显示，当我们控制了企业的技术效率后，企业规模的系数从第3列中的0.036降低至0.029，而且变得不显著，这说明技术效率可以完全解释企业规模对职工工资溢价的谜题。大企业更可能在接近随机生产前沿面的水平上组织生产。而且，技术效率本身与职工的工资率存在显著正相关关系，说明在技术效率高的企业中，职工的工资也较高。因此我们发现，给定职工人力资本、行业和地区，大企业能够提供高工资，主要是由于它们具有较高的技术效率。

我们在管理者样本中进行了同样的分析，估计结果如表3的第7列所示，当控制了技术效率后，企业规模对管理者的工资仍存有大部分显著正相关关系，虽然这个相关性比之前要小些。这说明在管理者样本中，企业技术效率不能完全解释企业规模对工资的正向作

---

① 问卷中的相应问题是"你如何综合评价政府的工作效率（例如能源、交通、治安、教育等）"，回答的选项有"1.非常有效、2.有效、3.一般、4.不是很有效、5.效率非常低"。在对回归方程中的变量做数据处理时，我们对各选项对应的分值赋值为负，以便于结果的解释。

② 我们分别假设模型中非效率项（the Inefficiency Term）服从半正态分布和指数分布，估计结果没有显著差异。本文中，我们假设非效率项服从半正态分布。

用。一个可能的解释是，管理者并不处于竞争性的劳动力市场上，他们有更强的能力与企业雇主谈判，因为他们具有管理的专业知识和技能或者特定的企业家精神，这些可以带给他们在劳动力市场上的垄断利润。所以，在非竞争性劳动力市场上，即使控制了外部经济环境（行业和地区），管理者的人力资本以及企业的技术效率后，企业规模对工资仍有溢价。

五、结 论

本文使用独特的中国企业—管理者—职工配对数据，用来自竞争性和非竞争性劳动力市场的样本估计了企业规模对职工工资的影响作用。最重要的发现是，在以职工所组成的竞争性劳动力市场上，当我们控制职工人力资本和外部经济环境后，技术效率可以完全解释企业规模对工资的正向作用，解决了学术界困惑已久的企业规模对工资溢价谜题。大企业提供高工资，主要是由于它们拥有高素质的职工和较高的技术效率。而在以管理者所组成的非竞争性劳动力市场上，尽管控制企业的技术效率、管理者的人力资本以及外部经济环境后，仍有大部分企业规模对工资的溢价无法解释。这也说明遵循理论假设，在竞争性劳动力市场上开展此项研究的重要性和必要性。

另外，我们的研究还发现，资本/劳动互补假说和企业支付能力假说在研究中均不能做出合理解释。

参考文献

[1] 莫荣主编：《中国就业报告 2003~2004》，中国劳动社会保障出版社，2004 年。

[2] Abowd, John M., Francis Kramarz, and David N. Margolis, 1999, "High Wage Workers and High Wage Firms," Econometrica, 67 (2): 251-333.

[3] Agell, Jonas, 2004, "Why Are Small Firms Different? Managers' Views," Scandinavian Journal of Economics, 106 (3): 437-452.

[4] Battese, G. E., and T. J. Coelli, 1995, "A Model for Technical Inefficiency Effects in a Stochastic Frontier Production Function for Panel Data," Empirical Economics, 20: 325-332.

[5] Bayard, Kimbedy and Kenneth R. Troske, 1999, "Examining the Employer-Size Wage Premium in the Manufacturing, Retail Trade, and Service Industries Using Employer-Employee Matched Data," The American Economic Review, 89 (2): 99-103.

[6] Belfield, Clive R. and Xiangdong Wei, 2004, "Employer Size-wage Effects: Evidence from Matched Employer-employee Survey Data in the UK," Applied Economics, 36: 185-193.

[7] Bronars, Stephen G. and Melissa Famulari, 1997, "Wage, Tenure, and Wage Growth Variation within and across Establishments," Journal of Labor Economics, 15 (2): 285-317.

[8] Brown, Charles and James Medoff, 1989, "The Employer Size—Wage Effect," The Journal of Political

Economy, 97 (5): 1027–1059.

　[9] Dunne, T. and J. Schmita Jr., 1995, "Wages, Employment Structure, and Employer Size Wage Premia: Their Relationship to Advanced Technology Usage at U.S. Manufacturing Establishment," Economica, 62: 89–105.

　[10] Gibson, John and Steven Stillman, 2009, "Why Do Big Firms Pay Higher Wages?Evidence from an International Database," The Review of Economics and Statistics, 91 (1): 213–218.

　[11] Idson, T. L. and D. Feaster, 1990, "A Selectivity Model with Employer Size Differentials," Journal of Labor Economics, 8: 99–122.

　[12] Krueger, A., 1993, "How Computers Changed the Wage Structure," Quarterly Journal of Economics, 108: 33–60.

　[13] Kumbhakar Subal C. and C. A. Knox Lovell, 2000,Stochastic Frontier Analysis, Cambridge University Press, 1st edition.

　[14] Lallemand, Thierry, Robert Plasman and Francois Rycx, 2007, "The Establishment—Size Wage Premium: Evidence from European Countries," Empirica, 34: 427–451.

　[15] Lester, Richard A., 1967, "Pay Differentials by Size of Establishment," Industrial Relations Journal, 7: 57–67.

　[16] Liu, Jin –Tan, Meng –Wen Tsou and James K. Hammitt, 2004, "Computer Use and Wages: Evidence from Taiwan," Economics Letters, 82: 43–51.

　[17] Masters, Stanley H., 1969, "An Interindustry Analysis of Wages and Plant Size," Review of Economics and Statistics, 51: 341–345.

　[18] Meagher, Kieron J. and Hugh Wilson, 2004. "Different Firm Size Effects on Wages for Supervisors and Workers," Economics Letters, 84: 225–230.

　[19] Meng, Xin, 2000, Labor Market Reform in China, Cambridge University Press.

　[20] Milliment, Daniel L., 2005, "Job Search Skills, Employer Size and Wages," Applied Economics Letters, 12: 95–100.

　[21] Oi, Walter Y. and Todd L. Idson, 1999, "Firm Size and Wages," Handbook of Labor Economics, 3: 2165–2214.

　[22] Reich, Michael, David M. Gordon and Richard C. Edwards, 1973, "A Theory of Labor Market Segmentation," The American Economic Review, 63 (2): 359–365.

　[23] Schaffner, Julie Anderson, 1998, "Premiums to Employment in Larger Establishments: Evidence from Peru," Journal of Development Economics, 55: 81–113.

　[24] Troske, Kenneth R, 1999, "Evidence on the Employer Size –Wage Premium from Worker—Establishment Matched Data," The Review of Economics and Statistics, 81: 15–26.

　[25] Velenchik, Ann D., 1997, "Government Intervention, Efficiency Wages, and the Employer Size Wage Effect in Zimbabwe," Journal of Development Economics, 53: 305–338.

　[26] Winter–Ebmer, Rudlo and Josef Zweimuller, 1999, "Firm–Size Wage Differentials in Switzerland: Evidence from Job–Changers." The American Economic Review, 89 (2): 89–93.

Firm-Size Effect on Wages: Evidence from Chinese Competitive Labor Market

Abstract: This paper uses employer-employee matched data collected from China to solve the puzzle of firm-size wage premium. We find that technical efficiency can completely explain the positive effect of firm size on wage rates, after controlling for human capitals of workers, regions and industries. Large firms provide high wages mainly because they have high-ability workers and high technical efficiency. Our data have two distinct features, compared with previous studies using data collected from developed countries. One is that workers and managers match with their firms, which help us to control for both individual and firm characteristics in estimations. The other is that in the manufactural industry, Chinese labor market is much more competitive, which facilitate us to identify the effect of firm size on wages.

Key words: Firm Size; Wage Rates; Technical Efficiency

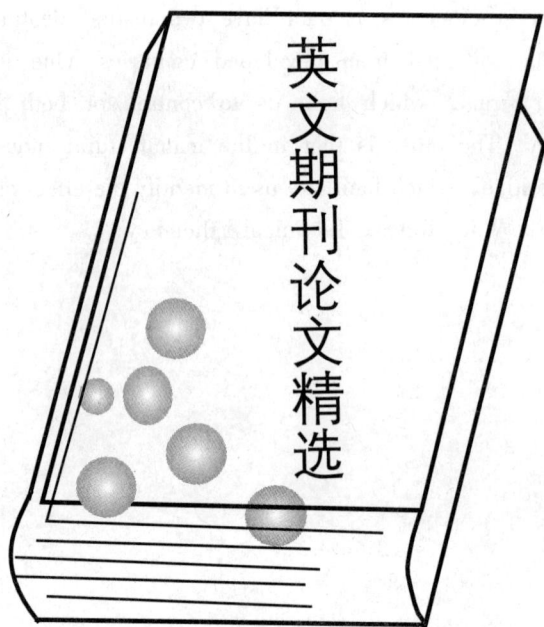

01 Price Indexes, Inequality, and the Measurement of World Poverty

【文章名称】Price Indexes, Inequality, and the Measurement of World Poverty

【作　　者】Deaton, A.

【文献出处】American Economic Review, 2010, 100 (1): 5-34

【英文摘要】I discuss the measurement of world poverty and inequality, with particular attention to the role of purchasing power parity (PPP) price indexes from the International Comparison Project. Global inequality increased with the latest revision of the ICP, and this reduced the global poverty line relative to the US dollar. The recent large increase of nearly half a billion poor people came from an inappropriate updating of the global poverty line, not from the ICP revisions. Even so, PPP comparisons between widely different countries rest on weak theoretical and empirical foundations. I argue for wider use of self-reports from international monitoring surveys, and for a global poverty line that is truly denominated in US dollars.

【文章名称】价格指数、不平等以及世界贫困的测量

【作　　者】迪顿

【文献出处】美国经济评论, 2010, 100 (1): 5-34

【中文摘要】作者通过特别关注国际比较项目中的购买力平价（PPP）价格指数的影响讨论了世界贫困和不平等的测量。全球不平等在使用最新的国际比较项目的修正后加剧了，这个修正降低了以美元标识的全球贫困线。最近大幅增加的近五亿贫困人口来源于不恰当的全球贫困线更新，而不是来源于国际比较项目的修正。即使如此，众多国家间的购买力平价比较依据的是脆弱的理论和实证基础。作者争论了国际监控调查中的自我回报的更广泛应用，以及国际贫困线的美元命名。

02 A New Approach to Estimating the Production Function for Housing

【文章名称】A New Approach to Estimating the Production Function for Housing

【作　　者】Epple，D.，B. Gordon，et al.

【文献出处】American Economic Review，2010，100（3）：905-924

【英文摘要】Dating to the classic works of Alonso，Mills，and Muth，the production function for housing has played a central role in urban economics and local public finance. This paper provides a new flexible approach for estimating the housing production function which treats housing quantities and prices as latent variables. The empirical analysis is based on a comprehensive database of recently built properties in Allegheny County，Pennsylvania. We find that the new method proposed in this paper works well in the application and provides reasonable estimates for the underlying production function.

【文章名称】一个估计住房生产函数的新方法

【作　　者】埃普尔，戈登等

【文献出处】美国经济评论，2010，100（3）：905-924

【中文摘要】自从阿隆索、米尔斯以及马斯的经典研究开始，住房生产函数在城市经济学以及地方公共财政领域已经扮演了一个核心的角色。我们本文中提供了一个将住房数量和价格视为潜在变量的更为灵活的估计方法。本文的实证研究建立在宾夕法尼亚州阿勒格尼县的近期住房的综合数据，我们发现本文提出的方法效果良好并且恰当地估计了潜在的生产函数。

03　When Does Labor Scarcity Encourage Innovation?

【文章名称】When Does Labor Scarcity Encourage Innovation?

【作　　者】Acemoglu, D.

【文献出处】Journal of Political Economy, 2010, 118 (6)：1037-1078

【英文摘要】This paper studies whether labor scarcity encourages technological advances, that is, technology adoption or innovation, for example, as claimed by Habakkuk in the context of nineteenth-century United States. I define technology as strongly labor saving if technological advances reduce the marginal product of labor and as strongly labor complementary if they increase it. I show that labor scarcity encourages technological advances if technology is strongly labor saving and will discourage them if technology is strongly labor complementary. I also show that technology can be strongly labor saving in plausible environments but not in many canonical macroeconomic models.

【文章名称】什么情况下劳动力短缺会鼓励创新?

【作　　者】埃斯莫格卢

【文献出处】政治经济学杂志, 2010, 118 (6)：1037-1078

【中文摘要】作者研究了劳动力短缺是否会鼓励科技的进步, 也就是说, 科技使用或创新。如哈巴谷在 19 世纪的美国背景下的断言。如果科技的进步减少了劳动力的边际生产, 作者将科技定义为强烈的劳动力节约; 如果与此相反, 作者将科技定义为劳动力补充。在科技被定义为劳动力节约的情况下, 作者展示了劳动力短缺激励了科技进步, 然而, 当科技被定义为后者, 那么劳动力短缺就会抑制科技进步。作者同时证明了在一个与现实十分接近的环境中科技可以是强烈的劳动力节约, 但不是在许多典范的宏观经济学模型。

04 Does Professor Quality Matter? Evidence from Random Assignment of Students to Professors

【文章名称】Does Professor Quality Matter? Evidence from Random Assignment of Students to Professors

【作　　者】Scott E. Carrell, et al.

【文献出处】Journal of Political Economy, University of Chicago Press, 2010, 118（3）: 409-432, 06

【英文摘要】It is difficult to measure teaching quality at the postsecondary level because students typically "self-select" their coursework and their professors. Despite this, student evaluations of professors are widely used in faculty promotion and tenure decisions. We exploit the random assignment of college students to professors in a large body of required coursework to examine how professor quality affects student achievement. Introductory course professors significantly affect student achievement in contemporaneous and follow-on related courses, but the effects are quite heterogeneous across subjects. Students of professors who as a group perform well in the initial mathematics course perform significantly worse in follow-on related math, science, and engineering courses. We find that the academic rank, teaching experience, and terminal degree status of mathematics and science professors are negatively correlated with contemporaneous student achievement, but positively related to follow-on course achievement. Across all subjects, student evaluations of professors are positive predictors of contemporaneous course achievement, but are poor predictors of follow-on course achievement.

【文章名称】教授教学质量真的有影响吗？一个随机实验中学生和老师的证据

【作　　者】斯科特，克洛尔等

【文献出处】政治经济学杂志，2010，118（3）：409-432，06

【中文摘要】在小学及中学教育中，教师教学质量的测量通常依据同期学生在标准化成绩测试中的表现来确定。而在大学的环境中，学生对教授的评分被用来衡量教学质量。作者采用强制后继课程中学生相对表现衡量教授教学质量的独特数据。作者比较了三类概念的不同指标：教学质量，以及擅长提升同期学生成绩的教师虽然提升了学生的评价但是损害了后继的课程成绩。

05　Altruism，Favoritism，and Guilt in the Allocation of Family Resources：Sophie's Choice in Mao's Mass Send-Down Movement

【文章名称】Altruism, Favoritism, and Guilt in the Allocation of Family Resources: Sophie's Choice in Mao's Mass Send-Down Movement

【作　　者】Hongbin, L., M. Rosenzweig, et al.

【文献出处】Journal of Political Economy, 2010, 118（1）: 1-38

【英文摘要】We use survey data on twins in urban China, among whom many experienced the consequences of the forced mass rustication movement of the Cultural Revolution, to identify the roles of altruism, favoritism, and guilt in affecting family behavior. We exploit the fact that many families were forced to select one of their adolescent children to be sent down. We show the conditions under which guilt, favoritism, and altruism can be identified using such data. We find that parents behaved altruistically, showed favoritism, but also exhibited guilt: the child experiencing more rustication years received higher parental transfers despite having higher earnings.

【文章名称】家庭资源分配的利他、偏袒和内疚："毛时代"知青下乡的"索菲"抉择

【作　　者】李宏彬，罗森茨维格等

【文献出处】政治经济学杂志，2010，118（1）: 1-38

【中文摘要】我们通过中国城市双胞胎的数据来研究影响家庭行为中利他、偏袒和内疚的作用，样本中许多人经历了"文革"中的强迫的知青生活。我们发现许多家庭被迫选择他们青年子女中的一个下乡。我们提出了如何使用该数据去确定利他、偏袒和内疚。我们发现了父母的利他行为、偏袒一方，同时他们也表现出内疚：尽管那些经历了知青生活的子女拥有更高的收入，他们依然从父母那里获得了更多的关爱。

06 Why Do the Elderly Save? The Role of Medical Expenses

【文章名称】Why Do the Elderly Save? The Role of Medical Expenses

【作　者】Mariacristina De Nardi, et al.

【文献出处】Journal of Political Economy，2010，118（1）：39-75

【英文摘要】This paper constructs a model of saving for retired single people that includes heterogeneity in medical expenses and life expectancies，and bequest motives. We estimate the model using Assets and Health Dynamics of the Oldest Old data and the method of simulated moments. Out-of-pocket medical expenses rise quickly with age and permanent income. The risk of living long and requiring expensive medical care is a key driver of saving for many higher-income elderly. Social insurance programs such as Medicaid rationalize the low asset holdings of the poorest but also benefit the rich by insuring them against high medical expenses at the ends of their lives.

【文章名称】为什么老人储蓄？医疗费用的影响

【作　者】玛丽亚克里斯蒂娜·德·纳迪等

【文献出处】政治经济学杂志，2010，118（1）：39-75

【中文摘要】作者建立了一个具有异质性的单身老年人的储蓄模型，这些异质性包括医疗费用、生活期望以及遗产动机。作者使用了高龄老年人资产和健康动态数据检验了该模型。现款支付的医疗费用随着年龄和永久收入的增加而增加。长寿的风险以及对于高额医疗服务的需求是一些高收入老年人储蓄的重要原因。类似医疗补助计划等的社会保险项目合理地降低了无论贫穷还是富有的人的资产，其原因可能在于平衡了其在于老年时期的高额医疗花费的风险。

07 Nonparametric Identification and Estimation of Non–additive Hedonic Models

【文章名称】Nonparametric Identification and Estimation of Non–additive Hedonic Models

【作　　者】James J. Heckman, Rosa L. Matzkin, and Lars Nesheim

【文献出处】Econometrica, 2010, 78 (5): 1569–1591

【英文摘要】This paper studies the identification and estimation of preferences and technologies in equilibrium hedonic models. In it, we identify nonparametric structural relationships with nonadditive heterogeneity. We determine what features of hedonic models can be identified from equilibrium observations in a single market under weak assumptions about the available information. We then consider use of additional information about structural functions and heterogeneity distributions. Separability conditions facilitate identification of consumer marginal utility and firm marginal product functions. We also consider how identification is facilitated using multimarket data.

【文章名称】非加性 Hedonic 模型的非参数识别和估计

【作　　者】詹姆斯·海克曼，罗莎·马萨金，拉尔斯·耐西姆

【文献出处】计量经济学，2010，78（5）：1569–1591

【中文摘要】这篇论文对均衡 Hedonic 模型的参数选择进行了估计和识别。在文章中，我们估计了非参数结构关系和非加异质性之间的联系。在可用的信息范围内，我们确定了在单一市场的弱假设下，Hedonic 模型中的哪些因素可以从均衡估算中被识别出来。随后我们考虑了结构功能和异质性分离的附加信息的利用，可分性的条件使我们对消费者的边际效用和企业的边际产品函数的识别变得容易。在文中，我们也考虑了使用复合市场数据来对识别进行简化。

08　Wage Risk and Employment Risk over the Life Cycle

【文章名称】Wage Risk and Employment Risk over the Life Cycle

【作　　者】Low, H., C. Meghir, et al.

【文献出处】American Economic Review, 2010, 100（4）: 1432-1467

【英文摘要】We specify a life-cycle model of consumption, labor supply and job mobility in an economy with search frictions. We distinguish different sources of risk, including shocks to productivity, job arrival, and job destruction. Allowing for job mobility has a large effect on the estimate of productivity risk. Increases in the latter impose a considerable welfare loss. Increases in employment risk have large effects on output, and primarily through this channel, affect welfare. The welfare value of programs such as Food Stamps, partially insuring productivity risk, is greater than the value of unemployment insurance which provides (partial) insurance against employment risk.

【文章名称】生命周期中的工资风险和就业风险

【作　　者】H·洛尔，C. 摩格等

【文献出处】美国经济评论，2010，100（4）: 1432-1467

【中文摘要】作者详细描述了一个在具有工作搜寻摩擦的经济背景下的包含了消费、劳动供给以及工作流动性的生命周期模型。作者区分了受到收入、工作出现以及工作丧失冲击的不同风险。工作流动性对于收入风险的估计具有重要影响，后者的增长包含了一个值得考虑的福利损失。就业风险的增长对于产出有重要影响，并且以此影响福利。食品救济券等福利手段的价值在于部分地确保了生产风险，要比失业保险对于就业风险的赔偿要大。

09　Child Health and Neighborhood Conditions：Results from a Randomized Housing Voucher Experiment

【文章名称】Child Health and Neighborhood Conditions：Results from a Randomized Housing Voucher Experiment

【作　　者】Jane G. Fortson et al.

【文献出处】Journal of Human Resources，2010，45（4）：840-864

【英文摘要】Using data from the Moving to Opportunity randomized housing voucher experiment，we estimate the direct effects of housing and neighborhood quality on child health. We show that，five years after random assignment，housing mobility has little impact on overall health status，asthma，injuries，and body mass index. The few effects that we observe imply that being offered a voucher through the program might worsen some aspects of child health，despite significant improvements in housing quality，nutrition and exercise，and neighborhood safety. Our results are inconsistent with the hypothesis that neighborhood conditions explain much of the widely-cited income gradient in child health.

【文章名称】儿童的健康和社区状况——随机住房担保实验的结论

【作　　者】简·福特森等

【文献出处】人力资源杂志，2010，45（4）：840-864

【中文摘要】通过对美国消灭贫民窟的随机住房担保实验数据的研究，作者估计了住房和社区状况对于儿童健康的直接影响。作者指出，经过5年的随机抽查发现住房的流动性对于儿童总体健康状况、哮喘、受伤情况以及体质指数的影响很小。那些我们观测到的些微的影响暗示了在某些方面为贫困家庭提供住房担保会损害某些儿童的健康，与此相对的是家庭住房条件、营养、锻炼以及社区的安全状况的显著改善。本文的研究结果与之前的理论有较大的差异。

10　Are College Graduates More Responsive to Distant Labor Market Opportunities?

【文章名称】Are College Graduates More Responsive to Distant Labor Market Opportunities?

【作　　者】Wozniak，A.

【文献出处】Journal of Human Resources，2010，45（4）：944–970

【英文摘要】Are highly educated workers better at locating in areas with high labor demand? To answer this question, I use three decades of U.S. Census data to estimate a McFadden–style model of residential location choice. I test for education differentials in the likelihood that young workers reside in states experiencing positive labor demand shocks at the time these workers entered the labor market. I find effects of changes in state labor demand on college graduate location choice that are several times greater than for high school graduates. Nevertheless, medium–run wage effects of entry labor market conditions for college graduates equal or exceed those of less–educated workers.

【文章名称】大学毕业生对于远距离的劳动力市场更加敏感？

【作　　者】A.沃兹尼亚克

【文献出处】人力资源杂志，2010，45（4）：944–970

【中文摘要】高学历的劳动者会更加倾向于定居在有较高劳动力需求的地区？为了回答这个问题，作者使用了美国30年的人口普查数据来估计居住地点选择的McFadden式模型。作者检验了居住在劳动力市场需求受到冲击的州里的年轻劳动力的受教育存在差异的可能性。作者发现州劳动力需求对于大学毕业生的居住地选择的影响要比对高中毕业生的影响高几倍。虽然如此，对于大学毕业生进入劳动力市场条件的中期（中期：价格弹性，产出趋于返回到充分就业产出，失业率趋于返回到自然失业率。中期是指这样的一个时间段，在这个时间段中价格和产出的调整可以使得失业和产出都回到它们各自的"自然"水平中期2~5年）工资影响等于或是超过对于教育水平更低的劳动者。

11　Cohort Effects in Promotions and Wages：Evidence from Sweden and the United States

【文章名称】Cohort Effects in Promotions and Wages：Evidence from Sweden and the United States

【作　　者】Robert Jackle，et al.

【文献出处】Journal of Human Resources，2010，45（3）：772–808

【英文摘要】This paper studies the long-term effects of the business cycle on workers' future promotions and wages. Using the Swedish employer-employee matched data，we find that a cohort of workers entering the labor market during a boom gets promoted faster and reaches higher ranks. This procyclical promotion cohort effect persists even after controlling for workers' initial jobs，and explains at least half of the wage cohort effects that previous studies have focused on. We repeat the same analyses using personnel records from a single U.S. company，and obtain the same qualitative results.

【文章名称】晋升与工资的同期效应——瑞典和美国的证据

【作　　者】罗伯特·雅克勒等

【文献出处】人力资源杂志，2010，45（3）：772–808

【中文摘要】作者研究了经济周期对于员工未来晋升与工资的长期影响。通过使用瑞典雇主员工匹配数据，作者发现在景气时期进入劳动力市场的同期员工会得到更快的晋升并达到更高的职位等。这种扩大经济周期的晋升同期效应在作者控制员工的最初工作类型后仍然存在，并且这种效应至少解释了一半的同期工资效应。我们重复了同样的研究方法对美国单个企业进行了定性研究得到了类似的结果。

12　The Income Losses of Displaced Workers

【文章名称】The Income Losses of Displaced Workers

【作　　者】Hijzen, A., R. Upward, et al.

【文献出处】Journal of Human Resources, 2010, 45 (1): 243-269

【英文摘要】We use a new, matched worker-firm dataset for the United Kingdom to estimate the income loss resulting from firm closure and mass layoffs. We track workers for up to nine years after the displacement event, and the availability of pre-displacement characteristics allows us to implement difference-in-differences estimators using propensity score matching methods. Income losses during the first five years after the displacement event are in the range 18-35 percent per year for workers whose firm closes down, and 14-25 percent for workers who exit a firm which suffers a mass layoff. These losses are largely due to periods of non-employment, which is consistent with previous work from Europe, but contrasts with that from the United States.

【文章名称】被解雇劳动者的收入损失

【作　　者】海曾，阿普沃德等

【文献出处】人力资源杂志，2010, 45 (1): 243-269

【中文摘要】作者使用了一个英国全新的雇主雇员匹配数据，估计了公司倒闭和大规模裁员后劳动者的收入损失。作者追踪了被解雇的劳动者9年，同时被解雇前的特征允许作者使用倾向分数配对方法来进行双重差分模型估计。公司倒闭的失业者在前5年的收入损失大概是每年18%~35%，而大规模解雇中的失业劳动者的损失大概在14%~25%。损失的大小受失业时间的影响。这与欧洲的研究一致，却与美国的研究相违背。

13　Evidence from Maternity Leave Expansions of the Impact of Maternal Care on Early Child Development

【文章名称】Evidence from Maternity Leave Expansions of the Impact of Maternal Care on Early Child Development

【作　　者】Baker，M. and K. Milligan

【文献出处】Journal of Human Resources，2010，45（1）：1–32

【英文摘要】We study the impact of maternal care on early child development using an expansion in Canadian maternity leave entitlements. Following the leave expansion，mothers who took leave spent 48–58 percent more time not working in their children's first year of life. This extra maternal care primarily crowded out home–based care by unlicensed nonrelatives and replaced full–time work. Our estimates suggest a weak impact of this increase in maternal care on indicators of child development. For example，measures of temperament and motor and social development show changes that are small and statistically insignificant.

【文章名称】产假增长带来的产妇护理对儿童早期发展影响的证据

【作　　者】M.贝克，K.米利根

【文献出处】人力资源杂志，2010，45（1）：1–32

【中文摘要】作者通过使用加拿大产假福利的增长研究了产妇护理对于儿童早期发展的影响。随着产假的逐渐扩张，放假的母亲也随之获得了48%~58%更多的儿童出生第一年中的不用工作的时间。这些产假主要挤出了无执照的无亲属关系的家庭照料，同时替换了专职工作。作者的估计显示产妇护理的增长对儿童发展的指标有弱的影响。例如，气质、运动以及社会发展的测量显示出了细微但是显著的差异。

14 Health and Wages: Panel Data Estimates Considering Selection and Endogeneity

【文章名称】Health and Wages: Panel Data Estimates Considering Selection and Endogeneity

【作　　者】Robert Jackle, et al.

【文献出处】Journal of Human Resources, 2010, 45 (2): 364-406

【英文摘要】This paper complements previous studies on the effects of health on wages by addressing the problems of unobserved heterogeneity, sample selection, and endogeneity in one comprehensive framework. Using data from the German Socio-Economic Panel (GSOEP), we find the health variable to suffer from measurement error and a number of tests provide evidence that selection corrections are necessary. Good health leads to higher wages for men, while there appears to be no significant effect for women. Contingent on the method of estimation, healthy males earn between 1.3 percent and 7.8 percent more than those in poor health.

【文章名称】健康和工资：考虑了样本选择偏差和内生性的面板数据估计

【作　　者】罗伯特·雅克勒等

【文献出处】人力资源杂志，2010，45 (4)：364-406

【中文摘要】作者在解决了之前未被注意的异质性、样本选择性误差以及内生性的问题的基础上，在一个综合的框架下研究了健康状况对工资的影响。作者使用了德国社会经济纵向调查数据，发现健康状况变量被测量误差影响，一系列的检验证明了样本选择正确性的必要性。研究发现好的健康状况带来了男性更高的工资，然而，女性却没有类似的结论。使用不同的估计方式，发现健康的男性比健康状况较差的男性要多赚1.3%~7.8%。

15　The American High School Graduation Rate：Trends and Levels

【文章名称】The American High School Graduation Rate：Trends and Levels

【作　　者】James J. Heckman，Paul A. La Fontaine

【文献出处】The Review of Economics and Statistics，MIT Press，2007，92（2）：244-262，01

【英文摘要】This paper uses multiple data sources and a unified methodology to estimate the trends and levels of the U.S. high school graduation rate. Correcting for important biases that plague previous calculations，we establish that（a）the true high school graduation rate is substantially lower than the official rate issued by the National Center for Educational Statistics；（b）it has been declining over the past 40 years；（c）majority/minority graduation rate differentials are substantial and have not converged over the past 35 years；（d）the decline in high school graduation rates occurs among native populations and is not solely a consequence of increasing proportions of immigrants and minorities in American society；（e）the decline in high school graduation explains part of the recent slowdown in college attendance；and（f）the pattern of the decline of high school graduation rates by gender helps to explain the recent increase in male-female college attendance gaps.

【文章名称】美国高中毕业率：趋势和水平

【作　　者】詹姆斯·海克曼，保罗·拉芳泰恩

【文献出处】经济学与统计学评论，MIT Press，2007，92（2）：244-262，01

【中文摘要】本文通过多样化的数据来源和统一的方法评估了美国高中毕业率的趋势和水平。我们更正了之前有关计算的重要偏差，得出的结果是：①高中毕业率的实际数字实际上低于"国家教育数据中心"的官方数据。②这个数字40年来一直在下降。③主流族群和少数民族的毕业率有显著差异并且在过去的35年中并没有缩小。④高中毕业率的下降不单纯是美国社会少数民族和移民比例增加带来的结果，这是在美国本地人口中发生的。⑤高中毕业率的下降部分解释了目前大学入学率放缓的原因。⑥高中毕业率下降的性别模式解释了目前男性—女性大学入学率差别的增加。

16　The Impact of Participation in Sports on Educational Attainment— New Evidence from Germany

【文章名称】The Impact of Participation in Sports on Educational Attainment—New Evidence from Germany

【作　　者】Christian Pfeifer，Thomas CorneliBen

【文献出处】Economics of Education Review，2010，29（2010）：94-103

【英文摘要】We analyze the impact of exercising sports during childhood and adolescence on educational attainment. The theoretical framework is based on models of allocation of time and educational productivity. Using the rich information from the German Socio-Economic Panel (GSOEP)，we apply generalized ordered probit models to estimate the effect of participation in sport activities on secondary school degrees and professional degrees. Even after controlling for important variables and selection into sport，we find strong evidence that the effect of sport on educational attainment is statistically significant and positive.

【文章名称】运动参与对教育成就的影响——来自德国的最新证据

【作　　者】克里斯蒂安·佩菲福，托马斯·康奈利本

【文献出处】教育经济评论，2010，29（2010）：94-103

【中文摘要】我们分析了在儿童时代和青少年时代体育锻炼对教育成就的影响。研究的理论框架是基于时间分配和教育产出模型，我们采用的是来自于"德国社会经济学"面板数据（GSOEP），通过广义有序 Probit 模型来判断运动参与度对中等学校学位教育和专业学位教育的影响。通过控制重要的变量并且将运动纳入其中，我们发现运动对教育成就具有显著性积极影响的有力证据。

17 Lab Labor: What Can Labor Economists Learn from the Lab?

【文章名称】Lab Labor: What Can Labor Economists Learn from the Lab?

【作　者】Gary Charness, Peter Kuhn

【文献出处】Handbook of Labor Economics, Elsevier, 2011

【英文摘要】This chapter surveys the contributions of laboratory experiments to labor economics. We begin with a discussion of methodological issues: when (and why) is a lab experiment the best approach; how do laboratory experiments compare to field experiments; and what are the main design issues? We then summarize the substantive contributions of laboratory experiments to our understanding of principal-agent interactions, social preferences, union-firm bargaining, arbitration, gender differentials, discrimination, job search, and labor markets more generally.

【文章名称】劳动经济学家能从实验室中学到什么？

【作　者】加里·查尼斯，皮特·库恩

【文献出处】劳动经济学手册，Elsevier, 2011

【中文摘要】本章节就实验室实验对劳动经济学做出了哪些贡献进行了调查。我们首先从讨论方法论开始：为什么实验室实验是最好的方法以及它从什么时候开始兴起的；实验室实验与实地实验的比较以及主要的问题设计。此外，我们总结了实验室实验对我们从广义上理解委托—代理人交互作用、社会偏好、公司工会的讨价还价、套利、性别差异、歧视、找工作以及劳动市场的实质性贡献。

18 The Structural Estimation of Behavioral Models：Discrete Choice Dynamic Programming Methods and Applications

【文章名称】The Structural Estimation of Behavioral Models：Discrete Choice Dynamic Programming Methods and Applications

【作　者】Michael P. Keane, Petra E. Todd, Kenneth I. Wolpin

【文献出处】Handbook of Labor Economics, Elsevier, 2011

【英文摘要】The development over the past 25 years of methods for the estimation of discrete choice dynamic programming（DCDP）models opened up new frontiers for empirical research in a host of areas, including labor economics, industrial organization, economic demography, health economics, development economics, political economy and marketing. In this paper, we first describe the development of the DCDP framework, showing how it was a natural extension of static discrete choice modeling. We then summarize six papers that adopt the DCDP paradigm that address substantively important social and economic questions. Finally, we consider the issue of the credibility of empirical findings based on the structural estimation of DCDP models.

【文章名称】行为模型的结构估计：离散选择动态编程法及其应用

【作　者】麦克·基恩，佩特拉·托德，肯尼思·沃萍

【文献出处】劳动经济学手册，Elsevier，2011

【中文摘要】在过去的25年中，离散选择动态编程法（DCDP）估计为包括劳动经济学、工业组织、人口经济学、健康经济学、发展经济学、政治经济学以及市场学在内的诸多领域的实证研究开创了前沿。在本文中，我们首先简述了离散选择动态编程法（DCDP）框架的发展过程，解释了为什么DCDP是静态离散选择模型的自然延伸。其次，我们总结了六篇采用DCDP方法来着重强调重要社会和经济问题的文献。最后，我们探讨了基于DCDP的结构估计所得到的实证结果的信度。

19　Specific Capital and Vintage Effects on the Dynamics of Unemployment and Vacancies

【文章名称】Specific Capital and Vintage Effects on the Dynamics of Unemployment and Vacancies

【作　　者】Eyigungor，Burcu

【文献出处】The American Economic Review，2010，100（3）：1214-1237（24）

【英文摘要】In a reasonably calibrated Mortensen and Pissarides matching model, shocks to average labor productivity can account for only a small portion of the fluctuations in unemployment and vacancies (Shimer, 2005a). In this paper, the author argues that if vintage specific shocks rather than aggregate productivity shocks are the driving force of fluctuations, the model does a better job of accounting for the data. She adds heterogeneity in jobs (matches) with respect to the time the job is created in the form of different embodied technology levels. The author also introduces specific capital that, once adapted for a match, has less value in another match. In the quantitative analysis, she shows that shocks to different vintages of entrants are able to account for fluctuations in unemployment and vacancies and that, in this environment, specific capital is important to decreasing the volatility of the destruction rate of existing matches.

【文章名称】特定资本和代际效应对于失业和空缺职位的动态影响

【作　　者】艾利戈侬，波尔卡

【文献出处】美国经济评论，2010，100（3）：1214-1237（24）

【中文摘要】在一个校准过的 Mortensen and Pissarides 配对模型中，冲击对于平均劳动生产率的影响只能解释失业和职位空缺的波动中的很小一部分（Shimer，2005a）。在本文中，作者提出如果波动的主导力量来自代际特定冲击而非总体的生产冲击，那么该模型将可以更好地拟合数据。作者还增加了随着时间推移，融合了不同技术水平的工作的匹配的异质性。同时，作者介绍了一种特殊资本，这种资本一旦被投入到某一个匹配过程，则它在其他匹配过程中的价值将大大降低。在定量分析中，作者还阐明了冲击对于不同代际参与者的作用能够解释在失业和职位空缺中的波动性，以及在这种环境下，特定资本对于降低现有不匹配率的波动性的重要意义。

第三章　劳动经济学学科 2010 年出版图书精选

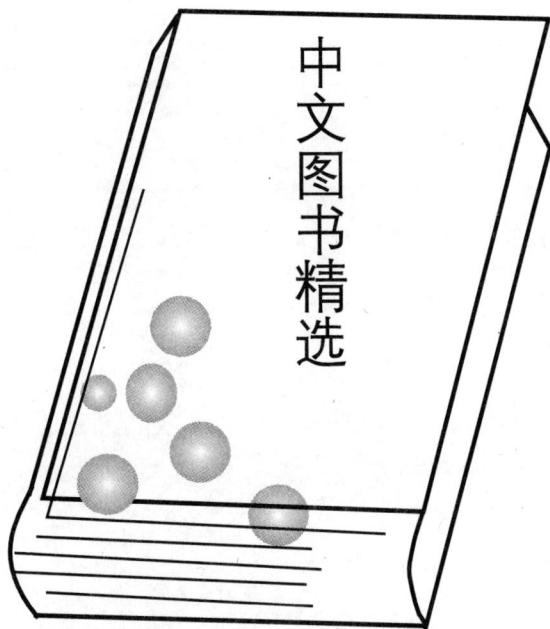

中文图书精选

01　全面建设小康社会进程中的我国就业发展战略研究

【书名】全面建设小康社会进程中的我国就业发展战略研究

Study on Employment Development Strategy in the Process of Building A Well-off Society

【作者】曾湘泉

Zeng Xiangquan

【出版社】经济科学出版社

Economic Science Press

【出版时间】2010 年 10 月 1 日

【内容提要】在全面建设小康社会的进程中，如何实施扩大就业的长期发展战略，实现经济发展与就业增长的协调是我国当前和今后较长时期面临的重大课题。本书通过文献研究、深度访谈、问卷调查、统计分析和计量等研究方法，对我国宏观就业形势和挑战、就业和失业测量、宏观政策（汇率、对外贸易和技术进步）与就业促进、城市化与农村劳动力转移就业、人力资源建设与青年就业战略、劳动力市场中介与就业促进，以及国外就业政策与发展战略等问题进行了系统和深入的研究和探讨。本书研究的主要结论如下：

当前和今后一段时间，我国的就业形势依然严峻，既有总量问题，又存在严重的摩擦性和结构性失业问题。解决我国的就业和失业问题，既要重视经济的持续高速增长，创造更多的岗位需求，又要发展劳动力市场，深化改革，着力降低不断升高的"自然失业率"。

现行的就业和失业测量体系滞后于整个经济活动客观现实的要求，难以反映我国劳动力市场真实状况。计划经济时代反映单位就业的调查指标，大大低估了我国的就业水平；为失业保险服务的城镇登记失业率指标，既不能反映我国劳动力失业的状况，也难以进行国际比较；灵活就业的测量还没有纳入正式的统计体系中。

竞争性汇率、出口增长是就业促进的有效手段，而技术进步则对就业的产业结构和技能结构具有重要影响，宏观政策对就业的促进作用存在改善余地。

高等教育和职业技术教育改革相对滞后经济社会快速发展，培养的青年学生在就业时存在较大的就业能力缺口，出现了大学生就业难、高级技工短缺等一系列社会问题，青年就业已经成为小康社会我国就业战略研究的重点领域。

基于在全面建设小康社会的进程中劳动力供给总量压力巨大、结构问题突出，就业测量和统计基础设施落后，劳动者就业能力不足，就业中介服务不强等问题，本书提出了"一平台、二提高、三统筹、四加强和五完善"的就业发展战略思路，即构建面向市场的就业失业测量体系平台，为就业战略政策提供科学、及时、准确的信息服务；提高经济的可持续增长能力，加强宏观经济政策的整合程度，实现经济发展和就业增长的统一；统筹城乡经济和劳动力市场发展，制定合乎国情的城市化发展战略，促进农村劳动力转移就业；加强人力资源能力建设，提高青年学生就业能力，减少结构性失业；完善公共就业服务职能，在公共就业服务机构中推行绩效管理制度、制定和完善公共就业服务法律法规等制度措施，进一步发挥就业服务中介组织的就业促进作用，降低摩擦性失业。

02 中国就业战略报告 2008-2010："双转型"背景下的就业能力提升战略研究

【书名】 中国就业战略报告 2008-2010："双转型"背景下的就业能力提升战略研究

Chinese Employment Strategic 2008-2010：Research on the Strategy of Employability Improvement in the Context of Dual Transformation

【作者】 曾湘泉

Zeng Xiangquan

【出版社】 中国人民大学出版社

China Renmin University Press

【出版时间】 2010 年 5 月 1 日

【内容提要】 本书研究主题选择的激励来自对中国存在较高自然失业率这一重要命题的解释和回答。我们不但要关注摩擦性失业，即研究劳动力市场的中介问题，还应高度关注在中国的劳动力市场上所存在着的"个人找不到工作，而企业又招不到人"，即严重的结构性失业的现象。结构性失业成因的核心是就业能力不足，这既包括认知技能的缺乏，也包括非认知技能的不足。当前的中国，面临结构转型和体制转型，即"双转型"的艰巨任务，而实现"双转型"推动经济的持续增长，不得不依赖劳动力供给方的根本调整。国内外的研究表明，就业能力和创业能力是连接现代经济增长和就业扩大之间的桥梁。因此，提升就业能力，包括提升创业能力，已成为实施我国扩大就业战略的核心命题。

本书的研究工作从 2007 年底开始，持续到 2009 年底两年时间。在这两年期间，我们阅读了大量国内外有关就业能力研究的文献资料，并对北京、上海、天津、大连等地的在职人员、大学生、职业技术学校的学生，以及农民工和失业人员进行了深入的调查研究。现在提交给读者面前的这个报告，由一个总报告和十四个子报告构成。

总报告《中国就业战略报告 2008-2010："双转型"背景下的就业能力提升战略研究》基于我国从传统的农业向工业和服务业转型，以及计划经济体制向市场经济体制转型，即所谓"双转型"的研究背景，通过文献研究、问卷调查和深度访谈等，对在职人员、在校学生以及转业军人、农民工和失业者等特殊群体的就业能力提升问题进行了深入和系统的理论分析、实证研究和政策评估。本书的基本结论：就业能力是一个随着劳动力市场环境变化，其含义不断扩大，内容不断充实的范畴；国内外的研究表明，就业能力分为硬能力和软能力，其中，软能力受到广泛的关注，且日益重要。

本书形成的十四个分报告，共包含四部分内容：第一部分涉及有关就业能力的理论分析和探讨内容；第二部分对在职人员的就业能力进行了研究和探讨；第三部分讨论了包括大学生和职业技术教育毕业生的培养和就业能力；第四部分分析和讨论了包括转业军人、农民工和长期失业人员在内的几类特殊人群的就业能力提升问题。

应当承认，就业能力的研究涉及众多学科领域。研究就业能力提升机制，要借助人力资本投资等劳动经济学理论和方法，也要运用认知和非认知等心理学理论和方法来分析和探讨。本书尽管做了一些跨学科研究方法的尝试，但仍显不足。另外，即使就现代劳动经济学的研究方法而言，通常也需要较长时期观察和统计的数据，在这方面，我们与国外同行的研究相比，仍然存在一定的差距。衷心地希望我们的研究能引发国内更多的学者关注就业能力这一研究问题，最终能推动中国就业研究工作再上一个新的台阶。

03　蔡昉经济文选

【书名】蔡昉经济文选
　　　　The Economic Selected Works of Cai Fang
【作者】蔡昉
　　　　Cai Fang
【出版社】中国时代经济出版社
　　　　　China Modern Economic Publishing House
【出版时间】2010 年 1 月 1 日

【内容提要】作者在研究中逐渐认识到，农村经济问题与整个经济发展战略密切相关，但农业经济学只是一般经济理论的一个应用领域，因此，作者开始尝试农业经济研究的规范化，并推动其与一般经济理论的合流，分别在土地制度、农村市场、农业发展政策、区域经济等方面进行规范研究。作者代表著作有《十字路口的抉择——深化农业经济体制改革的思考》（中国社会科学出版社，1992 年）、《中国正在进行的农业改革》（中国财政经济出版社，1999 年，与科林·卡特、钟甫宁合著）、《穷人的经济学：农业依然是基础》（武汉出版社，1998 年）。

从 20 世纪 80 年代后期开始，作者与林毅夫、李周合作，研究中国经济发展战略和改革问题，形成了把改革与发展相结合的研究特色。合作出版的《中国的奇迹：发展战略与经济改革》（上海三联书店、上海人民出版社，1995 年，与林毅夫、李周合著），在国内外都引起了广泛的注意，被翻译成多种文字在国外出版。这种关于改革和发展的宏观思考一直没有停止，2003 年，作者与林毅夫合作出版了《中国经济——改革与发展》，表明了对中国经济发展和改革的一系列问题的观点。

本书分为"城乡经济发展"、"人口与劳动经济"、"应对金融危机"三部分。第一部分收录了《中国地区经济增长的趋同与差异——对西部开发战略的启示》、《顺水行舟——失衡世界经济背景下的中国经济调整》、《通过扩大就业缩小收入差距，构建和谐社会》、《收入差距缩小的条件——经济发展理论与中国经验》等 12 篇文章；第二部分收录了《21 世纪中国经济增长可持续性——人口和劳动力因素的作用》、《人口因素对经济社会发展的贡献——一个人类发展的视角》、《未来的人口红利——中国经济增长源泉的开拓》等 11 篇文章；第三部分收录了《当前就业形势十问——蔡昉教授 2008 年 12 月 10 日在首都经济贸易大学的演讲》、《推进"三农"工作，化解金融危机》、《科学发展是抵御经济危机的根本途径》等 11 篇文章。

04 中国人口与劳动问题报告 No.11

【书名】中国人口与劳动问题报告 No.11
Report on China's Population and Labor（No.11）
【作者】蔡昉
Cai Fang
【出版社】社会科学文献出版社
Social Science Academic Press
【出版时间】2010 年 7 月 1 日

【内容提要】金融危机对中国劳动力市场的短期影响，并没有改变刘易斯转折点到来的长期趋势，相反，这个短期冲击却以更多的证据检验了中国经济发展阶段的深刻变化。这个经济发展新阶段的特征，将突出地表现于后金融危机时代劳动力市场面临的重大挑战中。这本绿皮书从理论和经验上回答了诸如人口发展趋势如何、劳动力流动出现了哪些新特点、为什么就业压力和民工荒并存、劳动力市场应如何调整以适应未来的挑战、如何保持劳动密集型产业优势、城市化为什么可以成为新的经济增长点以及怎样处理节能减排与扩大就业的关系等问题。

受经济社会发展以及人口转变因素影响，中国经济在 2004 年以后逐渐步入刘易斯转折点，表现为劳动力短缺和普通劳动者工资水平的提高。然而，2008 年、2009 年，中国经济受到世界金融危机的不利影响，劳动力市场也经历了冲击。到 2009 年底，中国经济已经成功地实现了"V"字形的复苏，失业也得到控制，2010 年春节之后还发生了普遍的民工荒现象。刘易斯转折点是否会在金融危机之后继续发挥其对中国经济社会的影响，劳动力市场和社会保障领域面临怎样的挑战？这是本书所收集的各篇报告尝试回答的问题。

按照以往的结构，本书分为两篇，分别是有关就业和劳动力市场形势的专题报告，以及分析性的报告。在第一篇中，我们收入了不同政府部门提供的关于农民工情况的报告。虽然这些报告基于不同的调查，信息有一定的差异，但反映了相同的趋势。这些报告构成我们对农民工状况的认识基础。

在第二篇中，本书提供了关于人口发展趋势以及基于人口预测做出的劳动力供给分析的报告。本书还提供了从不同角度分析后金融危机时代劳动力市场和社会保护面临的挑战的报告。一方面，本书继续争论中国经济所处的发展阶段。就这个问题，虽然事实变得越来越明显，学术界和政策界仍然众说纷纭，莫衷一是。特别是对于劳动力供求关系的判断，远没有达成一致的认识。作者希望本书提供的分析能够说明劳动力市场供求关系的确发生了根本性的变化。另一方面，本书编者和作者绝非低估劳动力市场仍然面临的挑战。我们通过对劳动力市场主要参与者的分析，说明了未来哪些群体会主要面对哪些就业困难。更重要的是，中国要保持可持续增长，就需要顺应经济发展阶段的新需求，探寻经济增长源泉，包括从劳动力市场领域、人力资本培养领域和社会保护领域。

05 中国人力资本投资与劳动力市场管理研究

【书名】中国人力资本投资与劳动力市场管理研究

The Research on China's Human Capital Investment and Labor Market Management

【作者】姚先国，张俊森

Yao Xianguo, Zhang Junsen

【出版社】中国劳动社会保障出版社

China Labor & Social Security Publishing Press

【出版时间】2010 年 2 月 1 日

【内容提要】按照课题立项的要求，本项目旨在运用现代劳动经济学、人力资本和劳动力市场管理的前沿理论，研究如何通过加强人力资本投资，改善劳动供给，促进劳动力市场供求均衡和制度变革，建立规范有序的劳动力市场运行机制，合理配置与高效使用劳动力资源，增强中国经济活力，实现和谐社会构建的宏伟目标。需要研究解决的重点问题有：人力资本投资回报与投资决策、人力资本产权与劳资关系、教育市场与劳动力市场的有效衔接、义务教育与财政制度、产业结构与就业结构变动等。

呈现在读者面前的本书，是国家自然科学基金重点课题《中国人力资本投资与劳动力市场管理研究》的总结性成果，是课题组成员集体智慧的结晶。该课题是国家自然科学基金管理科学学部首个关于劳动力市场管理的重点课题。由浙江大学、香港中文大学、北京师范大学、浙江省劳动和社会保障厅联合组成的课题组荣幸地承担了该项目的研究。自2002 年立项，2003 年正式启动以来，课题组诸位同人刻苦努力，齐心协力，各司其职，各显其能，进行了卓有成效的研究，取得了一大批优秀成果。课题于 2007 年结题时，总计在国内外发表论文 98 篇，其中列入 SSCI 的国际重要期刊 7 篇，国内核心刊物 77 篇，其中《经济研究》、《中国社会科学》、《管理世界》等顶级刊物 5 篇，有近 20 篇被《新华文摘》、《中国社会科学文摘》、《人大报刊复印资料》转载。不少论文被广泛引用，还有数篇论文获省部级科研奖励，有些政策建议得到了领导批示或采纳。另有在国内外学术会议论文集发表的论文 17 篇，已出版专著 5 部。研究成果得到了基金委评审专家的高度评价，课题结题评审总体为优秀。

本书分为五个部分。第一部分为导论。第二部分为中国人力资本投资及其回报（第一章至第四章）。具体内容包括改革期间中国城镇的教育投资回报率：1988~2001、中国城镇教育投资回报率：基于双胞胎的研究、技能偏态型技术进步：人力资本投资的回报与决策、中国健康人力资本回报：1997~2004。第三部分为劳动力市场的供给与需求（第五章至第八章）。具体内容包括经济转型中的中国城镇女性劳动供给行为、中国城市次级劳动力市场中农民工劳动供给分析、高校扩招背景下的中国大学生就业失业问题、产业就业结构的演变。第四部分为劳动力市场流动与分割（第九章至第十二章）。具体内容包括中国劳动力市场分割的双重"二元性"、性别歧视、职业分割及其对工资差异的影响、劳动力市场工作搜寻：以农民工和下岗工人为例、中国的最低工资对就业的影响：2000~2004。第五部分为劳资关系整合（第十三章至第十六章）。具体内容包括中国劳资关系的城乡户籍差异、改制企业劳动关系的实证分析、从工会现状看劳资关系：来自浙江省的实证、民营经济发展与劳资关系调整：浙江劳动争议情况透视。

06 中国就业 60 年（1949~2009）

【书名】中国就业 60 年（1949~2009）

60 Years of China's Employment（1949–2009）

【作者】赖德胜，李长安，张琪

Lai Desheng，Li Changan，Zhang Qi

【出版社】中国劳动社会保障出版社

China Labor & Social Security Publishing Press

【出版时间】2010 年 1 月 1 日

【内容提要】2009 年是中华人民共和国成立 60 周年。在历史的长河中，60 年可谓是弹指一挥间。但是中国在这 60 年间却发生了翻天覆地的变化，在社会主义经济建设、政治建设、文化建设、社会建设等方方面面都取得了举世瞩目的成就。无论是从历史纵向来比较，还是从国际横向来比较，新中国 60 年的变化都是一个奇迹，值得大书特书。

2008 年，我们承担了国家社会科学基金重大项目"实施扩大就业的发展战略研究"。在研究过程中，我们强烈地感受到，就业作为民生之本，党和政府一直十分重视，而且成就显著。可以说，在一个有 13 亿人口的国家，就业问题解决得这么好，既是经济持续增长的重要源泉，也是中国奇迹的重要组成部分。我国现在正以科学发展观为指导，全面推进和谐社会建设。这要求进一步扩大就业规模，优化就业结构，提高就业质量。为此，需要大智慧。这种智慧，来自于现实，来自于他国，来自于历史。新中国成立 60 年来，就业工作始终受到党和政府的高度重视，可以说，很多制度安排和政策措施的出台和实施，都是为了解决就业问题。总结 60 年来就业工作的经验和教训，无疑对于未来扩大就业具有非常重要的借鉴意义。这是本书写作的初衷。

《中国就业 60 年（1949~2009）》主要围绕 60 年来中国就业形势变化与发展战略演变两者之间的互动关系，阐述各个历史时期就业形势的特点与难点，以及该时期经济发展战略对促进就业的作用。为此，既要尊重历史，又要以现在的眼光反观历史，对就业发展的历程有客观描述，对相应的制度背景和发展战略有清晰论述，对相关理论有认真梳理，揭示出 60 年来在促进就业过程中的经验和教训。在此基础上，对未来的就业与发展战略选择做出展望。这是本书写作的追求。

全书共分 8 章，具体内容包括计划经济形成与"全面就业"制度确立、社会主义经济建设与就业波动、农村经济体制改革与农村剩余劳动力转移、劳动力市场初步建立与城镇就业、社会主义市场经济体制确立与就业市场化、和谐社会建设与积极就业政策、未来就业形势与就业战略的选择。本书可供各大专院校作为教材使用，也可供从事相关工作的人员作为参考用书使用。

07　战略劳动关系管理理论与实务

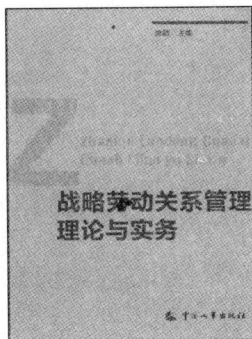

【书名】战略劳动关系管理理论与实务

The Theory and Practice of Strategic Labor Relations
Management

【作者】唐鑛

Tang Kuang

【出版社】中国人事出版社

China Human Resources Publishing Press

【出版时间】2010 年 8 月 1 日

【内容提要】2008 年爆发的国际金融危机对世界各国都产生了较大的冲击，目前世界经济走出衰退的迹象虽然有所显现，但经济运行仍然面临诸多不确定因素。先是自 2008 年 9 月以来，我国以外贸出口加工制造业为主的企业大面积停产，大批农民工返乡，国内企业规模裁员和职工待岗歇业增多，欠薪、断保甚至欠薪逃匿不断发生，劳动关系的不稳定性增加，后是 2009 年 6 月以后，部分行业和地区又出现"用工荒"，随着国内经济企稳回升的态势逐步明显，更加凸显劳动用工领域的这种锐变并不是劳动供求关系在短期发生了大的变化，而是深刻反映了企业劳动关系管理在调节劳动供求中的作用，在"用工荒"的表象下，实质上是劳资双方新一轮博弈的开始，这也给我们政府决策部门提出了新的挑战。

本书从合法、合情、合理三个层面论述了企业战略劳动关系管理的基本原理和管理实践；探讨了企业劳动关系管理流程中的雇用、招聘、职位管理、制度建设、薪酬设计、绩效管理、解除合同以及员工关系管理等各个环节所面临的法律问题、管理问题，目的是通过企业劳动关系的战略管理，改善组织绩效，实现员工和组织的共同发展。

全书共分为八章。第一章为战略劳动关系管理。具体内容包括劳动关系与劳动关系管理、劳动关系管理的冰山模型、劳动关系管理冰山模型的理论基石、战略劳动关系管理。第二章为雇用决策与招聘。具体内容包括雇用决策与招聘的合法性问题、雇用决策与招聘的管理实践、雇用决策与招聘的经济学分析。第三章为职位管理。具体内容包括职位管理的合法性问题、职位管理的最优实践、职位管理的经济学分析。第四章为培训与发展。具体内容包括员工培训的合法性问题、培训与发展的最优实践、员工培训的经济学分析。第五章为绩效考核与绩效管理。具体内容包括绩效考核的合法性问题、绩效管理的最优实践、绩效考核与绩效管理的经济学分析。第六章为薪酬管理。具体内容包括薪酬管理的合法性问题、薪酬管理的最优实践、薪酬管理的经济学分析。第七章为劳动合同的解除。具体内容包括劳动合同解除的合法性问题、劳动合同解除的最优管理实践、劳动合同解除的经济学分析。第八章为员工关系管理。具体内容包括员工关系管理的合法性问题、员工关系管理的最优实践、员工关系管理的经济学分析。

08 全球视野下的产业与劳动关系发展

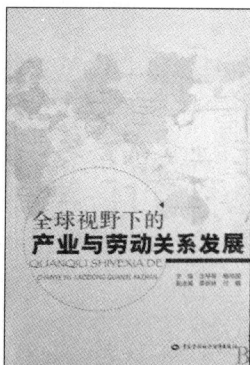

【书名】全球视野下的产业与劳动关系发展

The Development of Industry and Labor Relations
Under Global Perspective

【作者】沈琴琴，杨伟国

Shen Qinqin，Yang Weiguo

【出版社】中国劳动社会保障出版社

China Labor & Social Security Publishing Press

【出版时间】2010 年 1 月 1 日

【内容提要】自 1978 年以来，中国的经济体制逐步从传统的中央计划体制向社会主义市场经济体制转型，劳动力市场逐步形成、建立和健全起来，促使劳动关系实现了转型发展，即从计划经济体制下的行政化的利益一体型劳动关系通过利益分化逐步向市场化的利益协调型劳动关系转变。当前，中国的市场经济体制改革在全球化背景下日趋深入，社会结构和利益格局发生深刻调整，劳动关系矛盾也进入了多发期。劳动者合法权益的实现遇到了许多新情况和新问题，需要我们深入研究，解放思想，及时提出应对的思路和具体的措施。因此，既深入研究并有效借鉴成熟市场经济国家的经验，又参照发展中国家和转型国家的改革经验，对于更好地解决我国出现的劳动关系问题，建设具有中国特色的和谐的劳动关系体系具有极为重要的理论意义和实践意义。基于以上考虑，本书的基本立意在于深入全面地研究全球范围内产业关系与劳动关系实践的发展状况与形成机理，满足我国市场化条件下劳动关系调整的需求，推动劳动关系理论研究的进步，为我国劳动关系的和谐发展提供翔实的最佳实践基础。

"他山之石，可以攻玉。"尽管在国际社会中，各国的基本国情不同，所处的经济发展阶段相异，但由于都实行社会化大生产和市场经济，所以，世界各个国家在全球化背景下所确立的适应本国国情又各具特色的劳动关系协调机制的实践经验完全可以为我们借鉴和参考。由于成熟的市场经济国家所经历的历史阶段以及目前劳动关系的发展具有成熟性，而发展中国家以及社会转型国家所遇到的问题或许与我国更为相近，它们的政策选择无疑具有较强的参考价值，所以，为了更好地借鉴他国的经验，本书的研究对象既涉及美国、英国、德国、法国、日本等发达国家，也涉及印度等发展中国家和东欧转型国家，以求全方位地探讨不同地区、不同类型国家的劳动关系特征以及各国协调劳动关系的内在机理。

本书主要运用劳动经济学和劳动关系的基本理论深入分析不同国家各具特色的劳动关系特征以及劳动关系调整制度。书中对每个国家均选择一个能够体现该国劳动关系发展变化基本特征的典型案例，由此引导研究该国劳动关系发展的历史与制度背景，探求导致当前劳动关系现状的社会经济大背景，为理性地判断该国劳动关系的发展趋势提供基本框架。同时，力求对该国劳动关系发展中的特色主题进行详尽分析，以求深度理解该国劳动关系发展的本质与特点，以便更好地借鉴其他国家的经验，为我国制定积极的劳动关系协调政策提出应对的思路和具体的措施，从而推动建立规范有序、公正合理、互利共赢、和谐稳定的社会主义新型劳动关系。

09 中国就业的宏观经济决定机制研究

【书名】中国就业的宏观经济决定机制研究

The Research of Chinese Employment Macroeconomic Decision Mechanism

【作者】田成诗

Tian Chengshi

【出版社】人民出版社

People's Publishing House

【出版时间】2010 年 11 月 1 日

【内容提要】本书运用现代计量经济学理论和方法，对中国就业的宏观决定机制进行定量分析，揭示了宏观经济指标对中国就业影响的特点与效果，深入探讨就业问题自身的发展规律及其与众多宏观经济因素之间的相互作用关系，力图从宏观经济和产业政策调整中找到解决中国就业问题的新途径。在实证分析的基础上，本书还借鉴国内外经验，提出了建立促进就业长效机制以缓解中国就业压力的宏观对策思路和政策取向，以期为就业的宏观调控决策提供依据。本书特别注重定量分析技术，定量研究是本书的突出特色之一。

本书全面地描述了中国就业现状，提出了宏观经济视野下研究中国就业问题的重要性和主要研究方法。阐述了利用有效就业量分析就业问题的必要性，对名义就业与有效就业在不同经济体制下的数量关系进行分析，并利用改进的测度方法测度了 1952~2005 年中国农村和城镇有效就业理论及中国有效就业量的测算。建立了影响就业的投入产出指标体系，构建了就业的协整模型和误差修正模型、基于经济增长理论的中国就业决定的经济计量模型以及基于 BP 神经网络的就业预测模型，并作了实证分析。探讨了经济发展周期性波动对就业波动的影响程度和规律，考察 GDP 和就业总量的周期波动规律，研究了就业与其他宏观经济投入产出指标周期性波动的相关性关系，研究了基于频率的有效就业增长率与 GDP 增长率的回归模型以及经济周期波动对就业的影响模型。构建了中国就业变动规律的系统动态模型，对中国就业量的变动演变进行模拟，并对若干个设定就业调控模式进行仿真、优选。从经济增长与促进充分就业的积极互动关系等角度，提出了宏观视野下解决中国就业问题的政策路径。

全书分为三章。第一章为研究意义、理论基础及基本内容。具体内容包括宏观经济视野下研究中国就业问题的重要性、研究意义、理论基础及基本内容、本书的研究方法与创新之处。第二章为有效就业理论及中国有效就业量的测算。具体内容包括相关概念及有效就业理论、有效就业框架下研究中国就业问题的必要性、中国有效就业量测算范围的认识、中国有效就业量的测算。第三章为基于投入产出变量的中国就业决定模型及实证研究。具体内容包括影响就业的投入产出指标体系、中国市场化就业决定模型——基于协整理论的分析、中国就业决定模型——基于经济增长理论的分析。

10 城乡统筹劳动力市场建设与国家竞争力研究

【书名】 城乡统筹劳动力市场建设与国家竞争力研究
The Research of Urban-Rural Labor Market
Construction and National Competitiveness

【作者】 袁志刚
Yuan Zhigang

【出版社】 复旦大学出版社
Fudan University Press

【出版时间】 2010 年 9 月 1 日

【内容提要】 城乡统筹发展，就是通过各种生产要素在统一的城乡空间维度和可持续发展的时间维度上达到一个动态的、有效的、均衡的配置，促进城乡劳动生产率大幅提高、居民收入快速增长，实现城乡共同富裕、共创和谐的最终目标。本书前三章分析了我国劳动生产率在地区结构、产业结构和内外结构等方面存在的诸多问题，指出城乡统筹发展任务的复杂性和艰巨性。后五章指出在城乡统筹发展的过程中实现劳动生产率的全面提高、产业升级和平衡发展，在宏观层面则表现为经济长期增长、社会和谐进步。要实现这一目标，深化劳动力市场改革、教育体制改革和社会保障体系改革将是未来制度变革的重中之重。

经过 30 多年的改革开放和经济发展，我国总体上已进入以工促农、以城带乡的发展阶段，进入加快改造传统农业、走中国特色农业现代化道路的关键时刻，进入着力破除城乡二元结构、形成城乡经济社会发展一体化新格局的重要时期。中共十七届三中全会上《中共中央关于推进农村改革发展若干重大问题的决定》释放出来的最强烈的一个信号就是统筹城乡发展，促进城乡经济发展一体化。城乡统筹发展，就是通过各种生产要素在统一的城乡空间维度和可持续发展的时间维度上达到一个动态的、有效的、均衡的配置，促进城乡劳动生产率大幅提升、居民收入快速增长，实现城乡共同富裕、共创和谐的最终目标。

但目前来看，我国的劳动生产率在地区结构、产业结构和内外结构等方面还存在诸多问题，折射出城乡统筹发展任务的复杂性和艰巨性。本书的第一章至第三章就上述问题展开了深入分析。

第一章讨论了我国劳动生产率的"地区结构"差异与劳动力市场的地区发展不平衡问题。作者首先通过细致的统计计算，描述了我国八类地区的人均 GDP、总量 GDP 和就业人数等指标的变动趋势，结果发现改革开放以来我国地区间经济活动的空间分布不平衡愈演愈烈，经济活动持续地向沿海地区集聚。随后的计量研究表明，劳动生产率对就业密度的弹性系数达到 8.8%左右，这一正弹性系数将导致非农产业存在着空间上的规模报酬递增特征，集聚效应通过累积循环机制使地区间的经济发展出现两极分化，地区间劳动生产率和收入差距将不断扩大，计量结果显示就业密度与人力资本两项对劳动生产率差异的解释力达到 62%。在政策层面，上述研究意味着各个地区须尽量利用制造业或服务业规模报酬递增的地方化特性，通过加快由工业化带动的城市化步伐来提高地区劳动生产率。可以选择的措施包括：加快从农业中转移剩余劳动力、加快公共基础设施建设以及通过加强教育和医疗投入的方式加大人力资本投资。总之，通过改善软硬件环境来提高劳动生产率、提高未来中国的国际竞争力。

11 中国居民收入分配年度报告 (2010)

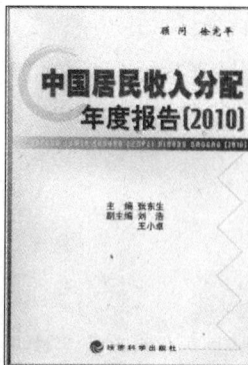

【书名】中国居民收入分配年度报告 (2010)

The Annual Report of the Distribution of Income in China (2010)

【作者】张东生

Zhang Dongsheng

【出版社】经济科学出版社

Economic Science Press

【出版时间】2010 年 12 月 1 日

【内容提要】优化国民收入分配格局、缩小收入分配差距，既是推动科学发展、加快转变经济发展方式的迫切需要，也是促进社会公平正义、构建社会主义和谐社会的必然要求。为跟踪我国居民收入分配的变化状况，分析收入分配有关政策的实施效果，推动收入分配的相关研究与改革，国家发改委就业和收入分配司组织编写了《中国居民收入分配年度报告 (2010)》，这是连续七年出版中国居民收入分配的系列化报告，献给广大的关心收入分配问题的读者。

本书共分九章。第一章为 2009 年全国居民收入分配总体状况。具体内容包括居民收入及变化情况、居民收入的来源构成及变化趋势、居民收入总量在城乡之间的分配、居民收入总量分配中存在的问题。第二章为 2009 年城镇居民收入分配状况。具体内容包括城镇居民收入状况、城镇居民收入增长特点、城镇居民总收入来源构成、城镇居民收入分配差距、城镇居民转移性收入大幅增长。第三章为 2009 年农村居民收入分配状况。具体内容包括农村居民收入状况、农村居民收入分配差异特征、农村居民收入差异的影响因素分析。第四章为 2009 年地区间居民收入分配状况。具体内容包括各地区居民收入分配状况、东、中、西部及东北地区的居民收入比较、按产业结构分组的城乡居民收入比较。第五章为 2009 年不同行业和经济类型的职工工资状况。具体内容包括全国行业平均工资状况与变化趋势、分地区行业平均工资状况与变化趋势、分经济类型行业平均工资状况与变化趋势、不同行业和经济类型间工资差距现状及原因分析、非公企业、私营企业及劳务派遣工的就业和工资状况。第六章为 2009 年居民金融资产负债状况。具体内容包括居民金融资产负债总额及结构变化情况、近年居民金融资产负债变化特征、居民金融资产负债的国际比较、对居民金融资产负债状况应关注的问题、对改善居民金融资产状况的几点建议。第七章为 2009 年个人所得税的征收与管理。具体内容包括个人所得税征收的基本状况、个人所得税对收入分配的调节状况、影响个人所得税调节收入分配作用的因素。第八章为 2009 年社会保险基金收入与支出状况。具体内容包括我国社会保险基金运行的主要特点、社会保险基金运行情况、主要问题。第九章为 2009 年城乡社会救助状况。具体内容包括社会救助各项事业发展概况、困难和问题。前六章是收入分配的年度统计报告，包括全国居民收入分配总体状况，按城乡、地区、行业、经济类型分组的收入分配状况以及居民金融资产负债状况。这部分与以前的年度报告具有连续性，其基本数据及变化情况可以互为参照和比较。第七章、第八章和第九章是与其有关的再分配内容，主要是关于我国个人所得税、社会保险和社会救助等再分配领域的工作进展和情况。最后，本书整理了 2009 年出台的收入分配政策性文件以及主要统计资料作为附录，便于读者查阅和参考。

12　劳动力市场双重二元分割下工资决定机制研究

【书名】 劳动力市场双重二元分割下工资决定机制研究

Research on the Mechanism of the Wage Determination
under the Double Binary Segmentation of Labor Market

【作者】 晋利珍

Jin Lizhen

【出版社】 经济科学出版社

Economic Science Press

【出版时间】 2010 年 12 月 1 日

　　【内容提要】 如果说在计划经济体制下工资决定是典型的政府行政化单一决定，那么在进行了 30 多年市场趋向的改革后，不同行业间的工资将由哪些因素决定？其中有没有规律可循？本书认为，对人力资本的定价需要劳动力市场的细化，因为中国实现的劳动力市场并不是统一的、完全竞争的市场，劳动力更非同质的。受市场因素、制度性因素与社会性因素的相互影响，中国现实中的劳动力市场存在着城乡分割、所有制分割、部门分割、产业分割、行业分割以及职业分割等。随着市场化进程的推进，在当前以及未来对中国劳动就业、工资决定与经济增长影响最为深刻的将是垄断—竞争格局演变中的劳动力市场行业分割以及在其框架之下的主要市场与次要市场的二元分割，本书将其称为劳动力市场双重二元分割。这种分割对劳动力市场的供求以及不同人力资本水平和身份特征的劳动者的就业机会与工资差异产生了重要影响，使工资决定机制发生扭曲，继而派生出效率的损失和公平的代价。在本书中，作者综合使用马克思主义经济理论、劳动力市场分割理论、新古典理论与新制度经济学理论，比较系统地研究了中国劳动力市场双重二元分割下工资决定机制差异的成因及机理。并结合党的十七大报告中"初次分配和再分配都要处理好效率和公平的关系，再分配更加注重公平"的新提法，对工资决定中的效率与公平的关系进行了理论上的再研究。

　　具体来说，本书进行的研究工作主要包括以下五个方面：①在异质劳动理论假设下，结合产权理论、价值分配理论以及管理学视角下的人力资源价值计量，比较系统地探讨了异质劳动假设下工作的决定问题，即人力资本定价问题。②对改革开放 30 年来的行业工资差距进行了历史的纵向实证考察，验证了行业工资差距中的垄断效应与人力资本效应，在此基础上，通过建立多元回归计量模型，验证了劳动力市场行业分割在中国的存在。③提出了劳动力市场双重二元分割的概念与理论分析框架，分析了劳动力市场双重二元分割下工资决定机制差异的成因及机理。④紧密结合党的十七大报告的新精神，对工资决定中效率与公平的关系问题进行了比较系统的探讨，指出工资决定市场化具有实效效率与公平相统一的内在客观机制，而工资决定非市场化才是造成工资决定中效率与公平双重缺失的主要原因。⑤依据研究结论，为进一步完善劳动力市场与工资决定机制提出了三个方面有针对性的对策建议，即深化垄断行业改革与治理，维护公平竞争的市场环境；尊重人力资本产权，建立市场化的人力资本定价制度；在公平正义的价值观指导下，推进社会保障制度和户籍改革制度。

本书共分为八章，作者通过对现实经验的一种理性思考，采用科学的方法对劳动力市场双重二元分割下工资决定机制作了深入的探讨和研究，具有较强的现实意义，可供从事相关工作的人员作为参考用书使用。

13　中国收入分配改革路线图

【书名】中国收入分配改革路线图

China's Income Distribution Reform Route Chart

【作者】中国（海南）改革发展研究院

China Institute for Reform and Development（CIRD）

【出版社】国家行政学院出版社

National School of Administration Press

【出版时间】2010 年 12 月 1 日

【内容提要】经过 30 多年的改革开放，我国经济、政治、社会、文化、外交等各方面都取得了辉煌的成就，国人共享改革发展带来的果实，世界有目共睹。当前我国发展进入关键时期，在内部环境上，发展阶段发生历史性跨越，社会需求结构明显变化；在外部环境上，后危机时代充满不确定性。中国面临历史性机遇，也面临前所未有的挑战。站在十字路口，对未来 10~20 年的改革发展趋势做出大的判断，规划设计后 30 年改革发展的路线图，是时代的需要。为此，中国（海南）改革发展研究院推出了《中国收入分配改革路线图》一书。本书是中国（海南）改革发展研究院有关收入分配改革部分研究成果和参加中国（海南）改革发展研究院研讨活动的部分专家提交文章的汇编，这些研究成果和专家文章形成于一定历史条件下，对我国的收入分配改革进行了前瞻性和战略性思考，提出了一大批建设性意见，本书在编辑时保留了文章的原貌。

本书认为，目前我国已从以温饱为主要目标的生存型阶段进入以人的自身发展为目标的发展型阶段。在这个特定的背景下，收入分配改革有突出的阶段性特点：利益关系相对稳定；利益博弈成为普遍现象；公共产品短缺成为突出矛盾；广大社会成员对公平分配的要求日趋强烈。总体而言，30 多年的改革开放实现了中国居民收入的大幅增长，但收入差距持续扩大、分配不公的问题逐步突出。着眼于公平与可持续发展，未来发展方式需要建立在消费主导的基础上。从这个角度看，新阶段推进国民收入分配格局调整，加快收入分配体制改革，对促进发展方式转型最为关键。

本书共分为六章：第一章着重关注了发展方式的转型与收入分配改革之间的关系；第二章重点阐述收入分配改革的现实困境；第三章关注了收入分配改革的着力点：还富于民；第四章探讨了收入分配改革的路径：体制创新；第五章探究了收入分配改革的关键问题：政府转型；第六章提供了收入分配改革的国际经验比较，为我国的收入分配改革提供借鉴。本书极富全局性、前瞻性和战略性，对中国收入分配改革的大背景、思路和改革重点做了具体的分析，形成了我国收入分配格局调整的基本思路，为读者提供了一个观察中国改革的新平台。

14 劳动力市场性别歧视与社会性别排斥

【书名】劳动力市场性别歧视与社会性别排斥

Sexism in the Labor Market and Sex Ostracism

【作者】张抗私

Zhang Kangsi

【出版社】科学出版社

Science Press

【出版时间】2010 年 5 月 1 日

【内容提要】本书对社会性别排斥及其典型行为——性别歧视将作比较全面的研究，特别是以经济学和社会学相结合的方法，论证女性就业难问题、女性职业边缘化、男女工资差距、女性提前退休及女性劳动保障和相关权利保护缺失等问题。提出在公共领域建立中国女性社会保障制度，减轻经济领域性别歧视及更广泛领域里的社会性别排斥，还特别提出建立与法律规定并行的监督和惩罚机制，实现男女在经济和社会方面的实际平等建议。全书由八章组成。

第一章为"绪论"。提出劳动力市场性别歧视及社会排斥的研究状况及现存问题，介绍本书的基本结构和内容，并阐述本书的尝试及不足之处。第二章为"社会性别相关问题及其研究"。首先，阐述社会性别、性别差异、性别不平等、性别歧视及不同含义，论述性别歧视的经济学解释及表现；其次，阐述社会性别排斥的含义；最后，阐述市场性别歧视与社会性别排斥的关系。第三章为"劳动力市场社会排斥问题：性别歧视的视角"。这部分内容涉及前劳动力市场、市场中和市场后性别歧视的表现：①前劳动力市场歧视剥夺的是劳动者与生俱来的能力和就业前所应当具备的能力；②劳动力市场歧视是指具有同等竞争能力的人，却受到不平等的安排、提升或者只得到与他们的表现无关而只是根据雇主的一些偏见所支付的工资报酬；③劳动力市场后，即劳动者因年龄等原因退出职业工作领域后进入的生存空间或生存状态，两性权益仍然不平等；④劳动力市场中"重男轻女"的原因之一是企业追求利润最大化的结果。第四章为"理论研究与评述"。包括三个方面：①劳动力市场性别歧视的理论研究；②社会性别排斥理论研究；③反性别歧视与排斥的理论研究。第五章为"性别歧视与排斥结果的经济学分析"。主要通过五个方面的论述，得出"劳动力市场歧视是一个不经济的行为"这一结论：①成本和收益的分析；②效率与福利社会的研究；③人力资本投资性别倾向性的恶果；④社会性别角色引起劳动力市场性别分割，女性社会定位顽固；⑤政府无论如何应该是市场秩序和社会道义的维护者。第六章为"性别排斥的社会学分析"。由三个方面组成：①性别歧视历史文化背景考释；②性别排斥的社会原因；③反社会排斥政策的国际比较。第七章为"相关法律与法规评析"。从宪法及婚姻和财产、社会保障、劳动与人事方面的法规与政策、对法规与政策实施中的问题和评价等角度，对政府行为的影响进行了剖析。结论是：政府在提倡性别平等的同时，自觉不自觉的也进行了性别歧视，包括土地和财产制度、分配制度、社会保障制度等。第八章为"结论及评论"。包括三个方面：①经济学结论：被歧视群体与歧视群体所分担的歧视成本是不成比例的，前者负担的多，后者负担的少，市场效率不优，福利流失；②社会学结论：性别歧视是一种社会观念性的行为，观念强于利益，非竞争性的因素力量强大，最终潜移默化地形成对女性在各个方面的排斥；③中国现行制度研究结论：法律制度不健全，公共政策制定过程缺乏性别视角，制度法规可操作性不强，政府监督监管乏力，政策落实存在性别歧视。建议是：由经济学分析建议降低女性雇员成本，提高性别歧视成本。由社会学分析建议加强文化假设，鼓励性别互助网络建设，特别要重视公共政策性别意识的建设。

15 农村劳动力转移与农民收入

【书名】农村劳动力转移与农民收入

Rural Labor Transfer and Farmers'Income

【作者】农业部软科学委员会办公室

Department of Agriculture Soft Science Committee

Office

【出版社】中国财政经济出版社

China Financial & Economic Publishing House

【出版时间】2010 年 9 月 1 日

【内容提要】我国工业化进程中农村剩余劳动力的转移不仅其规模在世界上是空前巨大的，而且影响广泛而深远。我国农村剩余劳动力的转移直接影响我国的工业化和城镇化发展进程，是我国国民经济综合发展与和谐社会的重要组成部分。收入问题是"三农"问题的核心，也是实施扩大内需战略、保持国民经济持续协调发展的关键。农业部软科学委员会在梳理相关研究成果的基础上，形成了本书。

第一部分"农村劳动力转移进程与现状"主要由两块研究组成。"2004~2006年农村劳动力转移就业研究"总结了转移的历程和基本情况，改革开放以来可划分为三个阶段（1978~1991年就地转移阶段、1992~2003年全面转移阶段、2004年至今优化转移阶段）。并分析了农村劳动力转移就业的区域差异及其原因以及农村劳动力转移就业的宏观微观影响因素；"有利于农民增收的就业促进政策研究"主要讨论了新时期农村劳动力转移就业的新特点、新趋势，说明国民经济增长是农村劳动力转移就业的前提。

第二部分"农村劳动力转移的意义与影响"。从对农村、对城市和对整个国民经济这三个方面来看农村劳动力转移的意义与影响。对农村：①外出务工成为农民增收的主要来源；②长期来看对农业生产尤其是粮食生产的不利影响。对城市：①成为促进城市经济结构升级和社会事业发展的重要契机；②推动旧的管理体制不断改革创新；③新旧群体融合需要一个长期艰难过程。对国民经济：①增强我国工农业产品国际竞争力的必然选择；②工业反哺农业、城市文明辐射农村的现实途径；③影响农村居民消费水平从而影响国民经济；④对我国应对国际金融危机的影响。

第三部分"农村劳动力转移就业存在的问题"。①农村劳动力加快转移后引发的社会问题凸显；②农村劳动力素质低下使得其就业面狭窄，工资待遇低；③农村进城务工人员社会管理和服务方面存在诸多问题；④进城农民工融入城市社会存在制度性歧视。

第四部分"积极促进农村劳动力转移就业"。①突出宏观政策的就业目标，选择有助于扩大就业的经济发展方式和结构调整方向；②支持劳动密集型产业发展，发挥中小企业和乡镇企业吸纳就业的新优势；③推进有就业需求的城镇化进程，构建农民转移就业的新载体；④实施农业产业振兴计划，开辟农业内部就业新领域；⑤实施农民培训计划，着力提升农民就业能力；⑥统筹城乡发展，改善农民就业制度环境。

第五部分"千方百计增加农民收入"。我国各地农民收入水平低且不均衡，阻碍我国农民发展的原因有：户籍制度的束缚、农村人力资源的制约、农产品需求价格弹性小、农产品价格体制与市场脱节、生产资料居高不下等。造成中西部地区收入差距大的原因是：资源环境条件的不均等、农村教育发展不均衡、非农业发展不均衡、市场化发展不同步等。缩小城乡居民收入差距包括五个方面：①要靠政府调节；②关键是加快农民增收；③要注重开辟农民增收的新领域；④要研究建立长效机制；⑤需要加快探索建立农村的社会保障制度。

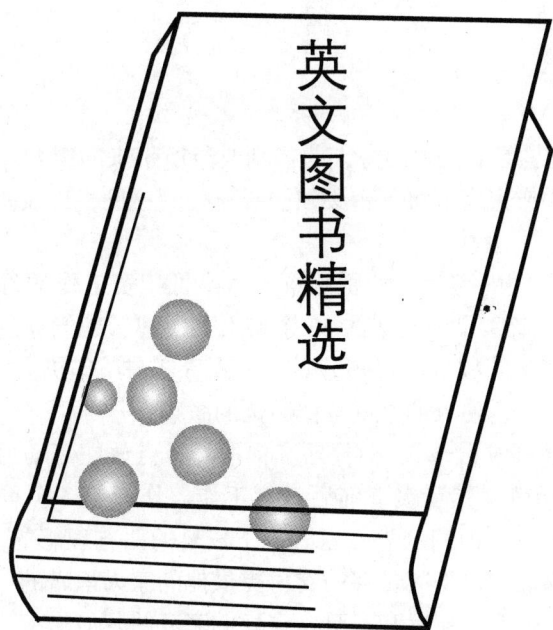

英文图书精选

01 Both Hands Tied: Welfare Reform and the Race to the Bottom in the Low-Wage Labor Market

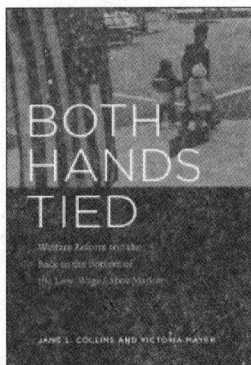

【书名】两头受限：低工资劳动力市场上的福利改革和竞次

【作者】简恩·刘·柯林斯，维多利亚·梅耶

【出版社】芝加哥：芝加哥大学出版社

【出版时间】2010年5月1日

【内容提要】本书描述了工作中的穷人的福利改革所带来的影响。作者运用历史的方法，通过询问他们的工作或家庭危机是否必须去寻求福利援助，以及福利如何影响他们的工作生活等来进行研究。

本书研究了美国工作中的穷人，特别侧重于从事低工资工作的母亲和福利之间的关系。居住在米尔沃基和威斯康星州拉辛的33个妇女，讲述了她们通过斗争来争取儿童福利和国家补贴以和贫困斗争的故事。1996年的《个人责任与工作机会协调法案》和其他志同道合的改革，提供了一个诱使人们重返工作岗位的激励。

不同于其他书籍的"福利改革"，柯林斯和梅耶将重点放在劳动力成员的综援受助人上。事实上，所有的受访者在接受援助前后都有工作。作者的一个重要术语"孤工资谈判"（Solitary Wage Bargain），他们认为已经取代了较早的西方理想的"家庭工资"。产业空洞化，工资收入保障男性的模型有足够的支付提供他的家人承诺的一种手段，在社会再生产通过支持妇女生下的子女，照料和家政，烹饪，家庭的其他需求。由于大部分受助人获得福利（通常是其他形式的援助），无论是在分娩时，留在家里一个生病的孩子或关心别人谁生病或本身是残疾人或虐待。"工作第一"的方案，迫使这些妇女为这些工人创造了一个残酷的没有输赢的情况的官僚规则。他们已经是工人，有的已经获得了体面的工作。现在，他们被迫在很短的时间到社区从事服务工作，或从事最困难的低工资工作，或者福利被削减。

【书名】Both Hands Tied: Welfare Reform and the Race to the Bottom in the Low-Wage Labor Market

【作者】Collins, Jane Lou and Victoria Mayer

【出版社】Chicago: University of Chicago Press

【出版时间】May 1, 2010

【英文提要】These describe the impact of welfare reform of the working poor. With historical methods in their research work, ask if they work or family crisis must be to seek welfare assistance and program subjects, as well as the welfare impact of their work life. The respondents represent the growth of low-wage service sector. They provide the main source of income to support their families and the described as "our current labor market and social policies of the system the plight of struggling families created by women".

Hands tied in the research work in the United States, the poor, with particular emphasis in the relationship between low-income working mothers and welfare. In 33 women, living in Milwaukee and Racine, Wisconsin, the basis of experience, which tells the story of their struggle to weigh the child welfare and state subsidies to impoverish the revenue? Of the 1996 Personal Responsibility and Work Opportunity Reconciliation Act and other like-minded reform of laws for those in need of welfare rights, ended to check the situation of these women, and provides an incentive for them to return to work.

Unlike other books of the "welfare reform", Collins and Mayer focus on the labor members of the CSSA recipients. In fact, all of the respondents have been working before, and after receiving assistance. Of an important term "solitary wage negotiations" (solitary wage bargain), they believe they have replaced the earlier Western ideal "family wage". The hollowing out of industry, the male model of wage income security enough to pay his family commitments as a means of social reproduction through the support of women gave birth to children, care and housekeeping, cooking and other needs of the family. At least in theory, to explore if this used to work in practice points for the second half of the American society.

Convincing, Collins and Meyer believes that these women and operation of his hands tied behind his back. "Into the welfare of the majority of recipients (usually other forms of assistance), either in childbirth, stay at home with a sick children or care about others who are ill or are disabled or ill-treatment." "Work first" program forces the bureaucratic rules of these women to create a brutal, no-win situation for these workers. Workers and some have held a decent job more often than they might be called to work better. Now, they are forced to in a very short time to community service work, or work in the most difficult low-wage, or be cut from welfare.

02　EU Labor Markets After Post–Enlargement Migration

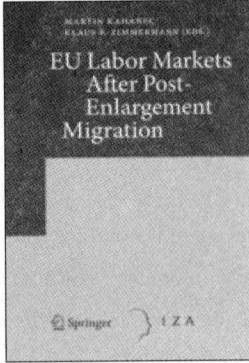

【书名】 欧盟劳动力市场扩大后的移民问题
【作者】 马丁·卡汉力，克劳斯·F.司马曼
【出版社】 海德堡：施普林格出版社
【出版时间】 2010

【内容提要】 欧盟新成员国的移民规定有没有影响西欧国家的福利？他们有没有抢当地人的饭碗？国家有没有遭受严重的人才外流或人口不稳定？本书整合了欧盟扩大后的劳动力迁移和对欧盟劳动力市场的影响的研究。基于严谨的分析和数据发现，没有任何证据指出移民的增加会取代本地工人，或降低其工资，或者更多地依赖社会福利。虽然人才外流引起了来源国的关注，但实际上，欧盟成员国之间的智力循环可以帮助解决它们的人口和经济的问题，并提高欧盟内的资源分配效率。这个教训是很清楚的，自由迁徙是解决劳动力市场困境和社会保障体系现金短缺的方案，而不是它们的敌人。

2004 年和 2007 年欧盟的东扩，引起了一些人口从低收入国家向西欧市场经济国家迁移的担心。迁移项目研究的初步结果是，一般情况下移民不会把当地公民从劳动力市场中挤出、降低他们的工资或垄断福利的支持。这些工人提供的熟练劳动力对所在国的经济发展做出了贡献。移民的输出国也受益于他们的汇款和所带回的新技能。

【书名】 EU Labor Markets After Post–Enlargement Migration
【作者】 Martin Kahanec，Klaus F. Zimmermann
【出版社】 Heidelberg：Springer–Verlag
【出版时间】 2010
【英文提要】 Immigration rules from the new EU member states，the threat of the Western welfare state? They grab the livelihood of the locals? Countries suffer from serious brain drain or population instability? Unprecedented contribution to this book integration expands migration and the EU labor market. Based on rigorous analysis and hard data，it makes a convincing case，there is no evidence that the expanded labor migrants will replace the local workers in the aggregate，or lower their wages，or that they will be more dependent on social welfare. Although the brain drain may in the concern of the country of origin，a matter of fact，the

cerebral circulation of the gap between expected in the EU member states may be help solve the problem of their population and economic, and in the European Union improve the efficiency of resource allocation. The lesson is clear: freedom of movement is a solution, rather than labor market plight of cash-strapped social security system, the enemy of the European Union.

In expand years of the eastern part of the in 2004 and 2007 EU the Western countries of caused some concern in low-income to the in the transition to by insertion through the market economy and a free society. The IZA migration project area of the preliminary results of migrant workers will not squeezed out the local citizens from the labor market, reducing their wages, or the support of monopoly welfare. These workers to provide skilled labor have contributed to the economic development of the country where. Countries of origin benefit from workers' remittances and their new skills.

03 Socialist Insecurity: Pensions and the Politics of Uneven Development in China

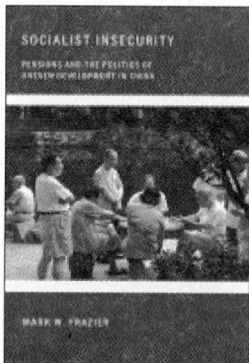

【书名】社会主义的不安全感：中国的养老金和发展不平衡的政治

【作者】马克·W.弗雷泽

【出版社】伊萨卡：康奈尔大学出版社

【出版时间】2010 年 1 月 7 日

【内容提要】 在过去的 20 年中，中国已迅速增加其公共养老金计划的开支，养老保险资金是政府最大的开支之一。尽管这样，只有约 5000 万名市民，相当于 1/3 国家的退休人口领取养老金。结合过关于中国的改革模式带来的不平等的增长和日益严重的暴力骚乱，老龄化社会的成本上升，给中国的政治领导人带来了其经济和社会政策的关键时刻。

本书探讨了中华人民共和国的养老金扩大政策，认为政府应推动扩大养老保险和医疗保险的覆盖面，当前城镇居民和农村居民在社会保险上的不平等并没有减少，而是复制了经济上的不平等。作者解释了这个矛盾的原因，他认为这种社保体系的不平等是由于负责养老金改革的政治行动者的决定者是城市官员和国有企业经营管理者。弗雷泽指出，中国高度分散的养老金管理，鼓励了地方官员的"掠夺之手"，收集大量的养老金和其他社会保险收入，并迫使这些城市养老金领取者的收入带来政治选区的再分配。

社会越不公平，中国福利政策的不平等就会更快增加，遇到其他发达国家面临日益增长的经济不平等一样的窘境。虽然福利国家形成的大部分解释是从今天成熟的社会福利制度的经验中所得。像中国这样的发展中国家，弗雷泽认为，提供新的领域，以探讨如何推动福利计划的发展，由谁来推动，谁得到最大利益。

弗雷泽分析了最近的变化，中国的老年退休金以每年超过 15% 的速度上升成为中国政府最为昂贵的开支。这些资金由当地市、县所控制，从国有企业被接管，已成为腐败收益的管道。政府声称养老金改革并没有帮助低收入的人口或地区。弗雷泽指出："中国的例子揭示了在大型经济体系与高度不平等之下福利政策的限制和可能性。"他指出，一旦它们被建立及发展起来，政策上很难减少这些收益，只会为未来的政府带来一个更大的财政负担。

【书名】Socialist Insecurity: Pensions and the Politics of Uneven Development in China

【作者】Mark W. Frazier

【出版社】Ithaca：Cornell University Press

【出版时间】January 7，2010

【英文提要】In the past two decades，China has been the rapid increase in the expenditure of public pension plans and pension insurance funds is one of the biggest expenditure in the government. Despite this，only about 5 million people，equivalent to one-third of the retired population of the country's pensioners. Combination of the unequal growth on the Chinese model of reform and the growing problem of violent riots，the rising costs of an aging society，bringing China's political leadership，a critical moment in its economic and social policies.

Of socialist insecurity，to explore pension policy in the People's Republic of China，that the Government to promote and expand the coverage of endowment insurance and medical insurance，urban residents and rural migrants has not been reduced，but to copy the economic inequality. He explained the apparent contradiction，the in through the to analysis of the decision of the responsible for the beating over pension reform political actors：city officials and state-owned enterprises operators and managers of. Fraser shows that China's highly fragmented pension management，and encourage local officials to "grabbing hand"，to collect a large number of pensions and other social insurance income，and forcing the income of pensioners in these cities，and an important political the redistribution of the constituencies.

The broader socialist insecurity，the inequality of welfare policy to achieve rapid growth，but encountered the same dilemma as other successful developed countries with increasing economic inequality. Although the formation of the welfare state expansion of most of the explanation is that the experience from today's mature social welfare system. Like the developing country like in Chinese，Fraser think that，to provide a new of land，in order to explore the development of the how to welfare plan，who to promote the process of，and the Who has seen a of the largest benefit from the.

Fraser，check the recent changes，rising at a rate most expensive feature of the Chinese government，the old age pension of more than 15 percent a year. These funds is controlled by the local city and county，was taken over from state-owned enterprises has become a pipeline of the proceeds of corruption. The Government claims that the pension reform did not help low-income population or region. Fraser pointed out that "the Chinese case reveals the limits and possibilities of the welfare policies in large economies with a high degree of inequality under". He pointed out that once they are to create and develop the policy is difficult to reduce these benefits，planting only the future government of a larger financial commitment.

04　Restoring the Power of Unions：It Takes a Movement

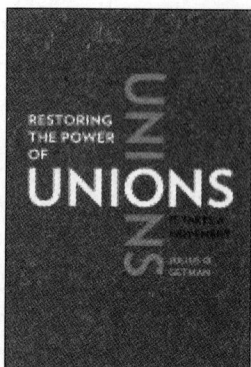

【书名】还原工会的力量：工会运动
【作者】尤利乌斯·G. 格季曼
【出版社】纽黑文：耶鲁大学出版社
【出版时间】2010 年 7 月 27 日

【内容提要】劳工运动是软弱和有分歧的，有些人认为它已经走向消亡。但是，劳动学者格季曼通过分析最近的事态发展，发现劳工运动的复活是可能的。他建议增强组织和创新技术和模式，以加强打击能力。最重要的是，他坚持认为，工会必须回到其作为一种社会运动的历史根源的角色中去。

格季曼使用酒店的和国际工会的餐馆员工的经历（HERE），说明当前劳动组织的成功与失败。他呼吁改革劳动法，他相信当前的劳动法能给雇主带来优势。他认为加强工会的罢工权比消除罢工工人的替代更为有效。格季曼批评当前的劳工运动的领导和结构，严厉斥责工会的领袖不愿冒风险进行"富有想象力的工业行动"，不能接受他们的组织职责和谈判的失败。

【书名】Restoring the Power of Unions：It Takes a Movement
【作者】Julius G. Getman
【出版社】New Haven：Yale University Press
【出版时间】July 27，2010
【英文提要】The labor movement is weak and divided. Some people think that has to die. However, labor scholars' grid Tudjman by examining recent developments show that the resurrection of the labor movement is possible. He suggested that organizations and innovative technologies, new models to strengthen the fight against weapons. Most importantly, he insisted that the union must return to its historical roots as a social movement.

Grid Tudjman experience of the hotel staff and restaurant staff of the International Trade Union（HERE）, describing the successes and failures of the current labor organization. He called for reform of labor law. He believed that the labor laws give employers an edge. His feelings to strengthen trade union rights strikes and eliminates the permanent replacement of striking workers more effectively. Grid Tudjman criticized the leadership and structure of the labor movement, lambasted the union leaders, they do not want to take risks "imaginative industrial action", accept the responsibility of their organization and the failure of the negotiations.

05　Social Security：A Fresh Look at Policy Alternatives

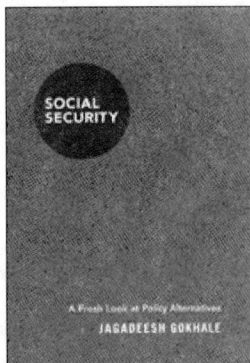

【书名】社会保障：重新看看政策选择
【作者】戈卡莱，杰盖蒂史
【出版社】芝加哥：芝加哥出版社
【出版时间】2010 年 4 月 15 日

【内容提要】许多人正在怀疑，社会保障最终无法避免地面临破产。政府财政预算使用的是早已过时的方法。作者通过运用更多的最新方法进行分析后发现，社会保障方案面临的破产远远比以前认为的更快。

作者建议使用 DEMSIN、人口和经济的微观模拟来改革社会保障。这种独立的、私人部门倡议考虑到人口和经济的变量之间的互动关系，尤其是在劳动收入方面。他的研究成果建立在基准假设的基础上，即真实的财务状况是远远落后于官方所预测的。

作者构造了一个塑造美国的人口和经济的模型来预测其社会保障体现未来演变的详细的模拟。然后，他使用这个模拟分析了六个社会保障改革方案，包括两个自由派、两个中间派和两个保守派，用来分析这些方案能将恢复方案的财务状况恢复到何种情况，如何减少人口利益在这些方案中受到的伤害。

社会保障的争论已经持续了几十年，但它们发生在一个相对的信息真空的地方，必须提供充足的、必要的分析以保证任何人都能参加这个重要的辩论。

社会保障是创新的、有趣的和重要的。作者提供了一个新的评价各种社会保障改革方案的方法，这将吸引广泛的读者，包括美国国会和白宫的决策者以及经济学家来关心退休后的收入。

【书名】Social Security：A Fresh Look at Policy Alternatives
【作者】Gokhale，Jagadeesh
【出版社】Chicago：University of Chicago Press
【出版时间】April 15，2010
【英文提要】Many people are wondering that social security ultimately cannot avoid bankruptcy. Government financial budget use outdated methods. The use of the latest methods, the authors argue that the bankruptcy of the program is far faster than previously thought.

With a detailed analysis of six well –known proposals, the use of micro DEMSIN, population and economic analogy reform the social security. The independent and private sector initiatives to take into account the interaction between population and economic variables, especially in terms of labor income. The results of his research is founded on the method of baseline assumptions, the true financial condition is far lagging behind the official forecast.

The fate of social security to more accurately assess the current and alternative policies, the authors construct a shape of the U.S. population and economic strength, to predict their future evolution of the detailed simulation. He then uses this simulation analysis of six prominent social security reform package two liberals, two middle and two conservative prove how far they will restore the program's financial condition and population groups, will help in this process injury.

Social Security debate has been going on for decades, but they have taken place in a relative vacuum, Social Security provides the necessary analysis will prove to be the cornerstone of any vital stake in this important debate.

Social Security is an innovative, interesting and important. Authors on the title commitment to provide a new evaluation of a variety of plans to reform Social Security, which will attract a wide readership, including policy makers in Congress and the White House economists are concerned about retirement income.

06　Pensions in the Health and Retirement Study

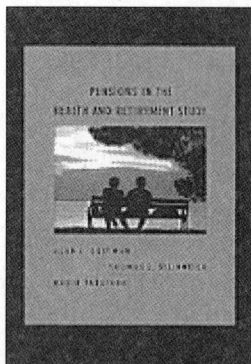

【书名】健康与退休养老金研究

【作者】葛思曼·艾伦·L.，托马斯·L.施泰因迈尔，纳海德·塔巴塔巴伊

【出版社】马萨诸塞州：哈佛大学出版社

【出版时间】2010 年 5 月 1 日

【内容提要】本书通过对密歇根大学进行的 50 岁以上的人的调查收集的养老金数据的仔细分析，介绍了健康与退休的研究情况。作者使用医疗和退休研究（HRS）的数据来探索（1992~2006 年）美国退休年龄人口的退休金，并把它联系到其他的退休财富。研究关注了各种收入不同的项目类型、价值、参与和资格年龄。固定收益养老金计划和改变的退休收入来源在不同组群之间的比较可显示出供款的转变。计划说明允许研究人员来确定员工是如何了解自己的养老金。他们的研究结果表明参与养老金比一般认为的更广泛，妇女的养恤金迅速提高，当前退休年龄人口以及总财富的减少相对于 2008~2009 年股票市场中下跌的是相对较小的。

本书重点研究了养老金的类型和参与计划，以及不同类型的养老金的价值如何影响退休年龄，如何影响工人何时离开公司的计划，如何让人们了解他们养老金的退休储蓄作为家庭财富的份额中的重要性；介绍退休年龄人口的脆弱性，以应对当前的金融危机。

本书介绍说明了健康与退休研究的结构和管理，并概述了养老金发展的历史和趋势。本书包含了丰富的图表信息，这些是基于健康与退休研究网站提供的基础数据。

【书名】Pensions in the Health and Retirement Study

【作者】Gustman, Alan L., Thomas L. Steinmeier, and Nahid Tabatabai

【出版社】Cambridge, Mass.: Harvard University Press

【出版时间】May 1, 2010

【英文提要】This book introduces the Health and Retirement Study, a careful analysis of pension data collected by the age of 50 unique survey conducted by the National Institute on Aging from the University of Michigan. Of health and retirement study（HRS）data to explore the pension of retirement age population in the United States（1992–2006）and it linked to other post-retirement wealth. They are concerned that the project type, value, participation and eligibility age for a variety of income. The comparison between the different groups of sources of retirement income from defined benefit pension plans and changes to show the changes in a defined contribution. The project description allows researchers to determine how employees understand their pensions. Their findings show that participation in pension than is generally believed that the broader women's pensions are a rapid increase in the current retirement age population and the reduction of total wealth in the stock market from 2008 to 2009 decline is relatively small.

This book focuses on pensions, including the type and participating in the scheme, the pension eligibility age, the pension value of the different types, how pension value of the retirement age of the main features, how to plan to address the workers leave the company, how people understand their pension, pension retirement savings in gold, as the importance of the share of household wealth, and retirement vulnerability of the population to cope with the current financial crisis.

This reference contained in the Health and Retirement Study, more than 50 survey of U.S. residents conducted by the Institute on Aging, pension data collected to conduct a comprehensive statistical analysis. Used to examine the main features include the type and value of pension plans, welfare eligibility age, pension, pension plan management, and participants from the study data, how to understand their pension to provide a percentage of the overall retirement savings, risk faced with the retirement age population during the economic downturn. Description of the structure and management of the Health and Retirement Study, and provides an overview of the history and trends of a pension. This work contains a rich table, which is the basis of data provided by the researchers on the Health and Retirement Study website.

07 Mothers' Work and Children's Lives: Low-income Families after Welfare Reform

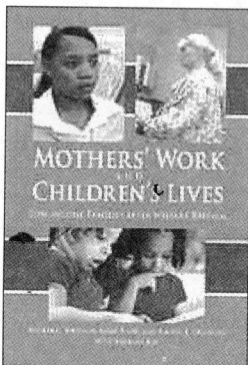

【书名】母亲的工作和孩子们的生活：福利改革后的低收入家庭

【作者】约翰逊·克 C., 阿里尔·凯莉, 瑞秋·E.多芬, 芭芭拉·雷卡拉马祖

【出版社】MI：W.E.厄普约翰就业研究所

【出版时间】2010 年 1 月 1 日

【内容提要】在 1996 年颁布的，要求单亲家长每周参加至少 30 小时的工作活动的抚养未成年儿童家庭援助计划（TANF）于 2006 年重新得到授权。两个单亲家庭每周必须工作 35~55 小时。虽然这项政策为低收入妇女进入并留在劳动力提供了强烈的动机，但是它们导致单身父母有更少的时间花在与家人的相处上，可能对孩子的发展产生不利影响。

这个脆弱的工作和家庭之间的平衡及其对儿童的影响是本书作者的研究重点。作者发现单亲母亲的工作本身是没有不利的。事实上，它给妇女带来了稳定的工作并使她们的家庭产生一种自豪感。然而，他们也发现，工作性质、工作类型、工作小时数、工作的灵活性是必须维持在一个可接受的平衡，是对她们的孩子有积极影响的关键因素。

作者使用 1997~2003 年密歇根州进行的五次面谈所得到的 753 位低收入单身母亲的数据，进行深入分析，研究结果表明福利改革导致了儿童发展的风险。作者说明母亲的工作类型、工作的小时数和工作的灵活性存在一个关键的区别。他们建议应实施稳定的工作时间表、工作保留，加强和提高地位较高的技能工作的政策，最终使单身母亲的工作能有更好的收益。

对妇女就业问题研究的基础上，他们为母亲的工作经验和儿童更长的运行轨迹、福祉之间存在联系提供了证据。当母亲每周的工作时间比较波动，或从事一个限制工资增长和有很多琐碎任务的全职工作，这可能会恶化她的孩子们的行为，类似的结果出现于当母亲面临下岗或解雇的状况时。儿童的福祉包括环境健康问题，包括外部和内部的行为问题，在学校的破坏性行为，如缺课、留级以及特殊教育等。

【书名】Mothers' Work and Children's Lives: Low-Income Families after Welfare Reform

【作者】Johnson, Rucker C., Ariel Kalil, Rachel E. Dunifon, and Barbara Ray Kalamazoo

【出版社】MI：W.E. Upjohn Institute for Employment Research

【出版时间】January 1, 2010

【英文提要】Raising minor children Family Assistance (TANF) program, first enacted in 1996 and in 2006 re-authorized to require single parents to participate in work activities for at least 30 hours per week. Two single-parent families must be in the 35-55 hoursper week, participation in activities. Although this policy for low-income women to enter and provide a strong incentive to stay in the labor force, the price is that they have less time to spend with their families, may adversely affect the development of children.

This fragile work and family balance and its impact on children is the focus of the author's. The authors found that the single-mother families, the work itself is not detrimental. In fact, it brings stability to the daily work of women and their families a sense of pride. However, they also found that the nature of the work type, work hours, job flexibility is maintained at an acceptable balance, and to promote the key factors of the positive results of their children.

From 1997 to 2003, the author analyzed the data of the five interviews in Michigan Women's Employment Study (WES) survey of 753 low-income single mothers. Their findings indicate that welfare reform has created the risk of child development. The authors explain the type of work of the mother. Her number of hours worked and job flexibility make a crucial difference. They suggested that the implementation of policies, stable and unpredictable work schedules, job retention, strengthen and improve the status of higher-skill jobs. Eventually, working mothers can have a better income.

On the basis of the Women's Employment Study (WES), they found that maternal work experience and the children's longer running track, the link between the well-being to provide evidence. When the mother is not a normal work schedule, the weekly fluctuations in working hours, or in a full-time job, to limit wage growth and a trivial task, the behavior of her children are more likely to deteriorate. Similar results appeared in the laid-off or dismissal, stirring often lead to frequent residential moves. Well-being of children, from the environmental health of the unique data and make the check, including external and internal behavior problems, disruptive behavior in school, attend school, repetition, and placed in special education.

08　Hired Hands or Human Resources?: Case Studies of HRM Programs and Practices in Early American Industry

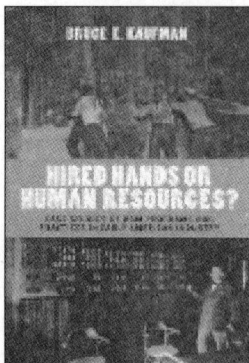

【书名】雇工或人力资源?: 早期美国工业中的人力资源管理项目和实践的案例研究

【作者】考夫曼, 布鲁斯·E.

【出版社】伊萨卡: 康奈尔大学出版社

【出版时间】2010 年

【内容提要】本书是作者对 2008 年研究的整理, 包含了从 19 世纪 70 年代中期到 20 世纪 30 年代初期加强人事管理的案例研究。本书的资源包括工业关系辅导员的机密报告, 和其前身、律师事务所的有关人员、柯蒂斯工业、福斯迪克和贝尔纳普, 以及他编译的人事政策和各个企业的实践的报告。

从康奈尔姊妹篇开始, 作者展示了美国企业如何转变传统的人力资源管理 (HRM) 的模型, 到现代的 "人力资源" 的版本大行其道的今天。作者分析了 1880~1930 年美国公司横跨 50 年的人力资源管理方案的结构和运作, 通过对 15 个案例的详细研究, 发现第一次世界大战前的 9 个案例为人力资源管理和检查记录的那个时代的人力资源管理的做法非正式的、高度分散的、外向的, 并有时苛刻的性质。其余 6 个案例是在 20 世纪 20 年代的 10 年的福利资本主义时代, 它们揭示了人力资源管理的显著的转变, 一些公司的做法带来了更进步和更专业的模型, 但仍是继续依赖别人的传统模式。

考夫曼利用丰富的人力资源信息宝库, 以及近距离的证据, 对 20 世纪 20 年代企业的程序管理进行分析, 总结了人力资源管理实践的演变和发展, 对早期的人力资源管理的战略与战术性质提出了新的见解以及可供选择的模式。

【书名】Hired Hands or Human Resources?: Case Studies of HRM Programs and Practices in Early American Industry

【作者】Kaufman, Bruce E.

【出版社】Ithaca: Cornell University Press

【出版时间】2010

【英文提要】This volume is the 2008 management of the author's, among the human factor contains to strengthen the case studies of personnel management from the mid-the the

19th century, 70 years to the early the 1930s. From his resources, including the confidential report of the Industrial Relations Counselors Inc. and its predecessor, the relevant officers of the law firm, Curtis Industry, Fosdick and Belknap, he compiled personnel policies and the practice of various enterprises reports. Published the contents of his Kaufman is the first researchers given access to the IRC report and made a valuable service through his analysis and history to understand the report of the business relationship.

The administrator of factors, from Cornell companion volume, the authors show that U.S. companies how to change the model of traditional human resource management (HRM) version of the popular modern " human resources" today. Of cross –diversified business across five decades, from the structure and functioning of the United States from 1880 to 1930 the company's human resource management programs and practices, by 15 detailed case studies. Nine cases before the First World War practice of human resource management and inspection of records of that era's human resource management is informal and highly decentralized, outward, sometimes harsh nature. The remaining six span of welfare capitalism in the 1920s decade, and reveals significant changes in the practice of some officers of the company's more advanced and more professional models, as well as continue to rely on the traditional model of the others.

Kaufman access to a wealth of detailed audit of company human resources management labor relations consultant, this treasure trove of information about to present the most in–depth, close evidence of this period how programs written in the 1920s to manage their employees and how the evolution and development of human resource management practices. Workers or human resources? Function as key disciplines, such as new insights into strategic and tactical nature of early human resource management, alternative models, in these years, the use of labor governance, in part because the company is to create autonomous regions and human resource management department.

09 Spark: How Old–fashioned Values Drive a Twenty–first Century Corporation: Lessons from Lincoln Electric's Unique Guaranteed Employment Program

【书名】火花：老式的价值观推动 21 世纪的公司：林肯电气
公司独特的就业保障计划的经验

【作者】弗兰克·科勒

【出版社】纽约：公共事务出版社

【出版时间】2010 年 2 月 23 日

【内容提要】虽然整个美国中西部地区的工厂大门都快关闭了，但是克利夫兰的制造商林肯电气公司却茁壮成长了一个多世纪。

除了盈利和技术创新，无论经历好时代还是坏时代，该公司履行了其独特的承诺"保证员工就业的持续性"。工人被看作是资产而不是负债。通过灵活的工作时间和工作任务的安排，以及基于绩效的奖金制度，林肯电气的就业政策已被证明保证了公司的底线员工及其股东的利益。资深记者弗兰克·科勒，探讨研究了这家即使在大萧条时期仍能够获得其推崇的管理实践和盈利能力的持续成功的林肯电气公司。讲述了这个不寻常的和盈利的《财富》1000 强跨国公司如何挑战传统的智慧，塑造现代管理的工作场所的观点。

通过对管理人员、工人和领先的商业思想家的广泛的访谈和精辟的分析，科勒使用林肯电气公司的例子，阐述了如何通过工作的安全性来激发企业强劲的增长并保证它的繁荣。

【书名】Spark: How Old–fashioned Values Drive a Twenty–first Century Corporation: Lessons from Lincoln Electric's Unique Guaranteed Employment Program

【作者】Koller, Frank

【出版社】New York: Public Affairs

【出版时间】February 23, 2010

【英文提要】While factories across the Midwest shutter their doors, Cleveland–based manufacturer Lincoln Electric has thrived for more than a century. In addition to being profitable and technologically innovative, through good times and bad, the company has fulfilled its unique promise of "guaranteed continuous employment". Workers are viewed as assets not liabilities. Through flexible hours and job assignments, as well as a merit-based bonus system, Lincoln Electric's employment policies have proven healthy for the company's bottom line its employees and its shareholders. In Spark, veteran journalist Frank Koller tells the story of how this unusual and profitable Fortune 1000 multinational company challenges the conventional wisdom shaping modern management's view of the workplace. Through insightful storytelling and extensive interviews with executives, workers, and leading business thinkers, Koller uses the Lincoln Electric example to illustrate how job security can inspire powerful growth and prosperity in our communities.

10 Labor in the Era of Globalization

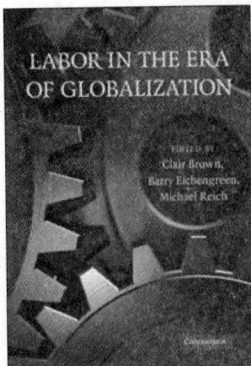

【书名】全球化时代下的劳动力
【作者】克莱尔·布朗，巴里·埃森，迈克尔·瑞克
【出版社】纽约：剑桥大学出版社
【出版时间】2010 年

【内容提要】在 20 世纪，关于工资的下降，以及就业后期和工作期间工会的强大有四种流行的解释，即技术、全球化、增长、熟练及非熟练工人和非熟练工人移民之间的不平等。这些趋势以及它们的反应在美国、欧洲和日本不尽相同，这是由工会的相对实力、金融市场、培训和教育的政策以及工资和收入不平等结构所决定的。

20 世纪的第三个 25 年是发达工业国家劳动力的黄金时代，他们的收入得到增加，拥有相对平等的工资结构，合理和安全的作业特点。随后的 1/4 个世纪已经看到这些方面不太积极的表现。这一时期，全球化迅猛发展增加了工人的不安全。本书的贡献者来自美国，欧洲和日本的著名学者为这一历史性的转变提供了四种解释：①企业和劳动力的全球竞争；②放松管制的行业，对市场的依赖；③保护工人和提供收入保障的立法的减弱；④加强移民工人，特别是低技术工人从发展中国家向发达国家的转移。他们除了分析这些趋势的原因，还调查研究了从家庭决策和监禁政策，集体谈判和雇佣关系的变化及其重要后果。

本书通过深入分析，为 30 年的工资停滞、不断加剧的不平等以及增加收入的不安全的原因和现象提供了解释。本书涵盖了全球化、移民、放松管制、削弱就业保障的影响，并分析了不同机构和文化与劳动力市场的联系，如金融管制的放松对劳动力市场的影响的研究，本书在这些方面都得到了一些新的见解。对于任何试图理解过去 40 年中工人的收入或安全性所遭受的损失的情况，本书将是一个非常宝贵的资源。

本书的独特性是未采用标准的劳动力市场研究方法，而是将关注点放在个别国家的收入、就业和就业保障的国际差异的主要来源的比较研究上面。相反，在全球化的时代通过对劳动的细致入微的研究，可以更好地理解不同的劳动力市场在欧洲、亚洲和美国工人面临的挑战。

【书名】Labor in the Era of Globalization

【作者】Clair Brown, Barry Eichengreen, and Michael Reich

【出版社】New York: Cambridge University Press

【出版时间】2010

【英文提要】There are four popular explanations of wage declining, strong and discussion of the 20th century, the trade unions at the end of employment and job tenure (technology, globalization, growth, inequality between skilled and unskilled workers and unskilled immigrants). The impact of these trends and the different response in the United States, Europe and Japan, according to the relative strength of trade unions, the financial markets, training and education policy, and wage and income inequality structure.

The third quarter of the twentieth century is the golden age of a labor force in advanced industrial countries, rising incomes, and relatively egalitarian wage structure, a reasonable level, and operating safety features. During this period, rather than has been marked the rapid development of globalization of economic activity has brought increased insecurity for workers. Contributors to this volume –distinguish four well –known scholars from the United States, Europe and Japan to explain the global competition for this historic change: (1) business and labor; (2) deregulation of industries, reliance on market; (3) weaken the legislation to protect workers and to provide income security; (4) to strengthen migrant workers, especially low – skilled workers from developing to developed countries. In addition to the analysis of these trends, the scope of the investigation from the family decisions and imprisonment policies, changes in collective bargaining and employment relations consequences.

Articles in–depth analysis provides a wealth of explanation, three years of stagnant wages, rising inequality, and increase revenue causes of insecurity and phenomena. Covering globalization, immigration, deregulation, and weaken the impact of employment protection, introduced an important analysis, combined with the different institutions and cultural norms or check, contact less impact on the labor market, such as financial deregulation. This is a new view of these developments in the causes and consequences of important works. For the losses suffered by any attempt to understand, or do some of the income and security in the course of the past four decades, it will be an invaluable resource.

The uniqueness of this book is a labor market beyond the standard method to study comparative advantages, the country's income, employment and job security, the main source of international differences in focus. On the contrary, the key period in the globalization of the institutional arrangements of labor nuanced approach can better understand the challenges faced by the different labor markets in Europe, Asia and U.S. workers. Special reports, plus a cool way towards analysis showed that.

11　Labor in the New Economy

【书名】新经济中的劳动力
【作者】凯瑟琳·G.亚伯拉罕，詹姆斯·R.斯普兰泽，迈克
尔·J.哈珀
【出版社】芝加哥：芝加哥大学出版社
【出版时间】2010 年 11 月 15 日

【内容提要】近几十年来，世界经济结构发生了翻天覆地的变化。研究人员和政策制定者长期关注着工人在当今经济环境下的遭遇。劳动力人口结构的变化、灵活就业与可替代就业的快速普及、工作稳定性的下降、工资不平等性的上升以及对好工作不断消失的担忧成为了劳动领域媒体争相报道的话题。2007 年 11 月 16~17 日，一些学术界及政界的顶尖经济学家在美国马里兰举办了一场研讨会，对这些热点话题进行了讨论，本书即为此次研讨会的论文合集，共分 12 个章节对这些主题进行阐述。

此次会议的一个目的是回顾我们已知与未知的与美国家庭相关的劳动力市场变化趋势，主要包括工资与其他形式劳动收入不平等性的变化趋势、工作变动的发展趋势、雇主对临时工与合同工信赖程度的变化趋势、工作时间的变化趋势、工作场所安全性及员工健康的变化趋势。在总结回顾上述主题的基础上，本书更新并拓展了已有研究所提到的这些变化趋势。

当然，为了更透彻地理解这些重要的研究主题，学者们必须能够更精确地测量与估计劳动力市场的行为。本书各章节的作者讨论了许多与测量相关的问题，包括对异常值的处理、插补方法的使用、在特定调查中的加权以及对不同来源数据优缺点的评价。这些章节中对重要的测量方法的讨论不仅可为同样使用这些数据的研究者提供一些帮助，也有利于对使用不同来源数据得出的结论进行合理的解释。

本书共分为 12 个章节，前四章主要关注报酬与工作质量的变化趋势：Lemieux 的章节关注工资的不平等性，Pierce 的章节关注报酬的不平等性，Abraham 和 Spletzer 的章节关注工资质量的变化趋势，Hallock 和 Olson 的章节关注职工优先认股权的评估与计算。中间四章重点关注劳动力市场的力度、就业保障及就业相关内容：Davis、Faberman、Haltiwanger 和 Rucker 的章节关注入职和解雇，Farber 的章节关注工作任期与工作损失，Dey、Houseman 和 Polivka 的章节关注合同外包，Jensen 和 Kletzer 的章节研究不同工作对离岸外包的潜在敏感性。第九章由 Frazis 和 Stewart 撰写，主要研究了工作小时数的变化趋势。最后三章都研究了变化的人口统计学资料对劳动力市场的影响：Fallick、Fleischman 和 Pingle 关注人口统计学资料的变化如何影响不同的劳动力市场统计资料，Nestoriak 和 Ruser 的章节研究职业伤害及疾病的测定，Zoghi 的章节研究了生产率的测算方法。此外，本书还提供了一批著名学者对这些研究的评论，颇值得一读。

【书名】Labor in the New Economy

【作者】Katharine G. Abraham, James R. Spletzer, and Michael J. Harper

【出版社】Chicago：University of Chicago Press

【出版时间】November 15, 2010

【英文提要】The structure of the economy has changed a great deal in recent decades. Both researchers and policymakers have been concerned with how workers are faring in today's new economy. Themes explored in popular press accounts on this subject include the changing demographics of the labor force, the increased prevalence of flexible and alternative employment arrangements, declining job stability, increased wage inequality, and, more generally, the fear that good jobs are disappearing. This volume contains twelve chapters, prepared by leading economists in both academia and government and presented at a conference held in Bethesda, Maryland on November 16 and 17, 2007, that examine the evidence on these topics.

One motivation for the conference was simply to review what we know and don't know about the labor market trends that matter to American families—trends in the inequality of earnings and other forms of labor compensation, trends in job security and the dynamics of employment more generally, trends in employer reliance on temporary and contract workers, trends in hours of work, and trends in workplace safety and health—and to update and extend findings about these trends reported in previous studies.

In order to better understand these vital themes, scholars must be able to accurately measure labor market activity. The authors of the volume's chapters tackle a host of measurement issues: from the treatment of outliers, imputation methods and weighting in the context of specific surveys to evaluating the strengths and weaknesses of data from different sources. Especially in the case of surveys that researchers have not used extensively, the documentation provided by the statistical agencies often provides a somewhat limited treatment of these topics. The chapters' discussion of important measurement issues should be helpful to other researchers working with the same data, as well as helping to frame the proper interpretation of findings based on these different sources.

The chapters of this volume are organized according to the substance of the topics with which they are concerned. The volume begins with four chapters that are focused on trends in compensation and job quality—Lemieux's chapter on wage inequality, Pierce's chapter on compensation inequality, Abraham and Spletzer's chapter on trends in job quality, and Hallock and Olson's chapter on the valuation of stock options. These are followed by four chapters that, in different ways, are concerned with labor market dynamics, job security and job attachment—the Davis, Faberman, Haltiwanger, and Rucker chapter on accessions and separations; the Farber chapter on job tenure and job loss; the Dey, Houseman, and Polivka chapter on contracting out; and the Jensen and Kletzer chapter on the potential susceptibility of different jobs to offshoring. Frazis and Stewart's chapter examines trends in hours of work. And the remaining three chapters have in common an interest in the effects of changing demographics on the labor market—Fallick, Fleischman, and Pingle's chapter looking at how demographic changes affect various labor market statistics; the Nestoriak and Ruser chapter focused on occupational injury and illness measures; and the Zoghi chapter concerned with productivity measurement. In addition to its twelve chapters, the volume includes written comments from a distinguished set of discussants who provide valuable perspectives on the research that is reported.

12　Reforming the Welfare State：Recovery and Beyond in Sweden

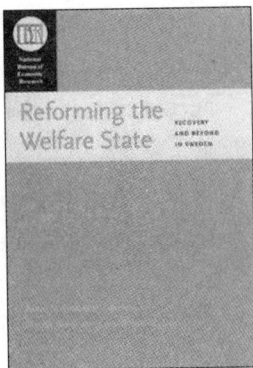

【书名】福利国家的改革：瑞典的复苏与超越

【作者】理查德·弗里曼，比尔格达·斯登伯格，罗伯特·托佩尔

【出版社】芝加哥：芝加哥大学出版社

【出版时间】2010 年 4 月 1 日

【内容提要】在 20 世纪的发展历程中，瑞典在资本主义市场经济中实施了一个雄心勃勃的计划，将瑞典构建成一个庞大而活跃的福利国家。瑞典慷慨的社会项目和良好的经济平等性，使其成为许多国家争相效仿的案例。近来，瑞典又因其从 20 世纪 90 年代中期发生的金融危机中成功复苏，成为了一个处理金融和经济危机的典范。经济学家们曾激烈地辩论导致此次危机的福利国家是否应进行改革，这一争论与现在对资本主义的担忧如出一辙。

本书是美国国家经济研究局对瑞典经济研究的第二本著作，主要探讨瑞典的经济复苏以及福利国家制度和政策改良在其中所起的作用。在本书中，作者考察了劳务市场、税务和救济政策、地方政府政策、工业结构以及国家贸易上的措施变化，这些对瑞典经济的复苏有一定的影响。本书的分析阐明了瑞典所追求的平等主义和经济效益最大化之间的权衡。福利国家在削弱社会不平等性的同时，通常会曲解个人意愿，并且增大了社会成本，这种社会成本随着对个人意愿的曲解幂次增长，因而在高福利国家中，这种成本极高。因此，瑞典迫切地需要找到一条低耗之路，以达到特定的分配目标以及再分配的得失权衡。实施平等主义的成本是否超出政府介入的成本，往大了说，是瑞典人民用以价值判断的标尺，往小了说，则是瑞典政策制定者用以价值判断的标尺。

本书共有九个章节，前三个章节关注收益均等化、两性平等和工资缩减：第一章中，Anders Björklund 和 Richard Freeman 考察了经济危机和经济复苏对福利国家平等主义实现的影响；在第二章中，Ann-Sofie Kolm 和 Edward Lazear 提出这么一个问题，瑞典家庭政策的两块基石（产假和日托津贴）和两个国家新近通过的额外政策（其他家居用品和所得税津贴）如何影响有孩子的母亲的工作意愿；在第三章中，Peter Fredriksson 和 Robert Topel 指出，经济危机以来，工资构成渐趋分散。接下来的三章讨论负面因素的影响：在第四章中，Thomas Aronsson 和 James Walker 调查了自经济危机到复苏时期的劳动力供给状况；第五章中，Anders Forslund 和 Alan Krueger 认为 ALMP 在 20 世纪 90 年代早期爆发的失业危机中对瑞典的经济复苏未出一分力气；在第六章中，Lars Ljungqvist 和 Thomas Sargent 认为失业救济系统没有很好地适应经济骚乱的新状况，是造成经济危机之后长期的失业和工作分配的不均衡状况的原因。最后三章主要讨论工业结构、公营机构和国际贸易：在第七章中，Steven Davis 和 Magnus Henrekson 认为瑞典低技能要求的工作正在消失；在第八章中，Fölster 和 Peltzman 将视点转向地方公营机构政策对地方经济机构（尤其是私营机构）的影响；在第九章中，Leamer 展示了 1987 年和 1999 年不同国家出口的产品结构的相互关系，该种相互关系揭示了高收入和低收入国家之间竞争的显著变化。

总而言之，本书考察了瑞典回应 20 世纪 90 年代中期的经济危机以及继之而来的经济复苏的种种政策。瑞典所做的经济尝试，为大型福利社会的生存提供了宝贵的经验，更宽泛些说，也为现代经济体制应对经济危机提供了借鉴。

【书名】Reforming the Welfare State: Recovery and Beyond in Sweden

【作者】Richard B. Freeman, Birgitta Swedenborg, and Robert Topel

【出版社】Chicago: University of Chicago Press

【出版时间】April 1, 2010

【英文提要】Over the course of the twentieth century, Sweden carried out one of the most ambitious experiments by a capitalist market economy in developing a large and active welfare state. Sweden's generous social programs and the economic equality they fostered became an example for other countries to emulate. Of late, Sweden has also been much discussed as a model of how to deal with financial and economic crisis, due to the country's recovery from a banking crisis in the mid-1990s. At that time economists heatedly debated whether the welfare state caused Sweden's crisis and should be reformed—a debate with clear parallels to current concerns over capitalism.

This volume is the second National Bureau of Economic Research (NBER) study of the Swedish economy, which is mainly about Sweden's recovery from crisis and the role that the country's welfare state institutions and policy reforms played in that recovery. The studies in this volume examine the way changes in the labor market, in tax and benefit policies, in local government policy, and in industrial structure and international trade affected Sweden's recovery. The analyses clarify the trade-offs between the egalitarian outcomes that Sweden seeks and economic efficiency. Welfare state interventions that lower inequality generally distort private decisions and create social costs. The costs rise with the square of the distortions, so they can become very high in a large welfare state. This makes it important for Sweden to find and adopt the least costly ways to attain given distributional goals and to weigh carefully the costs and benefits of redistribution. Whether any given level of egalitarian outcomes exceeds the costs of interventions is a value judgment to be made by Swedes, in general, and by Swedish policymakers, in particular.

This volume contains nine chapters, the first three chapters are focused on income equalization, gender equality, and wage compression: in chapter 1, Anders Björklund and Richard Freeman examine the extent to which the economic crisis and recovery affected the egalitarian goal of the welfare state; in chapter 2, Ann-Sofie Kolm and Edward Lazear ask how two cornerstones of Swedish family policy—paid parental leave and subsidies to day care—and two additional policies that the country recently enacted—subsidies to other household goods and earned income tax credit—affect the incentive to work of married and divorced women with children; in chapter 3, Peter Fredriksson and Robert Topel note that since the crisis, wage formation has become more decentralized. The following three chapters are concerned with the impacts of compressed incentives: in chapter 4, Thomas Aronsson and James Walker survey studies on labor supply from crisis through recovery; in chapter 5, Anders Forslund and Alan Krueger report that ALMP did little to help Sweden recover from the unemployment crisis of the early 1990s; in chapter 6, Lars Ljungqvist and Thomas Sargent argue that the reason why the crisis would produce the long spells of unemployment and high inequality in job holding is that the unemployment benefit system has not adjusted to new forms of economic turbulence. The last three chapters are mainly about industrial structure, public sector, and international trade: in chapter 7, Steven Davis and Magnus Henrekson argue that Sweden is missing less-skilled jobs that compete with household or black market work; in chapter 8, Fölster and Peltzman shift their focus to how local public-sector policy affects the local economy—particularly the private sector; in chapter 9, Leamer presents correlations between the product mix of different countries' exports in 1987 and 1999 that reveal dramatic changes in the competition between high-income and low-income countries.

All in all, this volume examines Sweden's policies in response to the mid-1990s crisis and the implications for the subsequent recovery. The way that Sweden addressed its economic challenges provides valuable insight into the viability of large welfare states, and more broadly, into the way modern economies deal with crisis.

13　Industrial Violence and the Legal Origins of Child Labor

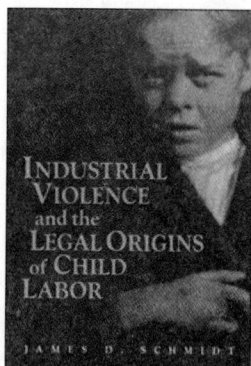

【书名】工业暴力与童工法律的起源
【作者】詹姆斯·D.施密特
【出版社】纽约：剑桥大学出版社
【出版时间】2010 年 3 月 8 日

【内容提要】改革时代的历史学家已经使我们认识到 20 世纪初期工业童工的基本轮廓和年轻工人遭受的可怕伤害。詹姆斯·D.施密特撰写的《工业暴力与童工法律的起源》一书就建立在此学术基础上，作者关注了一个还没有得到足够重视的问题，即在改革时代不断发展的童工法律概念是如何被写进国家的社会文化意识中的。本书的回答是法律，尤其在审判法庭诉讼中作为涉及行动失职的代表或者代表年轻工业暴力受害者所呈现的法律，是构成童工文化思想的基本要素。本书的研究通过追踪法律如何改变美国年轻人在革命至大萧条期间的工作意义，挑战了现有研究对童工的理解。在研究对象上，本书以阿巴拉契亚山脉南部地区为主，但本书所得结论适用于全国范围。

法律史学家们长期讨论法律是否指导或反映文化和社会的变革。本书的研究有助于这场争论，但作者表示开展关于法律力量来创造一个新的童工的社会意识的研究会受到数据的限制。此外，本书使用的案例几乎完全来自阿巴拉契亚山脉南部地区，这些案件中的儿童当事人几乎全都是土生土长的白人男性，目前尚不清楚这些周边社区如何以及到什么程度受这些案件的影响，更不用说全国范围了，这也是本书的一项局限。虽然这些案件的性质可能会限制他们作为文化变革引擎的权力，但是作者利用这些历史记录，开辟新天地，对童工的历史研究做出了非凡的贡献。事实上，利用法院记录和证词，作者还揭露了这些孩子和他们家庭的真实情况，一些迄今为止仍在童工历史中失踪的资料。作者使用这些新资源去描绘一幅阿巴拉契亚山脉南部地区童工本性的生动画面，毫不费力地将儿童工人和他们家庭的言论编入历史记录。随着社会和文化历史发展，本书的研究会是令人印象深刻的和令人信服的。

这样的审判法庭记录还未被历史学家充分利用。例如法律学者就低估了其重要性。这些学者对先例感兴趣，几乎完全依赖上诉法庭所做出的决定。本书通过强调这些很少使用的原始资料，找到了这种方法让这些已经沉默太久的孩子有了表达心声的机会。在童工的历史中，就像其他地方的儿童历史一样，孩子们的声音几乎总是缺席的，即使他们对于历史剧是至关重要的。通过将这些长期沉默的声音带进生活，本书则为未来涉及儿童历史的学术研究开辟了一扇重要的门（此文来自 Journal of American History 对本书的评论，作者 James L. Flannery）。

【书名】Industrial Violence and the Legal Origins of Child Labor

【作者】James D. Schmidt

【出版社】New York：Cambridge University Press

【出版时间】March 8，2010

【英文提要】Historians of the Progressive Era have made us aware of the broad outlines of industrial child labor at the turn of the last century and the terrible injuries suffered by young workers. James D. Schmidt's Industrial Violence and the Legal Origins of Child Labor builds on this scholarship by focusing on a question that has received little attention：How was the legal conception of child labor，developed by reformers during the Progressive Era，written into the nation's social and cultural consciousness? Schmidt's answer is that the law—especially as represented in trial court proceedings involving actions for negligence by or on behalf of youthful victims of industrial violence—was constitutive of the cultural ideology concerning child labor. His research challenges existing understandings of child labor by tracing how law altered the meanings of work for young people in the United States between the Revolution and the Great Depression. His research highlights the Appalachian South，but his conclusions speak to the country at large.

Legal historians have long discussed whether law directs or reflects cultural and social change. Schmidt's work contributes to this debate，but the strong claim he makes about the power of law to create a new social consciousness of child labor is circumscribed by his data. Among other constraints，as Schmidt notes，the cases he relies on are drawn almost exclusively from the Appalachian South，the child litigants in these cases are almost all native-born white males，and it is unclear how and to what extent the surrounding community，much less the nation，was aware of，and thus subject to be influenced by，these court proceedings. Although the nature of these cases may limit what can be said about their power to serve as the engine of cultural change，Schmidt's use of these historical records breaks new ground and makes a singular contribution to the history of child labor. In particular，by drawing on court transcripts and depositions，Schmidt has uncovered the actual words of these children and their families，something heretofore missing from child labor histories. Schmidt uses this new resource to help paint a vivid picture of the nature of child labor in the Appalachian South，effortlessly weaving the words of the child workers and their families into the historical record. As social and cultural history，the study is impressive and compelling.

Such trial court records have been underutilized by historians. Legal scholars，for example， discount their importance because trial courts do not establish, but rather are bound by, the law. Interested in precedent, these scholars rely almost exclusively on appellate court decisions. By emphasizing these rarely used primary sources Schmidt has found a way to give voice to children who have been silenced for far too long. In child labor histories, as elsewhere in the history of children, the children's words are almost always absent, even when they are central to the historical drama under scrutiny. By bringing these long-silenced voices to life Schmidt has opened an important door for future scholarship in histories related to children.

14　Shared Capitalism at Work：Employee Ownership，Profit and Gain Sharing，and Broad-Based Stock Options

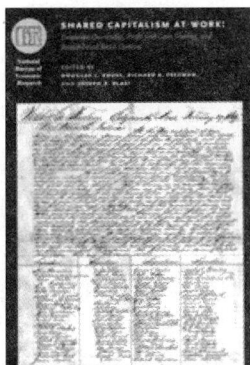

【书名】工作中共享的资本主义：雇员的所有权、利益和利润分享与无限的职工优先认股权

【作者】道格拉斯·L.克鲁斯，理查德·弗里曼，约瑟夫·R.布拉西

【出版社】芝加哥：芝加哥大学出版社

【出版时间】2010 年 5 月 15 日

【内容提要】资本和劳动力之间的历史性关系在过去几十年中正在逐步演化。共享资本主义的高涨成为了一项特别值得大家注意的进展。在共享资本主义中，工人已逐渐成为所在公司的部分所有者，工人在实际工作中既是员工也是股东。利润分享和收益分配奖金将员工的报酬与公司的业绩直接联系了起来，这些制度安排都反映了对劳动力的新态度。

《工作中共享的资本主义：雇员的所有权、利益和利润分享与无限的职工优先认股权》一书分析了这一趋势对工人和公司的影响。本书将会回答一些关于共享资本主义企业的问题，并强调其他需要补充的资料，分析一些研究中的重要问题。在本书中，作者重点研究了以下三个问题：第一，探究存在特定的使工人之间可以互相补充的共享资本主义的薪酬支付方式和工作组织形式。这似乎反映出企业文化中一个难以捉摸的概念，我们认为这可能是本书中共享资本主义和其他政策之间的交互作用背后存在的潜变量。第二，探究共同监督如何帮助共享资本主义企业克服"搭便车"倾向的问题。本书的分析只是针对这一现象的简单研究，但这将有可能为社会科学中深层次的问题带来思路，即解释经济生活中一些合作方案表面上看起来过多的成功。第三，如何在以下情况下将共享资本主义的风险最小化：①当工人通过降低工资和减少存款，而不偿还持有的员工股份时；②低风险形式的共享资本主义如现金利润分享和职工优先认股权等与高风险形式的公司股票结合起来时；③当工人谨慎持有公司所有权股份，证券投资组合中其余的部分是多样化时。

《工作中共享的资本主义：雇员的所有权、利益和利润分享与无限的职工优先认股权》一书为读者提供了在现代工作场所中理解共享资本主义不断高涨的重要性的一些基础研究。从经济学理论角度来看，共享资本主义的成功引起了一些理论的基本主流议题——风险规避和最佳证券投资理论、博弈论和"搭便车"问题、行为金融学和报酬理论，例如效率工资理论。从政策角度来看，我们希望本书能为商业和工会领袖，以及为对共享资本主义有所思考的研究人员和政策制定者们提供一些帮助和指导。

【书名】Shared Capitalism at Work: Employee Ownership, Profit and Gain Sharing, and Broad-Based Stock Options

【作者】Douglas L. Kruse, Richard B. Freeman, and Joseph R. Blasi

【出版社】Chicago: University of Chicago Press

【出版时间】May 15, 2010

【英文提要】The historical relationship between capital and labor has evolved in the past few decades. One particularly noteworthy development is the rise of shared capitalism, a system in which workers have become partial owners of their firms and thus, in effect, both employees and stockholders. Profit sharing arrangements and gain – sharing bonuses, which tie compensation directly to a firm's performance, also reflect this new attitude toward labor.

Shared Capitalism at Work analyzes the effects of this trend on workers and firms. This volume answers some questions about shared capitalist enterprises and highlights other important questions that require additional data and research. The authors direct attention in particular to three issues. First, there is the way shared capitalist pay and organization of work that empowers workers complement each other. This seems to reflect the elusive concept of corporate culture, which we view as potentially the latent variable behind the interactions between shared capitalism and other policies found throughout the volume. Second, there is how co–monitoring helps shared capitalist enterprises overcome free –riding tendencies. Our analysis has just scratched the surface of this phenomenon, which can potentially illuminate the deep social science problem of explaining the seemingly inordinate success of cooperative solutions in economic life. Third, there is the way the risk of shared capitalism can be minimized when workers do not pay for employee stock ownership through reduced wages and lower savings; when less risky forms of shared capitalism such as cash profit sharing and stock options are combined with riskier forms such as company stock; when workers wealth portfolios hold a prudent share of ownership in their firm, and the rest of the portfolio is diversified.

This volume provides essential studies for understanding the increasingly important role of shared capitalism in the modern workplace. From the perspective of economic theory, the success of shared capitalism engages fundamental mainstream issues pertaining to risk aversion and portfolio theory, game theory and the free rider problem, behavioral finance, and theories of compensation, such as efficiency wage theories. From the perspective of policy, we hope the volume provides some evidence and guidance for business and labor leaders, as well as analysts and policymakers about ways to think about shared capitalist firms and to devise policies to help them contribute to economic well–being.

15　Transforming the U.S. Workforce Development System：Lessons from Research and Practice

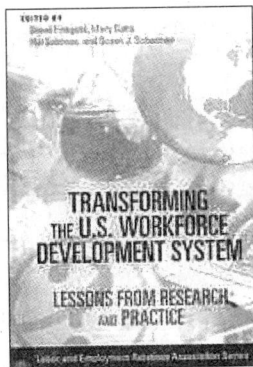

【书名】改变美国的员工发展系统：从科研及实践中获得的经验

【作者】大卫·范格德，玛丽·盖拓，哈尔·萨尔兹曼，苏珊·J.舒尔曼

【出版社】香槟市：劳动与雇佣关系协会

【出版时间】2010 年 10 月 14 日

【内容提要】在全球化背景下的 21 世纪，美国人会从事何种工作？他们将会为获得这些职位而培养自身的何种技能？在过去的 20 多年中，互联网的出现与发展使得超过十亿的新个体进入全球的劳动力市场，大量的工作因为互联网的运用而变得高度自动化和集成化，互联网也为远程教学提供了一种新的平台。伴随着连通性的高速发展，我们已经观察到技能辩论的核心发生了一个转变，即从对美国企业竞争力下降的担忧转移到了对劳动力竞争力下降的担心。

今天，这种担忧蔓延到了离岸外包的知识性工作和工厂性工作，甚至连高端的研究、发展类工作及一些专业性工作都在快速地向中国、印度和其他一些高技术、低工资的发展中国家转移。《改变美国的员工发展系统：从科研及实践中获得的经验》一书邀请了众多技能领域的顶尖学者和实践者来对相关问题开展研究，学者们以对比的视角告诉我们关于目前美国技能体系的发展现状以及在未来几十年中为了帮助美国工人更好地面对竞争的挑战而必须做的一些改变，本书讨论的话题包括成人教育，雇主引导的培训，联合工会管理和妇女、福利及职业培训等，本书将重点研究劳动力管理在平衡技能发展方面所付出的努力。

《改变美国的员工发展系统：从科研及实践中获得的经验》一书共分为 12 个章节。第一章为本书的绪论，即"美国所面临的技术调整"，第二章为关于 21 世纪能力及其影响的文献回顾，第三章为"全球化与科技进步：对美国技术政策的启示"，第四章为"提高对技术的需求：产生好的工作"，第五章为"成人基本教育、技能以及英语作为第二外语学习的科技手段辅助"，第六章为"连接到点：为 21 世纪的劳动力创造一个高等教育系统"，第七章为"雇主引导的培训：粗放的和集约的途径"，第八章为"创造一个部门技能的策略：发展高科技生态系统"，第九章为"联合工会管理劳动力发展模型"，第十章为"公民社会及服务的供给：自由职业者工会的经验"，第十一章为"妇女，福利和劳动力的发展：

21 世纪议程",第十二章为"创造一个 21 世纪的劳动力发展系统"。这本关于提高美国工作培训体系的论文合集详细展示了目前已经开展的研究,并检验了为 21 世纪创造一个高效的就业发展系统所需的政策策略,非常值得一读。

【书名】Transforming the U.S. Workforce Development System: Lessons from Research and Practice

【作者】David Finegold, Mary Gatta, Hal Salzman, and Susan J. Schurman

【出版社】Champaign, IL: Labor and Employment Relations Association

【出版时间】October 14, 2010

【英文提要】What jobs will Americans hold in the global economy of the twenty-first century and how will they develop the skills they need to compete for these positions? Over the past two decades the emergence and tremendous growth of the Internet has enabled more than a billion new individuals to participate in the global labor force, led to the automation and integration of numerous jobs, and provided a new platform for distance learning. Accompanying the explosion in connectivity, we have seen a shift in the focus of skill debates from a concern about loss of U.S. firm competitiveness to a loss of workforce competitiveness.

Today the concerns extend to the off-shoring of knowledge work in addition to factory labor; even high-end research and development and professional work is moving rapidly to China, India and other high-skill, low-wage nations. Transforming the U.S. Workforce Development System brings together some of the leading scholars and practitioners working in the skills field to examine what research tells us about the current state of the U.S. skills system in comparative perspective and the major changes that are required to help better prepare U.S. workers for the challenges of competing in the decades ahead. Topics discussed include technology assisted learning for adult education, employer-led training, union-management joint workforce development and women, welfare and job training. Particular emphasis is placed on labor-management efforts at enhancing skill development.

This volume features twelve chapters, those are: "Introduction: meeting America's skill challenge", "21st-Century competencies and their impact: an interdisciplinary literature review", "The globalization of technology development: implications for U.S. skills policy", "Raising skill demand: generating good jobs", "Technology-assisted learning for adult basic education, skills, and English as a second language", "Connecting the dots: creating a postsecondary education system for the 21st-Century workforce", "Employer-led training: extensive and intensive approaches", "Creating a sector skill strategy: developing high-skill ecosystems", "Joint union-management workforce development model", "Civil society and the provision of services: the freelancers union experience", "Women, welfare, and workforce development: an agenda for the 21st Century" and "Creating a 21st-Century workforce development system". This collection of essays on improving the American work training system showcases current research, examines policy strategies for creating an effective employment development system for the twenty-first century and is quite worth reading.

16　Solving the Reemployment Puzzle：From Research to Policy

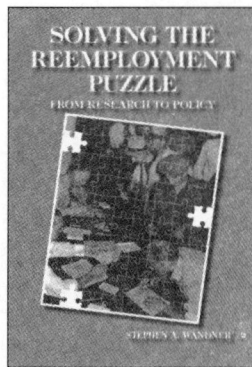

【书名】解决再就业难题：从研究到政策
【作者】斯蒂芬·A. 万德纳
【出版社】W.E. Upjohn 研究所
【出版时间】2010 年 11 月 7 日

【内容提要】20 世纪 70 年代，工人错位问题开始出现。最初，由于美国的去工业化，这个问题主要存在于蓝领阶层中。随后，工人错位的问题逐渐扩散，开始影响到更加广泛的员工阶层。今天，大部分的裁员成为永久性的，即使在经济衰退期，暂时性的裁员也相对来说减少了。

联邦政府失业保险项目是减少错位工人（如永久性地失去工作的经验工人）问题的第一道防线，由于错位工人和劳动力的紧密联系，他们几乎全都符合失业保险的条件。如果他们失业的时间能够被计算，几乎所有错位工人都能获得失业保险救济金。

本书检视了过去 25 年来，与雇佣和培训项目相关的一些研究、评估的具体过程与相应的政策应用。本书特别着眼于 20 世纪 80 年代进行的一系列社会科学实验以及其与公共政策、立法和相关项目的关系。对于范围更广的一些针对帮助错位工人被再雇佣的研究和项目，本书也宏观地观察了其影响。本书的主题在于，严谨的调查研究能够并且已经对公共政策产生了积极而强有力的影响。

同时，本书也调查了一些例子，在其中，研究成果被忽视、造假或是人为隐瞒。本书一个概括的结论是，在 20 世纪 80 年代和 90 年代中期，联邦政策制定者们较好地应用了科学合理的研究成果，而在 21 世纪初对于研究成果则出现了频繁的误用。本书用很大的篇幅描述了关于雇佣和培训的社会科学实验，这些实验鉴别了三种成本效益高的，目标明确的干预措施：①综合求职协助；②个体经营协助；③再就业补助。这三种干预后来都成为了政策选项，其中两项还被作为联邦法律颁布。

本书讨论的大部分内容都与作者在美国劳工部（USDOL）任职期间所涉相关。20 世纪 80 年代和 90 年代，作者负责管理失业保险的研究，并在当时发展和管理了失业保险的实验。身在执行实际研究、保险精算分析和立法活动的部分，作为办公室副主任，作者力图使这些应用研究的成果能够成为政策制定和立法的参考。后来作者又指导了劳工部就业培训局（ETA）的研究。作为成果，本书跟随这样的流程政策发展：从研究到立法，再到实际项目运营。

　　本书按照下列顺序展开：第一章是针对失业保险（UI）实验的概览；第二章对失业保险的起源以及新泽西工作援助（JSA）实验进行了回顾；第三章检视了 1993 年的员工剖析与再就业服务（WPRS）项目；第四章回顾了 WPRS 项目的启动和运营情况；第五章与第六章主要讨论了再就业服务的研究成果、同 WPRS 项目相关的公共政策及其他雇用项目；第七章主要包括针对培训的研究和评估、对近年来的培训政策予以讨论；第八章回顾了 SEA（Self-Employment Assistance）实验，立法及项目运营；对短期补偿金的研究和政策的讨论被放在第九章中讨论，紧接着是第十章对于再雇佣补贴实验和失败的政策措施的讨论；在本书的最后，即第十一章，作者总结了可从过去 25 年施行的研究和政策中学到的经验教训。本书反映的是作者的观点，并非必然代表了美国劳工部的观点或立场。

【书名】Solving the Reemployment Puzzle：From Research to Policy

【作者】Stephen A. Wandner

【出版社】W.E. Upjohn Institute

【出版时间】November 7，2010

【英文提要】Worker dislocation emerged as a problem in the 1970s. At first，the problem was largely experienced by blue-collar workers as the United States deindustrialized. Later，worker dislocation became more wide-spread，affecting a broad spectrum of workers. Today，most layoffs are permanent，and there are relatively fewer temporary layoffs even during recessionary periods.

The Federal-State Unemployment Insurance Program is the first line of defense for dislocated workers -i.e.，experienced workers who permanently lose their jobs. Because of dislocated workers' strong attachment to the labor force，they are nearly all eligible for UI，and if they are unemployed for any length of time，nearly all of them collect UI.

This book examines how research and evaluation have been conducted，and what public policy use has been made of research with respect to employment and training programs over the past 25 years. It focuses particularly on a series of social science experiments that were conducted in the 1980s and their relationship to public policy，legislation，and programs. The book also looks more broadly at the effect of a larger body of research and programs designed to help dislocated workers become reemployed. The theme throughout the book is that rigorous research can have，and has had，a strong and positive impact on public policy.

But this book also examines instance in which the research findings have been ignored，contrived，or suppressed. A summary conclusion of this book is that federal policy makers made good use of sound research findings in the mid-1980s and again in the mid-1990s，but frequently misused research findings in the 2000s. To a significant extent，the book follows the story of the employment and training social science experiments that identified three cost-effective, targeted interventions: 1) comprehensive job search assistance, 2) self-employment assistance and 3) reemployment bonuses. All three were pursued as policy options, and two were enact into federal law.

Much of this book deals with issues with which I have been closely associated during my tenure at the U.S. Department of Labor (USDOL). I was in charge of unemployment insurance (UI) research during the 1980s and 1990s, when I developed and managed the UI Experiments. As deputy director of the office that conducted research, actuarial analysis, and legislative activities, I sought to have the results of applied research guide policy and legislation. I later directed research for the department's Employment and Training Administration (ETA). As a result, this book follows the flow of policy development from research to legislation and on to program operations.

The book proceeds as follows. The first chapter provides an overview of the UI Experiments. The second chapter reviews the origins of the UI experiments and reviews the New Jersey and Job Assistance (JSA) Experiments. The third chapter looks at the 1993 enactment of the Worker Profiling and Reemployment Services (WPRS) program. The fourth chapter reviews the WPRS program's implementation and operations. The fifth and sixth chapters deal with reemployment services research findings and public policy as they relate to the WPRS and other employment programs. The seventh chapter covers training research and evaluation and recent training policy. The eighth chapter reviews the SEA experiments, legislation, and program operation. Short-time compensation research and policy is discussed in the ninth chapter, followed by an analysis in the tenth chapter of the reemployment bonus experiments and unsuccessful policy initiatives. The book ends with the eleventh chapter, which summarizes the lessons learned from the research and policy of the last two and a half decades.

This book reflects the opinions of the author and not necessarily the opinions or positions of the U.S. Department of Labor.

17 Workplace Flexibility: Realigning 20th–Century Jobs for a 21st–Century Workforce

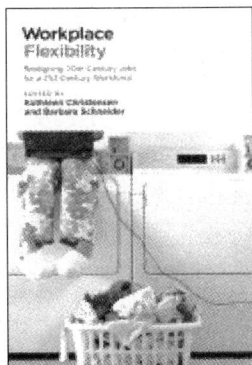

【书名】 工作场所的灵活性：调整 20 世纪的工作以适应 21
世纪的劳动力

【作者】 凯瑟琳·克里斯滕森，芭芭拉·施奈德

【出版社】 产业与劳动关系出版社

【出版时间】 2010 年 4 月 1 日

【内容提要】 本书的首尾由主编纂写的总结性章节构成，首先详述事情的实际情况，最后对解决办法予以总结。中间的 16 章共分为四个部分，由不同作者所写，分别是：21世纪的工人和家庭生活；旧工作环境与新型劳动力的失调；弹性工作环境：美国雇主的自发实践；海外实践。

从雇主和雇员视角来看，"弹性"（Flexibility）一词也存在双重含义。为了最大化的实现人力资本的价值，雇主所期望的弹性可能是自由的招聘和裁员、要求加班或者是停工。而从员工的角度即本书的角度来看，弹性意味着对于工作时间、工作时长以及工作地点的选择。没有逻辑表明这两种视角一定是相冲突的，事实上，本书也提供了一些例子，表明公司中这两种观点是可以和谐共处的。同时，我们也要认识到，管理实践、监管和办公室文化往往构成这种"和谐"的阻碍。

本书首先描述了变革的家庭与不变的工作环境的制度性不匹配。正如编辑在介绍中解释的，传统家庭中，夫妻两人完成经济的、家务的两种工作。但在当代占多数的双薪家庭中，两个人需要完成三件工作：各自作为雇员的两件工作以及家务劳动。尽管这并非新鲜的现象，但无论是美国总体的工作环境还是美国政府都没有对此予以合适回应、提供必要的工作环境弹性。尽管如此，一些组织仍对这种新形态做出了回应。本书也展示了一些例子，比如有的公司在以不牺牲公司利益为前提的情况下，为员工提供弹性工作环境。

苏珊·比安希与瓦内萨运用时间数据引入了第一部分。数据表明，一个家庭总的劳动时间（无论是工作还是家务劳动）伴随着妇女进入工作队伍而增加了。受雇工作时长的增加（首先体现在女性）是以牺牲同孩子、配偶在一起的时间和休憩娱乐时间为代价的。这些都造成了家庭中的冲突，激起了人们对家庭时间的欲望。对此的一个典型反应是妇女工时的减少，但这将更多工作压力放在了男性上。而这又强化了持续的性别分割：妇女将更多的时间放在家务劳动上。在接下来的一章上，多任务处理成为了另一个解决上述冲突的方法，这尤其发生在在家的母亲一方。这可能让她们感到更赋生产力，但也增加了压力。本部分的最后一章告诉我们，家宴的时间并不像人们害怕的那样逐渐减少。上述章节均基于谨慎呈现的经验数据和文件，并有此结论：双薪并有子女的父母处于巨大的精神紧张之中。

第二部分着重强调了家庭实际需要与工作环境之间的差距，仍然是对现状的描述。这部分章节主要集中于个人为此做出的一些适应性调整。菲利斯·摩恩和 Qinlei Huang 在开始向我们展示，双薪家庭通常通过夫妻同时退出或者转职来减轻压力——调整多是由女性进行的。由西尔维娅·休莱特编写的下一章为我们提供了关于公司如何创造性地利用政策帮助女性员工留岗的例子。例如英国电信公司，它允许员工在任何可能的情况下安排自己的工作时间。在这部分的最后一章，我们了解到关于那些愿意部分投入到工作中的年长员工不太理想的状况。真正弹性的工作环境能缓解上述问题。

第三部分讨论了美国雇主在宏观上和对儿童托管的一些做法，这些章节提供了一些可能的"最佳实践"事例。这部分还包括了一个由 Christensen、Matthew Weinshenker 和 Blake Sisk 进行的较为充分的分析，对象是针对联邦雇员的一些政府政策。与私人部门相比，联邦政府更早的引入弹性工作安排，但在对年长员工的政策上较为落后。第三部分由琼·威廉姆斯的重要一章结尾，其从阶级的视角分析了员工家庭的问题，并解释了美国在这方面社会政策落后于大部分欧洲国家的原因。鉴于第四部分讨论了国外的实践，最后一章起到了桥梁作用。

最后一部分或许对于美国受众来说是最为新鲜有趣的。开始两章讨论了欧洲的政策。尽管我们并不陌生，但是同美国人相比，许多欧洲国家的国民工作时长之短、父母双方用于照顾孩子的带薪假期的天数之多，显然是十分惊人的。这个部分还包括了两个章节对于澳大利亚的介绍，这个国家最近在所有的国家性家庭政策上的发展都超过了美国。日本的国家性政策比我们预想的多很多，其动因并非是家庭结构，而是不断降低的生育率和人口老龄化。同时，一些对于职业发展更感兴趣的女性，在日本工作文化的影响下倾向于放弃结婚和生育，这也是日本政府积极介入老龄化问题的原因。最后两章主要讨论了日本上述问题。

经由本书，我们可以了解到弹性工作安排对于缓解工作—家庭困境的重要性。但是工作环境的重组是一个系统工程：它要求各种弹性的结合（而非各自独立安排的弹性工作条件），也与社会宏观环境和雇员在企业和生活中应扮演的角色这样的意识形态相关。要实现这样的改组，不仅是对现有工作模式的挑战，也是对潜在影响工作时间的性别、等级倾向的挑战。这些措施还可能带来更加深远的影响，这样的宏观图景作者在书中散落暗示过，虽然缺乏了最终的统一分析。

【书名】Workplace Flexibility：Realigning 20th-Century Jobs for a 21st-Century Workforce

【作者】Kathleen Christensen and Barbara Schneider

【出版社】ILR Press

【出版时间】April 1，2010

【英文提要】The book begins and ends with summary chapters by the editors, detailing first the mismatch and then summarizing approaches to solutions at the end. In between are 16 chapters written by different authors and divided into four parts: Twenty-First-Century Workers and Family Life; The Misfit between Old Workplaces and a New Workforce; Workplace Flexibility: Voluntary Employer Practices in the United States; and Workplace Flexibility: Practices from Abroad.

The term "flexibility" has a double meaning depending on whether it is viewed from the perspective of the employer or the employee. Employers may seek the flexibility to hire and fire at will, to demand overtime, or to create furloughs, all to optimize the use and costs of their human resources. From the employee point of view—and this book takes that perspective—it means control over the time and timing of work, the when of work and also the where. There is no logical reason why these two perspectives need to conflict and, indeed, this book presents some examples of companies in which the two views constructively come together. At the same time, we know that management practice, supervisory behavior, and workplace culture often stand in the way of this productive convergence.

The book begins with a description of the structural mismatch between a changing family and a non-changing workplace. As the editors explain in the introduction, the traditional family has two jobs—an economic and a domestic one—with two people to do them. In dual-earner couples, however, characterizing the majority of families today, two people are doing three jobs: each partner's economic job plus the domestic one. Even though this situation is no longer surprising, neither the American workplace as a whole nor the U.S. government has responded adequately; neither has provided the necessary workplace flexibility. Nonetheless, some organizations have responded to this new configuration, and the book includes examples of companies that are providing the flexibilities their employees need, evidently without compromising their economic outcomes.

Using time-use data, Suzanne Bianchi and Vanessa Wight introduce Part One by showing that total hours—both in employment and in domestic work—have increased for families as women have entered the workforce. This increase in employed hours, primarily by women, comes at the expense of time with children, with spouse, and with leisure activities and sleep. All of this creates conflict for families and a desire for more family time. The typical reaction to this conflict is a reduction in women's employed hours, which puts upward pressure on men's employment hours. This in turn reinforces the continuing gender divide: women have shorter employed hours than men and spend more time on domestic work. In the next chapter of Part One, we learn that multi-tasking is another response to this time squeeze, and it happens particularly at home and particularly by mothers. This may make them feel more productive, but it also increases stress. Afinal chapter in this part shows that the family dinner hour seems not to have disappeared as much as people have feared. All of these chapters are based on carefully presented empirical data and document that the dual earner family with children is under great strain.

Part Two emphasizes the misfit between what these families need and what the workplace provides, which continues to depict the current situation. The chapters in this section focus on the adaptations that individuals have made. Phyllis Moen and Qinlei Huang begin by showing that people in dual career families often deal with this strain by opting out altogether, or by shifting jobs—again, adjustments more often made by women. This chapter is followed by one by Sylvia Hewlett that provides examples of companies whose innovative policies have helped women stay in the workforce. British Telecom (BT), for example, allows employees to arrange their own work schedules whenever possible. In a final chapter in this part, we learn of the less –than –ideal situation for older workers who want or need some, but perhaps not full, involvement in the workforce. Real workplace flexibility would ease all these situations.

Part Three turns to what U.S. employers are doing, both generally as well as specifically for childcare. These chapters provide some possible "best practices". This section of the book also includes an informative analysis of government policies for federal workers by Christensen, Matthew Weinshenker, and Blake Sisk. Compared to the private sector, it turns out that the federal government was an early adopter of alternative work schedules but a laggard in dealing with an aging workforce. Part Three ends with an important chapter by Joan Williams that analyzes work family issues from a class perspective and begins to explain why the United States lags behind most European countries in social policy in this area. It serves as a bridge to Part Four, which deals with practices from abroad.

This last part is perhaps the newest and most interesting for an American audience. It begins with two chapters on policies in Europe. Though somewhat familiar, it is nonetheless striking when one realizes how much less time, compared to the United States, Europeans spend at work, and the amount of paid leave for childcare that both mothers and fathers enjoy in many European countries. This part also includes two chapters on Australia, which only recently surpassed the United States in developing any national family policies, and two on Japan. Japan, it turns out, has many more national policies than at least this reader expected. Here, the motivation is not the problems faced by dual–career families, but rather demography: the diminishing birthrate and the aging population. It seems that women interested in careers, a number that is increasing, are likely to give up on marriage and children because of the Japanese work culture, which also affects the increased need for state involvement in care of the elderly.

In this volume, one learns of the importance of flexible work arrangements for easing the work-family dilemma. But the way that jobs will get realigned to a new workforce is a systemic issue: it involves collective flexibility (not individually arranged flexible work conditions) and is embedded in a larger social context and an ideology about the role of employees—including even their personal lives—in the business enterprise. Reaching this realignment will involve challenging the way work is accomplished and the underlying, often gendered and class-based assumptions that guide current work practices; and such an approach may lead one beyond flexibility, beyond time and timing and the where and when of work. Aspects of this larger picture are alluded to in some chapters of the book as well as in the editors' introduction and conclusion, but one misses a final coming together of all these different parts.

18　Happiness，Growth，and the Life Cycle

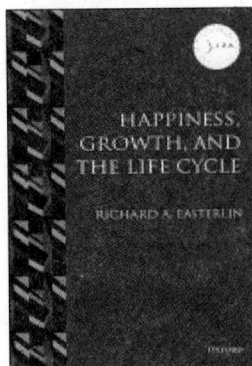

【书名】幸福、成长和生命周期
【作者】理查德·A.伊斯特林
【出版社】牛津大学出版社
【出版时间】2010 年

【内容提要】本丛书中呈现的大量研究集中了伊斯特林教授之前的一些出版物，并对其作了更新。这些项目来源于作者对于此领域浓厚的兴趣，作为一个经济历史学家，作者长期以来都为这个问题所困惑：现代经济增长是否真如绝大多数经济学家坚信的那样带来了人类幸福感的增加？伊斯特林教授在此领域负有盛名的著作在过去数十年来赢得了学界的广泛注意，并获得了包括 IZA 奖在内的一些著名奖项。伊斯特林教授的名讳还同一些有趣的现象联系起来，如队列大小假说（Cohort Size Hypothesis）又被称为"伊斯特林假说"，最为著名的幸福—收入悖论被称为"伊斯特林悖论"。此悖论和其可能的解决办法在本书中予以了详细阐释。从本质上来说，这个悖论是用横断面分析和时间序列分析对收入和幸福感的关系进行讨论并得出不同的结论。在较广阔的时间和空间范围内，一系列发现都表明，平均来说，高收入的人表示了更高的幸福感。但这一结果随时间改变而不再显著。伊斯特林及其合作者的研究认为，主观变量（如物质欲望）和客观变量（如收入水平）的相互作用可能是上述矛盾的原因。通过这些，作者期望将眼界放宽到对心理学和社会机制的研究，而非局限于传统的经济学模型。事实上，本书反复挑战了一些根深蒂固的假设或偏见，而是从一个相对人为的数据分类开始："硬"数据（收入指标）和"软"数据（人的自我报告）。在 GDP 指标仅能提供给我们极少关于人们生活和相应幸福感之处，伊斯特林的分析、诠释将我们引向了更为复杂的画面。正如作者所赞同的，如果不了解人们的心理是如何作用感受"客观"情况的，所谓的客观指标（如金钱、家庭状况等）并不能帮助我们预测生命周期中的幸福感。

本书主要由四部分构成：主编的介绍部分、关于"增长和幸福感"的一些章节、"生命周期幸福感"的章节和结语部分。第一部分和第二部分为本书的核心打下了基础。通过各章节题目，我们大概可以了解全书的主要问题："经济增长对人类助益甚多吗？""所有人群收入的提高带来所有人群的幸福感增长吗？"等等。有趣的是，这些问题引领我们通过对数据的探索验证了理论，同时也积累了尽可能丰富而广泛的实验数据。例如，第四章

"过渡中的迷失"，在东欧国家后共产主义时代的背景下，讨论了富裕和幸福感的关系；第三部分主要讨论了整个生命周期的幸福感、不同性别和不同世代的幸福感。第三部分从一个有趣的现象开始：尽管总体来说男女幸福的程度相近，但仔细审视不同的生命阶段可以发现，女性在生命早期比男性更加快乐，而晚期则恰好相反。对此满意而谨慎的解释再一次从伙伴关系和家庭生活中得到，而非纯粹的经济学论证。第三部分的最后一章（第十一章）也许是最使人着迷的，通过不谦虚的题目"解释幸福"，作者构建了一个概念性的框架以调和全书展示的一些重要实验发现。同心理学上的幸福定义形成鲜明对比，"定点理论"及其强调的经济人对于快乐的适应性，严格围绕着收入和不可动摇的"越多即是越好"的信念，作者铺平了一个通往"幸福的更好理论"的道路。这个理论尽管不是一个经典的妥协，但它确实站在了两种模型之间（以及它们自上而下/自下而上的研究路径之间）。作者的理论构建，建立在动态的生命周期概念和对幸福的观点之上，描述了愿望、适应和实现（存在境遇）。这样做的优点是无可置疑的，即它能够讨论人们拥有什么样的幸福、可能拥有什么样的幸福，以及人们认为的他们拥有的和可能会拥有的幸福，而非仅仅从收入层面来讨论。

【书名】Happiness, Growth, and the Life Cycle

【作者】Richard A. Easterlin

【出版社】Oxford University Press

【出版时间】2010

【英文提要】The extensive research programme presented in the volume, bringing together major publications authored by Easterlin, and updating them, was born out of a profound personal interest. Trained as an economic historian, the author was intrigued for a long time by the question of whether modern economic growth really does bring about an increase in human happiness, as most economists firmly believed. His prestigious work in this field over the last decades has received increasing attention from the scientific community, manifested in a serious of distinguished awards, among them the IZA Prize in Labor Economics (2009). His name became associated with several interesting phenomena, such as the "Easterlin Hypothesis" or the cohort size hypothesis and, most notably, the "Easterlin Paradox" or the happiness-income paradox. The paradox and its attempted resolution are explored at length in "Happiness, Growth, and the Life Cycle". In essence, this paradox refers to a difference between cross-sectional and time series results with regard to the relationship between income and happiness. A consistent set of findings, reflecting a broad geographical and historical range, point to the fact that people with higher income report, on average, higher levels of happiness. However, this relationship is no longer significant over time. Explanations for this contradiction are sought by Easterlin and his collaborators in the interplay between subjective variables, such as material aspirations, and objective ones, such as level of income. Through these, the author manages to go beyond traditional economic models and enlarge them with psychological and social mechanisms. In fact, the book repeatedly challenges deep seated assumptions and biases, starting with the rather artificial distinction between "hard" and 'soft' date (e.g. income indicators vs. self-reports of well-being). Easterlin's analyses and interpretations move towards a complex picture where GDP measures alone tell us little about people's lives and their sense of happiness. As the author agrees, so-called "objective" variables (money, family status, etc.) do no help us predict happiness over the life cycle if we have no information about the psychological processing of "objective" conditions.

The book is structured in four main parts, an introduction by the editors, several chapters on "Growth and Happiness", chapters on "Life Cycle Happiness" and finally an Epilogue. The introduction and the second section are fundamental in setting the scene. A single glance over the titles reveals the grand questions of the whole book: "Does economic growth improve the human lot?", "Will raising the incomes of all increase the happiness of all?", etc. Interestingly, these questions guide the interrogation of various datasets in order to "test" the theory and accumulate as much and as varied empirical evidence as possible. For instance, Chapter 4 "Lost in Transition" addresses the relationship between wealth and happiness in the context of post-communist, Eastern European countries. The third section, concerned with happiness across the lifespan and the differences between genders and between generations starts with some intriguing facts: while men and women seem to be, on the whole, equally (un) happy, a closer look at different life stages shows that women start life happier than men, but end it less happy. Explanations are found again beyond pure economic reasoning in the satisfaction (and safety) derived from partnerships and family life. Perhaps the last chapter (Chapter 11) from this section is the most fascinating one, promising from the title rather immodestly to "explain happiness" by building a conceptual framework that would reconcile several important empirical findings presented throughout the book. Contrasting rather sharply a psychological view of well-being, the "setpoint theory" and its emphasis on hedonic adaptation, with an economic one, revolving strictly around income and an unshakable trust that "more is better", Easterlin paves the way towards a "better theory of well-being". This theory is not a classic compromise although it is in the end situated between the two models and their bottom up/top down approaches. The author's theoretical construction relates aspirations, adaptations and attainment (life circumstances) with a domains view of happiness and under a dynamic conception of the life cycle. Its merits are incontestable and, among them, the capacity to bring happiness back to what people have (in "plural", not only in terms of income), what they would like to have and what they think they had and will have.

19　Minimum Wages

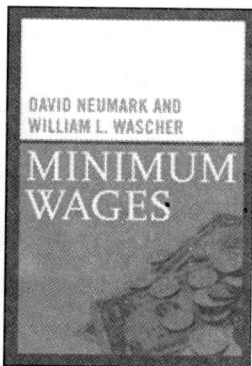

【书名】最低工资

【作者】大卫·纽马克，威廉·L. 瓦斯切尔

【出版社】麻省理工大学出版社（第二版）

【出版时间】2010 年 8 月 13 日

【内容提要】本书描述了最近 20 年来关于最低工资的一些研究发现。我们综合呈现了近 30 个研究论文发现的证据，并对其他纳入我们视野的、以此话题为中心的相关研究进行了广泛讨论。本书主要讨论了美国的情况，同时，在可能的情况下，我们也讨论了其他工业国和发展中国家的研究。

以最低工资研究委员会那篇涵盖广泛的报告发表为界（1981），关于最低工资经济效应的研究大多数在 20 世纪 80 年代停止了。这篇伟大的报告包括了一位那个时候在美国工作的匿名为"谁是谁"的劳动经济学家的研究成果。在那 10 年，当我们完成研究生学历后，通常会被建议去寻找一些别的研究主题——因为看起来那份委员会的报告或其他比那份报告稍早的研究已经包含了所有关于最低工资的内容。

但是当我们 19 世纪 80 年代后期在联邦调查委员会工作时，我们可以近距离的检视劳动力市场的发展，当时我们被不断增加的设定最低工资高于联邦水平的州立法机构数量所震惊，特别地我们把这种州与州之间最低工资的差别，认为是改善早期关于最低工资如何影响就业研究的机会。早期研究主要依据总体时间序列数据，给可靠的估计最低工资对就业的影响造成了困难。原因在于，一方面联邦最低工资的变化有限；另一方面则是缺乏更高的最低工资产生的经济效应的相对事实的有效信息。利用这个机会，在我们对最低工资就业效应的第一研究中，我们建构了一个政府最低工资和劳动力市场情景的横断面时间序列面板，有效的对提高与未提高最低工资的州进行了比较。

毫不奇怪地，也许我们不是唯一有这个想法的经济学家。发表在《工业与劳工关系评论》中的一系列论文引发了对最低工资对就业效应影响新一轮研究热潮。这股被叫做"新最低工资研究"的新浪潮一直持续，有超过一百多篇关于这个话题的文章发表，其中，既有对最低工资差异在政策环境中一直是突出特征的美国的研究，也有对于其他工业化的和发展中国家的研究。

在 20 世纪 90 年代中期，我们从我们原先专注的最低工资就业效应扩展出来，开始考虑他们的产生的其他结果。我们研究的这个扩展是因为这样一个观点，即最低工资就业效应的证据单独拿出来并不能有效影响关于最低工资的政策辩论。特别地，即使最低工资造成了低技能人群更高的失业率，最低工资也许有其他优点，如可以冲销失业问题的影响，或者其他成本。

这种需求从两个方向引导着我们。首先，考虑到最低工资在青少年劳动市场发挥的重要作用，似乎很自然人们会问它们可能会带给青少年的其他效应。举个例子，如果最低工资降低了就业率，那这会不会因为工作机会的减少鼓励年轻人留在学校或者为了提升自己的生产率从而不会被踢出劳动力市场而去取得更多技能呢？相反地，更高的最低工资会不会鼓励一些年轻人或青少年抱有找到更高工资的工作的希望而离开学校呢？类似的，最低工资会不会打消工厂给年轻人提供培训的念头，从而扼杀了未来工资增长一个重要的来源？最后，最低工资对技能取得的长期影响是什么？这些问题在早期的研究中取得了一些关注，但是在就业效应问题上，20世纪80年代后期各州差异较大的最低工资额提供了机会来获得新的、可能也是更好的最低工资效应的证据。

我们研究另外一个重要的方向我们认为从政治角度来说非常重要。特别是，我们认为最低工资的核心在于，帮助低收入家庭提高收入。这反映了提高最低工资的主要标准是，这样做是否能够在家庭收入分配中带来有益的效果——减少贫穷、提高分配底层人群的收入。同样的，这个问题在早于新最低工资的研究中也被考虑了，但是可获得的证据非常局限而且模棱两可。

第二章简单介绍了最低工资的历史；第三章介绍了关于最低工资及其对就业影响的主要研究和争论；第四章讨论了最低工资对分配的影响，分析了最低工资和个体收入分配的关系；第五章检视了最低工资对家庭收入分配的影响；最低工资对教育、培训及技能获得的可能影响是第六章的主题；第七章讨论了最低工资对利润、价格和通货膨胀的影响；第八章讨论了关于最低工资的政治经济学问题；最后一章进行了总结，提出了一些最后的思考，讨论了对公共政策的启示。

【书名】Minimum Wages

【作者】David Neumark，William L. Wascher

【出版社】The MIT Press；Reprint Edition

【出版时间】August 13，2010

【英文提要】This book describes the finds of nearly two decades of research on minimum wages. It synthesizes and presents the evidence we have accumulated across nearly thirty research papers and provides a comprehensive discussion of other research that touches on the same questions we have considered, as well as on other topics central to the debate over minimum wages. In much of the book, we emphasize evidence for the United States. However, where possible, we also discuss research for other industrialized and developing countries.

Research on the economic effects of the minimum wage had largely come to a halt in the

1980s, following the publication of the extensive report of the Minimum Wage Study Commission (1981).This landmark remark report included studies by a virtual "Who's Who?" of labor economists working in the United States at that time. During that decade, when we were completing our graduate education, the common advice we received was to find some other topic to research, as it seemed that virtually everything there was to be known about minimum wages was covered in the commission's report or in other research published prior to the report.

However, in our jobs at the Federal Research Board in the late 1980s, where we followed labor market developments particularly closely, we were struck by the increasing number of state legislatures that were setting minimum wages above the federal level. In particular, we saw this state-level variation in minimum wages as an opportunity to improve upon the earlier evidence on how minimum wages affected employment. That earlier evidence was largely based on aggregate time-series data, which posed difficulties for reliably estimating the employment effects of minimum wages because of limited variation in the federal minimum wage and the absence of valid counterfactual information on what would have happened to the economy in the absence of higher minimum wages. Taking advantage of this opportunity, in our first study of employment effects of the minimum wage, we constructed a cross-section time-series panel of state minimum wages and labor market conditions, which effectively used states without a minimum wage increase as a comparison group for states that raised their minimum wage.

Not surprisingly, perhaps we were not the only economists who had this idea, and an early set of papers published in a symposium in the Industrial and Labor Relations Review (ILRR) kick-started a new wave of research into the employment effects of minimum wages. This wave of research, which is often referred to as the "new minimum wage research", has continued unabated, with well over one hundred papers on this topic published since then, both for the United States—where state minimum wage variation has remained a prominent feature of the policy landscape—and for other industrialized and developing countries.

In the mid-1990s, we began to branch out from our original focus on the employment effects of minimum wages to consider their other consequences. This broadening of our research was prompted by our view that evidence on the employment effect of minimum wages is, taken alone, insufficient to inform the policy debate over the effects of minimum wages. In particular, even if minimum wages result in lower employment for low-skilled groups, there may be other benefits of minimum wages that trade off favorably against the disemployment effects, as well as other costs.

This inquiry led us in two directions. First, given the evidence that minimum wages play an important role in youth labor markets, it seemed natural to ask what other consequences they might have for youths. For example, if minimum wage reduce employment, do they also encourage young people to stay in school because of decrease in job opportunities or to acquire more skills to raise their productivity to a level at which they would not be priced out of the labor market by a minimum wage? Conversely, does a higher minimum wage induce some teenagers or young adults to leave school in the hope of landing a job playing a higher wage because of the higher minimum? Similarly, do minimum wages deter firms from providing training to young workers, hence curtailing an important source of future wage growth? And finally, what are the long-run effects of the minimum wage on the acquisition of skills? These questions had received some attention in earlier research, but as in the case of employment effects, the emergence of the greater variation in minimum wages across states in the late 1980s provided on opportunity to obtain new—and arguably superior—evidence on the effects of minimum wages.

The second direction our research took is one that we regarded as especially important from policy perspective. In particular, we see the principal intent of the minimum wage as helping to raise incomes of low-income families. This implies that the principal criterion for decisions about raising the minimum wage is whether doing so has beneficial effects for the distribution of family incomes—reducing poverty or increasing incomes at the bottom of the distribution. Again, this question had been considered in research predating the new minimum wage research, but the available evidence was limited and ambiguous.

We begin in chapter 2 with a brief history of the minimum wage. Chapter 3 focusses on the issue that has dominated research and debate on the minimum wage—its effects on employment. In chapter 4, we turn to the distributional effects of minimum wages, focusing first on the relationship between minimum wages and the distribution of individual wages. Chapter 5 examines the effects of the minimum wage on the distribution of family incomes. The possible effects of minimum wages on schooling and training, and other potential effects of minimum wages on the acquisition of skills, are the topic of chapter 6. The broader economic effects of minimum wages on profits, prices, and the inflation have also been the subject of some research, and chapter 7 discusses this evidence. In chapter 8, we turn to questions about the political economy of minimum wages. Finally, in chapter 9, we provide a summary of our evidence, offer some concluding thoughts, and discuss implications for public policy.

20　Ageing，Health，and Productivity：The Economics of Increased Life Expectancy

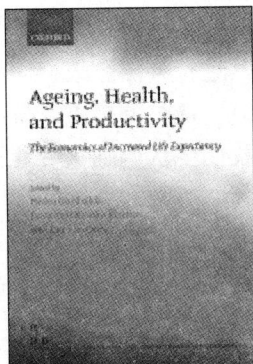

【书名】 老龄化、健康和生产力：预期寿命增加的经济学
【作者】 彼得罗·加里波第，杰奎因·奥利维拉·马丁斯，
　　　　　　简·范·奥维斯
【出版社】 牛津大学出版社
【出版时间】 2010 年 11 月 25 日

【内容提要】 预期寿命的增加可能是现代经济增长最显著的副产品了。过去 30 年里，美国与欧洲的预期寿命大约每 10 年提高 2.5 岁。接下来的 20 年里，成功地对老年化和寿命增长进行管理（特别是医疗支出、社会保障管理和劳动力市场制度问题）将是先进经济体的政策制定者们面临的主要结构性挑战之一。本书仔细地检视了这些挑战，从宏观和微观层面分别检视了这些基础问题。

本书前半部分研究了医疗支出、医学方面的技术进步、经济增长、福利国家改革之间的宏观联系。在大众媒体看来，长寿和人口老龄化被当作一个典型的巨大负担。但是，通过一系列合理的改革措施，先进经济体有机会将人口长寿带来的巨大挑战转化为促进财富积累的长期机会。而实现这个健康老龄化社会剧本的先决条件是，在社会保障和劳动力市场制度上的实质结构性改革。

第一章讨论了人口统计学相关数据；第二章从宏观视角分析了医疗支出、技术和健康条件之间的联系；第三章用实证方法调查了 GDP 增长和医疗支出之间的关系；第四章设计了一种投影法来评价可被引导至医疗健康部门的总支出（公共的和私人的）大小；在第五章，我们评价了医疗支出和潜在增长和生产力条件下更好的健康状况带来的影响；第六章进行了总结，给出了政策结论。

本书的第二部分分别从个体和公司层面，仔细检视了人口老龄化和生产力之间的微观关系。令人吃惊的是在这样的关键问题上前人的研究很少。本书从两种角度切入这个问题。一方面，本书展示了一个对于决定生产力的因素的详细分析，不仅从长期的历史演变来看，也从横截面来观察不同；另一方面，本书也使用了计量经济学的分析来检视各种维度下个体生产力的决定因素。

我们主要的发现如下：老龄化对生产力的影响主要取决于由年龄变化诱发的认知、非认知能力变化与工作表现相关的程度。在过去的一个世纪里，工作的结构发生了剧变，随之年龄和生产力的关系也发生了变化。我们的实证研究显示，年轻人群缺勤的次数可能更多，而年长人群缺勤次数虽低，持续时间却长。故此年龄在缺勤问题上的总体效应是凹形的，病假45岁以前递增而后趋于平坦。年龄的影响并不只是个体。组织内年龄的分化可能导致更多的个体缺勤。将老员工轮换到对体力要求不那么高的岗位可能改善其对自我工作能力的认识，甚至提高真实生产力。随着年龄的增长，生产力可能是单调递减的，但如果员工一直从事一个领域的工作并积累了特殊的经验，就可以对其进行补偿。故，终身员工制对生产力是好的（集约边际），对出勤率是不好的（外延边际）。通过分析可以得出结论，个体生产力如果没有人力资源的持续投资将会下降。同时，我们也认识到，劳动力市场的行为比人口统计学上的变化更有意义，通过弹性的退休年龄管制、人力资源管理、雇佣保护法规和薪金政策，劳动力市场上的行为是可以被影响的。随年龄增长的生产力下降一部分是内源性的，也受政策影响。生产力受年龄影响的方式也不仅是一个简单的外在表现，而且受到具体方式的影响。

【书名】Ageing, Health, and Productivity: The Economics of Increased Life Expectancy

【作者】Pietro Garibaldi, Joaquim Oliveira Martins, and Jan van Ours

【出版社】Oxford University Press

【出版时间】November 25, 2010

【英文提要】Increase in life expectancy is arguably the most remarkable by-product of modern economic growth. In the last 30 years we have gained roughly 2.5 years of longevity every decade, both in Europe and the United States. Successfully managing ageing and longevity over the next twenty years is one of the major structural challenges faced by policy makers in advanced economies, particularly in health spending, social security administration, and labour market institutions. This book looks closely into those challenges and identifies the fundamental issues at both the macroeconomic and microeconomic level.

The first half of the book studies the macroeconomic relationships between health spending, technological progress in medical related sectors, economic growth, and welfare state reforms. In the popular press, longevity and population ageing are typically perceived as a tremendous burden. However, with a proper set of reforms, advanced economies have the option of transforming the enormous challenge posed by longevity into a long term opportunity to boost aggregate outcomes. The basic prerequisite of a healthy ageing scenario is a substantial structural reform in social security and in labour market institutions.

The first chapter deals with demographic facts. Chapter 2 analyses the links between healthcare expenditures, technology and health status from a micro-level perspective. Chapter 3 investigates the relationship between GDP growth and health expenditures empirically. Chapter 4 develops a projection method to assess the size of aggregate expenditures (both public and private) that could be channeled to the health sector. In Chapter 5, we assess the impact of health expenditures and better health status on potential growth and productivity. We carry out some "thought experiments" on the indexation of active life on longevity and the impact of ageing on aggregate productivity. Chapter 6 summarizes and draws policy conclusions.

The second part of the book looks closely into the microeconomic relationship between population ageing and productivity, both at the individual and at the firm level. There is surprisingly little research on such key questions. The book contributes to this debate in two ways. It presents a detailed analysis of the determinants of productivity, with a focus on both the long‑run historical evolution and the cross sectional changes. It also uses econometric analysis to look into the determinants of the various dimensions of individual productivity.

Our main findings are the following. Productivity effects of ageing depend on the extent to which age‑induced changes in cognitive and non‑cognitive abilities are relevant for work performance. In the past century, the structure of work has changed a lot and therefore the relationship between age and productivity is also changing. Our empirical analysis shows that younger workers tend to have a higher number of absences, while older workers are absent less often but have longer durations of absence. The overall effect of age on absenteeism is concave. Sick leave increases with age up to the age of 45 and flattens out afterwards. Age has an effect not only at the individual level. More age diversity within a group of workers leads to more individual absence. More age diversity within a group of workers leads to more individual absence. Rotation of older workers to tasks that are less physically demanding may improve the perceived working capacity and may even improve actual productivity. Productivity at work is monotonously decreasing with age but this decline in productivity can be compensated if workers remain in the same plant and accumulate job‑specific experience. So tenure is good for productivity ("intensive margin") but not for absenteeism ("extensive margin"). From our analysis, we conclude that individual productivity deteriorates if no investments are made to keep human capital up‑to‑date. This main lesson from our study is that labor market behavior is more important that demographic changes. And labor market behavior can be influenced through flexibility in mandatory retirement ages, human resource management, employment protection legislation, and wage policies. The decline of productivity with age is partly endogenous and subject to policy influence. The way productivity is affected by age is not just an exogenous phenomenon but is also influenced by choice.

第四章　劳动经济学学科 2010 年会议综述

本书对 2010 年国内外与劳动经济学学科相关的会议进行了梳理与介绍，2010 年度共召开相关会议 8 次，分别是中国劳动学会劳动科学教育分会 2010 年年会、第十届中国人文社会科学论坛、第十届中国经济学年会劳动人口经济学专场讨论会、首届芝加哥大学—中国人民大学家庭和劳动经济学国际研讨会、第二届 CIER/IZA 劳动经济学学术研讨会、7th Congress of the International Network "Regional & Local Development of Labour"、The 9th European congress of the International Industrial Relations Association（IIRA）和 62nd Annual Meeting of Labor and Employment Relations Association。

一、中国劳动学会劳动科学教育分会 2010 年年会

中国劳动学会劳动科学教育分会 2010 年年会于 2010 年 8 月 27~29 日在烟台举办。本届年会的主题为"新形势下中国劳动科学教育的挑战与发展"。与会代表就收入分配、劳动力市场与农民工就业、新型农村养老保险以及劳动经济、劳动关系、人力资源管理、社会保障等领域的诸多社会热点和学界前沿问题进行了热烈研讨。本届年会共收到参会论文 68 篇，有 18 位知名专家作大会发言和点评，有近 40 位会议代表作小组发言。来自北京大学、清华大学、中国人民大学、浙江大学、北京师范大学、首都经济贸易大学、中国劳动关系学院等全国 40 余所高校和近 10 家学术出版机构的 110 名代表参加了此次年会。

本会名誉会长赵履宽教授做了题为"劳动人性化：劳动科学的哲学基础"大会主题报告，中国劳动学会副会长兼薪酬专业委员会会长苏海南研究员就收入分配改革、北京大学政府管理学院顾昕教授就城镇基本医疗保险的基金结余率与保障水平、中华全国总工会民主管理部部长郭军同志就后金融危机时期劳动关系和企业管理、北京师范大学经济与工商管理学院李实教授就中国农村剩余劳动力与刘易斯拐点、北京大学社会学系熊跃根教授就全球化背景下中国福利体制的构建与发展、中国人民大学劳动人事学院石伟教授就人力资源管理与组织文化的关系做大会主题发言。

（一）就业问题是此次年会的关注热点

就业问题是当前社会学术界和实践界的热点问题，在此次年会上，多位学者对不同人群、不同行业的就业以及影响就业的深层次原因进行了分析。

边文霞、甘春华和胡永远等分别从不同角度对大学生就业进行了剖析。边文霞在《中国经济增长方式转变的就业约束——大学毕业生就业困境原因与对策》一文中指出，当前中国面临着转变经济增长方式和增加就业这两个相互影响的重大课题，二者是对立统一的关系。大学毕业生尽管不是数量最多的就业群体，但其高素质的劳动力身份很大程度上影响甚至决定经济增长的质量；近几年严峻的经济形势导致大学生就业状况趋紧。甘春华则认为劳动力市场运行机制存在的某些"顽疾"是导致大学生就业难和企业"用工荒"同时存在的根本原因。胡永远和邱丹采用 Logistic 分析和 Heckman 两步法估计了高校毕业生个性特征对就业的影响。结果显示，高校毕业生个性特征无论从单个变量还是从分组综合指标看，对高校毕业生就业机会比率和初始工资都有显著影响，并且这种影响不亚于高校毕业生人力资本对其就业的影响。

除大学生之外，农民工群体的就业问题也得到专家学者的广泛关注。其中，两篇文章关注了农民工的就业能力及培训，李琦分析了当前农民工培训存在的一些问题，杨玉梅和曾湘泉则使用追踪数据，实证检验了农民工阳光工程对其就业能力提升和收入增加所发挥的作用。纪韶也对农民工就业政策的效应进行了检验。此外，黎煦对农民工非正规就业的研究发现，农民工从事非正规就业，与劳动者的身份特征、人力资本状况、所在行业和职业等密切相关。段润来和刘相兵对农民工的回流问题进行了研究，发现农业的产业集群导致农民工在农村总收益的增高，最终带来了农民工的回流。

除对以上两个群体的分析之外，王子成、张建武和明娟以及张原分别对对外贸易和服务业的发展对就业的影响进行了实证检验。此次年会中，有学者开始关注就业质量问题，丁大建认为"当前中国的就业市场不应该是单纯地追求扩大就业规模，而到了努力强化和提高就业质量的时候了"，并指出了当前我国就业市场上职业化水平缺失的种种表现，阐述了构建职业化就业体系的基本条件和努力方向。

（二）收入分配问题得到深入探讨

收入分配研究中，劳动在初次分配中的比重问题引起广泛探讨。郭正模和何飞通过数据统计分析发现目前我国劳动报酬在初次分配比重呈逐年下降趋势，造成我国劳动报酬比重偏低的因素有两方面：外部市场因素是供需关系失衡；企业内部市场因素是缺乏劳资关系的协调机制和工资集体谈判制度。袁国敏则通过建立长期动态模型对中国劳动份额变动相应因素进行分析，发现失业压力是导致中国劳动份额下降的最重要因素。

邓波和陈利以广西的经济发展情况和广西城镇居民收入分配情况为研究对象，运用SWOT 分析，揭示收入分配与经济增长、地区发展等之间的联系。

除了收入差距，福利分配差距也引起关注。吴连霞认为我国城乡福利分配存在巨大差距，造成这种分配差距最根本的三个因素是我国农民参政议政机制，农村的土地、户籍制度及农民的参政议政能力。她指出，让农民有机会和有能力在国家政策制定过程中为自己的利益代言是改变城乡福利分配不公的根本性问题，要做到这一点，必须改革我国农民参政议政机制，提高农民参政议政能力，破除现有的割裂城乡的户籍制度，积极探索合适的农村土地流转制度。韩克庆还对城镇住房的福利差距进行了分层研究。

此外，公务员的工资水平、国企性别工资差异、人才引进、人力资本与中国全要素生产率增长等问题也是本次年会的讨论内容。

二、第十届中国人文社会科学论坛

2010 年 6 月 12 日上午，第十届中国人文社会科学论坛在中国人民大学逸夫会堂开幕，来自 22 个国家的 125 位专家学者及国内劳动科学领域的著名专家学者和政府相关部门负责人围绕"就业、民生与可持续发展"主题展开研讨。本次论坛由中国人民大学劳动人事学院承办，为期两天，分设一个主论坛、两个特色论坛和四个分论坛。两个特色论坛分别为全球劳动科学院长论坛、国际区域和地区工作与劳工发展论坛，是论坛主题的深化。四个分论坛分别为劳动经济分论坛，主题是"人口、就业与劳动力市场"；人力资源分论坛，主题是"民族文化、组织文化与人力资源管理"；社会保障分论坛，主题是"中国社会保障体制"；劳动关系分论坛，主题是"经济危机下劳动关系面临的挑战"。

在主论坛报告阶段，詹姆斯·海克曼教授和皮特·海尼克教授分别以《儿童时期人力资本投资对成年后就业能力的影响》、《资源、效率与就业》为题发表了主题报告，从不同角度阐述就业、民生与可持续发展问题。海克曼教授认为，专注度、忍耐力和自控力这些"软技能"是决定一个人在社会中能否成功的重要因素。"在人的整个生命周期中，技能是一个不断动态发展的过程，好的技能会促进其他技能的提高，这是一个良性循环，而人的早期技能的培养对其以后社会能力的提高并最终决定其在社会中能否成功，起着至关重要的作用。"

国家人力资源和社会保障部副部长张小建在《中国积极的就业政策及其实施效果》的报告中指出，当前中国就业面临的三大压力为：劳动力供大于求，总量性矛盾长期存在；转变发展方式和产业结构调整中就业结构性矛盾；城镇化的进程中农村劳动力转移就业进入加速期。张小建副部长认为，"十二五"期间，就业的结构性矛盾将会更加突出，特别表现在劳动者职业能力、职业技能与岗位的需求不相匹配，不同地区就业的结构性矛盾更加突出，最近两年发生的部分地区部分企业出现招工难的现象，虽然没有改变劳动力供大于求的大势，但是却有一种持续化的发展趋势。

中国人民大学劳动人事学院院长曾湘泉教授在主论坛上发布了报告《中国就业战略报告 2008~2010：双转型背景下的中国就业能力提升研究》。报告针对当前"体制转型和结构转型”的“双转型”艰巨任务，提出在中国告别物质资本短缺约束条件之后的今天，要维系经济持续增长与就业扩大，就必须高度关注劳动者的就业能力，包括就业能力的提升。报告还根据不同人群的特点提出了具体的培训建议。

本届论坛所提出的诸多观点对学术界和实践界都有比较重要的影响。国际顶尖管理学家霍夫斯达特教授提出企业应超越财富目标，以更长远的观点、更强的社会责任感参与和谐新世界的构建；德国可持续发展研究所所长海尼克教授宣扬“绿色就业”的理念；芬兰坦佩雷大学西皮莱教授呼吁社会投资作为社会保障的政策。英国剑桥大学人文社会科学学部主席、达尔文学院院长威廉·布朗（William Brown）、美国哈佛大学弗里曼教授（Richard Freeman）等针对金融危机背景下的劳工世界的矛盾和冲突、劳动科学的地位和作用等也发表了重要的观点和看法，为从根本上解决全球化、国际化以及多元化带来的劳动领域中的问题提供新的分析框架与解决思路。

三、第十届中国经济学年会劳动人口经济学专场讨论会[①]

第十届中国经济学年会劳动人口经济学专场讨论会于 2010 年 11 月 21 日上午 8：00~10：00 在河南财经政法大学举行。共有 5 位论文作者就其研究成果进行了报告，报告涉及农村迁移劳动力的性别工资差距、教育问题以及就业问题等。

浙江财经学院财政与公共管理学院的黄志岭在《农村迁移劳动力性别工资差异研究》中采用中国社会科学院经济研究所收入分配课题组的 2002 年城镇暂住户调查数据，对农村迁移劳动力性别间工资收入差异进行了分解。Brown 分解结果表明，农村迁移劳动力性别间的工资收入差异 80.7% 归结为歧视等不可解释部分；剩余的 19.3% 是由人力资本禀赋差异所引起的。这表明要有效缩小农村迁移劳动力性别间工资收入差异，除了采取有力措施消除市场中的性别歧视外，提高农村妇女受教育程度也很重要。此外，该文的研究结论还与城镇居民性别间工资差异的研究成果进行了对比，结果表明市场化加重了劳动力市场中的性别歧视程度。

杜凤莲利用出生年份作为工具变量来估计教育回报率。中国民间认为羊年出生的女儿运气不好，结果羊年出生率会下降。而中国教育制度中没有关于班级大小的约束性规定，短期内中小学往往通过调整班级人数的多少来适应不同年份出生率的变化。这样，平均而言，出生在羊年的孩子就会获得更多的教育资源。李强则对儿童的教育进行了研究，他认为儿童的同伴会对自己的行为产生影响，例如如果同伴辍学，则自身辍学的可能性也会提高，同时对留守儿童在教育方面的影响也做出了印证。陈沁在《土地替代教育——城市化进程中农户子女的教育选择》中，使用 CHNS 的数据验证了土地对教育的替代作用在各个

---

① 资料来源：中国经济学教育科研网。

地区都存在，其次通过就业概率与务农效率的代理变量与土地的交互项验证了土地的确是通过提供"失业保险"的渠道对人力资本投资产生替代作用。最后，该文提出农地交易应当更加市场化，以使农户灵活配置自身禀赋，消除土地市场与劳动力市场的结构性扭曲。

陈丁分析了中国劳动力市场，发现除了诸如区域特征、宏观环境和空间效应这些常研究到的因素外，区域制度变化已对中国区域失业产生重要影响。此外，邻里和溢出效应也被证实影响中国区域失业。随着中国的生产要素流动性的增强，这两个空间效应的影响更为巨大。这一结果要求我们密切关注周边省份，以防受其意想不到的冲击。由于中国生产要素的流动性越来越高，制定政策稳定地区失业率的同时要考虑到周边省份的失业情况。

四、首届芝加哥大学—中国人民大学家庭和劳动经济学国际研讨会

2010年9月16日，由中国人民大学劳动人事学院和芝加哥大学北京中心联合主办的"芝加哥大学—中国人民大学家庭和劳动经济学国际研讨会"在中国人民大学逸夫会堂举办。会议上，来自芝加哥大学、香港中文大学、中国人民大学、北京师范大学、清华大学、北京大学、中央财经大学等国内外众多高校与研究机构的专家、学者齐聚一堂，围绕与家庭相关的劳动经济学最新问题，分享各自的研究成果，交流科研心得。芝加哥大学的两名诺贝尔经济学奖获得者 Gary S. Becker 教授和 James J. Heckman 教授带来了他们最新的研究成果，并且同与会者展开精彩的对话，共同探讨"劳动经济学的过去、现在和未来"。

1992年诺贝尔经济学奖得主 Gary S. Becker 教授做了名为《老年人赡养、儿童偏好的形成与早期人力资本投资》（Old Age Support, the Formation of Children's Preferences, and Investments in Children's Human Capital）的演讲。他的研究指出，家长在孩子成长的过程中往往会有意识地培养孩子关心他人，以便自己年龄大了之后能够获得孩子们的赡养。

2000年诺贝尔经济学奖获得者 James J. Heckman 教授协同香港中文大学的学者易君健，带来了题为《幼儿时期疾病、家长关注以及儿童人力资本形成》（Early Health Shocks, Parental Responses and Child Outcomes）的最新研究。他们构建了一个理论模型，分析幼儿时期的疾病是如何影响儿童人力资本的形成的。研究结果发现，幼儿时期疾病将对儿童成年后的健康、认知能力、人格等发展产生消极的影响；同时，幼儿时期的疾病将影响家长对儿童的期望，但是不会改变儿童对家长行为的感知，也不会影响家长对儿童的感情。

在研讨会上，中国人民大学劳动人事学院赵忠教授介绍了《父母失业与儿童健康——基于中国10年国企职工下岗数据的研究》，来自清华大学的李宏彬教授分享了关于《性别比例、犯罪以及其他社会影响》的研究，来自北京师范大学的李实教授等与大家分享了《中国城镇性别工资差距变化：1995~2007》的研究，来自香港中文大学的张俊森教授做了题为《文化大革命对中国城镇人力资本再投资的影响》的演讲。香港中文大学的杨涛教授、

北京大学的林莞娟和夏庆杰教授、图卢兹大学的何英华教授、中国人民大学的齐豪教授、中央财经大学的 Åke Blomqvist 教授对上述论文进行了评论。与会专家学者们就上述研究展开了热烈的讨论，交换了意见，增进了对以上领域的了解。

两名诺贝尔奖得主还同与会专家学者回顾了劳动经济学的发展历程，总结了学科当前的发展情况，展望了学科未来的发展方向。Gary S. Becker 教授的发言谈到了家庭经济学与劳动经济学之间的联系。他指出，家庭经济学和劳动经济学的研究问题联系紧密，是相互影响、相互推进的两门学科。比如，20 世纪 60 年代，妇女劳动参与率的提升很大程度上促进了家庭经济学的发展，而家庭内部资源的分配决定又从另一方面影响家庭成员的劳动力市场参与率以及对儿童的人力资本投资。Becker 教授认为，在未来的一个阶段，经济学将被广泛应用于研究家庭资源分配，解决劳动力市场相关问题，两门学科的联系将越来越紧密。James J. Heckman 教授则就经济学研究的方法论谈了自己的体会。他指出，随着劳动经济学的发展，应该强调经济学理论和经济学模型在实证研究中的作用，对数据的研究和理解不能脱离经济学理论。

五、第二届 CIER/IZA 劳动经济学学术研讨会

2010 年 10 月 8~9 日，由中国就业研究所（CIER）和德国劳动研究所（IZA）联合主办的"第二届 CIER/IZA 劳动经济学学术研讨会"在德国波恩成功举办。本次研讨会吸引了来自英国牛津大学、诺丁汉大学、爱尔兰都柏林大学、美国克拉克大学、休斯敦大学、瑞典哥德堡大学、捷克经济学研究教育中心、德国劳动研究所、中国人民大学、北京师范大学、南开大学等高校和科研机构的专家学者。研讨会围绕"中国的城乡移民、改革与家庭代际传递、社会关系网络与劳动力市场的中欧比较研究、收入不平等与妇女劳动参与率"等主题展开。

在中国的城乡迁移方面，Elaine Liu 在对中国农民工社会网络风险分担的研究中发现，家庭规模是预测子女冒险行为的重要指标，有更多兄弟姐妹的人更愿意承担风险，进而增加他们从事个体生产或去更远的省份打工的可能性，文章认为中国的独生子女政策可能会带来规避风险的一代。Olivier Bargain 则对农民工的相对地位对迁移决策的影响进行了检验。

Maria Porter 和 Albert Park 研究了中国的住房改革对代际转移和老年福利的影响，发现房地产带来巨大暴利，这种暴力会对家庭财富有重大影响，最终使得家庭成员在提供财政援助时会把由此带来的暴利考虑在内，从房产中获得收益的人会从子女那里得到较少的资金帮助。

在对中国收入差距的研究中，宋丽娜发现中国城镇居民 1988~1995 年收入差距的巨大增加主要是由工资结构的变化引起的。1995~1999 年的工资差距变化中，教育扩大和产业

结构的调整也发挥了重要作用。劳动力构成和工资结构对 1999~2002 年的工资差距变动影响较小。葛玉好和张俊森则重点关注了中国的妇女劳动参与和性别工资差距的关系，发现较低的女性劳动参与率常常伴随着性别工资差距的缩小。张俊富和赵忠测算了中国农民工的收入差距。

邢春冰对中国户口的研究发现，由于城镇与农村户口的分离，带来了农村女人与城镇男人结婚的概率增加，推动了农村妇女婚姻向城市迁移。Björn Anders Gustafsson 研究了城镇不工作人口比例的上升及原因。由于不工作的人数增加可能带来的收入不平等的冲动被家庭吸收了，因为很多学生或者失业者的其他家庭成员的收入很多都在平均收入以上。

对于德国劳动力市场的研究中，Ulf Rinne 利用东西德合并的自然实验验证了人力资本理论的信号功能。Ricarda Schmidl 则检验了德国积极劳动力市场政策对解决青年失业问题所发挥的作用。

除中德两国各自的研究之外，本次研讨会还对中欧的劳动力市场中的社会网络和迁移问题进行了对比分析。Martin Guzi 使用 RUMIC 数据对中国社会网络对乡—城迁移的影响和农民工劳动力市场产出的影响进行了实证检验。Corrado Giulietti 和 Tomas Konecny 则分别对英国和 OECD 国家的相关问题进行了分析。

六、7th Congress of the International Network "Regional & Local Development of Labour"

2010 年 6 月 10~13 日，第七届工作和劳动区域发展协会大会暨国际区域和地区工作与劳工发展论坛在逸夫第二报告厅隆重举行。此次论坛由工作和劳动区域发展协会和中国人民大学劳动人事学院联合举办，中国人民大学劳动人事学院承办。

中国人民大学党委副书记兼副校长王利明教授、中国劳动与社会保障部原副部长、中国劳动学会会长华福周、德国汉斯—波克拉基金会代表赛尔教授、加拿大蒙特利尔魁北克大学教授丹尼斯·哈瑞森、欧洲劳动条件发展基金会教授斯塔罗拉·德莫瑞德斯在会议开幕式上致辞。中国劳动学会会长华福周、德国奥斯纳布吕克大学前副校长塞尔教授、比利时布鲁塞尔欧洲工会研究院院长菲利普·普彻特发表主题演讲，就国际区域和地区工作与劳工发展问题进行了深入探讨。

华福周就中国收入分配制度及其改革问题做了长篇演讲。华会长介绍了中国收入分配制度改革和发展的有关情况及宏观经济和社会发展对收入分配的影响。她认为通过与会的各个劳动领域的专家的共同磋商交流，可以更好地解决中国现在存在的劳动问题。德国奥斯纳布吕克大学前副校长塞尔教授首先介绍了汉斯·波克拉基金会的历史，然后主要从劳动与劳工关系在可持续发展领域中发挥的作用作了分析。他指出中国作为现在世界上第三大经济体，在经济发展的同时付出了很大的代价，现在无论是在环境方面还是劳动方面都面临着很大的挑战。比利时布鲁塞尔欧洲工会研究院院长菲利普·普彻特认为无论是发展中国家还是发达国家都应该具有全球视角和长远眼光，在发展的问题上，不能仅仅局限于当下和本国情况。他指出，只有技术创新和全球合作才有可能真正地改善环境问题，发展中国家在发展的道路上不一定遵循发达国家的模式，以牺牲环境为代价，应该创造出自己独特的发展模式。会议最后，菲利普·普彻特教授做了小结：只有加强合作和共担风险，才能够切实有效地解决问题，共同发展。

除主论坛外，参加此次会议的各国专家学者还就七个方面的问题展开了深入探讨：①中国的劳动和可持续发展；②劳工，可持续发展和创新；③劳工，可持续发展和工会；④劳工，可持续发展和移民；⑤劳工，可持续发展，非正规就业和社会保障；⑥劳工，可持续发展和公共部门；⑦劳动，可持续发展，教育和研究。

七、The 9th European Congress of the International Industrial Relations Association（IIRA）

第九届国际产业关系学会欧洲大会于 2010 年 6 月 28 日~7 月 1 日在哥本哈根大学举办。此次大会由国际劳工组织（ILO）的附属机构国际产业关系学会（IIRA）主办，共吸引了 300 多位专家学者和相关工作人员参加，有 178 篇论文得到宣讲。

此次年会的主题是"欧洲雇佣关系——危机与展望"，聚焦于当前欧洲劳动力市场上面临的经济挑战，具体包括四个部分：一是"多样化的劳动力——新老挑战"，即当前面临的全球化和劳动力迁移等新挑战，以及劳动力市场的不平等和工作生活平衡等长期问题，与会的专家学者对这些问题从不同角度进行了研究和讨论。二是"劳动关系和人力资源——回到集体主义吗？"，讨论管理和雇员之间关系的发展，以及人力资源管理在其中所起的作用。三是"就业政策——劳动力需求、人口和社会伙伴"，主要探讨欧洲就业政策的现状和面临的挑战。四是"欧洲就业调节——过程、实施和政府治理"，聚焦于政府与就业调节在国家和欧盟层面之间的关系，Carsten Strøby Jensen、Peter Auer 和 Kazutoshi Chatani、Geraint Harvey 和 Peter Turnbull 等人分别从不同角度研究了 2008 年金融危机之后的政府作用。

八、62nd Annual Meeting of Labor and Employment Relations Association

第 62 届北美劳动和雇佣关系年会于 2010 年 1 月 3~5 日在美国亚特兰大召开。此次年会的主题是"二十一世纪的就业体系：加速发展年代的创新"。

Joel Cutcher-Gershenfeld 做了题为"全球知识经济中就业和劳动关系的未来"的大会主题演讲。Floyd Mason 通过介绍铁路工人的一次成功的谈判，探讨了联盟谈判这一谈判策略。Kelly I. Pike、Chichun Fang、Eun Kyung Lee 和 Erik Young 聚焦于健康护理产业方面，分别对劳资气候和冲突、健康保险覆盖的变化以及以居民为中心的护理对养老院的冲突影响进行了深入研究。

Michele Tiraboschi 和 Silvia Spattini 以意大利为例，介绍了其在欧盟环境中应对金融危机，以维护就业稳定性所做出的努力。Ann Marie Lofaso 介绍了"瓦格纳法"为解决当今的就业安全危机的作用。Martin Upchurch、Graham Taylor 和 Andy Mathers、Miguel Martinez Lucio 和 Heather Connolly 分别对西欧工会的未来，西班牙城镇化、工会和迁移之间的关系进行了研究。Michael Perelman 陈述了当前经济学理论工作的边缘化。

除了以上现场宣讲的论文之外，Sean Rogers 等人的文章以 Poster 的形式对外进行了展示和介绍。

第五章 劳动经济学学科 2010 年文献索引

一、中文文献索引

[1]《全国第二届劳务派遣高峰论坛综述》,《中国工人》,2010 (5)。

[2] 安凡所、许振国:《基于全球价值链视角的珠三角"民工荒"分析》,《南方农村》,2010 (3)。

[3] 安立仁:《中国技术进步与失业的关系分析》,《西北大学学报 (哲学社会科学版)》,2010 (4)。

[4] 柏培文:《就业选择、职业流动与职业成功——基于高校毕业生职业调查的研究》,《经济管理》,2010 (2)。

[5] 柏培文:《我国城镇不同行业职工工资分配公平性测度》,《统计研究》,2010(3).

[6] 包玉香、王宏艳、李玉江:《人力资本空间集聚对区域经济增长的效应分析——以山东省为例》,《人口与经济》,2010 (3)。

[7] 卜蓓、龙方:《关于农民劳动与闲暇时间配置的分析》,《管理观察》,2010 (3)。

[8] 蔡昉:《从金融危机影响再论就业优先原则》,《中国就业》,2010 (7)。

[9] 蔡志洲:《总量扩张下的国民收入分配失衡》,《中国流通经济》,2010 (8)。

[10] 曹可安:《集体劳动争议明显上升的原因及应对》,《中国城市经济》,2010 (2)。

[11] 曹可安:《我国劳动关系的新特点》,《中国劳动》,2010 (5)。

[12] 曹顺宏:《日本企业的薪金制度》,《学习时报》,2010 (7)。

[13] 曹远征:《建立工资正常增长机制》,《财经》,2010 (14)。

[14] 曾建中、李明生:《略论企业家人力资本的形成》,《经济问题》,2010 (4)。

[15] 曾业辉:《本田工厂罢工持续,中国员工权益堪忧》,《中国经济时报》,2010 (5)。

[16] 常修泽:《中国分配制度改革的三个提升——防止陷入拉萨尔的"分配窄圈"》,《中国经济时报》,2010 (3)。

[17] 常亚平、郑宇、朱东红:《企业员工文化匹配、组织承诺和工作绩效的关系研究》,《管理学报》,2010 (3)。

[18] 畅铁民、薛银霞:《薪酬制度与员工选择——以绍兴高新技术企业文化背景为例》,《绍兴文理学院学报》,2010(1)。

[19] 陈斌开、张鹏飞、杨汝岱:《政府教育投入、人力资本投资与中国城乡收入差距》,《管理世界》,2010(1)。

[20] 陈德强、彭贺龙:《以项目团队为对象的人力资源绩效考核》,《合作经济与科技》,2010(1)。

[21] 陈光玖、张斌:《企业人力资本投资优化创新的理论与对策》,《科技与经济》,2010(2)。

[22] 陈广汉、张光南:《中国劳动力市场的二元结构及其工资差异研究》,《中山大学学报(社会科学版)》,2010(1)。

[23] 陈浩:《心理所有权及其对人力资源管理的启示》,《管理现代化》,2010(1)。

[24] 陈洪安、李国平、江若尘:《基于内生经济增长理论的中国区域人力资本政策实证研究》,《商业经济与管理》,2010(7)。

[25] 陈鸿彬、王兢、陈娟:《二元结构视角下我国人力资本投资差异及矫正对策》,《改革与战略》,2010(6)。

[26] 陈建东:《按城乡分解我国居民收入基尼系数的研究》,《中国经济问题》,2010(4)。

[27] 陈晶瑛、余剑锋:《18世纪末以来西方人事管理思想的演进、特点及发展方向》,《学术研究》,2010(1)。

[28] 陈凌、李宏彬、熊艳艳:《企业规模对职工工资的影响:来自中国竞争性劳动力市场的证据》,《金融研究》,2010(2)。

[29] 陈美兰:《人力资本溢出效应、集聚与城乡差距》,《工业技术经济》,2010(2)。

[30] 陈佩、石伟:《员工分配公平感、组织承诺和离职意愿的关系研究——对北京市国有企业的调查分析》,《重庆工商大学学报(社会科学版)》,2010(1)。

[31] 陈全明、梅继霞:《我国公务员绩效评估问题分析与改革思路——基于湖北省的实证研究》,《中国人力资源开发》,2010(7)。

[32] 陈升、孟庆国:《人力资本、社会资本与受灾居民灾后恢复研究——以汶川地震灾后恢复为例》,《经济学家》,2010(5)。

[33] 陈树文、李晓尘:《基于SECI模型的企业人力资本转化模型研究》,《中国人力资源开发》,2010(2)。

[34] 陈树文、李晓尘、姜海:《企业人力资本投资收益与风险研究》,《大连理工大学学报(社会科学版)》,2010(1)。

[35] 陈涛:《企业科技人员薪酬激励效应研究——基于江苏省调查数据的结构方程模型分析》,《科学学与科学技术管理》,2010(7)。

[36] 陈微波:《人力资本产权视角下的我国企业劳资冲突》,《理论与改革》,2010(4)。

[37] 陈小姣:《珠三角招聘HR从业者的要求性指标的统计分析——以招聘、薪酬、

绩效、培训四类专员为例》,《科学与管理》,2010(1)。

[38] 陈晓枫,《第三次收入分配的基础和发展》,《闽江学院学报》,2010(1)。

[39] 陈学明:《提高劳动者地位的关键在于正视市场经济的负面效应》,《毛泽东邓小平理论研究》,2010(6).

[40] 陈义平:《全球金融风暴与大学生就业:危机抑或契机》,《学术研究》,2010(1)。

[41] 陈银娥、魏君英:《国际服务外包对中国就业结构的影响分析——基于1997—2007年时间序列数据的计量检验》,《中国人口科学》,2010(2)。

[42] 陈永东:《人力资本计量方法新探》,《中国人力资源开发》,2010(3)。

[43] 陈云、游钧:《后金融危机时期我国就业策略》,《中国劳动》,2010(6)。

[44] 陈运平、胡德龙:《人力资本结构与经济结构的协整分析》,《经济问题》,2010(2)。

[45] 陈峥:《基于彭罗斯内生成长论的现代人力资源管理创新》,《中央财经大学学报》,2010(4)。

[46] 陈志武:《中国转型的工资瓶颈》,《商界评论》,2010(7)。

[47] 成祖松:《我国农村人力资本投资的理性思考》,《内蒙古农业大学学报(社会科学版)》,2010(1)。

[48] 程恩富、胡乐明:《构建国家主导的企业职工权益保护体系》,《毛泽东邓小平理论研究》,2010(6)。

[49] 程广帅、吴涛:《迁移是人力资本投资的伪命题吗——兼与唐家龙先生商榷》,《郑州大学学报(哲学社会科学版)》,2010(1)。

[50] 程延园、杨柳:《〈劳动合同法〉实施对我国企业人力资源管理的影响——基于人力资源经理的观点》,《经济理论与经济管理》,2010(7)。

[51] 储节旺、郭春侠:《试析人力资本对经济的作用机制》,《技术与创新管理》,2010(2)。

[52] 促进中国企业工资集体协商机制建设试点项目组:《英国工资集体谈判情况对我国的启示——中英合作项目组赴英国考察企业工资集体协商制度的报告》,《中国劳动保障报》,2010(2)。

[53] 崔传义、金三林:《农民工职业病防治亟待解决的问题》,《重庆工学院学报》,2010(2)。

[54] 达蕃钦:《珠三角地区人才瓶颈与对策》,《特区实践与理论》,2010(2)。

[55] 戴瑾:《对中国就业与社会保障关系的思考——兼谈国际金融危机背景下正确处理两者关系》,《广西经济管理干部学院学报》,2010(1)。

[56] 戴玉叶:《我国人力资源管理的激励机制探析》,《决策咨询通讯》,2010(2)。

[57] 邓光玉、曹海英:《西部地区人力资源开发现状与对策》,《西北民族大学学报(哲学社会科学版)》,2010(2)。

[58] 邓伟志:《分配不是小问题》,《社会科学报》,2010(4)。

[59] 邓越月、黄寰：《大学生就业中经验歧视问题的经济学分析——贝克尔歧视理论的运用和拓展》，《社会科学家》，2010（3）。

[60] 丁纯、李嫦：《金融危机下欧盟劳动力市场的表现、成因和对策研究》，《德国研究》，2010（2）。

[61] 丁大建、李琪：《北京地区高校毕业生招聘需求信心指数调查分析》，《中国统计》，2010（3）。

[62] 丁守海：《最低工资管制的就业效应分析——兼论〈劳动合同法〉的交互影响》，《中国社会科学》，2010（1）。

[63] 丁晓强、杨小勇：《中国当前劳动关系面临的问题及其思考》，《毛泽东邓小平理论研究》，2010（6）。

[64] 丁元竹：《不缺就业岗位，缺推动力——从基层公共服务供给不足与就业潜力巨大说起》，《中国经济导报》，2010（3）。

[65] 丁越兰、韩蕾：《带薪年假效用分析——基于组织支持感理论的员工满意度实证研究》，《西北农林科技大学学报（社会科学版）》，2010（2）。

[66] 董小华：《对建设统一规范的人力资源市场的思考》，《中国人力资源开发》，2010（2）。

[67] 董志超：《老生常谈又常谈常新的绩效管理》，《人力资源管理》，2010（2/3）。

[68] 杜娟：《人力资源经理胜任特征与个人绩效的关系研究——心理资本的前因作用分析》，《南京社会科学》，2010（7）。

[69] 杜梦昕、郭磊磊：《市场化改革对收入差距扩大的影响途径——基于Oaxaca分解模型的实证研究》，《地方财政研究》，2010（6）。

[70] 范海昌、孔德威、郑立：《欧洲大陆国家保守主义就业政策分析》，《河北师范大学学报（哲学社会科学版）》，2010（1）。

[71] 范若虹、孙雷：《收入分配困局优先突破什么——专访全国人大常委、中国人民大学教授郑功成》，《财经国家周刊》，2010（5）。

[72] 范围：《用人单位如何确定劳动合同期限》，《中国人力资源开发》，2010（4）。

[73] 范勇：《人力资本、技术进步与就业——基于协整检验的实证分析》，《江西社会科学》，2010（2）.

[74] 方妙英：《再议用工单位对劳务派遣的使用》，《中国人力资源开发》，2010（5）。

[75] 方明月、聂辉华、江艇：《中国工业企业就业弹性估计》，《世界经济》，2010（8）。

[76] 风里：《左手压力，右手鼓励》，《第一财经日报》，2010（5）。

[77] 冯鹏程、刘磊进：《国企高管薪酬的症结在公司治理》，《管理观察》，2010（2）。

[78] 冯泰文：《劳动力价格对中国工业就业弹性的调节效应分析》，《价格月刊》，2010（3）。

[79] 冯同庆：《劳资关系理论考察——从对立到协调》，《江苏社会科学》，2010（3）。

[80] 冯喜良：《跨国公司定期更换高层管理者对人力资源管理的影响——以某跨国公

司在华企业为例》，《中国人力资源开发》，2010（1）。

[81] 冯祥武：《我国公民劳动就业权的法理解说与法律保护》，《汕头大学学报（人文社会科学版）》，2010（1）。

[82] 付江生：《你的管理工作中有"浪费"吗？》，《科技与企业》，2010（4）。

[83] 傅颀：《金融危机下国有企业高管薪酬管理的建议》，《财会月刊（综合）》，2010（1）。

[84] 傅新红、李君、许蕾：《农业科技特派员继续从事特派员工作意愿的影响因素分析——基于四川省254名农业科技特派员的调查》，《中国农村经济》，2010（6）。

[85] 甘春华：《城乡劳动力市场一体化的条件：基于制度变迁的视角》，《当代经济管理》，2010（2）。

[86] 甘春华：《城乡劳动力市场一体化模式的国际比较与启示》，《改革与战略》，2010（3）。

[87] 高爱娣：《集体谈判——劳资关系从冲突走向合作的途径》，《时事资料手册》，2010（4）。

[88] 高瑾：《我国集体谈判法律制度构建障碍及克服设想》，《河南省政法管理干部学院学报》，2010（2）。

[89] 高景芳、于春敏：《论和谐劳动关系构建中的政府角色定位——基于"国家悖论"的理论分析》，《理论与改革》，2010（2）。

[90] 高明华：《上市垄断国企高管激励过度》，《董事会》，2010（1）。

[91] 高明华、杜雯翠：《垄断企业高管薪酬：不足还是过度？》，《学海》，2010（3）。

[92] 高强、单哲、李宪宝：《农村人力资本存量提升与结构均化关系的实证研究》，《农业技术经济》，2010（7）。

[93] 高仁波：《政府治理农民工工资拖欠问题的路径优化：以重庆市江北区为例》，《重庆社会科学》，2010（1）。

[94] 高素英、赵曙明、王雅洁：《人力资本与区域经济增长动态相关性研究》，《经济与管理研究》，2010（1）。

[95] 高远东、陈迅：《人力资本对经济增长作用的空间计量研究》，《经济科学》，2010（1）。

[96] 高芸、张丞：《农村劳动力反复流动行为的决定因素分析》，《农业技术经济》，2010（3）。

[97] 葛静、王山：《西方激励理论对基层中央银行人力资本管理的启示》，《金融纵横》，2010（1）。

[98] 葛秋萍、辜胜阻：《动态博弈视角下非公经济企业共享型和谐劳资关系的构建》，《天津社会科学》，2010（1）。

[99] 葛秋萍、杨威：《国家保就业行动中的企业公民责任思考》，《中国行政管理》，2010（4）。

[100] 耿嘉川、王杰:《劳动制度对部门工资差异的影响——基于新劳动法实施后七省微观数据的分析》,《经济科学》,2010(3)。

[101] 耿相魁:《西部大开发的人才需求及解决途径》,《新疆社科论坛》,2010(1)。

[102] 龚刚、杨光:《论工资性收入占国民收入比例的演变》,《管理世界》,2010(5)。

[103] 苟正金:《我国最低工资立法思考》,《河南师范大学学报 (哲学社会科学版)》,2010(1)。

[104] 顾列铭:《分配制度改革势在必行》,《中国证券期货》,2010(3)。

[105] 顾远东、王勇明、彭纪生:《绩效考核对高校教师工作满意度的影响:职业压力的中介作用》,《管理学报》,2010(1)。

[106] 关冬梅:《广东创意产业人才培养与开发模式研究》,《未来与发展》,2010(5)。

[107] 郭军:《后国际金融危机背景下劳务派遣制度的“危”与“机”》,《中国工人》,2010(5)。

[108] 郭琳、车士义、孟祥舟:《城市失业和经济增长之间关系的实证研究——基于托达罗模型的分析》,《辽宁师范大学学报 (社会科学版)》,2010(4)。

[109] 郭灵、邓安鹏、薛春梅:《知识型员工工作倦怠现状调查及其对策》,《重庆社会科学》,2010(2)。

[110] 郭秀云:《劳动力转移就业与社会保障多边合作机制研究——借鉴欧盟政策设计及其启示》,《现代经济探讨》,2010(3)。

[111] 郭有德:《上海市劳动关系指数研究》,《南北桥》,2010(1)。

[112] 郭云南:《转型经济中劳动力迁移对非农就业的影响——中国农户调查数据的分析》,《中南财经政法大学学报》,2010(3)。

[113] 郭正模:《“十二五”规划期间劳动就业的若干重大问题和政策取向》,《决策咨询通讯》,2010(3)。

[114] 郭志刚、司曙光:《基于社会交换理论的劳动关系微观结构模型》,《经济社会体制比较》,2010(1)。

[115] 韩亮、陈欢:《对企业年金模式选择的再认识》,《中国劳动》,2010(4)。

[116] 韩燕、王瑞永:《中小企业人力资源柔性化管理模式的探讨》,《社会科学论坛 (学术研究卷)》,2010(14)。

[117] 何力武、罗瑞芳:《农民工工资决定的微观行为机制研究》,《经济纵横》,2010(1)。

[118] 贺艳、赵莉:《传统创新人才培养开发机制的不适应性分析》,《北京行政学院学报》,2010(1)。

[119] 洪亮:《企业社会责任与人力资源管理》,《中国集体经济》,2010(3)。

[120] 侯风云、张凤兵:《山东省人力资本投资与城乡收入差距实证分析》,《山东经济》,2010(2)。

[121] 侯晓:《我国农村劳动力向城市流动的变迁研究》,《郑州航空工业管理学院学报

（社会科学版）》，2010（1）。

[122] 侯亚丁：《人力资源管理伦理与个体伦理行为实现》，《科学管理研究》，2010（2）。

[123] 胡大武：《美国家政工人工伤保险法律制度分析》，《财经科学》，2010（7）。

[124] 胡德巧、孙中震、严平：《探索建立政府投资促进就业机制》，《宏观经济管理》，2010（1）。

[125] 胡放之：《湖北企业建立职工工资正常增长机制研究》，《江汉大学学报（社会科学版）》，2010（1）。

[126] 胡放之、王龙：《关于企业劳动定额与职工工资决定的调查与思考》，《中国劳动关系学院学报》，2010（1）。

[127] 胡坚、韩伟一：《试论分配公平与组织稳定的关系》，《科学对社会的影响》，2010（1）。

[128] 胡磊：《产业升级与就业增长的可能性悖论及其解决路径》，《北方经济》，2010（2）。

[129] ［阿根廷］胡里奥·迪奥：《拉美劳动的非正规化与左翼政府的劳工政策》，刘耐莉译，《国外理论动态》，2010（1）。

[130] 胡立君、刘红艳：《工业化进程对中国劳工环境变化的影响》，《中南财经政法大学学报》，2010（2）。

[131] 胡立君、刘红艳、何慧爽：《工业化与劳工环境变化——对中国劳工环境现状的评价与分析》，《经济体制改革》，2010（2）。

[132] 胡敏：《完善劳动争议调解，推进和谐社会建设》，《唯实·现代管理》，2010（3）．

[133] 胡霞：《选拔管理者的战略艺术》，《科技与企业》，2010（3）。

[134] 胡新建：《劳务关系、雇佣关系、劳动关系之辨析与建构》，《温州大学学报（社会科学版）》，2010（3）。

[135] 胡雅君：《中国社会科学院人口劳动经济研究所所长蔡□："刘易斯拐点"远未终结》，《21世纪经济报道》，2010（9）。

[136] 黄爱华、徐文菡：《"劳务派遣"用工方式浅析》，《华南理工大学学报（社会科学版）》，2010（1）。

[137] 黄河春：《不能正确评价，就无法正确管理》，《经营管理者》，2010（3）。

[138] 黄建仁、苏欣玫、黄健铭：《高管人员薪酬、自由现金流量对公司风险承担之影响》，《科学决策》，2010（7）。

[139] 黄健柏、伍如昕：《过度自信对雇员工资契约选择影响的实验研究》，《管理科学》，2010（1）。

[140] 黄娟、邵文涛、龙蓉：《完善我国劳动基准实施机制的探讨》，《科学与管理》，2010（3）。

[141] 黄宁阳、汪晓银：《基于异质生产要素模型对农民工与城镇劳动力关系的研究》，

《武汉大学学报（哲学社会科学版）》，2010（3）。

[142] 黄宁阳、王浙勤、余戎：《新时期中国农村劳动力非农转移就业的新特点》，《调研世界》，2010（5）。

[143] 黄乾、魏下海：《中国劳动收入比重下降的宏观经济效应——基于省级面板数据的实证分析》，《财贸经济》，2010（4）。

[144] 黄瑞玲、安二中、曹伟：《城市农民工就业生存状况实证研究——基于江苏沿江8市1516位农民工的调查与分析》，《经济问题探索》，2010（8）。

[145] 黄维德、汤磊：《上海人力资本投资状况研究——以上海地方政府教育投资为例》，《上海经济研究》，2010（8）。

[146] 黄文娟：《关注绩效，认可员工》，《中国房地产报》，2010（4）。

[147] 黄小勇、唐斌：《改革开放30年江西工业化与劳动力就业相关性实证研究》，《企业经济》，2010（1）。

[148] 黄艳敏、张岩贵：《知识产权保护和FDI对中国行业工资差距影响的实证分析》，《中央财经大学学报》，2010（3）。

[149] 黄永香：《农村人力资本投资中的制度供给和需求分析——对娄底市农民收入问题调研后的理性认识》，《市场论坛》，2010（1）。

[150] 黄原光、李云：《促进湘西州劳动就业的对策思考》，《邵阳学院学报（社会科学版）》，2010（2）。

[151] 惠双民：《中国就业新阶段：实现统一劳动力市场与充分就业》，《中国经济时报》，2010（9）。

[152] 贾利军、李晏墅、管静娟：《员工工作情绪管理的机制构建》，《经济管理》，2010（7）。

[153] 江永众：《劳资关系氛围对组织绩效的影响分析——基于人力资源管理学派的视角》，《理论与改革》，2010（1）。

[154] 江远：《科学管理非"恶之花"!》，《管理学家》，2010（7）。

[155] 蒋琬、林康康：《领导—员工交换、组织支持感与员工创新性实证分析》，《北京邮电大学学报（社会科学版）》，2010（3）。

[156] 降蕴彰、李晓丹：《收入差距已达23倍——专访中国劳动学会副会长苏海南》，《经济观察报》，2010（9）。

[157] 解志韬、田新民、祝金龙：《变革型领导对员工组织公民行为的影响：检测一个多重中介模型》，《科学学与科学技术管理》，2010（3）。

[158] 金辉、马红燕、缪素丹：《企业人力资源管理外包决策流程探究》，《江苏科技大学学报（社会科学版）》，2010（1）。

[159] 靳卫东、何丽：《我国公共人力资本投资的收入分配效应研究》，《财经论丛》，2010（1）。

[160] 井文豪、谢春玲：《女性延迟退休：养老与平等的双重目标》，《现代经济探讨》，

2010（7）。

[161] 景文学：《研发管理，"视"在必行》，《中外管理》，2010（3）。

[162] 阚大学、罗良文：《对外贸易对人力资本提升的实证研究——基于我国省级面板数据》，《经济与管理研究》，2010（4）.

[163] 阚大学、罗良文：《对外贸易及 FDI 对我国人力资本效率的影响——基于省级面板数据》，《国际经贸探索》，2010（6）。

[164] 康纪田：《及时将收入增长的改革目标转向收入分配》，《华东经济管理》，2010（2）。

[165] 柯龙山：《经济权力与工资水平的博弈："民工荒"的一个解释——兼论"刘易斯模型"的改造》，《金融与经济》，2010（6）。

[166] 柯龙山：《最低工资标准与劳动者待遇：统一抑或排斥》，《财经科学》，2010（8）。

[167] 柯水发、李周、郑艳、张莹：《中国造林行动的就业效应分析》，《农业经济问题》，2010（3）。

[168] 孔梅英：《我国知识型员工流失研究综述》，《企业活力》，2010（3）。

[169] 寇志伟：《中国劳动力价格之辩》，《经济观察报》，2010（4）。

[170] 寇宗来、周敏：《多任务激励与能力筛选：大学如何提供终身教职合同？》，《世界经济》，2010（6）。

[171] 赖德胜、李长安：《当前我国就业领域的主要矛盾及其对策》，《经济学动态》，2010（3）。

[172] 兰秀文：《基于价值理念的企业薪酬模式探讨》，《商业时代》，2010（4）。

[173] 乐国林、毛淑珍：《企业骨干人才招聘甄选的双匹配策略》，《中国人力资源开发》，2010（4）。

[174] 李碧花：《"奥肯定律"中国悖论的再解释——基于中美劳动力变动差异视角》，《经济问题》，2010（6）。

[175] 李晨：《企业家人力资本价值评价指标体系研究》，《中国人力资源开发》，2010（2）。

[176] 李丹仪：《人事代理与登录型劳务派遣对接思考》，《广东广播电视大学学报》，2010（2）。

[177] 李稻葵、何梦杰、刘霖林：《我国现阶段初次分配中劳动收入下降分析》，《经济理论与经济管理》，2010（2）。

[178] 李东、孙瑞：《无固定期限劳动合同浅析》，《学术交流》，2010（1）。

[179] 李广斌、柯士涛：《战略人力资源管理实践对企业绩效的影响机制研究》，《现代管理科学》，2010（4）。

[180] 李贵卿、陈维政：《合作型劳动关系对企业绩效影响的实证研究》，《当代财经》，2010（1）。

[181] 李海峥：《中国人力资本状况及其经济贡献——李海峥教授在中国人民大学"福特班名家讲坛"上的演讲》，《解放日报》，2010（8）。

[182] 李鸿、胡宁：《当前协调我国民营企业劳资关系的对策建议》，《东北师大学报（哲学社会科学版）》，2010（4）。

[183] 李桦：《离职员工再雇用：一个探索性研究》，《企业活力》，2010（3）。

[184] 李桦：《企业集团人员调任制度研究——以台湾大型企业集团为例》，《中国人力资源开发》，2010（3）。

[185] 李焕荣、曾华：《职业弹性的研究现状述评及展望》，《经济管理》，2010（5）。

[186] 李惠斌：《资本与劳动的重新同一是否可能——重读〈资本论〉的体悟》，《山东经济》，2010（4）。

[187] 李巨光：《基于高层次科技创新人才特点的绩效管理》，《中国人才》，2010（5）。

[188] 李军峰：《金融危机中农民工人力资本的保护与提升》，《生产力研究》，2010（3）。

[189] 李兰永：《山东省城镇地区就业现状与劳动力供求变动趋势》，《城市问题》，2010（4）。

[190] 李丽林：《中国劳动制度发展面临的选择与局限》，《中国人力资源开发》，2010（3）。

[191] 李丽林、陈力闻：《20世纪90年代以来德国劳动关系的变化》，《教学与研究》，2010（1）。

[192] 李敏、邓蓉：《汽车合资企业人力资源管理和员工幸福感关系的实证研究》，《软科学》，2010（4）。

[193] 李萍、谌新民：《宏观经济景气波动对就业增长的影响》，《产经评论》，2010（4）。

[194] 李萍、盘宇章、吕荣：《义务教育学校绩效工资改革的经济学分析——基于委托—代理理论的分析框架》，《经济理论与经济管理》，2010（2）。

[195] 李普亮、贾卫丽：《农村家庭子女教育投资的实证分析——以广东省为例》，《中国农村观察》，2010（3）。

[196] 李琪：《学科、制度与价值观——对我国劳资关系领域发展过程的简要分析》，《中国人力资源开发》，2010（3）。

[197] 李启平：《经济低碳化对我国就业的影响及政策因应》，《改革》，2010（1）。

[198] 李强：《人力资源管理主导下的企业文化建设研究》，《济南职业学院学报》，2010（2）。

[199] 李全胜、黄一超：《浅论当前中国事业单位绩效工资改革问题》，《新疆社会科学》，2010（1）。

[200] 李瑞琴：《国际产品内贸易对发展中国家劳动收入分配效应的理论分析》，《财经科学》，2010（6）。

[201] 李双元：《基于农村剩余劳动力转移的我国农业人力资本研究》，《商业研究》，2010（7）。

[202] 李爽、顾严：《把就业这一民生"头等大事"做好——对目前就业形势的分析及全年大势的判断》，《中国经济导报》，2010（5）。

[203] 李文：《薪酬谈判有"鲜"招》，《科技与企业》，2010（3）。

[204] 李文溥、李静、李翔：《不同有机构成的外商直接投资对工资水平的影响——对沿海四地区的比较分析》，《中国人口科学》，2010（1）。

[205] 李文武：《关于农民工职业病维权的思考——以尘肺病为例》，《理论导刊》，2010（3）。

[206] 李文星、袁志刚：《中国就业结构失衡：现状、原因与调整政策》，《当代财经》，2010（3）。

[207] 李锡元、蒋倩倩、李云：《职业经理人激励、能力与企业绩效关系实证研究》，《武汉大学学报（哲学社会科学版）》，2010（4）。

[208] 李向民、邱立成：《FDI对我国企业劳资关系的影响分析》，《求实》，2010（4）。

[209] 李向前、刘思峰、郭本海：《我国省域人力资本投资计量与实证研究》，《价格月刊》，2010（2）。

[210] 李小波：《我国体面劳动指标探析》，《前沿》，2010（3）。

[211] 李晓：《交叉培训盘活酒店人力资本》，《中国人力资源开发》，2010（4）。

[212] 李晓春、何平：《最低工资线的农民工就业效应——以长三角地区为例》，《江苏社会科学》，2010（4）。

[213] 李晓峰、王晓方、高旺盛：《北京市农民工工资差异分解分析》，《农业经济问题》，2010（2）。

[214] 李晓羽、黄潇、杨俊：《教育不平等与收入分配差距的研究综述》，《技术经济》，2010（6）。

[215] 李欣午：《企业内部劳动力市场二元结构模型及实证研究》，《经济论坛》，2010（3）。

[216] 李欣欣：《促进我国非传统就业的政策措施》，《经济研究参考》，2010（11）。

[217] 李雄、刘山川：《民工荒：深化我国劳动用工体制改革的契机》，《现代经济探讨》，2010（6）。

[218] 李秀芬、张平：《人力资本价值的测评研究——以高技术企业个体人力资本为例》，《统计与决策》，2010（3）。

[219] 李旭坤：《从"动作"到"状态"的跨越——基层管理者的绩效管理新模式》，《企业管理》，2010（3）。

[220] 李娅、赵俊燕：《我国工资集体协商制度建构》，《人才开发》，2010（3）。

[221] 李焰、秦义虎、黄继承：《在职消费、员工工资与企业绩效》，《财贸经济》，2010（7）。

[222] 李燕萍、吴绍棠、夏义堃：《高层次创造性人才：概念、意义与建设对策》，《重庆工学院学报》，2010（1）。

[223] 李燕萍、张海雯、陈建安：《外派人员即兴行为的开发及管控》，《中国人力资源开发》，2010（2）。

[224] 李友根、黄承锋：《中国经济增长与失业的关系问题分析》，《商场现代化》，2010（9）。

[225] 李运华：《论就业权关系上的国家及其基本义务》，《学习与实践》，2010（6）。

[226] 梁文凤：《人力资本投资的模型研究》，《内蒙古农业大学学报（社会科学版）》，2010（2）。

[227] 梁雄军、林云、刘平青：《工业化进程中的"民工荒"形成机理实证研究——以浙闽津1550位农民工"二次流动"为例》，《产经评论》，2010（3）。

[228] 梁钟荣、徐峰：《本田南海厂"罢工"事件追击》，《21世纪经济报道》，2010（5）。

[229] 廖建桥、文鹏、王堍岩：《从秋后算账到指点迷津：绩效管理的战略转移》，《中国人力资源开发》，2010（2）。

[230] 林朝阳、吴婷：《基于胜任力的员工招聘探讨》，《企业经济》，2010（3）。

[231] 林江：《我国青年失业问题的政策思路：基于经济学视角的实证分析》，《中国青年政治学院学报》，2010（3）。

[232] 林善浪、王健：《家庭生命周期对农村劳动力转移的影响分析》，《中国农村观察》，2010（1）。

[233] 林伟光：《人力资本积累与经济增长模型分析》，《华南师范大学学报（社会科学版）》，2010（3）。

[234] 林新奇、裴春玲：《中日企业人力资源绩效管理比较》，《人力资源管理》，2010（4）。

[235] 凌云、杨河清：《经济危机下对劳动关系管理的影响及对策研究》，《经济与管理研究》，2010（3）。

[236] 刘冰：《我国人口与劳动力流动及其对区域经济增长影响的研究》，《科学与管理》，2010（3）。

[237] 刘彩凤：《〈劳动合同法〉与农民工的用工成本》，《中国工人》，2010（4）。

[238] 刘彩凤：《英国劳动关系的发展——工会、集体谈判与劳动争议处理》，《当代经济研究》，2010（3）。

[239] 刘超法：《中小企业激励性薪酬制度的构建》，《北京市经济管理干部学院学报》，2010（1）。

[240] 刘川：《企业外派员工回任的困境与突破路径》，《中国人力资源开发》，2010（3）。

[241] 刘春荣：《关于农民工"讨薪"问题的思考》，《中国劳动关系学院学报》，

2010（2）。

[242] 刘德胜、程向云、陈建明：《工程设计咨询企业员工综合绩效管理体系设计》，《中国人力资源开发》，2010（4）。

[243] 刘凤霞：《北京市人力资本投资总量分析》，《工业技术经济》，2010（4）。

[244] 刘宏鹏、仲秋：《跨国经营中的人力资源管理难题及应对策略》，《中国人才》，2010（4）。

[245] 刘洪银、文魁：《中国农村劳动力非农就业机制的经济学分析》，《首都经济贸易大学学报》，2010（1）。

[246] 刘静、熊一坚、郝颖：《新时期科技型人力资本开发环境架构与实施策略》，《企业经济》，2010（3）。

[247] 刘兰、邹薇：《技能溢价与工资不平等理论研究进展》，《中南财经政法大学学报》，2010（1）。

[248] 刘磊、杨蕊：《非正式制度与不同所有制企业人力资本收入差异》，《当代财经》，2010（3）。

[249] 刘林平、陈小娟：《制度合法性压力与劳动合同签订——对珠三角农民工劳动合同的定量研究》，《中山大学学报（社会科学版）》，2010（1）。

[250] 刘宓凝、李录堂：《激励框架下农村家庭对孩子人力资本投资动力分析》，《重庆大学学报（社会科学版）》，2010（3）。

[251] 刘萍、林鸿：《人力资本对四川经济增长贡献的计量分析》，《四川理工学院学报（社会科学版）》，2010（1）。

[252] 刘社建：《当前我国促进就业的公平与效率探讨》，《东南大学学报（哲学社会科学版）》，2010（4）。

[253] 刘锁红：《浅谈企业的人力资源管理外包》，《中国高新技术企业》，2010（3）。

[254] 刘伟、蔡志洲：《国内总需求结构矛盾与国民收入分配失衡》，《经济学动态》，2010（7）。

[255] 刘文、罗润东：《人力资本投资风险理论研究新进展》，《经济学动态》，2010（1）。

[256] 刘喜文：《2010年人力资源管理趋势——访美国人力资源协会中国代表处首席代表冉毅波》，《人力资源管理》，2010（4）。

[257] 刘霞：《浅谈绩效考核与绩效管理》，《管理观察》，2010（2）。

[258] 刘湘丽、李平、王钦：《中小企业是创造就业的主力》，《中国劳动》，2010（1）。

[259] 刘晓宁：《在构建国有企业和谐劳动关系中的工会作用问题研究》，《中国劳动关系学院学报》，2010（1）。

[260] 刘晓然：《影响就业的几个因素及解决方案》，《山东行政学院·山东省经济管理干部学院学报》，2010（1）。

[261] 刘昕：《国际人才管理的战略新思维及其启示》，《江海学刊》，2010（3）。

[262] 刘昕：《义务教育学校实施绩效工资的政策背景及实施建议》，《北京行政学院学报》，2010（1）。

[263] 刘燕斌、侯增艳：《中外劳动力市场若干关键指标比较分析及对策建议》，《中国劳动保障报》，2010（9）。

[264] 刘燕斌、李明甫、侯增艳：《金融危机下的困境与出路——国际金融危机对主要国家就业的影响与对策研究》，《中国劳动保障报》，2010（1）。

[265] 刘燕斌、李明甫、侯增艳：《一些国家应对金融危机促进就业的政策措施》，《中国劳动》，2010（1）。

[266] 刘云：《产权视角下的企业人力资本制度安排》，《重庆科技学院学报（社会科学版）》，2010（4）。

[267] 刘植荣：《中国的工资制度应该具有公开性可比性》，《中国改革报》，2010（3）。

[268] 刘中文、江盈：《我国农村人力资本投资研究展望》，《财经论丛》，2010（4）。

[269] 刘中文、李录堂：《浙江省农村人力资本投资效率实证分析》，《农业经济问题》，2010（3）。

[270] 龙丽群：《人力资本权力配置与企业有效激励》，《经济问题》，2010（2）。

[271] 卢亮：《关于经济学中人力资本理论的历史考察——以文献考察为主》，《贵州财经学院学报》，2010（4）。

[272] 鲁虹、曹耘：《中年期员工工作倦怠研究》，《企业活力》，2010（3）。

[273] 陆海深：《有待深化的课题：公共就业服务均等化》，《中国劳动》，2010（2）。

[274] 罗传健：《收入分配与财富集中理论研究新进展》，《经济学动态》，2010（2）。

[275] 罗恩立：《新生代农民工的就业能力研究》，《中国人力资源开发》，2010（2）。.

[276] 罗恩立：《英国青年就业新政的政策路径、制度设计及对我国的启示——以提升可雇佣能力为导向》，《兰州学刊》，2010（1）。

[277] 罗恩立、王桂新：《中国城市外来人口的就业能力及其影响因素——基于京、津、沪、穗四大城市的调查数据》，《现代经济探讨》，2010（3）。

[278] 罗凯、周黎安：《子女出生顺序和性别差异对教育人力资本的影响——一个基于家庭经济学视角的分析》，《经济科学》，2010（3）。

[279] 罗竖元：《走出私营企业劳资关系困境——基于劳动者、雇主和政府三方博弈分析的视角》，《长白学刊》，2010（1）。

[280] 罗燕、朱杏平：《在职培训对企业和谐劳动关系的影响——基于广东省中山市企业的调查》，《华南师范大学学报（社会科学版）》，2010（3）。

[281] 罗莹：《新时期公共部门人力资源管理的价值和使命》，《河北青年管理干部学院学报》，2010（2）。

[282] 罗媛：《能力素质模型在企业绩效管理中的运用》，《中外企业文化》，2010（2）。

[283] 罗忠勇：《农民工劳动权益的性别差异研究——基于珠三角3000多位农民工的调查》，《中国软科学》，2010（2）。

[284] 马颂歌、欧阳忠明、黄健：《人力资源开发的经济学拓展与反思》，《山东社会科学》，2010（3）。

[285] 马小丽：《劳动增加值（LV）理论及其应用——以工资理论反思与收入分配难题解决为视角》，《中国劳动保障报》，2010（8）。

[286] 马颖、余官胜：《贸易开放、劳动力转移和就业》，《中国人口·资源与环境》，2010（1）。

[287] 马永堂：《欧盟消除就业和职业歧视法规与实施机制》，《中国劳动》，2010（6）。

[288] 马忠东、吕智浩、叶孔嘉：《劳动参与率与劳动力增长：1982~2050年》，《中国人口科学》，2010（1）。

[289] 毛娜、宋合义、谭乐：《环境、战略、人力资源管理的相互作用及对绩效的影响》，《科学学与科学技术管理》，2010（1）。

[290] 梅胜军：《柔性人力资源管理、战略创业与高技术企业绩效关系的实证研究》，《科学学与科学技术管理》，2010（8）。

[291] 孟繁强、李新建：《浅析日本劳务派遣及相关概念》，《日本学刊》，2010（2）。

[292] 孟繁强、罗晓勇：《企业跨国经营的人力资源策略分析》，《中国人力资源开发》，2010（2）。

[293] 孟华兴、杜晓林：《基于宽带薪酬的知识员工激励对策研究》，《广西财经学院学报》，2010（2）。

[294] 孟坤、熊中楷、代唯良：《知识管理与组织绩效关系的实证研究——基于组织文化的视角》，《管理世界》，2010（5）。

[295] 闵罳、吕翠：《新员工导入培训中存在的问题及对策——以B保险公司为例》，《中国人力资源开发》，2010（4）。

[296] 莫冬燕、邵聪：《高管薪酬、股权激励与公司绩效的相关性检验》，《科学决策》，2010（7）。

[297] 莫荣：《2010年就业"闯大关"》，《财经国家周刊》，2010（1）。

[298] 莫荣：《2010年就业市场展望》，《中国劳动》，2010（1）。

[299] 南京东路街道课题组：《关于完善社区中小企业劳资纠纷防控机制的探索与思考》，《上海党史与党建》，2010（5）。

[300] 倪鹏飞、李光全：《中国人才国际竞争力提升的战略目标与对策建议——基于1999~2006年时间区间的动态分析》，《经济社会体制比较》，2010（4）。

[301] 倪鹏飞、李清彬：《人才环境的国际比较：指标构建及应用》，《南京社会科学》，2010（2）。

[302] 倪晓：《民营企业人力资源管理》，《科技与企业》，2010（3）。

[303] 年志远：《企业劳资关系的变易性及其政策意义——基于马克思劳动力理论视角》，《江汉论坛》，2010（2）。

[304] 牛刚、孙维：《返乡农民工培训模式创新研究——来自苏北的经验》，《西北农林

科技大学学报（社会科学版）》，2010（4）。

[305] 欧阳爱辉：《隐婚订立劳动合同问题初探》，《中国人力资源开发》，2010（2）。

[306] 欧阳忠明、王燕子：《HRD 理论与实践融合的实践哲学观》，《理论月刊》，2010（4）。

[307] ［美］帕特尔：《中国缺的是有创新思维的人才》，《IT 时代周刊》，2010（5）。

[308] 潘旦：《金融危机背景下私营企业劳动争议研究——以温州市为例》，《华东经济管理》，2010（3）。

[309] 潘家华、郑艳：《中国未来十年的绿色就业》，《中国改革》，2010（7）。

[310] 潘建伟：《中国区域收入不均等动态分析与路径选择——基于广义熵视角的分析》，《经济与管理研究》，2010（7）。

[311] 潘胜文：《我国行业间工资水平状况的实证分析——基于细行业工资数据》，《江汉论坛》，2010（6）。

[312] 潘泰萍：《引发群体性事件的主要成因》，《中国工人》，2010（4）。

[313] 彭红碧：《农民工与企业的博弈——我国农民工工资水平形成研究》，《经济与管理研究》，2010（7）。

[314] 彭建娟：《进城务工青年可雇佣能力实证研究——以吉林省建筑行业为例》，《人口学刊》，2010（4）。

[315] 彭长清、魏大鹏：《可视化管理在我国劳动密集型企业中的应用初探》，《科学学与科学技术管理》，2010（8）。

[316] 戚振江、朱纪平：《人力资源组合策略理论及其研究进展》，《科学学与科学技术管理》，2010（1）。

[317] 漆志平：《合作性企业劳动关系的构建》，《江西社会科学》，2010（2）。

[318] 钱炼、张惠芳、刘卫超：《加强劳务派遣行业管理的建议》，《中国劳动》，2010（2）。

[319] 乔健：《弹性安全与劳务派遣法律规制的困境》，《中国工人》，2010（5）。

[320] 乔健：《中国特色的三方协调机制：走向三方协商与社会对话的第一步》，《广东社会科学》，2010（2）。

[321] 乔庆梅：《中国转型期职业风险变化研究》，《中国人民大学学报》，2010（3）。

[322] 秦国荣：《我国劳动争议解决的法律机制选择——对劳动仲裁前置程序的法律批判》，《江海学刊》，2010（3）。

[323] 秦明贵、吴忠：《失业保险促进就业功能之发挥》，《中国就业》，2010（1）。

[324] 秦晓蕾、杨东涛：《制造企业劳动合同签订对员工感情承诺影响机制研究》，《现代管理科学》，2010（4）。

[325] 邱爽：《人力资本产权与人力资本创新价值的实现》，《西华师范大学学报（哲学社会科学版）》，2010（1）。

[326] 全国总工会新生代农民工问题调查组：《关于新生代农民工问题的研究报告》，

《工人日报》，2010（6）。

[327] 人力资源和社会保障部劳动科学研究所课题组：《中国绿色就业的发展》，《中国劳动》，2010（4）。

[328] 任东峰：《通过全面沟通化解核心人才流失危机》，《中国人力资源开发》，2010（2）。

[329] 任乐：《企业员工压力管理系统的构建——基于人力资源管理的视角》，《企业活力》，2010（3）。

[330] 任小平：《最低工资：如何在争议中前行？》，《中国工人》，2010（5）。

[331] 任续：《上半年就业形势全面好转》，《中国信息报》，2010（8）。

[332] 任园园、郜梅梅，《构建网吧行业和谐劳动关系新探》，《经济视角》，2010（3）。

[333] ［比利时］若·科特尼埃尔著：《欧洲的就业灵活保障机制与劳动的非正规化》，毛禹权译，《国外理论动态》，2010（1）。

[334] 商桂秋：《重新认识经营管理劳动和科技劳动的特点和作用》，《中国劳动》，2010（4）。

[335] 尚玉钒、孙婧、李磊：《个体资本对社会求职者求职结果的影响研究》，《科学学与科学技术管理》，2010（2）。

[336] 佘时飞：《珠三角劳动力市场变化新趋势分析》，《广东经济》，2010（4）。

[337] 佘云霞：《国际社会有关童工劳动的争议及解决》，《中国劳动关系学院学报》，2010（3）。

[338] 申健：《国有企业知识员工薪酬激励现状及效果实证分析》，《经济界》，2010（3）。

[339] 申小莉、高阳、雷井生：《农民技能资本投资对收入影响的实证研究》，《经济与管理研究》，2010（1）。

[340] 申晓梅、刘涛：《失业返乡农民工就业意愿调研及其对策思考——基于对四川省几个主要劳务输出地返乡务工农民就业意愿的问卷访谈》，《农村经济》，2010（3）。

[341] 沈琴琴、张艳华：《中国劳动力市场多重分割的制度经济学分析》，《西安交通大学学报（社会科学版）》，2010（2）。

[342] 沈水生：《新生代农民工对劳动关系的影响及对策》，《中国人事报》，2010（7）。

[343] 沈同仙：《"民工荒"演变为"民工荒"反映的法制缺失》，《法学》，2010（1）。

[344] 沈晓燕：《高校毕业生就业协议书中的违约金条款的适用性探讨——比较视角下的就业协议与劳动合同中的违约金问题》，《行政与法》，2010（2）。

[345] 石景云：《再论教育和科技的生产劳动意义》，《中国经济问题》，2010（2）。

[346] 石美遐：《我国以职工代表大会为基本形式的企业民主管理制度合理性探讨》，《中国劳动关系学院学报》，2010（1）。

[347] 时良瑞、陈婕：《深化收入分配制度改革，实现消费主导式经济增长》，《宏观经济管理》，2010（4）。

[348] 史策：《人力资源管理外包风险规避研究》，《福建论坛（人文社会科学版）》，

2010（4）。

[349] 史金平、刘介明：《大学生就业能力的无缝培养模式研究》，《科技创业月刊》，2010（2）。

[350] 史耀波、党兴华、史耀疆：《就业稳定问题研究》，《经济学动态》，2010（1）。

[351] 史永江、邢克智、王玲：《国外促进大学生自主创业的措施及对中国的启示》，《世界农业》，2010（4）。

[352] 司江伟、王晓、王青青：《中小炼化企业员工薪酬满意度问题研究》，《山东社会科学》，2010（4）。

[353] 宋安成：《如何消除劳动用工隐患》，《施工企业管理》，2010（4）。

[354] 宋良荣、苏少华：《论知识型员工的精神薪酬激励》，《现代管理科学》，2010（2）。

[355] 宋善文：《区别两类不同性质的收入差距——公平收入差距和不公平收入差距的理论分析》，《现代经济探讨》，2010（3）。

[356] 苏海南：《我国收入分配难题的症结分析与对策探讨》，《中国经济时报》，2010（3）。

[357] 苏嘉秋、刘喜文：《价值思索，绘就人力资源管理的成功轨迹——专访诺华制药大中国区人力资源执行总监金丽华》，《人力资源管理》，2010（4）。

[358] 苏江丽：《美国促进低收入群体就业的政策与实践》，《理论探索》，2010（3）。

[359] 苏永照：《劳动力市场分割的可持续性研究》，《经济理论与经济管理》，2010（2）。

[360] 苏梽芳、蔡经汉：《影响我国居民教育回报因素的分位数回归分析》，《哈尔滨商业大学学报（社会科学版）》，2010（3）。

[361] 孙殿明、韩金华：《建国60年来我国居民收入分配差距演变轨迹及原因研究》，《中央财经大学学报》，2010（5）。

[362] 孙红英：《乍暖还寒时——经济企稳回升阶段广东大学生就业面临的问题和对策》，《中国就业》，2010（3）。

[363] 孙家驹：《从人与社会双向需求角度看就业与招工两难》，《学习时报》，2010（5）。

[364] 孙乐：《中国劳动力市场灵活性与安全性平衡探讨》，《人口与经济》，2010（3）。

[365] 孙梅君：《把农民就业问题作为就业优先目标的重点》，《调研世界》，2010（4）。

[366] 孙清华、徐娟：《战略人力资源管理与其留职意愿关系分析》，《中国国情国力》，2010（3）。

[367] 孙文远、裴育：《长三角劳动力市场一体化进程：基于工资视角的分析》，《江苏社会科学》，2010（2）。

[368] 孙妍、曹圣伟：《知识密集型企业人力资源管理模式探究》，《企业活力》，2010（2）。

[369] 孙英浩：《中国社会转型期的劳资关系及解决路径》，《经济问题探索》，2010（7）。

[370] 孙正林、曲珊：《中小企业成长期人力资源管理存在的问题及对策》，《东北农业

大学学报（社会科学版）》，2010（1）。

[371] 孙正民：《韩国外籍劳务引进制度比较研究》，《国际经济合作》，2010（2）。

[372] 孙志伟：《国有企业人力资源逆向选择与规避措施》，《经济论坛》，2010（1）。

[373] 覃其宏、刘素华、覃妹锦：《关于行业性工资集体协商的调查与思考》，《中国劳动关系学院学报》，2010（2）。

[374] 谭建军：《基于产业周期角度产业集聚和人力资本的探究》，《产业与科技论坛》，2010（2）。

[375] 谭亚莉、万晶晶：《多重视角下的个体可雇佣能力研究现状评介与未来展望》，《外国经济与管理》，2010（6）。

[376] 谭永生：《失业率的调查和发布亟待改革》，《中国经济导报》，2010（4）。

[377] 谭永生、杨宜勇：《"十二五"时期应充分发挥社会组织促进就业的作用》，《宏观经济管理》，2010（2）。

[378] 汤超颖、周岳、赵丽丽：《服务业员工情绪劳动策略效能的实证研究》，《管理评论》，2010（3）。

[379] 唐斌、黄娟、黄小勇：《工业化进程中产业结构对劳动力就业结构偏离效应的实证研究——以江西为例》，《江西社会科学》，2010（6）。

[380] 唐镛：《2010年人力资源和社会保障事业面临的挑战与机遇》，《北京人才市场报》，2010（1）。

[381] 陶为群、陶川：《马克思经济增长模型中的储蓄与劳动就业关系》，《当代经济研究》，2010（7）。

[382] 田大洲：《我国城市劳动力市场的就业效率》，《全球科技经济瞭望》，2010（1）。

[383] 田明、王玉安：《我国城市化与就业结构偏差的比较分析》，《城市问题》，2010（2）。

[384] 田巍：《发展和谐劳动关系过程中劳动者参与的路径选择》，《当代经济研究》，2010（5）。

[385] 田新翠、白宪生：《基于马尔科夫链预测山西农村剩余劳动力转移趋势》，《经济研究导刊》，2010（6）。

[386] 万希：《基于贡献的薪酬体系设计与实施》，《中国人力资源开发》，2010（4）。

[387] 汪群、邵癸：《企业并购中的人力资源管理创新探讨》，《商业研究》，2010（2）。

[388] 汪晓媛：《SHRM、社会资本对HR专员绩效影响的跨层次研究》，《学海》，2010（2）。

[389] 汪永忠、王玉帅、黄晓勇：《人力资本区域协作开发模式探析》，《经济纵横》，2010（3）。

[390] 汪仲启：《收入分配改革不能"扬汤止沸"》，《社会科学报》，2010（4）。

[391] 王宝杰：《建设人才强国的创新体系意义重大——访中国人事科学研究院院长吴江》，《中国劳动保障报》，2010（9）。

[392] 王碧英、高日光：《基于心理资本的人力资源管理研究》，《科技进步与对策》，2010（6）。

[393] 王冰睿：《邂逅业务流程外包星巴克借外脑加强人力资源管理》，《IT 时代周刊》，2010（1）。

[394] 王铂：《中国对外贸易对工人工资的影响——基于工业部门的面板数据分析》，《北方经济》，2010（2）。

[395] 王朝霞：《欧盟国家劳动力市场灵活、安全性改革及对我国的启示》，《广西大学学报（哲学社会科学版）》，2010（2）。

[396] 王呈斌、毛晓燕：《后危机时代民营企业"用工荒"现象探析》，《经济理论与经济管理》，2010（4）。

[397] 王春超、李颖、张静：《中国农户劳动就业决策行为演变（1978-2006）》，《商业研究》，2010（1）。

[398] 王端旭、陈帅：《减员真能增效？多层面情境因素研究》，《浙江大学学报（人文社会科学版）》，2010（3）。

[399] 王端旭、陈帅：《人力资本投资与组织绩效关系的实证研究——基于权变的研究视角》，《科学管理研究》，2010（2）。

[400] 王飞鹏：《企业用工成本管理的人力资源管理战略调整》，《山东工商学院学报》，2010（1）。

[401] 王桂胜、杨河清：《未定价值评价法在人力资源价值评估中的应用》，《人口与经济》，2010（4）。

[402] 王红茹、常红：《工资不再单由资方说了算》，《中国经济周刊》，2010（19）。

[403] 王辉耀：《构建中国全球化人才战略高地》，《企业研究》，2010（5）。

[404] 王江松：《论劳动哲学的学科定位和学科体系》，《中国劳动关系学院学报》，2010（2）。

[405] 王金胜：《国有企业高管人员薪酬决定的理论与反思》，《经济论坛》，2010（1）。

[406] 王金营、郑书朋：《人力资本在经济增长中作用的东部与西部比较》，《人口与经济》，2010（4）。

[407] 王静：《中国劳动力市场监测指标体系的构建》，《首都经济贸易大学学报》，2010（1）。

[408] 王娟：《大学生就业心理压力与 EAP 的导入实施》，《现代管理科学》，2010（2）。

[409] 王军、胡新明：《事实劳动关系实务认定问题》，《实事求是》，2010（2）。

[410] 王君斌、王文甫：《非完全竞争市场、技术冲击和中国劳动就业——动态新凯恩斯主义视角》，《管理世界》，2010（1）。

[411] 王兰云：《整合视角下的人力资源管理绩效效应研究》，《现代管理科学》，2010（2）。

[412] 王垒、张幸伟、陈舒婷：《留住蓝领工人——"民工荒"背后的心理症结》，《中欧

商业评论》，2010（5）。

[413] 王明荣、宋哲、王树恩：《基于内部营销的现代组织人力绩效管理系统研究》，《科学管理研究》，2010（2）。

[414] 王宁：《实践科学发展观，促进新疆人才发展》，《新疆社会科学》，2010（2）。

[415] 王平换、赵晓旭：《企业人力资源供应链的构建机理研究》，《煤炭经济研究》，2010（1）。

[416] 王献东：《企业人力资源管理个体工作压力形成机制与应对研究——以矩阵制组织结构角色冲突为例》，《企业经济》，2010（2）。

[417] 王晓蕾、李曼丽：《学习型组织和企业经营业绩关系的实证研究》，《中国人力资源开发》，2010（4）。

[418] 王孝成：《人民币实际汇率与中国就业——基于内生劳动力供给模型的实证研究》，《世界经济研究》，2010（2）。

[419] 王新驰、王婧：《浅议组织支持与组织承诺的关系——基于裁员幸存者视角》，《企业经济》，2010（3）。

[420] 王秀丽、侯理想、常静：《产学研合作中的人力资本投资风险因素研究》，《科技进步与对策》，2010（6）。

[421] 王永培、袁平红：《工资差异、劳动力流动与工业集聚——基于新经济地理学的解释和实证检验》，《财经科学》，2010（3）。

[422] 王友青：《企业带薪休假制度落实的现状及对策分析——以西安为例》，《消费经济》，2010（2）。

[423] 王友青、姚明亮：《我国带薪休假制度实施的现状、原因及对策分析——以西安为例》，《上海企业》，2010（4）。

[424] 王玉荣：《论我国人力资本的增殖瓶颈及其突破》，《学术论坛》，2010（5）。

[425] 王泽强：《金融危机、农民工就业与经济发展方式转变》，《淮阴师范学院学报（哲学社会科学版）》，2010（1）。

[426] 王志刚、于永梅：《大学生村官的择业动机、满意度评价及长效发展机制研究》，《中国软科学》，2010（6）。

[427] 王忠、张琳：《个人—组织匹配、工作满意度与员工离职意向关系的实证研究》，《管理学报》，2010（3）。

[428] 王竹林：《农民工市民化的资本困境及其缓解出路》，《农业经济问题》，2010（2）。

[429] 魏光兴、覃燕红：《激励合约线性结构的行为合约理论解释》，《管理科学》，2010（1）。

[430] 魏国：《加强企业专用性在职培训　缓解后危机时代技工短缺》，《中国国情国力》，2010（4）。

[431] 魏红：《质性研究：人力资源开发的审美探索》，《上海行政学院学报》，2010（2）。

[432] 魏敏：《〈就业促进法〉的社会性别解读》，《理论月刊》，2010（1）。

[433] 魏珍妮：《就业变局进行时——后危机时代的就业抉择》，《中国产经新闻》，2010（2）。

[434] 温春继：《目前我国劳资关系紧张的主要原因及对策》，《中国劳动关系学院学报》，2010（2）。

[435] 问清泓：《论高级管理人员劳动关系调整》，《中国人力资源开发》，2010（8）。

[436] 吴红宇：《工资率下降时增加劳动供给时间的劳动者个体特征研究》，《贵州财经学院学报》，2010（3）。

[437] 吴红宇、朱轶：《谁增加了劳动时间供给？——来自 CHNS 的证据》，《产经评论》，2010（4）。

[438] 吴克明、凌媛：《教育与被解雇的关系》，《财经科学》，2010（8）。

[439] 吴克明、王平杰：《大学毕业生与农民工工资趋同的经济学分析》，《中国人口科学》，2010（3）。

[440] 吴联生、林景艺、王亚平：《薪酬外部公平性、股权性质与公司业绩》，《管理世界》，2010（3）。

[441] 吴能全、邹东海：《组织绩效管理水平的测量、评分与分析——A 电信公司绩效管理评估模型》，《中国人力资源开发》，2010（1）。

[442] 吴清军：《当前我国劳动关系发展趋势研究》，《工会博览（理论研究）》，2010（3）。

[443] 吴艳玲：《二元性失业的根源分析》，《经济研究导刊》，2010（6）。

[444] 武晋、何美丽、王伊欢：《统筹城乡就业背景下劳动力就业实证分析——基于北京市延庆县 650 个劳动力的调查数据》，《中国农业大学学报（社会科学版）》，2010（1）。

[445] 武晓霞、任志成：《人力资本与服务外包中的技术外溢——基于江苏省的实证研究》，《经济与管理研究》，2010（7）。

[446] 席斯：《"收入分配不能总是空谈"发改委年内动力垄断工资》，《经济观察报》，2010（4）。

[447] 夏良科：《人力资本与 R&D 如何影响全要素生产率——基于中国大中型工业企业的经验分析》，《数量经济技术经济研究》，2010（4）。

[448] 夏庆杰、宋丽娜、Simon Applet：《国有企业改革与工资支付结构变革的面板数据分析》，《统计研究》，2010（3）。

[449] 夏怡然：《低工资水平下城市农民工的劳动供给模型》，《中国人口科学》，2010（3）。

[450] 项歌德、罗翔：《人力资本对上海市经济增长的作用研究》，《华东经济管理》，2010（3）。

[451] 肖风桢：《珠三角地区高技能人才薪酬激励现状及对策研究》，《全国商情·理论研究》，2010（2）。

[452] 肖璐：《高管团队信任对组织绩效的影响：团队冲突的中介作用》，《经济研究导刊》，2010（6）。

[453] 肖鹏燕：《建立大学毕业生失业群体就业能力保险的思考——对欧共体国家经验的借鉴》，《中国人力资源开发》，2010（1）。

[454] 肖云、王瑞杰、孙晓锦：《农民工低层灵活就业群体参加城镇职工医疗保险的矛盾分析——基于对重庆市 158 名"棒棒"的调查》，《重庆工商大学学报（西部论坛）》，2010（1）。

[455] 肖志勇：《人力资本、空间溢出与经济增长——基于空间面板数据模型的经验分析》，《财经科学》，2010（3）。

[456] 肖竹：《废除强迫劳动国际劳工标准与我国相关立法及实践的比较研究》，《中国劳动关系学院学报》，2010（1）。

[457] 晓立：《让员工与企业共同成长——"心理契约"战略》，《科技与企业》，2010（4）。

[458] 谢茂拾、唐晓曼：《我国垄断企业劳动关系中的人身依附及其治理》，《甘肃社会科学》，2010（2）。

[459] 谢修强：《企业科技人才激励机制构建研究》，《山东社会科学》，2010（5）。

[460] 谢勇：《最低工资制度在农民工就业中的落实情况及影响因素研究》，《经济管理》，2010（3）。

[461] 谢作渺、许敏：《中小企业高层管理者跳槽的原因与对策》，《企业活力》，2010（4）。

[462] 辛小柏：《"十二五"时期农村劳动力转移过程中的就业问题分析》，《中国经贸导刊》，2010（2）。

[463] 辛永容：《中国制造业劳动力成本的影响因素研究》，《价格月刊》，2010（2）。

[464] 欣华：《工资增长何时搭上经济增长"快车"》，《中国改革报》，2010（5）。

[465] 信卫平：《公平与不平——各地职工收入差距有多大》，《中国工人》，2010（2）。

[466] 信卫平：《公平与不平——提高劳动报酬的突破口》，《中国工人》，2010（3）。

[467] 信卫平：《国际金融危机与中国最低工资标准》，《中国劳动关系学院学报》，2010（1）。

[468] 信卫平：《重建公平与效率相统一的分配制度》，《中国劳动关系学院学报》，2010（3）。

[469] 邢占军、姜姗姗：《结构化面试质量评估研究的现状与思考》，《理论学刊》，2010（2）。

[470] 幸强国：《广义收入分配：现象、理念与核心价值》，《科学对社会的影响》，2010（1）。

[471] 熊通成：《360 度考核在事业单位绩效考核中的应用》，《中国工人》，2010（3）。

[472] 熊新发：《中国职业安全卫生立法研讨会综述》，《中国人力资源开发》，2010

（2）。

[473] 熊艳喜、杨云彦：《劳动力流向、区域增长拐点与中部发展新机遇》，《中南财经政法大学学报》，2010（3）。

[474] 徐刚：《国有垄断企业人力资源报偿的价值偏差及因应策略》，《经济与管理研究》，2010（7）。

[475] 徐海霞：《企业年金的国际比较及发展中国企业年金制度的思考》，《价格月刊》，2010（1）。

[476] 徐莉莉、陈建华：《裁员策略矩阵》，《企业管理》，2010（4）。

[477] 徐平国、袁伦渠：《中小企业就业质量分析》，《中国国情国力》，2010（5）。

[478] 徐伟：《和谐社会背景下农民工劳动关系问题的法律分析》，《农业经济》，2010（4）。

[479] 徐永华：《关于我国人力资源产权的经济学思考》，《中外企业家》，2010（1）。

[480] 许萍：《心理资本：概念、测量及其研究进展》，《经济问题》，2010（2）。

[481] 许晓茵、李珍珍、陈琳：《性别平等就业认知及影响因素简析》，《中共宁波市委党校学报》，2010（1）。

[482] 薛继亮、李录堂：《我国就业结构变迁与经济增长的互动关系检验——基于时间序列数据的实证研究》，《南京社会科学》，2010（6）。

[483] 薛俊波、周志田、杨多贵：《科技人力资源对区域经济增长贡献的实证研究——基于省级尺度的分析》，《技术经济》，2010（7）。

[484] 闫逢柱、乔娟：《产业集聚发展对工资变化的影响——基于中国制造业的实证研究》，《中国人口科学》，2010（1）。

[485] 闫威、陈长怀、韩美清：《劳动经济学的实验研究方法》，《商业研究》，2010（3）。

[486] 严振书：《宏观视域下促进就业的路径选择》，《廊坊师范学院学报（社会科学版）》，2010（2）。

[487] 颜菊阳：《国企高管薪酬考核路径能否生变》，《中国商报》，2010（4）。

[488] 燕安、黄武俊：《FDI、人力资本与我国技术水平提升——基于 DEA 与 VAR 的实证分析》，《财经科学》，2010（2）。

[489] 燕安、黄武俊：《人力资本不平等与地区经济增长差异——基于 1987~2008 年中国人力资本基尼系数分省数据的考察》，《山西财经大学学报》，2010（6）。

[490] 杨灿明、郭慧芳、赵颖：《论经济发展方式与收入分配秩序》，《财贸经济》，2010（5）。

[491] 杨冬梅：《工会与劳动争议多元调解格局》，《中国工人》，2010（7）。

[492] 杨付、唐春勇：《中国企业员工人际和谐观与组织承诺及其维度关系的实证研究——基于中小型企业的研究》，《软科学》，2010（3）。

[493] 杨付、王飞、曹兴敏：《薪酬公平感对企业员工责任心的影响——基于国有大中型企业的实证研究》，《科学学与科学技术管理》，2010（3）。

[494] 杨高宇：《科学确认初级阶段新型的劳资关系》，《中国经济问题》，2010（2）。

[495] 杨观来：《劳工标准全球化对中国私营企业劳资关系的影响——基于博弈论的分析》，《经济经纬（河南财经学院学报）》，2010（2）。

[496] 杨广：《构建劳动争议行政调解制度》，《中国劳动》，2010（5）。

[497] 杨海：《留学人员回流趋势的相关实证分析》，《甘肃社会科学》，2010（1）。

[498] 杨和平：《论企业人力资源管理的两大功能及建设路径》，《学习与实践》，2010（4）。

[499] 杨河清、陈天学：《基于决策树的劳动关系和谐度评判》，《中国劳动关系学院学报》，2010（1）。

[500] 杨敬：《就业：形势向好，挑战仍存》，《中国信息报》，2010（4）。

[501] 杨林锋、胡君辰：《工作压力调节和中介作用分析：以工作控制模型为例》，《软科学》，2010（7）。

[502] 杨生秀：《绩效管理在项目管理中的应用及实践方法——以鲁能软件有限公司为例》，《科技和产业》，2010（3）。

[503] 杨胜利、李正龙、吕懂鑫：《上海市最低工资标准的确定与评价分析》，《上海管理科学》，2010（1）。

[504] 杨爽：《经济增长中人力资本适配性的地区差异》，《太原理工大学学报（社会科学版）》，2010（2）。

[505] 杨伟国、陈玉杰、张成刚：《职业性别隔离的测度》，《中国人口科学》，2010（3）。

[506] 杨伟国、代懋：《中国就业管制的测量》，《中国人民大学学报》，2010（3）。

[507] 杨雪、江华、高参参：《制度变迁视角下的国有企业薪酬制度》，《重庆工学院学报》，2010（2）。

[508] 杨宜勇：《打好政策"组合拳"最关键——谈如何构建科学的扩大就业政策体系》，《中国经济导报》，2010（3）。

[509] 杨宜勇、安家琪：《2009~2010年就业形势分析及政策建议》，《经济研究参考》，2010（11）。

[510] 杨宜勇、池振合：《2009年中国收入分配状况及其未来发展趋势》，《经济研究参考》，2010（6）.

[511] 杨宜勇、邢伟：《"调高，扩中，提低"》，《中国经济导报》，2010（3）。

[512] 杨玉华：《河南省经济增长与就业关系的比较分析》，《河南科技大学学报（社会科学版）》，2010（2）。

[513] 杨志明：《在应对国际金融危机中发展和谐劳动关系》，《求是》，2010（4）。

[514] 姚文胜、赖刘陈：《恳谈协商：从源头上实现劳资和谐的新机制——深圳市新安街道的实践与思考》，《特区实践与理论》，2010（1）。

[515] 叶景艳、高忠臣、王学军：《我国改革开放30年辉煌成就分析：人力资本与人才制度创新视角》，《科技和产业》，2010（2）。

[516] 宜冰、乐水：《集体谈判：预防和化解劳资冲突的路径选择》，《学习时报》，2010 (6)。

[517] 易华：《物流企业人力资源管理外包风险及其防范》，《财经理论与实践》，2010 (1)。

[518] 易宪容：《收入分配六大症结》，《投资北京》，2010 (4).

[519] 殷焕武：《基于粗糙集属性重要度的岗位评价方法及其应用》，《管理学报》，2010 (5)。

[520] 殷建平、王倩：《北京劳动力成本变动趋势与我国中小企业发展对策》，《商业时代》，2010 (4)。

[521] 殷建平、张娟：《北京市最低劳动力成本变动趋势及其启示》，《改革与战略》，2010 (2)。

[522] 尹碧波、周建军：《中国经济中的高增长与低就业——奥肯定律的中国经验检验》，《财经科学》，2010 (1)。

[523] 尹庆双、奉莹：《金融危机背景下我国政府投资的就业效应分析》，《经济学动态》，2010 (1)。

[524] 于涛：《我国大型钢铁企业薪酬制度的探索及特点》，《北京市经济管理干部学院学报》，2010 (1)。

[525] 于伟、谢洪明、王厉琪：《东道国母公司的人力资源控制与 IJV 技术创新——对华南地区企业的实证研究》，《科学学与科学技术管理》，2010 (6)。

[526] 余吉祥、沈坤荣：《中国农村居民工资性收入的地区差距：影响因素及路径》，《世界经济》，2010 (1)。

[527] 余佳、丁金宏：《人力资本、政府管制与中国大城市二元劳动力市场职业配置——以上海市卢湾区为例》，《人口与发展》，2010 (2)。

[528] 余显财：《EITC、最低工资与福利制度创新》，《财贸经济》，2010 (3)。

[529] 禹小平：《价值的缺失与分配不公探析》，《邵阳学院学报（社会科学版）》，2010 (2)。

[530] 袁芳、胡莹：《试析美国的收入分配政策》，《中国流通经济》，2010 (1)。

[531] 袁玲、黄海敏：《制度缺陷下技能人才短缺问题研究》，《湖南社会科学》，2010 (2)。

[532] 袁凌、李健：《中国企业劳资关系内在属性与冲突处理研究》，《华东经济管理》，2010 (2)。

[533] 袁凌、魏佳琪：《企业劳动关系的时代特征及发展趋势》，《光明日报》，2010 (8)。

[534] 袁晓斌：《我国企业人力资源开发和管理现状及对策》，《特区经济》，2010 (2)。

[535] 云鹏：《我国人力资源市场发展：现状、挑战与对策》，《河南师范大学学报（哲学社会科学版）》，2010 (1)。

[536] 运东来：《韩国就业、培训面面观——〈韩国就业与培训考察报告〉节选》，《中国

就业》，2010（3）。

[537] 运东来：《英国就业方略探微——〈英国就业和培训考察报告〉节选》，《中国就业》，2010（2）。

[538] 詹浩勇：《我国产业结构变迁与就业的互动关系探讨》，《现代经济探讨》，2010（3）。

[539] 詹婧、阮敬：《劳动关系运行中的工会绩效研究》，《中国劳动关系学院学报》，2010（1）。

[540] 战冬梅、战梦霞、黄璜：《降低酒店员工高流失率的人力资源管理对策分析》，《企业经济》，2010（1）。

[541] 张本波：《我国人力资源市场发展现状与对策》，《宏观经济管理》，2010（3）。

[542] 张斌：《企业劳动关系伦理化管理：动因、内涵及策略》，《经济问题探索》，2010（7）。

[543] 张春楠、段升森、李莹莹：《制度、人力资本、生育率与我国城乡收入差距》，《山东经济》，2010（1）。

[544] 张代谦：《治理我国农民工和大学生失业的政策选择》，《农村经济》，2010（4）。

[545] 张凤林、李晓颖：《无定期劳动合同促进雇佣双方合作双赢的思考——对〈劳动合同法〉的一种人力资本视角分析》，《辽宁大学学报（哲学社会科学版）》，2010（1）。

[546] 张海峰、姚先国、张俊森：《教育质量对地区劳动生产率的影响》，《经济研究》，2010（7）。

[547] 张红军：《新形势下农民工就业研究》，《北方经贸》，2010（3）。

[548] 张华磊、李强强：《纳入评价源个体特征的 360°绩效评价模型》，《商业经济》，2010（2）。

[549] 张建国、石毅：《我国实行最低工资制度的现实意义》，《学习时报》，2010（7）。

[550] 张藜、郭晖：《2009 年促就业：寒冬中的人文关怀》，《中国信息报》，2010（2）。

[551] 张丽华：《前馈式面谈：一种新的人员互动技术》，《中国人力资源开发》，2010（2）。

[552] 张利萍：《系统论视域下私营企业劳资合作的内部动因分析》，《当代世界与社会主义》，2010（3）。

[553] 张敏、陈万明、刘晓杨：《中小企业人才聚集效应的虚拟化实现》，《管理学报》，2010（3）。

[554] 张敏、张一川：《我国城镇居民收入差距适度性分析》，《郑州航空工业管理学院学报》，2010（1）。

[555] 张明：《基于产业—就业结构变迁的人力资本投资决策》，《西北人口》，2010（4）。

[556] 张明忠：《企业人力资本的开发与管理》，《上海企业》，2010（4）。

[557] 张楠、周明星：《金融危机背景下的失业困境与微型企业创业政策探究》，《企业经济》，2010（2）。

[558] 张晴、张德华:《日本终身雇佣对企业实行"无固定期货劳动合同"的启示》,《中国国情国力》,2010 (2)。

[559] 张秋惠、于桂兰:《劳资关系的产权理论演化研究》,《南京农业大学学报 (社会科学版)》,2010 (2)。

[560] 张全红:《我国劳动收入份额影响因素及变化原因——基于省际面板数据的检验》,《财经科学》,2010 (6)。

[561] 张若雪:《人力资本、技术采用与产业结构升级》,《财经科学》,2010 (2)。

[562] 张素伦:《退休受聘人员工伤问题的反思》,《理论月刊》,2010 (3)。

[563] 张素伦:《职工同龄退休的法律问题研究》,《行政与法》,2010 (3)。

[564] 张涛、于志凌:《企业持续改进式创新战略下的绩效管理研究》,《中国人力资源开发》,2010 (4)。

[565] 张文、徐小琴:《城乡劳动力市场一体化理论初探:内涵、特征与实现条件》,《求实》,2010 (3)。

[566] 张文俊、窦学诚:《农村家庭人力资本投资动态分析——以河南农村为例》,《农村经济》,2010 (1)。

[567] 张五常:《从公司角度看最低工资》,《经济学消息报》,2010 (3)。

[568] 张熙凤:《大学生就业市场的失衡与保障选择》,《改革与战略》,2010 (2)。

[569] 张霞、安增科:《国外劳工标准问题研究的四大争议》,《国外社会科学》,2010 (4)。

[570] 张晓蓓、亓朋:《劳动合同类型、性别与工资差异》,《南方人口》,2010 (1)。

[571] 张晓晨、施国庆、申世辉:《社会责任管理体系 SA8000 视角下的我国劳工权益保护》,《宁夏大学学报 (人文社会科学版)》,2010 (2)。

[572] 张晓阳:《西部地区经济增长与人力资本研究》,《财经科学》,2010 (4)。

[573] 张心淼、赵黎明:《河北省人才资源现状与开发对策》,《河北学刊》,2010 (2)。

[574] 张心淼、赵黎明:《现阶段就业模式与劳动力市场的变化特征研究》,《保定学院学报》,2010 (1)。

[575] 张学英:《关于中国人力资本存量贬损的估算》,《湖北经济学院学报》,2010(1)。

[576] 张言彩:《江苏省服务业对就业吸纳作用的实证分析》,《淮阴师范学院学报 (哲学社会科学版)》,2010 (1)。

[577] 张彦:《社会转型期城市非正规就业政策调整和制度创新研究》,《科学发展》,2010 (1)。

[578] 张艳华:《农民工工资拖欠问题背后的思考》,《中国工人》,2010 (4)。

[579] 张业军:《劳动仲裁与对簿公堂的不等式》,《中国经营报》,2010 (5)。

[580] 张祎婧、马昌云:《基于心理契约的初创期企业人力资源管理策略》,《煤炭经济研究》,2010 (1)。

[581] 张影强、袁伦渠:《发达国家缩小收入差距的策略》,《中国劳动》,2010 (4)。

[582] 张永丽、郭天龙：《农民工社会保障对劳动力流动的影响》，《重庆社会科学》，2010（2）。

[583] 张永丽、刘富强：《劳动力流动对流动者人力资本形成的效应探析》，《人口与经济》，2010（1）。

[584] 张原：《我国工资改革及其背景》，《中国工人》，2010（3）。

[585] 张占贞、王兆君：《我国农民工资性收入影响因素的实证研究》，《农业技术经济》，2010（2）。

[586] 张子元：《成就、成功和进步是绩效评估的核心》，《科技与企业》，2010（3）。

[587] 章哲、朱勇国：《我国劳务派遣制度变迁初探》，《人口与经济》，2010（4）。

[588] 赵德淳、王炜敏：《劳动合同违约金问题研究》，《东北财经大学学报》，2010（1）。

[589] 赵海霞：《基于团队的薪酬体系设计探讨》，《企业活力》，2010（4）。

[590] 赵海霞、龙立荣：《团队薪酬激励效果影响因素研究现状剖析与未来展望》，《外国经济与管理》，2010（4）。

[591] 赵健杰：《劳动科学建构论纲》，《中国劳动关系学院学报》，2010（2）。

[592] 赵鑫、张小慧：《我国林区就业服务体系构建探析》，《学术交流》，2010（3）。

[593] 赵永生、王莉：《对保障我国女性劳动就业权益的探索》，《新疆社科论坛》，2010（2）。

[594] 郑秉文：《如何从经济学角度看待"用工荒"》，《经济学动态》，2010（3）。

[595] 郑德芳、乐国林：《基于胜任力的我国公务员的薪酬制度改革探讨》，《中国管理信息化》，2010（7）。

[596] 郑功成：《收入分配：关键时期的关键改革》，《财经国家周刊》，2010（5）。

[597] 郑少芳：《基于绩效提升的人力资本投资策略探析》，《企业活力》，2010（3）。

[598] 郑文智：《民营企业劳动关系调节机制研究》，《中国劳动关系学院学报》，2010（4）。

[599] 中国工运研究所、全总研究室、中国劳动关系学院联合课题组：《关于当前企业用工问题的研究》，《中国职工教育》，2010（3）。

[600] 中和：《国外休假制度形形色色，看看他们怎么过》，《中国改革报》，2010（2）。

[601] 钟洪亮：《山区内陆城市劳务派遣的运作特色及模式评价：福建证据》，《重庆社会科学》，2010（1）。

[602] 钟茂初、宋树仁、许海平：《中产阶层的定量界定与中国收入分配格局的演变趋势》，《未来与发展》，2010（2）。

[603] 钟茂初、宋树仁、许海平：《中国收入分配格局的刻画及其"倒钻石型"现状》，《经济体制改革》，2010（1）。

[604] 钟清流：《就业问题的对策思考》，《当代经济》，2010（2）。

[605] 周宝妹：《被派遣劳动者的劳动报酬权——兼评我国〈劳动合同法〉的相关规定》，《中国劳动关系学院学报》，2010（3）。

[606] 周国良：《论调整税费政策提高工资性收入》，《中国劳动》，2010（4）。

[607] 周建波、马亦欣：《投资人力资本，重建乡村经济——晏阳初乡建理论的经济学分析》，《贵州财经学院学报》，2010（2）。

[608] 周敏：《中国劳动报酬偏低四问》，《经济研究导刊》，2010（6）。

[609] 周明海、肖文、姚先国：《中国经济非均衡增长和国民收入分配失衡》，《中国工业经济》，2010（6）。

[610] 周培煌、赵履宽：《我国最低工资的就业效应及其作用机制——基于建筑业面板数据的研究》，《中南财经政法大学学报》，2010（1）。

[611] 周萍、阙彬、林燕：《城市移民就业歧视的社会成本分析》，《商业时代》，2010（8）。

[612] 周天勇：《刘易斯拐点来临要到2020年后》，《学习时报》，2010（8）。

[613] 周霞：《国际贸易中劳工标准之争的博弈分析及中国对策》，《科技和产业》，2010（2）。

[614] 周贤日：《设立中企业的劳动关系法律适用探讨》，《中国劳动》，2010（3）。

[615] 周兴、王芳：《中国城乡居民的收入流动、收入差距与社会福利》，《管理世界》，2010（5）。

[616] 周业宏：《低工资提升之道》，《中国经营报》，2010（9）。

[617] 周银珍、张岩冰：《区域人力资源管理制度体系构建》，《企业经济》，2010（3）。

[618] 周永华：《新疆民营企业人力资源发展探析》，《新疆社会科学》，2010（1）。

[619] 周云波：《我国收入差距变化何时迎来倒U轨迹的拐点》，《经济纵横》，2010（4）.

[620] 周云波、高连水、武鹏：《我国地区收入差距的演变及影响因素分析：1985-2005》，《中央财经大学学报》，2010（5）。

[621] 朱波：《集体合同：依法搭建和谐劳动关系的平台——兼论〈海南省集体合同条例〉》，《新东方》，2010（1）。

[622] 朱七光、薛小荣：《基于利益相关者视角的人力资源管理分析框架重构》，《重庆邮电大学学报（社会科学版）》，2010（2）。

[623] 朱智文、张博文：《中国和谐劳动关系评价指标体系构建及实证分析》，《甘肃社会科学》，2010（1）。

[624] 朱中华、潘咏春、王平：《对外劳务输出与劳务派遣的法律适用》，《国际经济合作》，2010（3）。

[625] 邹德发：《台湾人力资源发展的问题与方向》，《中国经济问题》，2010（1）。

[626] 邹升平、魏晓文：《政府在解决就业问题中能做什么？——瑞典的经验及启示》，《经济问题探索》，2010（7）。

[627] 邹薇、刘勇：《技能劳动、经济转型与收入不平等的动态研究》，《世界经济》，2010（6）。

[628] 左聪颖、杨建仁：《西方人力资本理论的演变与思考》，《江西社会科学》，2010

（6）。

[629] 左国海：《事业单位聘用制下人力资源管理问题与对策浅析》，《企业经济》，2010（4）。

二、英文文献索引

[1] Aizer, A.. "The Gender Wage Gap and Domestic Violence." American Economic Review, 2010, 100 (4).

[2] Artu, E., S. Chaudhuri, et al.. "Trade Shocks and Labor Adjustment: A Structural Empirical Approach." American Economic Review, 2010, 100 (3).

[3] Becker, G. S., W. H. J. Hubbard, et al.. "The Market for College Graduates and the Worldwide Boom in Higher Education of Women." American Economic Review, 2010, 100 (2).

[4] Blau, F. D., J. M. Currie, et al.. "Can Mentoring Help Female Assistant Professors? Interim Results from a Randomized Trial." American Economic Review, 2010, 100 (2).

[5] Bloom, N., A. Mahajan, et al.. "Why Do Firms in Developing Countries Have Low Productivity?" American Economic Review, 2010, 100 (2).

[6] Cabrales, A., R. Miniaci, et al.. "Social Preferences and Strategic Uncertainty: An Experiment on Markets and Contracts." American Economic Review, 2010, 100 (5).

[7] Carpenter, J., P. H. Matthews, et al.. "Tournaments and Office Politics: Evidence from a Real Effort Experiment." American Economic Review, 2010, 100 (1).

[8] Couch, K. A. and D. W. Placzek. "Earnings Losses of Displaced Workers Revisited." American Economic Review, 2010, 100 (1).

[9] De Silva, D. G., R. P. McComb, et al.. "The Effect of Migration on Wages: Evidence from a Natural Experiment." American Economic Review, 2010, 100 (2).

[10] Ehrlich, I. and J. K. Shin. "Human Capital and Imperfectly Informed Financial Markets." American Economic Review, 2010, 100 (2).

[11] Eyigungor, B.. "Specific Capital and Vintage Effects on the Dynamics of Unemployment and Vacancies." American Economic Review, 2010, 100 (3).

[12] Field, E., S. Jayachandran, et al.. "Do Traditional Institutions Constrain Female Entrepreneurship? A Field Experiment on Business Training in India." American Economic Review, 2010, 100 (2).

[13] Furtado, D. and H. Hock. "Low Skilled Immigration and Work-Fertility Tradeoffs Among High Skilled US Natives." American Economic Review, 2010, 100 (2).

[14] Garibaldi, P. and E. R. Moen. "Job to Job Movements in a Simple Search Model."

American Economic Review, 2010, 100 (2).

[15] Goldhaber, D. and M. Hansen. "Using Performance on the Job to Inform Teacher Tenure Decisions." American Economic Review, 2010, 100 (2).

[16] Harrison, A. and J. Scorse. "Multinationals and Anti-Sweatshop Activism." American Economic Review, 2010, 100 (1).

[17] Herweg, F., D. Müller, et al.. "Binary Payment Schemes: Moral Hazard and Loss Aversion." American Economic Review, 2010, 100 (5).

[18] Hilmer, C. and M. Hilmer. "Are There Gender Differences in the Job Mobility Patterns of Academic Economists?" American Economic Review, 2010, 100 (2).

[19] Huang, F. and P. Cappelli. "Applicant Screening and Performance-Related Outcomes." American Economic Review, 2010, 100 (2).

[20] Kaur, S., M. Kremer, et al.. "Self-Control and the Development of Work Arrangements." American Economic Review, 2010, 100 (2).

[21] Low, H., C. Meghir, et al.. "Wage Risk and Employment Risk over the Life Cycle." American Economic Review, 2010, 100 (4).

[22] Manchester, C. F.. "Investment in General Human Capital and Turnover Intention." American Economic Review, 2010, 100 (2).

[23] Manchester, C. F., L. M. Leslie, et al.. "Stop the Clock Policies and Career Success in Academia." American Economic Review, 2010, 100 (2).

[24] Mason, P. L.. "Culture and Intraracial Wage Inequality Among America's African Diaspora." American Economic Review, 2010, 100 (2).

[25] Menzio, G. and S. Shi. "Directed Search on the Job, Heterogeneity, and Aggregate Fluctuations." American Economic Review, 2010, 100 (2).

[26] Mortensen, D. T.. "Wage Dispersion in the Search and Matching Model." American Economic Review, 2010, 100 (2).

[27] Moscarini, G. and F. Postel-Vinay. "Unemployment and Small Cap Returns: The Nexus." American Economic Review, 2010, 100 (2).

[28] Neelakantan, U. and Y. Chang. "Gender Differences in Wealth at Retirement." American Economic Review, 2010, 100 (2).

[29] Orrenius, P. M. and M. Zavodny. "Mexican Immigrant Employment Outcomes over the Business Cycle." American Economic Review, 2010, 100 (2).

[30] Van Den Steen, E.. "Interpersonal Authority in a Theory of the Firm." American Economic Review, 2010, 100 (1).

[31] Weber, A. and C. Zulehner. "Female Hires and the Success of Start-up Firms." American Economic Review, 2010, 100 (2).

[32] Gonzalez, F. M. and S. Shouyong. "An Equilibrium Theory of Learning, Search,

and Wages." Econometrica, 2010, 78 (2).

[33] Helpman, E., O. Itskhoki, et al.. "Inequality and Unemployment in a Global Economy." Econometrica, 2010, 78 (4).

[34] Peters, M.. "Noncontractible Heterogeneity in Directed Search." Econometrica, 2010, 78 (4).

[35] Angrist, J., V. Lavy, et al.. "Multiple Experiments for the Causal Link Between the Quantity and Quality of Children." Journal of Labor Economics, 2010, 28 (4).

[36] Ashenfelter, O. C., H. Farber, et al.. "Labor Market Monopsony." Journal of Labor Economics, 2010, 28 (2)

[37] Boustan, L. P., P. V. Fishback, et al.. "The Effect of Internal Migration on Local Labor Markets: American Cities during the Great Depression." Journal of Labor Economics, 2010, 28 (4).

[38] Bratsberg, B., O. Raaum, et al.. "When Minority Labor Migrants Meet the Welfare State." Journal of Labor Economics, 2010, 28 (3).

[39] Buchinsky, M. and P. Leslie. "Educational Attainment and the Changing U.S. Wage Structure: Dynamic Implications on Young Individuals' Choices." Journal of Labor Economics, 2010, 28 (3).

[40] Camargo, B., R. Stinebrickner, et al.. "Interracial Friendships in College." Journal of Labor Economics, 2010, 28 (4).

[41] Coffey, B. and M. T. Maloney. "The Thrill of Victory: Measuring the Incentive to Win." Journal of Labor Economics, 2010, 28 (1).

[42] Engelhardt, B.. "The Effect of Employment Frictions on Crime." Journal of Labor Economics, 2010, 28 (3).

[43] Falch, T.. "The Elasticity of Labor Supply at the Establishment Level." Journal of Labor Economics, 2010, 28 (2).

[44] Fitzpatrick, M. D.. "Preschoolers Enrolled and Mothers at Work? The Effects of Universal Prekindergarten." Journal of Labor Economics, 2010, 28 (1).

[45] Fox, J. T.. "Estimating the Employer Switching Costs and Wage Responses of Forward-Looking Engineers." Journal of Labor Economics, 2010, 28 (2).

[46] Garicano, L. and P. Heaton. "Information Technology, Organization, and Productivity in the Public Sector: Evidence from Police Departments." Journal of Labor Economics, 2010, 28 (1).

[47] Gathmann, C. and U. Schönberg. "How General is Human Capital? A Task-Based Approach." Journal of Labor Economics, 2010, 28 (1).

[48] Goerg, S. J., S. Kube, et al.. "Treating Equals Unequally: Incentives in Teams, Workers' Motivation, and Production Technology." Journal of Labor Economics, 2010, 28 (4).

［49］Hartzell, J. C., C. A. Parsons, et al.. "Is a Higher Calling Enough? Incentive Compensation in the Church." Journal of Labor Economics, 2010, 28 (3).

［50］Hirsch, B., T. Schank, et al.. "Differences in Labor Supply to Monopsonistic Firms and the Gender Pay Gap: An Empirical Analysis Using Linked Employer-Employee Data from Germany." Journal of Labor Economics, 2010, 28 (2).

［51］Howell, J. S.. "Assessing the Impact of Eliminating Affirmative Action in Higher Education." Journal of Labor Economics, 2010, 28 (1).

［52］Kerr, W. R. and W. F. Lincoln. "The Supply Side of Innovation: H-1B Visa Reforms and U.S. Ethnic Invention." Journal of Labor Economics, 2010, 28 (3).

［53］Naidu, S.. "Recruitment Restrictions and Labor Markets: Evidence from the Postbellum U.S. South." Journal of Labor Economics, 2010, 28 (2).

［54］Priest, G. L. "Timing 'Disturbances' in Labor Market Contracting: Roth's Findings and the Effects of Labor Market Monopsony." Journal of Labor Economics, 2010, 28 (2).

［55］Ransom, M. R. and R. L. Oaxaca. "New Market Power Models and Sex Differences in Pay." Journal of Labor Economics, 2010, 28 (2).

［56］Ransom, M. R. and D. P. Sims. "Estimating the Firm's Labor Supply Curve in a 'New Monopsony'Framework: Schoolteachers in Missouri." Journal of Labor Economics, 2010, 28 (2).

［57］Schwarz, M. and S. Severinov. "Investment Tournaments: When Should a Rational Agent Put All Eggs in One Basket?" Journal of Labor Economics, 2010, 28 (4).

［58］Staiger, D. O., J. Spetz, et al.. "Is There Monopsony in the Labor Market? Evidence from a Natural Experiment." Journal of Labor Economics, 2010, 28 (2).

［59］Xu, L.. "Identifying Peer Effects in Student Academic Achievement by Spatial Autoregressive Models with Group Unobservables." Journal of Labor Economics, 2010, 28 (4).

［60］Yamaguchi, S.. "Job Search, Bargaining, and Wage Dynamics." Journal of Labor Economics, 2010, 28 (3).

［61］Altindag, D. and N. Mocan. "Joblessness and Perceptions about the Effectiveness of Democracy." Journal of Labor Research, 2010, 31 (2).

［62］Arranz, J., C. García-Serrano, et al.. "The Influence of Temporary Employment on Unemployment Exits in a Competing Risks Framework." Journal of Labor Research, 2010, 31 (1).

［63］Beachler, D.. "Steven Greenhouse, The Big Squeeze: Tough Times for the American Worker." Journal of Labor Research, 2010, 31 (1).

［64］Bonnal, M.. "Export Performance, Labor Standards and Institutions: Evidence from a Dynamic Panel Data Model." Journal of Labor Research, 2010, 31 (1).

［65］Campolieti, M., T. Fang, et al.. "Labour Market Outcomes and Skill Acquisition of

High-School Dropouts." Journal of Labor Research, 2010, 31 (1).

[66] Cardoso, A., S. Neuman, et al.. "Wage Mobility in Israel: The Effect of Sectoral Concentration." Journal of Labor Research, 2010, 31 (2).

[67] Doherty, M.. "Richard B. Freeman, Peter Boxhall and Peter Haynes (eds): What Workers Say: Employee Voice in the Anglo-American Workplace." Journal of Labor Research, 2010, 31 (2).

[68] Fairris, D. and P. Askenazy. "Works Councils and Firm Productivity in France." Journal of Labor Research, 2010, 31 (3).

[69] Finley, G.. "Strike Lengths: Correcting for Prestrike Announcements and the Ratio of Bargaining Size to Firm Size." Journal of Labor Research, 2010, 31 (4).

[70] Fiorito, J., G. Gall, et al.. "Activism and Willingness to Help in Union Organizing: Who Are the Activists?" Journal of Labor Research, 2010, 31 (3).

[71] García-Serrano, C., V. Hernanz, et al.. "Mind the Gap, Please! The Effect of Temporary Help Agencies on the Consequences of Work Accidents." Journal of Labor Research, 2010, 31 (2).

[72] Grün, C., W. Hauser, et al.. "Is Any Job Better than No Job? Life Satisfaction and Re-employment." Journal of Labor Research, 2010, 31 (3).

[73] Hopkins, G.. "Union Reform and Labor Law: Miners For Democracy and the Use of the Landrum-Griffin Act." Journal of Labor Research, 2010, 31 (4).

[74] Kim, J. and P. Philips. "Effect of Multiemployer Collective Bargaining on Employer-Provided Health Insurance in the Construction Industry." Journal of Labor Research, 2010, 31 (4).

[75] Kim, J. and P. Philips. "Health Insurance and Worker Retention in the Construction Industry." Journal of Labor Research, 2010, 31 (1).

[76] Langevin, M.. "Kate Bronfenbrenner (eds), Global Unions: Challenging Transnational Capital Through Cross -Border Campaigns." Journal of Labor Research, 2010, 31 (1).

[77] Levenson, A. and C. Zoghi. "Occupations, Human Capital and Skills." Journal of Labor Research, 2010, 31 (4).

[78] Liu, X., S. Thomas, et al.. "College Quality, Earnings, and Job Satisfaction: Evidence from Recent College Graduates." Journal of Labor Research, 2010, 31 (2).

[79] Marvasti, A.. "Occupational Safety and English Language Proficiency." Journal of Labor Research, 2010, 31 (4).

[80] Robinson, C. and R. Clark. "Retiree Health Insurance and Disengagement from a Career Job." Journal of Labor Research, 2010, 31 (3).

[81] Shevchuk, I.. "Katherine S. Newman (ed): Laid Off, Laid Low: Political and

Economic Consequences of Employment Insecurity." Journal of Labor Research, 2010, 31 (2).

[82] Singh, A.. "The Effect of Family Background on Individual Wages and an Examination of Inequality of Opportunity in India." Journal of Labor Research, 2010, 31 (3).

[83] Sohn, K. The Role of Cognitive and Noncognitive Skills in Overeducation.Journal of Labor Research, 2010, 31 (2).

[84] Zimmer, D.. "Health Insurance and Health Care Demand among the Self-employed." Journal of Labor Research, 2010, 31 (1).

[85] Acemoglu, D.. "When Does Labor Scarcity Encourage Innovation?" Journal of Political Economy, 2010, 118 (6).

[86] Greenstone, M., R. Hornbeck, et al.. "Identifying Agglomeration Spillovers: Evidence from Winners and Losers of Large Plant Openings." Journal of Political Economy, 2010, 118 (3).

[87] Propper, C. and J. Van Reenen. "Can Pay Regulation Kill? Panel Data Evidence on the Effect of Labor Markets on Hospital Performance." Journal of Political Economy, 2010, 118 (2).

[88] Anderson, A. and L. Smith. "Dynamic Matching and Evolving Reputations." Review of Economic Studies, 2010, 77 (1).

[89] Bandiera, O., I. Barankay, et al.. "Social Incentives in the Workplace." Review of Economic Studies, 2010, 77 (2).

[90] Blum, B. S.. "Endowments, Output, and the Bias of Directed Innovation." Review of Economic Studies, 2010, 77 (2).

[91] Bonhomme, S. and J. M. Robin. "Generalized Non-Parametric Deconvolution with an Application to Earnings Dynamics." Review of Economic Studies, 2010, 77 (2).

[92] Browning, M., M. Ejrn/ES, et al.. "Modelling Income Processes with Lots of Heterogeneity." Review of Economic Studies, 2010, 77 (4).

[93] Buchinsky, M., D. FougÈRe, et al.. "Interfirm Mobility, Wages and the Returns to Seniority and Experience in the United States." Review of Economic Studies, 2010, 77(3).

[94] Crin, R.. "Service Offshoring and White-Collar Employment." Review of Economic Studies, 2010, 77 (2).

[95] Duarte, M. and D. Restuccia. "The Role of the Structural Transformation in Aggregate Productivity." Quarterly Journal of Economics, 2010, 125 (1).

[96] Erosa, A., T. Koreshkova, et al.. "How Important is Human Capital? A Quantitative Theory Assessment of World Income Inequality." Review of Economic Studies, 2010, 77 (4).

[97] Gauther, P. A., C. N. Teulings, et al.. "On-the-Job Search, Mismatch and Efficiency." Review of Economic Studies, 2010, 77 (1).

[98] Hagedorn, M.. "Ramsey Tax Cycles." Review of Economic Studies, 2010, 77(3).

[99] Helpman, E. and O. Itskhoki. "Labour Market Rigidities, Trade and Unemployment." Review of Economic Studies, 2010, 77 (3).

[100] Kennan, J.. "Private Information, Wage Bargaining and Employment Fluctuations." Review of Economic Studies, 2010, 77 (2).

[101] Kopczuk, W., E. Saez, et al.. "Earnings Inequality and Mobility in the United States: Evidence from Social Security Data since 1937." Quarterly Journal of Economics, 2010, 125 (1).

[102] Krusell, P. E. R., T. Mukoyama, et al.. "Labour-Market Matching with Precautionary Savings and Aggregate Fluctuations." Review of Economic Studies, 2010, 77 (4).

[103] Algan, Y., C. Dustmann, et al.. "The Economic Situation of First and Second-Generation Immigrants in France, Germany and the United Kingdom." Economic Journal, 2010, 120 (542).

[104] Bandiera, O., V. Larcinese, et al.. "Heterogeneous Class Size Effects from a Panel of University Students." Economic Journal, 2010, 120 (549).

[105] Bardsley, N., J. Mehta, et al.. "Explaining Focal Points: Cognitive Hierarchy Theory versus Team Reasoning." Economic Journal, 2010, 120 (543).

[106] Basu, A. K., N. H. Chau, et al.. "Turning a Blind Eye: Costly Enforcement, Credible Commitment and Minimum Wage Laws." Economic Journal, 2010, 120 (543).

[107] Battu, H. and Y. Zenou. "Oppositional Identities and Employment for Ethnic Minorities: Evidence from England." Economic Journal, 2010, 120 (542).

[108] Behncke, S., M. Frölich, et al.. "A Caseworker Like Me—Does the Similarity Between the Unemployed and Their Caseworkers Increase Job Placements?" Economic Journal, 2010, 120 (549).

[109] Bloemen, H. G.. "An Empirical Model of Collective Household Labour Supply with Non-Participation." Economic Journal, 2010, 120 (543).

[110] Burgess, S., C. Propper, et al.. "Smarter Task Assignment or Greater Effort: The Impact of Incentives on Team Performance." Economic Journal, 2010, 120 (547).

[111] Card, D., J. Kluve, et al.. "Active Labour Market Policy Evaluations: A Meta-Analysis Active Labour Market Policy Evaluations: A Meta–Analysis Labour Market Policy Evaluations." Economic Journal, 2010, 120 (548).

[112] Casey, T. and C. Dustmann. "Immigrants' Identity, Economic Outcomes and the Transmission of Identity Across Generations." Economic Journal, 2010, 120 (542).

[113] David Brown, J., J. S. Earle, et al.. "Employment and Wage Effects of Privatisation: Evidence from Hungary, Romania, Russia and Ukraine." Economic Journal, 2010, 120 (545).

[114] Dohmen, T. and A. Falk. "You Get What You Pay For: Incentives and Selection in the Education System." Economic Journal, 2010, 120 (546).

[115] Garcia-Mil, T., A. Marcet, et al.. "Supply Side Interventions and Redistribution." Economic Journal, 2010, 120 (543).

[116] Knabe, A., S. Rötzel, et al.. "Dissatisfied with Life but Having a Good Day: Time-use and Well-being of the Unemployed." Economic Journal, 2010, 120 (547).

[117] Saint-Paul, G.. "Endogenous Indoctrination: Occupational Choices, the Evolution of Beliefs and the Political Economy of Reforms." Economic Journal, 2010, 120 (544).

[118] Adams, R. B., B. E. Hermalin, et al.. "The Role of Boards of Directors in Corporate Governance: A Conceptual Framework and Survey." Journal of Economic Literature, 2010, 48 (1).

[119] Andersson, T., L. G. Svensson, et al.. "Constrainedly Fair Job Assignments under Minimum Wages." Games & Economic Behavior, 2010, 68 (2).

[120] Dur, R. and J. Sol. "Social Interaction, Co-worker Altruism, and Incentives." Games & Economic Behavior, 2010, 69 (2).

[121] Englmaier, F. and A. Wambach. "Optimal Incentive Contracts under Inequity Aversion." Games & Economic Behavior, 2010, 69 (2).

[122] Gill, D. and R. Stone. "Fairness and Desert in Tournaments." Games & Economic Behavior, 2010, 69 (2).

[123] Kominers, S. D.. "Matching with Preferences over Colleagues Solves Classical Matching." Games & Economic Behavior, 2010, 68 (2).

[124] Rauch, J. E.. "Does Network Theory Connect to the Rest of US? A Review of Matthew O. Jackson's Social and Economic Networks." Journal of Economic Literature, 2010, 48 (4).

[125] Von Stengel, B. and S. Zamir. "Leadership Games with Convex Strategy Sets." Games & Economic Behavior, 2010, 69 (2).

[126] Wolpert, D. H.. "Why Income Comparison is Rational." Games & Economic Behavior, 2010, 69 (2).

[127] Flabbi, L. "Gender Discrimination Estimation in a Search Model with Matching and Bargaining." International Economic Review, 2010, 51 (3).

[128] Kaya, A.. "When Does it Pay to Get Informed?" International Economic Review, 2010, 51 (2).

[129] Keane, M. P. and R. M. Sauer. "A Computationally Practical Simulation Estimation Algorithm for Dynamic Panel Data Models with Unobserved Endogenous State Variables." International Economic Review, 2010, 51 (4).

[130] Keane, M. P. and K. I. Wolpin. "The Role of Labor and Marriage Markets,

Preference Heterogeneity, and the Welfare System in the Life Cycle Decisions of Black, Hispanic, and White Women." International Economic Review, 2010, 51 (3).

[131] Levine, D. K., F. Weinschelbaum, et al.. "The Brother-in-law Effect." International Economic Review, 2010, 51 (2).

[132] Lollivier, S. and L. Rioux. "An Empirical Examination of the Sources of Changes over time in the Job Finding Rate Using Reservation Wages and Rejected Wage Offers." International Economic Review, 2010, 51 (4).

[133] Postel-Vinay, F. and H. Turon. "On-the-job Search, Productivity Shocks, and the Individual Earnings Process." International Economic Review, 2010, 51 (3).

[134] Sullivan, P.. "A Dynamic Analysis of Educational Attainment, Occupational Choices, and Job Search." International Economic Review, 2010, 51 (1).

[135] Burdett, K. and M. Coles. "Wage/tenure Contracts with Heterogeneous Firms." Journal of Economic Theory, 2010, 145 (4).

[136] Grochulski, B. and T. Piskorski. "Risky Human Capital and Deferred Capital Income Taxation." Journal of Economic Theory, 2010, 145 (3).

[137] Guo, J. T. and S. G. Harrison. "Indeterminacy with No-income-effect Preferences and Sector-specific Externalities." Journal of Economic Theory, 2010, 145 (1).

[138] Herings, P. J. J. and A. Predtetchinski. "One-dimensional Bargaining with Markov Recognition Probabilities." Journal of Economic Theory, 2010, 145 (1).

[139] Matsushima, H., K. Miyazaki, et al.. "Role of Linking Mechanisms in Multitask Agency with Hidden Information." Journal of Economic Theory, 2010, 145 (6).

[140] Menzio, G. and S. Shi. "Block Recursive Equilibria for Stochastic Models of Search on the Job." Journal of Economic Theory, 2010, 145 (4).

[141] Pendakur, K. and S. Woodcock. "Glass Ceilings or Glass Doors? Wage Disparity within and between Firms." Journal of Business & Economic Statistics, 2010, 28 (1).

[142] Ahn, T., P. Arcidiacono, et al.. "Explaining Cross-racial Differences in Teenage Labor Force Participation: Results from a Two-sided Matching Model." Journal of Econometrics, 2010, 156 (1).

[143] Bound, J., T. Stinebrickner, et al.. "Health, Economic Resources and the Work Decisions of Older Men." Journal of Econometrics, 2010, 156 (1).

[144] Cohen-Goldner, S. and Z. Eckstein. "Estimating the Return to Training and Occupational Experience: The Case of Female Immigrants." Journal of Econometrics, 2010, 156 (1).

[145] Flabbi, L.. "Prejudice and Gender Differentials in the US Labor Market in the Last Twenty Years." Journal of Econometrics, 2010, 156 (1).

[146] Kennan, J. and J. R. Walker. "Wages, Welfare Benefits and Migration." Journal

of Econometrics, 2010, 156 (1).

[147] Lee, D. and K. I. Wolpin. "Accounting for Wage and Employment Changes in the US from 1968 –2000: A Dynamic Model of Labor Market Equilibrium." Journal of Econometrics, 2010, 156 (1).

[148] Liu, H., T. A. Mroz, et al.. "Maternal Employment, Migration, and Child development." Journal of Econometrics, 2010, 156 (1).

[149] Bauernschuster, S., P. Duersch, et al.. "Mandatory Sick Pay Provision: A labor Market Experiment." Journal of Public Economics, 2010, 94 (11/12).

[150] Blomquist, S. and H. Selin. "Hourly Wage Rate and Taxable Labor Income Responsiveness to Changes in Marginal Tax Rates." Journal of Public Economics, 2010, 94 (11/12).

[151] Boyle, M. A. and J. N. Lahey. "Health Insurance and the Labor Supply Decisions of Older Workers: Evidence from a U.S. Department of Veterans Affairs Expansion." Journal of Public Economics, 2010, 94 (7/8).

[152] Cervellati, M., J. Esteban, et al.. "Work Values, Endogenous Sentiments Redistribution." Journal of Public Economics, 2010, 94 (9/10).

[153] Delfgaauw, J. and R. Dur. "Managerial Talent, Motivation, and Self–selection into Public Management." Journal of Public Economics, 2010, 94 (9/10).

[154] Krueger, A. B. and A. Mueller. "Job Search and Unemployment Insurance: New Evidence from Time Use Data." Journal of Public Economics, 2010, 94 (3/4).

[155] Simula, L. and A. Trannoy. "Optimal Income Tax Under the Threat of Migration by Top–income Earners." Journal of Public Economics, 2010, 94 (1/2).

[156] Tamura, Y.. "Migrant Smuggling." Journal of Public Economics, 2010, 94 (7/8).

[157] Ziebarth, N. R. and M. Karlsson. "A Natural Experiment on Sick Pay Cuts, Sickness Absence, and Labor Costs." Journal of Public Economics, 2010, 94 (11/12).

[158] Bacolod, M. P. and B. S. Blum. "Two Sides of the Same Coin." Journal of Human Resources, 2010, 45 (1).

[159] Bagri, S. C., S. Babu, et al.. "Human Resource Practices in Hotels: A Study from the Tourist State of Uttrakhand, India." Journal of Human Resources in Hospitality & Tourism, 2010, 9 (3).

[160] Baker, M. and K. Milligan. "Evidence from Maternity Leave Expansions of the Impact of Maternal Care on Early Child Development." Journal of Human Resources, 2010, 45 (1).

[161] Barreca, A. I.. "The Long–Term Economic Impact of in Utero and Postnatal Exposure to Malaria." Journal of Human Resources, 2010, 45 (4).

[162] Barrett, R. and M. Meyer. "Correlates of Perceiving Human Resource Management

as a 'Problem' in Smaller Firms." Asia Pacific Journal of Human Resources, 2010, 48 (2).

[163] Black, S. E., P. J. Devereux, et al.. "Small Family, Smart Family?" Journal of Human Resources, 2010, 45 (1).

[164] Blau, D. M. and R. M. Goodstein. "Can Social Security Explain Trends in Labor Force Participation of Older Men in the United States?" Journal of Human Resources, 2010, 45 (2).

[165] Blayney, C. and K. Blotnicky. "The Impact of Gender on Career Paths and Management Capability in the Hotel Industry in Canada." Journal of Human Resources in Hospitality & Tourism, 2010, 9 (3).

[166] Bonias, D., T. Bartram, et al.. "Does Psychological Empowerment Mediate the Relationship Between High Performance Work Systems and Patient Care Qality in Hospitals?" Asia Pacific Journal of Human Resources, 2010, 48 (3).

[167] Burt, C. D. B., S. A. Halloumis, et al.. "Using Colleague and Team Photographs in Recruitment Advertisements: Effects on Applicant Attraction." Asia Pacific Journal of Human Resources, 2010, 48 (2).

[168] Clotfelter, C. T., H. F. Ladd, et al.. "Teacher Credentials and Student Achievement in High School." Journal of Human Resources, 2010, 45 (3).

[169] Crawford, A., S. S. Hubbard, et al.. "Does Core Self-Evaluation Have a Place Among Restaurant Employees?" Journal of Human Resources in Hospitality & Tourism, 2010, 9 (3).

[170] Currie, J., M. Stabile, et al.. "Child Health and Young Adult Outcomes." Journal of Human Resources, 2010, 45 (3).

[171] De Walque, D.. "Education, Information, and Smoking Decisions." Journal of Human Resources, 2010, 45 (3).

[172] Ebenstein, A.. "The 'Missing Girls' of China and the Unintended Consequences of the One Child Policy." Journal of Human Resources, 2010, 45 (1).

[173] Finlay, K. and D. Neumark. "Is Marriage Always Good for Children?" Journal of Human Resources, 2010, 45 (4).

[174] Flores-Lagunes, A. and A. Light. "Interpreting Degree Effects in the Returns to Education." Journal of Human Resources, 2010, 45 (2).

[175] Fortson, J. G. and L. Sanbonmatsu. "Child Health and Neighborhood Conditions." Journal of Human Resources, 2010, 45 (4).

[176] Freyens, B. P.. "Managing Skill Shortages in the Australian Public Sector: Issues and Perspectives." Asia Pacific Journal of Human Resources, 2010, 48 (3).

[177] Genda, Y., A. Kondo, et al.. "Long-Term Effects of a Recession at Labor Market Entry in Japan and the United States." Journal of Human Resources, 2010, 45 (1).

[178] Glied, S. and M. Neidell. "The Economic Value of Teeth." Journal of Human Resources, 2010, 45 (2).

[179] Habyarimana, J., B. Mbakile, et al.. "The Impact of HIV/AIDS and ARV Treatment on Worker Absenteeism." Journal of Human Resources, 2010, 45 (4).

[180] Hersch, J. and W. K. Viscusi. "Immigrant Status and the Value of Statistical Life." Journal of Human Resources, 2010, 45 (3).

[181] Hijzen, A., R. Upward, et al.. "The Income Losses of Displaced Workers." Journal of Human Resources, 2010, 45 (1).

[182] Hinton, I, J. Howell, et al.. "The Educational Pipeline for Health Care Professionals." Journal of Human Resources, 2010, 45 (1).

[183] Illoong, K., E. M. Milgrom, et al.. "Cohort Effects in Promotions and Wages." Journal of Human Resources, 2010, 45 (3).

[184] Jackie, R. and O. Himmler. "Health and Wages." Journal of Human Resources, 2010, 45 (2).

[185] Jackson, C. K.. "A Little Now for a Lot Later." Journal of Human Resources, 2010, 45 (3).

[186] Jacob, B. A., L. Lefgren, et al.. "The Persistence of Teacher-Induced Learning." Journal of Human Resources, 2010, 45 (4).

[187] Kim, K. and G. Jogaratnam. "Effects of Individual and Organizational Factors on Job Satisfaction and Intent to Stay in the Hotel and Restaurant Industry." Journal of Human Resources in Hospitality & Tourism, 2010, 9 (3).

[188] Leveson, L., T. Joiner, et al.. "Dual Commitment in the Australian Construction Industry." Asia Pacific Journal of Human Resources, 2010, 48 (3).

[189] Lindo, J. M.. "Are Children Really Inferior Goods?" Journal of Human Resources, 2010, 45 (2).

[190] Lleras-Muney, A.. "The Needs of the Army." Journal of Human Resources, 2010, 45 (3).

[191] Luechinger, S., S. Meier, et al.. "Why Does Unemployment Hurt the Employed?" Journal of Human Resources, 2010, 45 (4).

[192] Maestas, N.. "Back to Work." Journal of Human Resources, 2010, 45 (3).

[193] Millimet, D. L., R. Tchernis, et al.. "School Nutrition Programs and the Incidence of Childhood Obesity." Journal of Human Resources, 2010, 45 (3).

[194] Mühlenweg, A. M. and P. A. Puhani. "The Evolution of the School-Entry Age Effect in a School Tracking System." Journal of Human Resources, 2010, 45 (2).

[195] Pop-Eleches, C. "The Supply of Birth Control Methods, Education, and Fertility." Journal of Human Resources, 2010, 45 (4).

[196] Reber, S. J.. "School Desegregation and Educational Attainment for Blacks." Journal of Human Resources, 2010, 45 (4).

[197] Roberts, A. and M. Butler. "Is Psychological Androgyny Necessary for the Hospitality Graduate to Become a Manager?" Journal of Human Resources in Hospitality & Tourism, 2010, 9 (3).

[198] Roff, J.. "Welfare, Child Support, and Strategic Behavior." Journal of Human Resources, 2010, 45 (1).

[199] Rohlfs, C.. "Does Combat Exposure Make You a More Violent or Criminal Person?" Journal of Human Resources, 2010, 45 (2).

[200] Snell, R. S., D. Tjosvold, et al.. "Clarity of Ethical Rules for Open-minded Discussion to Resolve Ethical Issues in Chinese Organizations." Asia Pacific Journal of Human Resources, 2010, 48 (2).

[201] Thite, M. and B. Russell. "Work Organization, Human Resource Practices and Employee Retention in Indian Call Centers." Asia Pacific Journal of Human Resources, 2010, 48 (3).

[202] Underhill, E.. "Should Host Employers Have Greater Responsibility for Temporary Agency Workers' Employment Rights?" Asia Pacific Journal of Human Resources, 2010, 48 (3).

[203] Wiesner, R. and P. Innes. "Bleak House or Bright Prospect?: HRM in Australian SMEs over 1998-2008." Asia Pacific Journal of Human Resources, 2010, 48 (2).

[204] Wozniak, A.. "Are College Graduates More Responsive to Distant Labor Market Opportunities?" Journal of Human Resources, 2010, 45 (4).

[205] Yörük, B.. "Charitable Giving by Married Couples Revisited." Journal of Human Resources, 2010, 45 (2).

[206] Youn, H., R. Woods, et al.. "The Restaurant Industry and Illegal Immigrants: An Oklahoma Case Study." Journal of Human Resources in Hospitality & Tourism, 2010, 9 (3).

[207] Zhaohong, L., L. Trenberth, et al.. "The Development and Implications of China's Employee Benefit Systems." Asia Pacific Journal of Human Resources, 2010, 48 (3).

[208] Alagaraja, M.. "Lean Thinking as Applied to the Adult Education Environment." International Journal of Human Resources Development & Management, 2010, 10 (1).

[209] Anand, G. and R. Kodali. "A Mathematical Model for the Evaluation of Roles and Responsibilities of Human Resources in a Lean Manufacturing Environment." International Journal of Human Resources Development & Management, 2010, 10 (1).

[210] Ayoun, B., R. Palakurthi, et al.. "Individualism-Collectivism Insights into the Strategic Behavior of Hotel Managers." Journal of Human Resources in Hospitality & Tourism,

2010, 9 (1).

[211] Bartram, T. and M. Rimmer. "Editors' Note." Asia Pacific Journal of Human Resources, 2010, 48 (2).

[212] Bartram, T. and M. Rimmer. "Editors' Note." Asia Pacific Journal of Human Resources, 2010, 48 (1).

[213] Bartram, T. and M. Rimmer. "Editors' Note." Asia Pacific Journal of Human Resources, 2010, 48 (3).

[214] Beauvallet, G. and T. Houy. "Research on HRM and Lean Management: A Literature Survey." International Journal of Human Resources Development & Management, 2010, 10(1).

[215] Becker, C. and Y. Gao. "Delineating the Gray Areas in Hospitality Workplace Ethics: Perceptions of International Interns." Journal of Human Resources in Hospitality & Tourism, 2010, 9 (2).

[216] Bredin, K. and J. Söderlund. "Fit for Purpose? Designing HRS Organisations and HRS Departments in Project-based Organisations." International Journal of Human Resources Development & Management, 2010, 10 (4).

[217] Brien, A.. "Managing Contingent Labour in the Hotel Industry by Developing Organisational Social Capital." Journal of Human Resources in Hospitality & Tourism, 2010, 9 (2).

[218] Bristol, T. L. and E. J. Tisdell. "Leveraging Diversity Through Career Development: Social and Cultural Capital Among African -American Managers." International Journal of Human Resources Development & Management, 2010, 10 (3).

[219] Brunetto, Y., R. Farr-Wharton, et al.. "Supervisor Relationships and Perceptions of Work-family Conflict." Asia Pacific Journal of Human Resources, 2010, 48(2).

[220] Cameron, L., P. Miller, et al.. "Relationship Marketing in the Recruitment and Retention of Service Industry Staff in Family-Owned Businesses." Journal of Human Resources in Hospitality & Tourism, 2010, 9 (1).

[221] Choi, Y. and D. R. Dickson. "A Case Study into the Benefits of Management Training Programs: Impacts on Hotel Employee Turnover and Satisfaction Level." Journal of Human Resources in Hospitality & Tourism, 2010, 9 (1).

[222] Costen, W. M., M. M. Johanson, et al.. "The Development of Quality Managers in the Hospitality Industry: Do Employee Development Programs Make Cents?" Journal of Human Resources in Hospitality & Tourism, 2010, 9 (2).

[223] Filstad, C. and P. Gottschalk. "Collectivism Versus Individualism in Police Cultures." International Journal of Human Resources Development & Management, 2010, 10 (2).

[224] Hernandez, A. B., C. Camelo, et al.. "The Effects of Boards of Directors on R&D Investments: The Case of Spain." International Journal of Human Resources Development & Management, 2010, 10 (2).

[225] Hughes, C., L. Preyan, et al.. "Leveraging Diversity Through Faculty Perception of their Power to Influence Diversity." International Journal of Human Resources Development & Management, 2010, 10 (3).

[226] Karatepe, O. M. and T. Karatepe. "Role Stress, Emotional Exhaustion, and Turnover Intentions: Does Organizational Tenure in Hotels Matter?" Journal of Human Resources in Hospitality & Tourism, 2010, 9 (1).

[227] Kriegesmann, B., M. Kottmann, et al.. "The Skills Deficit Myth: The Securing of Engineering and Science Skills in Germany Requires a Strategic Reorientation in Industrial Raining Portfolios." International Journal of Human Resources Development & Management, 2010, 10 (4).

[228] Liker, J. K. and M. Hoseus. "Human Resource Development in Toyota Culture." International Journal of Human Resources Development & Management, 2010, 10 (1).

[229] Lili, Z., L. U. Tracy, et al.. "An Exploratory Study of the Internationalization of Tourism Higher Education in China." Journal of Human Resources in Hospitality & Tourism, 2010, 9 (1).

[230] Macky, K.. "Managing Performance Improvement." Asia Pacific Journal of Human Resources, 2010, 48 (2).

[231] Maley, J. and R. Kramar. "International Human Resource Management Structures and Their Effect on the Australian Subsidiary." Asia Pacific Journal of Human Resources, 2010, 48 (1).

[232] Marksberry, P. W.. "A New Approach in Analysing Social-technical Roles at Toyota: The Team Leader." International Journal of Human Resources Development & Management, 2010, 10 (4).

[233] Miedema, J.. "Leveraging Diversity Through a Psychological Perspective on Managing Innovation in a Diverse Workplace." International Journal of Human Resources Development & Management, 2010, 10 (3).

[234] Millar, M.. "Internet Recruiting in the Cruise Industry." Journal of Human Resources in Hospitality & Tourism, 2010, 9 (1).

[235] Moss, S. A., E. K. Novatsis, et al.. "The Insidious Evolution of Excessive Workloads from the Drive to Enhance Self-esteem: The Role of Personal Control and Self-construal." Asia Pacific Journal of Human Resources, 2010, 48 (1).

[236] Nankervis, A. and P. Stanton. "Managing Employee Performance in Small Organisations: Challenges and Opportunities." International Journal of Human Resources

Development & Management, 2010, 10 (2).

[237] Noknoi, C. and P. Wutthirong. "Leveraging Diversity Through Raising Awareness: Sexual Orientation Discrimination in the Thailand Workforce: Implications for Human Resource Management." International Journal of Human Resources Development & Management, 2010, 10 (3).

[238] Obeng, P. A. and W. L. Filho. "An Analysis of Basic Manpower Training for Sanitation Services in Developing Countries: The Ghanaian Perspective." International Journal of Human Resources Development & Management, 2010, 10 (4).

[239] O'Regan, N., L. Stainer, et al.. "Training in SMEs and its Relationship to Profitability." International Journal of Human Resources Development & Management, 2010, 10 (2).

[240] Potts, L. N. and D. Reynolds. "The Effect of Supervisor-Subordinate Language Similarity on Subordinates' Perceived Organizational Support in the U.S. Lodging Industry." Journal of Human Resources in Hospitality & Tourism, 2010, 9 (1).

[241] Preece, D. A. and R. Jones. "Introduction: Human Resource Development/ Management in Lean Production." International Journal of Human Resources Development & Management, 2010, 10 (1).

[242] Reynolds, K. J., R. A. Eggins, et al.. "Uncovering Diverse Identities in Organisations: AIRing Versus Auditing Approaches to Diversity Management." Asia Pacific Journal of Human Resources, 2010, 48 (1).

[243] Ricci, P.. "Do Lodging Managers Expect More From Hospitality Graduates? A Comparison of Job Competency Expectations." Journal of Human Resources in Hospitality & Tourism, 2010, 9 (2).

[244] Richardson, S.. "Generation Y's Perceptions and Attitudes Towards a Career in Tourism and Hospitality." Journal of Human Resources in Hospitality & Tourism, 2010, 9(2).

[245] Scott, C. L.. "Leveraging Diversity Through Employee Resource Groups in the USA: Implications for Human Resource Development Practitioners in South Africa." International Journal of Human Resources Development & Management, 2010, 10 (3).

[246] Silkes, C., H. Adler, et al.. "Hospitality Career Fairs: Student Perceptions of Value and Usefulness." Journal of Human Resources in Hospitality & Tourism, 2010, 9 (2).

[247] Sims, C.. "Leveraging Diversity by Exploring Intraracial Discrimination in the Workplace." International Journal of Human Resources Development & Management, 2010, 10 (3).

[248] Sunghoon, K., P. M. Wright, et al.. "Human Resource Management and firm Performance in China: A Critical Review." Asia Pacific Journal of Human Resources, 2010, 48 (1).

[249] Takeda, M. B. and M. M. Helms. "The Paradox of Agreement and Similarity: How Goal (In) Congruence and Psychic Distance May Determine International Human Resource Strategy Success." International Journal of Human Resources Development & Management, 2010, 10 (2).

[250] Tan Po, L.. "A Culturally Sensitive Framework for Understanding Knowledge Workers from a Non-western Background." Asia Pacific Journal of Human Resources, 2010, 48 (1).

[251] Tropea, K.. "Book Review: J. Scott, R. Crompton and C. Lyonette (eds) (2010). Gender Inequalities in the 21st Century: New Barriers and Continuing Constraints. ISBN - 13978184 8444386; xiii+288pages; £75 (hbk); Cheltenham, UK: Elgar Edgar Publishing Ltd." Asia Pacific Journal of Human Resources, 2010, 48 (3).

[252] Van Gennip, N., D. Gijbels, et al.. "Reactions to 360° Feedback: The Role of Trust and Trust-related Variables." International Journal of Human Resources Development & Management, 2010, 10 (4).

[253] Velde, C. R.. "Intercultural Knowledge Management: Exploring Models for Repatriation Competency Transfer in the Global Workplace." International Journal of Human Resources Development & Management, 2010, 10 (4).

[254] Wang, G. G., J. Li, et al.. "Understanding the Corporate University Phenomenon: A Human Capital Theory Perspective." International Journal of Human Resources Development & Management, 2010, 10 (2).

[255] Wong, A., D. Tjosvold, et al.. "Leadership Values and Learning in China: The Mediating Role of Psychological Safety." Asia Pacific Journal of Human Resources, 2010, 48 (1).

[256] Young, S.. "Contemporary Issues and Challenges in HRM." Asia Pacific Journal of Human Resources, 2010, 48 (1).

[257] Yu-Chin, H.. "Bed-and-Breakfast Innkeepers in the United States: When the Boundary Between Work and Personal Life is Blurred." Journal of Human Resources in Hospitality & Tourism, 2010, 9 (2).

[258] De Lacy, G.. "Book Review: Greg J Bamber, Judy Hoffer Gittell, Thomas A Kochan, and Andrew Von Nordenflycht (2009). Up in the Air: How Airlines can Improve Performance by Engaging their Employees. ISBN 9780801447471; 222 pages; $49.95 (hbk); Ithaca, New York." Asia Pacific Journal of Human Resources, 2010, 48 (3).

[259] De Lacy, G. N.. "Managing Performance: International Comparisons." Asia Pacific Journal of Human Resources, 2010, 48 (2).

[260] Holland, P.. "Book Review: William Brown, Alex Bryson, John Forth and Keith Whitfield (eds) (2009). The Evolution of the Modern Workplace. ISBN-1397805215144569; 405 pages; $195; New York: Cambridge University Press." Asia Pacific Journal of Human

Resources, 2010, 48 (3).

[261] Rimmer, M.. "Death of Labour Law? Comparative Perspectives." Asia Pacific Journal of Human Resources, 2010, 48 (2).

[262] Brooks, R. R. W., C. M. Landeo, et al.. "Trigger Happy or Gun Shy? Dissolving Common-value Partnerships with Texas Shootouts." Rand Journal of Economics (Blackwell Publishing Limited), 2010, 41 (4).

[263] Epstein, A. J., J. D. Ketcham, et al.. "Specialization and Matching in Professional Services Firms." Rand Journal of Economics (Blackwell Publishing Limited), 2010, 41 (4).

[264] Ghosh, S. and M. Waldman. "Standard Promotion Practices Versus Up-or-out Contracts." Rand Journal of Economics (Blackwell Publishing Limited), 2010, 41 (2).

[265] Mukherjee, A.. "The Optimal Disclosure Policy when firms Offer Implicit Contracts." Rand Journal of Economics (Blackwell Publishing Limited), 2010, 41 (3).

[266] Van Den Steen, E.. "On the Origin of Shared Beliefs (and Corporate Culture)." Rand Journal of Economics (Blackwell Publishing Limited), 2010, 41 (4).

[267] Alonso-Ortiz, J. and R. Rogerson. "Taxes, Transfers and Employment in an Incomplete Markets Model." Journal of Monetary Economics, 2010, 57 (8).

[268] Barnichon, R.. "Productivity and Unemployment over the Business Cycle." Journal of Monetary Economics, 2010, 57 (8).

[269] Bartels, B.. "The Monetary Transmission Mechanism in the Euro-Area: A VAR Analysis for Austria and Germany." IUP Journal of Monetary Economics, 2010, 8 (3).

[270] Casares, M.. "Unemployment as Excess Supply of Labor: Implications for Wage and Price Inflation." Journal of Monetary Economics, 2010, 57 (2).

[271] Coen-Pirani, D.. "Understanding Gross Worker Flows Across U.S. States." Journal of Monetary Economics, 2010, 57 (7).

[272] Farmer, R. E. A.. "How to Reduce Unemployment: A New Policy Proposal." Journal of Monetary Economics, 2010, 57 (5).

[273] Kitao, S.. "Labor-dependent Capital Income Taxation." Journal of Monetary Economics, 2010, 57 (8).

[274] Kuester, K.. "Real Price and Wage Rigidities With Matching Frictions." Journal of Monetary Economics, 2010, 57 (4).

[275] Kurozumi, T. and W. Van Zandweghe. "Labor Market Search, the Taylor Principle, and Indeterminacy." Journal of Monetary Economics, 2010, 57 (7).

[276] Menzio, G. and E. R. Moen. "Worker Replacement." Journal of Monetary Economics, 2010, 57 (6).

[277] Monacelli, T., R. Perotti, et al.. "Unemployment Fiscal Multipliers." Journal of Monetary Economics, 2010, 57 (5).

[278] Olivei, G. and S. Tenreyro. "Wage–setting Patterns and Monetary Policy: International Evidence." Journal of Monetary Economics, 2010, 57 (7).

[279] Sabelhaus, J. and J. Song. "The Great Moderation in Micro Labor Earnings." Journal of Monetary Economics, 2010, 57 (4).

[280] Singh, A.. "Human Capital Risk in Life–cycle Economies." Journal of Monetary Economics, 2010, 57 (6).

[281] Zelekha, Y.. "Is There a Long–Term Effect of Inflation Uncertainty on Unemployment?" IUP Journal of Monetary Economics, 2010, 8 (1/2).

[282] Minimum Wage Effects across State Borders: Estimates Using Contiguous Counties, MIT Press, 2010 (92).

[283] Black, S. E. and A. Spitz–Oener. "Explaining Women's Success: Technological Change and the Skill Content of Women's Work." Review of Economics & Statistics, 2010, 92 (1).

[284] Blattman, C. and J. Annan. "The Consequences of Child Soldiering." Review of Economics & Statistics, 2010, 92 (4).

[285] Brown, J. R., C. C. Coile, et al.. "The Effect of Inheritance Receipt on Retirement." Review of Economics & Statistics, 2010, 92 (2).

[286] Charles, K. K. and L. Ming Ching. "Male Incarceration, The Marriage Market, and Female Outcomes." Review of Economics & Statistics, 2010, 92 (3).

[287] Gottschalk, P. and M. Huynh. "Are Earnings Inequality and Mobility Overstated? The Impact of Nonclassical Measurement Error." Review of Economics & Statistics, 2010, 92 (2).

[288] Hering, L. and S. Poncet. "Market Access and Individual Wages: Evidence from China." Review of Economics & Statistics, 2010, 92 (1).

[289] Mocan, N. and E. Tekin. "Ugly Criminals." Review of Economics & Statistics, 2010, 92 (1).

[290] Stevenson, B.. "Beyond the Classroom: Using Title ix to Measure the Return to High School Sports." Review of Economics & Statistics, 2010, 92 (2).

[291] Xuepeng, L., M. E. Lovely, et al.. "The Location Decisions of Foreign Investors in China: Untangling the Effect of Wages Using a Control Function Approach." Review of Economics & Statistics, 2010, 92 (1).

[292] Falvey, R., D. Greenaway, et al.. "Trade Liberalisation and Human Capital Adjustment." Journal of International Economics, 2010, 81 (2).

[293] Mitra, D. and P. Ranjan. "Offshoring and Unemployment: The Role of Search Frictions Labor Mobility." Journal of International Economics, 2010, 81 (2).

[294] Moser, C., D. Urban, et al.. "International Competitiveness, Job Creation and

Job Destruction—An Establishment-level Study of German Job Flows." Journal of International Economics, 2010, 80 (2).

[295] Nucci, F. and A. F. Pozzolo. "The Exchange Rate, Employment and Hours: What Firm-level Data Say." Journal of International Economics, 2010, 82 (2).

[296] Senses, M. Z.. "The Effects of Offshoring on the Elasticity of Labor Demand." Journal of International Economics, 2010, 81 (1).

[297] Berk, J. B., R. Stanton, et al.. "Human Capital, Bankruptcy, and Capital Structure." Journal of Finance, 2010, 65 (3).

[298] Matsa, D. A.. "Capital Structure as a Strategic Variable: Evidence from Collective Bargaining." Journal of Finance, 2010, 65 (3).

[299] "List of Abbreviations." International Journal of Comparative Labour Law & Industrial Relations, 2010, 26 (4).

[300] Alaimo, A.. "The New Directive on European Works Councils: Innovations and Omissions." International Journal of Comparative Labour Law & Industrial Relations, 2010, 26 (2).

[301] Bizzarro, C., F. Pasquini, et al.. "The Certification of Employment Contracts: A Legal Instrument for Labour Market Regulation in Italy." International Journal of Comparative Labour Law & Industrial Relations, 2010, 26 (1).

[302] Bronstein, A.. "Labour Law in Latin America: Some Recent (and not so Recent) Trends." International Journal of Comparative Labour Law & Industrial Relations, 2010, 26 (1).

[303] Cabrelli, D. and L. Floyd. "New Light Through Old Windows: Restraint of Trade in English, Scottish, and Australian Employment Laws (-) Emerging and Enduring Issues." International Journal of Comparative Labour Law & Industrial Relations, 2010, 26 (2).

[304] Chew, R. and S. B. Chew. "Union Social Responsibility: A Necessary Public Good in a Globalized World." International Journal of Comparative Labour Law & Industrial Relations, 2010, 26 (4).

[305] Davidov, G.. "The Enforcement Crisis in Labour Law and the Fallacy of Voluntarist Solutions." International Journal of Comparative Labour Law & Industrial Relations, 2010, 26 (1).

[306] Fashoyin, T.. "Trends and Developments in Employment Relations and the World of Work in Developing Countries." International Journal of Comparative Labour Law & Industrial Relations, 2010, 26 (2).

[307] Harcourt, M., A. Wilkinson, et al.. "The Effects of Anti-age Discrimination Legislation: A Comparative Analysis." International Journal of Comparative Labour Law & Industrial Relations, 2010, 26 (4).

［308］Heinecken, L.. "Military Unionism and the Management of Employee Relations within the Armed Forces: A Comparative Perspective." International Journal of Comparative Labour Law & Industrial Relations, 2010, 26 (4).

［309］Klosse, S.. "The Social Quality of National Employment Policies Put to the Test." International Journal of Comparative Labour Law & Industrial Relations, 2010, 26 (3).

［310］Mpedi, G.. "The Proper Law of the Individual Labour Contract: Some Perspectives from Southern African Private International Law." International Journal of Comparative Labour Law & Industrial Relations, 2010, 26 (3).

［311］Muda, M.. "Estonian Labour Law Reform: The Successful Implementation of the Idea of Flexicurity?" International Journal of Comparative Labour Law & Industrial Relations, 2010, 26 (3).

［312］Nevens, K.. "Home Work, Telework and the Regulation of Working Time: A Tale of (Partially) Similar Regulatory Needs, in Spite of Historically Rooted Conceptual Divergence." International Journal of Comparative Labour Law & Industrial Relations, 2010, 26 (2).

［313］Nogler, L.. "Rethinking the Lawrie-Blum Doctrine of Subordination: A Critical Analysis Prompted by Recent Developments in Italian Employment Law." International Journal of Comparative Labour Law & Industrial Relations, 2010, 26 (1).

［314］Parker, J. and J. Douglas. "The Role of Women's Groups in New Zealand, UK and Canadian Trade Unions in Addressing Intersectional Interests." International Journal of Comparative Labour Law & Industrial Relations, 2010, 26 (3).

［315］Petrylaite, D.. "The Right to Strike in EU Member States: A Comparative Overview with Particular Reference to Lithuania." International Journal of Comparative Labour Law & Industrial Relations, 2010, 26 (4).

［316］Royle, T.. "The ILO's Shift to Promotional Principles and the 'Privatization' of Labour Rights: An Analysis of Labour Standards, Voluntary Self-regulation and Social Clauses." International Journal of Comparative Labour Law & Industrial Relations, 2010, 26 (3).

［317］Rustico, L. and M. Tiraboschi. "Employment Prospects in the Green Economy: Myth and Reality." International Journal of Comparative Labour Law & Industrial Relations, 2010, 26 (4).

［318］Rymkevich, O., M. Schmidt, et al. "Editorial." International Journal of Comparative Labour Law & Industrial Relations, 2010, 26 (1).

［319］Rymkevich, O. and M. Tiraboschi. "Editorial." International Journal of Comparative Labour Law & Industrial Relations, 2010, 26 (2).

［320］Rymkevich, O. and M. Tiraboschi. "Editorial." International Journal of Comparative

Labour Law & Industrial Relations, 2010, 26 (3).

[321] Rymkevich, O. and M. Tiraboschi. "Editorial." International Journal of Comparative Labour Law & Industrial Relations, 2010, 26 (4).

[322] Sargeant, M.. "Young Workers and Age Discrimination." International Journal of Comparative Labour Law & Industrial Relations, 2010, 26 (4).

[323] Seeger, S.. "Judicial Control of Unfair Terms in Employment Contracts in Scotland and Germany: A Comparative Analysis." International Journal of Comparative Labour Law & Industrial Relations, 2010, 26 (2).

[324] Shaw, J. J. A. and H. J. Shaw. "Recent Advancements in European Employment Law: Towards a Transformative Legal Formula for Preventing Workplace Ageism." International Journal of Comparative Labour Law & Industrial Relations, 2010, 26 (3).

[325] Smit, N. and E. Fourie. "Extending Protection to Atypical Workers, Including Workers in the Informal Economy, in Developing Countries." International Journal of Comparative Labour Law & Industrial Relations, 2010, 26 (1).

[326] Vranken, M.. "Employee Protection: An Outmoded Notion in Australian Labour Law?" International Journal of Comparative Labour Law & Industrial Relations, 2010, 26 (2).

[327] Weiss, M.. "European Labour Law in Transition from 1985 to 2010." International Journal of Comparative Labour Law & Industrial Relations, 2010, 26 (1).

[328] Zylberstajn, H.. "The End of Jobs: A Case of Theoretical Convergence?" International Journal of Comparative Labour Law & Industrial Relations, 2010, 26 (4).

[329] "Blue-Green Coalitions: Fighting for Safe Workplaces and Healthy Communities." Industrial & Labor Relations Review, 2010, 63 (4).

[330] "The Crisis of Social Democratic Trade Unionism in Western Europe: The Search for Alternatives." Industrial & Labor Relations Review, 2010, 63 (4).

[331] "Did Lower Unionization in the United States Results in More Flexible Industries?" Industrial & Labor Relations Review, 2010, 63 (4).

[332] "An Empirical Analysis of Risk, Incentives and the Delegation of Worker Authority." Industrial & Labor Relations Review, 2010, 63 (4).

[333] "Employee Stock Ownership, Involvement, and Productivity: An Interaction-based Approach." Industrial & Labor Relations Review, 2010, 64 (1).

[334] "Enforcement and Compliance with Labor Regulations in Argentina." Industrial & Labor Relations Review, 2010, 63 (4).

[335] "First Contract Arbitration: Effects on Bargaining and Work Stoppages." Industrial & Labor Relations Review, 2010, 63 (4).

[336] "First-timers and Late-bloomers: Youth—Adult Unionization Differences in a Cohort of the U.S. Labor Force." Industrial & Labor Relations Review, 2010, 64 (1).

［337］ "Historical Studies." Industrial & Labor Relations Review, 2010, 64（1）.

［338］ "Hourly Versus Salaried Payment and Decisions about Trading Time and Money Over Time." Industrial & Labor Relations Review, 2010, 63（4）.

［339］ "Human Resources, Management, and Personnel." Industrial & Labor Relations Review, 2010, 64（1）.

［340］ "International and Comparative Industrial Relations." Industrial & Labor Relations Review, 2010, 64（1）.

［341］ "Labor and Employment Law." Industrial & Labor Relations Review, 2010, 64（1）.

［342］ "Labor Economics." Industrial & Labor Relations Review, 2010, 64（1）.

［343］ "The Long Haul Effects of Interest Arbitration: the Case of New York State's Taylor Law." Industrial & Labor Relations Review, 2010, 63（4）.

［344］ "Organizing at the Margins: The Symbolic Politics of Labor in South Korea and the United States." Industrial & Labor Relations Review, 2010, 63（4）.

［345］ "Probation Length and Teacher Salaries: Does Waiting Pay off?" Industrial & Labor Relations Review, 2010, 64（1）.

［346］ Publications Récentes. Recent Publications, Universite Laval, Department of Industrial Relations, 2010（65）.

［347］ "Representation of Women Faculty at Public Research Universities: Do Unions Matter?" Industrial & Labor Relations Review, 2010, 63（4）.

［348］ "States' Gains, Labor's Losses: China, France, and Mexico Choose Global Liaisons, 1980-2000." Industrial & Labor Relations Review, 2010, 63（4）.

［349］ "The Structure of Labor Costs with Overtime Work in U.S. Jobs." Industrial & Labor Relations Review, 2010, 64（1）.

［350］ "Teams, Incentive Pay, and Productive Efficiency: Evidence from a Food-processing Plant." Industrial & Labor Relations Review, 2010, 63（4）.

［351］ "The Theoretical Foundation of Industrial Relations and its Implications for Labor Economics and Human Resource Management." Industrial & Labor Relations Review, 2010, 64（1）.

［352］ "Understanding the Gender Pay Gap: What's Competition Got to Do with It?" Industrial & Labor Relations Review, 2010, 63（4）.

［353］ "Union Organizing in China: Still a Monolithic Labor Movement?" Industrial & Labor Relations Review, 2010, 64（1）.

［354］ "Workers, Firms, of Institutions: What Determines Job Duration for Male Employees in Germany?" Industrial & Labor Relations Review, 2010, 64（1）.

［355］ Addison, J. T., P. Teixeira, et al.. "German Works Councils and the Anatomy of

Wages." Industrial & Labor Relations Review, 2010, 63 (2).

[356] ÅSlund, O. and O. N. Skans. "Will i See You at Work? Ethnic Workplace Segregation in Sweden, 1985–2002." Industrial & Labor Relations Review, 2010, 63 (3).

[357] Backes–Gellner, U. and S. N. Tuor. "Avoiding Labor Shortages by Employer Signaling: On the Importance of Good Work Climate and Labor Relations." Industrial & Labor Relations Review, 2010, 63 (2).

[358] Batt, R.. "Managing the Human Factor: The Early Years of Human Resource Management in American Industry/Hired Hands or Human Resources? Case Studies of HRM Programs and Practices in Early American Industry." Industrial & Labor Relations Review, 2010, 63 (3).

[359] BrenČIČ, V. and J. B. Norris. "On–the–Job Tasks and Performance Pay: A Vacancy–Level Analysis." Industrial & Labor Relations Review, 2010, 63 (3).

[360] Cunningham–Parmeter, K.. "Illegal People: How Globalization Creates Migration and Criminalizes Immigrants." Industrial & Labor Relations Review, 2010, 63 (2).

[361] Dube, A. and E. Kaplan. "Does Outsourcing Reduce Wages in The Low–Wage Service Occupations? Evidence from Janitors and Guards." Industrial & Labor Relations Review, 2010, 63 (2).

[362] Guo, X. and J. J. F. Burton. "Workers' Compensation: Recent Developments in Moral Hazard and Benefit Payments." Industrial & Labor Relations Review, 2010, 63 (2).

[363] Haines, I. V. Y., P. Jalette, et al.. "The Influence of Human Resource Management Practices on Employee Voluntary Turnover Rates in the Canadian Non Governmental Sector." Industrial & Labor Relations Review, 2010, 63 (2).

[364] Helliwell, J. F. and H. Huang. "How's the Job? Well–being and Social Capital in the Workplace." Industrial & Labor Relations Review, 2010, 63 (2).

[365] Katz, J. H.. "Contention and Corporate Social Responsibility." Industrial & Labor Relations Review, 2010, 63 (3).

[366] Kaufman, B. E.. "Institutional Economics and the Minimum Wage: Broadening the Theoretical and Policy Debate." Industrial & Labor Relations Review, 2010, 63 (3).

[367] Kuhn, P. and C. Riddell. "The Long–term Effects of Unemployment Insurance: Evidence from New Brunswick and Maine, 1940–1991." Industrial & Labor Relations Review, 2010, 63 (2).

[368] Lamare, J. R.. "Union Influence on Voter Turnout: Results from Three Los Angeles County Elections." Industrial & Labor Relations Review, 2010, 63 (3).

[369] Levin–Waldman, O. M.. "The Living Wage: Lessons from the History of Economic Thought." Industrial & Labor Relations Review, 2010, 63 (3).

[370] Manacorda, M., C. Sanchez-Paramo, et al.. "Changes in Returns to Education in Latin America: The Role of Demand and Supply of Skills." Industrial & Labor Relations Review, 2010, 63 (2).

[371] Michalopoulos, C.. "A Future of Good Jobs? America's Challenge in the Global Economy." Industrial & Labor Relations Review, 2010, 63 (3).

[372] Mironi, M.. "Reframing the Representation Debate: Going Beyond Union and Non-union Options." Industrial & Labor Relations Review, 2010, 63 (3).

[373] Pellizzari, M.. "Do Friends and Relatives Really Help in Getting a Good Job?" Industrial & Labor Relations Review, 2010, 63 (3).

[374] Scott, W. R.. "The Oxford Handbook of Sociology and Organization Studies: Classical Foundations." Industrial & Labor Relations Review, 2010, 63 (2).

[375] Simms, M.. "Market, Class and Employment." Industrial & Labor Relations Review, 2010, 63 (2).

[376] Stuart, M.. "The Sage Handbook of Industrial Relations." Industrial & Labor Relations Review, 2010, 63 (3).

[377] Weinberger, C. J. and P. J. Kuhn. "Changing Levels or Changing Slopes? The Narrowing of the Gender Earnings Gap 1959-1999." Industrial & Labor Relations Review, 2010, 63 (3).

[378] Winkler, A. E.. "Social Policies, Labour Markets and Motherhood: A Comparative Analysis of European Countries." Industrial & Labor Relations Review, 2010, 63 (2).

[379] Erratum, Cornell University, 2010 (64).

[380] "Female-led Firms and Gender Wage Policies." Industrial & Labor Relations Review, 2010, 64 (1).

[381] "On the Irish Waterfront: The Crusader, The Move, and the Soul of the Port of New York." Industrial & Labor Relations Review, 2010, 63 (4).

[382] "The Timing of Maternal Work and Time with Children." Industrial & Labor Relations Review, 2010, 64 (1).

[383] Altuzarra, A. and F. Serrano. "Firms' Innovation Activity and Numerical Flexibility." Industrial & Labor Relations Review, 2010, 63 (2).

[384] Clark, A. E., D. Masclet, et al.. "Effort and Comparison Income: Experimental and Survey Evidence." Industrial & Labor Relations Review, 2010, 63 (3).

[385] Colvin, A. J. S.. "Why the Garden Club Couldn't Save Youngstown: The Transformation of the Rust Belt." Industrial & Labor Relations Review, 2010, 63 (2).

[386] Greenberg, D.. "Working After Welfare: How Women Balance Jobs and Family in the Wake of Welfare Reform." Industrial & Labor Relations Review, 2010, 63 (3).

[387] Ball, K.. "Workplace Surveillance: An Overview." Labor History, 2010, 51 (1).

[388] Bryson, A., R. Gomez, et al.. "Online Social Networking and Trade Union Membership: What the Facebook Phenomenon Truly Means for Labor Organizers." Labor History, 2010, 51 (1).

[389] Cain, T. R.. "'Learning and Labor': Faculty Unionization at the University of Illinois, 1919-1923." Labor History, 2010, 51 (4).

[390] Coopey, R. and A. McKinlay. "Power Without Knowledge? Foucault and Fordism, c.1900-1950." Labor History, 2010, 51 (1).

[391] Dabscheck, B., G. de Jong, et al.. "Book Reviews." Labor History, 2010, 51 (4).

[392] Daniel, C., T. A. Case, et al.. "Featured Review." Labor History, 2010, 51 (2).

[393] Dubofsky, M., R. Halpern, et al.. "Labor History Symposium: Responses." Labor History, 2010, 51 (2).

[394] Fetzer, T.. "Exporting the American Model? Transatlantic Entanglements of Industrial Relations at Opel and Ford Germany (1948-1965)." Labor History, 2010, 51 (2).

[395] Ford, M.. "A Victor's History: A Comparative Analysis of the Labour Historiography of Indonesia's New Order." Labor History, 2010, 51 (4).

[396] Friedman, G.. "The Crisis and the Economists: A Guide to the Perplexed." Labor History, 2010, 51 (3).

[397] Goldstein, R. J.. Labor History Symposium: Political Repression of the American Labor Movement During its Formative Years –a Comparative Perspective, Routledge, 2010 (51).

[398] Gould, A. M.. "The Americanisation of Australian Workplaces." Labor History, 2010, 51 (3).

[399] Hendrix Hinshaw, J., L. Flores, et al.. "Book Reviews." Labor History, 2010, 51 (3).

[400] Hogan, J., P. Nolan, et al.. "Unions, Technologies of Coordination, and the Changing Contours of Globally Distributed Power." Labor History, 2010, 51 (1).

[401] Hower, J. E.. "'Our Conception of Non –partisanship Means a Partisan Non – Partisanship': The Search for Political Identity in the American Federation of Labor, 1947-1955." Labor History, 2010, 51 (3).

[402] Joseph, J.. "The Problem with Networks Theory." Labor History, 2010, 51 (1).

[403] Knox, W. and A. McKinlay. "American Corporations and European Labor." Labor History, 2010, 51 (2).

[404] Knox, W. and A. McKinlay. "American Multinationals and British Trade Unions, c.1945-1974." Labor History, 2010, 51 (2).

[405] Little, S. and M. Grieco. "Big Pharma, Social Movements, International Labor, and the Internet: Critical Perspectives on Coordination." Labor History, 2010, 51 (1).

[406] Muir, K.. "'Your Rights at Work' Campaign: Australia's 'Most Sophisticated Political Campaign'." Labor History, 2010, 51 (1).

[407] Nolan, P. and G. Slater. "Visions of the Future, the Legacy of the Past: Demystifying the Weightless Economy." Labor History, 2010, 51 (1).

[408] Ortiz, L. and X. Coller. "'Safe Enclaves'? American Multinationals and Spanish Trade Unionism." Labor History, 2010, 51 (2).

[409] Pahle, S.. "The Rise and Demise of the 'Social Clause' Proposal in the 1990s: Implications of a Discourse Theoretical Reading." Labor History, 2010, 51 (3).

[410] Ricciardi, F.. "The Circulation of Practices: Americanizing Social Relations at the Cornigliano Steel Plant (Italy), 1948-1960." Labor History, 2010, 51 (2).

[411] Royle, T.. "'Low-road Americanization' and the Global 'McJob': A Longitudinal Analysis of Work, Pay and Unionization in the International Fast-food Industry." Labor History, 2010, 51 (2).

[412] Steigerwald, D.. Walter Reuther, the UAW, and the Dilemmas of Automation, Routledge, 2010 (51).

[413] Taylor, B. and Q. Li. "China's Creative Approach to 'Union' Organizing." Labor History, 2010, 51 (3).

[414] Trumpbour, J.. "Labor in the Information Age: A Special Issue of Labor History." Labor History, 2010, 51 (1).

[415] Trumpbour, J., A. Bryson, et al.. "Labor in the Information Age." Labor History, 2010, 51 (1).

[416] Van Der Linden, M.. Reconstructing the Origins of Modern Labor Management, Routledge, 2010 (51).

[417] Dahl, M. S. and O. Sorenson. "The Migration of Technical Workers." Journal of Urban Economics, 2010, 67 (1).

[418] Doms, M., E. Lewis, et al.. "Local Labor Force Education, New Business Characteristics, and firm Performance." Journal of Urban Economics, 2010, 67 (1).

[419] Gautier, P. A. and Y. Zenou. "Car Ownership and the Labor Market of Ethnic Minorities." Journal of Urban Economics, 2010, 67 (3).

[420] Gutiérrez-i-Puigarnau, E. and J. N. Van Ommeren. "Labour Supply and Commuting." Journal of Urban Economics, 2010, 68 (1).

[421] Neumark, D. and J. Kolko. "Do Enterprise Zones Create Jobs? Evidence from California's Enterprise Zone Program." Journal of Urban Economics, 2010, 68 (1).

[422] Aloi, M. and T. Lloyd-Braga. "National Labor Markets, International Factor Mobility and Macroeconomic Instability." Economic Theory, 2010, 43 (3).

[423] Elsby, M. W. L., B. Hobijn, et al.. "The Labor Market in the Great Recession."

Brookings Papers on Economic Activity, 2010 (1).

[424] Kaas, L. and P. Madden. "Minimum Wages and Welfare in a Hotelling Duopsony." Economic Theory, 2010, 43 (2).

[425] McCann, R. and M. Trokhimtchouk. "Optimal Partition of a Large Labor Force into Working Pairs." Economic Theory, 2010, 42 (2).

[426] Ramey, G. and V. A. Ramey. "The Rug Rat Race." Brookings Papers on Economic Activity, 2010 (1).

[427] Auray, S. and S. Danthine. "Bargaining Frictions, Labor Income Taxation, and Economic Performance." European Economic Review, 2010, 54 (6).

[428] D'Amuri, F., G. I. P. Ottaviano, et al.. "The Labor Market Impact of Immigration in Western Germany in the 1990s." European Economic Review, 2010, 54 (4).

[429] Dhami, S. and A. al-Nowaihi. "Redistributive Policies with Heterogeneous Social Preferences of Voters." European Economic Review, 2010, 54 (6).

[430] Dustmann, C., A. Glitz, et al.. "Employment, Wages, and the Economic Cycle: Differences Between Immigrants and Natives." European Economic Review, 2010, 54 (1).

[431] Flabbi, L. and M. Leonardi. "Sources of Earnings Inequality: Estimates from an On-the-job Search Model of the US Labor Market." European Economic Review, 2010, 54 (6).

[432] Hijzen, A. and P. Swaim. "Offshoring, Labour Market Institutions and the Elasticity of Labour Demand." European Economic Review, 2010, 54 (8).

[433] Holzner, C. and A. Launov. "Search Equilibrium and Social and Private Returns to Education." European Economic Review, 2010, 54 (1).

[434] Koskela, E. and R. Stenbacka. "Equilibrium Unemployment with Outsourcing and Wage Solidarity Under Labour Market Imperfections." European Economic Review, 2010, 54 (3).

[435] Kyyrä, T.. "Partial Unemployment Insurance Benefits and the Transition Rate to Regular Work." European Economic Review, 2010, 54 (7).

[436] Mitrut, A. and K. Nordblom. "Social Norms and Gift Behavior: Theory and Evidence from Romania." European Economic Review, 2010, 54 (8).

[437] Schram, A., J. Brandts, et al.. "Information, Bilateral Negotiations, and Worker Recruitment." European Economic Review, 2010, 54 (8).

[438] Tatsiramos, K.. "Job Displacement and the Transitions to Re-employment and Early Retirement for Non-employed Older Workers." European Economic Review, 2010, 54 (4).

[439] Van Der Klaauw, B. and A. Van Vuuren. "Job Search and Academic Achievement." European Economic Review, 2010, 54 (2).

[440] "Charitable Donations one Bay." Monthly Labor Review, 2010, 133 (1).

[441] "Current Labor Statistics." Monthly Labor Review, 2010, 133 (1).

[442] "Current Labor Statistics." Monthly Labor Review, 2010, 133 (2).

[443] "Current Labor Statistics." Monthly Labor Review, 2010, 133 (3).

[444] "Current Labor Statistics." Monthly Labor Review, 2010, 133 (4).

[445] "Current Labor Statistics." Monthly Labor Review, 2010, 133 (5).

[446] "Current Labor Statistics." Monthly Labor Review, 2010, 133 (6).

[447] "Employment Challenges Faced by Former Inmates." Monthly Labor Review, 2010, 133 (5).

[448] "Immigration and the U.S. Economy." Monthly Labor Review, 2010, 133 (11).

[449] "Labor Month in Review." Monthly Labor Review, 2010, 133 (9).

[450] "Nominations Sought for 2011 Julius Shiskin Award." Monthly Labor Review, 2010, 133 (11).

[451] "Our (not so?) Modern Workplace." Monthly Labor Review, 2010, 133 (7).

[452] "Returns of Community College to Economic Mobility." Monthly Labor Review, 2010, 133 (5).

[453] "The April Review." Monthly Labor Review, 2010, 133 (4).

[454] "The July Review." Monthly Labor Review, 2010, 133 (7).

[455] "The Labor Hall of Fame." Monthly Labor Review, 2010, 133 (7).

[456] "The Labor Market for Teachers." Monthly Labor Review, 2010, 133 (1).

[457] "Women's Progress Towards Equality in the Labor Market." Monthly Labor Review, 2010, 133 (3).

[458] Current Labor Statistics, US Department of Labor, 2010, 133.

[459] Current Labor Statistics, US Department of Labor, 2010, 133.

[460] Errata, US Department of Labor, 2010, 133.

[461] Publications Received, US Department of Labor, 2010, 133.

[462] Allegretto, S. and D. Lynch. "The Composition of the Unemployed and Long-term Unemployed in Tough Labor Markets." Monthly Labor Review, 2010, 133 (10).

[463] Anderson, S. L.. "Duration of Unemployment in States, 2007–2009." Monthly Labor Review, 2010, 133 (12).

[464] Ayres, M. E.. "Working After Welfare: How Women Balance Jobs and Family in the Wake of Welfare Reform." Monthly Labor Review, 2010, 133 (5).

[465] Barker, M. M. and A. A. Hadi. "Payroll Employment in 2009: Job Losses Continue." Monthly Labor Review, 2010, 133 (3).

[466] Barsky, C.. "Airline Industry Future 'Up in the Air'." Monthly Labor Review, 2010, 133 (11).

[467] Bennion, E.. "IPP 2008 year in Review." Monthly Labor Review, 2010, 133 (4).

[468] Bergman, B.. "The Cult of Statistical Significance: How the Standard Error Costs Us Jobs, Justice, and Lives." Monthly Labor Review, 2010, 133 (2).

[469] Bibler, A.. "The 'Supply Side' of the Auto Industry." Monthly Labor Review, 2010, 133 (9).

[470] Bradley, R., E. Cardenas, et al.. "Producing Disease-based Price Indexes." Monthly Labor Review, 2010, 133 (2).

[471] Brand, H.. "Low-Wage America: How Employers are Reshaping Opportunity in the Workplace." Monthly Labor Review, 2010, 133 (10).

[472] Byun, K. J.. "The U.S. Housing Bubble and Bust: Impacts on Employment." Monthly Labor Review, 2010, 133 (12).

[473] Campbell, J.. "Multiple Jobholding in U.S. States in 2009." Monthly Labor Review, 2010, 133 (7).

[474] Chaison, G.. "Research Summary." Monthly Labor Review, 2010, 133 (1).

[475] Clinton, A., J. Coughlan, et al.. "New All-employee Hours and Earnings from the CES Survey." Monthly Labor Review, 2010, 133 (3).

[476] Cosca, T. and A. Emmel. "Revising the Standard Occupational Classification System for 2010." Monthly Labor Review, 2010, 133 (8).

[477] DeAntonio, D. A.. "All-employee Hours and Earnings for States and Metropolitan Areas." Monthly Labor Review, 2010, 133 (3).

[478] DeWolf, M. and K. Klemmer. "Job Openings, Hires, and Separations Fall During the Recession." Monthly Labor Review, 2010, 133 (5).

[479] Drago, R. W. and J. C. Stewart. "Time-use Surveys: Issues in Data Collection on Multitasking." Monthly Labor Review, 2010, 133 (8).

[480] Eldridge, L. P. and M. J. Harper. "Effects of Imported Intermediate Inputs on Productivity." Monthly Labor Review, 2010, 133 (6).

[481] Eldridge, L. P. and S. W. Pabilonia. "Bringing Work Home: Implications For BLS Productivity Measures." Monthly Labor Review, 2010, 133 (12).

[482] Faluszczak, M.. "The Big Screen and Globalization." Monthly Labor Review, 2010, 133 (7).

[483] Fitzpatrick, J. J. J., J. L. Perine, et al.. "State Labor Legislation Enacted in 2009." Monthly Labor Review, 2010, 133 (1).

[484] Foster, A. C.. "Out-of-pocket Health Care Expenditures: A Comparison." Monthly Labor Review, 2010, 133 (2).

[485] Harper, M. J., B. Khandrika, et al.. "Nonmanufacturing Industry Contributions to Multifactor Productivity, 1987-2006." Monthly Labor Review, 2010, 133 (6).

[486] Hertwig, R.. "The Rise of Unemployment in Europe: A Keynesian Approach." Monthly Labor Review, 2010, 133 (8).

[487] Hipple, S. F.. "Multiple Jobholding During the 2000s." Monthly Labor Review, 2010, 133 (7).

[488] Hipple, S. F.. "Self-employment in the United States." Monthly Labor Review, 2010, 133 (9).

[489] Hipple, S. F.. "The Labor Market in 2009: Recession Drags on." Monthly Labor Review, 2010, 133 (3).

[490] Kaye, H. S.. "The Impact of the 2007-2009 Recession on Workers with Disabilities." Monthly Labor Review, 2010, 133 (10).

[491] Krantz, J. K.. "A Race to the Bottom." Monthly Labor Review, 2010, 133 (12).

[492] Li, G., R. F. Schoeni, et al.. "New Expenditure Data in the Psid: Comparisons With the CE." Monthly Labor Review, 2010, 133 (2).

[493] Luo, T., A. Mann, et al.. "The Expanding Role of Temporary Help Services from 1990 to 2008." Monthly Labor Review, 2010, 133 (8).

[494] Macunovich, D. J.. "Reversals in the Patterns of Women's Labor Supply in the United States, 1977-2009." Monthly Labor Review, 2010, 133 (11).

[495] Mann, A. and T. Luo. "Crash and Reboot: Silicon Valley High-tech Employment and Wages, 2000-2008." Monthly Labor Review, 2010, 133 (1).

[496] Mitchell, D.. "Mostly Harmless Econometrics: An Empiricist's Companion." Monthly Labor Review, 2010, 133 (3).

[497] Moehrle, T.. "Compensation of Residential and Nonresidential Construction Workers." Monthly Labor Review, 2010, 133 (4).

[498] Morisi, T. L.. "The Early 2000s: A Period of Declining Teen Summer Employment Rates." Monthly Labor Review, 2010, 133 (5).

[499] Omori, M.. "Household Expenditures on Children, 2007-2008." Monthly Labor Review, 2010, 133 (9).

[500] Paulin, G. D. Consumer Expenditure Survey Microdata Users' Workshop, July 2009, US Department of Labor.

[501] Pegula, S.. "Fatal Occupational Injuries at Road Construction Sites, 2003-2007." Monthly Labor Review, 2010, 133 (11).

[502] Perrins, G. and D. Nilsen. "Industry Shifts Over the Decade Put Philadelphia on a New Road to Job Growth." Monthly Labor Review, 2010, 133 (4).

[503] Ramey, A.. "Licensing Occupations: Ensuring Quality or Restricting Competition?" Monthly Labor Review, 2010, 133 (6).

[504] Sincavage, J. R., C. Haub, et al.. "Labor Costs in India's Organized Manufacturing

Sector." Monthly Labor Review, 2010, 133 (5).

[505] Sum, A. and I. Khatiwada. "The Nation's Underemployed in the 'Great Recession' of 2007–2009." Monthly Labor Review, 2010, 133 (11).

[506] Walker, J. A.. "Employment and Earnings of Recent Veterans: Data from the CPS." Monthly Labor Review, 2010, 133 (7).

[507] Wasser, S.. "To Advance Their Opportunities: Federal Policies towards African American Workers from World War I to the Civil Rights Act of 1964." Monthly Labor Review, 2010, 133 (4).

[508] Weinhagen, J. C., J. S. Wilson, et al.. "PPI and CPI Seasonal Adjustment: An Update." Monthly Labor Review, 2010, 133 (7).

[509] Wyatt, I. D.. "Evaluating the 1996–2006 Employment Projections." Monthly Labor Review, 2010, 133 (9).

[510] Yi, S.. "Pension Dumping: The Reasons, the Wreckage, the Stakes for Wall Street." Monthly Labor Review, 2010, 133 (1).

[511] Zamora, E. and J. Kirchmer. "Compensation Costs in Manufacturing Across Industries and Countries, 1975–2007." Monthly Labor Review, 2010, 133 (6).

[512] Abdalla, I. M., M. A. Al-Waqfi, et al.. "Labour Policy and Determinants of Employment and Wages in a Developing Economy with Labour Shortage." Labour: Review of Labour Economics & Industrial Relations, 2010, 24 (2).

[513] Acosta, P.. "Promotion Dynamics the Peter Principle: Incumbents vs. External Hires." Labour Economics, 2010, 17 (6).

[514] Amilon, A.. "Active Labour Market Programmes, Job Search and Job Finding in Denmark." Labour: Review of Labour Economics & Industrial Relations, 2010, 24 (3).

[515] Bargain, O. and C. Keane. "Tax-Benefit-Revealed Redistributive Preferences Over Time: Ireland 1987–2005." Labour: Review of Labour Economics & Industrial Relations, 2010, 24.

[516] Belman, D. L. and P. Wolfson. "The Effect of Legislated Minimum Wage Increases on Employment and Hours: A Dynamic Analysis." Labour: Review of Labour Economics & Industrial Relations, 2010, 24 (1).

[517] Belot, M. and D. Webbink. "Do Teacher Strikes Harm Educational Attainment of Students?" Labour: Review of Labour Economics & Industrial Relations, 2010, 24 (4).

[518] Bosch, N., A. Deelen, et al.. "Is Part-time Employment Here to Stay? Working Hours of Dutch Women over Successive Generations." Labour: Review of Labour Economics & Industrial Relations, 2010, 24 (1).

[519] Cappariello, R. and R. Zizza. "Dropping the Books and Working off the Books." Labour: Review of Labour Economics & Industrial Relations, 2010, 24 (2).

[520] Carlsson, M.. "Experimental Evidence of Discrimination in the Hiring of First-and Second-generation Immigrants." Labour: Review of Labour Economics & Industrial Relations, 2010, 24 (3).

[521] Charlot, O. and B. Decreuse. "Over-education for the Rich, Under-education for the Poor: A Search-theoretic Microfoundation." Labour Economics, 2010, 17 (6).

[522] Chiuri, M. C. and D. Del Boca. "Household Membership Decisions of Adult Children: Exploring European Diversity." Labour: Review of Labour Economics & Industrial Relations, 2010, 24.

[523] Coniglio, N. D., G. De Arcangelis, et al.. "Return Decisions of Undocumented Migrants: Do Network Effects Help the High-skilled Overstay?" Labour: Review of Labour Economics & Industrial Relations, 2010, 24.

[524] Danziger, L.. "Uniform and Nonuniform Staggering of Wage Contracts." Labour Economics, 2010, 17 (6).

[525] De Paola, M. and V. Scoppa. "Effort Observability, Incentive Systems, and Organizational Forms." Labour: Review of Labour Economics & Industrial Relations, 2010, 24 (3).

[526] Dittrich, M.. "Welfare Effects of Local Versus Central Wage Bargaining." Labour: Review of Labour Economics & Industrial Relations, 2010, 24 (1).

[527] Eguchi, K.. "Minimum Wages and Trainers' Dilemma." Labour: Review of Labour Economics & Industrial Relations, 2010, 24 (2).

[528] Elia, L.. "Temporary/Permanent Workers' Wage Gap: A Brand-new form of Wage Inequality?" Labour: Review of Labour Economics & Industrial Relations, 2010, 24 (2).

[529] Fanti, L. and L. Gori. "Economic Growth and Welfare in a Neoclassical Overlapping Generations Growth Model with Minimum Wages and Consumption Taxes." Labour: Review of Labour Economics & Industrial Relations, 2010, 24 (3).

[530] Giannelli, G. C. and L. Mangiavacchi. "Children's Schooling and Parental Migration: Empirical Evidence on the 'Left-behind' Generation in Albania." Labour: Review of Labour Economics & Industrial Relations, 2010, 24.

[531] Gimpelson, V., R. Kapeliushnikov, et al.. "Stuck between Surplus and Shortage: Demand for Skills in Russian Industry." Labour: Review of Labour Economics & Industrial Relations, 2010, 24 (3).

[532] Goux, D. and E. Maurin. "Public School Availability for Two-year Olds and Mothers' Labour Supply." Labour Economics, 2010, 17 (6).

[533] Green, F.. "Well-being, Job Satisfaction and Labour Mobility." Labour Economics, 2010, 17 (6).

[534] Hardoy, I. and P. Schøne. "Ncentives to Work? The Impact of a 'Cash-for-Care'

Benefit for Immigrant and Native Mothers Labour Market Participation." Labour Economics, 2010, 17 (6).

[535] Hatzinikolaou, D. and P. Kammas. "Firing Restrictions, Government Growth, Immigration, and the NAIRU: Evidence from Fifteen OECD Countries." Labour: Review of Labour Economics & Industrial Relations, 2010, 24 (4).

[536] Heim, B. T.. "The Responsiveness of Self-employment Income to Tax Rate Changes." Labour Economics, 2010, 17 (6).

[537] Hutchens, R.. "Worker Characteristics, Job Characteristics, and Opportunities for Phased Retirement." Labour Economics, 2010, 17 (6).

[538] Kluve, J.. "The Effectiveness of European Active Labor Market Programs." Labour Economics, 2010, 17 (6).

[539] Malamud, O.. "Breadth Versus Depth: The Timing of Specialization in Higher Education." Labour: Review of Labour Economics & Industrial Relations, 2010, 24 (4).

[540] Mansour, H.. "The Effects of Labor Supply Shocks on Labor Market Outcomes: Evidence from the Israeli-Palestinian Conflict." Labour Economics, 2010, 17 (6).

[541] Mendes, R., G. J. Van Den Berg, et al.. "An Empirical Assessment of Assortative Matching in the Labor Market." Labour Economics, 2010, 17 (6).

[542] Morikawa, M.. "Labor Unions and Productivity: An Empirical Analysis Using Japanese Firm-level Data." Labour Economics, 2010, 17 (6).

[543] Moscarola, F. C.. "Informal Caregiving and Women's Work Choices: Lessons from the Netherlands." Labour: Review of Labour Economics & Industrial Relations, 2010, 24 (1).

[544] Nam, K.. "The Effect of Having More Children on Women's Labour Force Participation in Korea: An Analysis Using Instrument Variables." Labour: Review of Labour Economics & Industrial Relations, 2010, 24 (3).

[545] Napari, S.. "Is There a Motherhood Wage Penalty in the Finnish Private Sector?" Labour: Review of Labour Economics & Industrial Relations, 2010, 24 (1).

[546] Naz, G.. "Effect of a Family Policy Reform on Immigrants' Labour Supply and Earnings." Labour: Review of Labour Economics & Industrial Relations, 2010, 24 (1).

[547] Pavan, R.. "The Role of Career Choice in Understanding Job Mobility." Labour: Review of Labour Economics & Industrial Relations, 2010, 24 (2).

[548] Pema, E. and S. Mehay. "The Role of Job Assignment and Human Capital Endowments in Explaining Gender Differences in Job Performance and Promotion." Labour Economics, 2010, 17 (6).

[549] Simmons, P.. "Effects of Structural Constraints and Costs on Choices." Labour: Review of Labour Economics & Industrial Relations, 2010, 24.

[550] Sloof, R. and C. M. van Praag. "The Effect of Noise in a Performance Measure on Work Motivation: A Real Effort Laboratory Experiment." Labour Economics, 2010, 17 (5).

[551] Staffolani, S. and E. Valentini. "Does Immigration Raise Blue and White Collar Wages of Natives? The Case of Italy." Labour: Review of Labour Economics & Industrial Relations, 2010, 24 (3).

[552] Tansel, A. and H. M. Taççï. "Hazard Analysis of Unemployment Duration by Gender in a Developing Country: The Case of Turkey." Labour: Review of Labour Economics & Industrial Relations, 2010, 24 (4).

[553] Tattara, G. and M. Valentini. "Turnover and Excess Worker Reallocation. The Veneto Labour Market between 1982 and 1996." Labour: Review of Labour Economics & Industrial Relations, 2010, 24 (4).

[554] Thomsen, S. L. and T. Walter. "Temporary Extra Jobs for Immigrants: Merging Lane to Employment or Dead-End Road in Welfare?" Labour: Review of Labour Economics & Industrial Relations, 2010, 24.

[555] Tiagi, R.. "Public Sector Wage Premium in Canada: Evidence from Labour Force Survey." Labour: Review of Labour Economics & Industrial Relations, 2010, 24 (4).

[556] Van Den Berg, G. J. and A. Van Vuuren. "The Effect of Search Frictions on Wages." Labour Economics, 2010, 17 (6).

[557] Viinikainen, J., K. Kokko, et al.. "Personality and Labour Market Income: Evidence from Longitudinal Data." Labour: Review of Labour Economics & Industrial Relations, 2010, 24 (2).

[558] Von Below, D. and P. S. Thoursie. "Last in, first out?: Estimating the Effect of Seniority Rules in Sweden." Labour Economics, 2010, 17 (6).

[559] Vuri, D.. "The Effect of Availability of School and Distance to School on Children's Time Allocation in Ghana." Labour: Review of Labour Economics & Industrial Relations, 2010, 24.

[560] Warman, C. and C. Worswick. "Mandatory Retirement Rules and the Retirement Decisions of University Professors in Canada." Labour Economics, 2010, 17 (6).

[561] Whelan, S.. "The Interaction between Income Support Programs." Labour: Review of Labour Economics & Industrial Relations, 2010, 24 (4).

[562] Ahn, T.. "Attitudes Toward Risk and Self-employment of Young Workers." Labour Economics, 2010, 17 (2).

[563] Amuedo-Dorantes, C. and R. Serrano-Padial. "Labor Market Flexibility and Poverty Dynamics." Labour Economics, 2010, 17 (4).

[564] Antonczyk, D., B. Fitzenberger, et al.. "Rising Wage Inequality, the Decline of Collective Bargaining, and the Gender Wage Gap." Labour Economics, 2010, 17(5).

[565] Azmat, G. and L. González. "Targeting Fertility and Female Participation Through the Income Tax." Labour Economics, 2010, 17 (3).

[566] Bartling, B. and F. A. Von Siemens. "The Intensity of Incentives in firms and Markets: Moral Hazard with Envious Agents." Labour Economics, 2010, 17 (3).

[567] Belan, P., M. Carré, et al.. "Subsidizing Low-skilled Jobs in a Dual Labor Market." Labour Economics, 2010, 17 (5).

[568] Betcherman, G., N. M. Daysal, et al.. "Do Employment Subsidies Work? Evidence from Regionally Targeted Subsidies in Turkey." Labour Economics, 2010, 17 (4).

[569] Beugnot, J. and M. Tidball. "Multiple Equilibria Model with Intrafirm Bargaining and Matching Frictions." Labour Economics, 2010, 17 (5).

[570] Borghans, L., M. Romans, et al.. "What Makes a Good Conference? Analysing the Preferences of Labour Economists." Labour Economics, 2010, 17 (5).

[571] Bosch, M. and W. F. Maloney. "Comparative Analysis of Labor Market Dynamics Using Markov Processes: An Application to Informality." Labour Economics, 2010, 17 (4).

[572] Brenner, J.. "Life-cycle Variations in the Association Between Current and Lifetime Earnings: Evidence for German Natives and Guest Workers." Labour Economics, 2010, 17 (2).

[573] Buch, C. M. and A. Lipponer. "Volatile Multinationals? Evidence from the Labor Demand of German firms." Labour Economics, 2010, 17 (2).

[574] Burns, J., S. Godlonton, et al.. "Social Networks, Employment and Worker Discouragement: Evidence from South Africa." Labour Economics, 2010, 17 (2).

[575] Chéron, A. and F. Langot. "On-the-job Search Equilibrium with Endogenous Unemployment Benefits." Labour Economics, 2010, 17 (2).

[576] Coen-Pirani, D., A. León, et al.. "The Effect of Household Appliances on Female Labor Force Participation: Evidence from Microdata." Labour Economics, 2010, 17(3).

[577] Cruces, G., S. Galiani, et al.. "Payroll Taxes, Wages and Employment: Identification Through Policy Changes." Labour Economics, 2010, 17 (4).

[578] Deffains, B., Y. Gabuthy, et al.. "Labour Disputes, Investment Decisions and the Judiciary." Labour Economics, 2010, 17 (2).

[579] Di Addario, S. and D. Vuri. "Entrepreneurship and Market Size. The Case of Young College Graduates in Italy." Labour Economics, 2010, 17 (5).

[580] Dinga, M. and D. Münich. "The Impact of Territorially Concentrated FDI on Local Labor Markets: Evidence from the Czech Republic." Labour Economics, 2010, 17 (2).

[581] Dromel, N. L., E. Kolakez, et al.. "Credit Constraints and the Persistence of Unemployment." Labour Economics, 2010, 17 (5).

[582] Franceschelli, I., S. Galiani, et al.. "Performance Pay and Productivity of Low-

and High-ability Workers." Labour Economics, 2010, 17 (2).

[583] Gerdes, C. and P. Grünsmark. "Strategic Behavior Across Gender: A Comparison of Female and Male Expert Chess Players." Labour Economics, 2010, 17 (5).

[584] Gevrek, D. and Z. E. Gevrek. "Nepotism, Incentives and the Academic Success of College Students." Labour Economics, 2010, 17 (3).

[585] Görlitz, K.. "The Effect of Subsidizing Continuous Training Investments — Evidence from German Establishment Data." Labour Economics, 2010, 17 (5).

[586] Gouskova, E., N. Chiteji, et al.. "Estimating the Intergenerational Persistence of Lifetime Earnings with Life Course Matching: Evidence from the PSID." Labour Economics, 2010, 17 (3).

[587] Green, C. P. and J. S. Heywood. "Profit Sharing and the Quality of Relations with the Boss." Labour Economics, 2010, 17 (5).

[588] Haan, P.. "A Multi-state Model of State Dependence in Labor Supply: Intertemporal Labor Supply Effects of a Shift from Joint to Individual Taxation." Labour Economics, 2010, 17 (2).

[589] Hanel, B.. "Financial Incentives to Postpone Retirement and Further Effects on Employment — Evidence from a Natural Experiment." Labour Economics, 2010, 17 (3).

[590] Heineck, G. and S. Anger. "The Returns to Cognitive Abilities and Personality Traits in Germany." Labour Economics, 2010, 17 (3).

[591] Jansen, M.. "Job Auctions and Hold-ups." Labour Economics, 2010, 17 (3).

[592] Kaas, L. and J. Lu. "Equal-treatment Policy in a Random Search Model with Taste Discrimination." Labour Economics, 2010, 17 (4).

[593] Kahn, L. B.. "The Long-term Labor Market Consequences of Graduating from College in a Bad Economy." Labour Economics, 2010, 17 (2).

[594] Kuhlenkasper, T. and G. Kauermann. "Duration of Maternity Leave in Germany: A Case Study of Nonparametric Hazard Models and Penalized Splines." Labour Economics, 2010, 17 (3).

[595] Longhi, S. and M. Brynin. "Occupational Change in Britain and Germany." Labour Economics, 2010, 17 (4).

[596] Michaud, P. C., A. Heitmueller, et al.. "A Dynamic Analysis of Informal Care and Employment in England." Labour Economics, 2010, 17 (3).

[597] Morawski, L. and M. Myck. "'Klin'-ing Up: Effects of Polish Tax Reforms on Those in and on Those Out." Labour Economics, 2010, 17 (3).

[598] Muehlemann, S., H. Pfeifer, et al.. "The Financing of Apprenticeship Training in the Light of Labor Market Regulations." Labour Economics, 2010, 17 (5).

[599] Mukherjee, A.. "Licensing a New Product: Fee vs. Royalty Licensing with Unionized

Labor Market." Labour Economics, 2010, 17 (4).

[600] Nakajima, R., R. Tamura, et al.. "The Effect of Collaboration Network on Inventors' Job Match, Productivity and Tenure." Labour Economics, 2010, 17 (4).

[601] Nikolowa, R.. "Supply of Skilled Labour and Organizational Change." Labour Economics, 2010, 17 (3).

[602] Ortega, J. and L. Rioux. "On the Extent of Re-entitlement Effects in Unemployment Compensation." Labour Economics, 2010, 17 (2).

[603] Rooth, D. O.. "Automatic Associations and Discrimination in Hiring: Real World Evidence." Labour Economics, 2010, 17 (3).

[604] Salvatori, A.. "Labour Contract Regulations and Workers' Wellbeing: International Longitudinal Evidence." Labour Economics, 2010, 17 (4).

[605] Sullivan, P.. "Empirical Evidence on Occupation and Industry Specific Human Capital." Labour Economics, 2010, 17 (3).

[606] Thiele, V.. "Task-specific Abilities in Multi-task Principal-Agent Relationships." Labour Economics, 2010, 17 (4).

[607] Uusitalo, R. and J. Verho. "The Effect of Unemployment Benefits on Re-employment Rates: Evidence from the Finnish Unemployment Insurance Reform." Labour Economics, 2010, 17 (4).

[608] Vilalta-Bufi, M.. "On the Industry Experience Premium and Labor Mobility." Labour Economics, 2010, 17 (3).

[609] Yamaguchi, S.. "Career Progression and Comparative Advantage." Labour Economics, 2010, 17 (4).

[610] Yamaguchi, S.. "The Effect of Match Quality and Specific Experience on Career Decisions and Wage Growth." Labour Economics, 2010, 17 (2).

[611] Zaiceva, A.. "East-West Migration and Gender: Is there a Differential Effect for Migrant Women?" Labour Economics, 2010, 17 (2).

[612] Åslund, O. and H. Grünqvist. "Family Size and Child Outcomes: Is there Really no Trade-off?" Labour Economics, 2010, 17 (1).

[613] Bellemare, C., P. Lepage, et al.. "Peer Pressure, Incentives, and Gender: An Experimental Analysis of Motivation in the Workplace." Labour Economics, 2010, 17 (1).

[614] Belzil, C. and F. Poinas. "Education and Early Career Outcomes of Second-Generation Immigrants in France." Labour Economics, 2010, 17 (1).

[615] Booth, A. L. and M. G. Coles. "Tax Policy and Returns to Education." Labour Economics, 2010, 17 (1).

[616] Bramoullé, Y. and G. Saint-Paul. "Social Networks and Labor Market Transitions." Labour Economics, 2010, 17 (1).

[617] Cahuc, P. and T. Le Barbanchon. "Labor Market Policy Evaluation in Equilibrium: Some Lessons of the Job Search and Matching Model." Labour Economics, 2010, 17 (1).

[618] Cai, L.. "The Relationship Between Health and Labour Force Participation: Evidence from a Panel Data Simultaneous Equation Model." Labour Economics, 2010, 17 (1).

[619] Clark, A., A. Knabe, et al.. "Boon or Bane? Others' Unemployment, Well-being and Job Insecurity." Labour Economics, 2010, 17 (1).

[620] Danziger, L.. "Endogenous Monopsony and the Perverse Effect of the Minimum Wage in Small Firms." Labour Economics, 2010, 17 (1).

[621] Del Boca, D.. "Introduction in Honour of Maria Concetta Chiuri." Labour: Review of Labour Economics & Industrial Relations, 2010, 24.

[622] Del Rio, F.. "Investment-specific Technical Progress, Capital Obsolescence and Job Creation." Labour Economics, 2010, 17 (1).

[623] Elder, T. E., J. H. Goddeeris, et al.. "Unexplained Gaps and Oaxaca Blinder Decompositions." Labour Economics, 2010, 17 (1).

[624] García-Gómez, P., A. M. Jones, et al.. "Health Effects on Labour Market Exits and Entries." Labour Economics, 2010, 17 (1).

[625] Gartell, M., A. C. Jans, et al.. "The Importance of Education for the Reallocation of Labor: Evidence from Swedish Linked Employer-employee Data 1986-2002." Labour Economics, 2010, 17 (1).

[626] Hart, R. A. and Y. Ma. "Wage-hours Contracts, Overtime Working and Premium Pay." Labour Economics, 2010, 17 (1).

[627] Hujer, R. and S. L. Thomsen. "How do the Employment Effects of Job Creation Schemes Differ with Respect to the Foregoing Unemployment Duration?" Labour Economics, 2010, 17 (1).

[628] Kahn, L. M.. "Employment Protection Reforms, Employment and the Incidence of Temporary Jobs in Europe: 1996-2001." Labour Economics, 2010, 17 (1).

[629] Kramarz, F. and M.-L. Michaud. "The Shape of Hiring and Separation Costs in France." Labour Economics, 2010, 17 (1).

[630] Leigh, A.. "Informal Care and Labor Market Participation." Labour Economics, 2010, 17 (1).

[631] Løken, K. V.. "Family Income and Children's Education: Using the Norwegian Oil Boom as a Natural Experiment." Labour Economics, 2010, 17 (1).

[632] Masters, A.. "A Theory of Minimum Wage Compliance (or Voluntary Recognition of Unions)." Labour Economics, 2010, 17 (1).

[633] Michaelides, M.. "Labour Market Oligopsonistic Competition: The Effect of Worker Immobility on Wages." Labour Economics, 2010, 17 (1).

[634] Micklewright, J. and G. Nagy. "The Effect of Monitoring Unemployment Insurance Recipients on Unemployment Duration: Evidence from a field Experiment." Labour Economics, 2010, 17 (1).

[635] Montizaan, R., F. Cörvers, et al.. "The Effects of Pension Rights and Retirement Age on Training Participation: Evidence from a Natural Experiment." Labour Economics, 2010, 17 (1).

[636] Rasmussen, A. W.. "Increasing the Length of Parents' Birth-related Leave: The Effect on Children's Long-term Educational Outcomes." Labour Economics, 2010, 17 (1).

[637] Rosholm, M. and R. Vejlin. "Reducing Income Transfers to Refugee Immigrants: Does Start-help Help you Start?" Labour Economics, 2010, 17 (1).

[638] Troske, K. R. and A. Voicu. "Joint Estimation of Sequential Labor Force Participation and Fertility Decisions Using Markov Chain Monte Carlo Techniques." Labour Economics, 2010, 17 (1).

[639] Van Der Wiel, K.. "Better Protected, Better Paid: Evidence on How Employment Protection Affects Wages." Labour Economics, 2010, 17 (1).

[640] Van Ours, J. C. and J. Veenman. "How Interethnic Marriages Affect the Educational Attainment of Children: Evidence from a Natural Experiment." Labour Economics, 2010, 17 (1).

后　记

　　一部著作的完成需要许多人的默默贡献，闪耀着的是集体的智慧，其中铭刻着许多艰辛的付出，凝结着许多辛勤的劳动和汗水。

　　本书在编写过程中，借鉴和参考了大量的文献和作品，从中得到了不少启悟，也汲取了其中的智慧菁华，谨向各位专家、学者表示崇高的敬意——因为有了大家的努力，才有了本书的诞生。凡被本书选用的材料，我们都将按相关规定向原作者支付稿费，但因为有的作者通信地址不详或者变更，尚未取得联系。敬请您见到本书后及时函告您的详细信息，我们会尽快办理相关事宜。

　　由于编写时间仓促以及编者水平有限，书中不足之处在所难免，诚请广大读者指正，特驰惠意。